房総古墳文化の研究

小沢 洋
Hiroshi Ozawa

六一書房

発刊にあたって

考古学を志して以来，すでに30年の月日が経過した．「少年老い易く学成り難し」という喩えどおり，いたずらに歳月のみ積み重ねても，学問を深めたという実感がしないのは，ひとえに私の努力不足と才能の欠如を物語るものである．

考古学や発掘調査を取り巻く社会環境も，1970年代，1980年代，1990年代，2000年代と，その時々で大きな変容を遂げてきた．中でも1980～1990年代の約20年間は，日本列島全体が，押し寄せる開発の波と共に，大いに掘りまくられ，膨大なデータが蓄積された学史上稀有の「大発掘時代」だったといっても過言ではないであろう．

そんな時代の中で，発掘の最前線に立たされていた私は，自主的な研究ということ以前に，必要に迫られて多くのことを学ばざるをえなかった．その成果のいくつかを論考としてまとめる機会を得たが，それは自発的な論文作成というよりは，大半がテーマを付与されたうえでの依頼原稿に応じるものであった．そんな中で，いつも苦慮しながら，不完全なものとは自覚しつつも，何とか原稿をまとめてきた．

「不惑の年」とされる40歳を境に，また同時に世紀の変わり目を境にして，発掘調査に明け暮れる最前線から職務上遠ざかる日々が続いていたが，最近になって再びその現場へ戻ることを余儀なくされた．今，50歳を目前にしての学問の再出発を意識しているが，近年は体力・記憶力の低下も著しく，自分自身の過去の言論すら曖昧になっており，それらを整理・決算する必要を感じたのが，本書出版の直接の動機である．

私の研究活動の主たる舞台は，房総半島（千葉県）を中心とする古墳時代の研究であり，本書に掲載した小文もすべてその範疇に属するものである．職務の関係上，房総とはいっても，上総，西上総，君津地方が中心をなしてはいるが，房総全体に関わるものもあり，書名は『房総古墳文化の研究』とした．房総の古墳時代研究には優秀な先学が多数おられる．この書名が大仰に過ぎ，先学に対して礼を欠くのではないかと恐れている．

私は，1980年代まで報告書や諸論考の原稿はすべて手書きであったが，1990年代に入る頃から，ワープロを使用するようになった．そして2000年代に入る頃からは，それがパソコンに変わり，1990年代末頃を境に，公的な書籍の多くはB5版からA4版へ移行することを義務づけられた．本書に掲載する小文の大半は，1990年代，ワープロ・B5版仕様で作成されたものであるが，その時代が，私にとってはもっとも多くの原稿を作成することができた時代でもあった．

私が考古学を志した1970年代は，まだ情報量も今日よりは遥かに少なく，個々の遺跡の報告書も貴重な存在であったが，1990年代以降は，考古学の情報量の膨大さに，研究者個人が辟易する時代ともなった．今，これまでの非力な研究成果を一書にまとめるにあたって，その主目的は自らの思考過程の整理にほかならず，考古学個人史の域を出るものではないことを自覚しているが，本書が房総の古墳時代研究にとって，ひとつの捨石にでもなれば幸いと思う．

なお，本書の刊行にあたって，全体の統一をとるために一部の漢字をひらがなに改めたり誤植の訂正などを行なった以外は発表時の内容に加筆などは加えていない．論文発表以後に明らかとなった事実については，本文中に☆印の註をあらたに付し，巻末に「補遺および補註」として一括して掲載することとした．

2008年7月
小沢　洋

房総古墳文化の研究

……目　次……

第Ⅰ部

前期古墳論考

第１章　房総の出現期古墳
―神門古墳群と高部古墳群―

はじめに

日本列島の屈曲部，東海道の東端に位置する房総は，東国における古墳の出現，弥生時代から古墳時代への移行を考えるうえで豊富な資料に恵まれた地域である．房総の中でも東京湾沿岸の西上総には古墳の出現を飾るに相応しい二つの重要な古墳群が存在している．市原市神門古墳群と木更津市高部古墳群である．両古墳群はそれぞれ前方後円形と前方後方形という異なった墳墓形態を採用しながらも，共通の要素と同時代性を窺い知ることができ，両古墳群の内容に古墳出現期の房総の特色が凝縮されているといっても過言ではないだろう．本稿では神門・高部の両古墳群を中心に，初期前方後円墳・初期前方後方墳の動態を概観し，古墳の出現とその意義を探っていきたいと考える．

1　神門・高部の共通点と相違点

神門古墳群（5・4・3 号墳）と高部古墳群（32・30 号墳）は異なった墳墓様式を採用しながら，墳丘・周溝・埋葬施設・副葬品・出土土器などの各要素において，出現期段階の大形墳としてのいくつかの共通性を有している．最初に両古墳群の共通点と相違点を抽出することから，問題の所在を明らかにしてみたい．なお神門・高部については，いわゆる「定形化した前方後円墳」出現以前の産物であるという観点から「墳丘墓」・「周溝墓」の呼称を与える研究者もいるが，筆者はこれらを後の時期の古墳との連続性が強い出現期古墳として積極的に評価し，なおかつこれらの列島的な共通性・規格性を重視する立場から，同時代の方形・円形の墳墓も含めすべて「古墳」と呼称することを断っておく．この問題については後章においても，若干の私見を述べることとする．

神門古墳群は養老川下流域の市原台地西側縁辺部に立地し，出現期段階の 3 基の大形円丘系古墳（纒向型前方後円墳）が近接して存在する．これらはその周溝形態の発達過程から 5，4，3 号墳の順序で築造されていったことが想定されている．同じ支群として括られる範囲にはほかに小規模円墳 6 基が認められているが，いずれも時期を異にするものとみられる．一方，高部古墳群は小櫃川水系，矢那川下流域西端の丘陵尾根上に立地しており，出現期古墳として前方後方墳 2 基と方墳 2 基（49 号墳・31 号墳）が造営されている．同一丘陵上には総数 60 基以上の古墳が分布しているが，このうち丘陵の南側約 1/3 の区域が調査され，中期～終末期の古墳がこれらの出現期古墳に隣接して存在している．神門 5・4・3 号墳と高部 32・30 号墳の概要については第 1 表・

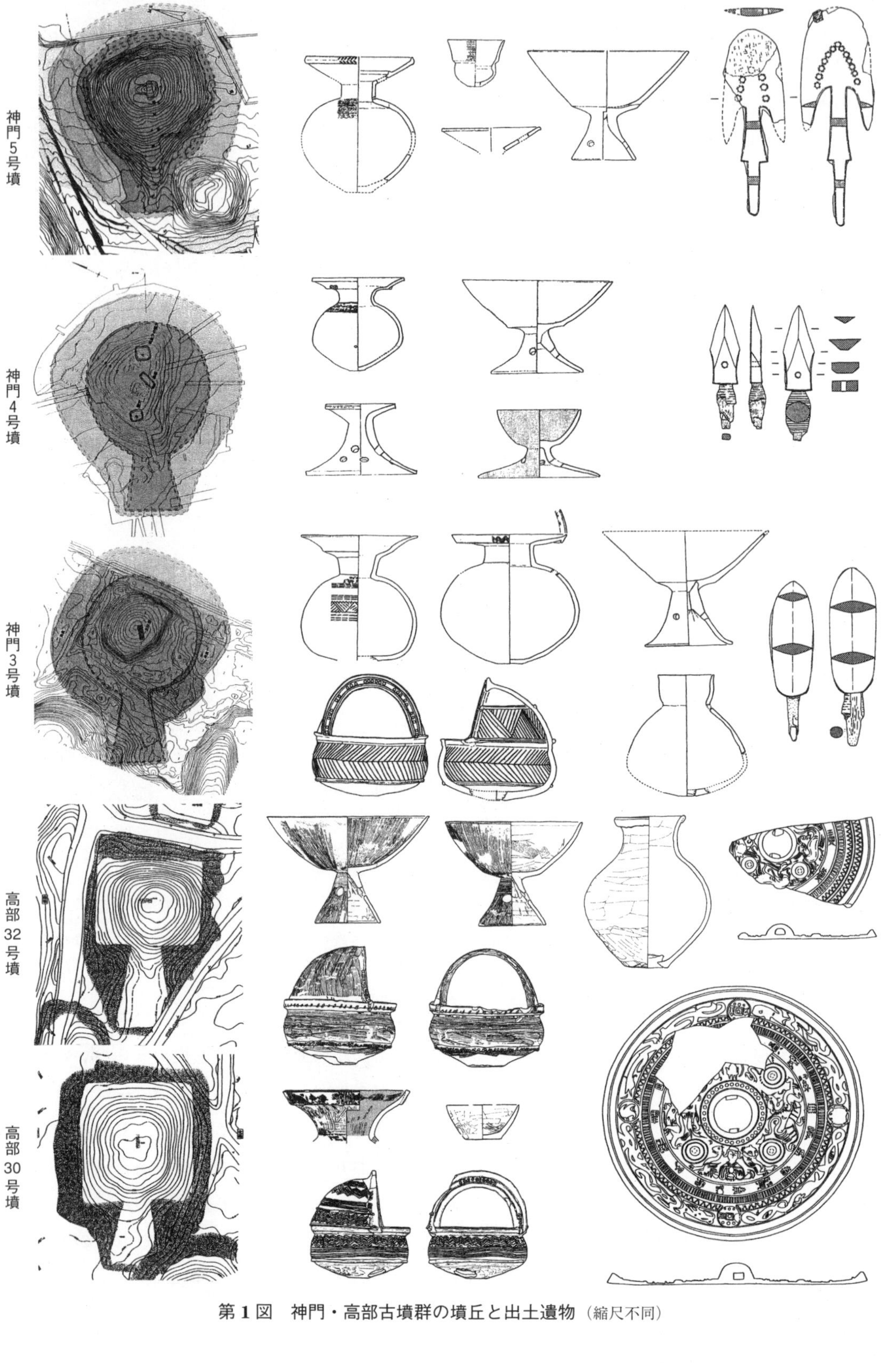

第1図　神門・高部古墳群の墳丘と出土遺物（縮尺不同）

第1表　神門・高部古墳群比較一覧表

古墳	形態	墳丘規模	埋葬施設	副葬品	出土土器
神門5号墳	前方後円形	墳丘長　36.5m（復原値42.5m） 周溝全長　復原値49.5m 後円部長　31.5m　幅　32.0m 前方部長　11.0m　幅　12.0m 復原前端幅13.0m　墳丘高5.9m	主丘部中央 墳頂下170cm 墳丘主軸に平行 墓壙3＜×1.2m 箱形木棺か	鉄剣1・鉄鏃2・ガラス小玉6	墳頂部：装飾壺8・高坏3・甕1以上 （北陸系小形壺含む）
神門4号墳	前方後円形	墳丘長　49.0m（復原値46.0m） 周溝全長　復原値55.2m 後円部長　33.0m　幅　30.0m 前方部長　13.0m　幅　13.0m 括れ幅　8.5m　墳丘高　4.3m	後円部中央 墳頂下170cm 墳丘主軸に斜行 墓壙4.32×1.4m 箱形木棺	（棺内）鉄剣1・鉄鏃41・管玉31・ガラス小玉394 （棺外）鉄鎗1 （墓壙上）鉇1・破砕玉類（硬玉勾玉3・管玉約42・ガラス小玉数十）	墳頂部：壺5（装飾壺含む）・高坏5・器台7 旧表土面：手焙形土器・装飾壺・叩き甕・台付甕・甕・高坏・鉢
神門3号墳	前方後円形	墳丘長　47.5m＜（復原値53.5m） 周溝全長　復原値63.5m 後円部長　33.5m　幅　33.0m 前方部長　20.0m　幅　15.0m 括れ幅　7.0m　墳丘高　5.2m	後円部中央 墳頂下72cm 墳丘主軸に平行 墓壙4.13×1.3m 箱形木棺	（棺内）鉄剣1・鉄鎗1・鉄鏃2・鉇1・管玉10・ガラス小玉103 （棺外）管玉2	墳頂部：装飾壺・二重口縁壺・瓢形壺・高坏・鉢・手焙形土器 周溝内：叩き整形甕・甑・高坏・器台・壺
高部32号墳	前方後方形	墳丘長　31.2m 周溝全長　約37m 後方部長　15.8m　幅　19.5m 前方部長　15.3m　幅　10.6m 括れ幅　5.9m　墳丘高　4.7m	後方部中央 墳頂下110cm 墳丘主軸に直交 2.64×0.92m 箱形木棺	半肉彫四獣鏡（破鏡）1・鉄鎗2 （墳丘内）鉄鏃1 （周溝内土壙）鉇1・釣針1	墳頂部：高坏6 周溝内：手焙形土器1・底部穿孔壺3・鉢・高坏・叩き甕片
高部30号墳	前方後方形	墳丘長　33.7m 周溝全長　38.6m 後方部長　21.8m　幅　20.7m 前方部長　11.9m　幅　約8m 括れ幅　4.9m　墳丘高　3.7m	後方部中央 墳頂下135cm 墳丘主軸に平行 2.70×0.63m 箱形木棺	二神二獣鏡（破砕鏡）1・鉄剣1・鉄鎗1	墳頂部：手焙形土器1 周溝内：小形甕・高坏・装飾壺・浅鉢

＊神門古墳群の墳丘長で（　）内の復原値は、田中新史「神門三・四・五号墳と古墳の出現」（1991）の中で提示された前方部前面溝復原案に基づく計測値であり、前方部長・前方部幅もこの復原案に基づく数値である。
＊墳丘高は後円部または後方部の周溝底（最深部）から墳頂部までの高さを基準とする。
＊埋葬施設の墳頂部からの深さは棺底面までを基準とする。

第1図の通りである．なお神門古墳群の墳丘規模については，当初の調査成果の発表後，田中新史による前端部周溝の想定復原案が提示されており（田中1991），第1表ではそれに基づいた計測値も併記している．

さて神門の前方後円墳と高部の前方後方墳を比較すると，いくつかの共通した要素を見出すことができる．それらを列挙してゆくと，次のような事柄がある．

①高い墳丘を備える　②盛土内上位に埋葬施設を設置する　③前方部側に明瞭な墳丘をもたず主丘が前方部側へ突出したような墳丘の形態を示す　④埋葬施設が粘土等を使用しない木棺直葬で，棺形態は箱形木棺である　⑤木棺内（被葬者）に赤色顔料を施す　⑥剣・鎗の副葬　⑦手焙形土器を伴う（神門5号墳以外）　⑧東海系高坏を伴う．

一方，両者の主な相違点を挙げると次のような事柄がある．

Ⓐ平面形態　Ⓑ玉類の副葬（神門のみ）　Ⓒ鏡の副葬（高部のみ）　Ⓓ墓壙上における玉の破砕行為（神門4号墳）　Ⓔ北陸系土器の存在（神門）　Ⓕ周溝内埋葬の存在（高部のみ）

以上のような共通点と相違点につき，墓制の変革という観点から個々に考察を進めてみることにしたい．

まず共通点としての①・②の点であるが，これは出現期古墳と従来までの当地方における弥生時代墓制（方形周溝墓）を大きく分かつ主要な要素であると考える．南関東地方では弥生中期前半（須和田式期）以来，方形周溝墓が採用され，その後弥生後期までの長期間にわたって変遷を遂げながら継続してきた．方形周溝墓の基本的要素は第一義的に溝によって区画された墳墓であること，多くの場合埋葬施設を先行して作り，その周囲を溝で区画したものであることであり，低い盛土を有するものも認められるが，それは溝を掘削した土を利用して墓壙を被覆する程度の副産物的な盛土に過ぎないものであった．方形周溝墓は弥生中期から後期にかけて規模の格差も広がり，また群集的・集団墓的な墓域形成から次第に限定的・特定階層墓的性格を強めてゆくが，その平面規模は大きくとも一辺20mを超えるものはほとんどなく，歴然とした傑出性を示すには至らなかった．

しかしながら，神門・高部の諸古墳は3m以上という際立った高さの墳丘を人工的盛土によって築き上げており，従来の溝による区画を重視する墳墓から，高い墳丘を標識とする墳墓への明らかな意識変革が認められる．またそれまで地表と同一の面に設置されていた埋葬施設が，墳丘の上位に置かれることにより，被葬者の地位の隔絶性が示されるとともに，墳丘および周溝を先に準備してから埋葬が行なわれるという造墓方式の大きな転換をもそこに認めることができる．これは従来の弥生墓制と古墳とを分かつ画期的な変化であると考える．

次に③とした墳丘そのものの形態についてであるが，これは前方後円形・前方後方形といった平面区画上の形態の相違とは関わりなく，共通してとらえられる要素である．出現期古墳において，周溝区画の示す平面形態と墳丘そのものの形態が必ずしも一致しないことは，多くの事例が示しているところである．その一つは方形の区画を備えた古墳にも関わらず円丘的な墳丘をもつものがあること，二つ目は平面区画のうえでは規格化された前方部を具備しているにも関わらず，前方部側にはそれに見合うような整形された墳丘がなく，主丘部側からの墳丘の突出が認められるに過ぎないことである．前者の典型例として高部32号墳があり，袖ケ浦市滝の口向台8号墳や佐倉市飯合作1号墳・市原市東間部多2号墳などにも同様な状況がみられる．また前方後方墳のみならず，出現期～前期の方墳にも円丘的な墳丘をもつものが多く認められていることも付記される．このような出現期古墳の円丘的な墳丘に対して，それが後世の変形であるという見方をする者もあるだろう．しかしながら，少なくとも高部32号墳や滝の口向台8号墳などの高い墳丘に対して，根拠もなく後世の改変を考えることはかえって不自然であり，また多くの方墳の墳丘にしても，たとえば終末期方墳などの方形に整形された墳丘と比べれば，その違いは歴然としているものと思われる．

一方，前方部側に整形された墳丘をもたないという点は，神門・高部の諸古墳にすべて当てはまる要素であり，先に挙げた滝の口・東間部多・飯合作などの前方後方墳も基本的に同様の墳丘形態を示すものといえる．従ってこの点もまた後世の改変や削平によるものではなく，出現期古墳の墳丘形態の一つの主要な特徴として指摘できるものではないかと考えられる．この点に関しては後章においても別途述べることとしたい．

続いて④とした埋葬施設の形態については，粘土を使用しない直葬，箱形木棺という点で，新しい段階の前期古墳とは異なった特徴，東国における出現期的な埋葬様式と認めることができる．埋葬施設に粘土が使用されるようになるのは，主に割竹形木棺のような長大な木棺の出現以降とみられ，翻って前期の新しい段階には箱形の木棺にも粘土の使用が認められるようになる．粘土を使用しない箱形木棺の直葬は，前段階までの方形周溝墓における埋葬様式にも通じるものである．

これに対して⑤とした赤色顔料の塗布は，新しい埋葬習俗の一つと認められるものであろう．従来の方形周溝墓の埋葬施設はその多くが地山のローム層中に掘り込まれたものであるために，赤色顔料の遺存率・検出頻度が低くなっていることも考慮する必要はあるが，いずれにしても赤色顔料の塗布が出現期古墳の埋葬施設において顕著に見出される事実は認めてよいであろう．

⑥とした剣・鎗の副葬も出現期古墳を特色づけるものであり，従来の墳墓との隔絶性を示すものである．

高部・神門のような初期前方後方墳・初期前方後円墳（纒向型前方後円墳）の副葬品内容は，後の段階の前方後円墳・前方後方墳に比べると至って簡素な内容を示しているが，その中にあっても剣・鎗の副葬は普遍的に認められ，出現期古墳の副葬品の基本的な構成要素となっていたことを示している．

⑦の手焙形土器は出現期古墳特有の要素であり，なおかつ前方後円系・前方後方系といった墳墓形式の相違を越えた普遍的器物として，逆に両者の同時代性と同源性・並列性を強く指し示す遺物でもある．⑧の東海系高坏は，方墳・円墳を含め手焙形土器以上の普遍性をもつ土器であり，手焙形土器と同様従来の弥生時代墳墓にはみられなかった土器であると共に，古墳という新しい墳墓様式の波及・成立の一つの指標ともなっている．

次に神門と高部の相違点をみてゆくことにより，前方後円系と前方後方系の性格の違いに迫ってみたいと考える．まずその原点でもあるⒶの平面形態の相違についてみてゆくと，神門の3基の前方後円墳では，5号墳→4号墳→3号墳と，その平面形態が段階的な縦並びの変化（前方部の発達）を遂げているようにとらえられるのに対して，高部の2基の前方後方墳は，一方が後方部横長，一方が後方部縦長の形態を示し，前方部に長短があるとはいっても，段階的変化というよりはむしろ並列的・横並び的な関係が強いように見受けられる．

次にⒷ～Ⓓとした副葬品の差異についてみてゆくと，神門古墳群においてはいずれも副葬品に玉類が伴うのに対して，高部の前方後方墳にはそれが伴わず，また高部の前方後方墳には2基とも鏡が副葬されていたのに対して，神門古墳群ではそれが認められなかった．このような相違が前方後円墳・前方後方墳という墳墓形態の違いと何らかの相関性を有するものであるのか，あるいはあくまでも神門と高部だけに限って認められる偶発的な在り方であるのかについては，他の事例を交えて検証する必要があろう．

神門と同等の古さをもつ前方後円墳例は関東ではほとんど知られていないため，初期前方後円墳の副葬品様相については主として西日本など離れた地域の古墳と比較してゆくしかないが，前方後方墳について埋葬施設の検出されている近隣地域の事例をみてゆくと，鳥越古墳には鏡（方格規矩鏡，破砕鏡か）と玉類の両方が伴い，飯合作1号墳・北ノ作2号墳には玉類のみが伴うといったように，上記したような副葬品と墳墓形態の相関性は，一般的には認めがたく，現時点では神門と高部に限定してその違いを考えた方が良さそうである．また墓壙上における玉類の破砕行為は神門4号墳のみに限ってみられたものであり，今のところ普遍性を見出し難い．

またⒺとした北陸系土器の存在は，方丘系の滝の口向台9号墳にも認められており，円丘系に特有なものとはいえない．Ⓕの周溝内埋葬については，神田1・2号墳や滝の口向台9号墳・草刈A99号墳などの前方後方墳でも認められているが，それが認められない前方後方墳もあり，少なくとも前方後方墳に通有のものであるとは認めがたい．

こうしてみると，神門と高部の相違点として挙げた事柄のほとんどは，両古墳群の性格の違いの一端を示すものとはなり得ても，それをもって前方後円系と前方後方系の性質の違いを表わすものではないことを示している．それでは次に，初期前方後方墳および初期前方後円墳の実態とは何か，また出現期古墳にみられる普遍的要素について他の地域の古墳と比較しながら検討してゆくこととしたい．

2　初期前方後方墳の実態

(1) 墳丘形態の新古相

赤塚次郎は1989年の段階で，前方後方墳を墳丘長45mを境にA型とB型に分け，A型の付属性として前方部が比較的小さいこと，B型の付属性として前方部が大きく発達したものであることを指摘した．そして所謂「前方後方形（低）墳丘墳墓」の多くがA型に含まれるものであると述べている（赤塚1989）．

前方後方墳と総称される墓制を古段階・新段階の二つの段階に大別してゆこうとした場合，古段階には赤塚分類のA型が，新段階には赤塚分類のB型が多く含まれることは確かであろうと思われる．しかしながら墳丘長（規模）を主な基準とするこの分類は，おおよその傾向を示すものではあっても，決定的な新旧の区分基準とならないであろうと考える．最終的な時期の判定には副葬品や出土土器を含めた総合的な評価によらなければならないことはいうまでもないが，それにもまた幾多の困難が伴うことは明らかであるため，差し当たっては赤塚が行なったのと同様に遺構形態を基準として新古の判定を行なうことにも一定の意味があると考えられる．

筆者は前方後方墳の区分基準として，周溝の示す平面的な形態とは別に，先程来神門と高部の

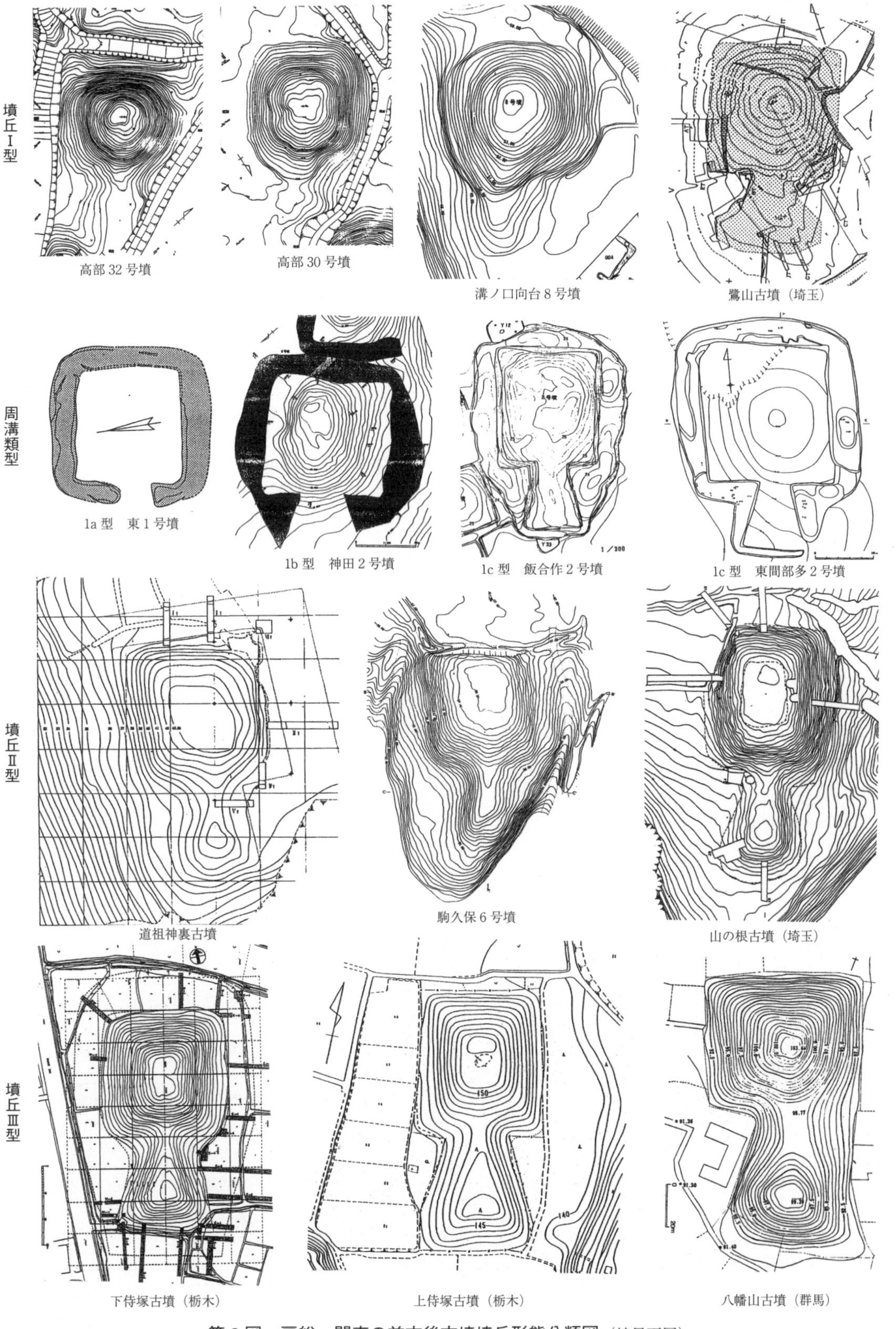

第２図　房総・関東の前方後方墳墳丘形態分類図（縮尺不同）

第2表　前方後方墳墳丘形態分類表

地域	Ⅰ型	Ⅰa型	Ⅰb型	Ⅰc型	Ⅱ型	Ⅲ型
山形		八幡堂3号,5号		蒲生田山3号,4号	経塚山6号	天神森・(宝領塚)
宮城		藤田新田105号		熊野堂・安久東	京銭塚・(長井戸)・(高舘山)	薬師堂・宮山・観音塚・山居・山居北
福島	出崎山1号	稲荷塚4号,7号	稲荷塚1号,3号,5号・男壇2号,3号,4号・宮東2号	稲荷塚6号・仲ノ平3号,6号	出崎山2号・鎮守森・十九壇3号・深沢・正直35号・桜井	大安場・本屋敷1号
茨城	大峰山1号				桜塚・狐塚・舟塚2号・后塚・丸山1号・長堀2号・原1号・宝塚・安戸星1号・富士山4号	勅使塚
栃木	根本神社				温泉神社・八ツ木浅間山・上根二子塚1号,3号・亀の子塚・浅間塚・山崎1号・権現山・大日塚・愛宕塚・三王南塚1号,2号・木幡神社	下侍塚・上侍塚・上侍塚北・駒形大塚・那須八幡塚・山王寺大桝塚・藤本観音山
群馬			上縄引C14号	阿曽岡2号・堀ノ内2号・下佐野Ⅰ A4号・寺前6号,9号・熊野堂1号・村前8号・村東3号・鈴ノ宮7号・下郷42号・堤東2号・東原B1号,B2号,B14号,B16号・中山A1号・東流通団地8号・屋敷内B1号	古海松塚・(矢場鶴巻山)	元島名将軍塚・元島名3号・前橋八幡山・寺山・
埼玉	鷲山・根岸稲荷神社・権現山2号		塚本山14号,33号・(村後)・(下道添2号)	南志渡川4号・石蒔B8号	塩1号,2号・山の根・諏訪山29号・(天神山)	(塚本塚山)
千葉	滝ノ口向台8号	滝ノ口向台9号・東1号・大厩9号	神田1号,2号・諏訪台2号・草刈A99号・北ノ作1号・(戸張一番割)	高部30号,32号・鳥越・山王辺田2号・姉崎東原・東間部多2号,16号・諏訪台33号,セ128号・阿玉台北A7号・飯合作1号,2号	道祖神裏・駒久保6号,10号・北ノ作2号	(新皇塚)
東京						砧中学7号
神奈川			稲ヶ原A1号		(秋葉山4号)	東野台2号・稲荷前16号・(真土大塚山)
静岡				丸ヶ谷戸	北岡大塚・小銚子塚	浅間・午王堂山3号
山梨					小平沢	
長野	北平1号		田村原2号・一時坂1号・瀧の峯1号,2号・聖川9号,10号	聖川3号,4号・安源寺	代田山狐塚・弘法山・姫塚・田野口大塚・蟹沢・勘介山	
新潟	三王山4号		八幡山		山谷・大久保1号,2号	
富山				石塚02号	板谷1号・谷内17号	勅使塚・王塚・桜谷1号
石川		末寺山6号・上町マンダラ1号,2号		一塚03号,04号,07号・末寺山5号・藤江C1号・戸水C1号・塚越1号・垣吉B22号	小菅波4号・河田山3号・シンデン1号・戸水C11号	大槻11号・国分尼塚1号,2号・国分岩屋山1号,2号・瀬嵐机島1号・高尾根A4号
福井	(烏ヶ森)・(杉谷1号)				松尾谷・(明神山1号)・清水13号・御茸山44号	

地　域	Ⅰ　型	Ⅰａ　型	Ⅰｂ　型	Ⅰｃ　型	Ⅱ　型	Ⅲ　型
岐　阜	瑞龍寺山・観音寺山		東町田 02 号,10 号	（東寺山１号）	象鼻山１号・北山・（西寺山）・高倉山・東寺山２号	粉糠山・（高塚）
愛　知				市杵嶋神社・西上免 01 号・廻間 01 号	断上 10 号・北長尾８号・勝山１号・（茶臼山）・高御堂	桜井二子・東之宮・宇都宮
三　重	出崎山１号		宮山・瀬干・巣護		麻績塚１号・庵ノ門１号・西山１号・筒野１号	錆山・向山
滋　賀	（蝉谷）	柿堂１号・蛇塚１号・高木１号・益須寺５号・吉身西・横枕	綣１号,５号・益須寺１号・高野１号・横江３号・辻（1）号	浅小井・法勝寺・出庭１号・経田３号・益須寺 SX1 号・塚之越・岩畑２号・辻（2）号	熊野本６号・皇子山１号・冨波１号・（臼ヶ谷）・（上大谷）・岩屋・小松・北谷・屋ヶ谷・熊野山	大浦・大森
京　都	芝ヶ原		青野 49 号		（中畷）・八幡茶臼山・上大谷１号,８号・西山１号・大住車塚・大住南塚	（長法寺南原）・元稲荷
奈　良	ノムギフサギ塚・（黒石 10 号）・（下池山）・（波多子塚）				北原西・鴨池・新沢 81 号, 109 号・（星塚）・柳本大塚	西山・赤土山・新山
和歌山			尾ノ崎 14 号		下里	
大　阪	板持３号	中宮ドンパ		久宝寺南１号・加美 14 号・成法寺２号・川西１号,２号	弁天山 D2 号・九流谷・（東車塚）・平１号	紫金山
兵　庫	（養久山５号）				権現山 50 号,51 号・池の谷２号・養久山 18 号・御旅山６号・（経塚山）・長慶寺山・舟隠１号・入佐山１号・長尾山	（聖陵山）・処女塚・（森尾）・西求女塚
岡　山					都月坂１号・七つ㘴１号,５号・荒木山東塚・小田鼻	植月寺山・楢原寺山・（久米三成４号）・備前車塚
鳥　取					谷１号・西山１号・普段寺１号・奥才３号	
島　根					奥才３号・松本１号・（中山 B1 号）・名分丸山	
広　島					正福寺裏山	寺津３号
香　川					（石塚山１号）	
徳　島					丹田	奥谷１号
愛　媛					雉之尾１号	
福　岡	（京の隈）・部木１号			妙法寺２号	稲葉２号・焼ノ峠	
佐　賀			吉野ケ里 0942 号	吉野ケ里 0941 号		
長　崎	（出居塚）					

＊（　）内は墳形について不確定な要素をもつ古墳

比較の中で述べてきたような墳丘そのものの形態で新古相の判定を行なうことができるのではないかと考えている．その一は，高部の前方後方墳にみられるように，前方部側に整った墳丘を有さず後方部側からの墳丘の突出がみられるに過ぎないもの．その二は前方部側にも明瞭な墳丘の形成が認められるが，後方部に比して幅が狭く低平なもの．その三は前方部側の墳丘が大きく整った三角形を呈するものである．これらをそれぞれⅠ型・Ⅱ型・Ⅲ型とすると，前方部墳丘の発達の度合いから，Ⅰ型→Ⅱ型→Ⅲ型の順で古相から新相ととらえることができるものと思われる．房総の前方後方墳の中ではⅠ型の代表例として高部32号墳・30号墳があることから「高部型」，Ⅱ型の代表例として道祖神裏古墳があることから「道祖神裏型」，またⅢ型としては前方部墳丘そのものが削平されているものの，副葬品様相その他からその可能性が強い古墳として新皇塚古墳があることから「新皇塚型」と仮称しておく．Ⅲ型については他地域にその典型例を求めると，栃木県上侍塚古墳・下侍塚古墳などを挙げることができるので「侍塚型」としておいてもよい．

以上は墳丘そのものの形状による前方後方墳の類別であるが，現実には墳丘が削平されて周溝のみが検出されている前方後方墳（およびそれに類する墳墓）も多く，右の基準をすべての古墳に適用することはできないので，周溝の形態を基準とする分類も副次的に援用しなければ，前方後方系墳墓を適正に分類することはできないと考える．とくに周溝形態のバリエーションのうえで問題となるのは，Ⅰ型の墳丘をもつもの（ないしはⅠ型の墳丘を有していたと予想されるもの）の周溝形態であり，当面はより簡潔な分類として次のように三つに分類するのが妥当と考えた．

Ⅰ**a型**＝方形周溝の一辺の中央部に陸橋部を有するが，明瞭な前方部的突出を認めることができないもの．

Ⅰ**b型**＝方形周溝の一辺の中央部に陸橋部を有し，その両側の周溝が若干の前方部的突出を示すもの．

Ⅰ**c型**＝明らかに前方後方形の周溝の平面区画を備えるもの．前方部前面にも周溝が巡ることを原則とする．

以上の分類は，田中新史が1977年の段階で示した周溝形態の分類（BⅠ・BⅡ・BⅢ型）に対応するものであり（田中1977），さらに田中は1984年にその細分案を提示しているが（田中1984），ここでは大局的な分類に従っておくことにする．なお墳丘がⅠ型と認められるもので周溝が未調査（ないしは不明確）なものについては単にⅠ型としておく．また周溝のみの検出で，諸状況からⅡ・Ⅲ型に属すると判定されたものについては，それぞれに含める．Ⅰa型については方墳の範疇に含めておくのが妥当であると私考しており，Ⅰb型についても前方後方墳とよぶべきか疑問の余地を残してはいるが，「前方後方系」という墓制の範疇において検討対象に含めることとする．以上のような分類基準を設定して，房総の前方後方墳および前方後方系墳墓を分類すると，次のようになる．

Ⅰ**a型**＝川島9号墳・東1号墳

Ⅰ**b型**＝諏訪台2号墳・大厩9号墳・北ノ作1号墳・滝の口向台9号墳・神田1号墳・神田2号墳・草刈A99号墳

Ｉｃ型＝高部32号墳・高部30号墳・鳥越古墳・山王辺田2号墳・姉崎東原古墳・東間部多2号墳・東間部多16号墳・諏訪台33号墳・諏訪台セ128号墳・飯合作1号墳・飯合作2号墳・戸張一番割古墳・阿玉台北A7号墳

Ｉ型＝滝の口向台8号墳

Ⅱ型＝道祖神裏古墳・駒久保6号墳・北ノ作2号墳

Ⅲ型＝新皇塚古墳

上記のような房総および関東地方における前方後方形墳墓の分類は第2図に例示した通りであり，それを全国の前方後方形墳墓に適用して分類したのが第2表である．

この表によって墳丘形態（周溝形態）別の前方後方墳の分布状況をみてゆくと，地域によってかなり特定の形態が偏在する傾向のあることがわかる．この表は1995年末時点での前方後方墳集大成ともいえる第3回東海考古学フォーラム資料集『前方後方墳を考える』を参考に作成したものであるが，とくにＩａ型については遺漏の多いものであることを付記しておく．それを考慮に入れたうえで全国的な前方後方墳各形態の分布傾向について概観しておきたい．

(2) 前方後方墳の地域相

東北地方では，全体的にみると各形態の前方後方墳が比較的均等に存在しているが，Ｉ型に属する前方後方墳は，現時点では会津盆地の会津坂下町近辺に集中する状況がみられ，この付近には鎮守森古墳（56ｍ）を最大としてⅡ型墳の分布も多く認められている．ただし会津坂下町周辺のＩ型墳は低地に立地するものがほとんどで，墳丘の残存するものは少ない．一方Ⅱ型・Ⅲ型墳の分布域は，宮城県の大崎平野・仙台平野，山形県の置賜盆地，福島県の会津盆地・郡山盆地・浜通り地方といった主要平野部各地にわたり，とくに仙台平野名取市の飯野坂古墳群には60～70ｍ級Ⅲ型墳の集中が認められている．

北関東地方では，かなり顕著な形で前方後方墳の形態的な偏在性が現われている．Ｉ型墳の検出例が群馬県域では際立って多いのに比べ，栃木・茨城県下にはそれがほとんど確認されておらず，それとは対照的にⅡ型の墳丘は栃木・茨城県内に非常に多く存在するのに対して，群馬県ではⅡ型の墳丘と確認できるものが稀な存在となっている．一方Ⅲ型は栃木県内に圧倒的に多く，群馬県にもいくつかの大形のⅢ型墳が存在するのに対して，茨城県ではⅢ型に該当する古墳がほとんど認められていない．このうち群馬県下のＩ型墳はそのほとんどが低地部に所在するものであり，墳丘の遺存するものは皆無に等しい．このような北関東3県における歴然とした相違が，発掘調査の粗密等によって影響されたものでないとすれば，その意味するところは大きいといえるだろう．ただし群馬県のＩ型墳（Ｉｃ型）の中には東流通団地8号墳のように前方部の長いものから東原B14・B16号墳のように小形で前方部の短小なものまでが含まれており，これらを一括りに扱うことが適切かどうかという問題も顕在化してくる．

南関東地方では，東京都・神奈川県下にＩ型およびⅡ型の確認例が少ないが，埼玉県・千葉県ではＩ型・Ⅱ型共に確認例が多く，とくに千葉県下ではＩ型でも墳丘の残存する事例がきわめて多くなっている．埼玉県の場合，低地部でのⅠ型の検出例が比較的多いのに対し，千葉県では台地・丘陵上にあって当初から墳丘の確認されていたⅠ型墳が多く，逆に千葉県内では低地部の発掘調査件数そのものが少ないという事情もあって，本来は低地部にもⅠ型が存在していた可能性のあることを窺わせる．Ⅰ型・Ⅱ型の現状での分布傾向をみると，埼玉県では北部の児玉郡・大里郡域と中部の東松山市付近，千葉県では市原市から君津市にかけての東京湾沿岸各河川流域にそのほとんどが分布しており，核となる地域の存在を示している．しかしながらそれ以外の地域（上福岡・柏・沼南・佐倉・小見川）にも単発的にⅠ型・Ⅱ型の存在が認められており，さらに多くの拠点的な分布域が潜在することを示唆している．なおⅢ型の前方後方墳は南関東全体で確認数が少なく，しかも確実な事例に乏しい．

東海地方東部の静岡県域では，これまでのところⅠ型として駿河の丸ヶ谷戸古墳が確認されているに過ぎない．Ⅱ型には遠江の北岡大塚・小銚子塚という40 m級古墳があり，Ⅲ型には駿河の浅間古墳・午王堂山3号墳という大形古墳が知られるが，現在知り得る範囲では前方後方系の古墳自体は比較的僅少な傾向にある地域としてとらえられる．

甲信越地方では，長野県の伊那谷・諏訪盆地・佐久平・善光寺平，新潟県の新潟平野でそれぞれⅠ型墳が確認されているが，事例数はまださほど多くない．Ⅰ型の中で墳丘が残存した事例としては，丘陵上に立地した長野県（佐久平）の瀧ノ峯1・2号墳，新潟県の三王山4号墳例などがある．Ⅱ型は甲府盆地・松本平・善光寺平・新潟平野の各地にそれぞれ認められているが，Ⅲ型の存在については今のところ知られていない．甲信越地方ではⅡ型の弘法山古墳（63 m）が最大規模の前方後方墳となっている．

北陸地方では，石川県域にⅠ型・Ⅱ型・Ⅲ型の各形態の前方後方墳が目立って多く分布している．富山県域ではⅡ型・Ⅲ型墳の分布が富山平野を中心に認められているが，福井県域では未調査墳を除いてはⅠ型の明確な検出例はほとんどなく，Ⅱ型が散在的に認められる状況である．またⅢ型墳は福井県内においては確認されていない．前方後方墳の集中域は能登半島南部から加賀の海岸地域を中心に認められるといってよい．石川県内のⅠ型墳は丘陵・低地の双方に立地するものがあるが，丘陵（台地）部の古墳は墳丘の遺存率も高く，そのうち小菅波4号墳・河田山3号墳・末寺山5号墳・塚越1号墳・垣吉B22号墳の5基から埋葬施設が検出されている．これらの副葬品は鉄剣・工具と少数の玉類の組み合わせからなり，その内容は至って簡素である．また北陸地方のⅢ型墳は60～70 m規模である．

東海地方西部ではⅠ・Ⅱ・Ⅲの各型の前方後方墳が検出されているが，岐阜・愛知・三重の三県域とも数のうえで目立つのはⅡ型であり，Ⅰ型の確認・検出例は比較的少なくなっている．その中にあって岐阜県瑞龍寺山古墳・美濃観音寺山古墳，愛知県市杵嶋神社古墳は墳丘・埋葬施設・副葬品の実態がわかる大形のⅠ型墳として注目される．Ⅱ型墳は40～60 m級の古墳を主とし，Ⅲ型墳は粉糠山古墳（100 m）を最大規模として，70～80 m規模の古墳が存在する．

近江地域（滋賀県域）では，Ⅰ・Ⅱ型の古墳がきわめて多く確認・検出されている．しかしながらⅠ型の古墳の大多数は低地に存在し，大半が周溝のみの検出となっている．墳丘が残る未調査のI型墳としては蝉谷古墳がある．この地域ではII・III型墳を含めて丘陵上の古墳に未調査のものが多く，その実態解明が望まれる．近江地域は北陸道と東海・東山道の分岐点でもあり，前方後方墳という墓制の各地への波及を考えるうえでも重要な鍵を握る地域といえる．

近畿地方（大和を除く）では，全般的にI型墳の確認・検出例が少なく，散見される例のほとんどは低地に存在するものとなっている．その中にあって京都府芝ヶ原古墳は，周溝形態に不確定な部分を残すものの，I型で埋葬施設・副葬品の内容が明らかにされている古墳として注目される．II型墳は30m規模のものから70m台のものまでがあり，分布地域も広範にわたっている．これに対してIII型墳の確認例は少なく，京都府元稲荷古墳（94m）や後方部墳丘が円丘状をなす西求女塚古墳・処女塚古墳・紫金山古墳が挙げられるに過ぎない．

大和（奈良県）の前方後方墳の中では，下池山古墳・波多子塚古墳・フサギ塚古墳・ノムギ古墳・黒石5号墳・黒石10号墳などが，いずれも規模は大きいが古式な墳丘形態の前方後方墳としてとらえられる．その中でも規模の突出した波多子塚・下池山古墳の場合，現況からきわめて狭長な前方部形態が想定されているが，前方部側には明瞭な墳丘を有さず，後方部墳丘の突出が認められるだけという点で，基本的にはI型の墳形といえる．下池山古墳については近年の発掘調査で，竪穴式石室内の割竹形木棺から内行花文鏡・石釧・翡翠丁字頭勾玉・碧玉管玉・ガラス小玉・刀・鎗・ヤス・鉇・貝製品・織物（鏡袋）・夾紵箱（鏡箱）などが出土しており，埋葬施設・副葬品の内容は，必ずしも大和の前方後方墳の中で最古式とはいえないことが明らかとなった．従って大和古墳群中にはさらに遡る段階のI型の前方後方墳が潜在している可能性が高いと考えられる．ちなみに大和においてはII・III型の古墳も比較的多く存在しており，列島最大規模の前方後方墳である西山古墳（183m）の上部墳丘が前方後円形であることが注目される．

中国・四国地方においては，今のところI型前方後方墳の明確な事例が確認されていない．調査の粗密を考慮する必要があるとしても，東日本に比べてその分布が著しく少ないであろうことは認めてよいものと思う．この地域においては楯築古墳に代表されるように円丘系の出現期古墳が主流を占めているとも考えられる．しかしながらII型墳は岡山・鳥取・島根県下を中心に比較的多く認められており，都月坂1号墳・七つ坑1号墳のように竪穴式石室，ないしは粘土槨を埋葬施設としているものがみられる．またIII型墳については岡山県での確認例が多くなっている．

九州地方では前方後方墳の総数がさらに少ないが，I型およびII型が確認できる．福岡県部木1号墳・妙法寺2号墳・京の隈古墳，長崎県出居塚古墳などがI型に属するとみられる墳丘形態であり，とくに対馬の出居塚古墳は大和の波多子塚・下池山古墳に類似した墳丘形態となっていることが注目される．また佐賀県吉野ケ里でIb・Ic型墳が検出されていることは，この地方におけるI型墳の潜在性を示唆しているともみられる．九州地方においては，むしろII型・III型墳がきわめて少ない点に，その地域的な特色を認めることができるものと思われる．

(3) 初期前方後方墳の特色

以上，列島各地の前方後方墳の形態別の分布傾向について概観してきたが，I型を主とした初期前方後方墳の特色ならびに現段階における理解・問題点として，おおよそ次のような事柄を指摘することができるものと思われる．

①Ⅰ型墳の分布は明らかに近畿以東の地域に偏っているが，北部九州においても散在的な分布を示す．

②Ⅰ型墳の分布範囲はⅡ型・Ⅲ型に比べると，かなり地域的偏在性を示しており，福島・群馬・埼玉・千葉・長野・石川・滋賀の各県域（その中の一部地域）に濃密な分布を認めることができる．これはⅠ型の波及・浸透がかなり拠点的な形で進行したことを示しているともみられる．

③Ⅰ型墳は沖積地や河岸段丘などの低地部にも多く分布する傾向がみられ，その付近の丘陵・台地にもⅠ型ないしはⅡ型の前方後方墳があわせて造営されている場合が多い．

④低地部のⅠ型墳は概して墳丘の残存率が低いが，それは元来低墳丘であったことに由来するものなのか．いずれにしろ周溝のみが残る古墳で埋葬施設が検出されないのは，本来一定の高さの墳丘を有していたことを示している．

⑤同じⅠ型墳の中でも台地・丘陵部と低地部の古墳の間に階層差があったのか．それは墳丘規模や墳丘高の差としてとらえられるのか．しかしながら低地のⅠ型墳にも周溝規模のうえでは比較的大形（30～40 m 級）のものがあり，必ずしも立地による格差が普遍的なわけではない．また台地・丘陵部と低地部とで仮に古墳の階層差があったとしても，あくまで同一の墳墓体系下での格差とみなすべきであり，そのことをもって古墳・周溝墓という名称を使い分けることは適切とはいえない．

⑥低地部のⅠ型墳は古墳中期以降の大規模な灌漑や水田開発事業によって大半のものが削平された可能性もある．

⑦Ⅰ型墳の周溝形態の諸類型には地域を超えた規格性・普遍性が認められ，一つの法則性のもとに波及・浸透した墓制であることを示している．

⑧墳丘形態・周溝形態・埋葬施設・副葬品のすべてが明らかになっているⅠ型墳の事例は今のところきわめて少ない．

⑨Ⅰ型墳の埋葬施設は下池山古墳や北部九州の一部の古墳を除けば，箱形木棺が主体である．

⑩Ⅰ型墳の副葬品は鉄剣・鉄鎗・工具類・玉類の組み合わせを主とし，至って簡素な内容である．このような副葬品の簡素な傾向はⅡ型墳においても基本的に大きくは変わらない．

⑪Ⅰ型墳に伴う鏡は漢鏡７期以前の中国鏡が多く，破鏡・破砕鏡が認められる．

⑫Ⅱ型墳はⅠ型墳に比べると，より普遍的かつ地域網羅的な分布傾向を示すようになる．

⑬Ⅲ型墳は再び地域限定的，局所的存在を示すようになり，最終的に前方後円墳との融合・一元化が達成される．

(4) 各形態の波及と階層制

以上の初期前方後方墳に関する実態把握を踏まえて，各墳形の波及と階層性の問題について所見を述べてみたい．まず各形態の墳丘規模を概観しておくと，Ⅰａ型・Ⅰｂ型は 10～20 m 級，

Ⅰc型は20～40 m級，Ⅱ型は40～60 m級，Ⅲ型は70～100 m級の古墳がそれぞれ主体を占めている．Ⅰa・Ⅰb・Ⅰc型は同一古墳群内において併存する場合が多く，時期的にも併存関係にあると考えられる．またⅠ型墳は周囲に方墳を伴って群形成をしている場合が多い．Ⅰa型はⅠb・Ⅰc型に先んじて出現している可能性もあるが，Ⅰ型全体の分布時期の中心は3世紀後半から4世紀初頭にあると考えておく．Ⅰ型の波及は，先述したように特定の地域に偏った拠点的な波及であったと考えられ，波及源からみれば，列島内でも東日本を中心に，主要な平野，大きな生産力と人口を抱える地域を対象として，楔を打ち込むように，その地域の弥生時代的社会構造を一部温存しながらも，新しい墳墓体系，社会システムの中に組み込んでいったのではないかと思われる．

ところでⅠ型墳（前方後方系墳墓）の波及源をどこに求めるかという問題であるが，その本貫地（発祥の地）は大和の内にあると仮想される．今のところ明確な形でⅠ型墳の初現形態と思われる古墳が特定できるわけではないが，大和・柳本・纏向古墳群の中に，前方部側に明瞭な墳丘をもたないやや不整形の未発掘古墳が多数認められており，そのうちの多くは石塚古墳のような所謂「纏向型前方後円墳」である公算が強いが，一部に初現的なⅠ型前方後方墳も含まれている可能性が高い．現段階で前方後方墳と認識されているフサギ塚古墳・ノムギ古墳などはいずれも大和古墳群内に位置しているが，Ⅱ型の大形前方後方墳・柳本大塚古墳（94 m）の近くに位置するノベラ古墳などもⅠ型墳の疑いがあると目される．また外観上は主丘部が円丘的なものであっても，前方後方形の古墳である可能性は否定できない．桜井市域の纏向地区内でも墳丘を喪失したⅠc型の前方後方墳（メクリ1号墳・22.5 m）が検出されており（橋本 1995），纏向古墳群内に位置する一連の不整形墳丘群の中にもⅠ型前方後方墳が潜在している可能性は捨てがたい．

以上のように，現段階においては未だ核心部分が未解明な状態ではあるが，前方後方墳の遡源は大和の地に求められる公算が強いと私考しており，同一地域内において初期前方後方墳（Ⅰ型墳）と初期前方後円墳（纏向型前方後円墳）は共存・並立的関係にあったのではないかとみられる．同じ纏向地区内で，規模の違いこそあれ両者が併存することはすでに動かぬ事実であり，周溝の平面規格において両者に同じ比率が適用されていることも確認されている．また柳本古墳群・大和古墳群において，出現期から前期にわたる大形の前方後円墳・前方後方墳が共存して古墳群を形成している事実からみても，両者がその出自において親縁的な関係にある墳墓形態であったことを示している．

初期前方後方墳（Ⅰ型墳）は初期前方後円墳（纏向型）とおおむね時を同じくして大和の地で創成され，何らかの理由により，それぞれの墳墓形式が重点をおく地域を異にして列島内各地に波及していったのではないかと想像される．その結果，前方後円系は西方，前方後方系は東方という大局的な分布傾向を示すに至ったが，前方後円系が主流を占める北部九州において前方後方系が一部存在するように，前方後方系が主流をなす東国においても，東海道の東端である房総の地において神門古墳群のような前方後円系が一部地域に造営されるという事象が起った．その理由については，今のところ説得力のある説明を加えることができないが，その次段階（前期）において，両者はより混在した状況での波及を示すに至った．

Ⅱ型の波及段階になると，前方後方墳は西日本（中国・四国・九州）も含めたより広範な地域に分布するようになるが，それは同時に前期古段階の前方後円墳の波及と機を一にするものでもあった．地方に波及した前期古段階の前方後円墳とは，主として柄鏡形態の前方後円墳であり，桜井茶臼山型前方後円墳と呼び変えてもよい．前方後方形が西日本を敷衍したように，前方後円形もまた東日本全域を敷衍した．そしてその段階には，本拠地の大和を筆頭に列島内の主要地域で前方後円系が前方後方形の上位に位置する図式が成立したが，東関東や北陸などの一部地域では，前方後円系を欠如して，前方後方系がその地域で最大となる所もあった．Ⅱ型前方後方墳の波及・造営段階は4世紀前半にその中心があると考えられる．

次にⅢ型前方後方墳が波及する段階になると，前方後円墳・前方後方墳の規模のうえでの序列は，もはや動かしがたいものとなり，より早い段階から大和中心の連合体制に組み込まれた重点地域ほど，前方後円墳を頂点とする墳墓体制に転換した．そのような情勢下にあって，栃木県那須地域に代表されるような列島内の一部地域においては，同時期の前方後円墳に匹敵するような大形前方後方墳が造営された地域もあった．またⅢ型墳造営段階に，大和では前方後方系の前方後円系への融合とも理解される西山古墳が造営され，前方後円墳—円墳の序列を基本形とする墳墓体系への統合が図られた．Ⅲ型前方後方墳の波及・造営段階は4世紀後半にその中心があると考えられる．

なおⅠ・Ⅱ・Ⅲ型前方後方墳の被葬者の階層性については，あえて単純化していえば，Ⅰ型墳（Ⅰc型）が拠点的な主要集落の統率者層，Ⅱ型墳はより面的な複数の集落を統括する領域支配者層，Ⅲ型墳はさらに広範な水系全域を統合するような領域支配者層であったと考えられ，Ⅲ型前方後方墳を頂点とする地域は，同時期の大形前方後円墳が築かれた地域に比べ，大和を中心とする連合体制の中での格がやや低い地域ではなかったかと推測される．なお，Ⅱ型ないしはⅢ型の前方後方墳の次代に前方後円墳が造営されている地域も多く存在する．

なお現時点での土器編年に立脚した古墳編年では，墳墓形態が近似したものであるにも関わらず，大きな時間的隔たりがあるかのような位置づけのなされているものがしばしばあるが，墳墓形態の近似性により強い同時代性を認める観点からすれば，土器編年上の併行関係および時間幅の認識にこそ，再検討の余地が大きいのではないかと考える．本稿の中では各地の土器編年と併行関係を検証する余裕も見識もないため，この問題については保留しておきたい．

3　初期前方後円墳の実態

纒向石塚古墳や神門古墳群のような墳丘・周溝形態を備えた一連の初期前方後円墳については，1988年に寺沢薫が「纒向型前方後円墳」という呼称を与え，古墳時代創始期の墳墓として規格性・普遍性を積極的に評価する立場で，その設計企画や形態論を中心とした検討を行なっている（寺沢 1988）．その中で寺沢は，纒向型前方後円墳の形態を「全長：後円丘径：前方部長の比が

3：2：1であることを原則とする」と定義づけており，主丘の両側に突出部をもつ岡山県楯築古墳や前方部の細長い徳島県萩原1号墳などについても，纒向型の原形式として古墳の範疇に含めている．

なおこれに先立つ1984年に田中新史は，岡山県楯築古墳・兵庫県西条52号墳を出現期古段階の円丘墓として位置づけ，徳島県萩原1号墳，奥谷2号墳・岩清尾山猫塚古墳などへの地域的展開を示すものとして，突出部が細長く延びる形態を瀬戸内圏の地域色としてとらえている（田中1984）．

纒向型前方後円墳は大和・纒向古墳群内に集中的な分布が認められるほか，これまでのところ千葉・石川・兵庫・岡山・徳島・福岡の各県においてその存在が確認されているが，Ⅰ型前方後方墳に比べるとその調査事例は著しく少ない．ただし円丘に突出部をもつ古墳で周溝部が未調査ないしは不確定な古墳が兵庫県域など瀬戸内海沿岸を中心にいくつか認められている．これらの多くは弥生墳丘墓として報告されているが，纒向型の範疇に属するものがあるとみられ，また従来円墳とされている古墳の中にもそれが潜在する可能性もある．それらを含めると纒向型（ないしはそれに類する円丘系出現期古墳）は西日本側にその分布が偏っていると考えてよいだろう．

現段階で纒向型前方後円墳（及び円丘系出現期古墳）の規模を概観すると，大和では90～100m規模のものがほとんどであるのに対し，房総・北陸のものは30～50m級，瀬戸内では楯築古墳が全長80mと傑出した規模をもつ以外には20～30m規模のものが主体となっている．また北部九州では津古生掛古墳・津古2号墳・神蔵古墳のように30～40m級のものと，那珂八幡古墳・原口古墳のような70～80m級の古墳の両者が認められる．ただし後者については前方部墳丘がかなり大形化・明瞭化しており，設計規格上において纒向型の範疇に入るものではあっても，大和纒向地域の諸古墳とは時期相を異にしたやや新しい段階の古墳とみるべきものである．いずれにしても東日本および九州の纒向型前方後円墳は，Ⅰ型前方後方墳よりもやや大形の規模となっている点が注意される．

次に埋葬施設についてみておくと，石塚古墳を始め纒向地区の諸古墳は今のところその実態が全く明らかでない．東日本では神門の諸古墳・石川県分校カン山1号墳が木棺直葬で，棺形態は神門5・4号墳が明瞭でなかったが，神門3号墳は組合せ式箱形木棺，分校カン山1号墳は割竹形木棺と考えられている．瀬戸内では楯築古墳が組合せ式箱形木棺の直葬，岡山県宮山古墳・徳島県萩原1号墳，奥谷2号墳・兵庫県西条52号墳，山戸4号墳などがいずれも小形の竪穴式石室となっている．北部九州では津古生掛古墳が組合せ式箱形木棺，津古2号墳と那珂八幡古墳が割竹形木棺の直葬とみられ，神蔵古墳が竪穴式石室，原口古墳も竪穴式石室と推定されている．西日本では，前方後方形の古墳も含め，出現期の早い段階から竪穴式石室が採用されている．

副葬品は鉄剣・鉄鎗・鉄鏃・工具・玉類の組合せからなるものが多く，その内容はⅠ・Ⅱ型の前方後方墳と同じく比較的簡素である．その中にあって楯築古墳と神門4号墳におけるガラス小玉の数量は際立っており，また神門4号墳と津古生掛古墳では同形態の定角式鉄鏃がまとまって出土している．鏡を伴うものとしては，分校カン山1号・西条52号・宮山・津古生掛の各古墳から漢鏡5〜7期の中国鏡が，萩原1号墳から画文帯同向式神獣鏡が出土し，これらはいずれも破砕鏡とみられる．一方，原口・神蔵・那珂八幡の3古墳からは舶載三角縁神獣鏡が出土している．

以上，いわゆる定形化以前の初期前方後円墳（纏向型前方後円墳）について概観してみたが，初期前方後方墳に比べるとその情報量はまだ少なく，とくにその中枢をなす大和纏向地区の諸古墳についても不明点が多い．仮に楯築古墳が列島最初の大形円丘系古墳で，その影響下に纏向型前方後円墳が成立したとしても，それは大和の中で規格化・形式化されたものであり，少なくとも東日本や北部九州への墳形の波及源は大和であったと考えられる．

現在知り得る情報からみる限り，Ⅰ型の前方後方墳の波及が拠点的・重点的であった以上に，纏向型前方後円墳の波及は飛び火的，限定的であり，とくに東国においてはそれが普遍的な墓制として広がりをみせることはなかった．また出現期段階からすでに前方後円形の古墳は前方後方形の古墳に比べ，その墳丘規模等においてやや優位な内容を示すものであったが，その差は次段階の定形化した前方後円墳とⅡ型前方後方墳が東国へ波及し始めた時期から，より顕在化する．房総では神門・高部古墳群の存在する東京湾沿岸の養老川・小櫃川水系において，100 m 級の大形前方後円墳が相次いで造営されたが，Ⅱ型前方後方墳はその約半分程度の規模で，出現期古墳の営まれなかった小糸川流域などの地域に造営された．

おわりに

神門・高部両古墳群は，邪馬台国を原型とする初期大和政権の橋頭堡的存在として，東海の果てである房総の地に築かれた．前方後円・前方後方という2系統の墳墓形式の相違が何を意味するのかといった根本的な問題については未だ合理的な説明を見出せないでいる．しかしながら両古墳群の内容にみられる幾多の共通性や，列島内における出現期古墳の実態から推して，両者は基本的にその波及源を同じくする墳墓形式であったと考え得る．いずれにしろ神門・高部古墳群の出現が房総，ひいては東国における古墳時代社会への移行の大きな画期となったことだけは間違いないであろうと思われる．それは，それまで弥生的文化圏の範囲内で独自の発展を遂げてきた房総（東京湾沿岸）の地域社会がより広域な列島レベルのネットワーク，地域支配のシステムの中に組み込まれたことを意味する．しかしながらその前提的条件として，弥生後期における東京湾沿岸地域が人口や生産力，および統治機構等において重点地域として選択されるべき社会的水準にあったという点も見逃してはならないであろう．

本稿では筆者の浅学と認識不足により論じられなかった点も多く，至って不本意な内容のまま稿を閉じることとなった．房総の出現期古墳については，すでに神門の調査者である田中新史によって，全国的資料に立脚したうえでの詳細かつ多岐にわたる論述がなされており，拙文はそれを何ら超えるものとはなり得ていない．田中は1984年の「出現期古墳の理解と展望」の結文で「吉備を中心とした瀬戸内圏と関連して，その延長線上で巨大古墳を出現させた畿内と，東海圏

(伊勢湾圏）を介してより東方と結びつきを示す畿内（とくに大和）の，当時の中心地のもつ，東西とより周辺部の対応に示された多面性は，古墳時代を通じて一貫するだけでなく，すでに弥生後期の出発点から存在している」と述べているが，その視点の妥当性を今さらながら認識して，本稿の結びとしておきたい．

参考文献

赤塚次郎 1989「前方後方墳覚書 89」『考古学ジャーナル』307号
小沢　洋 1995「高部古墳群」『前期前方後円墳の再検討』埋蔵文化財研究会
田中新史 1977「市原市神門4号墳の出現とその系譜」『古代』63号
田中新史 1984「出現期古墳の理解と展望―神門5号墳の調査と関連して―」『古代』77号
田中新史 1991「神門三・四・五号墳と古墳の出現」『邪馬台国時代の東日本』六興出版
寺沢　薫 1988「纏向型前方後円墳の築造」『考古学と技術』同志社大学
東海考古学フォーラム 1995『前方後方墳を考える』
橋本輝彦 1995『纏向型前方後円墳とその系譜―関東編―』（秋季特別展解説書）桜井市文化財協会

第2章　小櫃の一首長墓をめぐる考察

―飯籠塚古墳測量調査成果の検討―

はじめに

小櫃川流域は，東京湾沿岸の諸水系の中でも卓越した古墳文化様相をもつ地域として良く知られている．下流域の沖積地に所在する高柳銚子塚古墳，祇園大塚山古墳，金鈴塚古墳などは代表的な大形前方後円墳であり，古墳時代中期から後期にかけての強大な首長権の存在を物語っている．筆者はこれらの小櫃川下流域沖積地に散在する首長系古墳の総称として「祇園・長須賀古墳群」あるいは「祇園・長須賀首長墓群」という名称を用いている．

一方，小櫃川中流域の小櫃地区にも，丘陵部を中心にいくつかの大形古墳の存在が認められている．中でも右岸俵田に所在する白山神社古墳（館ノ内1号墳），同じく右岸箕輪に所在する浅間神社古墳（上新田1号墳），左岸岩出に所在する飯籠塚古墳（岩出4号墳）の3基の前方後円墳は，全長100 m前後の傑出した規模を有しており，墳丘形態はいずれも前期古墳的な特徴を示すものである．これらの古墳は，古墳時代前期の段階に中流域を核とする強大な首長権の形成されていたことを示しており，中期以降下流域沖積地に展開する「祇園・長須賀首長墓群」との系譜的関連が注目されるところとなっている．本稿では，これらの中流域の大形前方後円墳の総称として，「小櫃首長墓群」と仮称することにしたい．

白山神社古墳・浅間神社古墳・飯籠塚古墳のうち，白山神社古墳については比較的古くから周知され，1981年には千葉県指定史跡に指定されている．ただし墳丘測量図は未だ作成されておらず，近く千葉県教育委員会によって測量調査を実施する計画もあると聞く[☆10)]．一方，浅間神社古墳・飯籠塚古墳の2基は数年前の分布調査によって周知されるに至ったものであり，小櫃川中流域の古墳様相に対する従来の認識を一新することとなった．

本稿では，1986年に実施した飯籠塚古墳の測量調査の成果を中心として，その墳丘形態に関する若干の検討を行ない，合わせて当古墳を取り巻く小櫃川中流域における古墳様相を概観しながら，当古墳の歴史的性格についての予察を述べることとしたい．

1　古墳の位置

飯籠塚古墳は，千葉県君津市岩出字飯籠塚（476，477-1，477-2，484番地）に所在する．この地区は，1970年の町村合併によって君津町（翌年市制施行）に編入される以前は小櫃村に所属していた．曲流する小櫃川は，当古墳を載せる丘陵の北側を，西南西から東北東へと向かって流れており，古墳と川の最短距離は300 mである．丘陵直下には県道上総・長浦線が走行しており，県

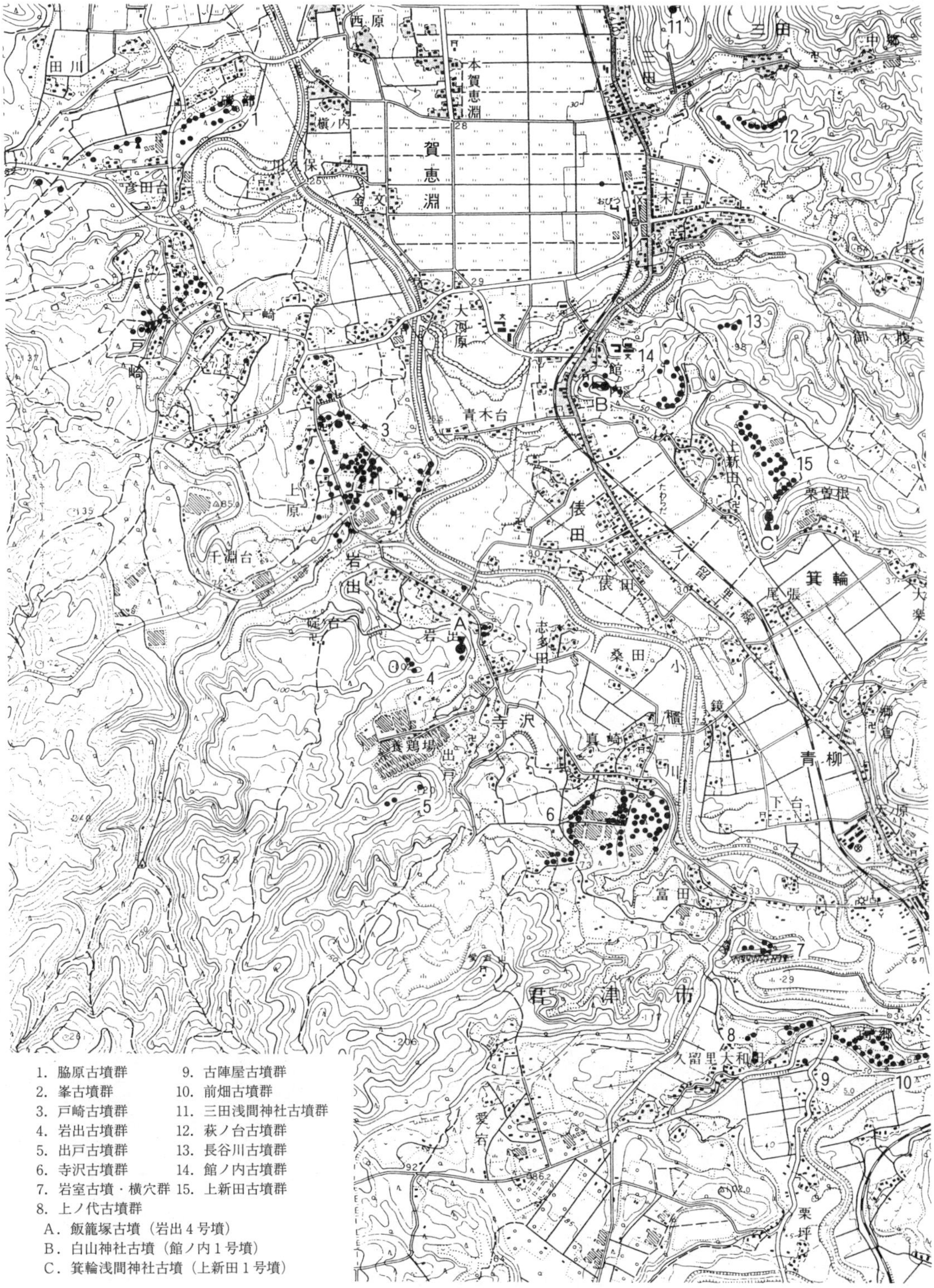

第１図　小櫃川中流域古墳分布図（1/30,000）国土地理院 1/25,000 地形図「久留里」を使用

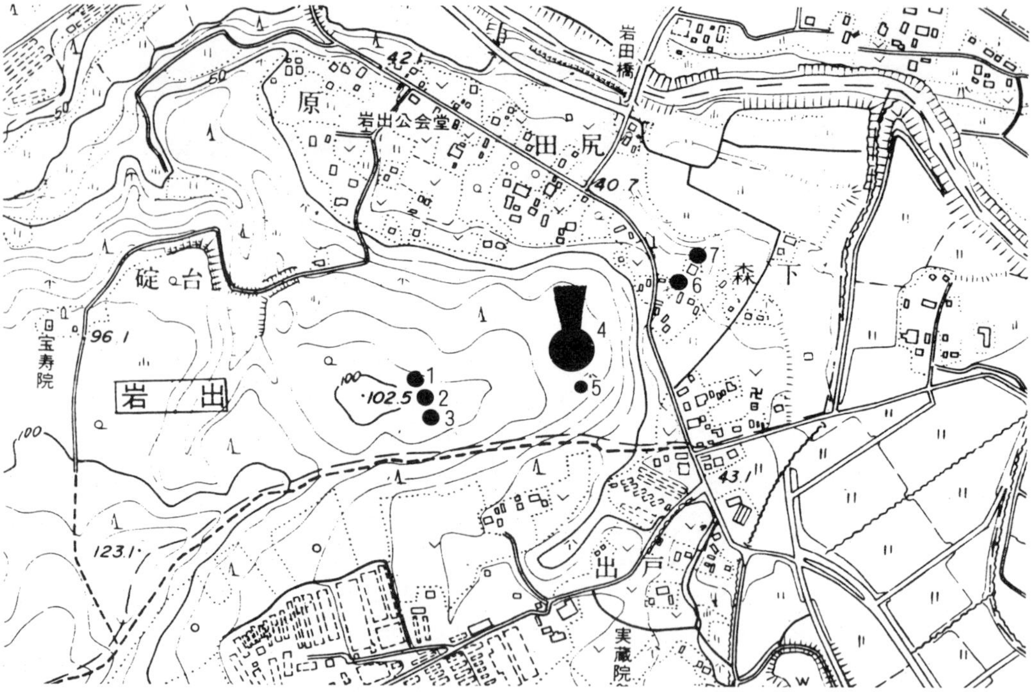

第２図　岩出古墳群全体図（1/10,000）　君津市発行「君津市全図其ノ二」を使用

第３図　飯籠塚古墳周辺地籍図（1/5,000）『君津市小堰土地宝典』1974　帝国地図より転載

道沿いの低地（河岸段丘）には岩出の集落が展開している．古墳（墳頂部）と岩出集落の比高は約40 m を測る．また，小櫃川を隔てて南西1.2 km の地点にはJR 久留里線・俵田駅があり，同駅から徒歩約20分で古墳に至ることができる．同じ丘陵上から河岸段丘にかけて，本古墳を含め合計7基の古墳が確認されており，「岩出古墳群」と呼称されている．

2　測量調査の経緯

当古墳は1986年の年明け（昭和60年度）に実施された君津市（旧小櫃村・上総町地区）の遺跡分布調査において，新たに周知されたものである1)．墳丘長100 m 級という大形前方後円墳であるばかりでなく，墳丘の遺存度もきわめて良好であり，しかも前期古墳的なプロポーションを具備した重要古墳であることから，急遽墳丘測量図を作成してその全形を把握し，当地域の古墳研究，ならびに当古墳の史跡指定・保存整備へ向けての基礎資料とすることとした．測量調査は，1986年6月から10月までの日曜日・盆休など休日を利用して，大原正義・小沢洋を中心に，君津郡市文化財センター職員，大学生らの参加を得て行なった．

測量の方法は，まず墳丘の裾をめぐる合計15本のトラバース杭を設置し，次に墳丘の中軸を縦断する8本の杭を設置して閉合トラバースを組んだ．さらに裾部および中軸上の各基準点から派生させて後円部中腹をめぐるように補助杭を設置し，これらの杭を使用して平板測量を行なった．原図の縮尺は1/200，等高線は25 cm 間隔で作成した．なお測量開始時点では，至近に三角点が存在しなかったため，任意座標を用いてトラバース測量を行ない，後日測量業者の助力を得て各杭の座標値を求めた．墳丘の状況は，とくに後円部側が密生する竹林となっていて見通しが悪く，また急傾斜であったため，測量に際しての困難も多かったが，実働15日余りを費やしてようやく測量図の完成をみることができた．

なお当古墳は，1986年3月刊行の『君津市埋蔵文化財分布地図』（君津市教育委員会発行）において「岩出古墳群第4号墳」として登載されたが，後日小字名が「飯籠塚」と判明し，当古墳がその地名の由来になっていると考えられることから，単独の名称としては，「飯籠塚古墳」とよぶこととした2)．その後，君津市教委・千葉県教委および一部の研究者に図面のコピーが回覧され，1988年に市指定史跡，1989年には県指定史跡となった．測量調査の成果報告は，1987年内に原稿の一部を作成していたが，その後担当者の都合によって中断し，今日まで遅延することとなってしまった．この間に，数氏によって当古墳が取り上げられ，一定の評価が与えられている（車崎1987，沼沢1990，萩原1990）．しかし，計測値などにはその後の検討によって若干の異動もあり，今回の報告をもって，測量担当者の見解を示しておくこととしたい．

測量調査参加者（1986年当時）

（君津郡市文化財センター）大原正義・戸倉茂行・平野雅之・諸墨知義・小沢洋

（学生）桐村修司・滝口義規・守屋吉永・小野由香里・小高幸男・木更津高等専門学校生徒

（協力者）浅倉秋子・有山光子・今岡民江・植松まさ子・大網喜代子・岡崎日芙美

なお測量調査にあたっては，土地所有者である山形敏雄，山形誠吉，木村春夫の各氏より，快くご承諾を賜わり，便宜を図って頂いた．またトラバース杭の座標値算出にあたっては，桐葉測量株式会社の協力を得た．記して感謝の意を表する次第である．

3　古墳の立地状況

当古墳の存在する丘陵は，小櫃川の河岸沖積地に突出した舌状丘陵であり，西側のなだらかな丘陵と支谷によって区切られているため，独立丘状を呈している．この舌状丘陵は東西にやや長く，西寄りに位置する最高点の標高は102 m を測る．丘陵頂部から東側へ向かって，尾根状のなだらかな傾斜面が延びており，この緩傾斜面の東縁部に飯籠塚古墳は占地している．墳丘主軸は，丘陵の緩傾斜面に直交する南北方向を向き，前方部を北にして築造されている．前方部の北側と後円部の東側は，丘陵端の急傾斜面に接しており，後円部の南側も周堀と陪塚的存在の円墳（岩出5号墳）を挟んで丘陵縁辺に接している．舌状丘陵縁辺部の地形を最大限に利用しつつ，平地からの立面的景観を配慮した墳丘の築成がなされているといえる．

同一丘陵における古墳の分布をみると，まず丘頂部から少し東へ下った丘陵上位の斜面に円墳3基（1～3号墳，一部方墳の可能性あり）が近接して存在し，飯籠塚古墳の後円部周堀南側に接して，墳丘高の高い円墳（5号墳）が1基，さらに丘陵東裾の段丘上にも円墳2基（6・7号墳）が確認されており，以上7基を「岩出古墳群」として包括している．このうち丘陵上の1～3，5号墳は，立地状況から飯籠塚古墳との関連性がより強い古墳と推測し得るが，丘陵裾段丘部の6・7号墳は形成過程を異にするものともみられる．

4　墳丘の現状

古墳の計測成果を記述する前に，墳丘の現況について触れておきたい．墳丘は全体としてはきわめて良好な遺存状態を保っており，遺存度の良さでは千葉県内の前期古墳の中でも屈指の存在といえるだろう．ただし墳丘の周縁部には部分的に後世の改変を受けているとみられる箇所がある．前方部東側の緩傾斜面は，以前畑地となっていたために，墳丘裾が削られており，括れ部近くでは鉤手状に旧畑地が食い込んでいる．この食い込み（前方部側面の張出し）が本来の形状であったかどうかはにわかに決し難い．この鉤手状の箇所からは前方部の墳丘上へ登る小路がつけられている．なお前方部東側の緩傾斜面は現在，大部分が荒地となっている．

一方，後円部の南西側の裾部は，この部分の等高線の狭密さが示すように，盛土の崩落もしくは人工的採土による多少の変形を受けている疑いがある．南西側の周堀内には後世の造作とみられるL字形の低い土手（地境線に一致）が存在しているが，この土手を築く際に後円部南西側の墳丘を少し削り取ったことも考えられる．このほか後円部の墳丘裾および周堀内の数か所に樹木を抜き取った穴が認められるが，それ以外はおおむね旧状をとどめているようである．墳丘上の地目は，後円部のほとんどが群生する竹林，前方部側が杉木を交えた疎らな竹林であり，後円部側周堀内も竹林，前方部西側から前面にかけては低木を含む荒地となっている.

墳頂部に盗掘を受けたような形跡は，表面上からは全く認められない.

5　墳丘の計測と形態的特徴

現状の計測値　現状での墳丘計測値は，墳丘全長102 m，後円部径（東西）55 m，前方部幅39 m，前方部長55 m．後円部高は東側から11.5 m，西側・南側（後方）から7.0～7.5 m，前方部高は北側（前面）から7.5 mである．後円部頂の標高は79.10～79.15 m，前方部頂の標高は72.50～72.60 mで，前方部と後円部の比高は6.5 mを測る．墳丘主軸はN－8°－Wで略南北方向を向いている.

墳丘主軸線　主軸線の設定は，後円部の上位をめぐる等高線（78.25～79.00 m）の中心によって後円部の中心点を求め，この点から前方部前面の各等高線と垂直に交わる線を引くことによって求めた．この主軸線は，前方部の最上部をめぐる等高線（72.00～72.50 m）の前面部の中心とはなっていないが，71.50 m付近より以下では，ほぼ前面の等高線を2分する線となっている．仮に，前方部最上部の等高線の中心と後円部中心点を結んで主軸線を設定した場合，主軸線と前方部前面の各等高線は垂直に交わらないことになる.

墳丘全長　全長については，主軸線上で，前方部前縁の墳端線が65.00 mと65.25 mの等高線の間に求められ，また後円部後方の墳端線は71.75 mラインのやや外側に求められる．この両点間で計測した場合，墳丘全長は102 mとなる．古墳の前端と後端で約6.5 mの築造基盤面の比高差が認められるわけである．ただし前述のように，後円部南西側においては墳丘の変形が認められ，真南に近い主軸線上においても，下半部の等高線の間隔が狭密であることから，若干の盛土の流出を想定する必要もある．仮に後円部後方（主軸線上）の後円部下半部の勾配が上半部（または後円部東側）と同等であった場合には，本来の墳丘全長は最大105 m前後に達していた可能性もある[3)].

後円部　後円部は，最も上位の79.00 mの等高線が直径約14 mの範囲にめぐり，そこから少しの間緩やかな曲面が続いた後，急傾斜の側面に移行する．78.75 mラインのやや外周に相当する直径約20 mの範囲を墳頂面としてとらえることができる．墳丘側面は，旧状を保つことが明らかな南東～北東側で傾斜角25～30度の急な勾配が墳丘下部まで続いており，段築は全く認めることができない[4)]．後円部の墳端は，レベル的に南西側が最も高く北東側が最も低い．南西側では72.00 mの等高線が下端をめぐり，北東側は67.75 m付近の傾斜変換線が墳端としてとらえられる．中心点から墳端までの距離は，南西側が21 m，北東側が33 mを測るが，南西側については，後世の盛土流出を考慮に入れるとすれば，若干の補正の余地がある.

前方部　前方部は，墳頂面の南側（後方）半分近くの所までは，後円部から緩やかに下っており，北側（前方）半分余りは，わずかに前方へ下りながらもほぼ平坦な面となっている．当古

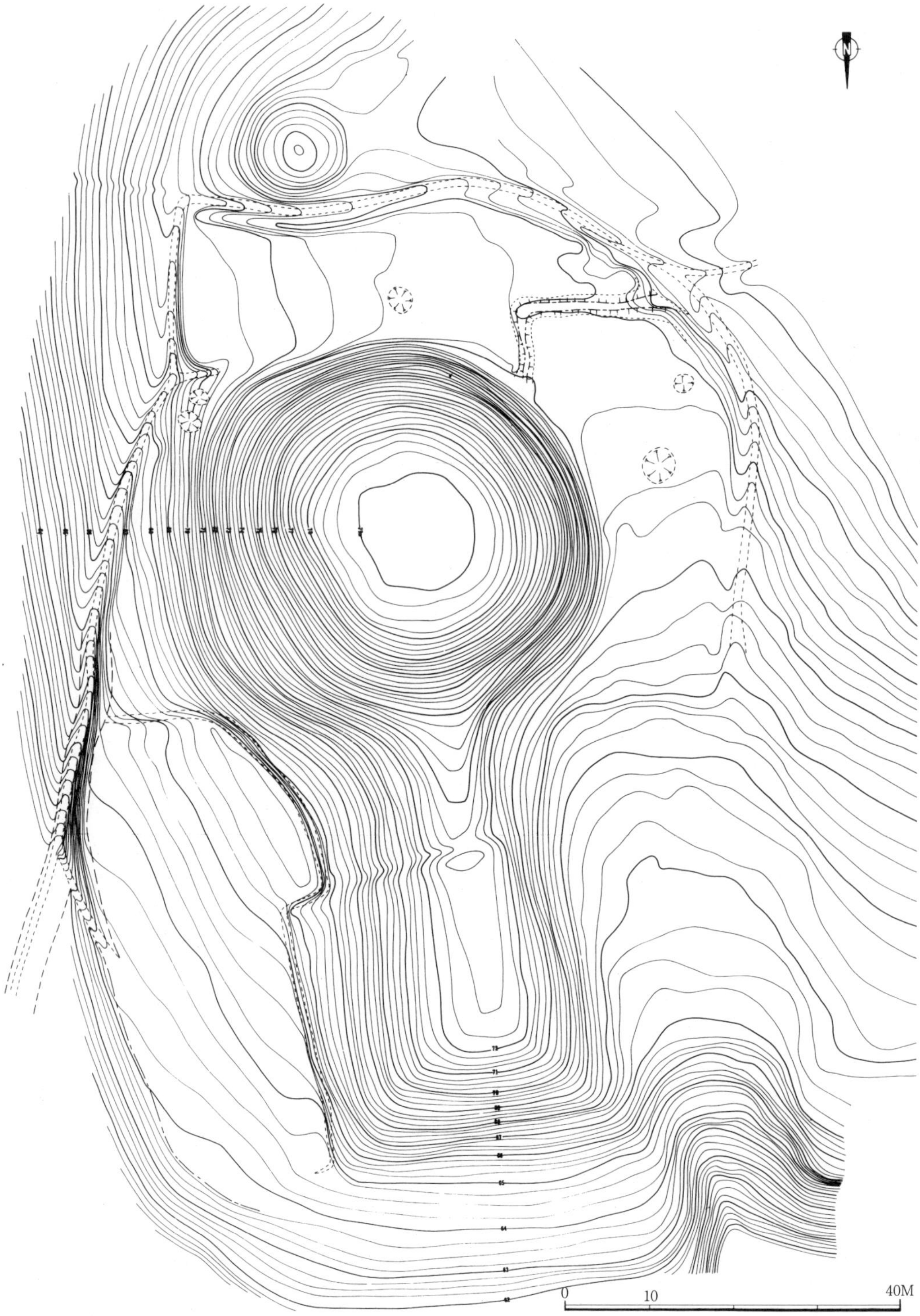

第4図　飯籠塚古墳測量図（1/800）

墳においては，前期前方後円墳に多くみられるような前方部前端の高まりは認めらず，一方的に前方へ向かって下っていることが特徴である．

前方部の最も上位を全周する等高線は72.50mの線であり，前半部における見かけ上の墳頂面の範囲は，右側が72.25m線の前後，前方が72.00m線のやや上位，左側が72.00m線のやや下位に求められる．主軸線に対して上部の等高線は非対称であるが，見かけ上の墳頂輪郭線は主軸線を介して左右がほぼ対称となる．また前方部墳頂面の周囲をめぐる72.00mの等高線が，後円部西側では墳端線に相当することも注意される．前方部の平面形態は，上部の等高線が前方へ向かってほとんど開かない長方形状にめぐっており，墳頂面の輪郭線もほぼ同様であることから，一見するといわゆる「柄鏡形」にみえるが，西側の墳端線は等高線を横切る形で斜めに走っており，前方部の外郭線は前方へ向かって一定の開きをもつ形態であったことがわかる．墳丘の傾斜は，前面が後円部と同程度の急勾配であり，両側面（とくに東側面）はやや緩やかな勾配となっている．なお前方部にも明瞭な段築は認められない．

6　周堀と周囲の整形および陪塚について

後円部南～西側　周堀は後円部の南側から西側にかけてのみ明瞭にとらえられる．周堀幅は，主軸線上の後円部南側で幅13m，南西側で18mを測り，周堀の外側には外壁がめぐっている．外壁の外側には，道として使用されている幅1mの溝状の窪みがめぐり，円墳の存在する南側と，西～北西側にかけては，周堀と道に挟まれて外壁が「周堤」状を呈している．現状の周堀内は，南西側が最も高く，東側と北側へ向かって緩やかに下がっている．ピンポールによるボーリングの結果では，周堀底は現地表からさほど深くないようであり，周堀部分を掘削した土によって墳丘盛土の大半をまかなっているとは考え難い．

前方部西側　括れ部の西側では，周堀底に明瞭な段差が認められ，この段差線を直線で延長した墳丘の東側にも同様な段差を認めることができる．ただし両側の段差を結んだ線は，墳丘主軸とは直交しない．西側では，この段差を境に周堤の土手が消失し，周堀範囲も不明瞭となって，比較的急な傾斜で北側へ下降し，前端近くで堀切状に食い込んだ谷へと連続している．この谷の原形はもともと自然地形として存在していた可能性が強いとみられるが，等高線の流れからみて，前方部西側の窪地は，採土により人為的に形成されたものと考えられる．

前方部北側　前方部前面では，65.25mの等高線前後に見かけ上の墳端線が認められ，そこから墳丘斜面よりも緩やかな傾斜面が続いた後，63.25mの等高線付近から再び急勾配の丘陵傾斜面に移行する．このテラス状の緩傾斜面の幅は10mであり，この部分を周堀に対応する兆域範囲としてとらえることができる．ただしこの緩傾斜面は，多少の整形が施されているにせよ，大幅な人工的造作が加えられてできたものではなく，前方部西隅の谷と合わせ，自然地形を利用する形で墳丘築成が行なわれた結果，意識的に丘陵の縁辺がテラス状に残されたものである可能性が強い．このことを裏付けるように，このテラス状緩傾斜面は前方部左隅で等高線が内側へ流れ，隅切り状に丘陵崖線がめぐっている．

前方部東側　前方部東側は，南西から北東へ緩やかに下降する緩斜面であり，以前畑地として利用されていたらしいが，大幅な地形の改変は行なわれていないようである．この部分についても基本的に人工的な造作が施されることなく，丘陵舌状部の自然地形を生かして兆域に取り入れているとみなすべきであろう．外周の丘陵崖線は前方部前面から曲線的に曲がった後，左側面では現状の前方部左側墳端線とほぼ平行して直線的に延びており，緩斜面の幅は中程で20 m を測る．ただ墳丘裾部は耕作によって削られており，とくに括れ部近くの鉤の手状に切り込まれた部分が本来どのような形状であったかが問題となる．

後円部東側　括れ部の後円部寄りには，先に述べた段差が存在しており，そこから南の後円部東方は，丘陵崖線が墳丘の近くまで迫っている．後円部東側では67.75 m の等高線付近に見かけの墳端線がとらえられ，それ以下丘陵崖線までは，墳丘より緩やかな傾斜面となっている．以上のように，当古墳の墳丘周囲の造成は，レベル的に上位にある後円部南～西側にかけては地山を掘削して周堀を造りだし，前方部西側では周堀を自然の谷に連続させ，下位にある墳丘の東側と前方については自然地形をほぼそのまま兆域に取り入れた恰好となっている．

陪塚　後円部に存在する円墳（5号墳）は，直径13 m・高さ2 m を測り，相対的に墳丘高の高い形状を示す．この円墳は周堤の外側に接して構築されているが，周堤（周堀外壁）があたかもこの円墳を避けるように湾曲していることが注目される．一見すると円墳が先に在って，飯籠塚古墳の周堤を造る際に，円墳を敬遠して湾曲させたようにみえるが，逆に，円墳築造時に周堤を造り替えている可能性もある．陪塚の性格については，一般的に主墳被葬者の近親または側近者の埋葬，副葬品の埋納などが考えられるが，基本的に主墳に追従して後から築造されていると考えるのが自然であろう[5)]．ただ，当初からこの円墳を組み入れる形での兆域の設計がなされていたとしてもおかしくはない．

7　築造企画の復原

以上に述べた現状での墳丘・周堀の計測と形態的特徴の観察結果から，当古墳の築造企画を復原してみることにしたい．

復原案 A（第5図）

後円部南西側の墳丘下半部が，前述のように後世の変形を受けている考えた場合，中心点Oから，旧状を保つと思われる北西側の墳端線までを半径（24 m）として円周を描くと，円周の南西側は現状の墳端より最大で3 m ほど外側をめぐる．円周の直径は48 m を測り，これが中心点Oを基軸とした本来の後円部の設計企画に相当するものと判断される．円周は後円部東～北東側では72.00 m の等高線付近をめぐり，南西側においても墳端をめぐる等高線は現状と同じ72.00 m 線であったとみられるので，南西側と北東側で下端の等高線がほぼ一致していることになる．主軸線上の墳端は現状より若干延びる程度であり，墳丘全長は103 m に復原される．

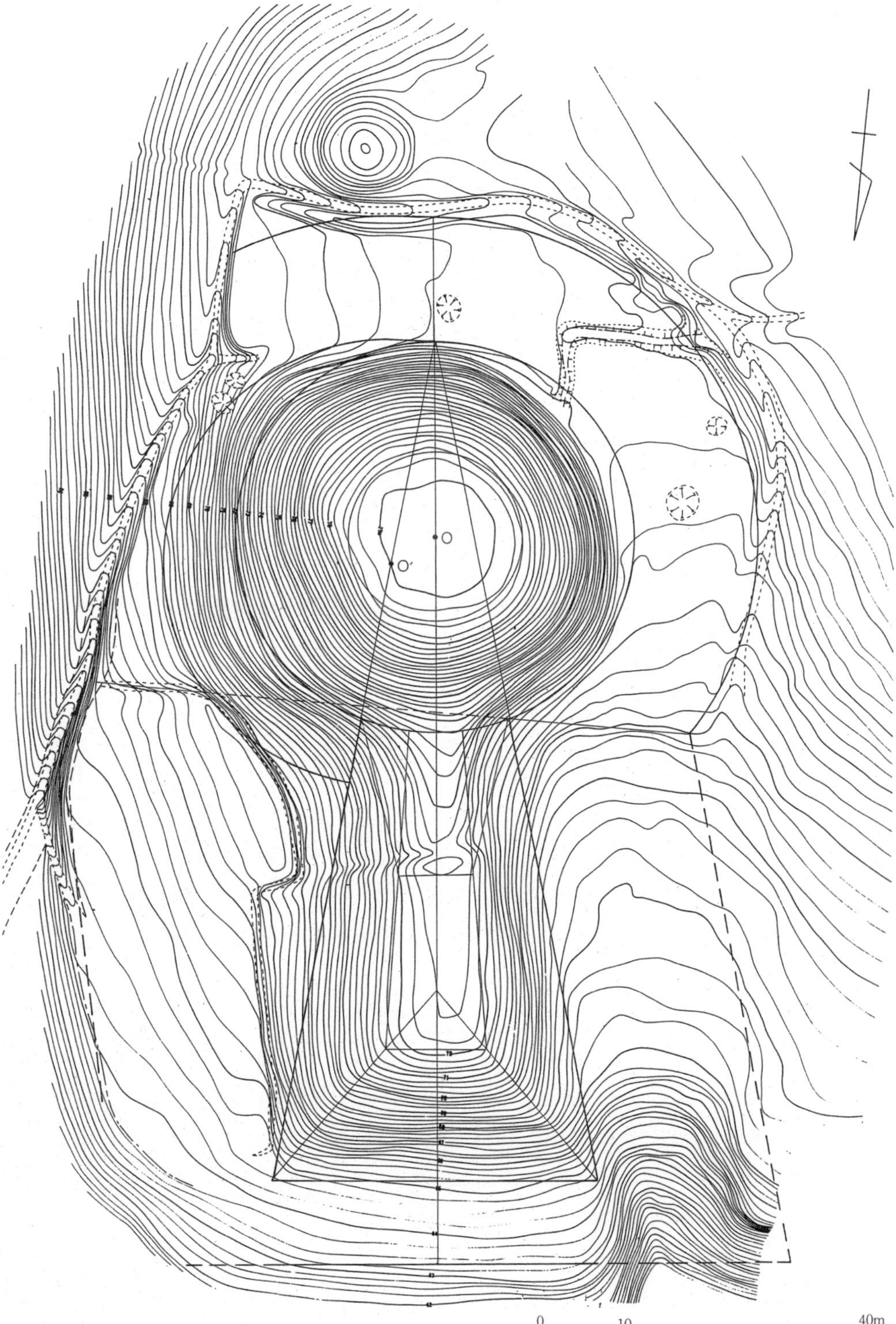

第**5**図　飯籠塚古墳築造企画推定図Ａ（1/800）

一方，後円部東側の 71.75 m 以下の張り出し部分は，見かけ上の墳端線（67.75 m 線付近）の円弧から中心点を割り出すと，上部墳丘の中心点 O よりも北東側へ 6 m ずれた O′ の位置となり，墳丘築造の過程で中心点を移動させて後円部の墳丘を築成していたことがわかる．この下部墳丘の半径は，上部墳丘よりもやや大きい 27 m である．

後円部周堀の外郭線は，陪塚の影響を受けていない南西側の外壁下端線を基準に，O 点を中心とする企画線を描くと，半径 39 m，周堀幅は 15 m に復原される．ただし，周堤が次第に低い高まり程度となる北西側においては，実際の高まりが企画線よりもやや内側に入ってくる．また下部墳丘の存在する後円部南東側においては，O′ 点を中心とした同幅の企画線が想定されるが，前記した陪塚の影響によって周堤が内側へ少し湾曲したものと考えられる．

前方部は，西側面と前面の墳端線が視覚上から比較的明瞭に把握されることから，これを企画線と考えた．前面の墳端線は主軸線と直交する．主軸線を介して西側の企画線を東側へ反転させると，隅角の位置はほとんど一致するが，側線は現状の墳丘の中程を横切る形となる．しかし仔細に観察すると，東側でもこの企画線にほぼ沿って傾斜変換線が認められ，この線までを上部墳丘の範囲としてとらえることができた．前方部両側線の延長線は，ちょうど主軸線上の後円部墳端で交わる．言い換えれば，後円部後端と前方部両隅を結ぶ線によって前方部側線が規定されたと考えられる．なお前方部東側の企画線より外側の前方部下部墳丘の形態については，本来の墳端線を把握し得ないため，現状から企画線を想定することが難しい．

前方部西側の周堀相当部分については，後円部周堀との境に存在する段差線の外端部から，墳端線に平行する線を描いた場合，谷の窪みがほぼその内側に収まってくる．また前方部前面の緩傾斜面の外縁は，前面の墳端線と平行する．

復原案 B（第 6 図）

復原案 A で東側の下部墳丘の企画線とした O′ 点を中心とする半径 27 m の円周をそのまま西半部にめぐらせると，南西～西側の現状の墳端線にほぼ一致する．後円部南西側の墳丘下半部は確かに著しい急傾斜ではあるが，かといって後世の変形を物語る明瞭な痕跡が残るわけではない．従って復原案 B の妥当性もかなり高いとみなされよう．

中心点 O から，上記の下部墳丘の円周の中で墳端が最も高位となる南西側（O-O′ 点の結線の延長上）に内接する半径 21 m の円を描くと，その円の北側は，括れ部の周堀段差線を結んだ線に接する．この円を上部墳丘の企画線と想定することができるが，下端部の等高線は，復原案 A の上部墳丘企画線のように，北東側と南西側で一致しないことになる．後円部側周堀の輪郭線については，下部墳丘の中心 O′ 点から，南西側の外壁下端線を基準に，半径 45 m の企画線を描くことができる．前方部側の企画線については，前方部長と前方部西側の周堀相当部分の範囲がやや広がる以外は，復原案 A とほぼ同じである．

以上のように，当古墳の築造企画は，後円部南西側の墳端線が旧状を保つか否かによって，A・B 二通りの復原案が考えられ，各復原案に基づく計測値を列記すると下記の通りとなる．

復原案 A：墳丘主軸長 103 m，後円部下部径 57 m，後円部上部径 48 m，墳頂部径 21 m

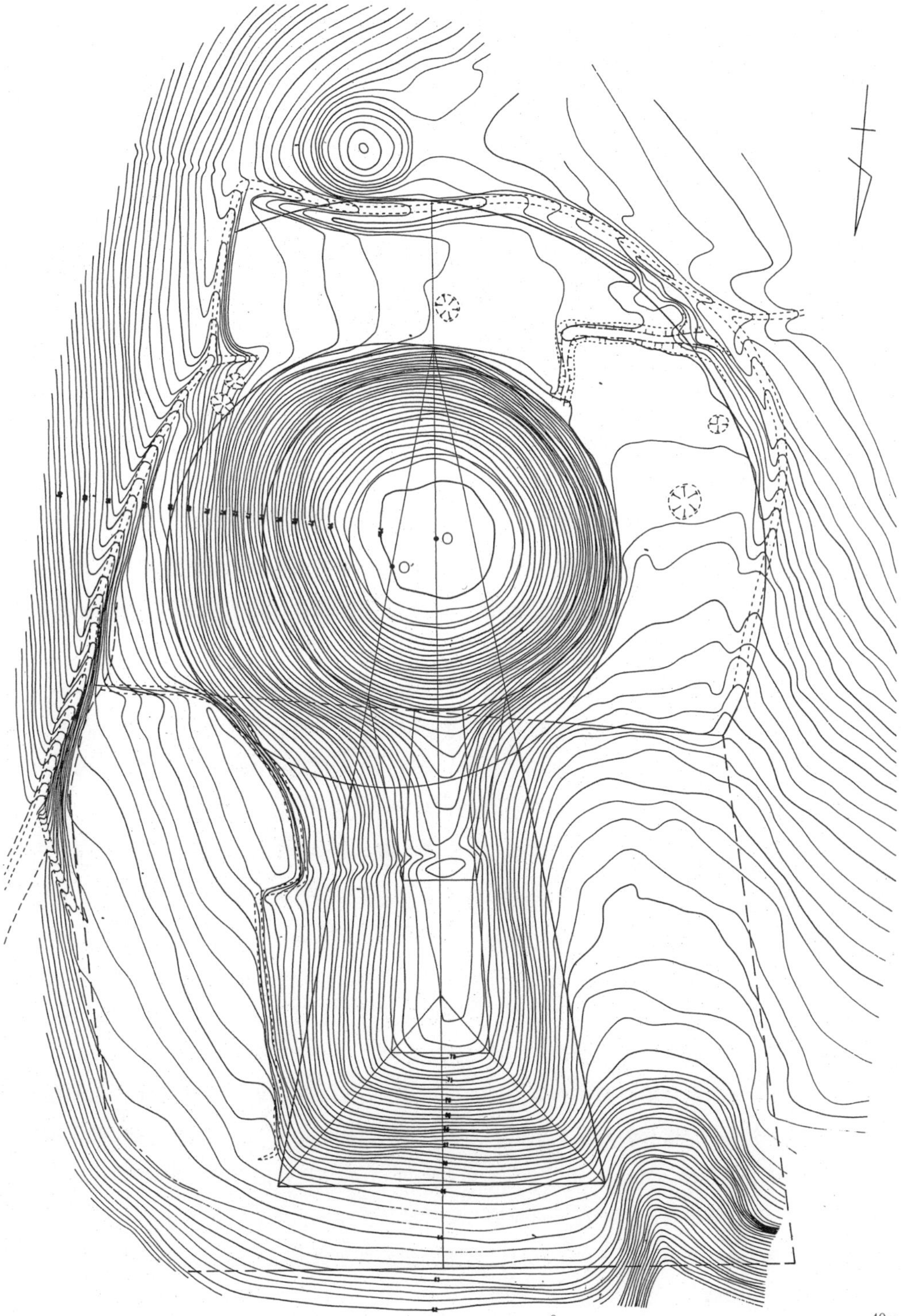

第**6**図　飯籠塚古墳築造企画推定図Ｂ（1/800）

前方部長 54 m，前方部幅 39 m，周堀外半径 39 m，周堀幅 15 m，周堀全長 127 m
復原案Ｂ：墳丘主軸長 102 m，後円部下部径 54 m，後円部上部径 42 m，墳頂部径 21 m
前方部長 57 m，前方部幅 39 m，周堀外半径 45 m，周堀幅 18 m，周堀全長 129 m

8　中心点移動の認められる前方後円墳について

検討の結果，飯籠塚古墳の墳丘は，築造の過程で後円部の中心点を移動することによって，左右非対称の墳丘形態を形成していることが明らかとなった．このような墳丘形態のもつ意味については，築造基盤面の高低差を修正するためという工法上の理由とともに，平野側からの墳丘外観をより壮大にみせるという意識的な設計目的もあったものと考えられる．

このような中心点移動による墳丘の偏った拡大が認められる古墳は，最近の精度の高い墳丘測量図の作成に伴って，畿内を始め全国各地で多く確認されるようになってきた．このような工法によって築造された古墳は，丘陵端を利用して築造された前期の大形前方後円墳に多くの類例をみるが，円墳にも同様の工法が採用されたとみられるものがある．

ここでは，墳丘の偏った方向への拡大がみられ，築造過程で中心点の移動が認められる古墳のいくつかの事例について，先学の所見を交えながら紹介し，飯籠塚古墳の築造企画との比較・検討を行なってみることにしたい．

奈良県桜井茶臼山古墳は，丘陵の北へ延びる尾根を整形して築造された墳丘長 207 m の前方後円墳で，前方部を南に向ける．川に面した後円部南側に三日月形の偏った墳丘の張り出しが認められる．椚国男氏は，この張り出し部の基底円と，１・２段目の上の円，３段目の上の円の中心点がそれぞれ異なっていることに注目し，築造過程で中心点が漸次南側（前方部側）へ移動していることを指摘した．氏の作成図によれば，基底部の円と１段目上部の円とは前方部側で内接する（椚 1975，1983）．中心点移動という工法が最初に着目された古墳である．

奈良県西殿塚古墳は，北東から南西へ向かって下る丘陵傾斜面に築造された墳丘長 219 m の前方後円墳で，前方部を南に向ける．墳丘の西側に，上部墳丘と相似したテラス状緩傾斜面が認められ，墳丘全体が西側へ増幅されたような平面形態を示す．石部正志氏らは，当古墳の後円部各段における中心点の移動を図示したが，西裾に張り出したテラス部分については，墳丘基底線の外側に位置するものとして墳丘規格から除外している（石部ほか 1979）．これに対して甘粕健氏は，このテラス部分を含めた墳丘の設計を想定し，テラスの外周をめぐる円に墳丘第１段の上端をめぐる円が北東側で内接することを示した（甘粕 1985）．また，前方後円墳の定式という観点から畿内と吉備の大形古墳の対比を行なった北條芳隆氏は，西殿塚古墳における中心点移動の問題を取り上げ，詳細に論じている．氏によれば，各段のテラスが基底部の傾斜と平行でなく，上位の段ほど水平面に近づいていることから，築造にあたってはつねに水平面が意識され，基底部の傾斜が段を重ねるに従って順次修正された結果，墳頂部で水平面が確保されるに至ったとしている．また各段における傾斜の修正は，墳丘斜面の勾配と各段上面のテラスの幅を一定に保ちながら，低位にある南西側の斜面を常に北東側より高く（斜面部の幅を広く）造成することによって達成されていることを指摘した（北條1986）．

西殿塚古墳の東側に隣接する東殿塚古墳も，同様に北東から南西へ下る傾斜面に築造された墳丘長約150 m の前方後円墳であり，墳丘西側に上部墳丘に相似したテラス状の張り出しがみられ，築造過程で中心点の移動が行なわれている可能性がある．

長野県森将軍塚古墳は，湾曲した丘陵尾根上に前方部を南西に向けて築造された墳丘最大長99 m の前方後円墳で，前方部側が尾根の上位にあり後円部の南東側が直線状に延びる特異な墳形を呈する．また前方部と後円部の主軸が一致せず，湾曲する丘陵尾根の地形に制約されたものと判定されている．当古墳の築造企画を検討した森嶋稔氏は，墳丘裾をめぐる石垣の基部の位置から，墳丘中心点Oを中心とする外回りの円周と，石室中心点O′ を中心とする内回りの円周を設計企画線として描き，築造の過程における中心点の移動と地形に制約による設計変更を想定した．（森嶋1984,1985）．また岩崎卓也氏は，後円部の左右の不均衡について，尾根の東側は山が連なるのに対して西側には低地が開けているという観点から，プロフィルの優れた西側に「見られる側という意味での正面」観があることを指摘した（岩崎1984）．

同じく長野県土口将軍塚古墳は，東西に延びる丘陵尾根上に前方部を東に向けて築造された墳丘長67 m の前方後円墳で，前方部側が尾根の上位にあり，後円部は楕円形状に西側へ延びた形状を呈する．森嶋稔氏は，当古墳の築造企画についてO点を中心とする下段の墳丘を最初に築いた後，O点より東へずれたO′点と中心とする前方部側の円周と，O点より西へややずれたO″点を中心

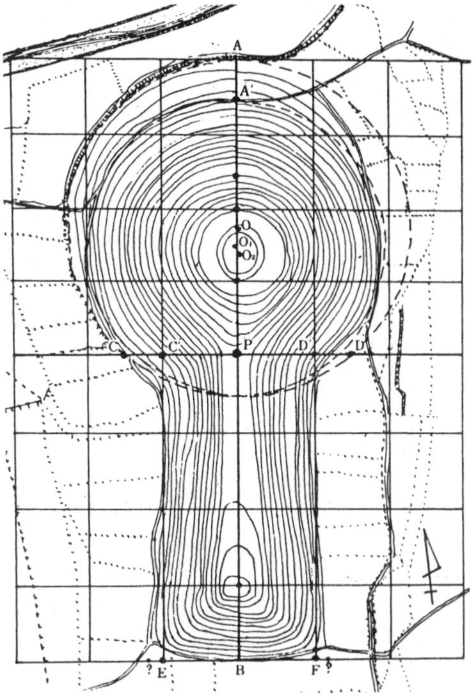

第7図　桜井茶臼山古墳の設計企画
（椚1983より転載）

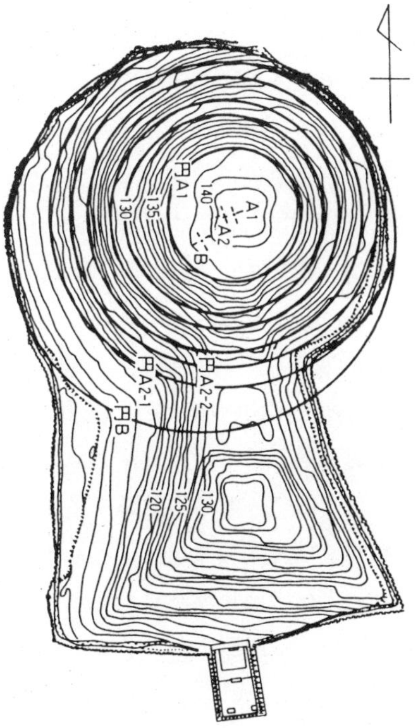

第8図　西殿塚古墳の設計企画
（川上1989より転載）

とする後方の円周を組み合わせた楕円形の後円部上段の企画を想定し，築造基盤面の傾斜を下段の築成によって水平面に近づけてから，上段の墳丘が設計されたとしている（森嶋 1987）．なお森嶋氏は，同一地域に存在する川柳将軍塚・倉科将軍塚の２古墳についても，主軸線上での前方部側への中心点の移動を想定している（森嶋 1985）．

新潟県保内三王山古墳群は，新潟平野に面した丘陵上に営まれた総数 17 基の古墳群で，前方後円墳・前方後方墳・方墳・造出し付円墳・円墳の各墳形の古墳を含む．１号墳は，南北に延びる尾根上に，前方部を北側（尾根端）に向けて築造された墳丘長 37 m の前方後円墳で，地山整形と盛土を併用した築造であり，墳丘は急傾斜面に面する西側にやや増幅した形状を示す．築造企画を検討した川上真紀子氏は，B 点を中心とする下段墳丘と，A 点を中心とする上段墳丘の二重構造を想定し，二つの円周が尾根山側の後円部南東で接する設計線を描いた．そしてこのような中心点のズレは，単に築造基盤面の傾斜面を克服し平坦面を形成するためのものではなく，西側に墳丘下段を作り出すために墳頂平坦面を東側へ寄せようとした意図的な設計であると解釈した（川上 1989）．また，同一古墳群中の 11 号墳（造出し付円墳）にも共通した工法の取られていることが指摘されている（甘粕・荒木ほか 1989）．

福島県会津大塚山古墳は，独立丘陵の頂部尾根上に，前方部を北にむけて築造された墳丘長 114 m の前方後円墳で，近年測量調査が実施されている．甘粕健氏は，従来墳丘範囲とされていた上部墳丘に加え，後円部・前方部下段のテラスおよびその下位をめぐる斜面を含めて墳丘範囲としてとらえ，築造企画を検討した．後円部の下段の墳丘は西側へ大きく張り出していることから，O 点を中心とする当初の上段墳丘のモデルに加え，中心

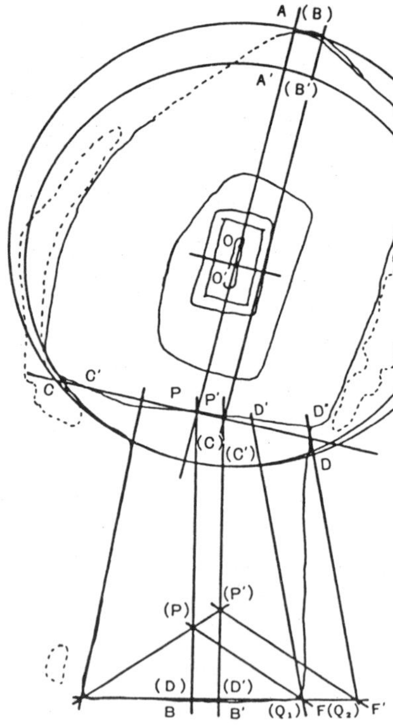

第 9 図　森将軍塚古墳の設計企画
（森嶋 1985 より転載）

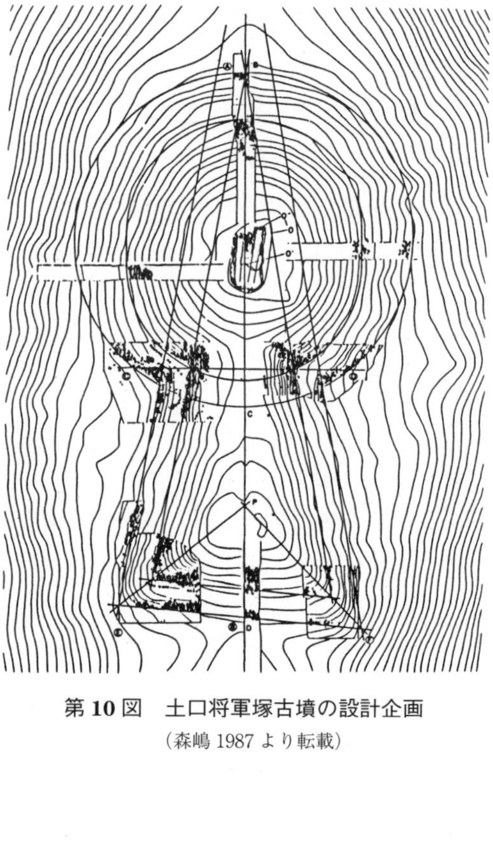

第 10 図　土口将軍塚古墳の設計企画
（森嶋 1987 より転載）

点を東側へ移して下段墳丘の円周を描き，平野からの側面観がより立派になるように整備したものであると推定した．下段の墳端をめぐる円周と，下段の上端をめぐる円周は，築造基盤面の高位にある東側で接する．甘粕氏の解釈では，築造面の傾斜を修正するために下段を先に築いたのではなく，上段を設計した後，平野からの側面観を際立たせるために，下段を整形したという見方を示しているようである．また川村浩司氏は，墳丘の正面観という視点から，墳丘西側からの視覚的効果を強調したものであるとした（甘粕・川村ほか 1989）．

以上，先学によって設計企画の復原が行なわれている古墳を中心に簡単に紹介してきたが，このほかにも同様の工法によって築造されたとみられる前期前方後円墳は全国各地に存在しており，香川県鶴尾神社4号墳，岡山県浦間茶臼山古墳，兵庫県岡之山古墳，大阪府壺井丸山古墳，岐阜県柄山古墳，福井県御茸山66号墳・石船山古墳・山ケ鼻6号墳・六呂瀬山1号墳，富山県谷内16号墳，新潟県行塚1号墳，福島県灰塚山古墳，神奈川県地頭山古墳など多数を例示することができる．

これらの古墳に共通しているのは，墳丘の拡大がいずれも平野に面した側に認められることであり，川上真紀子・川村浩司氏らが指摘するように一定方向（正面）から墳丘をより大きくみせるという視覚的効果を狙って，設計当初から積極的な原地形の利用が図られたものとみてよいであろう．換言すれば，偏った墳丘の拡大は，築造基盤面の傾斜を修正するためといった工法上の理由から必然的に生じたものではなく，意図的な設計としてなされている可能性が強いといえる．とくに前期古墳の段階においては，平地に築かれた中・後期の古墳のように盾形周堀等をめぐらせて兆域により広い面積を占有するといった意識よりも，墳丘

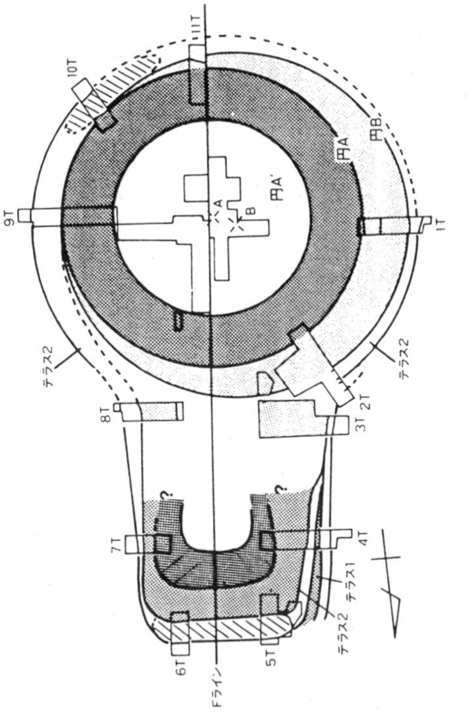

第11図　三王山1号墳の設計企画
（川上 1989 より転載）

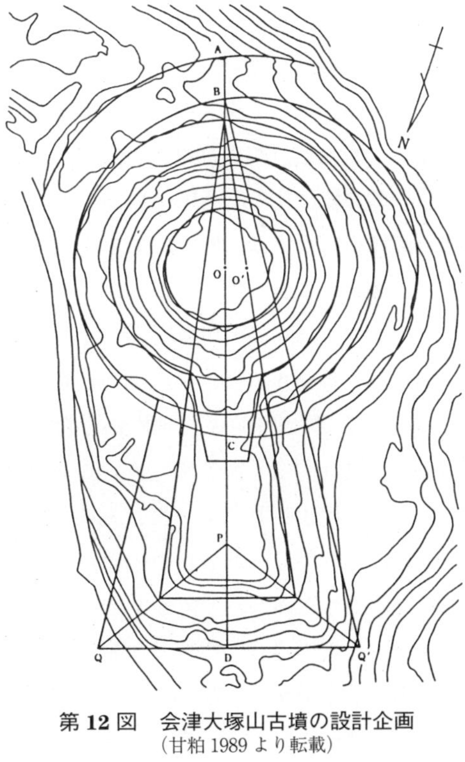

第12図　会津大塚山古墳の設計企画
（甘粕 1989 より転載）

をより高く構築することに重要な意義があったとみられ，平面形態よりも立面形態を重視していたことが窺われる．もちろん，丘陵上の古墳においても，整った平面形態を指向していたことは明らかであり，多くの古墳における一定の法則性に則った企画がそれを証明している．また，丘陵という不整な地表をあえて選択して古墳を造営するからこそ，拠るべき企画設計が必要とされたのであろう．ただ森将軍塚古墳のように，湾曲した地形の制約によって，基本的なプランが多少の変更，臨地的な対応を余儀なくされる場合もあったようである．

ところで，墳丘の拡大が古墳のどの側面に対して行なわれているかをみると，桜井茶臼山古墳のように主軸方向の後方，会津大塚山古墳のように主軸と直交する片側側面，西殿塚古墳のように主軸に対して斜め方向の片側側面といった様々な場合があり，立地する丘陵斜面の向きと墳丘の向きによってそれぞれ異なっているといえる．墳丘主軸は地形に制約されるが，前方部を丘陵の上位へ向けるか下位へ向けるかという点は，地域毎の傾向もみられるようである[6)]．

飯籠塚古墳の場合は，西殿塚古墳と同じく主軸に対して斜方向の北東側（右前方側）に拡大が認められる．丘陵傾斜面が南西から北東へ向かって下っており，平地への眺望も北～東の方向に開けているので，それに全く合致した方向への拡大であるといえる．ただし，当古墳の場合には段築が全く認めらず，はっきりした傾斜変換線も北東側には存在しないことから，上段と下段の墳丘を見かけ上から明瞭に区分することは難しく，設計線のうえで中心点の異なる円周の境を区別し得るに過ぎない．そしてその境界線は，東西両側の墳丘勾配に相違がみられる以上，必ずしも等高線に沿った線になるとは限らないわけである．

西殿塚古墳では，墳丘両側の傾斜角度と各段の幅を一定に保ちながら，斜面の幅によって築造面の高低差を修正していることが指摘されているが，飯籠塚古墳にはそのような工法は適用し得ず，傾斜角度や中段テラスの幅に東西間で差異が生じている会津大塚山古墳の方に近似しているといえる．ただし，後円部南西側が盛土の流出を受けていると仮定した復原案 A によれば，上部墳丘の輪郭線は凡そ等高線に沿ってめぐることになる．

また飯籠塚古墳では，低位にある後円部北東側が盛土による増高を行なっているのに対し，高位にある後円部の南西側には周堀をめぐらせ，地下げすることによって基盤面の高低差の調整を図っている．ただ，後円部周堀西側外周および前方部東側における等高線の流れから，墳丘築造前の旧地形を復原すると，後円部南西裾付近には本来 72 m 前後の等高線が走行していたはずであり，南西側の墳丘下底部を地山から削り出している可能性は小さい．斜面の水平化とそれに続く墳丘の築成はすべて斜面への盛土によってなされていると考えられよう．

それでは実際の工程において，最終的な後円部中心点 O と墳丘主軸線が当初から設定してあったのか，あるいは下部墳丘の中心点 O′ による 2 次的基盤面が完成後，新たに中心点 O と墳丘主軸線を設定したのか，A 案の場合には前者の可能性が，B 案の場合には後者の可能性が強いといえよう．A 案の場合，高低差の解消と墳丘の拡大を兼ねた付加的な設計として，O′ 点を中心とする半円が描かれていたものと考えられる．

なお前方部東側の下段墳丘については，今回形態の復原を避けたが，上部の墳丘側面の向きと丘陵面の傾斜方向の相違を修正するために必要な基壇的役割を果していたものと思われる．なお，鉤手状屈曲を本来のものと仮定して，造出しあるいは特殊な前方部形態とみなすこともできるが[7)]，現段階においては同様な事例を見出すことができない．

以上築造企画の問題については，まだ未発掘の段階なので，この程度にとどめておきたい．

9　小櫃川中流域における首長層の動向

最後に，小櫃川中流域の古墳様相を簡単に展望し，本稿のまとめとしたい．飯籠塚古墳は墳丘長102 mという規模から，房総，関東地方にあっては異論なく大形前方後円墳の範疇に含められよう．関東地方における100 m以上の古墳の大半は，中～後期のものであるから，前期古墳に限定すれば，その規模は屈指の存在といえる[8)]．しかも近接した区域内に3基もの100 m級大形前期古墳が存在するという事実は特筆すべきである．他の2古墳についてはまだ測量図がなく[☆10)]，細部を比較できる段階ではないが，簡単に概要を紹介しておきたい．

白山神社古墳は，丘陵裾に張り出した舌状の緩傾斜面に，前方部を西へ向けて築造されている．墳丘主軸を丘陵の長軸方向に合致させている点は，飯籠塚古墳と異なるが，丘陵崖線のコーナーを利用した占地状況は非常によく似ており，後円部側に周堀がめぐること，括れ部の対応する位置に段差が存在する点も共通する．当古墳の規模は，従来の遺跡分布地図に76 mと記載されていたが，1990年秋に略測をしたところ，墳丘長88 m・後円部径48 m・前方部幅37 m・後円部高11 m・前方部との比高5.2 mという測値が得られている．前方部前面には3段の裾線がとらえられ，略測時には上から2段目までを墳丘の範囲と考えたが，最下段まで含めるとすれば，墳丘長は約100 mの規模となる．前方部は墳頂面の前端が高まっており，側面の開きの度合いは飯籠塚古墳よりも大きいようである．後円部頂にかなり大きな盗掘坑が認められる．

箕輪浅間神社古墳は，丘陵頂の尾根状突出部に前方部を南に向けて築造されている．飯籠塚・白山神社の両古墳に比べるとかなり高位にあり，尾根上という点で立地条件も異なっているが，丘陵の突出部という基本的な占地は同じである．後円部上には神社の社殿が建ち，墳頂部が掘り窪められているほか，前方部上が参道となっているなど改変が著しく，前方部側の墳丘裾も現状では明瞭にとらえ難い．略測では，墳丘長100～110 m・後円部径55 m・後円部現存高7 m・後円部と前方部前端の比高差6 mを測り，飯籠塚古墳の規模を凌駕している可能性がある．現状では後円部と前方部の墳頂面が緩傾斜で連続しているが，墳頂部を掘り窪めた土によって連結部の落差が埋められている疑いがある．いずれにしても前方部の墳頂面は前端へ向かって一方的に下るものであったと考えられる．なお，後円部後方には堀割状の広く深い溝が存在するが，新しい時期の造作のようであり，これが墳丘の区画（周堀）の名残をとどめるものかどうかは明らかでない．

飯籠塚古墳，白山神社古墳，箕輪浅間神社古墳の3基は，小櫃川を挟んで三角形に対峙する位置関係にあり，いずれも前方部を平野側へ向けて築造されている．飯籠塚古墳と白山神社古墳の

写真１　上空から見た飯籠塚古墳（南↑）

写真２　小堰三大首長墓鳥瞰（南西↑）

距離は1.4 km，飯籠塚古墳と浅間神社古墳の距離は1.6 km，白山神社古墳と浅間神社古墳の距離は1.0 kmを測り，3古墳を結んだエリアの中程は現在「俵田」とよばれる河岸低地となっている．これら3基はいずれも，発掘調査等による確証が得られているわけではないが，墳丘形態や立地状況からみて前期古墳（下っても5世紀初頭までの築造）であることは，ほぼ間違いないものと思われ，「前方後円墳時代」の到来後まもなく，この地に継起的な大形首長墓の造営が行なわれたことを示している．ただ，3基の古墳の造営の前後関係については，今の段階では明確にし難い．

小櫃川水系においては，河口部の海岸に面した丘陵に手古塚古墳，坂戸神社古墳という60 m級の2基の前期前方後円墳が川の南北に対峙するように存在しており，このうち南に位置する手古塚古墳から，三角縁神獣鏡をはじめとする畿内色の強い遺物群が出土していることは，周知のとおりである．一方，下流から中流へ向かう流域の丘陵上には，山王辺田2号墳，滝の口向台9号墳など，拠点的に前期の前方後方墳が存在し，集合的な在り方を示す前期方墳群の存在も近年の調査によって明らかにされている．このような，現段階で把握し得る小櫃川水系の前期古墳の分布様相の中で，小櫃地区における3古墳は，墳丘規模においては卓越的な存在といえる．その意味で3古墳を築いた首長層が水系全体を支配下に組み込んでいたとみることもできよう．

しかしながら，墳丘規模において下回るとはいえ，手古塚古墳における副葬品の優れた内容をみると，他の首長の配下に組み込まれた一小首長の墳墓とするには抵抗があることも事実である．そこで一つの仮定として述べられることは，基本的に前期の段階においては，水系各地に大小の首長が並立する状況にあり，墳丘規模の大小は水系の中での階層的な関係を示すのではなく，並立的な状況の中での勢力格差を表わしているに過ぎないとみることもできる．各々の首長の直接の支配領域はさほど大きな範囲ではなく，近接地域間での個別的な主従関係はあったにせよ，まだ水系全体を包括するような広域圏の統合が十分に進んでいない段階にあったとも考え得る．従って，個々の首長が畿内王権との間にそれぞれ独自の「擬制的同族関係」を結んでいたとしてもおかしくないわけである．その中にあって，海岸部に位置する手古塚古墳などの被葬者と内陸部に優勢を張る小櫃地区の古墳の被葬者とでは，外来系・在地系といった出自の違いがあったことも推測し得る．いずれにしても，分立する領域が相互の優劣関係の中で，徐々に統合の方向に向かっていったであろうことは推測に難くない．

そして中期に入ると，下流域河口部の沖積地に，巨大な盾形周堀と埴輪列を備えた最初の平野型前方後円墳が築かれる．長持形石棺の存在が推定される高柳銚子塚古墳であり，その築造年代は5世紀前葉（第2四半期）頃であるともいわれる．少なくともこの時期以降，中流域で大形前方後円墳が築かれることはなくなり，100 m級の首長墓は，祇園・長須賀周辺の低地部に限って造営されるようになる．このような，小櫃川水系内での盟主墳の移動は，中流域の勢力が水系全域を統合して下流域へ本拠地を移したことを意味するのか，あるいは下流域の勢力が逆転して中流域の勢力を傘下に組み入れたことを意味するのか，解釈の分かれるところとなろう．

それでは，中流域（とくに小櫃周辺地区）における中期～後期の古墳の様相は，どのような状況であったろうか[9]．この地域では，まだ発掘調査の行なわれている古墳が限られているために，現状での分布調査の成果と過去の私的な発掘による出土品などから判断する以外にない．

まず中流域の全体的な古墳分布の特徴をみると，河岸低地に突出した丘陵，段丘のほとんどに拠点的に古墳群が存在しているのをみることができる[10]．とくに左岸の戸崎城山周辺地区と寺沢地区は最も古墳が密集する区域であり，ともに総数50基を超える古墳が確認されている．

前方後円墳は，戸崎城山地区の狭い範囲にまとまっている4基（1基調査済）と，やや東に離れた段丘突端部にある1基，同じく左岸北側の戸崎脇原古墳群中の1基，左岸南部の岩室古墳群中の1基が確認されているほか，『君津郡郡誌』に記載される戸崎野持の前方後円墳が知られる．これらの前方後円墳の規模は30～50 m台で，このうち，戸崎城山の3基と脇原・岩室の前方後円墳は，いずれも括れ部が細い特徴的な形態を示しており，後期古墳と考えられる．また戸崎城山地区の1基で周堀跡が検出された前方後円墳は，後円部の周堀が全周する，いわゆる「埋没周堀」を有していたことが判明しており（平野 1984），括れ部幅が狭いタイプの前方後円墳の多くは，同様の周堀を備えている可能性が強いことを示唆している．

円墳では，戸崎の万福寺裏手の円墳と，段丘東突端の前方後円墳の脇にある円墳が際立って大きく，ともに直径40 m クラスで高い墳丘をもつものである．

以上のような古墳様相からみる限り，小櫃地区を中心とした小櫃川中流域には，中期～後期にも引き続き，水系の中で一定の優位性を保持した集団が存続していたようであり，かつて小櫃の3大古墳を築いた首長層の末裔が独自の小地域圏を形成していたことも想像される．

おわりに

以上，1986年の夏から秋にかけて実施した飯籠塚古墳の測量調査の成果報告を中心に，その墳丘形態にみられる前期古墳特有の築造企画と工法について若干の検討を加え，合わせて，当古墳を取り巻く小櫃川中流域の古墳様相について，考えつくところをまとめてみた．

筆者の認識不足により，検討の足りない箇所も多々あるとは思うが，取り敢えず測量図の公表と周知を急ぐ必要から，至って不十分な考察と承知しながら小文を草した．飯籠塚古墳の名が今後東国の古墳研究の舞台に登場し，諸賢による検討の重ねられてゆくことを期待したい．

なお，今回公表した測量図は，原図が1/200の縮尺であり，技術的な未熟さもあって，決して精度が高いとは言い切れない．将来，何かの機会に再測量が行なわれれば，新たな事実が判明するかもしれない．

暑い一日，滴る汗を拭い，蚊の大群と戦いながら，見通しの悪い竹林の中を駆けめぐった5年前の夏を思い出す．陽光が所々に射し込む竹薮の中に浮かび上がった古代小櫃の首長墓の壮大な姿を脳裏に彷彿とさせながら，思いのほか苦渋が多く自らの不勉強を知らされた目前の原稿から，ひとまず開放されることにしたいと思う．

（謝辞）

飯籠塚古墳については，測量調査以来，田中新史・沼沢豊・車崎正彦の各氏より貴重なご指摘を賜っており，測量図検討の段階では，当センターの諸墨知義・安藤道由氏より参考意見を頂いた．また本稿の作成にあたり，戸倉茂行・簑島正広・安藤道由氏より文献の貸与を頂いている．記して感謝の意を表する次第である．

註

1)　それ以前の一部の報告書等に併載された遺跡分布図に，当古墳の位置をマークしているものがあるが，主軸方向が誤っていたり，計測値に関する記載も全くみられない．集落から比較的近距離に位置するために，付近の住民や地元の郷土史家からはすでに古墳として認識されていたとは思われるが，大形前方後円墳として公式に周知されるところとなったのは，この分布調査においてである．なお，1927年刊行の『君津郡郡誌・上巻』にも当古墳に該当する記載は見当たらない．

2)　『君津郡郡誌』には，当古墳とは別の場所に所在する古墳で，「飯籠塚」または「いご塚」と称するものが4か所（下記）も記されており，当地域においては「飯籠塚」の名が古墳の通称として多用されていたことが窺える．

①平岡村（現袖ケ浦市）高谷飯籠塚　円形（面積百二十坪許）

②馬来田村（現木更津市）真里谷町原飯籠塚　円形

③小櫃村（現君津市）西原飯籠塚　墳形記載なし

④中村（現君津市）大鷲いご塚　円形

上記以外に，類似するものとして，神納村（現袖ケ浦市）えご塚がある．

3)　ただし現地の観察や，後述する築造企画の検討から，その可能性は少ないと考えている．

4)　たとえば主軸に直交する後円部東側の線上をたどっていった場合，74 m の等高線付近と 70 m の等高線付近の2か所にわずかな傾斜変換点が認められる．このうち下部の傾斜変換線についてはある程度連続性がみられるが，上部の変換線は部分的なものである．

5)　ちなみに白山神社古墳では，後円部後方・後円部北側・前方部前方に合計4基の円墳があり，箕輪浅間神社古墳では，前方部東側に円墳1基が存在している．このうち白山神社古墳の後円部後方の円墳が明治時代に発掘され，鏡・大刀・短刀・鐔・鉄鏃・須恵器が出土している．この時出土した鏡は，現在君津市立久留里城址資料館に保管される海獣葡萄鏡であるといわれ，円墳の築造年代は，主墳の白山神社古墳とは大きく隔たっていたことになる．「陪塚」の中にはこのような例もあることを注意する必要があろう．

6)　たとえば森将軍塚古墳などの存在する長野県善光寺平周辺の前方後円墳は，いずれも尾根の端側に後円部を向けて築造されており，平野側に前方部を向けた当地域の在り方とは異なっている．

7)　香川県下の石清尾山地域に存在する積石塚古墳に，前方部先端の両側面と前面がコ字状に張り出すタイプの前方後円墳が知られ（玉城 1982，1985），北部九州においても同種の形態をもつ前方後円墳が調査されている（福岡市教育委員会 1988）が，飯籠塚古墳の場合は片側面だけの張り出しであり，上記の前方後円墳のような整然とした企画性も認め難いので，これらと同一視するわけにはいかないであろう．

8)　千葉県下で，小櫃地区の3古墳の規模を凌駕する前期古墳としては，養老川下流域の市原市姉崎天神山古墳（130 m）・今富塚山古墳（113 m）が挙げられるにすぎない．

9)　この区域の低地には，古くからの俵田村落が存在し，大部分は水田となっているが，遺跡分布図では遺跡該当地とはなっていない．この区域のみに限らず，小櫃川中流域の河岸低地は，これまで積極的な分布調査が行なわれているとは言い難く，また表面からの観察だけでは容易に遺跡として認定し難い状況であるが，圃場整備・道路整備などの開発が徐々にこの地域に及んでいる状況であり，広域開発に先立つ試掘調査の徹底が望まれる．

10)　白山神社古墳・箕輪浅間神社古墳の背後の丘陵上にも古墳群が存在しているが，大古墳と同一丘陵上に存在する円墳群は，一応直接の脈絡がないものと考えた方が良いかもしれない．ただし飯籠塚古墳背後の1～3号墳に関しては，前期方墳的な外観を示すものがあることから，被葬者の緊密な関係を考慮する必要がある．

参考文献

東　潮 1981「西殿塚古墳」「東殿塚古墳」『磯城・磐余地域の前方後円墳』奈良県立橿原考古学研究所編

甘粕　健 1985「前方後円墳の技術史」『第5回日本土木史研究発表論文集』

甘粕　健・荒木勇次ほか 1989『保内三王山古墳群』三条市教育委員会

甘粕　健・川村浩司ほか 1989『会津大塚山古墳測量調査報告書』会津大塚山古墳測量調査団

石部正志・田中英夫・宮川　徒・堀田啓一 1979「畿内大形前方後円墳の築造企画について」『古代学研究』89

岩崎卓也 1984「まとめ」『森将軍塚古墳Ⅲ』更埴市教育委員会

上田宏範 1969『前方後円墳』学生社

宇野隆夫・田中道子ほか 1988『谷内16号古墳』富山大学人文学部考古学研究室

大塚初重 1966「古墳の変遷」『日本の考古学Ⅳ』河出書房

小沢　洋 1990「君津地区」『千葉県所在古墳詳細分布調査報告書』千葉県教育委員会

川上真紀子 1989「前期古墳の墳丘」『保内三王山古墳群』三条市教育委員会

狐塚省蔵 1988「浦間茶臼山古墳考」『考古学と関連科学』鎌木義昌先生古稀記念論集

君津市教育委員会 1986『君津市埋蔵文化財分布地図』

椚　国男 1975『古墳の設計』築地書館

椚　国男 1983『古代の土木設計』六興出版

車崎正彦 1987「房総豪族層の動向」『古代』83号

小林行雄・近藤義郎 1959「古墳の変遷」『世界考古学大系3　日本Ⅲ』平凡社

近藤義郎 1983『前方後円墳の時代』岩波書店

澤田秀実 1991「墳丘形態からみた権現山51・50号墳」『権現山51号墳』権現山51号墳刊行会

白石太一郎・杉山晋作ほか 1984「箸墓古墳の再検討」『国立歴史民俗博物館研究報告』3集

杉山晋作 1973「千葉県木更津市手古塚古墳の調査速報」『古代』56号

田島富慈美 1990「北陸における前方後円・後方墳の墳丘の変化と意義」『越中王塚・勅使塚古墳測量調査報告』富山大学人文学部考古学研究室

田中新史 1984「出現期古墳の理解と展望」『古代』77号

玉城一枝 1982「讃岐地方における前方後円墳の墳形と築造企画についての一考察」『考古学と古代史』森浩一編　同志社大学考古学シリーズⅠ

玉城一枝 1985「讃岐地方の前期古墳をめぐる二，三の問題」『末永先生米寿記念献呈論文集』

千葉県文化財センター 1987『千葉県埋蔵文化財分布地図（3）　市原市・君津・長生地区』
辻　秀人 1987『古墳測量調査報告』福島県立博物館
都出比呂志 1979「前方後円墳出現期の社会」『考古学研究』103号
中司照世ほか 1980『山ヶ鼻古墳群』大野市教育委員会
中司照世 1987「御茸山古墳群」『文化財調査報告』28集　福井県教育委員会
沼沢　豊 1990「千葉」『古墳時代の研究11　地域の古墳Ⅱ　東日本』雄山閣
萩原恭一 1990「畿内政権との連合」『房総考古学ライブラリー5　古墳時代（1)』千葉県文化財センター
平野雅之 1984『戸崎城山遺跡発掘調査報告書』君津郡市文化財センター
福岡市教育委員会 1988『拝塚古墳（重留1号墳）説明会資料』
北条芳隆 1986「墳丘に表示された前方後円墳の定式とその評価」『考古学研究』128号
美濃古墳分化研究会 1990『美濃の前期古墳』教育出版文化協会
森嶋　稔 1984「森将軍塚古墳築造をめぐる二，三の問題」『森将軍塚古墳Ⅲ』更埴市教育委員会
森嶋　稔 1985「森将軍塚古墳の計測とその設計図」『森将軍塚古墳Ⅳ』更埴市教育委員会
森嶋　稔 1987「土口将軍塚古墳の企画設計」『土口将軍塚古墳』更埴市教育委員会・長野市教育委員会
谷中国樹 1927「原史時代又古墳時代」『君津郡々誌　上巻』君津郡教育会
渡部明夫・藤井雄三 1983『鶴尾神社4号墳調査報告書』高松市歴史民俗協会

第3章　古墳前期から中期への集落の展開

はじめに

千葉県下においては，1970年代から90年代にかけての約30年ほどの間に，開発に伴って夥しい数の集落遺跡が調査されており，本稿で扱う古墳時代前期・中期の集落も例外ではない．本来であればそのすべてを集成し，個々の内容を掌握，分析したうえで集落論を述べなければならないところであるが，筆者の能力と許容される頁数の範囲ですべてを網羅することは困難に等しい作業である．そこで，本稿では筆者が調査・報告に関与し，その内容についてある程度熟知している木更津市小浜遺跡群を一つのモデル的な遺跡として取り上げ，集落構成，集落の継続性，住居形態，住居規模，住居構造，土器様相などについて検討してゆくことにしたい．

1　古墳時代前期集落の様相

(1) 千葉県下の概要

古墳時代前期は，古墳の造営という現象を一つの契機として地域社会の構造が大きく再編され，列島的な均質性へ向けて大きく胎動し始めた時期としてとらえることができる．この時期の集落にみられる共通の要素としては，一つに竪穴住居の方形化と相対的な規模の大形化が挙げられる．また土器様相のうえでは，弥生後期段階まで顕著な地域色を示していた土器様式の分布圏が解消され，なお一定の地域性を留めながらも，大局的には共通した様式（器種構成）を一斉に受容してゆく．

房総における初現的な古墳としては，市原市神門古墳群（纏向型前方後円墳）や木更津市高部古墳群（初期前方後方墳）が知られ，その造営期頃を境に土器様相は大きく変容する．その後，前方後方墳や方墳群あるいは大形の前方後円墳が，東京湾沿岸の諸河川流域，あるいは印旛手賀沼周辺地域に拠点的に造営されてゆく．古墳前期集落の検出密度も，これらの前期古墳の分布に連動して東京湾沿岸に最も稠密に分布し，それに次いで印旛手賀沼周辺地域から多く検出されている．従って千葉県域における現状での古墳前期集落遺跡の分布は県西部に大きく偏っており，これは調査件数の多寡をも反映したものといえるが，これらの地域に当該期の集落密度が高いことは確かであろうと思われる．

このうちとくに東京湾沿岸の村田川・養老川・小櫃川・小糸川流域など西上総諸地域では弥生後期段階から大規模集落が形成され，それが古墳前期に連続・継承されたとみられる集落が多く，土器様相のうえにも漸移的・段階的変化を辿ることができる．これに対して下総諸地域では，弥生後期からの連続性が明瞭な前期集落はむしろ少なく，土器様相も漸移的要素が少なく一変している．かつて東京湾沿岸地域の集落遺跡の報告書が「弥生時代後期～古墳時代前期」と当該期の住居群を一括して報告する場合の多かったことをみても，その整然とした区分が難しいことを示している．

本稿においても，その区分基準に関する問題は残るが，小浜遺跡群マミヤク遺跡の報告書で示した区分ならびに君津地方の当該期の土器編年を目安とする私見に従って，両時期を区分するものとする．

(2) 小浜遺跡群における古墳前期集落の様相

① 集落の概要と継続性

小浜遺跡群は木更津市南西部の海岸に面した丘陵上傾斜面に展開する遺跡で，調査区で区切られたマミヤク遺跡・俵ヶ谷遺跡を合わせ，総数460軒に上る竪穴住居が検出されている．住居は弥生時代中期から奈良時代までのものを含み（第1図），このうち古墳時代前期に該当する住居は114軒を数える．古墳前期の集落は弥生後期から継続して営まれているが，前期終葉近くに廃絶し，再び同じ丘陵に集落が営まれるようになるのは中期後半からである．弥生後期の住居群が遺跡のほぼ全域に分布していたのに対し，古墳前期の住居群は遺跡南半部（斜面上部）に集中する傾向がみられる．また丘陵最上部には合計8基ほどの前期方墳（俵ヶ谷古墳群）の存在が確認され，前期古段階の住居の一部がその周溝掘削によって切断されている．古墳群造営に際して居住域がやや北に移動したとみられるが，その距離は数十メートルの範囲内で，墓域と集落が近接して併存する状況にあったと考えられる．また西側に隣接する丘陵上には墳丘長60 mの前方後円墳で，三角縁神獣鏡・石釧など畿内的色彩の強い副葬品が出土した手古塚古墳があり，その造営時期も当遺跡の前期集落の存続期間内であるとみられる．

② 竪穴住居の形態

古墳前期の住居形態は隅丸方形または方形で，四辺が緩やかに張り出すものから，四辺が直線化し四隅に丸みを残すもの，四隅が鈍角気味に開くもの，四隅が直角化するものへという推移を辿る．

竪穴住居の平面形態を表わす用語として多用されている「隅丸方形」という用語は，大別的には簡便であっても，当該期前後の住居形態の微差を表わすには，その概念に幅があり過ぎていささか不都合である．そこで主として小浜遺跡群での実例に基づいて住居形態の方形化の過程を細分すると，およそ次の六つの段階に識別することが可能ではないかと思われる（第2図）．

A　円形・楕円形に近い胴張隅丸方形

B　四辺がゆるやかにカーブする程度の胴張隅丸方形

C　四辺がほぼ直線化するが，四隅にかなりの丸みを残す隅丸方形

D　四辺が直線化し，四隅にわずかな丸みを残す隅丸方形

E　四隅がやや鈍角ぎみに開く方形

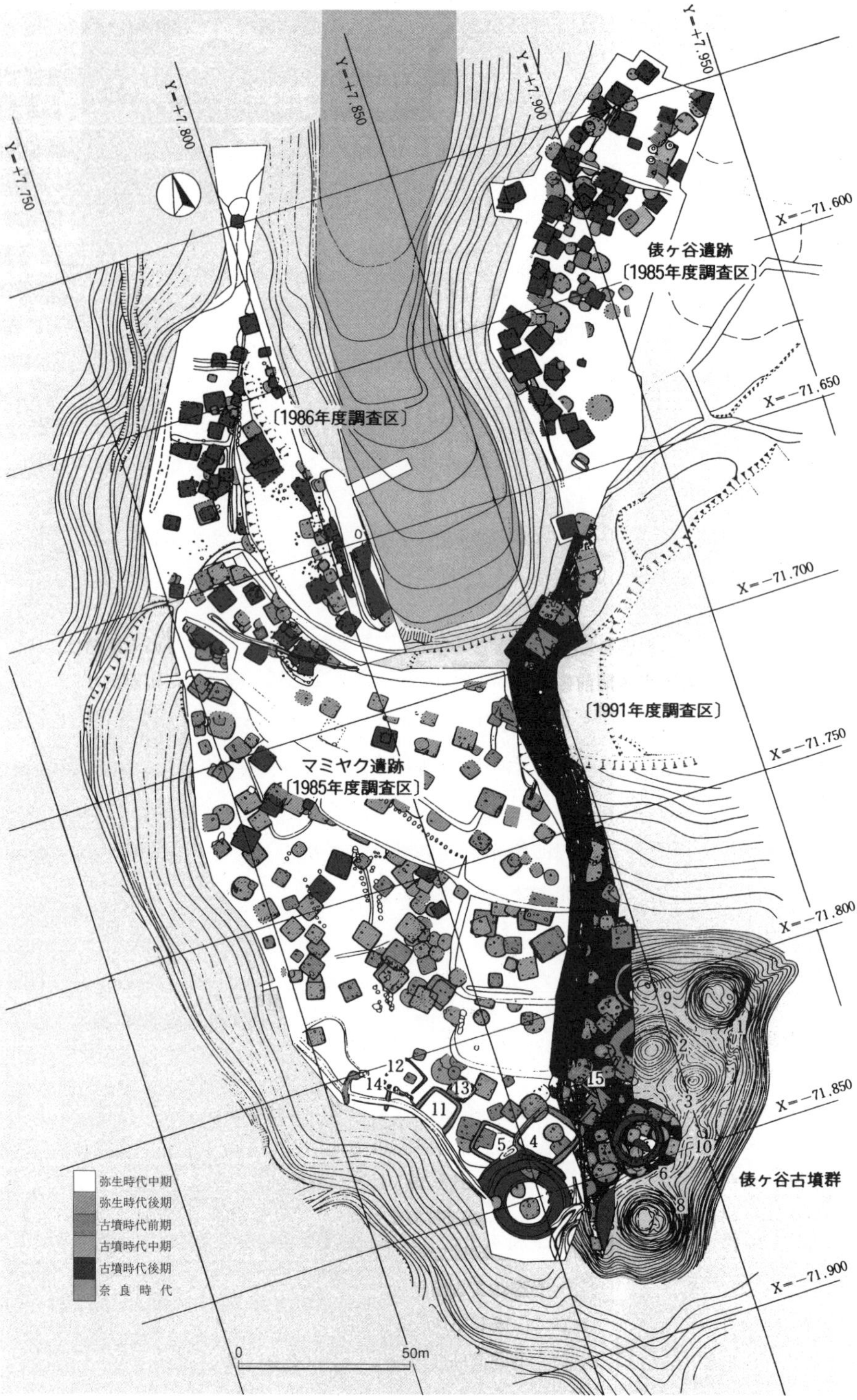

第**1**図　木更津市小浜遺跡群（俵ヶ谷古墳群・マミヤク遺跡・俵ヶ谷遺跡）遺構配置図

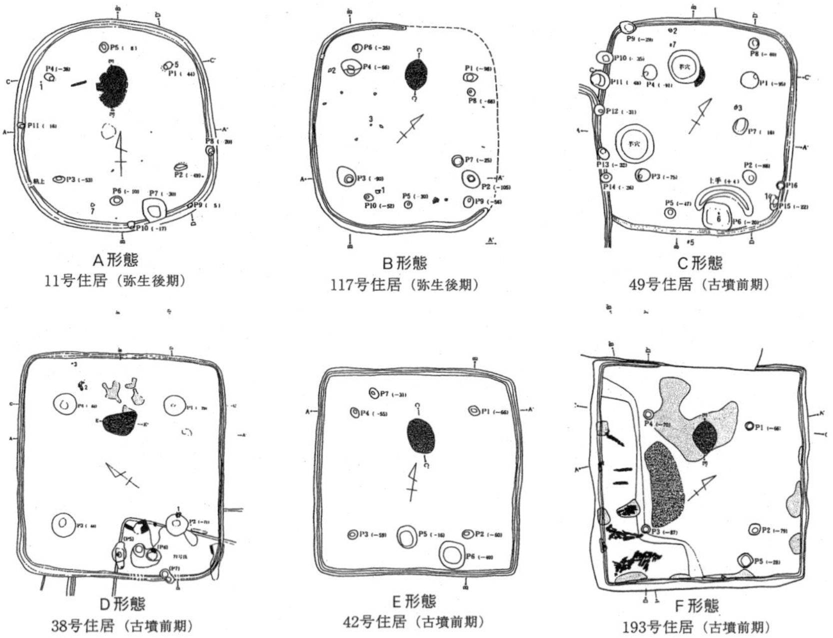

第2図　隅丸方形～方形住居形態分類図（マミヤク遺跡）（S＝1/200　D形態のみS＝1/267）

F　四隅がほぼ直角化した方形

一般的に報告書などで「隅丸方形」と呼称されている形態の中にはA～Dのものが含まれ，また単に「方形」とよばれているものにもD～Fの各形態が含まれる場合が多い．小浜遺跡群においてはA・B形態は弥生後期に含まれるものがほとんどで，古墳前期の住居の主体をなしているのはC～F形態であるが，前期の古い段階にはB形態も散見される．なおB形態の中には，長軸二辺のみがゆるやかにカーブする隅丸方形（B'）も含むこととする．

小浜遺跡群の古墳前期住居は，B形態5軒・C形態36軒・D形態22軒・E形態24軒・F形態25軒・不明2軒（各形態とも一部不鮮明なものを含む）と分類され，C形態が最多数を占めるとともに，D・E・Fの各形態がほぼ均等に認められている．次にこの形態分類の示す「方形化」の過程が，各住居の出土土器による編年と整合するかどうかについて検討しておく．

君津地方の遺跡資料を中心に作成した西上総の古墳前期土器編年（第3図・第1表）では前期を四つの段階に区分しているが，小浜遺跡群にはこのうち4期に該当する住居が認められていない．総数114軒のうち，時期区分が可能な76軒の内訳は，1期27軒・2期28軒・3期21軒であり，各時期住居の形態別の内訳をみてゆくと，1期がB形態3・C形態12・D形態9・E形態3，2期がC形態8・D形態4・E形態10・F形態6，3期がC形態4・D形態2・E形態6・F形態9となっている．1期にはC形態，2期にはE形態，3期にはF形態が最も多いが，各時期に複数の形態が併存しており，住居形態の方形化が漸移的に進行したことを示している．形態別の変化を辿ると，B形態は1期で消滅，C形態・D形態は1期をピークとして2期・3期に漸減，E形態は1期に出現し，2期をピークとして3期に減少，F形態は2期に出現し，3期に増加という流れをとらえることができる（第2表）.

③　竪穴住居の規模

竪穴住居の規模は，最大のものが長軸8.6m（マミヤク25号），最小のものが長軸2.6m（マミヤク92号）を測る．竪穴住居の規模については面積による表示法もあるが，ここではより簡便な方法として最大軸長による規模分布を示すと，8m台6軒・7m台3軒・6m台11軒・5m台25軒・4m台34軒・3m台24軒・2m台2軒・不明9軒となっている．軸長3〜5m台に分布の中心があり，それらを合わせると全体の73％（不明を除くと79％）を占める．

このうち7m以上の大形住居は全体の約8％である．同じ統計をマミヤク遺跡の弥生後期の住居について行なうと，最大径3〜5m台の住居の割合が83％，7m以上の住居の割合が7％で，全体としては住居の平均規模と大形住居の出現率にさほど大きな変化は認められない．

一方，上記の住居形態別に規模分布をみると，B形態では3m台，C形態・D形態では4m台がそれぞれ最多を占めるのに対し，E形態では5m台，F形態では6m台が最多となっている．これを5m以上の住居の割合でみると，B形態が20％，C形態が36％，D形態が23％，E形態が46％，F形態が60％であり，住居の方形化（四隅の直角化）が進むにつれて総体的に住居が大形化する傾向が認められる．さらに土器編年による時期区分と住居規模の関係を示すと，第3表のとおりとなる．

④　竪穴住居の構造

古墳前期の竪穴住居に伴う主な付属施設としては，炉・主柱穴・貯蔵穴・出入口の梯子穴・壁溝があり，その組み合わせは，住居形態が楕円形・円形を基調としていた弥生後期段階と基本的に変わらないものである．それに加え，古墳前期から新たに加わる住居構造上の要素として，大形住居を中心に認められる住居内の間仕切り溝・ベッド状遺構などがある．以下，各要素別に検討していきたい．

a　炉　炉が検出されたのは114軒中，76軒（67％）で，住居の付属施設の中では最も高い比率を示す．ただし，炉を有さないことが確認されたのは5軒のみで，不明25軒を除いた炉の存在率は94％に達する．炉は，ないことの確認された2m台の竪穴2軒を除けば，各規模・各形態の住居からほぼ万遍なく検出されており，最も必要不可欠な住居の付属施設といってよい．

炉が検出されたもの，および炉そのものが遺構の重複等の理由で検出されなかったものの炉位置が特定できるものを含めた84例について炉の位置（方位）を集計すると，北西46例（55％）・北24例（29％）・西6例（7％）・北東4例（5％）・住居中央4例（5％）という結果となり，北西を最大として，北から西の間に90％が集中している．

なお，小浜遺跡群においては炉の中程に砂岩材（炉石）を置く事例が弥生後期から普遍的に認められていたが，古墳前期にもそれが一部残存し7例が認められている．炉石を有するものの住居形態はB=1例・C=2例・D=3例・E=1例であり，時期区分が可能な5例中4例は1期に属するものである．

b　主柱穴　主柱穴が検出されているのは64軒（56％）で，住居の付属施設としては炉に

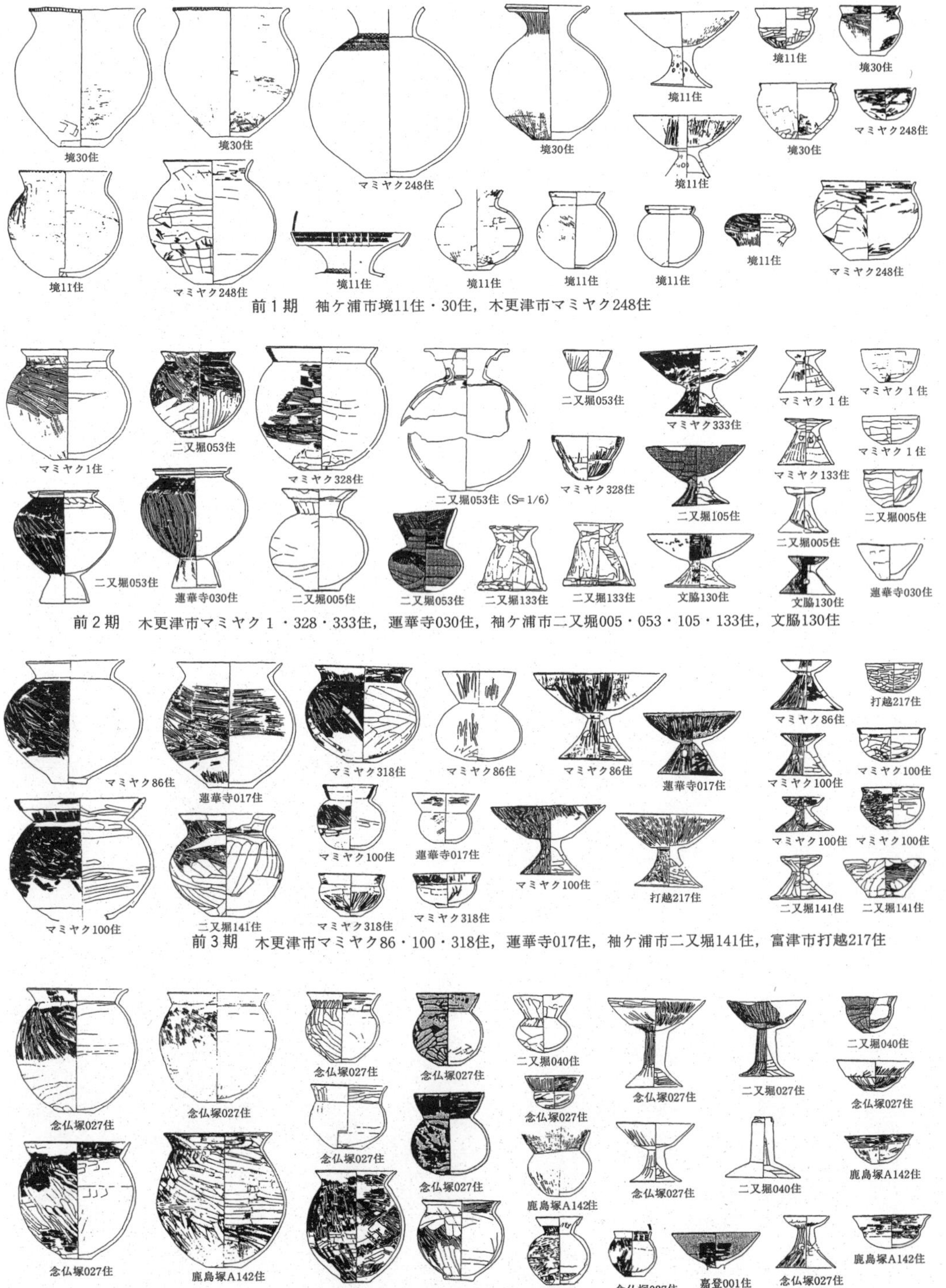

第３図　西上総古墳前期土器編年図（S＝2/25）

第1表　西上総古墳前期土器編年概要

器種	前　1　期	前　2　期	前　3　期	前　4　期
甕	・頸部がく字形に屈曲する甕が出現 ・胴部は前段階よりさらに球形化して、最大部を境に上下が同じ丸みをもつ形態となる ・輪積み甕は西上総北部地域ではほぼ消滅するが、富津市域では客体化しながらも残存し、頸部が柱状に立ち上がる形態となる ・台付甕は客体的に認められ、搬入品のＳ字甕が一部遺跡に出現する ・刷毛目調整の甕が増加 ・前段階まで普遍的に見られた胴上部の段は消失するが、口唇部刻み目はかなりの割合で残存する	・く字形口縁の定着 ・胴部の張りが強く胴径が大きくなる ・この段階にはＳ字甕（搬入品を含む）が最も多くみられる ・刷毛目調整が主体化し、一部にナデ調整のものが残る ・口唇部刻み目は引き続きやや多く残る ・底部輪台技法が普及し、底部が下方へ突出する形態のものが多くなる	・く字形口縁で、口縁部高がやや高くなる ・胴部は前段階と同じく球形を呈する ・底部は突出底でないものも多くなる ・Ｓ字甕は在地製作品が一部に残るのみとなる ・全面刷毛目調整のものが主体となる ・口唇部の刻み目は一部の個体に残るのみとなる	・口縁部高が高くなり、口縁が外反または肥厚したものが多くなる ・胴部は前段階に比べて相対的に高く長胴化する ・底部は薄手化して、底径が広くなる ・底部輪台技法は衰退 ・全面刷毛目調整のものが減少し、刷毛目をナデ消すものが多くなる ・またナデの方向が横位主体から縦位主体に変化する
壺	・弥生時代的な貯蔵形態としての壺は量的に少なくなる ・器高に占める口頸部の割合が小さくなるとともに、口縁部の折返し幅も狭くなる ・器形全体に占める胴部の割合が増大し、球胴化が進む ・この段階には小形壺が多く現れる。また従来の貯蔵形態の壺とは別に外来系の小形受口口縁系の壺もみられるようになる ・文様は全体的に簡素になり、頸部に集約される傾向がみられる ・折返し口縁・無文の壺も多くなる	・二重口縁壺が出現、頸部は短く、下端が屈曲する ・折返し口縁壺も一部に残存する ・Ｓ字結節文・斜縄文・円形刺突文等の退化した文様が肩部に限って残存する	・二重口縁壺が継続して認められるほか、無文の素口縁壺も客体的に存在する ・文様はほとんど消失し、刷毛目調整を施すものが多くなる	・二重口縁壺がこの段階まで残存し、口縁部と頸部を画する段が消失して稜に変わる ・文様は消滅し、縦ヘラミガキ調整が主体で、一部に刷毛目調整のものもある
広口壺	・甕形の器形で折返し口縁を有するものが従来の広口壺の系譜を引くものとみられるが、確認される個体数は少ない ・口縁部の折返し以外、装飾的な要素は失われている	・甕形の器形で折返し口縁のものが少数残存する ・ヘラケズリ調整主体	・甕形で折返し口縁、頸部が屈曲するものが、広口壺の流れを引く土器として一部に残存する ・ヘラケズリおよび刷毛目調整	・すでに器種として消滅し、甕の中に同化していったものと考えられる
高坏	・東海系高坏の影響を受けて坏部が大きく開く形態の高坏が大半を占めるようになる ・在来の弥生時代的な台付鉢形態の高坏はこの段階にはほぼ消滅	・坏部底に稜をもつ形態と坏部が埦形の形態があり、この段階には埦形のものがやや多い傾向にある ・調整は縦位のヘラミガキが主体	・坏部底に稜をもつ高坏が坏部埦形の高坏よりも優越するようになり、脚部の上半が柱状化するものが多くなる ・調整は縦位のヘラミガキが主体	・脚部が柱状化して高くなり、内実になるものも多くなる ・坏部は全体に小形化し、坏底部の稜の位置がやや上位になる ・脚部柱状化に伴って透孔が消失する ・縦ヘラミガキが主体
器台	・前段階の筒形の器台に代わって、上部の内彎する炉器台が現われる	・小形器台が出現、この段階には受部が浅い皿状を呈するものが多い ・炉器台は受部が退化してハ字形に開くものが多くなる。 ・また円錐形で上面に孔をもつ炉器台も現われる	・小形器台は受部の屈曲した受口状のものが多くなり、接合部が長くなる ・炉器台はほとんど見られなくなり、有透孔器台や烏帽子形支脚が現われる ・ヘラミガキ調整主体	・脚部が長くなり、高坏と同様に柱状化 ・個体数も前段階より著しく減少する ・ヘラミガキ調整主体
坩		・この段階から新たに出現 ・当初からやや大形の壺形坩タイプのものと小形丸底坩タイプの両者がみられる ・小形坩タイプはヘラミガキ調整主体、壺形坩タイプはナデ・刷毛目調整併用	・壺形坩タイプ・丸底坩タイプともに口縁部が大きくなり、内彎するものが多くなる ・また坩から分化して平底の鉢形の器形も現われる ・平底坩タイプの鉢はヘラミガキ調整主体、他はナデ・刷毛目調整を併用	・前段階の多様な形態が、壺形坩タイプと扁平な小形丸底坩タイプの２種に集約されてくるようであり、両者は機能的に区別されていたとみられる ・ヘラミガキ調整主体
鉢	・前段階以来の無文系の浅鉢と折返し口縁でやや大きい形態の浅鉢が併存 ・また口縁部が短く外反し器高の高い形態の鉢も新たに出現する ・この段階には文様は全く失われる	・従来からの小形の椀形鉢とサラダボウル状のやや大きい鉢が併存する ・折返し口縁も消滅 ・ナデ調整のものが主体	・平底坩タイプの鉢と口縁部が短く外反する埦形の鉢があるが、両形態の境界は明瞭ではない ・従来からの口縁部が直線上に開く鉢も残存 ・平底坩タイプの鉢はヘラミガキ調整主体、他はナデ・刷毛目調整を併用	・前段階と同様に、埦形無文の鉢と平底坩タイプの鉢があり、後者と坩の違いは漸移的で厳密な区分はできない ・ナデ調整主体。調整技法からヘラミガキ主体の坩と区別できる可能性もある

次いで検出率が高い．主柱穴を有さないことが確認されているのは 43 軒で，不明 20 軒を除いた存在率は 60 % である．前期の約 3/5 の住居が 4 本柱の主柱穴を備えていることになる．主柱穴の検出率は住居規模との相関関係が明瞭である．7～8 m 台の住居では 100 %，6 m 台の住居では 91 %，5 m 台の住居では 84 % で主柱穴が確認されているのに対して，4 m 台の住居では 59 %，3 m 台の住居では 17 %，2 m 台では 0 % と，規模が小さくなるほど主柱穴の検出率は低くなっている．それでは主柱穴を有さない住居には上屋がなかったのかといえば，必ずしもそうではなく，小規模な竪穴では屋内空間が狭くなる不都合もあり，柱を建ててまで上屋を支える物理的な必然性もなかったためではないかと推測される．ちなみに主柱穴のないことが確認されている事例の住居規模別の合は，2 m 台が 100 %，3 m 台が 79 %，4 m 台が 41 %，5 m 台が 16 %，6 m 以上では 0 % となっている．

第 2 表　古墳前期の時期区分と住居形態

時期区分	総数	住居形態					
		B	C	D	E	F	不明
1 期	27	3	12	9	3		
2 期	28		8	4	10	6	
3 期	21		4	2	6	9	
不 明	38	2	12	7	5	10	2
合 計	114	5	36	22	24	25	2

第 3 表　古墳前期の時期区分と住居規模

時期区分	総数	住居形態							
		2m台	3m台	4m台	5m台	6m台	7m台	8m台	不明
1 期	27		8	10	4	1		2	2
2 期	28	1	6	5	6	7	1		2
3 期	21		2	6	6	3	2	2	
不 明	38	1	8	13	9			2	5
合 計	114	2	24	34	25	11	3	6	9

c　貯蔵穴　貯蔵穴は 53 軒（47 %）の住居から検出されており，ないことが認定されているのは 41 軒，不明 20 軒を除いた存在率は 56 % である．全体的な比率のうえでは主柱穴と大きな差はないが，住居規模との相関性をみると，2 m 台 0 %，3 m 台 46 %，4 m 台 47 %，5 m 台 52 %，6 m 台 73 %，7 m 台 33 %，8 m 台 67 % と，3～4 m 台の住居でもその半数近くから検出されており，主柱穴に比べてその保有率が高い．それは小規模住居であっても，炉に次いで必要不可欠な付属施設であったことを物語っているといえる．

なお貯蔵穴の位置は，①炉に対面する辺の中央（以下「中央」），②中央と隅の間（以下「間」），③コーナー部（以下「隅」）に大別され，中央 9 例・間 25 例・隅 19 例を数える．また貯蔵穴の形状には（a）円形または楕円形と（b）方形があり，円形 28 例，方形 25 例を数える．位置と形状の関係を示すと，中央に位置する 9 例はすべて円形，間に位置するものは円形 8・方形 17，隅に位置するものは円形 11・方形 8 となっている．また住居形態と貯蔵穴形態の関係は，B が円形 3，C が円形 10・方形 4，D が円形 4・方形 4，E が円形 7・方形 6，F が円形 4・方形 10 であり，B は円形のみ，C は円形主体であるのに対して，D・E は円形・方形ほぼ同数，F は方形主体となっている．

以上の統計から，住居の方形化が進むにつれて貯蔵穴は次第にコーナー部へと移動し，それに伴って形状も円形から方形に変化してゆく状況がとらえられる（第4表）．また貯蔵穴の周囲に土手状の高まりをめぐらすものが一部認められるようになる．

d　出入口穴　出入口のピットが検出されているのは37軒（32％）で，ないことが確認されたのは62軒，不明の15軒を除いた存在率も37％で，住居の付属施設としての必要度は比較的低く，約1/3の住居から検出されているに過ぎない．住居規模との相関関係についてみると，3～4m台の住居での検出率は34％，5～6m台の住居での検出率は36％，7～8m台の住居での検出率は44％と，住居規模が大きくなるほど検出率はやや高くなるものの，大きな違いは認められない．この出入口ピットについては，住居の内側に向かって傾斜して掘られているものが多く，梯子段を埋設したものとみて間違いないだろう．しかしそれは，入口の段差部に何らかの足場となるものを置くなどして代用することも可能であったと考えられる．

第4表　古墳前期住居貯蔵穴の位置・形状と住居形態の関係

貯蔵穴		総数	住居形態					
位置	形状		B	C	D	E	F	不明
中央	円	7		3	2	1	1	
	楕円	2				2		
間	円	7		4		1	2	
	楕円	1	1					
	方	17		4	2	3	8	
隅	円	11	2	3	2	3	1	
	方	8		1	2	3	2	
なし		41	1	12	11	7	10	
不明		20	1	9	3	4	1	2
合計		114	5	36	22	24	25	2

e　壁溝　壁溝は60軒（53％）の住居から検出されており，ないことが認定されているのは51軒，不明の3軒を除いた存在率も54％で大きく変わらない．壁溝については住居規模との相関性が明瞭にとらえられる．7～8m台の大形住居での検出率は100％，5～6m台の住居での検出率は69％，3～4m台の住居での検出率は45％，2m台は0％であり，住居規模が大きくなるほど不可欠な存在となっている．壁溝の機能については，排水や壁材の埋設など諸説があるが，やはり降水時の排水を主たる目的として掘られたものではないかと思われる．関東ローム層は水の浸透性が高く，壁面を通じて流れ込む雨水が屋内に流入するのを防ぐ役割を果たしていたとみられる．

f　その他の施設　その他の施設として，ベッド状遺構を有するものが7例，間仕切り溝を有するものが4例，壁柱穴を有するものが5例認められている．

ベッド状遺構を有する住居の形態別の内訳はC=1例・D=2例・E=1例・F=3例，規模別の内訳は5m台1例・6m台3例・8m台3例，また時期別の内訳は1期が1例，2期が2例，3期が4例となっており，方形化した住居，大形住居，新しい段階に多く認められる傾向のあることがわかる．

間仕切り溝を有するものは，形態別ではD=2例・F=2例，規模別では6m台1例・7m台1例・8m台2例，時期別では2期1例・3期2例・不明1例となっており，ベッド状遺構とほぼ同様に，大形で方形化の進んだ新段階の住居に認められる傾向が強いといえる．

壁柱穴を有する住居については，形態別ではB=1例・C=1例・D=2例・E=1例，規模別では3

m台1例・5m台2例・8m台2例，時期別では3m台・D形態の1例が2期とみられるのを除けば，すべて1期に属するものとなっている．従って壁柱穴については古い段階に多く，形態的・規模的にはややばらつきのある傾向がみられる．

なおベッド状遺構と間仕切り溝の双方を有する住居が1軒（マミヤク305号），ベッド状遺構と壁柱穴の双方を有する住居が1軒（マミヤク63号）認められる．

第5表　古墳前期の火災住居と遺物量の関係

時期区分	総数	出土遺物量			
		多量	中量	少量	なし
全焼	17 14.9%	5 38.5%	5 13.5%	5 11.1%	2 10.5%
部分焼	20 17.5%	2 15.4%	8 21.6%	9 20.0%	1 5.3%
なし	77 67.5%	6 46.2%	24 64.9%	31 68.9%	16 84.2%
合計	114	13	37	45	19

⑤　火災住居と遺物の出土量

次に火災住居の在り方について触れておきたい．当該期の住居のうち，焼土・炭化材が顕著にみられ家屋が全焼したものと判定された住居は17軒（15％），部分的な焼土堆積がみられたものが20軒（17.5％），火災の痕跡が認められないものが77軒（67.5％）を数える．火災と遺物の残留率との関係をみると，全焼住居17軒のうち，遺物が多量に残留していたものは5軒（29％），中量残留したものが5軒（同），少量残留したものが5軒（同），ほとんど残留していなかったものが2軒（12％）であった．ここでいう遺物の多量・中量・少量の目安とは，日用什器の全容がわかる程度の残留（多量），日用什器の一部がわかる程度の残留（中量），破片が残留する程度のもの（少量）である．この結果をみる限り，火災住居であるからといって必ずしも遺物残留率が高いとはいえないことを示している．

ちなみにすべての住居の遺物出土量をみると，多量が13軒（11％），中量が37軒（32％），少量が45軒（39％），なしが19軒（17％）となっており，遺物が多量に出土した住居の中での全焼住居の割合は38％と比較的高くなっている．しかし火災住居のうちの約2/3は，火災に際して生活用具を持ち出したか，あるいは住居を廃棄する際に不用な破片等を残して意図的に火を放った結果と推定し得る（第5表）．

⑥　土器様相とその他の遺物

古墳前期の土器編年については（第3図・第1表）に示したとおりである．この編年表は君津地方の古墳前期集落から出土した資料中心に1996年までに作成した共同研究編年を整理，再構成したものであり，前述したように前期を1～4期に区分した．その内容については詳論を避けるが，当地域では弥生後期段階から土器様式が段階的で漸移的な変化を遂げており，古墳前期は弥生時代以来の地域色をなお一部に留めながらも，列島的共通性の濃い古墳時代的土器様式を受容してゆく過程といえる．

小浜遺跡群ではいくつかの住居から「外来系土器」が検出されている．その一つは東海西部系のS字状口縁甕（以下「S字甕」）で，マミヤク1号・24号の2軒の住居から各1個体出土している．いずれも搬入品とみられるが遺存率は低く，伴出土器から1号は2期，24号は3期に位置づけられる．また俵ヶ谷87号からは，同じく東海西部系の受口状口縁の小形甕が出土しており，こちらは完形で1期に位置づけられるものである．これらのS字甕および受口状口縁甕が出土した住居はいずれも4～5 m台の通有の規模のものである．

もう一つは畿内系の叩き整形甕（以下「叩き甕」）で，これも2軒の住居（マミヤク25号・89号）から検出されているが，直接搬入品ではなく在地で模倣した製品とみられる．このうち25号の叩き甕は口径14 cmほどの中形で約1/2の遺存率であり，89号の叩き甕は復元口径12 cmほどの小形で口縁～胴部の破片である．このほか小浜遺跡群内では俵ヶ谷11号墳（前期方墳）の周溝内からも小形叩き甕の下半部が検出されている．叩き甕の出土した住居は25号が8 m台の大形住居で1期に位置づけられ，89号は3 m台の小形住居となっている．

いずれにしても小浜遺跡群では住居数が多い割にこれらの外来系土器の出土量は少なく，特定の器種が目立って出土するという現象もみられない．当遺跡の状況をみる限り，弥生時代から古墳時代への移行に際し，有稜高坏・器台・坩など新器種の出現や刷毛目甕の主流化など土器様相全体においては，列島的・広域的土器様式を受容しつつも，その一方で輪積み甕の一部残存や装飾壺の文様様式などに在来の弥生的地域色を残しており，他地域から多数の住民が流入してくるような急激な変化があったとは考え難い．海岸に近いという地域性からみて，他所からの小規模な人の流入，文化的交流は弥生時代から不断に続いていたものとみられるが，むしろそれゆえに，新しい土器様式を受容しながらも，地域的伝統がその中に融合し，残存する結果になったとみることが可能であろう．

古墳前期の住居に伴う土器以外の特殊遺物として，銅製品・鉄製品・石製品・土製品がある．

銅製品としては銅鏃と銅製指輪各1点があり，銅鏃はマミヤク49号（C形態・5.75 m・1期）の貯蔵穴底面付近から検出されている．銅製指輪の出土したマミヤク86号はF形態・7.6 mの大形住居（火災住居）で，土器量も多く，3期の標識的資料となっている．指輪は壁際から検出されている．

鉄製品としては，鉄鏃・鉄鎌・刀子状品・不明工具などが5軒の住居から検出されており，鉄鎌の出土したマミヤク107号（F形態・7.3 m）と不明工具の出土した158号（E形態・約8 m）の2軒が大形住居，他は4～5 m台の中形住居である．前期集落における鉄製品の検出率は4.4％で，中期と比較するとまだ著しく低い状況である．

石製品としては，類例の比較的少ない磨製石鏃がマミヤク44号（E形態・5.7 m・2期）から出土したほか，ヒスイ勾玉が同49号（前出）の壁外から検出されているが，後者は共伴性にやや問題が残る．またガラス小玉がマミヤク25号（前出）から1点検出されている．

土製品としては，土製紡錘車がマミヤク134号（C形態・4.8 m・1期）から，また鰹節状の半月形土製品が同312号（F形態・6.6 m・2期）から出土している．後者の用途は明らかでないが，鎌などの器物を模造した祭祀用具の可能性もある．このほか土玉（球状土錘）が4軒の住居から，太形の管状土錘が8軒の住居から，細形の管状土錘が5軒の住居から検出され，うち2軒の住居からは細形の管状土錘が多量に出土している．海岸に近い集落のため，土錘の出土量も多いと考えられる．

2　古墳時代中期集落の様相

(1) 千葉県下の概要

古墳時代中期は，巨大古墳の出現によって象徴されるように，地方首長の勢力が強大化し，それに伴ってさらなる地域統合が進められた時期としてとらえられる．畿内では，4世紀代まで大和盆地内に数ブロックに分かれて大形古墳が造営されていたが，4世紀末頃を皮切りに最も卓抜した勢力が河内平野へと進出し，5世紀代を通じて古市・百舌鳥古墳群にみられる巨大古墳を造営するようになる．

そうした畿内政権の動きと連動するように，列島各地でも地域最大クラスの前方後円墳が造営され，房総においては，東京湾沿岸の内裏塚古墳・高柳銚子塚古墳・姉崎二子塚古墳，利根川流域（旧香取海沿岸）の三之分目大塚山古墳などが，強大な首長勢力の存在を示している．

この時期の集落にみられる共通の要素としては，一つに竪穴住居の形態の画一化とさらなる大形化ならびに規模の均質化がある．また一部の遺跡でカマドの採用が認められるが，千葉県下においては中期末まで炉を使用する遺跡が多い．さらにこの時期には石製模造品祭祀の普及に伴うその製作工房や，鉄製品の普及に伴う鍛錬鍛冶の工房が集落内に認められるようになり，石製模造品の製作を集団的に行なう集落も出現する．土器様相のうえでは，地域を越えた汎列島的ともいえる器種が成立・普遍化して，前期まで残っていた小地域性が捨象されてゆく．また中期中頃からは須恵器が普及し，近畿地方からの搬入品がその主体を占めるが，その流通や保有率には地域的な偏差が認められる．

古墳中期集落の調査例の分布は，前期と同じく東京湾沿岸を中心として上総西部・下総中西部に偏っているが，近年の調査の進展に伴って下総東部や上総北東部での検出例も多くなりつつある．

中期においては「集落の断絶と新規形成」が一つの主要な問題として取り上げられる．弥生時代中・後期から古墳前期まで長期継続してきた大規模集落が，前期末ないしは中期前半で途絶する例が多く，また中期後半から新たに集落が形成されて後期まで継続する遺跡例も多く確認されている．これに対して中期の全期間を通じて継続する集落は，これまで知られている限りではきわめて少なくなっている．中期における集落の廃絶や移動の背景には，古墳造営との関係など様々な要因があるとみられる．

なお本稿において「古墳時代中期」として扱う時期はほぼ4世紀末葉から5世紀末葉に至るまでの期間であり，従来「和泉式」および「鬼高1式」とよばれてきた土器様式の段階を包括する．そして中期の終わりは須恵器編年 TK23 型式段階までとする．詳細は中期土器編年表を参照されたい．

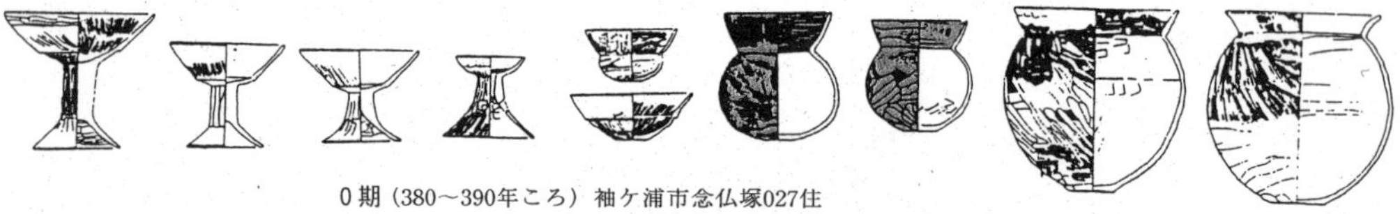

0期（380～390年ころ）袖ケ浦市念仏塚027住

1期（390～400年ころ）市原市草刈A区70・72・84住

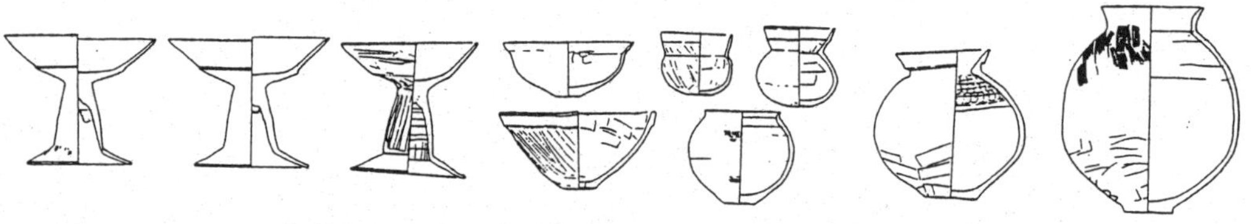

2a期（400～410年ころ）木更津市塚原2住，袖ケ浦市根崎015住

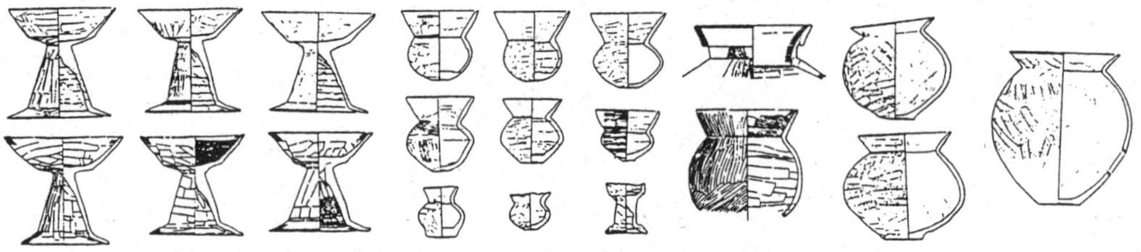

2b期（410～420年ころ）木更津市山伏作038住，大畑台220住

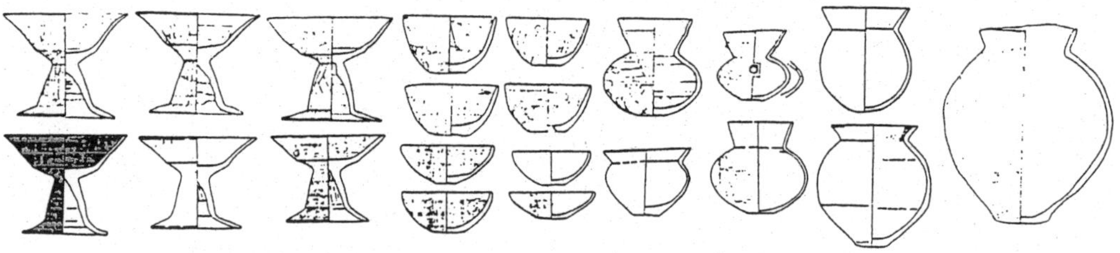

3期（420～440年ころ）木更津市鹿島塚60住，大山台247住

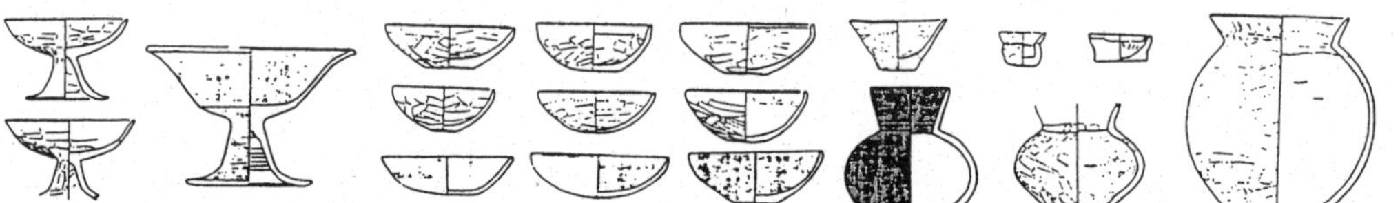

4期（440～460年ころ）木更津市山伏作061，大山台272住

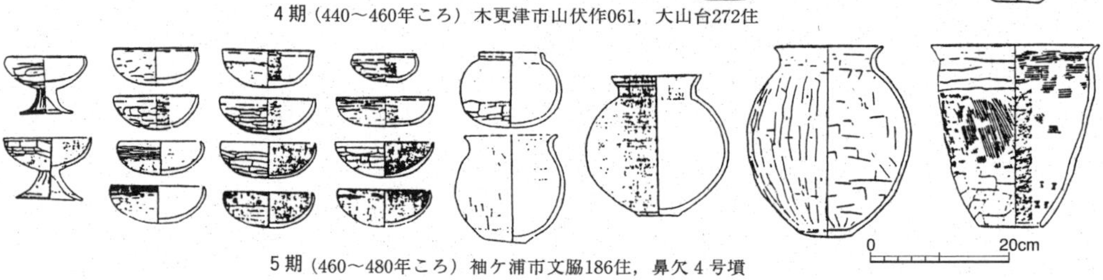

0　20cm

5期（460～480年ころ）袖ケ浦市文脇186住，鼻欠4号墳

第**4**図　西上総古墳中期土器編年図（S＝2/25）

第６表　西上総古墳中期土器編年概要

期	高　　坏	坏	坩・器台	甕
0期	・脚部が柱状で脚柱部が内実 ・脚裾部は円錐形で高さを保つ ・坏部下端に稜を有し、坏底径は小さい ・柱状化とともに脚高が高くなる ・坏部が全体に小形化		・前期以来の扁平小形坩と大形坩が普遍的に存在 ・いずれも口縁高が高く内彎するものが多い ・器台は高坏と同様に長脚化したものが残存	・く字口縁の刷毛目甕主体 ・胴部は前段階よりやや長胴化しているものの、なお球胴に近いものが多い ・この段階まで刷毛目調整を残すものの割合が多い
1期	・脚部が柱状で中膨らみとなる ・脚柱部は内実でなくなるが、器肉は厚く、坏部との継ぎ目に中実部を残す ・脚裾部は扁平化して開く ・坏底径は依然として小さい		・小形坩、大形坩ともそのまま存続し、際立った形態変化は見られない ・器台は長脚化したものがこの時期まで少数残存	・前段階と大きく変わらず、く字口縁の球胴形が主体 ・刷毛目調整を残すものが減少し、ナデ調整仕上げのものが多くなる
2a期	・脚部が中膨らみで、柱状に近い円錐状となる ・脚部の器肉が薄手化 ・接合部の中実部分が薄くなる ・脚裾径が広くなる ・坏部径が全体的に大きくなる	・この段階まで器種としての確立をみない ・やや深い平底の鉢、および坩に類する後円部の外反した鉢が、次段階の坏の原形になるとみられる	・小形坩、大形坩とも存続 ・扁平小形坩が減少し、形骸的屈曲を残すもののみとなる ・小形坩は口縁部と胴部の幅と高さが拮抗するものが主体	・やや胴の長いものが増加 ・刷毛目調整が衰退し、ナデ調整のものが主体化 ・従来のく字口縁に加えて頸部の彎曲するものが現われる ・口縁部高は依然低い傾向にある
2b期	・脚部が中膨らみの円錐状で、前段階よりも開きが大きくなる ・脚裾部がより扁平化する			
3期	・脚部が円錐状で脚高が低くなる ・脚部中膨らみの度合いが弱くなる ・脚裾部は長く着地面が広がる	・坏が器種として確立・普及 ・初期には従来の鉢との近似性を残す深い平底坏が出現 ・後半には口縁の開きが大きい平底坏が現われる ・坏の総量が高坏に拮抗	・小形坩が減少し、大形坩が主体となる ・口縁部径よりも胴部径が大きいものが主体化する ・須恵器䠊を模した形態が出現	・中胴形のものが主体化 ・口縁部高もやや高くなる ・刷毛目調整を残すものはほとんどみられなくなる
4期	・脚部が低く八字形に広がり、脚裾部の屈曲も弱くなる ・脚部の中膨らみが失われる ・埦形の坏部をもつものも出現 ・高坏の日用什器としての絶対数が減少する	・前段階より口径が大きくなる ・口縁が直線状に開く平底坏が主体 ・口縁が短く外反する形態や丸底坏も一部に現われる ・坏の総量が高坏を凌駕	・ほぼ大形坩のみに限られるようになる ・横長の胴部に直口縁の付される形態が多くなる	・前段階に引き続き、中胴形で胴部中位に最大径をもつ形態が主体化する ・法量的な甕の定形画一化 ・口縁部の肥厚するものが多くなる
5期	・埦形の坏部に八字形の短い脚部の付いた形態が主体化 ・大きさが全体的に小形化 ・脚上半が再び内実化する傾向 ・坏部に稜を残すものも一部残存	・丸底で埦形の坏が主体化 ・同様な土器様式が長期継続 ・口縁部形態には直立・内彎・外反・内斜の各種がある ・後半には器高の高い半球形の形態が増加する傾向あり	・坩形の絶対数が減少 ・直口縁タイプの坩の他にこの段階から、口縁部の短い短頸壺形態が出現	・中胴形でナデ調整仕上げのものが継続的に存在 ・頸部の屈曲が緩やかになる傾向があり、口縁部の下半が柱状に立ち上がるものも現われる

(2) 小浜遺跡群における古墳中期集落の様相

①　集落の概要と継続性

小浜遺跡群（マミヤク遺跡・俵ヶ谷遺跡）における竪穴住居の総数は50軒を数える．このほかに同じく小浜遺跡群の一部として調査された丘陵痩せ尾根上に展開する浜清水遺跡で中期の住居のみ4軒が検出されているが，地理的にはやや隔たった場所であり，別途に扱うこととする．前述したように，小浜遺跡群の古墳前期集落は前期終葉（前4期）に一度廃絶し，少なくとも50年以上とみられる空白期間を経て，中期後半（中5期）から再び同一丘陵上に集落が営まれるようになる．中期の住居群はあたかも前時代を踏襲するように，前期集落と重複してやや中心部が北へ移動した分布を示し，その集落域の中に2か所の祭祀遺構（竪穴を伴わない遺物集積）とそれに関連した石製模造品製作工房および鍛冶工房を含む．

一方丘陵上部の俵ヶ谷古墳群においては，この時期に円墳（9号墳）が造営されている．俵ヶ谷古墳群ではすべての古墳が完掘されていないが，現在知り得る限りでは，集落と同様に前期末から中期前半にかけての時期の古墳を欠如している．なお，南方1Kmに位置する浜清水遺跡の住居群は，マミヤク・俵ヶ谷遺跡よりもやや先行する時期（中4期相当）のものであり，至近に位置していた畑沢埴輪窯跡とその周辺部の住居群との関連が注目される．

②　竪穴住居の形態

小浜遺跡群における古墳中期（後半）の住居形態は，一部の例外を除いて四隅が直角化した方形（F形態）にほぼ統合されている．住居形態の内訳は，総数50軒中，F形態47軒・F形態の変形1軒・E形態の変形1軒・D形態（不確実）1軒となっており，F形態が94％，それ以外のものはいずれも変則的な形態か遺存度不良による不確実なものである．このうちE形態変形としてものは石製模造品の製作工房（マミヤク66号）である．

小浜遺跡群では中期後半（中5期）の住居しか存在しないため，中期前半～中頃（中1～4期）の住居形態を周辺の木更津市西部の遺跡群においていくつか確認しておくと，2b期の標識的住居である山伏作遺跡038号はF形態，同じ2b期の大畑台220号・大山台253号もF形態，3期の標識的住居である鹿島塚60号・大山台247号もF形態，4期の標識的住居である山伏作061号・大山台121号・同272号もF形態，浜清水1～4号もF形態で，中期前半からすでにF形態が主体化していたことは間違いないとみられる．

③　竪穴住居の規模

中期の住居規模は，最大のものが長軸7.5m（俵ヶ谷80号），最小のものが長軸3.6m（マミヤク88号）を測り，最小規模のものが前期より1mほど大きくなっていると同時に，最大規模のものも前期より1mほど縮小している．規模別の内訳を示すと，7m台1軒・6m台16軒・5m台17軒・4m台8軒・3m台3軒・不明5軒となっており，軸長7m以上の大形住居は前期より減少するとともに，5～6m台の住居の割合は増加，3～4m台の住居の割合は減少して，住居の平均規模は前期より高くなっている．住居規模の主体は5～6m台にあり，それらが全体の66％（不明を除くと73％）を占める．住居規模が前期に比べて相対的に大形化すると同時に均質化した

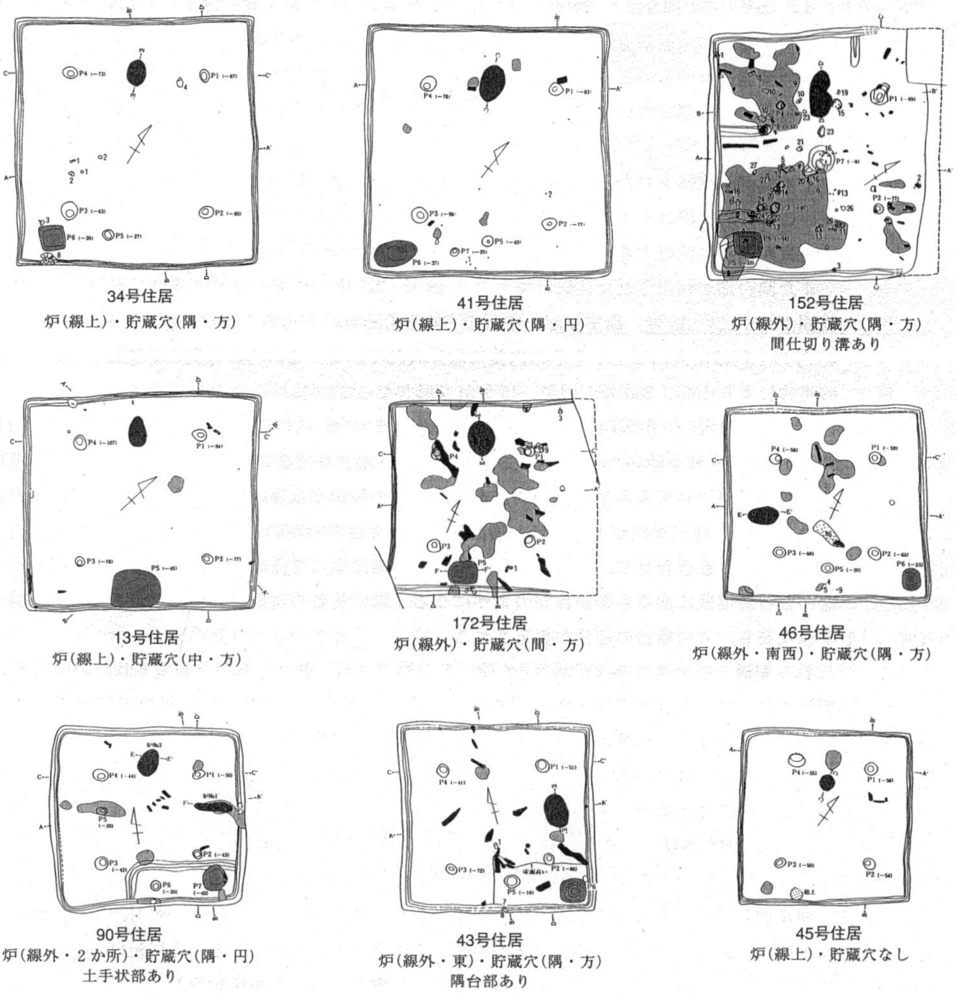

第５図　古墳中期住居の炉・貯蔵穴配置とその他の付属施設（マミヤク遺跡）(S＝1/200)

ことを示している．

なお，小浜遺跡群の中期住居群では，土師器様相には際立った変化がとらえられないものの，伴出する須恵器の型式と炉の位置関係などを重ね合わせて，中５期を古段階・新段階に区分することが可能である．５期古段階は主として TK208 型式（一部 ON46 型式）の須恵器を伴う段階，新段階は主として TK23 型式（一部 TK47 型式）を伴う段階であり，古段階に属するものが 18 軒（36 %），新段階に属するものが 20 軒（40 %），判定が難しいもの 12 軒（24 %）という結果が得られている．この段階区分と住居規模の関係をみると，古段階では３ｍ台２軒・４ｍ台３軒・５ｍ台６軒・６ｍ台７軒に対し，新段階では４ｍ台４軒・５ｍ台８軒・６ｍ台７軒・７ｍ台１軒となり，僅かではあるが新段階の方が住居の平均的規模が増大している傾向を示している．

④　竪穴住居の構造

古墳中期の竪穴住居に伴う付属施設としては，炉・主柱穴・貯蔵穴・出入口穴・壁溝および，特殊施設としてのベッド状遺構と間仕切り溝があり，その構成要素は前期と基本的に変わらない．しかしながら各要素の存在率や位置・形状などの細部構成には変化がみられる．

第7表　古墳中期の段階区分と規模形態

時期区分	総数	住居形態					
		3m台	4m台	5m台	6m台	7m台	不明
古段階	18	2	3	6	7		
新段階	20		4	8	7	1	
不明	12	1	1	3	2		5
合計	50	3	8	17	16	1	5

a　炉　炉が検出されているのは50軒中31軒（62％）で，炉の不在が確認されているのが3軒，有無不明なものが16軒であり，不明を除外した炉の存在率は91％とかなり高い数値となる．また炉自体は残存しなかったものの，その位置が特定できる4例を加えた35軒について炉の方位を集計してみると，北西19例（54％）・北8例（23％）・南西5例（14％）・西1例（3％）・北東1例（3％）・東1例（3％）となり，北西を最大として北がそれに次ぐが，炉の位置としては変則的ともいえる南西が比較的高い割合を示していることが注意される．なお北と東の2か所に炉をもつ例も1例ある．

第8表　古墳中期の炉の方位と位置の関係

炉の方位	総数	炉の位置				
		線内	線上	線外	柱無	不明
北	6(2)		3	3		(2)
北西	18(1)	3	11	4		(1)
西	1			1		
南西	5		1	2	2	
北東	(1)					(1)
東	1		1			
合計	35(4)	3	16	10	2	(4)

次に中期においては，炉と主柱穴との位置関係における相違があり，炉が主柱穴を結んだ線より内側に位置するもの（3例），線上に位置するもの（16例），線外に位置するもの（10例）の3通りと主柱穴が存在しないためその分類外となるもの（2例）に分けられる．このうち炉が主柱穴を結んだ線外に位置するものや南西など変則的な方向に位置するものを，次段階の初期カマドとの関連でより新しい段階の所産としてとらえ，先に述べたような伴出須恵器の新古相ともあわせて二つの段階に区分すると，古段階には線内3例と線上11例の計14例を，新段階には線上5例と線外10例および方位の変則性から主柱穴のない2例も含めた計17例を位置づけることが可能である（第8表・第5図）．

b　主柱穴　主柱穴が検出されているのは38軒（76％）で，前期に比べるとその割合はかなり高くなる．主柱穴をもたないことが確認されているのは7軒で，不明5軒を除いた存在率は84％となる．主柱穴の検出率と住居規模の関係をみると，6・7m台の住居では100％，5m台の住居では94％，4m台の住居では63％，3m台の住居では0％であり，その相関性が明瞭である．

c　貯蔵穴　貯蔵穴は33軒（66％）の住居から検出され，ないことが確認されるのは4軒で，不明13軒を除いた存在率は89％である．貯蔵穴の検出率と住居規模の関係をみると，3m台100％，4m台50％，5m台76％，6m台75％，7m台100％となり，3m台の小形住居もすべて貯蔵穴を有していることから，住居規模には関係なく，主柱穴以上にその保有率は高いといえる．

第9表　古墳中期住居貯蔵穴の位置・形状と住居の段階区分

貯蔵穴 位置	貯蔵穴 形状	総数	住居の段階区分 古段階	新段階	不明
中央	円	1		1	
	方	1	1		
間	円	1	1		
	方	1		1	
隅	円	7	3	3	1
	方	22	6	13	3
合計		33	11	18	4

貯蔵穴の位置は，前期の場合と同様に①辺の中央，②中央と隅の間，③隅の3通りがあるが，中央2例・間2例・隅29例で，コーナー部に位置するものが大部分（88％）を占める．また貯蔵穴の形状には円形と方形があり，円形9例（27％），方形24例（73％）を数える．位置と形状の関係を示すと，中央の2例が円1・方1，間の2例も円1・方1，隅の29例は円7・方22となっており，方形で隅部に位置するものが全体の2/3を占めている．また住居の新古段階と貯蔵穴の形状の関係は，古段階が円4・方6，新段階が円4・方14，段階不明が円1・方3，同じく位置との関係は古段階が中央1・間1・隅9，新段階が中央1・間1・隅16，段階不明隅4となっている（第9表）．

以上の結果から，新段階まで円形の貯蔵穴および辺の中央や間に位置する貯蔵穴は依然として残るものの，方形で隅に位置するものが通有のパターンとなってゆく状況がとらえられる．

なお貯蔵穴が二段掘りないしは二重の掘り込みとなっているものが3例認められ，このうち2例は新段階，1例は古段階に属する．

d　土手状部と隅台部　中期の住居には，貯蔵穴周囲に土手状の高まりをめぐらすもの，および貯蔵穴周辺の床面が方形状に一段高くなっているもの（「隅台部」と仮称）があり，これらは共通した機能をもつものとみられる．その主たる機能とは貯蔵穴に水が入りにくくするための施設とみられ，隅台部についてはそれ以外に器物を置く棚としても利用されたのではないかと思われる．

土手状部が検出された住居として，マミヤク85号・90号・123号・151号・174号の5軒があり，このうち3例は土手の内側に出入口施設のピットも取り入れている．土手状部を有するのは貯蔵穴が隅部に位置するものに限られ，貯蔵穴形態は90号（円形）を除く4例が方形である．

また隅台部が検出された住居はマミヤク43号・53号・97号の3軒が確実なもので，高まりの範囲がやや広い36号，高まりが不整形の260号もそれに含めることが可能である．このうち36・43号の2例は出入口ピットをその内側に取り入れている．これらの貯蔵穴形態は，53号が住居の重複により不明，260号が円形，ほかが方形となっている．

e　出入口穴　出入口ピットが検出されたのは17軒（34％）であり，それがないものは14軒，不明の19軒を除いた存在率は55％で，前期に比べれば高い割合を占めている．住居規模との相関関係についてみると，5～7m台の住居での検出率は44％，3～4m台の住居での検出率は18％で，住居規模が大きいほど検出率は高い．この時期の出入口ピットは，前記した土手状部の存在とも合わせて，中央部ではなく貯蔵穴側に偏って位置するもの，また前期に比べて壁面に寄った位置にあるものが目立つようになる．とくに後者の現象は後期にはいるとさらに目立

つようになり，入口構造の変化が想定される

f　壁溝　壁溝は 39 軒（78 %）の住居から検出されており，ないと判定されたのは 5 軒，不明の 6 軒を除いた存在率は 89 %とさらに高くなる．壁溝の検出率と住居規模の関係をみると，6・7 m 台の住居での検出率は 94 %，5 m 台の住居での検出率は 88 %，4 m 台の住居での検出率は 63 %，3 m 台の住居では 100 %となっている．3 m 台は 3 軒のみの事例であるため割合が高いが，ほかは住居規模が大きくなるほどその保有率が高いことを示している．

第 10 表　古墳中期の火災住居と遺物量の関係

時期区分	総数	出土遺物量			
		多量	中量	少量	なし
全　焼	26 52.0%	9 69.2%	12 60.0%	4 25.0%	1 100.0%
部分焼	3 6.0%	1 7.7%		2 12.5%	
な　し	16 32.0%	3 23.1%	6 30.0%	7 43.8%	
不　明	5 10.0%		2 10.0%	3 18.8%	
合　計	50	13	20	16	1

g　その他の施設　その他の主要な施設としては間仕切り溝があり，前期においてみられたベッド状遺構や壁柱穴を有する住居は認められなくなる．

間仕切り溝を有する住居は 5 軒（マミヤク 71 号・149 号・151 号・152 号・258 号）で，これらのうち 4 軒が 6 m 台，1 軒が 5 m 台後半の比較的大きな住居となっている．溝の数は 1 条が 1 例，2 条が 3 例，3 条が 1 例で，いずれも主柱穴より外側のスペースを区切ったものとなっている．また溝が 1 辺側にだけ認められているものが 3 例（1 条 1・2 条 2），隣接する 2 辺に認められるものが 2 例（2 条 1・3 条 1）である．間仕切り溝の性格はその名の通り空間の区切りで，溝状部に戸板のようなものが立てられていたと推測される．なお間仕切り溝を有する住居の段階区分は，古段階 2 例・新段階 2 例・不明 1 例となっている．

⑤　火災住居と遺物の出土量

中期の住居の火災状況は，全焼と判定されたものが 26 軒（52 %），部分焼のものが 3 軒（6 %），火災痕跡なしのものが 16 軒（32 %），判定不能 5 軒（10 %）となっており，前期に比べて焼失住居の割合がきわめて高い．火災と遺物の残留率との関係をみると，全焼住居 26 軒のうち，遺物の多量に残留したもの 9 軒（35 %），中量残留したもの 12 軒（46 %），少量残留したもの 4 軒（15 %），無遺物のもの 1 軒（4 %）であった．なお多量残留のうちの 2 軒（マミヤク 53 号・97 号）はきわめて多くの遺物が残留していた．火災住居における遺物の残留率は前期に比べてはるかに高い．ただし，遺物量がきわめて多かった 53 号では，復原個体こそ相当数に上ったものの，完形で出土したものは 1 点もなく，その出土状況からも一括廃棄されたような状況を呈していた．従って，火災住居から多量の遺物が出土したとしても，それが居住者の最終使用状況を留めたものとは限らず，火災についても住居廃棄に伴う意図的な火災の可能性がある．またこの時期になると坏など銘々器の普及に伴って，土器の所有量が増えており，土器が消耗品化して，廃棄率が高くなっていたともみられる．

ちなみにすべての住居の遺物出土量をみると，多量が 13 軒（26 %），中量が 20 軒（40 %），少量が 16 軒（32 %），なしが 1 軒（2 %）となっており，遺物が多量に出土した住居の中での全焼

住居の割合は69％とかなり高くなっている．火災が仮に意図的なものだったとしても，住居廃絶に伴う土器類の廃棄率は高くなっているとみることができよう（第10表）．

⑥　土器様相とその他の遺物

古墳中期全期間の土器編年については第4図および第6表に示すとおりである．この編年表は旧君津郡域と市原市域を合わせた西上総の古墳中期集落から出土した資料を中心に1999年までに作成したものであり，中期を1・2a・2b・3・4・5の6段階に区分し，便宜的に前期末の0期（＝前4期）を加えてある．その編年基準と個々の器種の型式変化については表中に記したとおりであり，詳論は避けたい．なおこの編年表で最も長期間の時間幅が想定される5期については，土師器の様相が安定的で目立った変化がとらえられないものの，小浜遺跡群においては前記したような伴出須恵器の型式差などによって，古・新の2段階に区分することが可能である．

a　須恵器の保有率　小浜遺跡群では古墳中期の住居群における須恵器の保有率が高くなっている．須恵器が出土した住居は合計22軒（44％）を数え，これ以外に1号祭祀遺構・2号祭祀遺構とした遺物集積からも多数の須恵器が検出されているが，ここでは主として住居から出土した須恵器を取り上げることとしたい．須恵器出土住居のうち，甕片のみが検出された住居は5軒である．甕片については数値に含めず，住居から出土した須恵器の個体数（破片を含む実測個体数）の合計は36点を数え，甕片のみ出土の5軒を除いた17軒での平均保有率は2.1個体となる．これを須恵器の出土しなかった住居も含めた中期集落全体での保有率に換算すると，1軒平均0.72個体で，1軒当たり1個体には達しないものの，ほぼ3軒に2個の割合で須恵器が保有されていたことになる．ここであらためて実態としての須恵器の保有個体数をみてゆくと，6個体1例・3個体2例，2個体10例・1個体4例となり，2個体保有の住居が59％を占める．

住居出土須恵器の器種別の内訳は，坏蓋13点（36％）・坏身9点（25％）・高坏8点（22％）・𤭯5点（14％）・甕1点（3％）で，坏蓋が最も多く，坏蓋・坏身を合わせた坏が全体の61％を占める．また高坏8点の内訳は無蓋高坏3・有蓋高坏1・脚部4である．以上のように住居出土の須恵器は，坏・高坏・𤭯といった小形の器種が主体である．

ちなみに1号祭祀遺構における須恵器の器種別の内訳（実測個体数38点中）は，坏蓋9点・坏身11点・無蓋高坏5点・𤭯5点・甕6点（大形破片1点換算）・器台1点，2号祭祀遺構における須恵器（実測個体5点）は坏蓋2点・高坏蓋2点・高坏脚1点で，小形器種が主体を占めることは変わりない．

次に須恵器が出土した住居の規模を，甕片のみ出土の住居も含めてみてゆくと，6m台9軒（41％）・5m台7軒（32％）・4m台4軒（18％）・3m台1軒（4.5％）・規模不明1軒（4.5％）と，規模の大きい住居に須恵器の保有率が高いことを示している．また須恵器出土住居の遺物総量をみると，多量が10軒（46％），中量が8軒（36％），少量が4軒（18％）であり，残留遺物量が多い住居ほど須恵器の出土率も高いという状況がとらえられる．なお甕片のみが検出された住居は少量4軒・中量1軒であり，これらを除外した比率は，多量59％・中量41％となる．

b　土器以外の遺物　古墳中期の住居に伴う土器以外の遺物としては，鉄製品・石製品・

土製品がある．

鉄製品は8軒（16％）の住居から検出されており，そのうち7軒からは鉄鏃が，鍛冶工房（マミヤク64号）からは棒状の工具と鉄滓が検出されている．鉄鏃の種類には短頸の腸抉柳葉式，長頸の腸抉長三角式と片刃箭式があり，箆被部の破片のみが検出されたものもある．鉄製品が出土した住居の規模は6m台が3軒，5m台が5軒（5.5m以上3軒）で大形住居からの検出率が高くなっている．

石製品としては，石製紡錘車が3軒から，石製模造品の剣形品が1軒（2点）から，臼玉が4軒から，棒状滑石が1軒から，砥石が2軒から，軽石が5軒から出土しており，マミヤク66号（滑石工房）からは臼玉未製品15点と滑石剥片60点以上が検出されている．祭祀遺構や滑石製品製作工房が存在する割には，中期の住居からの石製模造品・臼玉の出土量はきわめて少なく，祭祀遺構に集約されたような在り方を示している．

土製品としては，土玉（球状土錘）が3軒から，太形の管状土錘が1軒から，細形の管状土錘が7軒から出土しているが，土錘類の出土量は前期よりも大幅に少なくなっている．ほかには性格不明の土製品破片が1点検出されているのみである．

以上のように中期の住居群においては，鉄鏃を主とした鉄製品の保有率は高くなるものの，その他の特殊遺物にはみるべきものがほとんどない状況となっている．

おわりに

今回，千葉県下における古墳時代前期・中期集落の様相をまとめるに当たり，県内のいくつかの主要遺跡について，1軒1軒の住居データの作成と統計的作業を進めてきた．しかしながら，その情報量の膨大さに辟易するとともに，調査精度の違いにも多々直面し，より詳細なデータ分析を行なうのであれば，取り敢えず小浜遺跡群に限るのが精一杯であると判断した．千葉県下では，前期・中期集落の調査例こそ多いものの，集落全体の広がりを把握できる事例はきわめて限られており，調査区域・年次によって報告書が複数冊にわたるものも多い．小浜遺跡群もまだ一部に未調査区域を残してはいるが，一丘陵の大半部分が発掘されて全体像に近い状況は把握されており，総量的な分析には適しているため，それを通じて千葉県下全体にわたる当該期集落検討の基礎データを示すことができるのではないかと考えた．また集落には様々な側面があるが，本稿ではとくに「竪穴住居」の遺構としての細部分析に重点をおいた．

竪穴住居の発掘調査はすでに夥しい数に上っており，多数の調査報告書が累積されてきた．しかしながら，この竪穴住居に関する個々の情報は十分に整理・分析されてきたとはいいがたい面がある．また大規模集落の発掘調査は，調査体制の組織化・効率化とともに進められてきたが，効率性を優先したオートメーション的な調査システムの中で見逃されたり，誤認されたりする情報も多く，細部に至るほどそれが目立つのではないかと推察する．たとえば柱穴や貯蔵穴の形状の認識，出入口ピットの傾斜などがそれであり，それらの細部情報をいかに的確に図面に記録しているかが問われる．結局，正確な情報の記録・整理は調査者・報告者の不断の探求心と見識に委ねられる所が大きいと思われる．

集落論の展開にあたっては，母村と分村（中心集落と衛星集落）の問題などマクロな視点からの検討が必要なことはいうまでもないが，調査範囲が「造成区域」に左右されてきた実態の中で，氷山の一角がみえているに過ぎない集落資料からの検討では，推論や予測が大半を占めるものとならざるを得ないのが現実である．より地に足が着いた分析を進めようと思えば，個々の遺構データの集計作業を通じて，現段階ではどの程度のことまでが確実性の高い事象として認識し得るのかを確認しておく必要がある．竪穴住居の報告が量産され続けているのと反比例して，竪穴住居に付属する個々の遺構データの多くが看過され，未だ本格的に集落研究の俎上に載せられてこなかったように思える．

本稿は，千葉県下における当該期集落の総説としては至って不備なものとなってしまったが，上記したような遺構研究の基礎データとして，少しでも今後の集落研究に資することがあれば幸いである．

参考文献

小沢　洋 1988『小浜遺跡群Ⅰ　俵ヶ谷古墳群』（財）君津郡市文化財センター
小沢　洋ほか 1989『小浜遺跡群Ⅱ　マミヤク遺跡』（財）君津郡市文化財センター
小沢　洋 1990『小浜遺跡群Ⅲ』（財）君津郡市文化財センター
小沢　洋 1993『小浜遺跡群Ⅴ　俵ヶ谷古墳群・マミヤク遺跡』（財）君津郡市文化財センター
小沢　洋 1998「上総における古墳中期土器編年と古墳・集落の諸相」『研究紀要Ⅶ』（財）君津郡市文化財センター（本書第Ⅱ部第1章所収）
小沢　洋 1999「房総の古墳中期土器とその周辺」『東国土器研究』第5号東国土器研究会（本書第Ⅱ部第2章所収）
小林理恵 1991『小浜遺跡群Ⅳ　俵ヶ谷遺跡』（財）君津郡市文化財センター
土器B研究班 1996「君津地方における弥生後期～古墳前期の土器編年」『研究紀要Ⅶ』（財）君津郡市文化財センター

第Ⅱ部

中期古墳論考

第1章　上総における古墳中期土器編年と古墳・集落の諸相

はじめに —土器編年の目的—

近年の古墳研究においては，墳丘形態・埋葬施設・埴輪・副葬品・供献土器など様々な要素の組み合わせから，古墳そのものを「様式区分」する作業が行なわれ，この様式編年を一つの時期区分の共通認識として各地の古墳の編年を整理しようとする動きが進められつつある[1]．

しかしながら，これらの古墳様式編年は元来近畿地方の古墳を主対象として整理されたものであるため，これを全国の古墳に一元的に適用しようとした場合に，様々な組成上の齟齬や時間軸上の不都合が生じていることも事実である．ことに古墳様式編年は，基本的に異なるいくつかの要素を総合した組成編年であるために，資料数の多寡に左右される傾向が強く，畿内での古墳数（前方後円墳数）が多い前期～中期には階梯が細分化されているのに対して，後期には一段階の年代幅が50年前後にも及ぶような粗い時期区分となっている．後期の大形古墳が多数を占める関東地方にこの様式編年を当てはめようとした場合，前・中期の古墳では，いずれの段階に含めるべきか判断に迷うものが多いのに対して，逆に後期の古墳では，明らかに前後関係を認定できる複数の古墳がすべて同じ枠内に収まってしまうという状況が多々見出される[2]．

さらに上記の古墳様式編年は，実際の継続年代幅に対する認識を捨象して設定されたものであるため，段階ごとの時間幅のばらつきが大きく，その結果，実際の時間幅に対して相対的に密な様式区分がなされている各段階については，組成上の食い違いもまた目立ってくることになるわけである．ところで，時間的に細密で客観性の高い編年を行なおうとした場合，より量産的かつ普遍的に存在する遺物によって基盤となる編年網を作り，それをベースとして，他のあらゆる要素をこれに重ね合わせてゆく作業が必要となろう．古墳の副葬品の中で量産的かつ継続的であり，しかも形態変化の著しい遺物の一つとして鉄鏃があり，今後の長期間的な古墳編年細分の鍵を握っている．また主として中期後半以降の編年の基礎資料となっているものとして須恵器があり，現状においても大形古墳から群集墳レベルの小形古墳に至るまで時期決定の主材料として活用されている．

一方，一般集落における編年の主材料は何かといえば，土師器・須恵器を含めた土器類であることは言うまでもない．そして土器の中でも須恵器より土師器の方がより普遍的で量産的な遺物といえるわけである．ちなみに古墳時代集落の調査例は近畿を中心とする関西よりも関東の方が圧倒的に多い．しかもその調査例の累積は関東の方が面的かつ時期的な継続性を内包したものであると考える．従って関東の方が古墳時代全期間にわたる土器からの編年網を構築するには適した条件を備えているといえる．またその編年網は時間的連続性が保たれているゆえに個々の土器型式（様式）の継続年代幅を認知してゆくうえでもより有効性が高いと考えられる．

しかしながら，古墳（とくに大形古墳）からは一般集落と同等のレベルで比較できる土師器の出土率が低いということもあり，集落の土器編年の中に地域の大形古墳を直接位置づけるのが難しいことも事実である．とはいえ，両者に接点を見い出すことは不可能なことではない．

まず集落遺跡を中心に日用什器である土師器の編年網を構築し，単発的に出土する須恵器や鉄製品との対応関係を確認して，それらをクロスデーティングの指標としながら，地域の小規模古墳・大形古墳の築造段階を順次見極めていけば，土器様式の推移に立脚した時間幅を踏まえながら，より実態に近い古墳の築造年代を限定してゆくことも可能なのではなかろうか．

1　土器編年の方法

土器編年を行なうにあたっては，その時代にあって最も鋭敏に小刻みな変化を遂げている器種に注目する必要がある．またそれが，その時期に普遍的（量産的）であり，より広域な地域での形態的共通性がとらえられる器種であれば，時期区分の物差しとして適しているといえる．

古墳中期の場合，上の条件に最も当てはまる器種は「高坏」であると考える．古墳中期，とくにその前半段階は，素焼き土器の歴史の中でも，高坏が最も重要視され，主要土器となった時代であるともいい得る．今回，古墳中期土器の編年を組むにあたって，各器種ごとにその推移の傾向（変化の方向性）をとらえることに努めたが，甕や壺・坩類に比べ，高坏が最も段階的（進化論的）で，視覚的にも明解な形態変化を遂げていることが認知されるに至った．

しかしながら中期後半に入ると，高坏の絶対数も減少し，主要器種の座を次第に失ってゆくとみられるため，後半においては，高坏に代わる器種として坏の変化をも加味して段階区分を行なうこととした．このような理由から，本稿では基本的に高坏・坏の形態変化に着目して，土器様式の段階区分を行なうこととし，各段階の高坏・坏を含んだ良好な一括資料を縦並びに比較検討することによって，他の器種の推移（型式変化）をもとらえてみることにした．従って今回提示するのはあくまでも高坏・坏を示準とした様式変化であり，他の器種の型式幅，すなわち変化の画期とは必ずしも整合しない可能性がある．

なお，当然のことながら，ここで設定した各段階の時間幅（継続期間）は，それぞれの段階によって異なると考えられ，その時間幅の判定には，各段階の住居数や遺構の重複関係等から窺い得る時間的な継続性を参考としている．このような時間幅の判定も，多くの遺跡の調査範囲が集落全域に及んでいないことや，集落そのものの時期的な拡大・縮小が考えられる以上，多分に誤認の余地があることは確かである．しかしながらそれは，より多くの集落事例を検討し，各段階の土器の出現頻度を統計的に把握することによって，少なからず解消可能なものと考えた．いずれにしても編年作業において，各段階毎の時間幅の認識は不可欠のものであり，現状における筆者の時間幅認識の目安を示しておく意味で，おおよその実年代の配分案を表示しておくこととした．この年代観は，上記の理由から多分に変動の余地を残すものである．

2　上総における古墳中期土器の編年

上総における古墳中期の集落・古墳の調査例は，ここ十数年の間の大規模調査により飛躍的に増加した．筆者が現時点で古墳中期と認識しているのは，実年代観のうえで4世紀末葉から5世紀末葉に至る時期であり，上総地域におけるこの期間の土器様式の変遷を跡づけてみることとしたい．中期の初現は共同研究の弥生後期～古墳前期土器編年[3)]でⅧ期とした時期の次段階からとし，中期の終末は筆者の古墳後期土器編年[4)]で1期とした時期の前段階までとする．

旧来の土器型式との対応では和泉式と鬼高式初期（いわゆる鬼高Ⅰ式）の土器群を包括するものと考える．また須恵器編年との対比ではTK47型式期を中期から後期への移行期と考え，土師器編年上ではTK23型式期までを中期の範囲とする．ここでは前述したような高坏・坏の形態変化を基準として古墳中期を1～5期の5段階に区分し，1期の前段階を0期（＝共同研究編年Ⅷ期）として今回の検討対象の中に含めることとした．また中期編年の5期は，筆者の後期土器編年で0期とした段階に相当する．

編年図の標識資料としては，上総南西部地域（旧君津郡域）の既報告資料を主体的に用いたが，良好な事例に乏しかった1期については市原市域の資料を該当させている．

a　基本的段階区分―高坏・坏の変遷―

0期（五領式終末期／想定年代380～390年頃）　高坏の脚部が柱状で，脚柱部が内実な段階であり，脚裾部は円錐形で高さを保つ．坏部下端に稜を有し，坏底径は小さい．前段階からの変化としては，柱状化とともに脚高が高くなったこと，坏部が全体に小形化し，坏底部の稜の位置がやや上位に移行したこと，透孔が消滅したことなどが挙げられる．

1期（和泉式初期／想定年代390～400年頃）　高坏の脚部が柱状で中膨らみとなる段階で，脚柱部は内実でなくなるが，なお脚柱部の器肉は厚く，脚柱内面の空洞は円錐状で坏部との継ぎ目の中実部が厚い．この時期の接合部の成形にはいわゆる「ほぞ接ぎ」技法が多くみられる．脚裾部は前段階よりも扁平化し，開きが大きくなる．坏部下端には稜があり，坏底径は依然として小さい．

2期（和泉式定型期／想定年代400～420年頃）　高坏の脚部が柱状から中膨らみの円錐状となる段階で，脚部の器肉は薄手化し，内面の空洞も円錐形に上位まで達して，接合部の中実部分が薄くなる．脚裾部はより扁平化し，脚裾径が広くなる．また坏部は下端の稜の径が大きくなり，坏底径が広くなるとともに，内底面も平たく，輪郭線が明瞭となる．なおこの段階の中でも，脚柱部の広がりが弱い2a期（古相）と広がりの強い2b期（新相）を認め得る．

この段階まで坏はまだ器種としての確立をみないが，やや深い平底の鉢，及び坩に類似する口縁部の外反した形態の鉢が散見され，これらが次段階の坏の原形になってゆくとみられる．

3期（和泉式変容期／須恵器TK73型式併行期／想定年代420～440年頃）　高坏の脚部が円錐状で，前段階よりも脚高が低くなり，中膨らみの度合いも弱くなる段階であり，脚裾部は長くなり，着

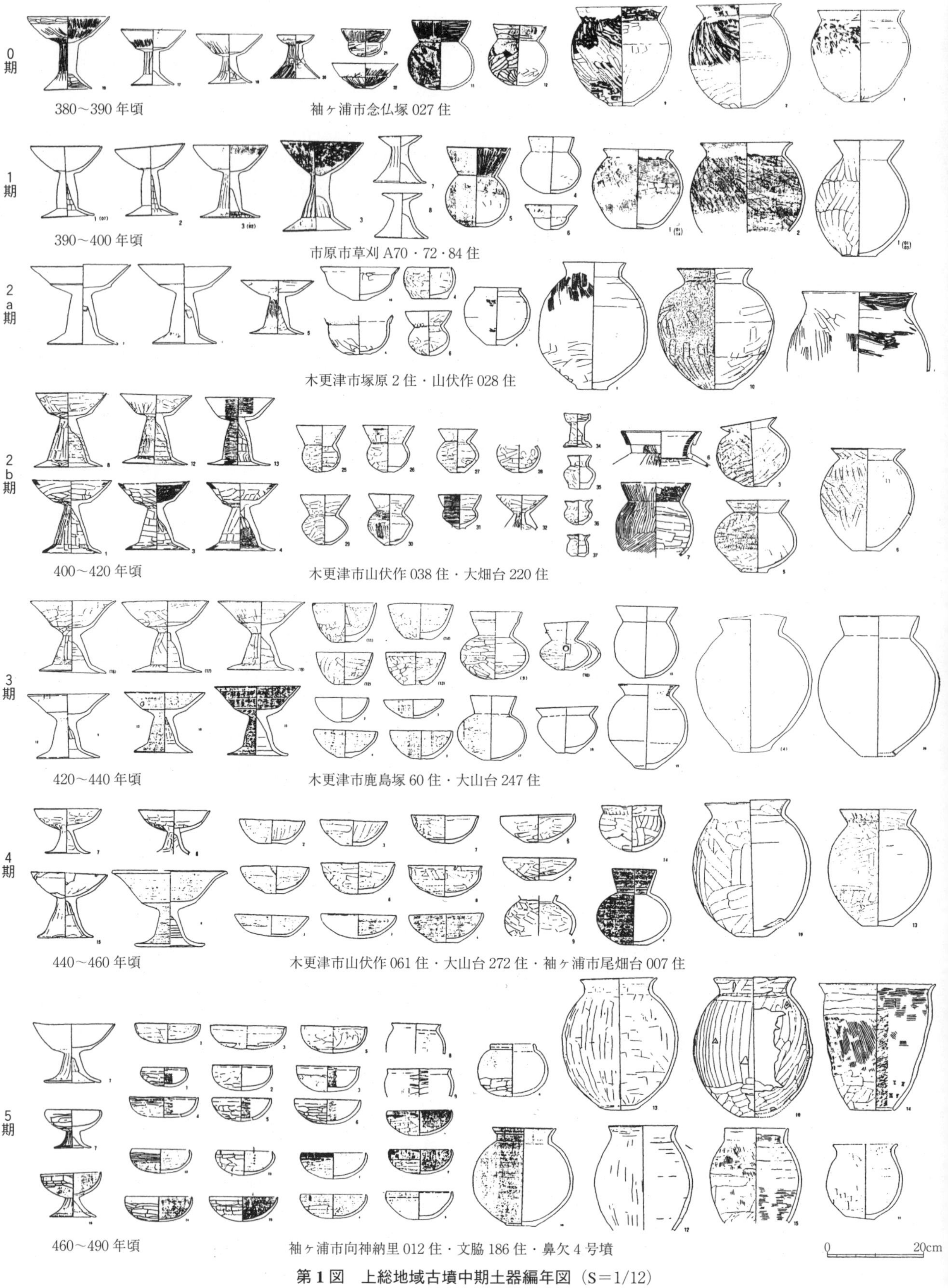
0期
380～390年頃
袖ヶ浦市念仏塚027住
1期
390～400年頃
市原市草刈A70・72・84住
2a期
木更津市塚原2住・山伏作028住
2b期
400～420年頃
木更津市山伏作038住・大畑台220住
3期
420～440年頃
木更津市鹿島塚60住・大山台247住
4期
440～460年頃
木更津市山伏作061住・大山台272住・袖ヶ浦市尾畑台007住
5期
460～490年頃
袖ヶ浦市向神納里012住・文脇186住・鼻欠4号墳
0
20cm

第1図　上総地域古墳中期土器編年図（S＝1/12）

地面が広がる．

坏が器種として確立，普及する段階．初期には従来の無文浅鉢との類似性を残したやや深い平底の坏が，この段階の後半には口縁の開きが大きい平底坏が１住居内に数個のセットで認められるようになる．坏の総量が高坏の総量に次第に拮抗してゆく段階としてとらえられる．

4 期（和泉式終末期 / 須恵器 TK216・ON46 型式併行期 / 想定年代 440～460 年頃）　高坏の脚部が低く八字形に広がり，脚裾部の屈曲も弱くなる段階で，脚部の中膨らみは失われ，外反状となる．また稜の消失した埦形の坏部をもつものが増加する．高坏の日用什器としての絶対数が減少する．

坏は前段階よりも口径がやや大形化し，口縁がハ字形に開く平底坏が主体であるが，口縁が短く外反する形態や丸底の坏も一部みられるようになる．１住居内における坏の数が高坏の数を凌駕する段階であり，名実共に坏が個人食器として使用されるようになったと考えられる．

5 期（鬼高式初期 / 須恵器 TK208・TK23 型式併行期 / 想定年代 460～490 年頃）　高坏はこの段階の初期には，前段階までの系統を引き継いだ八字形脚部で坏部下端に稜を有するものが認められるが，この段階の中盤以降には，埦形の坏部に短い脚部が付いた形の新しいタイプの高坏が現われる．同時期の坏にそのまま脚部を付加したような形態であり，大きさも全体に小形化する．この段階に入って脚部上半が再び柱状化（内実化）する傾向もみられる．

坏は丸底の埦形坏が継続的に使用される段階としてとらえられ，際立った変化に乏しい画一的な形態が長期間にわたって存続する．強いて微視的な変化の傾向をとらえるならば，この段階の前半には平底のものを一部に交え，丸底坏も器高が低く，口縁部が内彎気味の形態が多いのに比べ，後半にはやや深い半球形に近い形態のものが増加してゆく傾向がみられる．

なおこの段階は高坏の形態によって２つの段階に区分し得る可能性もあるが，この段階の高坏は出土量も限定されており，坏の形態のみからでは明瞭な線引きをすることが難しい．また高坏の形態変化のみを取り上げた場合，５期の初頭を４期の中に含めて一線を画す方が妥当かもしれないが，すでにこの段階には坏の方が高坏よりも主要器種として量産化しており，坏の形態変化（= 丸底化）を画期として重視した．また須恵器編年との対比上，丸底埦タイプの高坏が，本段階の古相である TK208 段階の須恵器と一部共伴している例もあり，その点もまた単純に高坏の新古でこの段階を２分することを保留せざるを得なかった理由となっている．

b　坩・器台の変化傾向

0 期　前期以来の扁平小型坩・大型坩が普遍的に存在し，いずれも口縁部高が高く緩やかな内彎を示すものが多い．器台は高坏と同様に長脚化したものが残存するが，前段階までに比べて個体数は減少する．

1 期　小型坩・大型坩ともそのまま存続し，際立った形態変化は認められない．器台は長脚化したものがこの時期まで残存する．

2 期　小型坩・大型坩とも存続するが，扁平小型坩は減少し，形骸的な屈曲を残すもののみとなる．小型坩は口縁部と胴部の幅と高さの拮抗するものが主体．また扁平小型坩との類似性をもつ口縁部の開いた鉢（祖形的な器種は前期段階から存在）が現われる．

3期　小型坩が減少し，大型坩が主体となる．また口縁径よりも胴部径の大きいものが多数を占めるようになる．須恵器䁈を模倣した形態のものも現われる．

4期　ほぼ大型坩のみに限られるようになり，横長の胴部に直口縁の付されるタイプのものが多くなる．

5期　坩形の絶対数が減少．前段階からの直口縁タイプの壺のほかに，この段階から口縁部の短い短頸壺形態も多くみられるようになる．

坩類の変化は全体として緩慢かつ漸移的であり，小型坩・大型坩ともほぼ同一器形のものが長期存続する傾向が強い．小型坩については中期前半（3期まで）のうちにほぼ消滅すると考えてよく，坏の量産化と入れ替わる形で主要器種の座を失ってゆく．直口縁タイプの大型坩が客体的器種として4・5期まで残存し，それも5期の段階には次第に新出器種である短頸壺と入れ替わってゆく．

c　甕の変化傾向と甑の出現

0期　く字口縁のハケメ甕が主体．胴部は前段階よりもやや長胴化しているものの，なお球胴形に近いものが多い．この段階にはまだハケメ調整を残すものの割合が多い．

1期　一部に，より長胴化する傾向が認められるもの，基本的には前段階と大きくは変わらず，球胴形・く字口縁のものが主体を占める．ハケメ調整を残すものが減少し，ナデ調整仕上げのものが多くなる（漸移的変化）．

2期　やや長胴のもの（中胴形）が多くなるとともに，ハケメ調整を残すものが衰退し，ナデを最終調整とするものが主体化する．また従来のく字口縁に加えて，頸部が彎曲して立ち上がる口縁部が現われるが，前段階に引き続き口縁部高は低い傾向にある．なおこの段階まで，折返し口縁の壺が残る．

3期　中胴形のものが主体となり，ハケメ調整を残すものはほとんどみられなくなる．また長胴化に伴って口縁部高もやや高くなる傾向がある．

4期　前段階に引き続き，中胴形で胴部中位に最大径をもつ形態の甕が主体．甕が法量的に定形化，画一化してくる傾向がみられ，口縁部の肥厚するものが多くなる．

5期　前段階までと際立った変化はなく，中胴形でナデ調整仕上げの甕が継続的に使用される．頸部の屈曲は緩やかになる傾向があり，口縁部下半が柱状に立ち上がるものも一つの類型として多くみられる．この段階に至って甕と同大の大形甑が認められるようになるが，出現頻度はさほど多いとはいえない．

甕の変化は高坏の変化に比べると緩慢かつ漸移的であり，とくに前半の諸段階（1～3期）には個体差も著しい状況がみられる．後半段階（4～5期）になると，より定形的になる傾向がみられ，同一形態の甕が長期存続する．中期の内における変化の流れとしては，球胴形から中胴形（定形化）へ，く字口縁から彎曲口縁・柱状口縁へ，また口縁部の肥厚化という流れがあり，調整技法のうえではハケメ調整を残すものが衰退してナデ調整仕上げのものが主体化してゆくといった推移を認め得るが，いずれの変化とも画然としたものではなく，漸移的な変化としてとらえられる

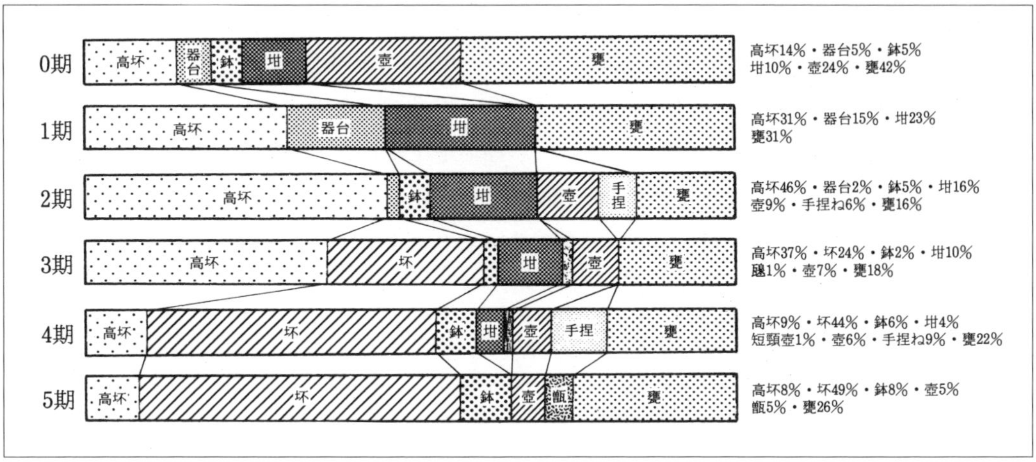

第2図　古墳中期土器の器種組成の変化

ものである．

d　土器組成の変化と用途

第2図は0～5期の各段階ごとに，1住居内に占める土器個体数の器種別の割合をグラフ化したもので，各段階の住居で土器の出土量が豊富なもの（良好な一括資料）を幾つか抽出して算出したものである．0・1期は良好な資料数が限られるため，その点で多少の数値の偏りが生じているかもしれないが，大まかな器種組成の変化を辿ることは可能と考える．

高坏の組成比率は，0期には10％台と低いが，1期には約30％，2期には50％近くと最も高くなり，3期も40％近くを占めるが，4期には10％前後に減少，5期にはさらに少なくなる．

坏の組成比率は，出現期の3期には20％台，4期には約40％台，5期には約50％に達して，名実ともに土師器の中の首座を占める．

甕の組成比率は，0期には40％以上と高いが，1期に約30％，2期に約20％と減少し，その後3～5期には20～25％前後の範囲で漸増してゆく傾向がみられる．

坩の組成比率は，0期には10％とやや低いが，1・2期には20％前後と増加傾向にあり，3・4期には漸次衰退，5期に至って消滅する．

甑は5期に至って出現するが，組成比率5％前後の客体的存在である．

次に以上のような土器組成の変化から読み取ることのできる土器の用途変化について若干の推論を述べてみたい．

まず古墳中期の中での際立った盛行と衰退がみられる高坏についてはおよそ次のような用途変化を想定できる．布留系高坏導入期の0期には，それ以前の段階と同様，供献具あるいは副食用供膳具として使用されていたと推定され，和泉型高坏成立期ともいえる1期に入ると，果実・食肉類を盛る副食用供膳具としての需要を一段と高めていったと考えられる．2期は和泉型高坏の定形量産期ともいうべき段階で，高坏が副食用から主食用供膳具ともなり，銘々器化が進んだ時期としてとらえられる．3期は和泉型高坏が短脚化する段階で，新たに坏が器種として成立し，当初は主食用供膳具として高坏と坏が併用されていたとみられるが，次第に主・副の関係が坏と逆転してゆく段階としてもとらえ得る．4期は高坏の小形化減少期ともいうべき時期で，主食用供膳具の役割を坏に譲り，高坏は副食用供膳具ないしは供献具としての性格を再び強めてゆく．この時期の祭祀遺構からは副食用供献器としての高坏が比較的多く出土している．続く5期は鬼高型高坏の成立期であり，高坏がより小形化して供献具としての性格を強める中で，各住居に1個の必需品ではなく，特定家屋に偏在する傾向もみられるようになる．5期～後期初頭段階には，高坏が古墳周溝に供えられる事例も多い．

次に坩の用途変化について想定されることを述べる．0～2期には小型品が多く，供献具的・祭具的色彩が強い．小型坩とセットをなしていたとみられる器台は坩よりも早く1期までに衰退．2ｂ期まではなお小型坩も多く，小型坩単独での祭祀形態が存続したとみられる．3期には小型坩が減少し，胴部の大きい大型坩，及び須恵器模倣の𤭯が現われるとともに，その用途も次第に直接的な食膳具（酒器・水入れ）としての性質を強めていったと考えられる．また小型坩の減少と連動して従来の前期的祭祀様式の衰退を想定し得る．続く4期は坩の直口縁化と絶対数の減少の時期としてとらえられる．この時期に至って坩は実用的食器としても衰退したとみられ，須恵器にその機能を譲り渡したようにも見受けられる．あるいはこの時期にみられる坏の量産化に連動する現象としてとらえられるかもしれない．5期に入ると，従来の坩形態に代わって短頸壺が登場するが，これも量産器種ではない．また従来の坩形土器とは使途もやや異なっていたと考えられる．なおこの時期の祭祀遺構には直口縁の坩形土器が比較的多く残る．以上のように，坩は前期型祭祀の終焉とともに姿を変え，中期型祭祀と共にその姿を消す器種としてとらえることができる．

e　下総地域との編年の対応

下総地域との編年の対応関係については，資料数の多い下総西部（東京湾沿岸地域）の編年表を示して，概略を述べるに止めたい．下総の古墳中期土器も大局的には上総と大きく変わらない変遷過程をたどる．ここでは上総と同様に高坏を中心に資料を抽出してゆく．

0期の良好な資料は少なく，高坏を伴うセットとしては今のところ千葉市古山14・25住例が管見に上るに過ぎない．

1期の資料は千葉市南二重堀16・22・37・60住，古山13住，小中台5住など千葉地域を中心に幾つかの住居例が認められるが，下総全体ではこの段階の遺構数はまだ僅少な状況にある．

2期になると資料数も増加し，古相（2a期）では，例示した千葉市大森第2-24住，南二重堀19住（一部に混入土器あり）以外に，千葉市馬ノ口63住，東寺山石神26住，星久喜19住，船橋市外原3・9住，流山市桐ケ谷新田1・2住，野田市二ツ塚31住，柏市殿内5住，佐倉市鏑木諏訪尾余1住，佐原市鴇崎天神台14住などが，新相（2ｂ期）では，千葉市田向南21・28住，野田市二ツ塚26住，佐倉市鏑木諏訪尾余4住などがあって，土器数の多い外原8住例は，2ｂ～3期への移行期の資料として位置づけられる．なお下総では，上総で2a・2ｂ期とした区分基準をそのまま適用できるかどうか考慮する余地があり，桐ケ谷新田2住例のように，脚部が八字形に

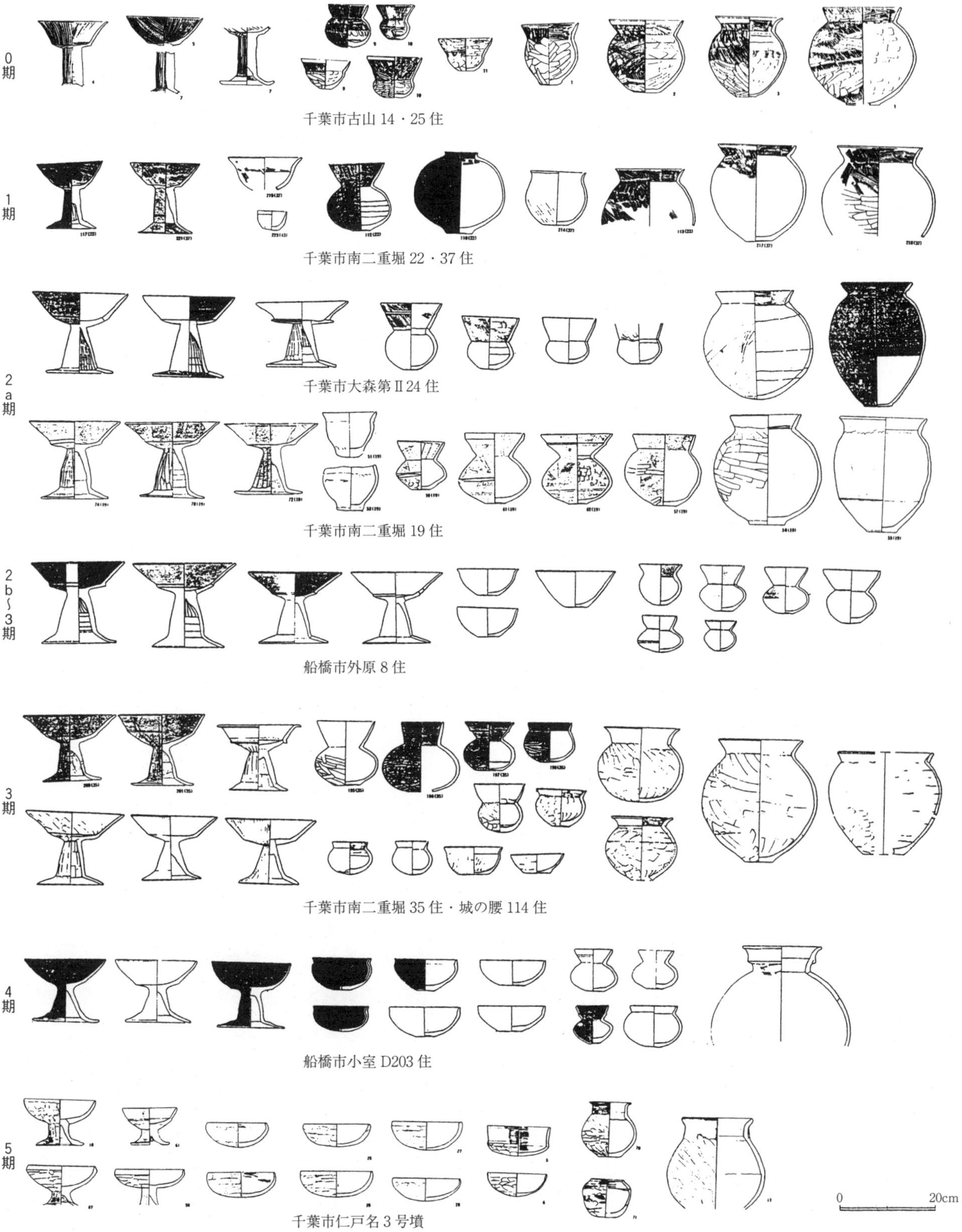

第 3 図　下総西部古墳中期土器編年図（S＝1/12）

広がる高坏が2期の古段階から認められるようである.

3期の資料としては，例示した千葉市南二重堀35住，城の越114住のほか，千葉市南二重堀51住，上赤塚1号墳，石神7住（石神2号墳墳丘下），城の越108住，船橋市法蓮寺山5住，外原1・10住，野田市二ツ塚5・25・29住などが挙げられ，二ツ塚遺跡の諸例は2b期的要素を残す資料としてとらえられる.

4期の資料としては，例示した船橋市小室D-24住以外，千葉市南二重堀28・45住，古山12・22・27住，東寺山石神14住，大森第2-35B住・54A住，船橋市小室D208・305・215・216住，佐倉市大篠塚44・45住，成田市ニュータウンLog20-050・062住などがある.

5期の資料は，千葉市大森第2-11A・15B・32B住，榎作027・037F住，我孫子市布佐余間戸33・72B住，八日市場市雉子ノ台001住など多くの事例が認められる.

3　集落様相の変化

次に上記の土器編年によって並べた古墳中期の各段階の集落について，主に旧君津郡域内の遺跡を対象として，土器以外の諸要素の変化をみていきたいと考える.

a　前期・後期集落との継続性

まず中期の集落が前期・後期の集落とどのような継続性・断続性を示すかについて検討してみたい. 旧君津郡域内の古墳中期集落は，集落の継続性という点からおよそ次のような類型に分けることができた.

①前期から中期前半・後半を経て後期まで連続するとみられるもの（二又堀遺跡）

②前期から中期前半まで連続して途絶えるもの（鹿島塚A・塚原・天神前・金井崎遺跡）

③中期後半から後期にかけて連続するもの（泉・マミヤク・俵ケ谷・中郷谷遺跡）

④中期前半から後半へかけて連続するもの（大山台・山伏作・鹿島塚B・大畑台遺跡）

⑤中期後半のみに収束する短期的な集落（浜清水・尾畑台・文脇遺跡）

以上に挙げた遺跡の中には，調査範囲が本来の集落域全体に及んでいないものもあるため，あくまでも現段階までの認識として，という前提のもとに論を進めることを断っておきたい.

次に上記のような集落継続性の諸類型から想定される幾つかの事象について記しておく.

まず①のように前期・中期・後期と同じ区域内に集落が継続して営まれる遺跡は，現時点では非常に少ない存在であり，むしろ中期前半ないしは後半から近隣地域に場所を移して営まれる集落の方が多い. その結果，一区域内の集落様相としては②～⑤のような類型が生じることになるものと思われる.

このうち②の中期前半までで集落が途絶する遺跡については，中期後半以降の同じエリア内への古墳築造と関連する可能性が強く，鹿島塚A遺跡（鹿島塚古墳群）・塚原遺跡（塚原古墳群）は，集落が廃絶して墓域となる典型例であるといえる. 一方，③の中期後半から新たに集落が形成される遺跡は，別の場所での中期後半からの古墳群形成に伴って移転してきた集落の可能性があり，低地や丘陵低所に多くみられる傾向がある．マミヤク・俵ケ谷遺跡や請西の中郷谷遺跡，および泉遺跡はこれに該当するとみられるが，マミヤク・俵ケ谷遺跡の場合には前期末～中期前半の集落が近隣地域に確認されていない．

これに対して④の中期前半から後半にかけて集落が継続する遺跡には，古墳群が主として後期に入ってから形成される区域に位置するもの（大山台・山伏作遺跡）と，低地ないしは主要河川から奥まった台地で早くから集落域となっている区域に位置するもの（鹿島塚B・大畑台・二又堀遺跡）の2者が認められる．このうち前者は中期後半に集落規模が縮小しており，その意味では②に近い様相を示しているともいえる．また⑤の短期収束型の中期後半集落は，浜清水・文脇遺跡で想定されるように，埴輪や玉作りなど特定の工人集落として形成されている可能性もある[5)]．

いずれにしても全体としてみれば，中期前半と後半の間（3・4期間）に集落様相の一つの画期が求められる可能性が強く，この段階から集落規模も拡大する傾向が認められる．とくに③の中期後半以降に開村される集落の場合，その傾向が顕著であり，遺構数の総量としての増加がみられる．この時期には，後述のように，集落規模の拡大と連動して古墳の造営数も倍増しており，上総においては入植を含めた一定の人口増加を想定してよい段階とも考え得る．

それでは前期末から中期前半にかけての集落規模の縮小現象についてはどう理解するのか．それは単に現段階での遺跡の認知度の差による部分が大きいと考えるべきなのだろうか．もしそうだとすれば，集落立地の違いによる認知程度の差が生じているとは考えられないか．換言すれば，中期前半における一時的な集落の低地への移動を想定できないか．それは高柳銚子塚・内裏塚古墳など低地における大形前方後円墳の造営と何らかの関わりを持っているかもしれない．この問題については，後章でもあらためて触れることとし，それより先に集落をめぐるいくつかの問題について述べておくことにしたい．

b　石製模造品の出現と玉作りの開始

君津郡地域の中期遺構一覧表によって，石製模造品の出土した遺構をピックアップしてゆくと，有孔円板が一部3期の住居からも認められているが，有孔円板・剣形品・扁平勾玉の3種の普及は主に4期以降と考えられる．1・2期には一部に碧玉管玉や有段紡錘車，および滑石管玉・勾玉の未成品が出土した住居址があるが，明確な石製模造品の出土例は見当たらない．3期には扁平でない滑石勾玉を保有する住居もみられる．臼玉の出土率も有孔円板等に連動して4・5期に集中している．臼玉については，住居の覆土をすべてフルイにかけているわけではないため，回収率の問題もあろうが，単品のみが検出されている住居もかなり多いことが注意される．石製模造品製作址の時期もこれらと連動するように4・5期に集中し，それらを大量に使用した集積的祭祀遺構の存在もまたこの時期に限定される[6)]．

これらのことから3・4期間における祭祀形態の変革，組織化が想定される．それは前述した土器のうえからも，小型坩等による祭祀から，坏・甕等の炊飯・食膳具を用いた祭祀への転換としてとらえることができる．従来の前期型祭祀が前期古墳における土器祭祀と連動して，祖霊を祭る祭祀としての性格が強かったのに比べ，中期型祭祀は収穫祭あるいは首長交代儀礼といったような，より現世的色彩を帯びたものであったと考えられる．

ちなみに石製紡錘車の出土率も，石製模造品類と同様に4～5期において高くなっている．石製紡錘車は実用品であったのか，祭具的な意味も合わせもっていたのか，紡織というものが集落の中で特定の職掌に属するものであったのかについても今後検討してゆく余地があろう．

c　鉄器の普及と鍛冶工房

鉄製品の検出された住居は1～5期の各段階にわたっているが，1～2期は形状のわかる明確な製品の共伴例に乏しい．鉄製品の出土例のうちの80％以上が3期～5期に属し，さらにそのうちの43％は5期に含まれるものである．鉄製品の内訳は鉄鏃が44％と最も多く，用途不明工具・刀子・鎌などがこれに次いでいるが，祭祀遺構を除いて全体的に鉄製品の保有率は低い傾向にある．鉄鏃を伴うものは5期に集中しており，多くは長頸鏃1本のみの所有となっている．これは竪穴住居の居住者が各々武器を常備できる状況ではなかったことを示していよう．また農工具の所有率は中期後半に至っても低い状況にあるが，これは鉄製品が稀少品として，常時再利用が行なわれていた結果とみることもできる．

そんな中にあって，2b期に属する塚原1号住例は，目下のところ小鍛冶遺構の初現例として位置づけられる．鉄床石1点と高坏脚部を利用した鞴羽口3点が鉄滓と共に出土しており，小鍛冶に関わる遺構であることは明白ながら，調査区域の関係で遺構内の部分的発掘が行なわれているにとどまり，製品・未成品の有無を含めて詳細は明らかでない．5期に属するマミヤク遺跡64号住は鉄滓・鍛造剥片のほか板状の工具も検出されており，おそらく農工具や鉄鏃など小形鉄器の修復や再生の行なわれた鍛冶工房と考えられる．ほかに中尾東谷遺跡でも中期後半の鍛冶遺構が検出されているが，未報告のため詳細は不明である．ちなみに前期の住居内から鉄滓が出土している例もあり，当地域における小鍛冶の開始時期はさらに遡る可能性もある．

d　須恵器の受容と保有形態

今回集計した古墳中期の住居総数（旧君津郡域内の200軒）に対して，須恵器の存在が認められた住居は39軒で全体の19.5%を占める．この集計には破片のみの出土もすべて含めており，共伴性や土師器編年との型式的な整合性に問題のあるものも含まれているが，多少の誤差は承知の上で，全体的傾向を把握するために行なったものである．

須恵器出土住居の時期別の割合は，74％が5期（一部後1期を含む），13％が4期，8％が3期で，2期の住居内からの破片の出土例も少数あるが，その共伴性には疑問がもたれる．3期の須恵器についても型式的整合性にやや疑問を残しており，確実に須恵器が伴うようになるのは4期から，一定の普及を示すのは5期に入ってからと現段階ではみておきたい．

なお遺跡別にみた須恵器の保有率は，マミヤク遺跡の場合は47％で，約2軒に1軒の割合で須恵器が認められ，その保有個体数も1軒当たり1.9個（約2個）という高い数値を示しているのに対し，大山台遺跡の須恵器保有率は25％（4軒に1軒），二又堀遺跡の須恵器保有率は3％といったように，かなり顕著な相違を認めることができる．マミヤク遺跡の場合には5期の住居軒数が圧倒的に多く，そのような遺跡ごとの時期差が数値に反映していることは言うまでもないが，それを考慮に入れてもなお，遺跡によって須恵器保有率に偏りがみられることは確実である．結論から先に述べるならば，須恵器はマミヤク遺跡など海岸側の遺跡に多い傾向が明らかであり，二又堀遺跡のような山間部の遺跡にあっては，古墳は別として，少なくとも一般の住居からの須恵器の出土量は僅少である．この時期の須恵器はそのほとんどが畿内からの搬入品とみられ，これらの大半が海上輸送によって当地域にもたらされたと考えれば，その集配基地に近い海岸側の集落で須恵器の所有率が高いのは当然といえるかもしれない．

須恵器の器種別の割合は，マミヤク遺跡で坏54％・高坏20％・甕15％・𤭯10％・壺2％，他の集落遺跡も合わせた比率は坏53％・高坏17％・甕13％・𤭯13％・その他5％となり，坏が全体の半数以上を占めている．これに次いで多いのが高坏で，坏・高坏といった供膳用器種で全体の70％を占める．甕・𤭯はほぼ同率の割合となっているが，甕は破片のみの出土が多く，完存率からいえば𤭯の方が高い．この時期の須恵器がどのような流通機構を通じて搬入され，一般集落に供給されたのかは明らかではないが，ひとたび集落居住者の所有に帰した須恵器は，さほど特別な扱いを受けることなく，日用什器として使用されたと考えられる．

e　カマドの出現と生活様式の変化

次にカマドの出現時期について，遺跡ごとに検討してみたい．

小糸川流域の低地に立地する泉遺跡では，5期まで炉が使用され，後1期からカマドの使用が開始される．海岸に近い丘陵地の小浜遺跡群（マミヤク・俵ケ谷・浜清水遺跡）でも，ほぼ5期一杯まで炉が使用されており，カマドが認められるようになるのは後1期からである．矢那川流域の丘陵・台地上に展開する請西遺跡群においては，大山台遺跡・中郷谷遺跡などで5期にカマドの出現がみられ，5期には炉・カマドの両者が使用されている．低地部の鹿島塚B遺跡では一部4期に遡る可能性のあるカマドもあるが，明確性に欠ける．内陸部の小櫃川中流域に位置する大竹遺跡群では二又堀・向神納里遺跡で5期にカマドの出現が確認され，一部に炉も残存している．また小櫃川北岸台地に位置する文脇遺跡では，5期の住居の一部にカマドの出現が認められる．

以上のように，カマドの出現時期には遺跡によって相違があり，請西遺跡群・大竹遺跡群では5期のうちにカマドが出現，小浜遺跡群や泉遺跡ではほぼ5期一杯まで炉が存続している．近接した地域の中でも，請西と小浜でカマドの出現段階に明らかな違いがみられ，このことは同一地域内でも集落（もしくは小地域）ごとに受容時期のずれを示すのか，それは傾斜地・平地といった集落の立地とも関わりがあるのかなど検討の余地がある．あえて大きな地域で区切るとすれば，現状では矢那川流域以北の地域で5期にカマドが出現し，小浜地区以南の小糸川流域では5期まで炉が普遍的に使用されているようにもみられる．この点については，なお多くの遺跡例を確認して，その分布が地域的なものか，拠点的なものかを見極める必要がある．いずれにしても，上総南西部（君津郡地域）においては，これまでのところ4期以前に遡るカマドの明確な事例は確認されていない．

次に初期カマドの構築方位についてみておくと，集計件数15軒の方位は，北4・北東2・東6・南東2・北西1となっており，北東・南東を合わせた東側に事例の2/3が偏るという傾向がみられた．後期以降のカマド構築方位は北側が圧倒的に多く，また古墳前期～中期前半の炉の位置も北～北西が多数を占めているのに比べると，この時期のカマド位置は，前後の時代に比してやや変則性が看取される．小浜遺跡群では，カマドが出現する直前段階の5期において炉の位置が一時的に南側の壁寄りになるという傾向が認められており，このような末期の炉・初期カマドの構築位置の変則性は，ある程度普遍的な現象としてとらえられるようである．

カマドの問題に関連して，甑と支脚の出土例についてもみておきたい．甑は今回集計の対象とした住居のうち12軒から出土しており，このうち7軒が炉，2軒がカマド，他の3軒は不明ながら炉を有していた可能性の強いものとみられた．またこれらの甑出土住居は一部の不明確な例を除いてはすべて5期に属するものであり，先にも記したとおり当地域における甑の出現は5期と考えられる．以上のように，当地域においては甑を出土した住居の大半で炉が使用されており，カマドの採用に伴って甑が使用され始めたわけではないことを示している．

一方，支脚（柱状支脚）の出土例は今のところきわめて少ない．この点については製品の性質上，遺存度が悪いことも考慮する必要はあろう．一部3期に属する住居から前期以来の烏帽子形土製支脚の出土例はあるが，柱状支脚の共伴例は5期に下る．文脇142号住・大山台538号住例から推せば，柱状支脚の出現は5期でカマドに伴うものと理解されるが，大山台536号住のような炉に伴う例も一部にみられる．ただしマミヤク遺跡の5期の住居群から支脚が全く検出されていないことなどからみると，柱状支脚とカマドの相関性は強いと考えられる．

以上のようなカマドに関する所見と先述した土器様式の変化を組み合わせて考えてみると，当地域での中期中頃～後半における生活様式の変化については，およそ次のような順序・図式を想定することが可能と思われる．

①坏の出現（銘々皿の出現）→②坏の多量化→③蒸し器（甑）の出現→④カマドの採用→⑤カマド用具（支脚）の普及→後期的生活様式（カマド＋甑＋支脚＋模倣坏）への移行

上記のうち，①は3期，②は4期，③は5期，④は5期～後1期，⑤は後1期以降の事象としてとらえられ，それぞれに段階的な時間差を認めることができる．なお甕の長胴化は甑やカマドの出現に先行して，すでに中期の早い段階から認められ，3期頃から胴部のやや長い形態の甕（中胴甕）の定着，定形化がみられる．この甕の長胴化が米の調理法の変化（煮る→蒸す）と密接な関係を有していたのか，調理法の変化という要請が先にあって甑やカマドの出現を促したのか，この点については今後さらに検証し，考究を深めてゆく必要があろう．

4　古墳編年との対応―中期古墳の変化―

第2表は，今回設定した古墳中期土器編年の0～5期の諸段階の中に上総地域を中心とする古墳を位置づけてみたものである．古墳の位置づけは主に出土土師器に基づいて行なったが，土師器を欠如する古墳については，須恵器やその他の副葬品等を参考に時期を認定している[7]．

なお前方後円墳については，直接対比可能な土器の知られているものが少ないため，本表では大まかな編年的位置を示したに過ぎず，厳密な対応関係については追求しないこととする．ここでは主として方墳・円墳の様相変化について，段階を追ってみてゆくことにしたい．

0～2期に該当する小規模古墳はきわめて少なく，現段階ではまだ不明確な点も多いが，予測的な事がらも含めて述べることとする．方墳が主体で，多くは低墳丘かつ墳丘規模も小さく，前期の方墳からの延長的様相が強い．副葬品も概して貧弱であり，管玉・臼玉等の玉類を主として単品副葬が目立つ．大厩古墳群などの在り方からみると，この段階の方墳は前期から継続する古墳群において多く見出される可能性がある．しかしながら前期後半までで途絶する古墳群も多く，全体として小規模古墳の絶対数が前期よりも減少傾向にあることは確かである．また宮脇古墳群の状況をみる限り，方墳から円墳への転換期はこの時期の内に求められる可能性があるが，その転換は必ずしも斉一的でなく，古墳群による違いもあり，両者の併存期間があったと考えられる[8]．なおこの時期の小規模古墳の埋葬施設には，狭長な割竹形木棺系のものと前期以来の箱形木棺系のものの二者が認められる．0～2期は古墳の造営が大形前方後円墳に集約的な傾向が強く，小規模古墳造営に対して何らかの規制が働いていたとも考えられる．

3期は円墳が主体化する段階であると同時に，副葬品の質量が多い大・中形円墳と小形円墳との二極化が認められる．このうち大・中形円墳については，これまでのところ分布地域も限定的であり，千葉地域のように同時期の前方後円墳を欠如する地域に認められる傾向がある．大・中形円墳は石製模造品・石枕など祭器的色彩の強い副葬品がみられるのに対し，小形円墳（10～15m級）では副葬品の僅少な傾向が続き，前段階と同様に管玉・臼玉の副葬が目立つ．その点では墳形が円墳に変化しても，前段階の方墳的様相を強く引き継いでいるともいえる．また埋葬施設には割竹形木棺系のものと箱形木棺系のものの両者が併存する．この段階から新たに造営が開始されたとみられる古墳群もあるが，未だ造営者層の大幅な拡大には至っていない段階としてとらえられる．この段階は，銚子塚・内裏塚など上総地域最大の前方後円墳造営期に当たっており，それに連動して小形円墳の築造が開始されたと考え得るが，鉄製武器の供給が小形円墳の被葬者層にまでは行きわたらない状況にあった．小形円墳の被葬者は，広域な地域を統合した地方首長（大形前方後円墳の被葬者）によって新たに再編された小地域統率者層（集落長クラス）であったと考えられる．古墳時代創始以来の地域統合化の流れの中で，徐々に規制が強化されてきた小規模古墳の造営に対し，首長層との絶対的な隔絶性の下に，新たな統治機構の一環として円墳の造営が認可されるようになった段階といえるかもしれない．

4期は円墳の数が増加する時期であるとともに，全体的に副葬品内容が向上（種類が増加）する．前段階のような大形円墳と小形円墳との歴然とした格差は縮まるが，副葬品内容には主として武器・武具の保有量による格差（階層性）が認められるようになる．副葬品内容の最も卓越した円墳として短甲副葬古墳（八重原1号墳）があり，墳丘規模も円墳の中では最大級となっている．これ以外の円墳は基本的に刀剣類＋鉄鏃＋石製模造品といった副葬品の組み合わせからなり，その種類と数量に差異が認められる．一方，副葬品の優劣や墳丘規模とは必ずしも関係しない形で，埴輪を樹立する円墳が拠点的に認められるようになり，これらは被葬者の職掌（「土師部」的な性

第1表　房総中期古墳編年表　　1998.3.13

	前方後円・後方墳	円　墳・方　墳　（上総）	（下総・安房）
前Ⅶ期	☗手古塚(60)		
380			
0期	☖新皇塚(60) ☗白山神社(89)	▪宮脇2号 ■持塚4号墳(29)	
390			
1期	☗釈迦山(93)	•宮脇3号？ ▪大廐7号 ▪草刈136号 ●海保3号(29)	●鶴塚(44)
400			
2期	☗豊浦大塚(123) ☗水神山(69)	▪大廐3号 ▪北旭台74号 ▪草刈990号 •草刈331号 •草刈274号 •草刈750号	●七廻塚(54) •瓢塚12号 ▪手ひろがり3号 ●真々塚(45)
420			
3期 TK73	☗高柳銚子塚(130) ☗布施弁天(32) ☗内裏塚(144)	•塚原62号 ▪大廐8号 •塚原72号 •四留作Ⅰ-1号 •高砂1号？ •西ノ根谷3・6号	●上赤塚1号(31) ●石神2号(25) ●鴇崎天神台1号(29) ●広ノ台3号(28)
440			
4期 TK216 ON46	☗姉崎二子塚(103)	●八重原1号(37) •清見台A4・A8・B2号 •向神納里4号 •馬門 •祝崎1・2号 •池端 •四留作Ⅱ-1号 ▪安須2号 •東山6号 •西ノ根谷4号 •草刈191号 ●鹿島塚5号(27) •南谷1号	•広ノ台5号 ●小川台1号(29) •栗山猫作16号 •多古台 ＊大寺山1号洞穴
460			
5期 TK208 TK23	☗祇園大塚山(100) ☗弁天山(88) ♠布野台3号(28) ♠上野塚(45)	•富士見台2号 •愛宕1・2・3・5・6号 •元秋葉台32号 •寒沢1号 •八重原2号 •向神納里3・5・8号 •戸崎66・67・83号 •大竹12・13号 •塚原20・35・36・51号 •野焼2号 ●富士見塚(25) •鹿島塚2・6・7・20・23号 ●東間部多1号(27) •俵ケ谷9号 •稲荷台1号 •熊野台2号 ●草刈3号(35) ●浅間山1号(26) •鼻欠3・4・5号 •草刈135号 •横山3号 •境1・2号 •草刈104～111号	•仁戸名3号 •仁戸名6号 ●桑納1号(35) •花野井大塚 •金塚 ●吉高浅間(25) •瓢塚29・32号 •天王船塚5号 •烏山2号 •鴇崎天神台2・3号 •宝珠院1号
490			
後1期 TK47		•大山台29号 •横山1号	•宝珠院2号

☗＝前方後円墳　☖＝前方後方墳　♠＝帆立貝形前方後円墳　●■＝25m以上の円・方墳　•▪＝25m未満

格）を反映するものとみることもできる．またこの段階には，当地域への須恵器の定量供給期に入っており，各古墳で須恵器の副葬・供献が多く認められるようになる．器種としては甕・坏・𤭯があるが，この段階には𤭯の供献がとくに目立っている．

5期は円墳数が前段階にも倍加して増大する時期であり，一古墳群内に連続して円墳が造営されるようになる．古墳造営者層が拡大すると同時に，造営地域も増加し，この時期から造営が開始される古墳群も多い．とくに前期までで古墳の造営が途絶していた古墳群で，この時期から新たに古墳の造営が再開される例が多く認められている．このような古墳数の増加は集落数の増加とも連動してとらえられる現象である．副葬品の種類は前段階よりも多様化し，その質量によって段階的な差異が生じてくる．仮に副葬品の優劣で古墳を等級化してみるとすると，A= 短甲（馬具）＋刀剣＋鉄鏃，B= 刀剣＋鉄鏃，C= 玉類主体，D= 単品副葬といったランクに分けることができ，基本的には武器類の保有量によって等級性をみいだすことができる．

しかしこの時期になると，円墳の墳丘規模に著しい差はなくなり，A とした短甲副葬古墳でも墳丘径は 20 m 前後である．古墳数の増大とともに，墳丘規模については何らかの制約が加えられたものと推測される．その一方で，この時期には径 10 m 未満の矮小墳の数も増え，小規模古墳の中でも一定の階層制が看取されるようになる．鼻欠古墳群などにみられるような連続的で規模の異なる円墳の造営は，同族墓的に古墳造営者層が分化した状況を示しているようにもみられる．なお短甲副葬円墳については，その被葬者が畿内政権直属の軍事従事者であるとの見方もあるが，この時期の地域首長墳（前方後円墳）の多くに甲冑が伴っていることからみて，地域首長を介しての服属と考える方が適切かと思われる．これらの短甲副葬円墳は，小地域の古墳群中の一基として存在しているのが常であり，その被葬者は基本的に首長配下の小地域族長層の一員であったと考えられる．この時期，埴輪樹立円墳も前段階と同様な在り方で拠点的に存在しており，墳丘規模がとりわけ大きいとは限らない．またこの時期は石製模造品を使用した祭祀が各集落内で盛んに行なわれる時期であり，この祭祀は族長（集落長）クラスの円墳築造とも密接に関わっていると考えられる．

5　上総における古墳中期社会—総論—

古墳前期から中期への大きな変化は，一口に言えば地域社会の統合にあったと考えられる．墳墓の変遷からその大筋の流れを辿ると，およそ次のような展開を考えることができる．

弥生後期段階には各集落単位で方形周溝墓群が営まれる状況にあったが，古墳時代初頭段階に，大和を発信地とし尾張を経由した社会構造変革の波及があり，従来から東海道ルートを通じての文化交流を受けていた東京湾沿岸の上総地域は，いち早くそのシステムの中に組み込まれることとなった．それは地域社会の統率者が，従来の集落のいくつかを統合して，より広い領域を支配下に置き，纏向型前方後円墳や前方後方墳といった視覚的にも明瞭な墳墓を築く階層機構のネットワークであった．

このようなシステムの導入が，西方からの支配者の派遣によって達成されたのか，在地勢力の承認によって行なわれたのかは定かではないが，いずれにしても弥生後期から相当の人口を抱え，各々の集落統率者層の地盤が固められていたとみられる上総地域においては，旧来の地元勢力との融和を必要とし，一方的征服の形をとったものではなかったと考え得る．しかしながら，少なくともその初現期に位置付けられる神門5・4・3号墳や高部32・30号墳の被葬者は外来的要素が強く，東海系土器群の導入を始めとして従来の地域社会を大きく変革させるに足る人物であったと考えられる．

このような外的インパクトによって築かれた拠点的勢力は，古墳時代初期の段階にはいくつかの集落を統合した形で各地に分立する状況にあったが，その後，拠点勢力相互の力関係の中で地域間の統合が進められ，その地盤に立脚した統率者がより大きな古墳（前方後円墳）を造営するようになる．それが古墳前期前半の状況と思われる．この間にも畿内を中心とした地域からの不断の影響や人の動きがあり，地域統合自体も自律的展開というよりは，そのような外圧を主な契機として進行したとみてよいであろう．またこのような展開は決して当地域独自のものではなく，前方後円墳の墳丘の規格性に現われているように，一つのネットワークシステムに地域社会が組み込まれたことによって，初めて成し遂げられたものであったと考えられる．

次世代になると，前方後円墳はより大きく整美な形態のものとなった．前期の100 m級大形前方後円墳は，上総の場合には海岸部ではなく主要河川流域の奥まった地域に位置しており，それは「奥津城」の名にふさわしく，他地域からの直接的制圧を受けにくい場所に首長層の本拠地が置かれていたためと考えられる．小櫃川流域の浅間神社古墳・飯籠塚古墳・白山神社古墳，養老川流域の今富塚山古墳，一宮川流域の能満寺古墳・油殿1号墳といった前期の100 m級前方後円墳は，いずれも海岸から遠い各流域の内陸部に位置している．

上総における前期前方後円墳の規模や分布からみて，少なくとも前期後半段階には，すでに各主要河川の流域全体に及ぶような「流域統合体」が，一首長の勢力圏として形成されていた可能性が強い[9)]．その場合，小櫃川流域の海岸部に位置する手古塚古墳・坂戸神社古墳等の60 m級前方後円墳は，中流域の飯籠塚古墳・白山神社古墳等の100 m級前方後円墳とは，各々領域を異にする首長墓ではなく，同一領域の中の階層や出自の異なる墳墓であったことになる．

中期初頭，畿内では大王クラスの墓域が，内陸部の大和から，大阪湾に近い平野部の古市・百舌鳥地域へ移動する動きが起こった．畿内の連合体の中でより抜きんでた勢力が，揺るぎない確固たる大王権を確立し，港湾部を拠点として積極的外交政策に乗り出した証であろう．あたかもそのような畿内の動きに呼応するように，上総地域においても首長墓が東京湾沿岸の低地へ進出する動きがみられ，首長墓の数がより限定されると共に，墳丘規模も格段に大きくなる．5世紀前半～中頃に畿内の大王墓が空前絶後の規模に達したように，上総やほかの多くの地域でも，この時期に古墳時代全体を通じての最大規模の前方後円墳が造営されている．

この時点での地域首長の勢力範囲は，おそらく一河川の流域を超えるものとなっていたであろうが，それはたとえば小櫃川流域の高柳銚子塚古墳と小糸川流域の内裏塚古墳がそれぞれ領域を

第２表　上総における弥生〜古墳時代の墳墓構成の変化

①弥生中期　(2C) 	集団墓的方形周溝墓群。一群中の基数が多い。大きな規模の差もなく均質的であり、造営者層は集落内の下部階層にまで及んでいる可能性がある。
②弥生後期（3C前・中） 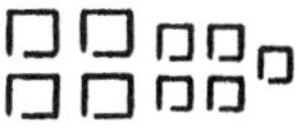	族長墓的方形周溝墓群。造営者層がより有力な者に限定されてくる傾向が見られ、墳墓の規模の大小の差も顕著となる。しかしながら、それはまだ優劣差に止まり、明確な形での階層序列は生まれていない。
③古墳前期初頭（3C後） 	初期前方後方墳を頂点として、周囲に数基の方墳が造営される。方墳の造営者は前段階の方形周溝墓群の被葬者よりさらに限定される。
④古墳前期前半（4C前） 	地域連合体の頂点に前方後円墳造営者が、その連合体の中に前方後方墳造営者を頂点とする集団、方墳造営者を頂点とする集団がいて、さらにそれぞれの小集団に帰属する方墳造営者層がある。
⑤古墳前期後半（4C後） 	地域の統合化が進み、次第に前方後円墳造営者の支配体制が強化されるとともに、前期末頃から古墳の造営も大形古墳に限定的な（労働力の集約される）傾向が強まり始める。
⑥古墳中期前半（5C前） 	従来の首長領域がさらに大きく統合される段階であり、大形前方後円墳の造営に労働力が集約されるが、一部に方墳造営の継続が認められる。
⑦古墳中期後半（5C後） 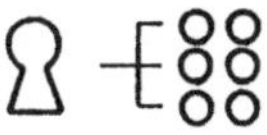	大形前方後円墳造営者層を頂点とする隔絶された階層秩序の下に、各小地域の族長層による円墳の造営が開始され、それは同族墓的に造営者層の拡大を見せる。
⑧古墳後期前半（6C前） 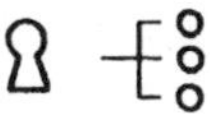	畿内大王墓の規模の縮小、並びに全国的な墳丘規模縮小の趨勢を受けて、前方後円墳の規模が縮小し、それに伴って小地域族長層による円墳の造営数も限定される。
⑨古墳後期後半（6C後） 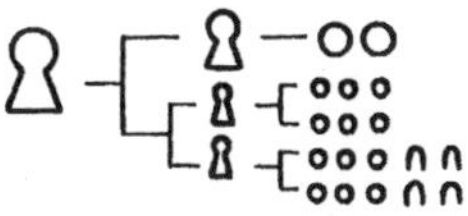	関東地方諸地域の首長勢力の巻き返しとともに、首長級前方後円墳が再び大形化し、中形前方後円墳・円墳を従えた首長系列の古墳群と、首長配下にある小地域集団の小形前方後円墳を中核とする古墳群に分化して、円墳造営者数も過去最大に達する。丘陵地帯で横穴墓の造営も開始される。
⑩古墳終末期前半（7C前） 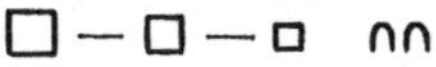	畿内政権からの規制を受けて、首長墓は大形方墳に、その系列下で少数の方墳が造営されるが､小地域集団の墳墓造営は大幅に制限される。
⑪古墳終末期後半（7C後） 	首長墓の造営が停止し、地方豪族層が寺院の造営に向かう中で、造墓規制が緩み、小地域集団の族長クラスを中心に再び小規模な終末期方墳の築造が盛んになる。方形墳墓の造営はその後火葬骨を埋葬する段階まで続く。

異にする別系統の首長墓であったと理解するのか，首長権の移動による世代の異なる首長墓であったと理解するのかによって，首長領域の想定範囲も異なってこよう．いずれにしても，東上総や安房など中期の大形古墳が存在しない地域もあり，西上総の大形前方後円墳を築いた首長層が，これらの地域にまで影響力を及ぼしていた可能性は強いと考えられる．このような中期前半～中葉の地域統合もまた，その頂点の産物である前方後円墳の規格性からみて，畿内王権の大きな後ろ盾を得て押し進められたと考え得る．地域統合の主体者自体が畿内から派遣された者であったのか，在来の首長を畿内王権が承認する形であったのかは定かではないが，前期古墳にみる勢力基盤の大きさから考えて，後者の可能性の方が強いと考えられる．

中期初頭における地域統合の胎動期にあっては，従来の分立的な小地域支配体制（小地域族長層）に対する牽制が働き，古墳の絶対数が減少するという動きがみられた．また地域統合の主体者である初代の大形前方後円墳造営期には，地域内の労働力の集中が図られ，小規模古墳の造営は事実上停止に近い状態にあったとも考えられる．中期前半における初代大形前方後円墳の築成完了後，ようやく小地域族長層（集落長クラス）にも円墳の造営が認可されていったのではなかろうか．それは首長層を頂点とした新たな地方統治機構の再編を意味する．

中期前半における地方統治体制の変革の影響が一般集落に定着し，具体的な形跡を残すようになるのは中期中葉以降である．中期の社会変革に伴って新規導入された事象としては次のようなものが挙げられる．一つは石製模造品祭祀の普及であり，年毎の収穫祭や首長・族長の交代儀礼として個々の集落内で実施されるようになったと考えられる．今一つは製鉄の開始であり，鍛錬鍛冶を主として搬入鉄素材（鉄鋌）からの加工，あるいは既成鉄製品からの再利用が農工具・鉄鏃・ミニチュア鉄器の小形品を対象として，集落単位で行なわれるようになった．もう一つは須恵器の搬入と普及であり，これについては海岸部の集落と内陸部の集落とでその普及の度合いに格差が生じた．さらに具体的な遺跡としてはまだ十分に明らかにされてはいないが，灌漑事業や水田開発（広域化）もこの時期には活発に行なわれたと考えられる．中期前半における台地・丘陵部での集落の断絶がしばしば認められるのは，未調査区域の多い低地部への居住が一時的に促進された結果である可能性をも残している[10]．

その後，2代目の地域首長墓が造営される頃になると，主要河川の流域を一つの単位とした首長領域が確定し，上総の場合にはその領域が基本的に後期まで受け継がれて，後の文献上に現われた「国造」の勢力範囲とほぼ対応するものとなる．小地域族長層による円墳の造営も慣例化（定着）し，短甲副葬古墳等の新たな階層性をも生み出すに至ったと考えられる．中期後半（5世紀後半）における地域首長勢力の安定は，新たな階層機構の定着と古墳造営者層の拡大をもたらした．

しかしながら，畿内における大王墓造営のエネルギーの緩和（抑制）に伴って，中期末段階には，地域首長墓の規模の縮小とともに，小地域族長層に対する古墳造営の制限も行なわれるようになったと考えられる．その時点で，中期中頃をピークに汎列島規模で高揚した大形古墳造営の波は鎮静化し，畿内政権内部での政変の影響も含めて，地域首長の勢力の隔絶性も後退する現象がみられた（後期初頭）.

畿内およびその周辺地域で，大王系列以外の古墳の造営が制限・縮小されてゆく趨勢の中，関東地方においては，後期後半から大形前方後円墳の造営がフェニックスのように復活する．それは畿内の大王陵系列における欽明陵古墳・見瀬丸山古墳の造営期にあたり，これらの大王陵に次ぐ，あるいはそれに拮抗するような規模の前方後円墳が関東各地に拠点的に造営されるのである．それは畿内大王権を後ろ盾として地方を統合し，首長墓を造営した中期とは性質が異なり，あたかも畿内王権に対峙するような形で，関東地方独自の豪族小国が形成された時代といい得るかもしれない．古墳時代全般を通じて，関東地方は常に多大な人口を擁し，より分立的であるにしろ，時として畿内に対抗しかねない勢力基盤を維持し続けた地域といってよいだろう．古墳時代の畿内王権にとって，関東地方はいつも制圧し切れない独自の世界を保持し続けたていた地域でもあった．

おわりに

東国における古墳中期土師器の編年作業は，近年の資料的増加と相俟って各地域毎に進められつつある．房総においては，古くは1972年に刊行された船橋市外原遺跡の報告書の中で和泉式土器の新古相に関する見解が示され[11]，1983年には村山好文氏による全県的な資料集成と編年案が提示されている[12]．このうち村山氏による編年は，主として中期中頃～後半（筆者の編年の3～5期）の流れを説明したものになっていると理解しており，当時の資料的な限界もあってか，とくに中期前半における土器の推移については不明瞭な部分を多く残していた．

また1988年に比田井克仁氏は，南関東の5世紀代の土器について「和泉式」という型式枠を越えた編年案を示した[13]．氏はそれまでの和泉式土器研究史の要点を整理し，問題の所在を明らかにしたうえで，南関東を相模・南武蔵・房総の3地域に分け，中期を4段階に区分する編年表を提示している．比田井氏の編年は主として器種組成の変化に立脚したものであり，今回筆者が提示した編年とは，その方法論や土器の変遷観，あるいは段階の区切り方や年代幅に関する認識が異なるものとなっているが，個々の点についての言及は省かせて頂く．

筆者は1992年に上総地域の古墳時代後期土師器の編年案を作成し，1995年には房総全域を対象とした古墳後期の坏の変遷について私案を提示した．また1993年～1996年に君津郡市文化財センター内の共同研究として行なった旧君津郡域を中心とする弥生後期～古墳前期土器の編年案作成作業に関わった[14]．これらの編年作業を通じて，古墳前期と後期の間を埋める中期の土器編年構築の必要性を感じたのが，本稿執筆の直接の動機である．

本稿は，1997年8月に東国土器研究会において発表した「上総和泉式土器編年試案」をもとに，これに補足・修正を加えて研究ノート的に書き進めたものであり，中期における集落様相や古墳造営状況の変化についても，至って不十分ながら筆者の現段階の考えをまとめてみた．今回の検討はあくまで基礎的作業の域を出るものでなく，土器編年についてもなお多くの修正の余地をはらむものと考えている．他の地域との比較も今後の課題としておきたい．従来は，非常に曖昧模糊として空白の世紀のイメージが強かった中期前半の地域社会の様相が，今回の様々な検討を通じて少なからず見えてきたような気がするが，当該期の資料数はまだ限られており，今なお不明確な部分を多く残している．今後とも，この時期の空白感が少しでも埋められてゆく事象に出会うことを期待して，本稿を閉じることとしたい．

関係文献一覧

[上総中期集落関係]

1　松本　勝 1996『泉遺跡発掘調査報告書Ⅰ』第 110 集　君津郡市文化財センター
2　矢野淳一 1992『西郷遺跡・万崎古墳群』第 75 集　君津郡市文化財センター
3　小沢　洋 1990「浜清水遺跡」『小浜遺跡群Ⅲ』第 47 集　君津郡市文化財センター
4　小沢　洋ほか 1989『小浜遺跡群Ⅱマミヤク遺跡』第 44 集　君津郡市文化財センター
5　小沢　洋 1993『小浜遺跡群Ⅴ俵ケ谷古墳群・マミヤク遺跡』第 80 集　君津郡市文化財センター
6　小林理恵 1991『小浜遺跡群Ⅳ俵ケ谷遺跡』第 54 集　君津郡市文化財センター
7　荒木　誠・鈴木容子 1977「大山台の住居址」『請西』木更津市請西遺跡調査会
8　豊巻幸正 1990『請西遺跡群発掘調査報告書Ⅱ―大山台遺跡―』木更津市教育委員会
9　荒木　誠 1977「山伏作の住居址」『請西』木更津市請西遺跡調査会
10　山形美智子 1994『請西遺跡群発掘調査報告書Ⅴ―山伏作遺跡―』木更津市教育委員会
11　種田斉吾・菊池真太郎 1974『木更津市請西遺跡群―予備調査概報―』房総考古資料刊行会
12　豊巻幸正 1991「中郷谷遺跡」『請西遺跡群発掘調査報告書Ⅲ』木更津市教育委員会
13　岡野祐二 1994『請西遺跡群Ⅲ鹿島塚 A 遺跡』第 84 集　君津郡市文化財センター
14　稲葉昭智 1991「鹿島塚 B 遺跡」『請西遺跡群発掘調査報告書Ⅲ』木更津市教育委員会
15　大原正義 1985『塚原遺跡』第 13 集　君津郡市文化財センター
16　當眞嗣史 1997『大畑台遺跡群発掘調査報告書Ⅱ―大畑台遺跡―』木更津市教育委員会
17　小高幸男 1992『天神前遺跡』第 62 集　君津郡市文化財センター
18　稲葉昭智 1993『大竹遺跡群発掘調査報告書Ⅱ』第 83 集　君津郡市文化財センター
19　田形孝一・藤岡孝司ほか 1991『笊田遺跡・三ツ田台遺跡・大竹古墳群（1)』第 61 集　君津郡市文化財センター
20　稲葉昭智 1995『大竹遺跡群発掘調査報告書Ⅳ』第 103 集　君津郡市文化財センター
21　稲葉昭智 1994『大竹遺跡群発掘調査報告書Ⅲ』第 91 集　君津郡市文化財センター
22　山本哲也 1992『文脇遺跡』第 69 集　君津郡市文化財センター
23　西原崇浩 1994『嘉登遺跡・大竹長作古墳群』第 90 集　君津郡市文化財センター
24　光江　章 1987『念仏塚遺跡』第 23 集　君津郡市文化財センター
25　光江　章 1984『金井崎遺跡発掘調査報告書』第 7 集　君津郡市文化財センター
26　浜崎雅仁 1994『美生遺跡群Ⅲ第 6・7 地点』第 95 集　君津郡市文化財センター
27　當眞嗣史 1998『根崎遺跡・寺ノ上遺跡』第 139 集　君津郡市文化財センター
28　木對和紀 1992『市原市椎津茶ノ木遺跡』第 49 集　市原市文化財センター
29　高橋康男 1993『市原市姉崎東原遺跡 B 地点』第 51 集　市原市文化財センター

30　越川敏夫ほか 1984『原遺跡』原遺跡調査会
31　大村　直 1992『市原市叶台遺跡』第 44 集　市原市文化財センター
32　鈴木英啓 1986『潤井戸西山遺跡』第 9 集　市原市文化財センター
33　藤崎芳樹 1982『市原市番後台遺跡・神明台遺跡』千葉県文化財センター
34　村山好文ほか 1979『土宇』日本文化財研究所
35　三森俊彦ほか 1974『市原市大廐遺跡』房総考古資料刊行会
36　小久貫隆史 1983「草刈遺跡 A 区（第 1 次）の調査」『千原台ニュータウンⅡ』千葉県文化財センター
37　高田　博ほか 1986『千原台ニュータウンⅢ草刈遺跡（B 区）』千葉県文化財センター
38　白井久美子 1994『千原台ニュータウンⅥ草刈六之台遺跡』千葉県文化財センター

［上総中期古墳関係］

39　柴田常恵 1906「上総国君津郡飯野村内裏塚」『東京人類学雑誌』249 号
40　椙山林継ほか 1979『史跡弁天山古墳』富津市教育委員会
41　小沢　洋 1988『上野塚古墳』第 29 集　君津郡市文化財センター
42　諸墨知義 1987「富士見台古墳群第 2 号墳」『富士見台遺跡』第 26 集　君津郡市文化財センター
43　杉山晋作・田中新史 1989『古墳時代研究Ⅲ―千葉県君津市所在八重原 1 号墳・2 号墳の調査―』古墳時代研究会
44　野中　徹・鈴木仲秋ほか 1974『馬門古墳発掘調査報告書』君津市教育委員会
45　野中　徹ほか 1977『元秋葉台 32 号墳発掘調査報告書』君津市教育委員会
46　永沼律朗ほか 1995『千葉県記念物実態調査報告書Ⅲ』千葉県教育委員会
47　矢野淳一 1993『戸崎城山遺跡 C 地点』第 88 集　君津郡市文化財センター
48　矢野淳一 1994『戸崎城山遺跡Ⅲ M 地点』第 104 集　君津郡市文化財センター
49　椙山林継 1980「菅生周辺の遺跡」『上総菅生遺跡』木更津市菅生遺跡調査団
50　白井久美子 1987「祇園大塚山古墳の埴輪と須恵器」『古代』83 号
51　中村恵次ほか 1968『清見台古墳群発掘調査報告書』清見台古墳群発掘調査団
52　小沢　洋 1998『千束台遺跡群発掘調査報告書Ⅳ塚原 22 号墳・62 号墳』木更津市教育委員会
53　小沢　洋・當眞嗣史 1991「野焼 2 号墳」『請西遺跡群発掘調査報告書Ⅲ』木更津市教育委員会
54　諸墨知義 1987「東山古墳群第 6 号墳」『請西遺跡群確認調査報告書』木更津市教育委員会
55　佐伯秀人ほか 1991『請西遺跡群Ⅱ鹿島塚古墳群』第 57 集　君津郡市文化財センター
56　小沢　洋ほか 1984『祝崎古墳群／戸崎城山遺跡発掘調査報告書』第 4 集　君津郡市文化財センター
57　豊巻幸正 1988『四留作第 1 古墳群第 1 号墳』第 33 集　君津郡市文化財センター
58　當眞嗣史 1991『四留作第 2 古墳群第 1 号墳四留作第 1 号塚・四留作第 2 号塚』第 63 集　君津郡市文化財センター
59　戸倉茂行・光江　章 1986『富津火力線鉄塔建設用地内埋蔵文化財発掘調査報告書』第 18 集　君津郡市文化財センター
60　光江　章 1986「南谷遺跡」『上総線鉄塔建設用地内埋蔵文化財発掘調査報告書』第 19 集　君津郡市文化財センター
61　小高幸男ほか 1988『宮脇遺跡』第 32 集　君津郡市文化財センター
62　浜崎雅仁 1996「高砂遺跡」『木更津市内遺跡発掘調査報告書』木更津市教育委員会
63　光江　章・井口　崇 1984『鼻欠遺跡』袖ケ浦町教育委員会

64　小沢　洋 1985『境遺跡』第 8 集　君津郡市文化財センター
65　稲葉理恵 1996『寒沢遺跡・寒沢古墳群・愛宕古墳群・上用瀬遺跡』第 116 集　君津郡市文化財センター
66　対馬郁夫 1976「大竹第 12 号古墳発掘調査報告」『大竹遺跡』千葉県文化財保護協会
67　斉木　勝・種田斉吾 1974「新皇塚古墳」『市原市菊間遺跡』房総考古資料刊行会
68　小久貫隆史 1997『市原市釈迦山古墳発掘調査報告書』千葉県文化財センター
69　大場磐雄・亀井正道 1951「上総国姉ヶ崎二子塚発掘調査概報」『考古学雑誌』第 37 巻第 3 号
70　中村恵次ほか 1968『南大広遺跡・海保古墳群』市原市教育委員会
71　田中新史 1976「持塚 4 号墳の調査」『南向原』上総国分寺台遺跡調査団
72　木對和紀 1990『市原市北旭台遺跡』第 39 集　市原市文化財センター
73　木對和紀 1993『市原市安須古墳群』第 50 集　市原市文化財センター
74　中村恵次 1968「千葉県市原市富士見塚古墳」『日本考古学年報 16 昭和 38 年』日本考古学協会
75　田中新史ほか 1988『「王賜」銘鉄剣概報』吉川弘文館
76　田中新史・宮本敬一 1974「1 号墳」『東間部多古墳群』上総国分寺台遺跡調査団
77　山田友治 1974『浅間山 1 号墳発掘調査報告書』浅間山 1 号墳発掘調査団
78　矢吹俊男 1978『大多喜町横山遺跡発掘調査報告書』横山遺跡緊急発掘調査会

［下総中期古墳関係］

A　武田宗久 1976「七廻塚古墳」『千葉市史史料編 1』千葉市史編纂委員会
B　栗田則久 1982「上赤塚 1 号墳」『千葉東南部ニュータウン 13』千葉県文化財センター
C　沼沢　豊ほか 1977『東寺山石神遺跡』千葉県文化財センター
D　坂井利明ほか 1972『にとな—古墳群とその集落址の調査—』本郷高等学校歴史研究部
E　村田一男 1979「古代」『八千代市の歴史』八千代市教育委員会
F　小出義治・近藤　正ほか 1959『松戸河原塚古墳』松戸市教育委員会
G　下津谷達男 1957「千葉県野田市川間香取原の二古墳」『日本考古学協会第 20 回総会研究発表要旨』
H　古谷　毅ほか 1993『柏市史調査研究報告Ⅲ—弁天古墳発掘調査報告書—』弁天古墳発掘調査団
I　古宮隆信 1988「大塚古墳」『東葛上代文化の研究』古宮・下津谷両先生還暦記念祝賀事業実行委員会
J　甘粕　健ほか 1969『我孫子古墳群』東京大学文学部考古学研究室
K　市毛　勲 1973『下総鶴塚古墳の調査概報』下総鶴塚古墳調査団
L　猪股佳二 1994『吉高浅間古墳発掘調査報告書』印旛郡市文化財センター
M　杉山晋作・山田友治 1975「烏山 2 号墳」『遺跡日吉倉』日吉倉遺跡調査団
N　玉口時雄編 1975『公津原』千葉県企業庁
O　坂本行広ほか 1995『猫作・栗山 16 号墳』香取郡市文化財センター
P　荒井世志紀 1994『鴇崎天神台遺跡』香取郡市文化財センター
Q　原田享二ほか 1988『佐原市内遺跡群発掘調査概報Ⅱ』千葉県佐原市教育委員会
R　平野　功ほか 1987『三之分目大塚山古墳発掘調査報告書』小見川町教育委員会
S　平野　功 1989『町内遺跡群発掘調査報告書』小見川町教育委員会
T　平岡和夫 1989『九十九里地域の古墳研究』
U　柿沼修平ほか 1976『多古台遺跡群発掘調査概報』日本文化財研究所
V　坂詰秀一 1960「千葉県塚原古墳群の調査」『古代文化』第 4 巻第 3 号

W　神山　崇ほか 1986『飯塚遺跡群発掘調査報告書』八日市場市教育委員会
X　神山　崇・相山林継ほか 1975『下総小川台古墳群』芝山はにわ博物館
Y　今泉　潔 1988『古代寺院跡（宝珠院）確認調査報告』千葉県教育委員会
Z　白井久美子 1994「館山市大寺山洞穴の出土遺物」『千葉県史研究』2　千葉県史料研究財団

［下総中期集落関係］
a　伊藤智樹ほか 1983『千葉東南部ニュータウン 12 南二重堀遺跡』千葉県文化財センター
b　菊池健一・田中英世 1990『千葉市古山遺跡』千葉市文化財調査協会
c　山田貴久ほか 1987『千葉市小中台遺跡』千葉県文化財センター
d　栗本佳弘ほか 1973『京葉』千葉県都市公社
e　加藤正信ほか 1984「馬ノ口遺跡」『千葉東南部ニュータウン 15』千葉県文化財センター
f　田川　良ほか 1984「星久喜遺跡発掘調査報告」『千葉市文化財調査報告書第８集』千葉市教育委員会
g　長谷川真ほか 1984「田向南遺跡発掘調査報告」『千葉市文化財調査報告書第８集』千葉市教育委員会
h　菊池真太郎ほか 1979『城の越・西屋敷遺跡』千葉県文化財センター
i　小林清隆ほか 1992『千葉市榎作遺跡』千葉県文化財センター
j　岡崎文喜・松浦宥一郎 1972『外原』船橋市教育委員会
k　栗本佳弘ほか 1973『小金線』千葉県都市公社
l　中山吉秀ほか 1979『桐ケ谷新田遺跡』桐ケ谷新田遺跡調査会
m　飯塚博和ほか 1985『二ツ塚古墳群』野田市遺跡調査会
n　矢野慎一ほか 1981『殿内遺跡調査報告書』殿内遺跡調査団
o　高野博光ほか 1981『布佐・余間戸遺跡』我孫子市布佐・余間戸遺跡調査会
p　道澤　明ほか 1984『佐倉市鏑木諏訪尾余遺跡』鏑木諏訪尾余遺跡調査会
q　栗本佳弘 1970「佐倉市大篠塚遺跡」『埋蔵文化財調査報告』東関東自動車道遺跡調査団
r　天野　努ほか 1981『公津原Ⅱ』千葉県教育委員会

註・参考文献

1）　和田晴吾 1987「古墳時代の時期区分をめぐって」『考古学研究』第 34 巻第２号
　広瀬和雄 1991「前方後円墳の畿内編年」『前方後円墳集成　中国・四国編』山川出版社
2）　東北・関東前方後円墳研究会 1996『東北・関東における前方後円墳の編年と画期　発表要旨資料』（第１回）
　東北・関東前方後円墳研究会 1998『シンポジウム前期古墳から中期古墳へ　発表要旨資料』（第３回）
3）　土器Ｂ研究班 1996「君津地方における弥生後期～古墳前期の土器編年」『研究紀要Ⅶ』君津郡市文化財センター
4）　小沢　洋 1992「上総地域の鬼高式土器」『考古学ジャーナル』№342（本書第Ⅲ部第２章所収）
　小沢　洋 1995「房総の古墳後期土器―坏の変遷を中心として―」『東国土器研究』第４号（本書第Ⅲ部第３章所収）
5）　浜清水遺跡は畑沢埴輪窯址の至近に位置する集落で，同窯址と同時に調査されている住居群とも時期的に一致する．
　萩原恭一 1994「畑沢埴輪生産遺跡」『研究紀要 15』千葉県文化財センター

6）　下総では，八千代市権現後遺跡（D131・D132 住ほか）のように，2ｂ～3期の土器を伴う石製模造品の製作址が検出されている遺跡もあり，上総でも今後，より古い段階の石製模造品製作址が確認される可能性は高いとみられる．
阪田正一ほか 1984『八千代市権現後遺跡』千葉県文化財センター
7）　鉄鏃および石枕の編年については下記の文献を参考とさせて頂いた．
田中新史 1995「古墳時代中期前半の鉄鏃（一）」『古代探叢Ⅳ』早稲田大学出版部
白井久美子 1991「石製立花と石枕の出現」『古代探叢Ⅲ』早稲田大学出版部
8）　円墳の存在は前期からも拠点的に認められており（市原市草刈3号墳・山武町島戸境1号墳・木更津市鶴ケ岡1号墳），墳丘規模や副葬品内容等からみれば，方墳よりも上位の墓制として存在した可能性が高い．中期初頭に位置づけられる海保3号墳はその流れを引くものと考えられる．その一方で，持塚4号墳のようなこれに匹敵する規模・内容の方墳が前期末頃に存在することも注意される．
9）　従来，筆者は低地部の大形前方後円墳の出現をもって流域統合体の形成を考えていたが，そのイメージを改めつつある．
小沢　洋 1991「小櫃の一首長墓をめぐる考察」『研究紀要Ⅴ』君津郡市文化財センター（本書第Ⅰ部第2章所収）
小沢　洋 1993「戸崎古墳群研究序説」『研究紀要Ⅵ』君津郡市文化財センター（本書第Ⅲ部第5章所収）
10）　灌漑事業に加え，低地での大形前方後円墳造営に労働力を集約する必要性から，低地居住が促進されたとも考え得る．ただし，大形前方後円墳の至近区域からは，今のところ同時期の見るべき集落は確認されていない．
11）　松浦宥一郎 1972「土師器」『外原』船橋市教育委員会
12）　村山好文 1983「房総における和泉式土器編年試案」『日本考古学研究所集報Ⅴ』日本考古学研究所
13）　比田井克仁 1988「南関東五世紀土器考」『史館』第 20 号
14）　3）・4）に同じ

第３表　上総地域中期円墳・方墳一覧表

1998.2.19

期	所在地・古墳名	墳形	施設	埴輪	副葬品	伴出土器	文献
0期	木更津市宮脇2号墳	■15m	W		銅釧1	土師器甕1	61
	市原市持塚4号墳	■29m	W3		①剣1・斧1・鉇1・針1・瑪瑙勾玉2・管玉16・ガラス小玉7・臼玉15		71
1期	木更津市宮脇3号墳	●18m	W		①臼玉56/②刀子片	土師器甕2,壺1	61
	市原市　海保3号墳	●29m	W		剣3・鏃5・瑪瑙勾玉2・管玉14・ガラス小玉32	土師器高坏1,坩2,壺1,甕1,土錘2	70
	〃　大廐7号墳	■14m	H		管玉1	土師器高坏7,坩1,壺2,甕3	35
	〃　草刈136号墳	■10m	−			土師器高坏1,器台1,坩3	37
2期	市原市　北旭台74号方墳	■12m	W2		②鉾1・刀子1	土師器高坏1,坩1,壺1	72
	〃　大廐3号墳	■15m	H？			土師器高坏5,坩2,壺4,甕2	35
	〃　草刈274号墳	●12m	−			土師器高坏1,坩1	37
	〃　草刈331号墳	●23m	−			土師器高坏3,坩6,鉢2,小形甕1	〃
	〃　草刈750号墳	●17m	−			土師器高坏2,器台1,坩3	38
	〃　草刈990号墳	■19m	−			土師器高坏4,坩3,壺1,甕5,ミニチュア土器3	〃
3期	木更津市塚原62号墳	●11m	W		朱	土師器高坏1,鉢1	52
	〃　塚原72号墳	●12m	H		管玉2	土師器高坏1,坩2	〃
	〃　四留作Ⅰ-1号墳	●16m	H		①臼玉34/②臼玉47	土師器高坏1	57
	〃　高砂1号墳	●14m	−			須恵器坏蓋1,土師器高坏,甕	62
	〃　西ノ根谷3号墳	●16m	＋			土師器高坏,坏,甕,壺	59
	〃　西ノ根谷6号墳	●7m	＋			土師器坏1,高坏1	〃
	市原市　大廐8号墳	■15m	？		管玉5	土師器高坏9,坩4,壺1,甕1,土玉1	35
4期	君津市　馬門古墳	●20m	H？	○△	刀1・剣片・鏃10以上・斧2・刀子2・滑石勾玉1・臼玉77		44
	〃　八重原1号墳	●37m	W？		三角板・併用式鋲留短甲2・鉾1・刀2・鏃49・鉄製模造品(鎌1・斧3)		43
	木更津市清見台A-4号墳	●15m	H	○	刀1・剣1・臼玉14		51
	〃　清見台A-8号墳	●24m	H？	○	刀子片	土師器甕2,坩1,坏1,猪形土製品1	〃
	〃　清見台B-2号墳	●20m	H		管玉5・臼玉2・鏃片		〃
	〃　池端古墳	●18m	−	○△	刀片	須恵器䑓1,坏身1,土師器坏1	52
	〃　東山6号墳	●12m	H		①刀2・剣1・鏃36以上・臼玉130 ②刀1・鏃15以上・ガラス小玉23	須恵器甕2,䑓1,蓋付短頸壺1,土師器坏2,甕2,紡錘車1	54
	〃　鹿島塚5号墳	●27m	W1 H4		①刀1・剣2・鉾1・刀子1・鏃22・鉇1・弓飾鋲1・ガラス小玉4/②鹿角装刀1/③臼玉20/⑤刀1・鏃5	須恵器甕1,䑓1,土師器坏3,坩片 (墳丘)鏃3,斧1	55
	〃　祝崎1号墳	●16m	H		刀1・剣1		56
	〃　祝崎2号墳	●11m	H		剣1・有孔円板3・勾玉1・臼玉240	須恵器䑓2,土師器甕1	〃
	〃　四留作Ⅱ－1号墳	●19m	W		剣1・鏃7・方形鋤先1・朱		58
	〃　西ノ根谷4号墳	●7m	H？			須恵器坏蓋1,土師器䑓1,坏3	59
	〃　南谷1号墳	●15m	＋			須恵器甕1,䑓1	60
	袖ケ浦市向神納里4号墳	●15m	−			土師器坏1	20
	市原市　安須2号墳	■14m	H		石製刀子1・鏃3・曲刃鎌1	須恵器甕1,土師器高坏3,坩1,鉢1	73
	〃　草刈191号墳	●19m	−			土師器高坏3,坩4,壺1	37
5期	富津市　富士見台2号墳	●18m	−	○		土師器坏3,鉢1,甕1	42
	君津市　元秋葉台32号墳	●16m	＋			須恵器壺1,土師器坏1	45
	〃　八重原2号墳	●17m	W		管玉2・刀子2・鏃12		43
	〃　戸崎66号墳	●25m	＋			土師器坏,坩片,甕片,須恵器甕片	47
	〃　戸崎67号墳	●26m	−			土師器坏,鉢,須恵器壺,甕片	〃
	〃　戸崎83号墳	●17m	−			土師器坏	48
	木更津市塚原20号墳	●15m	−			須恵器䑓1,高坏1,坏蓋1,土師器鉢1	52
	〃　塚原22号墳	●18m	H		刀子1・ガラス勾玉1,小玉146	須恵器甕1,土師器甕2,坏4,坩1,壺1	〃
	〃　塚原35号墳	●12m	−			土師器坏3	〃
	〃　塚原36号墳	●16m	−			土師器坏	〃
	〃　塚原51号墳	●20m	−			土師器坏3	〃
	〃　野焼2号墳	●20m	H		横矧板鋲留短甲・刀3・剣1・刀子3・鏃5以上	須恵器坏蓋1,土師器壺1,坏1	53
	〃　鹿島塚2号墳	●19m	H？		朱	土師器坩1,坏1	55
	〃　鹿島塚6号墳	●22m	H		①刀1・剣1・鏃6・刀子1・輪鐙片U字鋤先1・臼玉3(墳頂)鋲留短甲・素環雲珠1・辻金具・木心鉄板輪鐙	須恵器甕1,土師器甕1,坏5,鉢2,壺1,ミニチュア坏1	〃
	〃　鹿島塚7号墳	●19m	H4		④剣1・鏃4・鹿角装刀子1	須恵器高坏1,坏身1,土師器甕3,壺2,坏9,高坏1,坩1	〃
	〃　鹿島塚20号墳	●20m	W		剣1・刀子2/(周溝)鎌1		11
	〃　鹿島塚21号墳	●16m	＋			土師器高坏1,手捏ね鉢2	55
	〃　鹿島塚23号墳	●8m	H		鏃6		〃
	木更津市俵ケ谷9号墳	●13m	＋			須恵器䑓1,高坏1,坏身2,土師器坏12,甕2,手捏ね鉢2	5
	〃　熊野台2号墳	●20m	H2		①剣1・鏃17/②鏃4以上	須恵器壺1,把手付埦,坏蓋1,坏身1,土師器坏1,高坏1,甕1,壺2,手捏ね(鉢3,壺2)	59

期	所在地・古墳名	墳形	施設	埴輪	副葬品	伴出土器	文献
	袖ケ浦市鼻欠3号墳	● 7m	—		(周溝)刀子2・鏃10・鎌1	須恵器短頸壺1,土師器甕1	63
	〃　鼻欠4号墳	●18m	—		(周溝)鎌1	須恵器壺1,坏蓋3,坏身2,高坏1,土師器短頸壺1,坏9,高坏1,甕2	〃
5	〃　鼻欠5号墳	●21m	—		(周溝)釣針1	土師器坩1,坏6	〃
	〃　境1号墳	●12m	—			土師器坏1	64
	〃　境2号墳	●12m	—	○			〃
	〃　愛宕1号墳	●19m	H		刀片/(周溝)砥石1	須恵器坏身1,土師器坏2,鉢1,器台?1	65
	〃　愛宕2号墳	●13m	H		(周溝内土壙)碧玉勾玉1,管玉7・琥珀丸玉3,小玉1・ガラス小玉21	土師器坩1	〃
	〃　愛宕3号墳	●16m	H		剣1・琥珀丸玉1・有孔円板2・勾玉1・剣形品3・臼玉70	土師器坏2,甕2	〃
	〃　愛宕5号墳	●14m				須恵器坏身1,甕1,土師器壺1	〃
	〃　愛宕6号墳	●13m				土師器高坏3,坏1,甕	〃
	〃　寒沢1号墳	●15m	H2		①臼玉21/②臼玉111	土師器坏1,壺1	65
	〃　向神納里3号墳	●21m	—	○	周溝に円筒埴輪棺/(周溝)紡錘車1	土師器坏2,甕2	20
	〃　向神納里5号墳	●10m	—			須恵器𤭯1,土師器坏1,甕2	〃
	〃　向神納里8号墳	● 6m	—			須恵器甕1	〃
	〃　大竹12号墳	●21m	?		剣1・刀子2	須恵器坏身1,坏蓋2,土師器坩1,甕1	66
	〃　大竹13号墳	●18m	H2		②珠文鏡1	須恵器𤭯1,土師器坩1	19
	市原市　富士見塚古墳	●25m	H1		方格規矩鏡1・金銅製胡籙1・刀1・鹿角装刀子1・鏃		74
	〃　稲荷台1号墳	●20m	H2		①短甲片・刀1・胡籙2・鏃/②剣3	須恵器坏身1,無蓋高坏1,𤭯1,甕1,土師器坏1,高坏1,坩1	75
	〃　東間部多1号墳	●27m	H2		①剣1・刀子1・鏃5/②刀1/③横矧板鋲留短甲1・刀1・刀子1・鏃14	須恵器甕片,土師器坏6,高坏4	76
	〃　草刈3号墳上層	●35m	H		刀1/(周溝)滑石腕輪・勾玉・管玉・臼玉・有孔円板・紡錘車・鏃・刀子	須恵器坏身,坏蓋,𤭯,器台,脚付舟形須恵器,赤焼須恵器高坏,𤭯,土師器坏,高坏,鉢,坩,壺,甕,小形甕,甑,手捏ね鉢	38
	〃　草刈135号墳	●17m	—			土師器高坏4,壺1,甕2	37
	〃　草刈104号墳	●14m	—			土師器坏4,鉢1,甕1	36
	〃　草刈105号墳	●12m	—			土師器坏4	〃
	〃　草刈106号墳	●10m	—			土師器甕1,坩1,手捏ね鉢1	〃
	〃　草刈107号墳	●11m	—		(周溝)鉄製品1	土師器坏3,鉢1,坩2	〃
	〃　草刈108号墳	●12m	—			須恵器坏身1,把手付椀1,土師器坏3,手捏ね鉢1,ミニチュア壺1	〃
	〃　草刈109号墳	●17m	—			須恵器𤭯1,土師器坏3,高坏1,坩1,甕1	〃
	〃　草刈110号墳	●16m	—			土師器坏3,坩1,甕2,小形甕1	〃
期	〃　草刈111号墳	● 7m	—				〃
	睦沢町　浅間山1号墳	●26m	H2		①獣形鏡1・剣3・刀1・有孔円板1・金銅三輪玉1・胡籙・鏃/②剣1	土師器高坏1	77
	大多喜町横山3号墳	●11m	—		(採集)刀2/(周溝)有孔円板1	土師器坏38,高坏1,鉢1	78

第4表　上総地域中期前方後円墳一覧表

所在地・古墳名	墳形	施設	埴輪	副葬品	伴出土器	時期	文献
市原市　新皇塚古墳	60m	N		①仿製内行花文鏡1,剣1,刀1,刀子1,農工具,玉類/②珠文鏡1,石釧1,剣1,刀子7,工具,玉類	土師器二重口縁底部穿孔壺6以上	0期	67
君津市　白山神社古墳	89m	+				0期	46
市原市　釈迦山古墳	93m	N		(墳頂部)管玉7,鏃1,刀子1	土師器高坏2,複合口縁壺2,直口縁壺2,S字口縁甕1,坩1,器台1	1期	68
木更津市高柳銚子塚古墳	130m	NG	○	(伝)石製模造品(鏡1,斧1,鎌1,刀子1)		3期	49
富津市　内裏塚古墳	144m	TS2	○△	①剣2,刀5,刀子1,斧3,鎌1,鏃2束,角棒1/②鏡1,刀5,鉾4?,斧2以上,鉇4以上,錐?1,方形刃先2,鎌17以上,盾隅金具,鏃2束以上,鳴鏑9,金銅胡籙		3期	39
市原市　姉崎二子塚古墳	103m	J2	○△	(後円部)蟠虺文鏡1,変形文鏡1,四神十二支鏡1,金銅魚鱗文金具,挂甲,金銅製衝角付冑,革綴短甲,石枕,立花4,石製模造品(刀子5,有孔円板2),臼玉3,刀,鉾,鏃,勾玉8,管玉4,棗玉5,ガラス小玉/(前方部)銀製垂耳飾2,三角板革綴短甲,挂甲,肩甲,頸甲,轡,石枕1,立花2,刀2,鉾2,鏃約70	土師器高坏	4期	69
木更津市祇園大塚山古墳	100m	HS	○△	画文帯四仏四獣鏡1,銀製垂耳飾2,金銅製眉庇付冑1,挂甲,銀製刀装具,剣,鏃	須恵器大形𤭯	5期	50

所在地・古墳名	墳　形	施設	埴輪	副　葬　品	伴出土器	時期	文献
富津市　弁天山古墳	☗ 87m	TS	○	鋲留甲冑片,剣1,刀2,鏃2,鎌1,鹿角装刀子1		5期	40
富津市　上野塚古墳	◒ 45m	＋			須恵器坏蓋1・土師器坏1	5期	41

内部施設　H=箱形木棺　W=割竹形木棺　N=粘土槨　NG=長持形石棺　HS=箱形石棺　TS=竪穴式石室　埴輪　○=円筒埴輪　△=形象埴輪
＊本表に記載した土器の器種名および個体数の判定については筆者の主観的判断によっている。

第5表　下総・安房地域中期古墳一覧表

1998.3.16

所在地・古墳名	墳　形	施設	埴輪	副　葬　品	伴　出　土　器	時期	文献
千葉市　七廻塚古墳	● 54m	W3		②刀1,鉾2,立花5,鎌,斧／③剣1,鉾2,立花5,農工具／(祭祀遺構)変形神獣鏡1,滑石腕輪1,石製模造品(剣,刀子,鎌,斧,鍬,棒状)		2期	A
〃　上赤塚1号墳	● 31m	W2		①石枕1,立花6,石製模造品(斧4,鎌2),刀1,鎌1,鍬1,斧2,銅釧1,滑石勾玉3,ガラス丸玉2,小玉21/②剣1,鎌1,鍬1,不明鉄器1,碧玉勾玉2,管玉6,ガラス玉63	土師器高坏3,坩6,鉢1,小形甕2	3期	B
〃　石神2号墳	● 25m	W1 合葬		石枕2,立花18,剣2,石製模造品(刀子20,鎌4,勾玉1)臼玉1854,鉄製模造品(鍬,斧,鎌等)	(墳丘下7号住)土師器高坏2,甕2,小形甕1	3期	C
〃　仁戸名3号墳	● 23m	H		剣1,刀1,刀子1,丸玉1,小玉2	須恵器甕,坏,土師器坏,高坏,𤭯,短頸壺,甕	5期	D
〃　仁戸名6号墳	● 16m	H		挂甲小札,刀1,刀子1,鏃1,釘1	須恵器大甕	5期	
八千代市桑納1号墳	● 35m	H		剣1,刀2,胡籙,鏃		5期	E
松戸市　河原塚古墳	● 25m	H		①剣1,刀1,鹿角装刀子2,鏃9,小玉／②剣片,刀片,鍬1	須恵器𤭯片	5期	F
野田市　香取原2号墳	● 27m	H		剣1,鏃,不明鉄器			G
柏　市　布施弁天古墳	☗ 32m	W		石枕1,立花9,石製刀子2,斧3,臼玉253,剣1,刀子1		3期	H
〃　花野井大塚古墳	●	?	○△	横矧板鋲留短甲1,剣1,刀1,胡籙1,鏃		5期	I
〃　庄左衛門稲荷古墳	●	?		剣1,鏃2,管玉1			J
我孫子市水神山古墳	☗ 69m			刀子2,針数本,滑石管玉1,ガラス管玉1,ガラス小玉280	土師器壺	2期	J
〃　金塚古墳	● 20m	H?	○	勾玉文鏡1,横矧板鋲留短甲1,石枕1,立花1	須恵器大甕1,土師器坏	5期	J
印西市　鶴塚古墳	● 44m	W?	○△	①剣1,刀1,小玉／②鉾1,刀1,刀子1,鏃,砥石,臼玉,小玉／③刀1,鏃,砥石／臼玉151	土師器壺棺1	1期	K
印旛村　吉高浅間古墳	● 25m	H4		①刀1,刀子1,鋤先模造品1/②刀子1/③刀1,刀子1,鏃14,瑪瑙勾玉1,管玉8,ガラス小玉33/④刀子1,鏃17/⑤刀1/楕円形鏡板付轡	須恵器坏身6,坏蓋2,把手付埦1	5期	L
富里町　烏山2号墳	● 23m	H		横矧板鋲留短甲1,剣1,鏃3	須恵器有蓋高坏13(身8,蓋5),壺片,土師器坩1,短頸壺1	5期	M
成田市　瓢塚12号墳	■ 15m	?		刀子1	土師器高坏2,坩1	2a期	N
〃　瓢塚22号墳	● 19m	H		剣1,刀子2	土師器甕1	5期?	〃
〃　瓢塚29号墳	● 14m	H		剣1,鏃20	土師器坏1	5期	〃
〃　瓢塚32号墳	● 42m	H	○△	①石枕1,刀子3,鎌1,鏃,滑石片／②剣1,滑石片	土師器坏2,高坏2,坩5,鉢2,壺1,甕3	5期	〃
〃　瓢塚47号墳	■ 16m	H		剣1,刀子1,臼玉186		2期?	〃
〃　天王船塚5号墳	● 26m	—		剣5,鉾1,刀1,鏃20	土師器坏1	5期	N
下総町　栗山猫作16号墳	● 24m	W		石枕3,立花15,石製模造品(斧1,鎌1,刀子5),滑石勾玉37,瑪瑙勾玉2,管玉22,円柱形石製品2,臼玉2529,ガラス玉9,剣2,刀子1,石製模造品形鉄刀子1,石片1		4期	O
佐原市鴇崎天神台1号墳	● 29m	N3		剣3,石製模造品(刀子5,斧5,鎌1),臼玉148		3期	P
〃　鴇崎天神台2号墳	● 17m	H	○	石製模造品(剣形品4,有孔円板1,不明品1),ガラス小玉1	土師器坏1,鉢1,土玉5	5期	〃
〃　鴇崎天神台3号墳	● 20m	H	○△	刀1,刀子1,鏃42,錐1,楕円形鏡板付轡1,素環雲珠1,辻金具2,吊金具3,帯金具8,鉸具2	須恵器大甕1,土師器短頸壺1,坩2	5期	〃
〃　鴇崎天神台5号墳	● 16m	—			土師器坩1		〃
〃　鴇崎天神台6号墳	☗ 23m	—		(周溝)滑石勾玉1,剣形品1	須恵器坏蓋1,坏身1,土玉1,土製垂飾品1	5期	〃
〃　山之辺手ひろがり3号墳	▬ 20m			石枕1,立花3,硬玉勾玉2,滑石勾玉1,ガラス管玉1,碧玉管玉2,水晶切子玉2,臼玉1473		2期	Q
〃　大戸宮作1号墳	▬ 19m	W		石枕1,立花8,石製刀子8,紡錘車1,臼玉1044,剣1,刀子1,管玉1,琥珀玉2,ガラス小玉20		4期	Q
〃　堀之内1号墳	●			石枕1,立花3		5期	Q
〃　堀之内3号墳	●			立花2		5期	〃
小見川町豊浦大塚山古墳	☗124m	NG	○		土師器	2期	R
〃　布野台3号墳	☗ 28m	H		横矧板鋲留短甲1,小札衝角付冑1,肩甲,頸甲,剣1,刀1,鉾1,鏃約20,刀子		5期	S
多古町　次浦石橋台古墳	☗ 27m	H?		直刀1/(墳丘)有孔円板2	土師器2,祭祀土器1		T
〃　多古台古墳	● 20m	H		剣1,刀3,刀子1,斧1,鎌2,針1,釣針1,土錘18,石製模造品(斧5,鎌6,刀子9,鏡2,有孔円板14,剣形品5)	土師器坩1	4期	U
八日市場市塚原1号墳	☗ 35m			刀子1,扁平勾玉1	土師器壺,手捏ね鉢7	4期	V

所在地・古墳名	墳　形	施設	埴輪	副　葬　品	伴　出　土　器	時期	文献
八日市場市広ノ台3号墳	●28m	＋		剣2,刀1,鏃7,鎌片,鉾片,鑷子片,勾玉1,管玉2,臼玉2,砥石1	土師器高坏5,坩1	3期	W
〃　広ノ台5号墳	●17m			(旧表上)有孔円板1,剣形品1	須恵器坏身1,土師器短頸壺1,甕1	4期	〃
〃　真々塚古墳	●45m	−		刀3,剣2,鏃7,刀子1,斧1,砥石2		2期	W
光　町　小川台1号墳	●29m	−		①剣1,鉾1,鏃2,刀子1,有孔円板10,臼玉39/②剣1,鏃2/③剣2,鏃3,斧1,臼玉	土師器坩1,鉢1	4期	X
三芳村　宝珠院1号墳	●22m	＋			須恵器𤭯1,土師器坏2	5期	Y
〃　宝珠院2号墳	●11m	−				後1期	
館山市　大寺山1号洞穴	長29m			三角板革綴短甲,同衝角付冑,鉄鏃	土師器高坏1,坩1	4期	Z

第6表　上総地域古墳中期遺構一覧表

No.	所在地	遺　構　名	平面形	規模	炉竈	出　土　土　器	時期	文献
1	君　津	泉9号住	方形	4.8	炉NE	土師器坏3	5期	1
2	〃	泉19号住	方形	6	竈E	須恵器坏蓋1,坏身4,高坏蓋1,高坏脚2,土師器坏10,模倣坏6,高坏1,壺6,鉢1,甕8,甑1	後1期	〃
3	〃	泉22号住	方形	不明	不明	土師器坏2,模倣坏1,壺2,甕3	後1期	〃
4	〃	泉24号住	方形	不明	竈E	須恵器高坏1,蓋1,土師器坏3,模倣坏1,高坏2,刀子,砥石	後1期	〃
5	〃	西郷2号住	不明	不明	不明	須恵器𤭯,土師器高坏,甕	2b期	2
6	木更津	浜清水1号住居	方形	5.5	なし	土師器坏3,甕2,壺1,高坏1,手捏ね鉢1,臼玉9	4期	3
7	〃	浜清水2号住居	方形	6.2	炉NW	土師器坏12,壺4,鉢2,高坏2,甕4,有孔円板1,臼玉3	4期	〃
8	〃	浜清水3号住居	方形	4	炉NE	土師器坏2,壺1,鉢1,高坏1,甕6,土錘1,鉄鏃1	4期	〃
9	〃	浜清水4号住居	方形	5.6	炉NW,NE	土師器坏17,鉢4,壺2,坩3,甕6,石斧1	4期	〃
10	〃	マミヤク13号住	方形	6.1	炉NW	土師器坏1	5期	4
11	〃	マミヤク23号住	方形	5.8	不明	土師器坏3,鉢1,甕6,鉄鏃両腸抉式1	5期	〃
12	〃	マミヤク29号住	方形	3.9	不明	土師器坏1,甕1,土錘1,石製紡錘車1	5期	〃
13	〃	マミヤク34号住	方形	6.7	炉NW	土師器坏1,鉢2,甕3,土錘1	5期	〃
14	〃	マミヤク36号住	方形	6.5	炉NW	須恵器無蓋高坏2,土師器坏10,甕6	5期	〃
15	〃	マミヤク41号住	方形	6.7	炉NW	土師器坏1,土錘1	5期	〃
16	〃	マミヤク43号住	方形	5	炉E	土師器坏3,甕3,軽石1	5期	〃
17	〃	マミヤク45号住	方形	4.7	炉NW	土師器坏1	5期	〃
18	〃	マミヤク46号住	方形	5.3	炉SW	土師器坏4,甕2,砥石1	5期	〃
19	〃	マミヤク53号住	方形	6.6	炉NW	須恵器坏身3,坏蓋2,𤭯1,土師器坏30,鉢1,壺2,甕13,甑1,鉄鏃2,石製紡錘車1,臼玉1	5期	〃
20	〃	マミヤク54号住	方形	4.3	炉SW	土師器坏8	5期	〃
21	〃	マミヤク64号住	方形	5.9	炉N	須恵器坏蓋2,土師器坏1,壺1,甕7,鉄滓多数,石製紡錘車,臼玉	5期	〃
22	〃	マミヤク66号住	方形	4.1	なし	須恵器坏蓋1,土師器坏3,甕1,軽石1,砥石1	5期	〃
23	〃	マミヤク71号住	方形	6.8	炉NW	土師器坏2,土玉1,土錘1	5期	〃
24	〃	マミヤク75号住	方形	5.6	不明	土師器坏3,鉢1,甕4,鉄鏃腸抉式1	5期	〃
25	〃	マミヤク76号住	方形	5.7	炉SW	須恵器坏身1,高坏脚1,土師器坏10,甕4	5期	〃
26	〃	マミヤク85号住	方形	3.7	なし	土師器甕1,鉢1	5期	〃
27	〃	マミヤク88号住	方形	3.6	なし	須恵器高坏脚1,土師器坏6,鉢1,坩1,甕2	5期	〃
28	〃	マミヤク90号住	方形	5.2	炉N	須恵器高坏2,𤭯1,土師器坏6,甕2	5期	〃
29	〃	マミヤク96号住	方形	不明	不明	土師器坏2,甕2,甑1	5期	〃
30	〃	マミヤク97号住	方形	6.5	炉NW	須恵器有蓋高坏1,無蓋高坏1,坏身1,土師器坏18,甕10,鉢1	5期	〃
31	〃	マミヤク108号住	方形	不明	不明	土師器甕9,鉢1	5期	〃
32	〃	マミヤク121号住	方形	4.3	炉NW	須恵器坏蓋1,壺1,土師器甕2	5期	〃
33	〃	マミヤク122号住	方形	4.6	不明	須恵器坏蓋1,𤭯1,土師器坏4,甕1	5期	〃
34	〃	マミヤク123号住	方形	4.7	炉NW	土師器坏2,甕1,土錘1	5期	〃
35	〃	マミヤク124号住	方形	4.3	炉SW	土師器坏2,鉢1,甕1	5期	〃
36	〃	マミヤク140号住	方形	不明	不明	土師器坏1,土錘1,須恵器甕片	5期	〃
37	〃	マミヤク149号住	方形	5.7	炉NW	須恵器坏身1,𤭯1,土師器坏10,鉢1,坩1,甕4,剣形品2	5期	〃
38	〃	マミヤク151号住	方形	6.1	炉NW	須恵器坏身1,坏蓋1,土師器坏2,甕11,土玉1	5期	〃
39	〃	マミヤク152号住	方形	6.1	炉NW	須恵器坏身1,坏蓋1,土師器坏6,鉢1,壺1,甕15,甑1	5期	〃
40	〃	マミヤク154号住	方形	5.3	不明		5期	〃
41	〃	マミヤク166号住	方形	6.1	炉NW	土師器坏1	5期	〃
42	〃	マミヤク172号住	方形	5.2	炉N	土師器坏7,甕2	5期	〃
43	〃	マミヤク174号住	方形	6	炉N	須恵器坏身1,坏蓋1,土師器坏13,壺1,甕8,甑1	5期	〃
44	〃	マミヤク180号住	方形	6.1	炉SW	須恵器坏蓋1,土師器坏3,鉄鏃2片	5期	〃
45	〃	マミヤク187号住	方形	5.5	炉NW	須恵器坏蓋1,土師器甕3,坩1	5期	〃
46	〃	マミヤク202号住	方形	5.2	炉N	土師器坏2,壺1,鉢1,鉄製品2	5期	〃
47	〃	マミヤク204号住	方形	5.4	炉W	須恵器甕片1,土師器甕1	5期	〃
48	〃	マミヤク258号住	方形	6	不明	土師器坏1,鉢1	5期	〃
49	〃	マミヤク260号住	方形	6.8	炉N	土師器坏3,甑1,土玉1	5期	〃
50	〃	マミヤク264号住	方形	5.5	不明		5期	〃
51	〃	マミヤク302号住	方形	6.1	炉NW	須恵器甕片,土師器甕2,手捏ね高坏1,鉄製品1	5期	5
52	〃	マミヤク304号住	方形	6.5	不明	須恵器甕片	5期	〃

No.	所在地	遺構名	平面形	規模	炉竈	出土土器	時期	文献
53	木更津	マミヤク306号住	方形？	不明	不明	須恵器甕片	5期	5
54	〃	マミヤク307号住	方形	5.3	炉NW	須恵器甕片,土師器坏2,甕1,鉢1,鉄鏃1,軽石1,臼玉1	5期	〃
55	〃	マミヤク322号住	方形	4	不明	須恵器坏蓋1,甕片,土師器坏1,坩1,土製品1	5期	〃
56	〃	マミヤク348号住	方形	5.6	炉NW	土師器甕3,壺1	5期	〃
57	〃	マミヤク1号祭祀		約4	-	須恵器坏身11,坏蓋,無蓋高坏5,器台1,𤭯6,甕,土師器坏107,甕36,𤭯1,壺8,坩4,手捏ね9,石製模造品,臼玉,鉄製模造品	5期	4
58	〃	マミヤク2号祭祀		約3	-	須恵器高坏蓋2,高坏脚1,坏蓋2,土師器坏17,甕4,壺2,鉢1,土錘1,土製品1,扁平勾玉1,有孔円板2,臼玉13,鉄鏃1,軽石1	5期	〃
59	〃	俵ケ谷2号住	方形	6	不明	土師器坏8,高坏1,甕6,甑2	5期	6
60	〃	俵ケ谷3号住	方形	4.2	不明	土師器坏3,鉢1,甕2	5期	〃
61	〃	俵ケ谷80号住	方形	7.5	不明	土師器坏11,高坏1,壺2,甕1,甑1	5期	〃
62	〃	大山台4号住	方形	7	炉NW	土師器壺1,有孔円板1,勾玉1		7
63	〃	大山台6号住	方形	4.9	なし			〃
64	〃	大山台11号住	方形	5.7	炉NE	土師器坏1,甕2	4期	〃
65	〃	大山台121号住	方形	5.8	炉NE	土師器坏6,高坏1,甕1,有孔円板1	4期	〃
66	〃	大山台148号住	方形	5.2	なし	土師器坏1,鉢2,高坏6,壺2,坩6,甕3	3期	〃
67	〃	大山台150号住	方形	4.7	不明	土師器甕1	3期	〃
68	〃	大山台170号住	方形	5.1	竈E	土師器坏1,高坏1,甕1	後1期	7
69	〃	大山台176号住	方形	6.5	炉N,C	土師器坏2,高坏2,壺3,甕6	3期	〃
70	〃	大山台240号住	方形	7.6	炉W	土師器坏5,高坏3,有孔円板1,臼玉1,砥石2,鉄製品2	3期	〃
71	〃	大山台242号住	方形	6	炉NE	土師器高坏1	3期	〃
72	〃	大山台245号住	方形	4.9	炉SW	須恵器無蓋高坏1,土師器坏2,甕5,有孔円板1	4期	〃
73	〃	大山台246号住	方形	5.2	竈E	土師器坏2,鉢1,甕2,有孔円板1,銅鏃1	5期	〃
74	〃	大山台247号住	方形	4.8	なし	須恵器坏蓋1,土師器坏5,高坏7,壺4,坩1,甕5,鉄製品	3期	〃
75	〃	大山台253号住	方形	4.6	炉N	須恵器把手付埦,土師器坏1,高坏3,坩4	3期	〃
76	〃	大山台271号住	丸方形	4.5	炉N	土師器坏1,甕1,軽石1	3期	〃
77	〃	大山台272号住	長方形	4.6	炉NW	須恵器坏身,土師器坏4,高坏2,坩1,甕3,手捏ね鉢1	4期	〃
78	〃	大山台281号住	方形	4.2	炉NE	須恵器坏蓋1,無蓋高坏1,土師器甕1,台付土器1,勾玉1	4期	〃
79	〃	大山台282号住	方形	3.5	炉SE	土師器短頸壺1,甕2	4期	〃
80	〃	大山台284号住	長方形	4.4	炉E			〃
81	〃	大山台508号住	方形	5.3＜	炉N	土師器坏3,甕1	5期	8
82	〃	大山台509号住	方形	5	炉E			〃
83	〃	大山台513号住	方形	5.6	炉E2	土師器坏5,甕2,石製紡錘車1	5期	〃
84	〃	大山台518号住	方形	5.5	炉NW	土師器坏1,甕1	5期	〃
85	〃	大山台525号住	方形	4.9	炉N	土師器甕6	5期	〃
86	〃	大山台533号住	不明	4.7	竈E	土師器坏4	5期	〃
87	〃	大山台535号住	方形	3.5	炉N	土師器坏3,坩1,高坏1,甕1	4期	〃
88	〃	大山台536号住	長方形	3.4	炉C	須恵器𤭯1,土師器坏2,壺1,甕1,手捏ね鉢1,支脚1	4期	〃
89	〃	大山台538号住	方形	5.5	竈N,炉C	須恵器鈴台付壺1,土師器坏9,甕4,支脚1,臼玉11	5期	〃
90	〃	山伏作2号住	方形	4.2	炉N			9
91	〃	山伏作5号住	方形	5.3	炉N	土師器坏4,甕2	4期	〃
92	〃	山伏作10号住	方形	不明	不明	土師器坏1,壺1	4期	〃
93	〃	山伏作023号住	方形	6	炉N	土師器坏10,壺2,甕4,石製紡錘車1	4期	10
94	〃	山伏作026号住	方形	3.7	炉N	土師器高坏1,鉄製品1	3期	〃
95	〃	山伏作028号住	長方形	5.3	炉N	土師器高坏2,鉢1,坩1,甕4,須恵器甕片	4期	〃
96	〃	山伏作038号住	方形	6.5	炉NW	土師器高坏12,壺3,坩6,台付坩1,器台1,手捏ね高坏1,手捏ね壺4,甕3,管玉未成品1,砥石1,軽石2	2b期	〃
97	〃	山伏作039号住	方形	6	炉N	土師器坏4,高坏3,壺3,ミニチュア壺2,甕4,烏帽子支脚1,土玉1	4期	〃
98	〃	山伏作040号住	方形	3.9	不明	土師器壺1,甕1		〃
99	〃	山伏作044号住	方形	3.6	炉N	土師器坏1,壺1,甕3,鉄鏃1	4期	〃
100	〃	山伏作047号住	方形	4.8	炉N	土師器坏2,高坏1,石製紡錘車1,臼玉7	4期	〃
101	〃	山伏作055号住	方形	4.9	炉SW	土師器坏7,壺1,甕2,石製勾玉1,土製品1	4期	〃
102	〃	山伏作059号住	方形	4.5	不明	土師器坏2,鉢1	4期	〃
103	〃	山伏作061号住	方形	4.6	炉NE,NW	土師器坏4,鉢1,高坏2,壺1,甕4,手捏ね鉢1	4期	〃
104	〃	山伏作069号住	方形	5.1	炉N	土師器坏3,高坏1,鉢1,坩1,壺1,甕2	4期	〃
105	〃	山伏作106号住	方形	3.6	炉N	土師器高坏1,炉器台1	4期	〃
106	〃	山伏作B-2号住	方形	6.8	炉N	須恵器坏蓋1,土師器坏4,坩1,甑2,甕1,滑石直弧文紡錘車1	5期	11
107	〃	山伏作B-3号住	方形	7.8	炉W	土師器坏3,高坏2,坩1,短頸壺2,甕3,滑石紡錘車1,軽石1	4期	〃
108	〃	山伏作B-4号住	方形	7.5	炉N	土師器甕片		〃
109	〃	山伏作B-5号住	方形	4.1	なし	土師器坏1,高坏3,甕1	4期	〃
110	〃	中郷谷004号住	方形	5.6	炉N	須恵器甕1,土師器坏1,砥石1,臼玉1	5期	12
111	〃	中郷谷027号住	方形	4.4＜	炉NE	土師器坏2	4期	〃
112	〃	中郷谷047号住	方形	5.1	竈N	土師器坏2,甕2,柄杓形土製品1,砥石1	5期	〃
113	〃	鹿島塚A-52号住	方形	3.4	炉N	土師器甕2	3期	13
114	〃	鹿島塚A-60号住	方形	4.8	炉N	土師器高坏7,鉢5,坩1,𤭯1,甕5,砥石2,軽石1,鉄鏃1	3期	〃
115	〃	鹿島塚A-127号住	方形	6.7	炉NW	土師器高坏5,鉢1,坩9,甕3,器台1,ミニチュア鉢1,石器1	3期	〃
116	〃	鹿島塚A-158号住	方形	5.5	不明	土師器高坏1,臼玉17	2a期	〃
117	〃	鹿島塚A-188号住	不明	不明	不明	土師器甕1,高坏1	1期？	〃
118	〃	鹿島塚A-201号住	方形	3.5	なし	土師器高坏3,鉢1,坩3,甕2	3期	〃
119	〃	鹿島塚B-015号住	不明	不明	不明	土師器鉢1,高坏3,甕6	3期	14
120	〃	鹿島塚B-020号住	不明	不明	竈N	土師器坏2,鉢2,坩2,甕2,手捏ね鉢1	4期	〃
121	〃	鹿島塚B-029号住	不明	不明	不明	土師器坏2,ミニチュア壺1,臼玉1	4期	〃

No.	所在地	遺　構　名	平面形	規模	炉竈	出　土　土　器	時期	文献
122	木更津	塚原1号住	不明	不明	不明	土師器高坏3,坩1,鉄床石1	2b期	15
123	〃	塚原2号住	方形	7.5	不明	土師器高坏9,鉢2,壺1,甕9	2a期	〃
124	〃	塚原9号住	不明	不明	不明	土師器高坏1	3期	〃
125	〃	大畑台185号住	方形	4.4	炉W	土師器坏3,甕1	3期	16
126	〃	大畑台191号住	方形	5	不明	土師器坏7,高坏8,甕3,有孔円板1	3期	〃
127	〃	大畑台193号住	方形	5.4	炉N	須恵器坏蓋1,土師器坏1,鉢2,高坏7,ミニチュア鉢1	2b期	〃
128	〃	大畑台220号住	方形	3.7	炉SE	土師器高坏5,坩1,甕1	3期	〃
129	〃	大畑台254号住	方形	4.5	炉N	土師器高坏3,壺2,甕1	3期	〃
130	〃	大畑台259号住	方形	4.7	不明	土師器高坏2,甕6	3期	〃
131	〃	大畑台261号住	方形	5.1	不明	土師器高坏2,坩1,壺1,甕1	3期	〃
132	〃	大畑台269号住	方形	4.8	炉N	土師器高坏3,鉢2,坩1,壺1,敲石1	3期	〃
133	〃	天神前16号住	方形	3.8	炉N	土師器高坏1,甕1	2b期	17
134	〃	天神前31号住	方形	7.1	炉N	土師器高坏2,坩2,器台1,甕2,石斧1	2b期	〃
135	〃	天神前40号住	方形	5.5	炉W	土師器高坏2,坏2,鉢？1,甕1	2b期	〃
136	〃	天神前42号住	方形	6.8	炉N	土師器高坏2,鉢1	2b期	〃
137	袖ケ浦	二又堀002号住	方形	7.5	炉SW	土師器䚷1,壺2,高坏1	3期？	18
138	〃	二又堀003号住	隅丸形	4.2	炉NW	土師器坏1,高坏1,器台1	3期	〃
139	〃	二又堀005号住	方形	3.8	炉NW	土師器䚷1,高坏1,鉢2,壺6,甕6	0期	〃
140	〃	二又堀006号住	長方形	5.4	竈NW	土師器坏5,高坏1,壺2,甕2	5期	〃
141	〃	二又堀007号住	方形	5.1	炉NW	土師器高坏9,台付鉢1,壺2,甕2,有孔円板1	3期	〃
142	〃	二又堀008号住	方形	7.5	炉NW	土師器鉢6,器台1,高坏3	1期？	〃
143	〃	二又堀012号住	方形	5.7	炉NW	土師器高坏2,鉢1,壺1,甕4,鉄鎌1	3期？	〃
144	〃	二又堀013号住	方形	7.6	炉NW	土師器高坏4,坩2,甕2	3期	〃
145	〃	二又堀018号住	方形	6.1	なし	土師器坏3,鉢3,高坏2,坩1,甕1	4期	〃
146	〃	二又堀022A号住	隅丸形	8	炉NW	土師器高坏2,鉢1,壺2,ミニチュア壺1	1期？	〃
147	〃	二又堀032号住	方形	4.5	炉NW	土師器鉢1,坏1,高坏13,坩2,壺1,碧玉管玉1	3期？	〃
148	〃	二又堀039号住	方形	6.3	炉NE	土師器高坏1,坩7,壺2,甕2	2b期	〃
149	〃	二又堀040号住	方形	7.6	炉NW	土師器高坏2,鉢2,坩1,甕1,鉄製品1	1期	〃
150	〃	二又堀047号住	隅丸形	3.4	なし	土師器高坏1,坩3,壺2,土製品1	0期？	〃
151	〃	二又堀048号住	方形	4.5	炉SW	土師器坩1		〃
152	〃	二又堀049号住	方形	3.8	炉NW	土師器高坏2,鉢1,坩2,壺5,甕1,ミニチュア高坏2,碧玉勾玉2,環状鉄製品1,刀子片？1	2a期	〃
153	〃	二又堀056号住	方形	4.4	炉N	土師器坏5	5期	〃
154	〃	二又堀057号住	方形	8.3	炉NW	須恵器䚷片1,土師器高坏1,坏2,甕1,䚷片1	3期？	〃
155	〃	二又堀062号住	長方形	6.8	炉SW	土師器高坏6,鉢2,ミニチュア鉢2,坩1,壺1,甕2	2b期	〃
156	〃	二又堀063号住	方形	6.6	炉NW	土師器高坏1,器台2,鉢1,ガラス小玉1	0期？	〃
157	〃	二又堀064号住	方形	4.7	なし	土師器高坏5,坩2,甕1	3期	〃
158	〃	二又堀065号住	方形	5.9	なし	土師器高坏4,坩1,甕2	2a期	〃
159	〃	二又堀082号住	方形	5.9	炉N	土師器鉢1,ミニチュア鉢1,甕1	3期？	〃
160	〃	二又堀087号住	方形	4.9	炉NW	土師器高坏4,鉢1,坩2,ミニチュア鉢1,壺1,甕2,鉄製斧1	2b期	〃
161	〃	二又堀092号住	方形	4.4	炉N	土師器高坏2,甕1,柳葉形鉄製品1	3期？	〃
162	〃	二又堀093号住	方形張	6.2	炉N	土師器高坏5,鉢1,坩1,壺2,甕2	2b期	〃
163	〃	二又堀098号住	方形	3.8	炉NE	土師器高坏2,鉢1,壺1,甕1	2a期	〃
164	〃	二又堀099号住	長方形	4.2	竈SE	土師器坏1,高坏1,甕3	5期	〃
165	〃	二又堀104号住	長方形	3.9	炉N	土師器坏2,鉢2,甕1	5期	〃
166	〃	二又堀108号住	方形	4.9	竈E	土師器坏6,高坏1,鉢2,甕3	5期	〃
167	〃	二又堀109号住	方形	3.3	不明	土師器高坏4,壺1,甕1	2b期	〃
168	〃	二又堀140号住	方形	5.2	竈N	土師器坏1,高坏1,鉢1,壺1,甕4,有孔円板1	5期	〃
169	〃	二又堀147号住	方形	6.1	炉NW	土師器高坏1,坩7,滑石紡錘車,滑石勾玉未成品	1期	〃
170	〃	二又堀148号住	方形	4.7	炉NW	土師器高坏1,坩1,鉢1,壺2,甕2	1期	〃
171	〃	二又堀152号住	方形	4.7	炉NE	土師器坏2,甕1	4期	〃
172	〃	二又堀156号住	方形	4.2	なし	土師器坩1	1期？	〃
173	〃	二又堀165号住	方形	3.8	なし	土師器坩1	2期？	〃
174	〃	三ツ田台007号住	不整形	約6	炉NW	土師器高坏7,鉢2,甕1,甑1	2期？	19
175	〃	三ツ田台009A号住	方形	6.1	炉NW	土師器高坏4,鉢3,坩3,壺5,甕3,手捏ね鉢1,手捏ね高坏1	3期	〃
176	〃	三ツ田台010号住	方形	7	なし	土師器高坏3,坩1,甕1	3期	〃
177	〃	三ツ田台014号住	方形	3.8	炉N	土師器高坏2,壺1,甕1,敲石3	2期？	〃
178	〃	三ツ田台015号住	方形	7.1	炉N	土師器坏13,高坏5,鉢5,坩2,甕2,手捏ね鉢1,敲石1,台石1	後1期	〃
179	〃	三ツ田台021号住	方形	7	炉N,W	土師器高坏4,鉢2,坩1,甕4,壺2,石斧1	2a期	〃
180	〃	向神納里010号住	方形	4.6	竈NE	土師器坏2,高坏1,鉢1,甕2	5期	20
181	〃	向神納里011号住	方形	3.7	竈E	土師器坏1,高坏2	5期	〃
182	〃	向神納里012号住	方形	5	竈SE	土師器坏5,高坏1,鉢1,壺2,甕2,甑1	5期	〃
183	〃	尾畑台007号住	方形	7.2	炉NW	須恵器甕片,土師器坏13,高坏1,鉢1,甕2,手捏ね鉢2,砥石1,滑石剣形品2,滑石方形品1	4期	21
184	〃	尾畑台012号住	方形	4.9	炉N	土師器鉢1,坩1,壺1	4期	〃
185	〃	尾畑台016号住	方形	5.2	炉N	土師器坏3,高坏1,壺1,甕1	4期	〃
186	〃	尾畑台017号住	方形	4.1	なし	土師器坏2,高坏1,鉢1,坩1,甕2,手捏ね鉢6	4期	〃
187	〃	尾畑台019号住	隅丸形	7.3	炉NW	土師器坏2,高坏1,甕1,手捏ね鉢4	4期	〃
188	〃	文脇142号住	方形	5.1	竈NE	土師器坏6,鉢2,甕6,支脚1,滑石剥片	5期	22
189	〃	文脇154号住	方形	5	不明	土師器坏1	5期	〃
190	〃	文脇157号住	方形	6.7	不明	土師器坏1,壺1,甕2	5期	〃

No	所在地	遺構名	平面形	規模	炉竈	出土土器	時期	文献
191	袖ヶ浦	文脇 186 号住	方形	6.3	炉 NE	須恵器坏蓋 1,土師器坏 6,高坏 1,鉢 2,甕 4,甑 1,滑石剥片 2,剣形品未成品 1,鉄製刀子 1	5 期	22
192	〃	文脇 192 号住	方形	6.8	炉 NE	須恵器𤭯片,土師器坏 8,高坏 1,小型鉢 1,甕 2,土玉 1,置砥石 1,台石 1,臼玉 7,臼玉未成品 34,その他未成品 5,滑石石核 10,剥片	5 期	〃
193	〃	嘉登 001 号住	方形	5.7	不明	土師器高坏 1,壺 1,甕 2	0 期	23
194	〃	嘉登 007 号住	方形	3.5	炉 NE	土師器高坏 2,鉢 1,坩 2	0 期	〃
195	〃	嘉登 034 号住	長方形	4.5	炉 NW	土師器高坏 3,器台 1,甕 2,ミニチュア土器 1	0 期	〃
196	〃	念仏塚 027 号址	不明	不明	不明	土師器高坏 3,器台 1,鉢 1,壺 5,坩 2,甕 9	0 期	24
197	〃	金井崎 121 号住	方形	5.9	炉 NW	土師器高坏 4,坩 1,壺 3,甕 2	2b 期	25
198	〃	金井崎 131 号住	方形	6.7	炉 NW	土師器高坏 6,坩 4,壺 2,甕 3	2b 期	〃
199	〃	金井崎 141 号住	方形	6.8	不明	土師器高坏 8,坩 3,甕 2	2b 期	〃
200	〃	金井崎 145 号住	隅丸形	3.7	炉 NW	土師器高坏 1	2b 期	〃
201	〃	金井崎 205 号住	方形	5.2	炉 NW	土師器高坏 2,坩 1,甕 2	3 期	〃
202	〃	金井崎 215 号住	方形	5	不明	土師器高坏 5,鉢 1,甕 3	3 期	〃
203	〃	美生 6 地点 21 号住	方形	6.6	炉 NW	土師器高坏 1,器台 2,鉢 1,坩 1,壺 1,甕 1	0 期	26
204	〃	美生 6 地点 22 号住	方形	4.9	炉 N	土師器高坏 1,坩 3,鉢 1,壺 1,甕 1,刀子 1	0 期	〃
205	〃	美生 6 地点 53 号住	隅丸形	不明	炉 N	土師器高坏 3,坩 4,ミニチュア鉢 1	0 期	〃
206	〃	根崎 008 号住	長方形	3.4	炉 E	土師器高坏 3,甕 2,蛇紋岩勾玉 1	2b 期	27
207	〃	根崎 015 号住	長方形	5	なし	土師器高坏 10,坩 6,壺 4,鉢形甑 1,甕 8,鏡片垂飾 1,滑石片 1	2a 期	〃
208	〃	根崎 016 号住	方形	4.8	不明	土師器壺片,甕片		〃
209	〃	根崎 024 号住	方形	5	不明	土師器高坏 1,𤭯？ 1	3 期	〃
210	市原市 〃	茶ノ木 90-A 号住	方形	5.8	竈 N	須恵器坏身 1,土師器坏 1,高坏 7,鉢 1,甕 2,手捏ね鉢 1,土製紡錘車 1,土玉 1,管状土錘 3	1 期	28
211	〃	茶ノ木 99 号住	方形	5.5	竈 E	須恵器坏蓋 1,土師器坏 8,高坏 4,鉢 2,甕 2,甑 1,支脚 1,土玉	5 期	〃
212	〃	茶ノ木 130 号住	方形	4.6	竈 S	土師器坏 15,高坏 3,鉢 1,短頸壺 1,甕 11,甑 1,支脚 1,手捏ね鉢 2,土玉 31,管状土錘 1,滑石管玉 1,刀子片？ 1,炭化種子 2	5 期	〃
213	〃	茶ノ木 137 号住	方形	4.7	竈 E	土師器坏 6,高坏 2,甕 1,土玉 6,管状土錘 1,臼玉 1,刀子片 1	5 期	〃
214	〃	茶ノ木 140 号住	方形	4.1	竈 W	土師器坏 7,高坏 15,鉢 3,坩 3,小形甕 3,甕 1,支脚 1,管状土錘 3,土玉 17	5 期	〃
215	〃	茶ノ木 144 号住	方形	4.7	竈 NE	土師器坏 2,高坏 2,甕 3,甑 2,支脚 1,手捏ね鉢 1,土玉 1,石製紡錘車未成品 1	5 期	〃
216	〃	茶ノ木 145 号住	方形	4.4	不明	須恵器壺片 1,土師器坏 5,高坏 1,坩 4,甕 3,土玉 1,土錘,砥石	5 期	〃
217	〃	茶ノ木 164 号住	方形	6.6	竈 E	須恵器坏身 1,土師器坏 7,高坏 9,鉢 6,甕 5,甑 2,手捏ね鉢 2,土玉 24,刀子片 1,石製紡錘車 1,軽石 1,石皿 1	5 期	〃
218	〃	姉崎東原 27 号住	方形	4.9	竈 N	土師器坏 3,高坏 3,坩 1,甕 7,手捏ね鉢 2,土玉 1･空玉状鉄製品	5 期	29
219	〃	原 12 号住	方形	3.7	竈 E	土師器坏 1,高坏 2,甕 1	5 期	30
220	〃	原 20 号住	方形	5	竈 E	土師器坏 1,甕 2,小形甕 1,支脚片･刀子 1	5 期	〃
221	〃	原 23 号住	方形	6.8	竈 NE	須恵器甕 1,把手付 ?1･土師器坏 9,高坏 1,鉢 1,甕 2,支脚 1,手捏ね鉢 2･有孔円板 3･扁平勾玉 1･臼玉 13	5 期	〃
222	〃	原 27 号住	方形	4.8	竈 NE	須恵器壺 1･土師器坏 3,甕 6,甑 2,手捏ね高坏 1,支脚 1･軽石 1･凹石 1･鉄鏃 1	5 期	〃
223	〃	原 28 号住	方形	不明	不明	土師器坏 1,甕 2,手捏ね鉢 2	5 期	〃
224	〃	原 1 号墳墳丘下		約 1	-	須恵器坏蓋 2,坏身 1･土師器坏 11,高坏 1,甕 1	5 期	〃
225	〃	叶台 08 号住	方形	5.1	不明	須恵器𤭯 2･土師器坏 3,短頸壺 1,甕 1,甑 1	5 期	31
226	〃	叶台 23 号住	方形	3.4	竈 E	土師器坏 7,高坏 5,壺 1,甕 3,手捏ね鉢 1	5 期	〃
227	〃	叶台 27 号住	方形	5.4	竈 NE	土師器坏 6,高坏 4,甕 1,手捏ね鉢 1	後 1 期	〃
228	〃	叶台 41 号住	方形	5.5	竈 E	土師器坏 25,高坏 5,鉢 1,坩 1,手捏ね鉢 4,甕 1	5 期	〃
229	〃	叶台 46 号住	方形	4.5	竈 NW	土師器坏 6,高坏 1,鉢 2,手捏ね鉢 1,甕 4,甑 2	5 期	〃
230	〃	叶台 49 号住	方形	3.3	竈 E	土師器坏 2,高坏 1,壺 1,甕 2,甑 1	5 期	〃
231	〃	叶台 63 号住	方形	9	炉 N	土師器高坏 2,坩 2,甕 5	2b 期	〃
232	〃	叶台 75 号住	方形	4.5	炉 NW	土師器高坏 1,坩 2	2b 期	〃
233	〃	叶台 78 号住	方形	6.6	竈 N	土師器坏 8,高坏 2,鉢 2,甕 3	4 期	〃
234	〃	叶台 84 号住	方形	4.9	炉 C	土師器高坏 1,坏 2,坩 1,甕 2	3 期	〃
235	〃	叶台 87 号住	方形	5.6	不明	土師器高坏 2,鉢 1,坩 1,小形甕 1,甕 2	3 期	〃
236	〃	西山 K-3 号住	方形	4.8	炉 N	土師器坩 2,壺 2,支脚 1･鉄床石 1	3 期？	32
237	〃	西山 K-4 号住	方形	不明	不明	土師器高坏 1,甕 1	3 期	〃
238	〃	西山 K-6 号住	方形	4.3	炉 NW	土師器坩 1,甕 1	3 期？	〃
239	〃	番後台 019 号住	方形	8	なし	土師器高坏 6,鉢 2,坩 9,壺 2,甕 1,小形甕 1･有孔円板 1,剣形品 2･石製紡錘車 1	3 期	33
240	〃	番後台 020 号住	方形	5.4	なし	土師器高坏 6,鉢 3,坩 3,𤭯 1,壺 1,甕 1,小形甕 1	3 期	〃
241	〃	番後台 025 号住	方形	6.9	なし	土師器高坏 7,坏 3,鉢 2,坩 4,ミニチュア鉢 2,甕 5･剣形品 2	4 期	〃
242	〃	番後台 026 号住	方形	6.4	なし	土師器高坏 13,坏 2,坩 10,器台 1,壺 2,甕 6,ミニチュア甕 1	3 期	〃
243	〃	番後台 029D 号住	方形	6.3	なし	土師器坏 2	5 期	〃
244	〃	番後台 034C 号住	方形	6.3	炉 C	土師器高坏 7,坏 3,坩 4,壺 1,甕 1	3 期	〃
245	〃	番後台 047 号住	方形	4.9	炉 NW	土師器高坏 2,鉢 2,坩 1,壺 1,甕 7,小形甕 1	3 期	〃
246	〃	土宇 66 号住	方形	4.7	不明	土師器高坏 4,坩 1,器台 2,壺 1,ミニチュア鉢 1,甕 2	1 期	34
247	〃	大廐 K-5 号住	方形	6.2	炉 NW	土師器高坏 1,器台 2,坩 1,壺 2,甕 2	2a 期	35
248	〃	大廐 K-7 号住	方形	不明	不明	土師器高坏 1,坩 2,	3 期	〃
249	〃	草刈 A-30 号住	方形	7.6	炉 N	土師器高坏 1,坩 1	3 期？	36
250	〃	草刈 A-39 号住	方形	5.2	炉 W	土師器高坏 2,坩 1	2 期	〃
251	〃	草刈 A-52 号住	方形	7.4	炉 NW	土師器高坏 1,坩 1,器台 1,鉢 1,甕 3	1 期	〃
252	〃	草刈 A-70 号住	長方形	4.9	炉 N	土師器高坏 1,坩 3,器台 2,甕 2	1 期	〃

No.	所在地	遺　構　名	平面形	規模	炉竈	出　土　土　器	時期	文献
253	市原市	草刈 A-72 号住	長方形	6.3	炉 C	土師器高坏 1, 甕 1	1 期	36
254	〃	草刈 A-73 号住	方形	5.3	炉 W	土師器高坏 2, 坩 3, 小形甕 2	1 期	〃
255	〃	草刈 A-79 号住	方形	5.8	炉 N	土師器高坏 3, 器台 1, 坩 2, 鉢 1, 壺 2, 甕 3	3 期	〃
256	〃	草刈 A-84 号住	方形	3.6	炉 W	土師器高坏 2	1 期	〃
257	〃	草刈 B-230A 号住	方形	5.6	竈 NE	土師器坏 3, 高坏 2, 鉢 4, 甕 10, 甑 2	5 期	37
258	〃	草刈 B-233A 号住	方形	7	竈 NW	土師器坏 6, 高坏 3, 鉢 1, 甕 4, 小形甕 2, 小形甑 2	5 期	〃
259	〃	草刈 B-252 号住	方形	4.8	竈 SE	土師器坏 5, 高坏 5, 甕 2	5 期	〃
260	〃	草刈 B-265 号住	方形	5.2	竈 SW	土師器坏 5, 高坏 2, 鉢 2, 甕 2	5 期	〃
261	〃	草刈 B-387A 号住	方形	6.2	竈 E	土師器坏 5, 高坏 6, 短頸壺 2, ミニチュア鉢 1, 甕 3	5 期	〃
262	〃	草刈 B-233A 号住	方形	4.4	竈 NW	土師器坏 5, 鉢 1, 甕 3, 小形甕 3, 甑 1, ミニチュア土器 1	5 期	〃
263	〃	六之台 1014 号住	方形	4.6	不明	土師器高坏 4, 坩 1, 甕 2	2b 期	38
264	〃	六之台 975 号住	方形	4.7	炉 NW	土師器高坏 3, 坩 1, 甕 2	2b 期	〃
265	〃	六之台 302 号住	隅丸形	8.3	不明	土師器高坏 4, 坏 1, 鉢 1	3 期	〃
266	〃	六之台 100 号住	方形	5.5	炉 NE	土師器高坏 1, 坩 2, 鉢 1	3 期	〃
267	〃	六之台 101 号住	方形	4.5	炉 NW	土師器高坏 2, 坩 4, 鉢形甑 1	0 期？	〃
268	〃	六之台 311 号住	方形	8.2	不明	土師器高坏 7, 坩 2, 鉢 2, 甕 1	2a 期	〃
269	〃	六之台 195 号住	方形	6	不明	土師器高坏 1, 坏 5, 鉢 2, 甕 1	4 期	〃

＊市原市域の遺跡については割愛したものがある（草刈六之台遺跡については一部のみの掲載）。

第2章　房総の古墳中期土器とその周辺

1　古墳中期土器様式成立の社会背景

古墳時代中期，4世紀末～5世紀末に相当する時期は，原始古代を通じて列島内の土器様式が最も強い画一性を示すに至った時期ではないかと私考する．とくに中期の前半，関東地方で「和泉式」と称されている段階の土師器は，高坏・坩といった器種において，九州から東北に至るまで非常に近似した形態の土器を認めることができる．

古墳時代前期の4世紀段階に，なお地域色をとどめながらも一定の斉一性・共通性の枠内に組み入れられていた列島各地の土器は，5世紀に入るとより強い画一性と普遍性に席巻され，その後5世紀後半から6世紀（古墳時代後期）に入ると，須恵器が浸透した地域とそうでない地域の偏差を含め，土師器様相も大枠では共通した推移を辿りながら，再び地域色の発露した変遷を遂げてゆくことになる．その意味で5世紀代（おもに前半）は，生活様式・日用什器に至るまで汎列島的な均一化の波が訪れた最初の画期として，重要性を認識する必要がある．

5世紀前半代は畿内を始め，列島内各地に最大の前方後円墳が多数造営された時代である．古墳の様相からみると，4世紀段階には，大和盆地の中にいくつかのブロック（大和・佐紀盾列・馬見）に分かれて大形前方後円墳（または前方後方墳）が造営されていたが，4世紀末頃の築造とみられる津堂城山古墳を皮切りとして，盟主級の前方後円墳は河内平野に造営されるようになり，5世紀代を通じて古市・百舌鳥古墳群が形成されてゆく．古墳の規模も格段に巨大化し，石津丘古墳（履中陵）・誉田山古墳（応神陵）・大山古墳（仁徳陵）といった超大形古墳が5世紀前半から中葉後半にかけて現出する．それは畿内において，従来の大和盆地内の諸勢力を統合した名実共に強大な覇権が，河内平野の港湾部を拠点に成立したことを意味しており，『晉書』『宋書』等の文献に記された「倭の五王」の時期とも年代的に符合する．

あたかも，そのような畿内勢力の強大化と呼応するように，九州から東北に至る列島各地においても，地域最大級の前方後円墳が造営されており，それぞれの地域で広域統合が進められた状況を看取することができる．それは日本列島内が，畿内に形成された大王権を核として，より一元的な支配体制の中に組み込まれたことを示しており，前期の連合的・分立的性格を強く残した状況に比べると，一段と整理・統合された統治機構の確立をみたと考え得る．

古墳中期土器にみられる列島的な画一性は，そのような社会背景と無縁ではないと考えられる．本稿では，主に房総地域の古墳中期土器について論ずるが，該期の土器にみられる共通性の認識という観点から，可能な限り周辺地域の土器についても検討していきたい．

2　西上総編年の設定

房総の古墳中期土器については，すでに上総西部（木更津・袖ケ浦・市原市域）の資料を中心として編年案を作成し，あわせて下総西部（千葉・船橋市域）の編年図も提示している．前稿では土器編年に基づいて，上総における集落・古墳様相の変化を跡づけることを主眼としたため，房総各地の土器様相については概略を述べるにとどまった．本稿では，前稿で詳しく取り上げなかった地域を含め，房総全体の古墳中期土器様相について概観することとしたい．

房総全体の中期土器の時期区分は，資料数が最も豊富ですべての段階のものが揃っている西上総の編年に準拠するものとする．西上総編年は古墳中期土器の中でも最も小刻みな推移をとらえ得る高坏の形態変化を基準として，後半については坏の変化をも加味しながら段階区分を行なったものであり，前期末葉を0期，中期を1～5期として合計7段階（2期は2a・2b期に小区分）に区分している．このうち3期は須恵器編年（陶邑編年）のTK73型式段階，4期はTK216・ON46型式段階，5期はTK208・TK23型式段階にほぼ重なると考えている．

古墳中期における高坏脚部の形態変化を端的に述べると，柱状化（0期）→中膨化（1期）→開脚化（2期）→短脚化（3期）→外反化（4期）→小形化（5期）という流れを辿ることができる．その中にあっても2期を中心として1期～3期は，高坏が土器組成の中で最も多くの割合を占めるに至った土器史上でも特殊な時期であり，中期前半はまさに「高坏の時代」とも言うことができる．しかしながら坏の出現・普及とともに高坏は急速にすたれ，主要器種としての座を失ってゆく．これが中期後半の状況である．

西上総編年の具体的な内容（各器種の変遷過程）については，前稿とも重複するため，本稿では表として簡潔にまとめておくこととした．表中の記述ならびに「西上総古墳中期土器編年図」については，前稿掲載のものに若干の修正を加えて作成している．各時期の想定実年代に関しては，現段階での筆者の時間幅認識の目安として，編年表の中に表示しているが，とくに中期前半段階については，時間幅のとらえ方次第で多分に変動の余地があるものと考える．

房総各地における古墳中期土器の様相は必ずしも均一ではなく，時期や器種によって地域色が認められる．従って，表の中の個々の記述が必ずしもすべての地域に適用できるとは限らないことを付記しておく．同じ段階の中に位置づけたものは，土器様相が少なからず異なるものであっても，時間的に併行すると考えたものとして理解して頂きたい．そのような地域色の現われ方や，表の中に記述されていない個別的な特徴，特殊な器形や客体的な器種等については，後章において時期別に取り上げ，補足説明を加えてゆくこととしたい．

なお房総の古墳中期遺跡（集落・古墳）の調査例には，現状でかなりの粗密があり，資料数の多寡をも考慮に入れた上で，本稿では房総（千葉県域）を便宜的に西上総・京葉・東葛・印旛・東総・南房総の6地域に分けることとした．次に各地域における古墳中期遺跡の概要について簡単に現状を述べておくことにする．

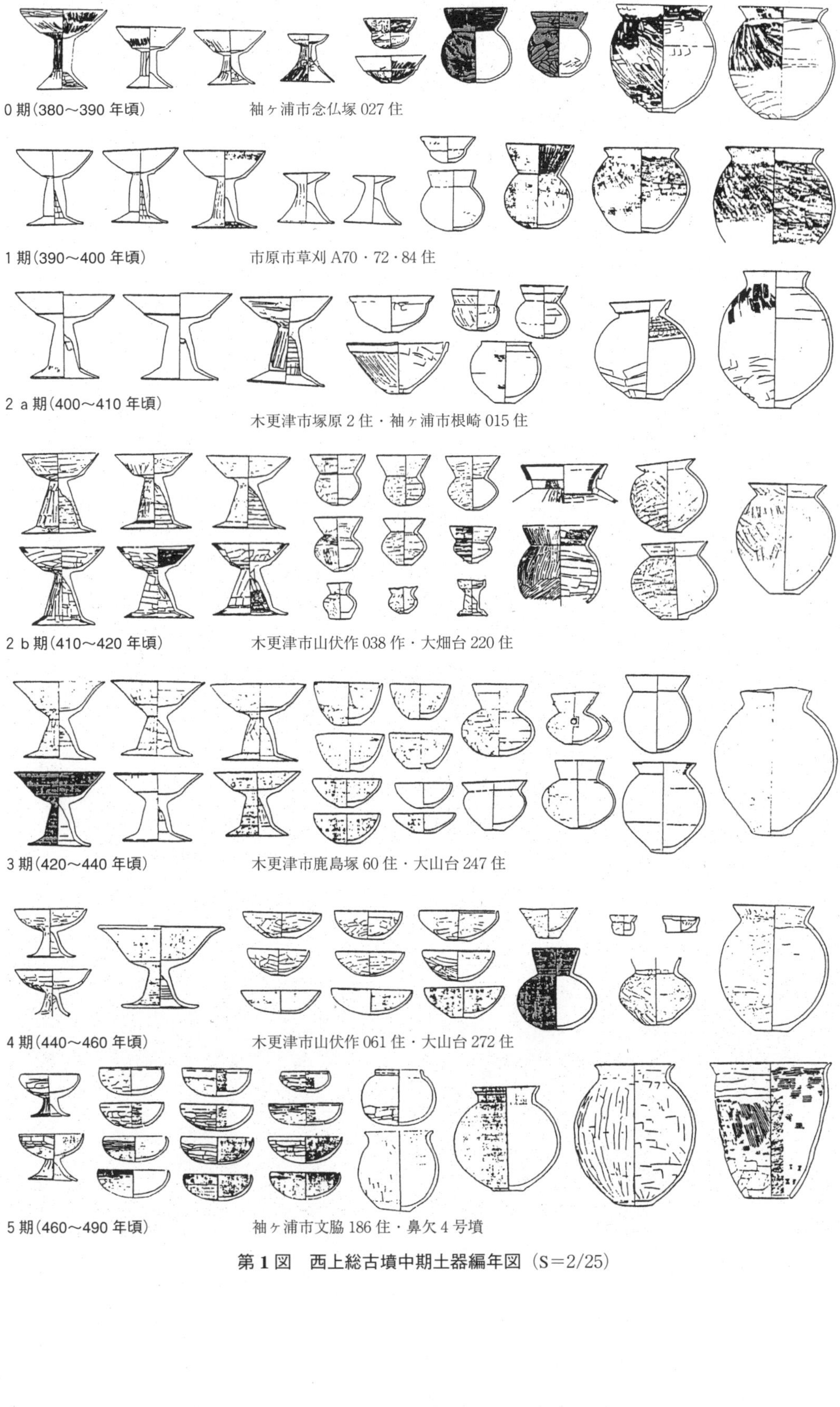
0期(380〜390年頃)
袖ヶ浦市念仏塚027住
1期(390〜400年頃)
市原市草刈A70・72・84住
2a期(400〜410年頃)
木更津市塚原2住・袖ヶ浦市根崎015住
2b期(410〜420年頃)
木更津市山伏作038作・大畑台220住
3期(420〜440年頃)
木更津市鹿島塚60住・大山台247住
4期(440〜460年頃)
木更津市山伏作061住・大山台272住
5期(460〜490年頃)
袖ヶ浦市文脇186住・鼻欠4号墳

第1図　西上総古墳中期土器編年図（S＝2/25）

第1表　西上総古墳中期土器編年概要

期	高坏	坏	坩・器台	甕
0期	・脚部が柱状で脚柱部が内実 ・脚裾部は円錐形で高さを保つ ・坏部下端に稜を有し、坏底径は小さい ・柱状化とともに脚高が高くなる ・坏部が全体に小形化		・前期以来の扁平小形坩と大形坩が普遍的に存在 ・いずれも口縁高が高く内彎するものが多い ・器台は高坏と同様に長脚化したものが残存	・く字口縁の刷毛目甕主体 ・胴部は前段階よりやや長胴化しているものの、なお球胴に近いものが多い ・この段階まで刷毛目調整を残すものの割合が多い
1期	・脚部が柱状で中膨らみとなる ・脚柱部は内実でなくなるが、器肉は厚く、坏部との継ぎ目に中実部を残す ・脚裾部は扁平化して開く ・坏底径は依然として小さい		・小形坩、大形坩ともそのまま存続し、際立った形態変化は見られない ・器台は長脚化したものがこの時期まで少数残存	・前段階と大きく変わらず、く字口縁の球胴形が主体 ・刷毛目調整を残すものが減少し、ナデ調整仕上げのものが多くなる
2a期	・脚部が中膨らみで、柱状に近い円錐状となる ・脚部の器肉が薄手化 ・接合部の中実部分が薄くなる ・脚裾径が広くなる ・坏部径が全体的に大きくなる	・この段階まで器種としての確立をみない ・やや深い平底の鉢、および坩に類する後円部の外反した鉢が、次段階の坏の原形になるとみられる	・小形坩、大形坩とも存続 ・扁平小形坩が減少し、形骸的屈曲を残すもののみとなる ・小形坩は口縁部と胴部の幅と高さが拮抗するものが主体	・やや胴の長いものが増加 ・刷毛目調整が衰退し、ナデ調整のものが主体化 ・従来のく字口縁に加えて頸部の彎曲するものが現われる ・口縁部高は依然低い傾向にある
2b期	・脚部が中膨らみの円錐状で、前段階よりも開きが大きくなる ・脚裾部がより扁平化する			
3期	・脚部が円錐状で脚高が低くなる ・脚部中膨らみの度合いが弱くなる ・脚裾部は長く着地面が広がる	・坏が器種として確立・普及 ・初期には従来の鉢との近似性を残す深い平底坏が出現 ・後半には口縁の開きが大きい平底坏が現われる ・坏の総量が高坏に拮抗	・小形坩が減少し、大形坩が主体となる ・口縁部径よりも胴部径が大きいものが主体化する ・須恵器𤭯を模した形態が出現	・中胴形のものが主体化 ・口縁部高もやや高くなる ・刷毛目調整を残すものはほとんどみられなくなる
4期	・脚部が低く八字形に広がり、脚裾部の屈曲も弱くなる ・脚部の中膨らみが失われる ・埦形の坏部をもつものも出現 ・高坏の日用什器としての絶対数が減少する	・前段階より口径が大きくなる ・口縁が直線状に開く平底坏が主体 ・口縁が短く外反する形態や丸底坏も一部に現われる ・坏の総量が高坏を凌駕	・ほぼ大形坩のみに限られるようになる ・横長の胴部に直口縁の付される形態が多くなる	・前段階に引き続き、中胴形で胴部中位に最大径をもつ形態が主体化する ・法量的な甕の定形画一化 ・口縁部の肥厚するものが多くなる
5期	・埦形の坏部に八字形の短い脚部の付いた形態が主体化 ・大きさが全体的に小形化 ・脚上半が再び内実化する傾向 ・坏部に稜を残すものも一部残存	・丸底で埦形の坏が主体化 ・同様な土器様式が長期継続 ・口縁部形態には直立・内彎・外反・内斜の各種がある ・後半には器高の高い半球形の形態が増加する傾向あり	・坩形の絶対数が減少 ・直口縁タイプの坩の他にこの段階から、口縁部の短い短頸壺形態が出現	・中胴形でナデ調整仕上げのものが継続的に存在 ・頸部の屈曲が緩やかになる傾向があり、口縁部の下半が柱状に立ち上がるものも現われる

3　房総各地域の古墳中期遺跡概観

(1) 西上総地域

西上総地域は旧君津郡・市原郡域（富津・君津・木更津・袖ケ浦・市原市域）を包括する．

当地域では，前期前半（4世紀前半）以来，墳丘長100m級の大形前方後円墳が造営され，5世紀に入ると高柳銚子塚古墳・内裏塚古墳・姉崎二子塚古墳・祇園大塚山古墳・弁天山古墳など，房総を代表する大形の中期大形古墳が相次いで造営された地域である．

この地域の古墳中期の集落様相については，1980年代までは断片的に知られているに過ぎない状況であったが，近年の木更津市域を中心とする区画整理事業関連等の大規模調査により，飛躍的に資料が増加した．しかしながら弥生後期～古墳前期に比べると，古墳中期集落遺跡の調査例は今なお決して多くはなく，古墳後期集落についても基本的には同様の状況となっている．中期～後期の古墳の絶対数から判断して，その遺跡認知数には「不均衡」の感を免れず，その要因の多くはこれまでの発掘調査対象区域の立地に起因するものと考える．千葉県では，「遺跡範囲」として調査対象となる区域が台地・丘陵上に限定されてきた傾向があり，低地部の調査例が著しく少なくなっている．西上総では主要河川沿いの丘陵がことごとく古墳に占拠されていった関係から，中・後期集落の多くは低地部を中心に展開していた可能性が強く，未確認の集落遺跡の潜在的な数はかなり多いとみられる．中でも中期後半～後期の集落に比べて，中期前半（和泉式段階）の集落は，現状で知られる遺跡数が少なくなっており，この時期にはとくに低地への居住が促進される状況にあったのではないかと推測される．それはあたかも銚子塚・内裏塚・二子塚などの造営期に当たっており，これらの大形前方後円墳の築造や大規模な水田開発・灌漑事業のために低地居住が推し進められた可能性がある．

(2) 京葉地域

京葉地域は下総の東京湾沿岸，千葉市・習志野市・船橋市・市川市域を包括する．

当地域には中期の前方後円墳こそ未確認であるが，千葉市域の都川・村田川流域に七廻塚古墳・上赤塚1号墳・石神2号墳など5世紀前半代の大・中形円墳が継続的に造営されており，これらの円墳造営者を核とする拠点勢力の存在を窺うことができる．

この地域では台地上を中心に古墳中期集落が展開しており，船橋市外原遺跡や千葉市大森第2遺跡を始めとして，千葉県下でも比較的早い段階から古墳中期（和泉式段階）の遺構が認知されていた．しかしながら千葉市東南部ニュータウン地域などを除けば，いずれも発掘調査面積が限られており，一つの遺跡あるいは狭い領域内での古墳中期集落の推移が継続的に辿れるには至っていない．現状では断片的，地点的に古墳中期集落が知られているに過ぎない状況であるが，調査頻度の高さもあって周知遺跡数はかなり多く，その分布も海岸部から内陸部までの広い範囲に及んでいる．これまでに知られている限りでは，千葉市域でも浜野川・都川流域間にとくに当該

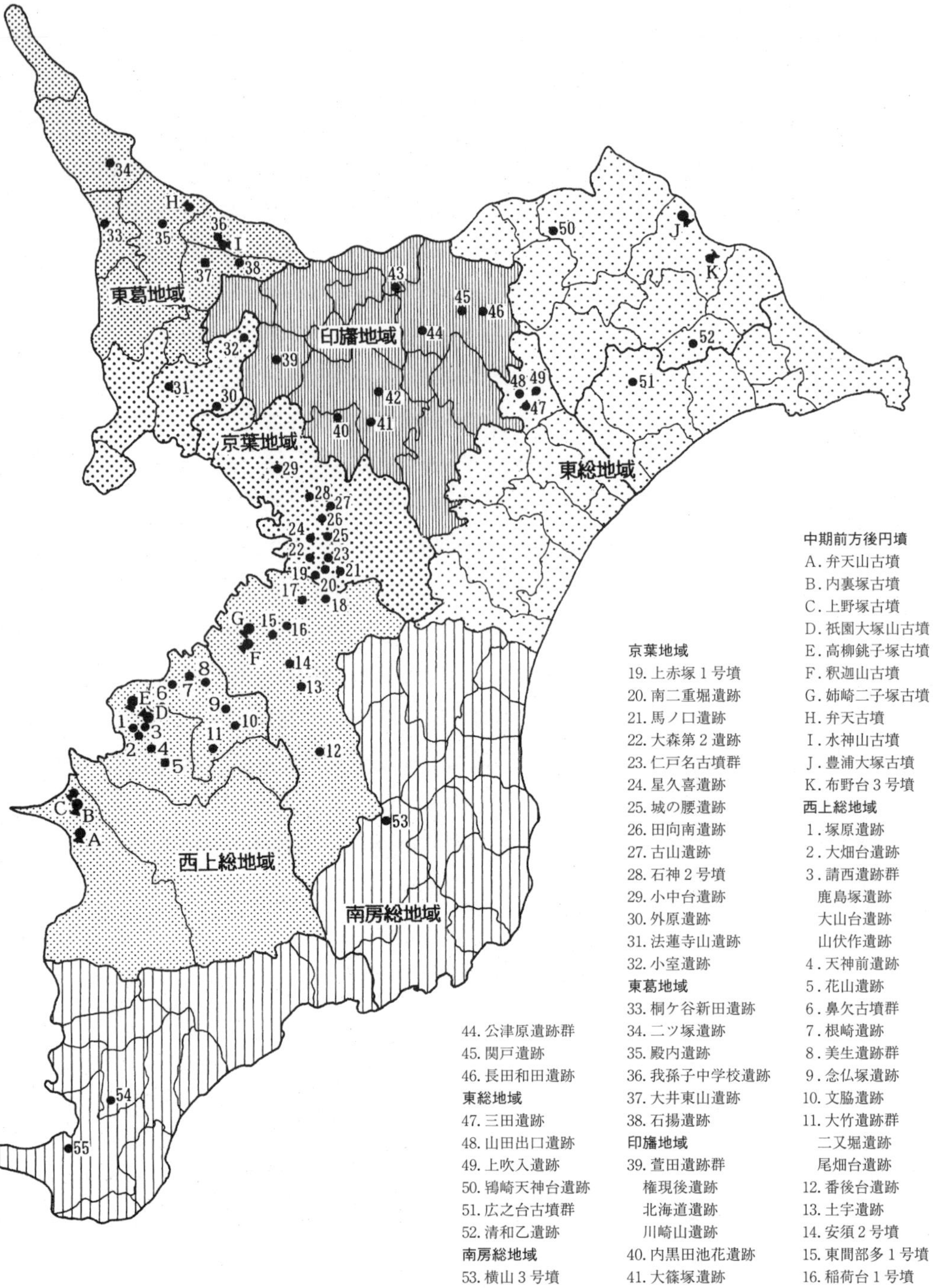

中期前方後円墳
A. 弁天山古墳
B. 内裏塚古墳
C. 上野塚古墳
D. 祇園大塚山古墳
E. 高柳銚子塚古墳
F. 釈迦山古墳
G. 姉崎二子塚古墳
H. 弁天古墳
I. 水神山古墳
J. 豊浦大塚古墳
K. 布野台3号墳

西上総地域
1. 塚原遺跡
2. 大畑台遺跡
3. 請西遺跡群
鹿島塚遺跡
大山台遺跡
山伏作遺跡
4. 天神前遺跡
5. 花山遺跡
6. 鼻欠古墳群
7. 根崎遺跡
8. 美生遺跡群
9. 念仏塚遺跡
10. 文脇遺跡
11. 大竹遺跡群
二又堀遺跡
尾畑台遺跡
12. 番後台遺跡
13. 土宇遺跡
14. 安須2号墳
15. 東間部多1号墳
16. 稲荷台1号墳
17. 大廐古墳群
18. 草刈遺跡

京葉地域
19. 上赤塚1号墳
20. 南二重堀遺跡
21. 馬ノ口遺跡
22. 大森第2遺跡
23. 仁戸名古墳群
24. 星久喜遺跡
25. 城の腰遺跡
26. 田向南遺跡
27. 古山遺跡
28. 石神2号墳
29. 小中台遺跡
30. 外原遺跡
31. 法蓮寺山遺跡
32. 小室遺跡

東葛地域
33. 桐ケ谷新田遺跡
34. 二ツ塚遺跡
35. 殿内遺跡
36. 我孫子中学校遺跡
37. 大井東山遺跡
38. 石揚遺跡

印旛地域
39. 萱田遺跡群
権現後遺跡
北海道遺跡
川崎山遺跡
40. 内黒田池花遺跡
41. 大篠塚遺跡
42. 鏑木諏訪尾余遺跡
43. 五丹歩遺跡
44. 公津原遺跡群
45. 関戸遺跡
46. 長田和田遺跡

東総地域
47. 三田遺跡
48. 山田出口遺跡
49. 上吹入遺跡
50. 鴇崎天神台遺跡
51. 広之台古墳群
52. 清和乙遺跡

南房総地域
53. 横山3号墳
54. 宝珠院遺跡
55. 大寺山洞穴

第2図　千葉県古墳中期遺跡分布図（本文掲載遺跡一覧）

期の集落検出頻度が高い傾向が認められる.

(3) 東葛地域

東葛地域は東葛飾郡域のうち松戸・流山・野田・柏・我孫子・沼南など市町域を包括する.

当地域では，中期前半の前方後円墳として我孫子市水神山古墳（69 m）・柏市弁天古墳（32 m）があり，中期後半になると我孫子市金塚古墳・柏市花野井大塚古墳という短甲を副葬する円墳のほか松戸市河原塚古墳・野田市香取原2号墳などの中級円墳が知られているが，中期古墳の認知数は少なく，水神山古墳・弁天古墳の所在する利根川沿いの区域が，当地域の中では最も大きな拠点勢力であったと考えられる．古墳中期の集落遺跡は目下のところ，散在的に検出されているに過ぎない．当地域では0期～1期に該当する集落が未確認であるが，2期以降の段階の集落がいくつかの遺跡で検出されており，脚部がラッパ状に開く高坏の存在が目立つなど，西上総地域などとは異なって北関東地方との類縁性が強い土器様相を認めることができる.

(4) 印旛地域

印旛地域は下総中部の印旛郡域で，成田・佐倉・四街道・八千代・印西市域等を包括する.

当地域では中期初頭の古墳として印西市鶴塚古墳（44 m）という大形円墳が知られているほか，成田市公津原古墳群等において中期前半～後半の円墳の存在が確認されているが，中期の前方後円墳の存在は今のところ認められていない．古墳中期集落としては，八千代市萱田遺跡群内の権現後遺跡で中期前半を主とする集落が，北海道遺跡で中期後半を主とする集落が検出されており，いずれも石製模造品の工人集落となっている．このほか成田・佐倉・四街道・印西・栄などの市町域で中期の集落が確認されているが，中期後半のものが主体をなしており，中期前半に属する遺構は成田市関戸・佐倉市鏑木諏訪尾余・栄町五丹歩遺跡など一部に限られる．当地域においても古墳前期・後期集落に比べ，中期集落の検出頻度は低い傾向にある.

(5) 東総地域

東総地域は下総東部の香取・海上・匝瑳郡域と上総北東部の山武郡域を包括する.

当地域では，中期前半の大形前方後円墳である小見川町豊浦大塚古墳（123 m）が利根川沿いに位置し，中期後半には小見川町布野台3号墳・佐原市鴇崎天神台6号墳・多古町次浦石橋台古墳・八日市場市塚原1号墳のような小規模前方後円墳の存在が認められ，さらに佐原市山之辺手ひろがり3号墳・鴇崎天神台1号墳，八日市場市広ノ台3号墳・真々塚古墳等中期前半の大形～中形円墳・方墳の存在も認められている．しかしながら中期集落の存在は今のところ僅少であり，中期後半～後期に継続する遺跡こそやや多く認められるものの，中期前半の集落は芝山町山田出口遺跡・佐原市鴇崎天神台遺跡などにおいて断片的に知られているに過ぎない.

(6) 南房総地域

南房総地域は東上総の長生・夷隅郡域および房総半島南端の安房郡域を包括する.

当地域には，中期前半の古墳として館山市峯古墳・大寺山1号洞穴があり，中期後半には睦沢町浅間山1号墳・大多喜町横山古墳群・三芳村宝珠院1号墳などが知られるが，中期集落の調査例はきわめて少なく，白浜町小滝涼源寺遺跡で中期土器の出土が知られている程度である.

4　各時期の土器様相

(1) 0期の土器様相

0期の土器様相を示す遺構としては，西上総地域の袖ケ浦市念仏塚027住・美生第6地点19，22，49住・二又堀005住・嘉登001，007，034住，京葉地域の千葉市古山14，25住，印旛地域の成田市公津原Loc40（外小代）019B住などが挙げられるが，現状ではまだ資料数が少ない.

高坏は脚柱部が内実で長く，坏部の小形化した形態を指標とする．0期の事例中，最も良好な土器群のセットが知られる念仏塚027住では，高坏の脚部に長短があり，短脚の高坏には前段階（前期Ⅶb期）の高坏との近似性を認め得る．また美生第6地点では，脚裾部に透孔をもつ柱状脚高坏が認められており，脚部の長さには念仏塚例と同様に長短がある.

器台の検出率は低く，前段階に比べると激減している．念仏塚例のように長脚化した坏部の小さい器台が少数存在するほか，外小代019B住ではX字形の器台も認められている.

坩類の出土量は基本的に多く，前段階のものとの間に目立った形態変化はみられない．美生第6地点（19・49住）からは扁平な平底小形坩がまとまって出土しており，この段階には大形坩よりも扁平な小形坩の方が主体をなしていたと考えられる.

甕は前段階との比較において長胴化，口縁部の増高と厚手・外反化，刷毛目調整の減少ないしは範囲縮小などの要素がとらえられるが，刷毛目を残すものの割合はなお多く，く字口縁で器高が胴径をやや上回る程度の甕が主流を占める．なおこの段階には，少数ながら二重口縁壺や折返し口縁で刻み目を残すやや長胴の壺の存在も美生6地点49住などに認められている.

(2) 1期の土器様相

1期の土器様相を示す遺構としては，西上総地域の袖ケ浦市二又堀040住，市原市土宇66住・草刈A区70，72，84住・大廐7号墳・草刈136号墳・釈迦山古墳，京葉地域の千葉市南二重堀16，22，37，60住・小中台5住，印旛地域の成田市関戸018住などが挙げられるが，0期に引き続いて確認事例は少ない状況にある．また高坏以外の器種だけでは0期との峻別が難しい.

高坏は柱状で中膨らみのエンタシス形脚部をもった形態を指標とするが，一部に脚部が直線的なものもある．該期の高坏の典型例に草刈A区84住・土宇66住例があるが，土宇66住例では脚部がラッパ状に開いた形態の高坏も伴出している．また大廐7号墳例のように坏部口縁の外反する形態のものもある．このほか脚部の形状をやや異にするが，姉崎釈迦山古墳の高坏も本期に

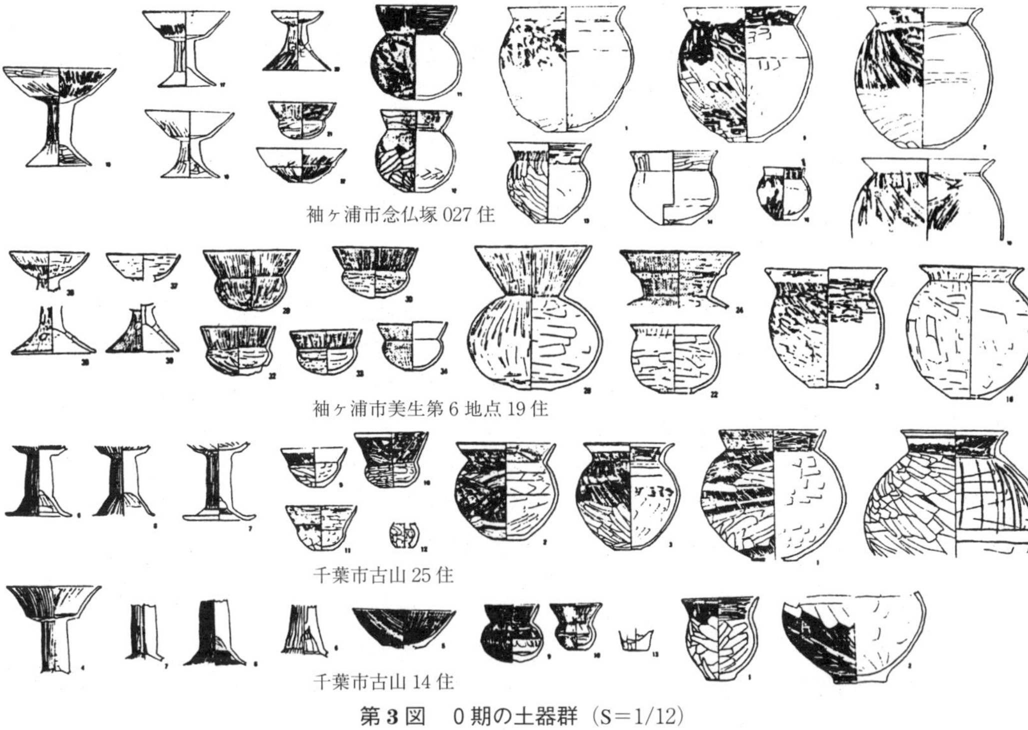

第３図　0 期の土器群（S＝1/12）

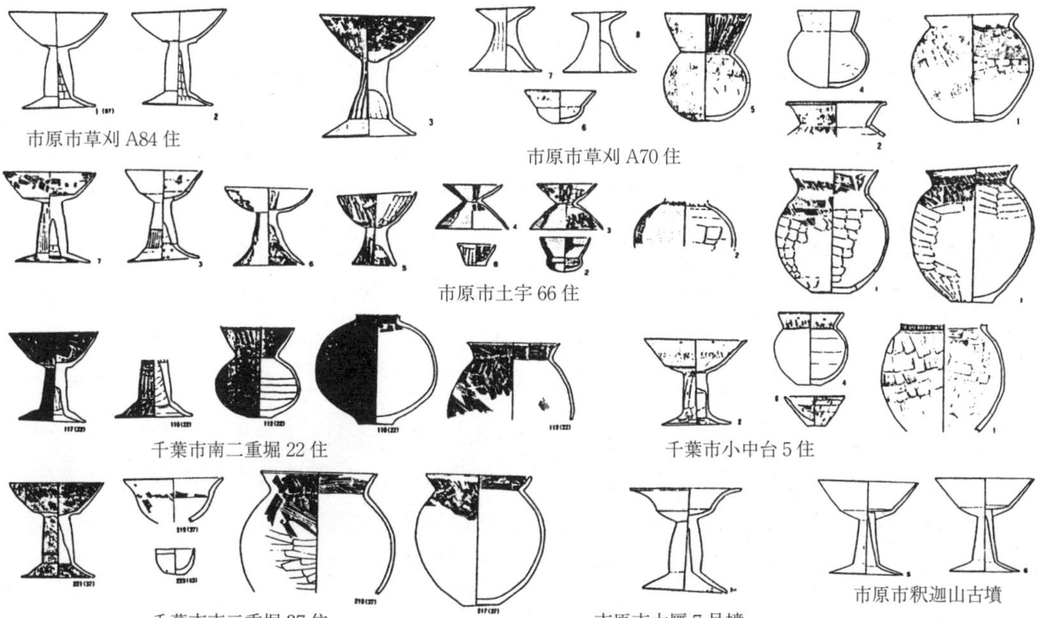

第４図　1 期の土器群（S＝1/12）

相当する資料とみられ，これと同形の高坏は草刈六之台55住からも出土している．

器台は草刈A区70住例のように長脚で坏部の矮小化したもののほか，土宇66住・美生第6地点21住ではX字形器台の存在も認められている．器台はこの段階をもってほぼ消滅する．

坩については今のところ資料数が少なく，前段階との際立った変化をとらえることは難しい．

甕についても前段階に引き続き，く字口縁で球胴形に近い形態のものが主体であり，変化としては刷毛目調整を残すものの減少傾向がとらえられる程度である．

(3) 2a期の土器様相

2a期の土器様相を示す遺構は，西上総地域の木更津市塚原・鹿島塚A遺跡，袖ケ浦市根崎・二又堀・金井崎遺跡，市原市上野合・叶台・大廐・草刈六之台遺跡及び草刈古墳群（331・750・990号墳），京葉地域の千葉市南二重堀・馬ノ口・星久喜・宮脇・大森第二遺跡，船橋市外原遺跡，東葛地域の流山市桐ケ谷新田遺跡，柏市殿内遺跡，我孫子市我孫子中学校遺跡，沼南町石揚遺跡，印旛地域の佐倉市鏑木諏訪尾余遺跡，四街道市内黒田池花遺跡，東総地域の佐原市鴇崎天神台遺跡などで認められており，前段階までに比較すると事例数はかなり増加する．

高坏は脚部が中膨らみで柱状に近い円錐状を示す形態を指標とし，この段階から坏部も大形化する．高坏が器種組成の中での中心を占めるようになる段階でもある．本期の代表例として西上総の編年表に示した塚原2住では，脚部中膨らみの高坏のほかにラッパ状に開く脚部も伴出しており，隣接する1住（鍛冶遺構）でも鞴羽口に転用された同様の脚部が出土している．この形態の高坏は，前段階の土宇66住の例とともに西上総地域では客体的存在となっている．京葉地域でも西上総地域と同じく，脚部中膨らみ円錐形の高坏が主体的に認められる．例示した一括資料のうち南二重堀19住例については，他の時期の資料の混入が認められるため，本期に伴うとみられる土器群のみを抽出した．

一方東葛地域においては，桐ケ谷新田2住・殿内5，6住・石揚021住例にみられるように､脚部がラッパ状に開く形態の存在が目立っており，地域色をみせている．また脚部中膨らみ形態の高坏も，西上総の諸例に近似した形態（石揚021住例）のほか，桐ケ谷新田1・2住例のように脚裾部が扁平なものがあり，同様の特徴は京葉地域の大森第二24住例にも認められる．印旛地域では内黒田池花遺跡の一括資料ならびに鏑木諏訪尾余1住例が本期に該当する資料とみられ，東総地域では鴇崎天神台14住例がわずかに管見に上る程度である．両地域とも未だこの段階の資料に乏しく，今のところ脚部がラッパ状に開く形態の高坏は未確認である．

坩は全般的に胴部が球形で，胴径が口径に近い形態のものが主体を占めるようになり，0期に多くみられた胴部の扁平な坩はほとんどみられなくなる．大形の坩としては根崎015住・南二重堀019住例などがあるが，この段階には大形坩よりも小形坩の方がなお多く認められる．

鉢としては，塚原2住にみられるような坩に類する口縁部の外反した平底鉢，南二重堀19住のような口径が小さく深い形態の鉢，および根崎015住では鉢形の甑が認められているが，いずれも客体的・単発的な存在である．

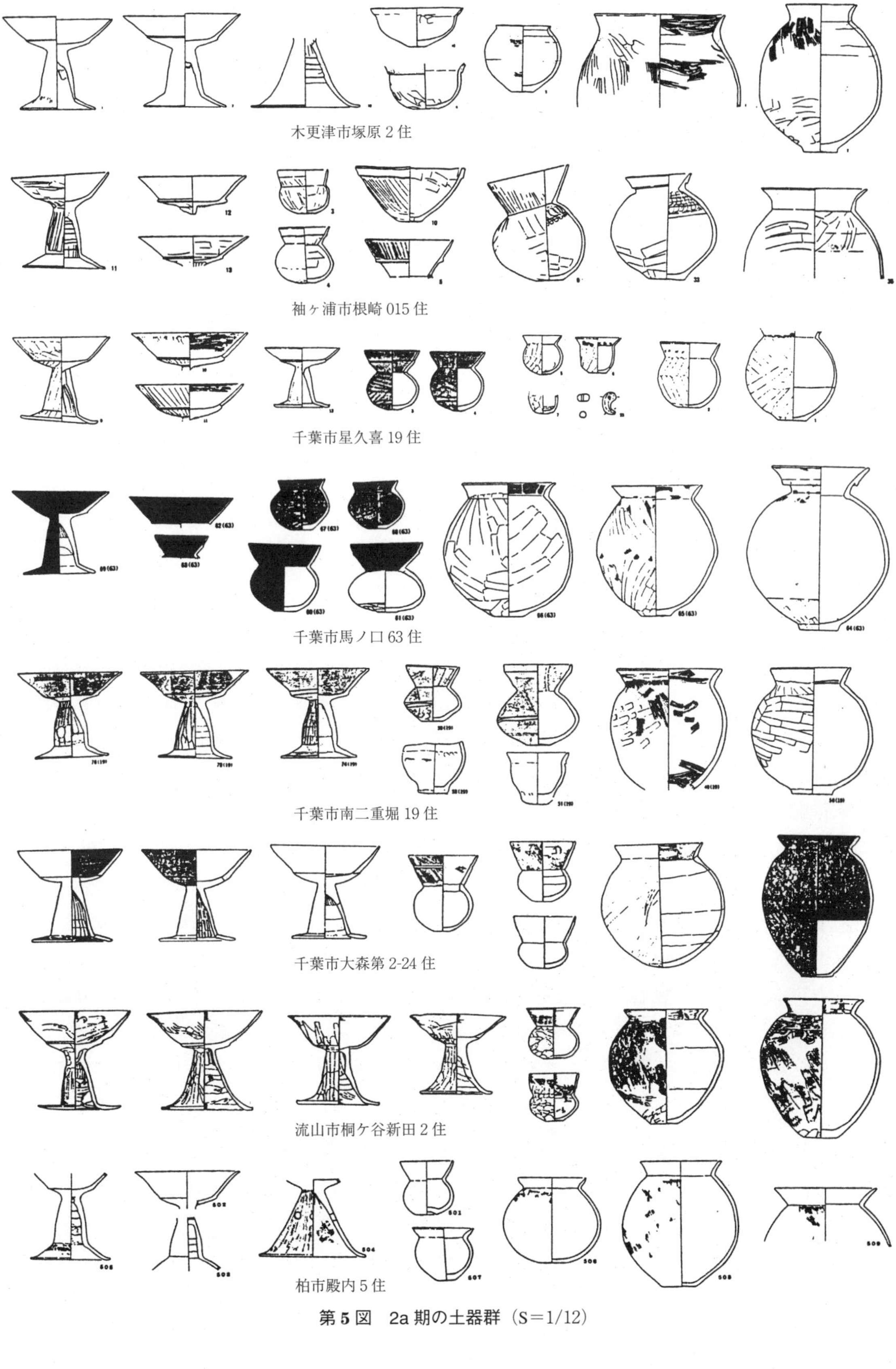

第5図　2a期の土器群（S＝1/12）

甕の全般的な傾向としては，胴部のやや長いものが増加し，刷毛目調整が衰退してナデ調整仕上げのものが主体化する．しかしながらこの段階には，やや長胴化した甕とともに球胴形の甕も同じ遺構内で併存する状況にあり，用途によって両者が使い分けられていた可能性がある．また甕の口縁部高は依然として低い傾向にあり，従来のようなく字口縁が主体的である．

なおこの段階には，根崎 015 住・馬ノ口 63 住例のように，簡素な複合口縁壺・二重口縁壺が一部において残存している．

(4) 2b 期の土器様相

2b 期の土器様相を示す遺構は，西上総地域の木更津市大畑台・山伏作・鹿島塚 C 地点・天神前遺跡，袖ケ浦市根崎・二又堀・金井崎遺跡，市原市草刈六之台遺跡，京葉地域の千葉市田向南・東寺山石神遺跡・上赤塚 1 号墳，船橋市外原遺跡，東葛地域の野田市二ツ塚遺跡，印旛地域の佐倉市鏑木諏訪尾余遺跡，八千代市権現後遺跡，栄町五丹歩遺跡などで認められる．

高坏は脚部が中膨らみで大きく開いた円錐状を示す形態を指標とし，脚裾部は前段階よりもやや扁平化する．西上総の木更津市域では山伏作 038 住・大畑台 220 住・天神前 31 住例などきわめて形態的な画一性の強い高坏群が出土しており，器種組成に占める高坏の数量も多い．また二又堀 013 住や草刈六之台 1014 住では，脚柱部の膨らみが強く脚裾部の広い形態がみられる．京葉地域では前後の段階に比べて本期に該当する資料が比較的少ないが，外原 8 住から良好な資料がまとまって出土している．ただし同住居の資料は 3 期的な特徴を示す高坏群の混在が認められ，坩・坏等の様相も 3 期的である．田向南 21 住では坏部が小さく脚裾高のやや高い形態がみられ，これに近似した形態は六之台 1014 住や根崎 014 住にも認められる．上赤塚 1 号墳の高坏は脚部が柱状を保ち，やや古い要素も看取されるが本期に位置づけておく．また石神 2 号墳墳丘下の石神 7 住の高坏は坏部下端に段を有し，同じく本期相当とみられる．

東葛地域では二ツ塚遺跡において本期相当の住居址がまとまって検出されており，一部の住居では 3 期的高坏が混在，もしくは 3 期に下る．2b 期で最も多くの個体が出土した 26 住の高坏群は，脚部の中膨らみがほとんどみられず，脚裾部が扁平で坏部の深い形態のものによって占められ，千葉県下の 2 b 期高坏の中でもやや異色の存在といえるが，同遺跡 24 住などに坏部が小さく脚裾の高い形態（田向南 21 住例近似）も認められている．印旛地域の権現後 D035・D131 住（石製模造品製作址）では，脚部中膨らみで脚裾高の高い形態のほか，脚部がラッパ状に開く高坏も混在し，D035 住例のように坏部の外反する形態も認められる．また鏑木諏訪尾余 2 住の高坏群は基本形が木更津地域の高坏に近似するが，坏部下端に凸帯，脚部に透孔を有するものや坏部の著しく広い形態などのバリエーションが認められる．また五丹歩遺跡では 001，002 住の資料が脚部形態から本期に該当するとみられる．東総地域には本期の住居址の調査例が乏しいが，下総町高岡遺跡の遺物集中（祭祀遺構）例が本期に相当するとみられる．

坩については基本的に 2a 期と同様であり，目立った変化を認め得ない．山伏作 038 住では高坏に次いで坩が多く出土しており，なお器種として主要な位置を占めている．しかし本址には坩

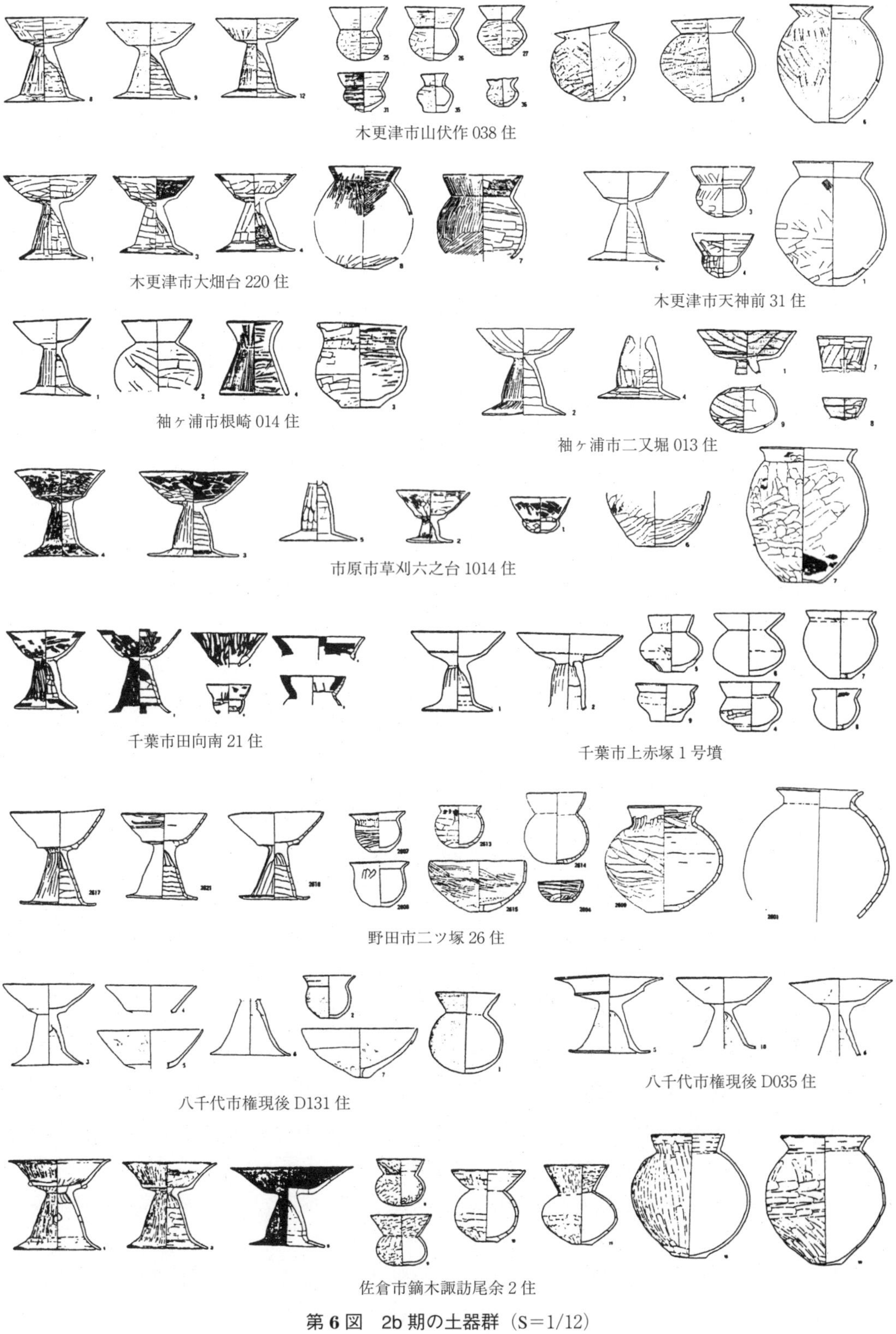
木更津市山伏作 038 住
木更津市大畑台 220 住
木更津市天神前 31 住
袖ヶ浦市根崎 014 住
袖ヶ浦市二又堀 013 住
市原市草刈六之台 1014 住
千葉市田向南 21 住
千葉市上赤塚 1 号墳
野田市二ツ塚 26 住
八千代市権現後 D131 住
八千代市権現後 D035 住
佐倉市鏑木諏訪尾余 2 住

第6図　2b期の土器群（S＝1/12）

形・高坏形の手捏ね土器も伴出していることから，集落内でやや特殊な性格をもった住居という見方もできる．また天神前31住・草刈六之台1014住には胴部の扁平な小形坩が認められているが，このような形態の坩は本期にはきわめて客体的な存在になっているものと思われる．このほか本段階には二ツ塚26住・権現後D131住にみられるような甕形の坩の存在が目立つ．

甕も2a期と基本的に同様であり，漸移的な変化がとらえられるのみである．刷毛目調整を残す甕は前段階よりもさらに少なくなり，やや長胴化した甕と球胴甕の併存が認められる．

(5) 3期の土器様相

3期の土器様相を示す遺構は，西上総地域の木更津市大畑台・大山台・鹿島塚A・鹿島塚B遺跡・四留作Ⅰ-1号墳，袖ケ浦市二又堀遺跡，市原市番後台・草刈六之台遺跡・草刈191号墳，京葉地域の千葉市南二重堀・城の腰・車坂遺跡，船橋市外原・法蓮寺山遺跡，東葛地域の野田市二ツ塚遺跡，柏市尾井戸遺跡，印旛地域の八千代市権現後遺跡，印旛村古山遺跡，東総地域の芝山町山田出口遺跡・八日市場市広ノ台3号墳，南房総地域の白浜町小滝涼源寺遺跡・館山市大寺山1号洞穴などで認められている。

高坏は脚部が中膨らみの円錐状で低脚化した形態を指標とし，高坏が日用什器として主要な位置を占める最後の段階でもある．西上総地域の鹿島塚A60住・鹿島塚B015住・大山台240住などの諸例では，全体的に坏部がやや深く，坏部・脚部高が拮抗する形態の高坏が主体を占める．また大山台247住・番後台034C住にみられるような坏部がやや扁平化した形態は本期の中でも新相と目される．京葉地域では城の腰114住・法蓮寺山5住例にみられるように，西上総地域に比して接合部の細いものが目立つ．東葛地域では二ツ塚5住・尾井戸1住が本期に該当し，ラッパ状で短脚化した高坏を含む．このうち二ツ塚5住はやや長脚のものを含むなど2b期的要素を残し3期古相に位置づけ得る．また尾井戸1住には坏部下端に鍔状の凸帯がめぐる有段高坏が存在する．印旛地域の権現後D132住には坏部が漏斗状に深く脚柱部の長い異形の高坏や，ラッパ状脚の高坏も含まれる．東総地域の山田出口2住例には全形のわかる個体が少ないが，尾井戸1住例と同様の突出度の強い坏部有段（鍔状凸帯）の高坏が認められている．南房総地域の小滝涼源寺遺跡では09～11及び17遺構などに本期相当の高坏群が認められる．

坏は本段階から器種としての成立をみる．本期の中でも鹿島塚A60住にみられるような深い鉢形の平底坏が初現的な坏の形態とみられ，大山台247住例のような口縁部の開きが大きい平底坏が次段階につながる後出的な形態とみられる．また大山台240住では小形の平底坏群がまとまって出土しており両者の中間的な様相を示す．番後台034C住では小形の平底坏と開きの大きい形態，深くて口縁の外反する形態が伴出し，やや新しい様相を示す．京葉地域では2b～3期の土器相をあわせもつ外原8住で初現的な鉢形の坏が出土しており，10住の坏はこれよりやや新しい特徴を示す．印旛地域では権現後D132住に初現的形態の坏が認められる．

坩は全般的傾向として小形坩が少なくなり，大形坩の割合が増える．ただし坩全体の出土量は減少傾向にある．本期には口径よりも胴径の大きい球胴形の坩が多くなり，須恵器䐗を模したよ

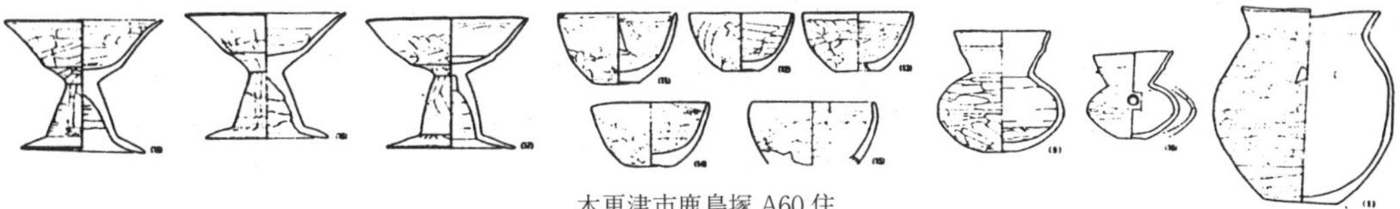

木更津市鹿島塚 A60 住

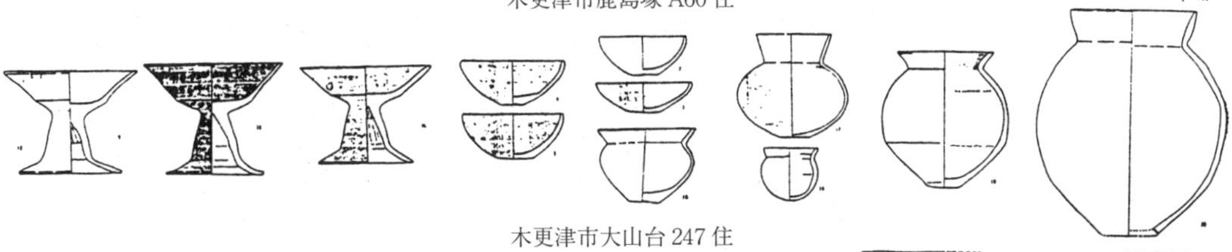

木更津市大山台 247 住

木更津市鹿島塚 B015 住

市原市番後台 034C 住

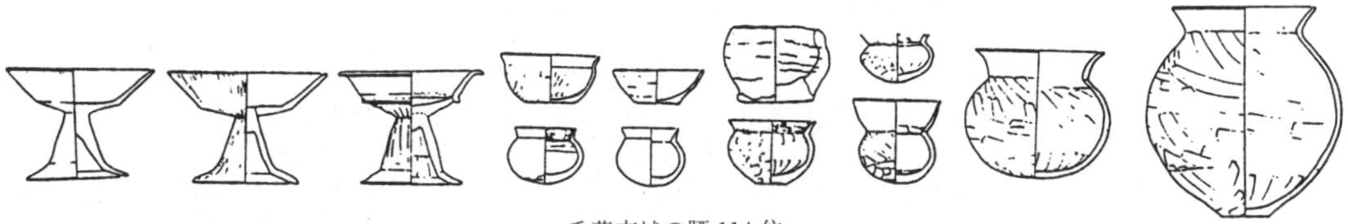

千葉市城の腰 114 住

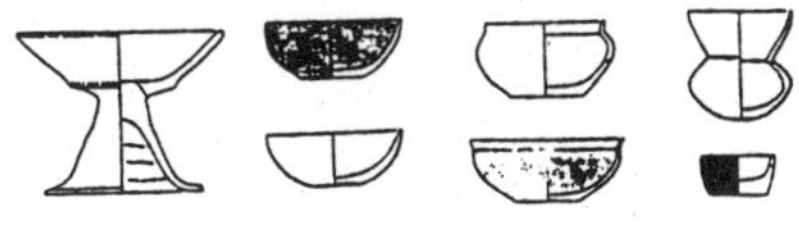

船橋市外原 10 住

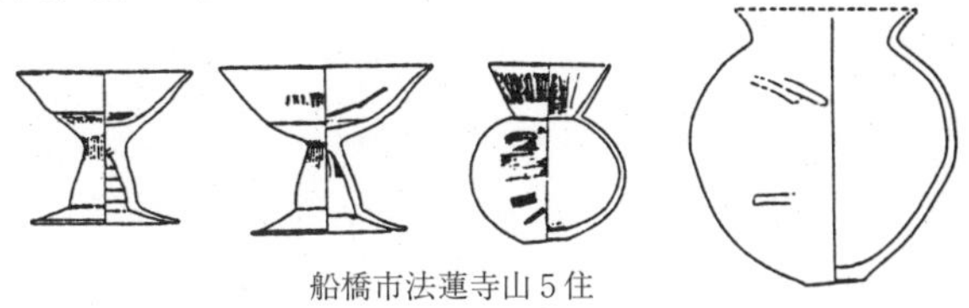

船橋市法蓮寺山 5 住

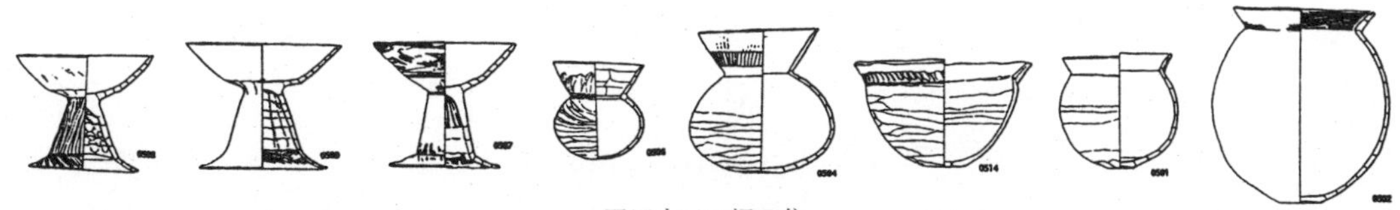

野田市二ツ塚 5 住

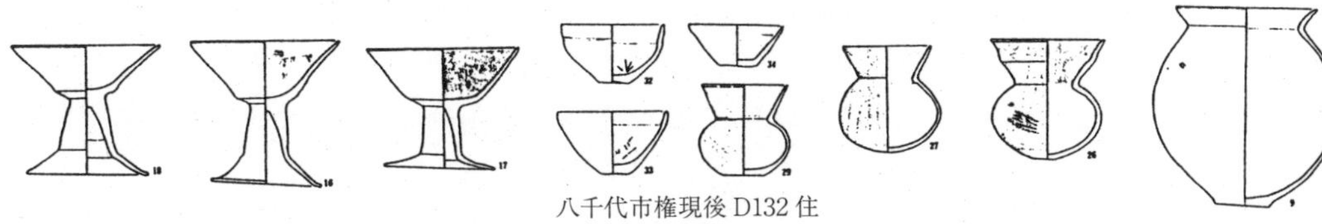

八千代市権現後 D132 住

第7図　3期の土器群（S＝1/12）

うな口縁部に段をもつ形態（鹿島塚60住・権現後D132住・山田出口2住)、および土師器𤭯も現われる．須恵器の普及に先駆けてこのような須恵器模倣土師器が多くみられるようになる点は注目される．なお千葉市大森第二遺跡68住からは，3期相当の土師器群に伴出して格子目叩きをもつ百済系軟質土器（坏2・深鉢1）が検出されている．

甕は中胴形のものが主体化し，刷毛目調整を残すものはほとんどみられなくなる．法量的な均一化の傾向も認められるようになり，房総の中での地域色はとくに見出せない．

(6) 4期の土器様相

4期の土器様相を示す遺構は，西上総地域の木更津市大山台・山伏作・鹿島塚B遺跡・鹿島塚5号墳，袖ケ浦市二又堀・尾畑台遺跡，市原市草刈六之台遺跡・安須2号墳，京葉地域の千葉市南二重堀・大森第二・上ノ台遺跡，船橋市外原・小室遺跡，東葛地域の沼南町大井東山・石揚遺跡，印旛地域の佐倉市大篠塚遺跡，成田市公津原Loc20（石塚）遺跡，栄町五丹歩遺跡，東総地域の芝山町上吹入遺跡などで認められ，これ以外にも本期に該当する古墳は多い．

高坏はさらに低脚化して中膨らみが失われ，脚部が八字状に開いた形態を指標とし，坏部も前段階より浅くなる．本段階から高坏は客体的な器種となり，供膳形態の首座を坏にゆずる．また一方で高坏の形態が多様化する段階でもある．西上総地域では山伏作061住・尾畑007住例のように坏部が埦形で脚部が外反するもの，大山台121住，272住・草刈六之台733住例のように坏部が有稜で脚裾部が屈折する形態のものがあり，それぞれ大きさに大小がある．また安須2号墳例のような坏部が有稜で外反する特異な形態もみられる．京葉地域では小室（白井先）D203住に八字脚・屈折脚・柱状脚の各種がみられ，坏部はすべて有稜ながら微妙に形が異なる．大森第二35B住では坏部下端に凸帯をめぐらす形態が認められる．東葛地域では大井東山032住・石揚014住例があるが，高坏はいずれも坏部が深い独特な形態で，小形で八字脚のものとやや大形で屈折脚のものがみられる．印旛地域では大篠塚44，45住・公津原石塚050住が本期に該当するが，高坏には良好な資料が少ない．東総地域の芝山町上吹入1住では，坏部有稜で八字脚の高坏のほか，坏部下端に凸帯のめぐる屈折脚高坏が認められる．また干潟町清和乙遺跡の貝含層（祭祀遺構）出土土器も本期に該当するとみられ，やや長い柱状屈折脚の高坏と低い八字脚の高坏，及び坏部有凸帯高坏がそれぞれ認められている．

坏は本段階から主要器種として定着し，本段階には平底坏が主体的にみられる．口縁部形態としては，短く外反するもの（内斜口縁）が客体的に認められるが，直線的に開くか内彎するものが主体を占め，どちらかといえば器高の低いものが多い．しかしながら丸底坏もすでに併存して認められており，単体もしくは少数個体のセットからは5期と峻別することが難しい．一括資料の全体的な平底坏の割合や伴出する高坏等から本期と判定する場合が多い．西上総では本期を中心とする坏類が多量に出土した遺構として木更津市千束台1号祭祀遺構がある．

坩は全体として減少傾向にありながらも，なお器種としては存続している．西上総では小形坩がほとんど稀な存在となり，直口縁の大形坩が散見的にみられるようになる．ただし祭祀遺構な

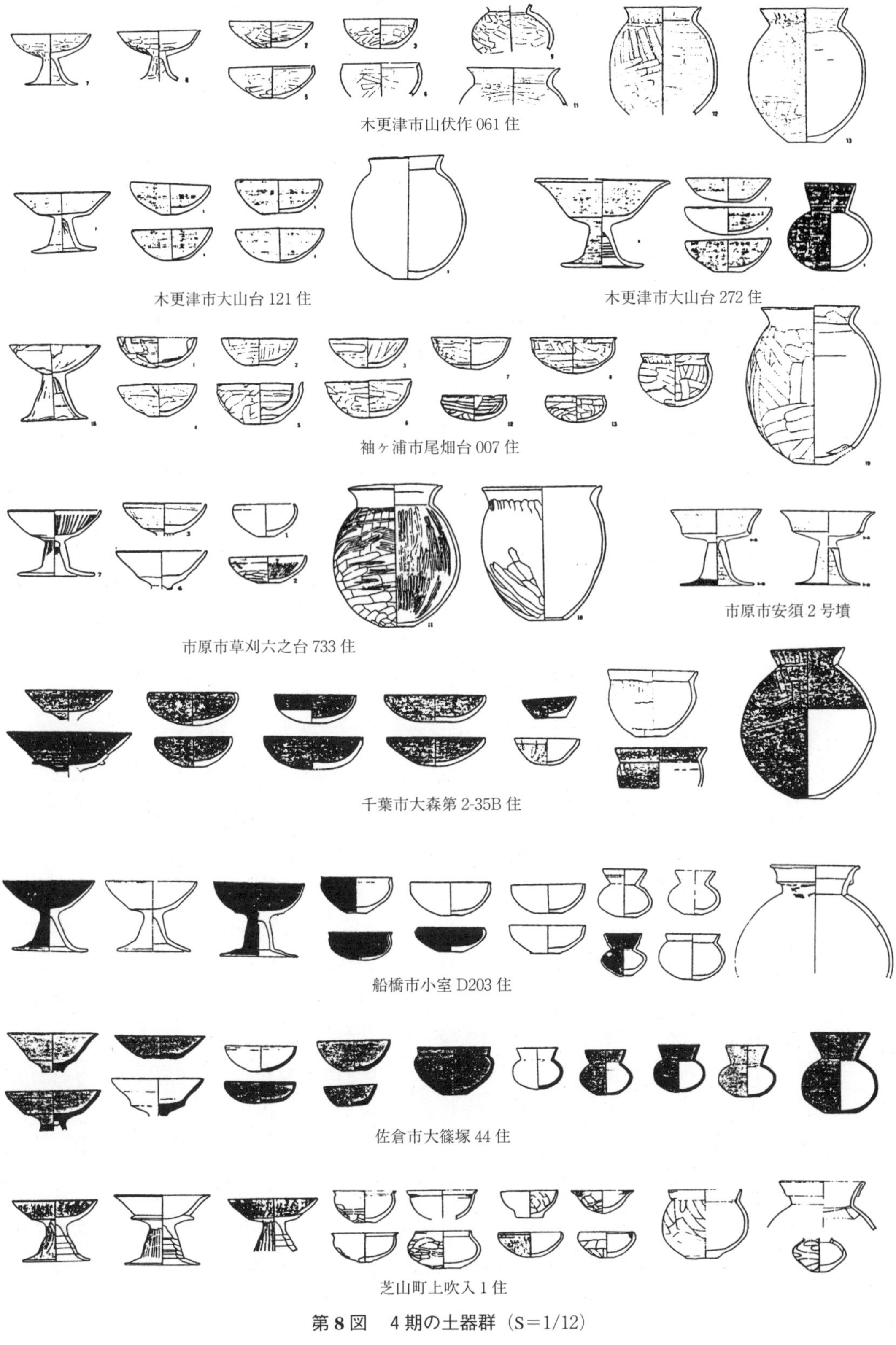

第8図　4期の土器群（S＝1/12）

どでは坩の出土量も多いが，小形坩はやはり僅少である．一方，京葉地域・印旛地域では，小室D203住・大篠塚44住のように小形坩が比較的多く認められる遺構もある．しかしその小形坩の形態自体は有段口縁ないしは直口縁であり，大形坩と同様に新しい特徴が認められるものである．またこの段階には須恵器䃱の出現とともに土師器䃱はむしろ減少する傾向がある．

甕は全県的に中胴形で法量の近似したものが主体．草刈六之台733住などで大形甑が認められるようになる．また小室D203住や上吹入1住では有段口縁の残存が認められる．

(7) 5期の土器様相

5期の土器様相を示す代表的な遺構は，西上総地域の君津市泉遺跡，木更津市マミヤク・俵ケ谷・花山遺跡，袖ケ浦市文脇・向神納里遺跡・鼻欠4，5号墳，市原市叶台遺跡・東間部多1号墳・稲荷台1号墳・草刈135号墳，京葉地域の千葉市仁戸名遺跡・仁戸名3号墳，東葛地域の沼南町石揚遺跡，印旛地域の八千代市北海道遺跡，成田市長田和田遺跡，東総地域の芝山町三田遺跡，南房総地域の大多喜町横山3号墳・三芳村宝珠院1号墳などにおいて認められており，このほかにも本期に該当する集落や古墳は千葉県内に数多く存在している．

高坏は前段階よりも小形・短脚化し，埦形の坏部に八字状ないしは裾部の屈曲した短い脚部の付されたものが代表的な形態となる．その一方で変種の形態や大形高坏も少数認められる．本段階の高坏はすでに用途の限られた供献器種になっていたと考えられ，個体数も減少する．坏部埦形の高坏を脚部形態によって大まかに分類すると，①接合部が薄く八字形に広がる脚を伴うもの（鼻欠4号墳・稲荷台1号墳例），②接合部がやや厚い八字形脚を伴うもの（文脇186住・三田048住例），③柱状化した屈折脚を伴うもの（花山82住・東間部多1号墳・仁戸名3号墳例）があり，①→②→③の順に新相を呈してゆくとみられる．そして次の後1期～2期段階には柱状で内実部の厚い高坏が目立つようになると考えられる．またこれ以外の客体的な高坏として，北海道D055住例のような坏部に稜を有する屈折脚の大形高坏や成田市公津原Log5（橋賀台）102住例のような坏部有稜で柱状脚，脚裾部にも稜を有する鼓形の大形高坏などが認められる．また向神納里011，012住・北海道D057住・長田和田017住では有稜の坏部に八字形脚部が付された高坏が出土しており，これらは本期の中でも古相に属するとみられる．

坏は本段階には丸底坏が大部分を占めるようになる．口縁部形態としては，直立口縁・内彎口縁のものが多数を占めるが，外反口縁・内屈口縁・外屈内斜口縁・直立内斜口縁などのバラエティーが認められる．また坏の量産化に伴い，法量的・形態的な規格化の一方で粗雑な造りの製品も多くみられるようになる．坏のほとんどは赤色塗彩されており，中には×や／のような記号状の塗彩が施されたものもある．なおこの時期には，仁戸名3号墳例にみられるような初期の須恵器模倣形坏が一部の遺跡において認められるようになる．

坩は前段階よりもさらに少なくなり，直口縁坩や有段口縁坩，あるいは土師器䃱が散見的に存在するだけとなる．また鼻欠4号墳例のような短頸壺がこの時期から新たな器種として加わるが，出土量はそれほど多くない．また花山82住・文脇186住にみられるような口縁部がく字形に外

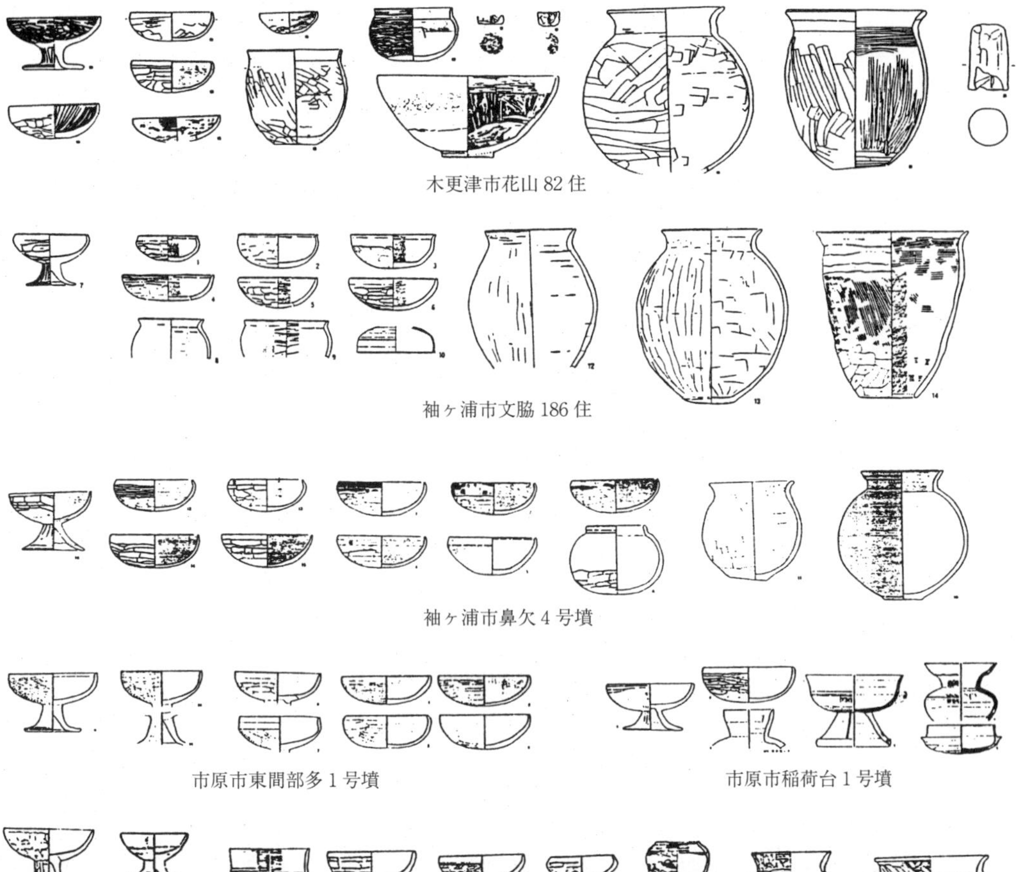

第９図　５期の土器群（S＝1/12）

反する鉢形の土器が比較的多く認められているが，これらはその大きさによって外屈内斜口縁の大形坏と区分が不明瞭である．

甕は中胴形でナデ調整仕上げのものが普遍的にみられ，顕著な地域性は認められない．前段階までく字形が主体であった口頸部の形態は，緩やかに彎曲するもの，柱状に立ち上がるものが多くなる．甑の出現頻度も前段階より高くなり，花山82住・文脇186住例のような甕形の大形甑と三田048住例のような鉢形の小形甑の両者がそれぞれ認められている．

5　房総編年と他地域との対応

以上，房総（千葉県域）の古墳中期土器について，西上総編年に準拠しながらその概要を述べてきた．房総の中では一部器種に若干の地域性が看取されるものの，古墳前期・後期の土器に比べれば，古墳中期は全般的に土器様相の画一性が強い時代として認識することができる．それでは房総においてとらえられた土器型式ならびに土器様式の変遷過程が，周辺地域においてもおおむね敷衍し得るものかどうか，関東地方各県の古墳中期土器様相を房総編年との対比で概観してみたい．なおすべての器種について論及する余裕もないため，ここでは西上総編年設定の主な基準とした高坏を中心に，各地の土器様相をみてゆくこととする．

⑴　茨城県域の編年

茨城県では，0期の資料としてひたちなか市山崎25住・岩井市北前16住，1期の資料としてひたちなか市石高26住，2a期の資料として土浦市寺家ノ後A1住，2b期の資料として土浦市原田北114住，3期の資料として水海道市大生郷16住・美浦村陣屋敷14a住，4期の資料としてひたちなか市三反田内手1住・石高124住，5期の資料として千代田町志筑50住・那珂町森戸117住・牛久市東山35住などが挙げられる．2b～3期には鉾田町阿巳の山1住・龍ケ崎市平台32住・水海道市大生郷16住のようにラッパ状脚の高坏が目立つ遺構も多い．また3期相当の原田北17住では柱状中膨らみで低脚化した高坏群が出土している．森戸56住では4期相当の坏群に伴ってラッパ状脚を主体とする長脚の高坏群が出土しており，その共伴性が確かなものならば，長脚高坏の長期残存という点で房総地域とは相違した様相を認めることができる．

⑵　栃木県域の編年

栃木県では，0期の資料として宇都宮市花の木町04，07住，1期の資料として花の木町06，09住，2a期の資料として南河内町烏森C2-001住・岩舟町赤羽根8住，2b期の資料として花の木町08住・小川町三輪仲町020，039，042住・赤羽根16住，3期の資料として小山市溜ノ台1，41，44住・三輪仲町014住・赤羽根24住・小山市横倉戸館01住，4期の資料として小山市塚崎007住・赤羽根5，93住，5期の資料として赤羽根4住・小山市喜沢海道間8住などを挙げることができる．このうち2a期に位置づけた烏森C2-001住では長脚の高坏群とともに丸底の坏類が

第2表　関東各県古墳中期土器編年対照表

	静岡県	山梨県	神奈川県	東京都	埼玉県	群馬県	栃木県	茨城県
0期			横須賀市内原E18住	世田谷区総合運動場10住	本庄市後張177住		宇都宮市花の木町04住 宇都宮市花の木町07住	ひたちなか市山崎2,25住 岩井市北前16住
1期	富士市三新田A24住 沼津市中見代Ⅰ-2住	甲府市西田B区2住	横須賀市内原E16住	世田谷区総合運動場15住 世田谷区総合運動場16住	本庄市後張179住 江南町塩前1住	高崎市上滝1住 高崎市鈴の宮48住	宇都宮市花の木町06住 宇都宮市花の木町09住	ひたちなか市石高26住 竜ヶ崎市沖餅8住
2a期	三島市安久川崎原3号河川		横須賀市内原A4住		本庄市後張187,188住	高崎市春名社3住	南河内町烏森C2-001住 岩舟町赤羽8住	土浦市寺家ノ後A1住
2b期		甲西町村内1住		日野市豊田寺坂5住	本庄市諏訪32住	尾島町歌舞伎A5住	宇都宮市花の木町08住 小川町三輪仲町020住 小川町三輪仲町042住	土浦市原田北114住
3期	沼津市豆生田9住 大仁町山崎3住 土肥町小磯1住	石和町松本塚ノ越土器集中区	横浜市花見山7住 厚木市子の神110住 平塚市高間原52住	調布市上ケ給第10地点01住	本庄市後張160住 本庄市古川端22住 行田市武良内1住	前橋市荒砥島原C7住 前橋市三木堂2区43住 尾島町歌舞伎B6住	小山市溜ノ台1,41,44住 小川町三輪仲町014住 岩舟町赤羽24住	水海道市大生郷16住 美浦村陣屋敷14a住
4期	富士市宇東川76住 沼津市豆生田71住 大仁町段1住	御坂町二之宮西46,71住 韮崎市枇杷塚1住 中道町石清水1,2号墳	横浜市三枚町28住 厚木山ノ上6号墓	日野市吹上32,34住	本庄市諏訪49住 深谷市上敷面18住 深谷市城北58住	前橋市三木堂2区24住	小山市塚崎007住 岩舟町赤羽根5,93住	ひたちなか市三反田内手1住 ひたちなか市石高124住
5期	富士市沢東A27住 富士市宮添11住 河津町姫宮2住	御坂町二之宮西58,182住 御坂町姥塚131住 中道町東山南A-K4号墓	横浜市三枚町23住 鎌倉市手広八反田28,41住	板橋区氷川神社北方48住 日野市落川547住	本庄市後張189住 江南町権現堂2住	前橋市三木堂2区50住	岩舟町赤羽根4住 小山市喜沢海道間8住	千代田町志筑50住 那珂町森戸117住 牛久市東山35住

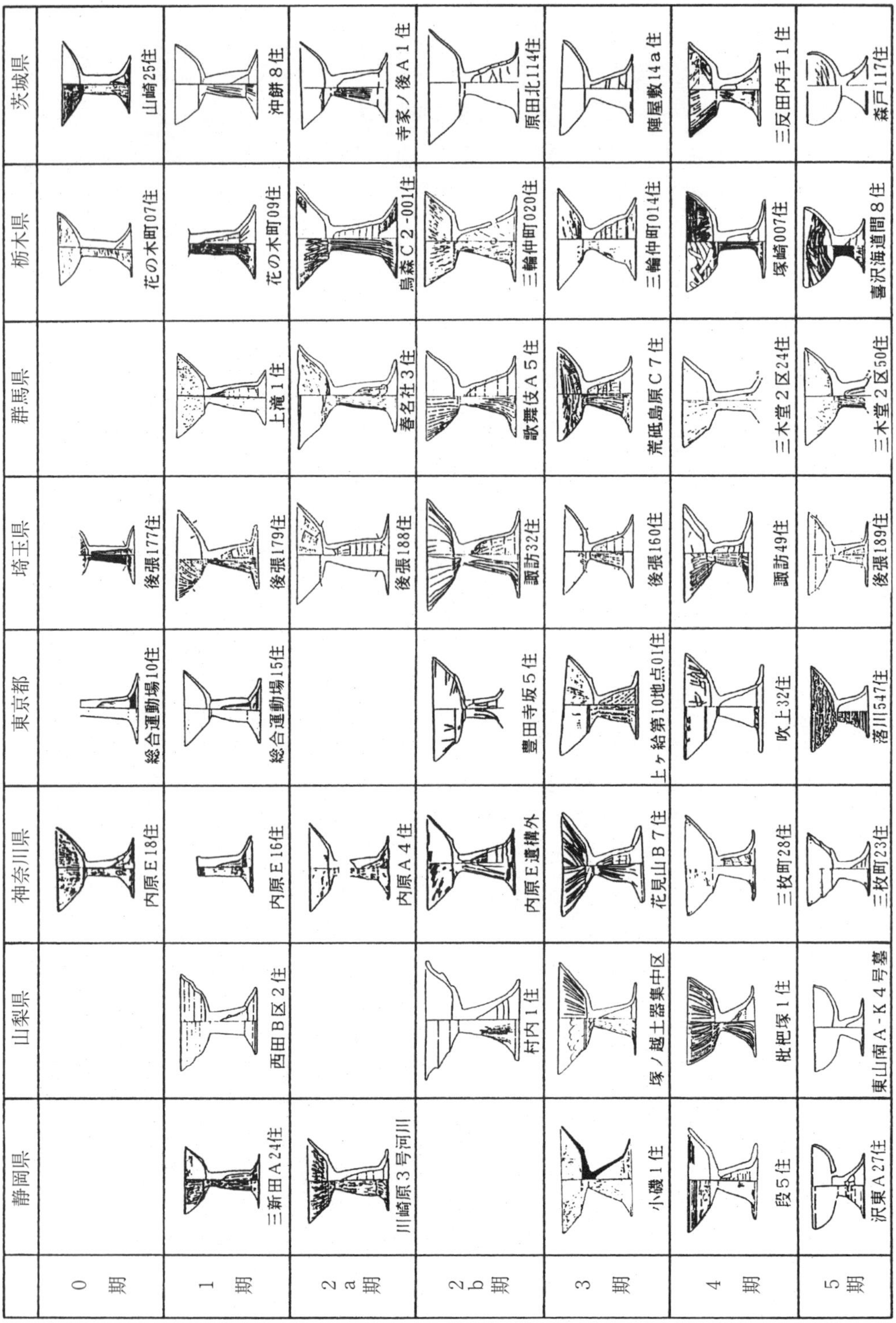

第10図　関東各県古墳中期高杯比較図

伴出しているが，出土状況から坏類は混入品の疑いが濃いと考えた．また3期の溜ノ台1，41，44住では初現形態の坏とともにラッパ状脚の高坏群が主体的に出土している．一方，4期の塚崎007住では平底主体の坏群と共にラッパ状脚を含むやや長脚の高坏群が一括出土しており，この段階までやや長脚の高坏が残存することを示している．3〜4期の赤羽根24・5住では脚裾部有段の高坏の存在が認められる．

(3) 群馬県域の編年

群馬県では，0期の資料が未確認であるが，1期の資料として高崎市上滝1住・高崎市鈴の宮48住，2a期の資料として高崎市春名社3住，2b期の資料として尾島町歌舞伎A5住，3期の資料として歌舞伎B6住・前橋市荒砥島原C7住・前橋市三木堂2区43住・春名社1住，4期の資料として三木堂2区24住，5期の資料として三木堂2区50住などを挙げることができる．このうち3期に位置づけた春名社1住では柱状長脚高坏の一部残存が認められる．また坏・脚部有段高坏は3期相当の荒砥島原E3住などにおいて認められている．

(4) 埼玉県域の編年

埼玉県では，北部を中心にみてゆくと，0期の資料として本庄市後張177住，1期の資料として後張179住・江南町塩前1住，2a期の資料として後張187，188住，2b期の資料として本庄市諏訪32住､3期の資料として後張160住・本庄市古川端22住・行田市武良内1住・熊谷市北島第4地点24住，4期の資料として諏訪49住・深谷市上敷免18住・深谷市城北58住，5期の資料として後張189住・江南町権現堂2住などを挙げることができる．4期の資料のうち諏訪49住には脚裾部有段高坏が伴い，また脚裾に穿孔のある高坏も認められている．同住居には蓋形土器も多く伴う．また妻沼町弥藤吾新田5住のように4期段階まで長脚高坏が残存する遺跡も一部に認められる．一方，上敷免18住や権現堂2・3住では脚部中膨らみで短脚の高坏が4〜5期にも認められ，房総とは異なった地域色を認めることができる．

(5) 東京都域の編年

東京都では，0期の資料として世田谷区総合運動場10住，1期の資料として総合運動場15，16住，2期の資料として日野市豊田寺坂5住，3期の資料として調布市上ケ給第10地点01住，4期と考えられる資料して日野市吹上32，34住，5期の資料として板橋区氷川神社北方48住・日野市落川547住などがある．

(6) 神奈川県域の編年

神奈川県では，0期の資料として横須賀市内原E 18住，1期の資料として内原E16住，2期の資料として内原A4住，3期の資料として横浜市花見山B7住・厚木市子の神110住・平塚市高間原52住，4期の資料として横浜市三枚町28住・厚木市山ノ上6号墓，5期の資料として三枚町 23 住・鎌倉市手広八反田 28，41 住などを挙げることができる．

(7) 山梨県域の編年

山梨県では，1 期相当の資料として甲府市西田 B 区 2 住，2 期相当の資料として甲西町村内 1 住，3 期相当の資料として石和町松本塚ノ越土器集中区，4 期の資料として御坂町二之宮西 46，71，75 住・韮崎市枇杷塚 1 住・石清水 1，2 号墳，5 期の資料として二之宮西 39，41 住・二之宮 58，182 住・御坂町姥塚 131 住・中道町東山南 A-K4 号墓，B-2 号墓などが挙げられる．

(8) 静岡県域の編年

静岡県（駿河）では，1 期の資料として富士市三新田 A24 住・沼津市中見代Ⅰ -2 住，2a 期相当の資料として三島市安久川崎原 3 号河川，3 期の資料として沼津市豆生田 9 住・大仁町山崎 3 住，4 期の資料として富士市宇東川 76 住・沼津市豆生田 71 住・大仁町段 5 住，5 期の資料として富士市沢東 A27 住・富士市宮添 11 住・河津町姫宮 2 住などを挙げることができる．

6　古墳中期土器の画一性と地域性

本稿では，西上総地域の資料を中心に主に高坏の形態変化に着目して設定した古墳中期土器の編年に基づいて，房総（千葉県）全域の土器様相を概観し，さらに関東地方各地の土器様相との対応関係についてもおおまかに跡づけてみた．他県の資料については時間的制約から個々の報告書に逐一あたることができず，東国土器研究会の例会・研究集会資料をはじめ，関係論文掲載の図などを主に参照させて頂いた．以下，今回の筆者の検討から認識することができた古墳中期土器の地域を超えた共通性，ならびに地域的な特殊性に関していくつかの点を指摘し，本稿のまとめとしておきたい．

まず前期末（0 期）～中期中葉（3 期）に至る高坏の形態変化の中で，柱状～中膨らみ屈折脚の系統とラッパ状脚の 2 系統の高坏が存在する点が挙げられる．前期末～中期初頭（筆者編年 0～1 期）に相当する土器群の特徴については，すでに後藤信祐氏の論考（後藤 1992）によってその詳細がまとめられている．後藤氏は宇都宮市花の木町遺跡の資料に，前期末段階から内実柱状脚とラッパ状脚（上部内実）の高坏が併存する点に注目し，関東・東北各地の近時期資料の抽出を行なっている．そして内実柱状脚については東北南部に中心があるととらえ，また両者の共伴は北関東における特徴的な事象であるとしている．

内実柱状脚高坏に関しては，現段階の資料によれば中部東海地方においては僅少なものの，関東地方全域でほぼ普遍的に認められている．ただし資料数自体はさほど多くはなく，この形態の存続期間はあまり長くなかったのではないかと推測される．

一方，ラッパ状脚高坏のうち，その初現的形態とみられる長脚で上部内実のものは，栃木県下にやや多く認められているものの，関東全体ではきわめて少ない．南関東におけるラッパ状脚高坏の初現は今のところ1期の市原市土宇66住例に求められる．その後ラッパ状脚の高坏は2～3期にかけて多くみられるようになるが，その出現頻度には地域的な偏差が認められる．大雑把なとらえ方をすれば，この形態の高坏が多く認められるのは栃木・茨城県域であり，千葉県北西部（東葛地域）もその中に含められる．ただし詳細にみれば，これらの地域の中でも微差があり，柱状～中膨らみ屈折脚の高坏群と主客が逆転している遺跡もあれば，そうでない遺跡も存在する．関東地方全体としてみた場合，ラッパ状脚高坏は柱状～中膨らみ脚系の高坏群に比べれば傍系的な存在として位置づけられる．ラッパ状脚高坏の盛行期は2～3期にあり，3期には中膨らみ脚高坏の変化と歩調を合わせて短脚化に向かう．ただし中膨らみ脚系の高坏に比べれば脚部の長いものが新しい段階まで残る傾向が一部遺跡において認められている．

これに対して柱状～中膨らみ屈折脚の高坏は，小差はあるものの関東全域でほぼ似たような形態変化を辿る．ただし房総で2a期・2b期とした開脚化の過程がすべての地域で必ずしも明瞭にとらえられるわけではない．また3期における短脚化の過程にも微妙な地域差があり，埼玉県域のように脚部が柱状を維持する地域や，短脚ながら強い中膨らみを保つ地域が存在する．

しかしながら，このような柱状～中膨らみ屈折脚系高坏群の形態変化過程における偏差・小異については，まだ遺跡毎ないしは小地域毎に把握しているに過ぎない状況であり，いずれも明瞭な地域色として認識するには至っていない．

なお3期（もしくは2b期）には坏部・脚裾部に段または凸帯を有する形態の高坏が関東各地に現われる．この種の高坏には坏部2段，坏部1段，坏部のみ有段などの形態差があるが，いずれのタイプにも地域を超えた形態的近似性，規格性が強く窺える．木器模倣ともいわれるこの種の高坏は通常の高坏とは異なった特殊用途の器形として斉一的に普及したことが考えられる．この種の有段高坏は中期後半の4期にも多く認められ，5期段階まで一部残存する．

坏の普及期である4期になると，房総においてもみられたように，高坏の少量化に付随して形態の多様化が認められる傾向にある．この時期には基本的に短い八字脚・柱状脚の両者が併存するが，埼玉県北部にみられる中膨らみ短脚の高坏の存在や，茨城・栃木県域におけるやや長脚の柱状・ラッパ状脚高坏の残存は地域的特色の一つとしてとらえ得る可能性がある．

5期に入ると，房総では小形化した椀形坏部の高坏が主流を占めるようになり，4期に比べると再び画一性の強まる傾向が認められるが，他の地域では必ずしもそうではなく，それぞれの地域で少しずつ様相を異にしている．椀形高坏は茨城・東京では比較的多くみられるが，神奈川の現段階の資料には坏部有稜の高坏が目立ち，栃木・埼玉でも坏部有稜の高坏が主体的である．ただし5期については，千葉を除く南関東ではまだ資料数も少なく，また北関東でも筆者の掌握する資料に限りがあるため，未だ広域的な傾向を明確に把握するには至っていない．

以上，関東地方における古墳中期土器の共通性と地域性について，高坏を中心に若干の所見を述べてみたが，筆者の知見と認識不足から未だ十分に整理できていない事柄も多い．

古墳時代中期は大局的に見れば，古墳前期に多様化していた器種の統廃合が進み，古墳後期へと引き継がれてゆく新しい土器様式の基礎が成立した時期としてとらえられる．坏や䳑形坩・甑など新しい器種成立の背景には，この時期に導入された韓式土器・須恵器などの影響と選択的模倣，摂取が大きな要素を占めていたと考えられる．古墳中期における器種の生成過程に関しては坂野和信氏の一連の論考（坂野 1988・1991・1997）の中でその詳細が論じられており，韓式土器や畿内布留式土器と関東地方の土器との系譜的繋がりを始めとして広汎な視野からの事実認識には傾聴すべき点が数多くある．

各器種の変容は，一次的な影響や模倣によってのみ生じるものではなく，坂野氏も指摘するように，段階的な模倣と型式的な変化を相互に伴うものであり，それに選択的・複合的な要素も加味される．また同一器種においては同じ時期に形態的多様化をみせるよりもむしろ，機能的な要請から同形化・パターン化する傾向の方がより強く表われると考えられ，系譜を念頭に置いた形態分類よりも同時的特徴の抽出を優先させるべきかと私考する．同形態の連鎖を追求することによってこの時代の土器変化の実態が少なからず浮き彫りにされてくるものと思う．

今後とも土器様式の各地域間の併行関係をより明確化してゆく作業が必要となろう．

本稿の執筆にあたり，福田健司（東京都）・秋元陽光（栃木県）・白石真理（茨城県）の各氏には関連資料の提供ならびに事実確認の便宜を図って頂いた．また東国土器研究会主催者・発表者・参加者の方々からは折にふれて様々な御教示を賜っており，記して感謝の意を表したい．

関連報告書一覧

[西上総地域]

荒木　誠ほか 1977「大山台の住居址」『請西』木更津市請西遺跡調査会
稲葉昭智 1991「鹿島塚Ｂ遺跡」『請西遺跡群発掘調査報告書Ⅲ』木更津市教育委員会
稲葉昭智ほか 1993『大竹遺跡群発掘調査報告書Ⅱ』第 83 集　君津郡市文化財センター
稲葉昭智ほか 1994『大竹遺跡群発掘調査報告書Ⅲ』第 91 集　君津郡市文化財センター
大原正義 1985『塚原遺跡』第 13 集　君津郡市文化財センター
大村　直 1992『市原市叶台遺跡』第 44 集　市原市文化財センター
岡野祐二 1994『請西遺跡群Ⅲ 鹿島塚Ａ遺跡』第 84 集　君津郡市文化財センター
小久貫隆史 1983「草刈遺跡Ａ区の調査」『千原台ニュータウンⅡ』千葉県文化財センター
小久貫隆史 1997『市原市釈迦山古墳発掘調査報告書』千葉県文化財センター
小沢　洋ほか 1989『小浜遺跡群Ⅱ マミヤク遺跡』第 44 集　君津郡市文化財センター
小高幸男 1992『天神前遺跡』第 62 集　君津郡市文化財センター
木對和紀 1990『平成元年度　市原市内遺跡群発掘調査報告』市原市教育委員会
木對和紀 1993『市原市安須古墳群』第 50 集　市原市文化財センター
小林理恵 1991『小浜遺跡群Ⅲ 俵ケ谷遺跡』第 54 集　君津郡市文化財センター
三森俊彦ほか 1974『市原市大廐遺跡』房総考古資料刊行会
白井久美子 1994『千原台ニュータウンⅥ 草刈六之台遺跡』千葉県文化財センター
高田　博ほか 1986『千原台ニュータウンⅢ 草刈遺跡（Ｂ区）』千葉県文化財センター
田中新史ほか 1988『「王賜」銘鉄剣概報』吉川弘文館

當眞嗣史 1997『大畑台遺跡群発掘調査報告書Ⅱ—大畑台遺跡』木更津市教育委員会
當眞嗣史 1998『根崎遺跡・寺ノ上遺跡』第139集　君津郡市文化財センター
豊巻幸正 1990『請西遺跡群発掘調査報告書Ⅱ—大山台遺跡—』木更津市教育委員会
浜崎雅仁 1994『美生遺跡群Ⅲ 第6・7地点』第95集　君津郡市文化財センター
平野雅之 1988『花山遺跡』第38集　君津郡市文化財センター
藤崎芳樹 1982『市原市番後台遺跡・神明台遺跡』千葉県文化財センター
光江　章ほか 984『鼻欠遺跡』袖ケ浦町教育委員会
光江　章 1987『念仏塚遺跡』第23集　君津郡市文化財センター
宮本敬一ほか 1974「1号墳」『東間部多古墳群』上総国分寺台遺跡調査団
松本　勝 1996『泉遺跡発掘調査報告書Ⅰ』第110集　君津郡市文化財センター
村山好文ほか 1979『土宇』日本文化財研究所
山形美智子 1994『請西遺跡群発掘調査報告書Ⅴ—山伏作遺跡—』木更津市教育委員会
山本哲也 1992『文脇遺跡』第69集　君津郡市文化財センター

［京葉地域］

伊藤智樹ほか 1983『千葉東南部ニュータウン 12 南二重堀遺跡』千葉県文化財センター
加藤正信ほか 1984「馬ノ口遺跡」『千葉東南部ニュータウン 15』千葉県文化財センター
菊池健一ほか 1990『千葉市古山遺跡』千葉市文化財調査協会
菊池真太郎ほか 1979『城の腰・西屋敷遺跡』千葉県文化財センター
栗田則久 1982「上赤塚1号墳」『千葉東南部ニュータウン 13』千葉県文化財センター
栗本佳弘ほか 1973『京葉』千葉県都市公社
栗本佳弘ほか 1973『小金線』千葉県都市公社
坂井利明ほか 1972『にとな—古墳群とその集落址の調査—』本郷高等学校歴史研究部
椙山林継ほか 1974『千葉ニュータウン埋蔵文化財調査報告書Ⅰ』房総考古資料刊行会
田川　良ほか 1984「星久喜遺跡発掘調査報告」『千葉市文化財調査報告書』第8集　千葉市教育委員会
種田斉吾 1973『千葉市上ノ台遺跡』房総考古資料刊行会
対馬郁夫ほか 1977『東五郎遺跡発掘調査報告書』東五郎遺跡調査団
沼沢　豊ほか 1977『東寺山石神遺跡』千葉県文化財センター
長谷川真ほか 1984「田向南遺跡発掘調査報告」「千葉市文化財調査報告書第8集』第8集　千葉市教育委員会
松浦宥一郎ほか 1972『外原』船橋市教育委員会
山田貴久ほか 1987『千葉市小中台遺跡』千葉県文化財センター

［東葛地域］

飯塚博和ほか 1985『二ツ塚古墳群』野田市遺跡調査会
太田文雄ほか 1994『沼南町石揚遺跡』千葉県文化財センター
高野博光ほか 1981『布佐・余間戸遺跡』我孫子市教育委員会
中山吉秀ほか 1979『桐ケ谷新田遺跡』桐ケ谷新田遺跡調査会
松本　茂ほか 1980『尾井戸遺跡』尾井戸遺跡調査団
矢野慎一ほか 1981『殿内遺跡調査報告書』殿内遺跡調査団
山口典子ほか 1987『大井東山遺跡・大井大畑遺跡』千葉県文化財センター

吉田章一郎 1969「我孫子中学校校庭遺跡」『我孫子古墳群』東京大学文学部考古学研究室
[印旛地域]
天野　努ほか 1981『公津原Ⅱ』千葉県教育委員会
上野純司ほか 1989『印旛郡栄町五丹歩遺跡』千葉県教育委員会
大澤　孝ほか 1986『印旛村村道瀬戸師戸線発掘調査報告書』第2集　印旛郡市文化財センター
喜多圭介 1989『長田和田遺跡』第30集　印旛郡市文化財センター
栗本佳弘 1970「佐倉市大篠塚遺跡」『埋蔵文化財調査報告』東関東自動車道遺跡調査団
阪田正一ほか 1984『八千代市権現後遺跡』千葉県文化財センター
阪田正一ほか 1985『八千代市北海道遺跡』千葉県文化財センター
谷　旬ほか 1983『成田新線建設事業地内埋蔵文化財発掘調査報告書Ⅱ』千葉県文化財センター
平岡和夫ほか 1979『萱田町川崎山遺跡』山武考古学研究所
道沢　明ほか 1984『佐倉市鏑木諏訪尾余遺跡』鏑木諏訪尾余遺跡調査会
[東総地域]
荒井世志紀ほか 1994『鴇崎天神台遺跡』香取郡市文化財センター
太田文雄ほか 1990『大栄栗源干潟線埋蔵文化財調査報告書』千葉県文化財センター
岡田誠造ほか 1982『芝山町山田古墳群・山田出口遺跡』千葉県文化財センター
平岡和夫 1979『東総用水』高田権現・大台西・上吹入・林遺跡調査会
福間　元ほか 1989『三田遺跡発掘調査報告書』芝山町教育委員会
[南房総地域]
今泉　潔 1988『古代寺院跡（宝珠院）確認調査報告』千葉県教育委員会
小川和博ほか 1989『小滝涼源寺―千葉県安房郡白浜町祭祀遺跡の調査―』朝夷地区教育委員会
矢吹俊男 1978『大多喜町横山遺跡発掘調査報告書』横山遺跡緊急発掘調査会

関連論文・資料集等

岩淵一男・田代　隆 1984「調査の成果と問題点」『赤羽根』栃木県文化振興事業団
小沢　洋 1998「上総における古墳中期土器編年と古墳・集落の諸相」『研究紀要Ⅷ』君津郡市文化財センター（本書第Ⅱ部第1章所収）
後藤信祐 1992「宇都宮市花の木町遺跡出土土器の再検討―栃木県における古墳時代前期末の土器様相―」『研究紀要第1号』栃木県文化振興事業団埋蔵文化財センター
坂口　一 1987「群馬県における古墳時代中期の土器の編年―共伴関係による土器型式組列の検討―」『研究紀要 4』群馬県埋蔵文化財調査事業団
笹生　衛・小林清隆・神野　信 1993「千葉県内における祭祀遺跡の状況」『古墳時代の祭祀』東日本埋蔵文化財研究会
田中新史 1995「古墳時代中期前半の鉄鎌（一）」『古代探叢Ⅳ』早稲田大学出版部
坂野和信 1988「和泉式後期土器の様相―竈導入期の土器群―」『紀要』第2号　本庄市立歴史民俗資料館
坂野和信 1991「和泉式土器の成立過程とその背景―布留式後期土器との編年的検討―」『埼玉考古学論集』埼玉県埋蔵文化財調査事業団
坂野和信 1997「南小泉式土器の系譜と地域性―北関東と白河地域の交流―」『建鉾山Ⅱ』
東国土器研究会 1998『東国における5世紀の土器と社会』（研究集会資料）及び各県編年資料

比田井克仁 1988「南関東五世紀土器考」『史館』第20号
村山好文 1983「房総における和泉式土器編年試案」『日本考古学研究所集報Ⅴ』日本考古学研究所
諸墨知義 1989「千葉県」『古墳時代前半期の古墳出土土器の検討』埋蔵文化財研究会
梁木　誠 1998「栃木県における古墳時代中期の土器様相」『ムラ・まつり・古墳―5世紀の北関東―』（第6回企画展図録）　県立なす風土記の丘資料館

第3章　房総の古墳時代祭祀遺跡

はじめに

千葉県内では，古墳時代の集落内祭祀を示す遺構およびそれに関連した石製品の製作遺構等が多数検出されている．中でも石製模造品を伴う祭祀は最も「祭祀」として認識しやすい存在であり，中期から後期初頭にかけて多く認められる．また古墳の築造に関係した祭祀の跡もある．本稿では，祭祀関連遺構のうち，住居内から石製模造品が検出されただけのものや石製模造品の製作遺構については基本的に除外し，単独の遺物集積として確認された祭祀遺構を主として取り上げることとする．

このような祭祀遺構が検出された遺跡として，上総の木更津市マミヤク遺跡と千束台遺跡，下総の野田市上灰毛遺跡・下総町高岡遺跡・佐原市綱原遺跡・干潟町清和乙遺跡，安房の白浜町小滝涼源寺遺跡などが知られている．これらの遺跡の祭祀跡では，土師器・須恵器を含む大量の土器群とともに，石製模造品・鉄製模造品などがまとまって出土することに特色がある．このほか安房地方を中心に土製模造品を多く伴う祭祀遺跡がいくつか知られている．以下，遺跡ごとにその概要を述べ，性格について検討していきたい．

1　木更津市マミヤク遺跡

マミヤク遺跡は木更津市小浜の海岸に面した丘陵傾斜面（標高40～65 m）に展開する弥生中期～奈良時代の集落遺跡で，古墳中期には隣接する俵ヶ谷遺跡と合わせ50軒の住居が検出されている．祭祀遺構はこの古墳中期の集落内に2か所（1号・2号祭祀遺構）検出されており，いずれも掘り込みを伴わない遺物の集積としてとらえられる．このほか中期の住居群の中には，石製模造品の製作工房や小鍛冶遺構も含まれており，祭祀遺構との有機的な関連が想定される．また1号祭祀遺構の北東25 m地点からは子持勾玉が単独で検出されている．

(1) 1号祭祀遺構

a　祭祀遺構概要　1号祭祀遺構は，丘陵斜面中腹に位置する長軸約5 m・短軸約3.5 mほどの範囲にわたる遺物集積で，古墳前期の大形住居（マミヤク86号）が埋没した窪みの上に形成されている．確認された遺物層の厚さは20 cmほどであり，その底面は下部の住居の床面から60 cmほど上位にある．従ってこの祭祀遺構（遺物集積）が形成された時点では，住居の大半が埋没して，浅い窪み程度になっていたとみられる．当遺構には，土師器坏を主体とした多量の土

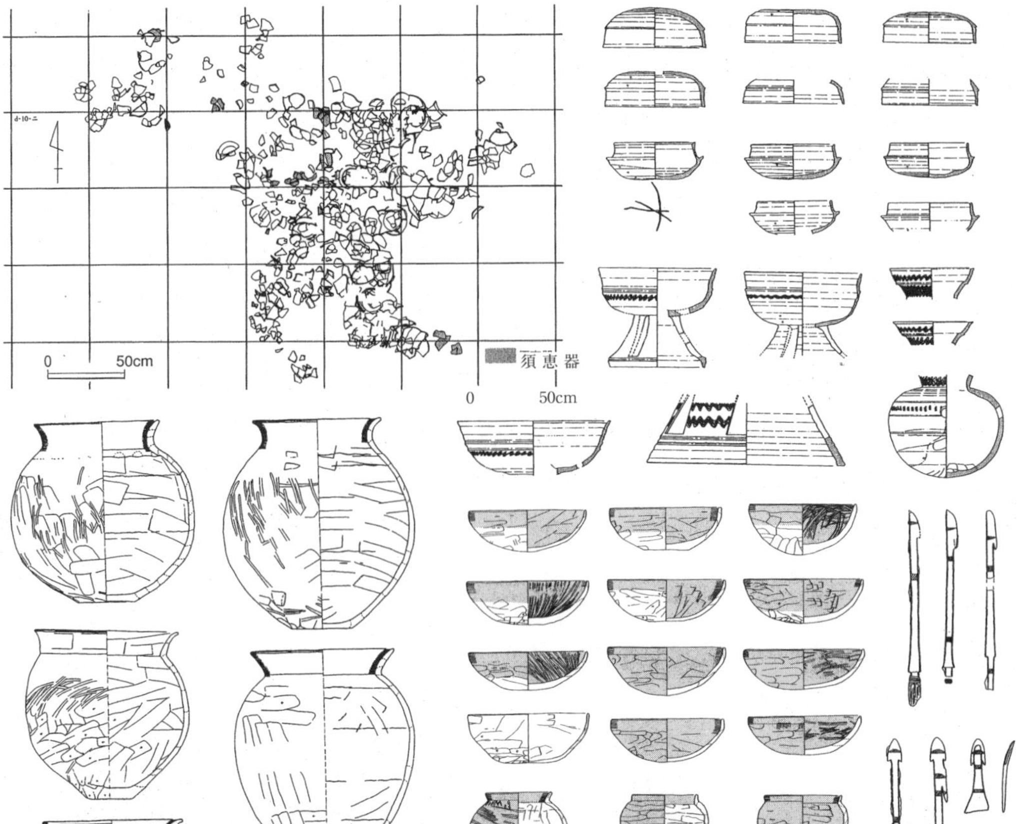

第1図　木更津市マミヤク遺跡1号祭祀遺構の遺物出土状況と出土遺物
出土状況図（S=1/50）　土器（S=1/10）　石製品・鉄製品（S=1/5）

器群（土師器・須恵器）が重なり合い，破砕した状態で検出されており，それらの土器群の中にちりばめられたように，石製模造品・鉄製模造品・実用鉄製品・土製品・管玉などが分布していた．石製模造品の中には各種未成品や剥片類も含まれる（第1図）．

b　土師器　土師器は図化可能個体だけで167点を数え，その内訳は，坏107点（64％）・甕36点（22％）・短頸壺10点（6％）・坩4点（2％）・𤭯1点（1％）・手捏ね土器9点（5％）となっている．土師器は坏が最多数を占め，これに次いで甕が多く，高坏が全く含まれていなかったことが特徴的といえる．土師器はほとんどのものが割れており，完形で出土したものは坏や手捏ね土器など小形土器の一部に限られる．ただし出土状況をみると，坏が重ねて置かれていた状態を保っている部分もあり，後年調査された千束台遺跡の祭祀遺構の状況を考え合わせると，使用後に破砕されたのではなく，比較的整然と1か所にまとめられていた状態が本来の在り方ではなかったかと推測される．この祭祀遺構は住居のような深い掘り込みを伴うものではなかったため，放置された後で次第に破砕が進んだとみられる．

坏はほとんどすべてが椀形の丸底坏で，法量的にも定型化が認められる．坏の大部分は赤彩されており，その赤彩の色調には，褐色系の赤，えんじ系の赤，橙色系の赤などのバラエティーがみられる．また土師器坏で特徴的なのは内面に暗文状ヘラミガキが多く認められることである．これは何も祭祀遺構の出土土器に限ったことではなく，同時期の住居出土土器にもしばしばみられるものである．

甕は球胴形のものを一部含むが，やや縦長の器形を示す「中胴甕」が主体であり，一部に刷毛目調整を残すものがみられる．また頸部がく字形に屈曲するもののほか，柱状に立ち上がるものもあり，これらの特徴は，この時期（中5期）の一般住居から出土する甕と共通のものである．

壺類には口縁部の短い短頸壺タイプのものが最も多くみられるが，口縁部が長く口径の小さい坩タイプも多くみられ，そのすべてが赤彩されている．1点のみ出土した土師器𤭯は，胎土が他の土器と異なって非常に精選されており，明らかに須恵器の製作技法を真似て作られたものである．

手捏ね土器は浅鉢形のものが6点，深鉢形・章魚壺形・高坏形のものが各1点認められる．

以上のように当祭祀遺構から出土した土師器は，𤭯や手捏ね土器が祭祀特有のものといえる以外は坏・甕といった日用的な土器を主体とするものである．

c　須恵器　須恵器は図化可能個体38点のうち，坏蓋9点・坏身11点・無蓋高坏5点・𤭯5点・器台1点・甕3点以上で，土師器と同じく坏が主体を占める．これらの須恵器はTK208型式（一部ON46段階）を主体とし，中期集落の前半段階に併行するとみることが可能である．

d　石製模造品　石製模造品としては，鏡形品1点・有孔円板12点・剣形品6点・扁平勾玉4点・臼玉2247点と臼玉未成品12点，滑石剥片・原石類が出土している．石製模造品のうち鏡形品は鈕と鈕孔が表現された精製品である．有孔円板には単孔・双孔の両者がみられるが，とくに丁寧に整形されたようなものはみられない．勾玉には1点だけ長さ5.2 cmの大形品があり，非常に精美に磨かれたもので，石質も他の模造品と違って緑色の縞模様のあるきれいな石材が使われている．それ以外の勾玉は概して粗雑な作りで，半月形の平らな板材に穿孔しただけのもの

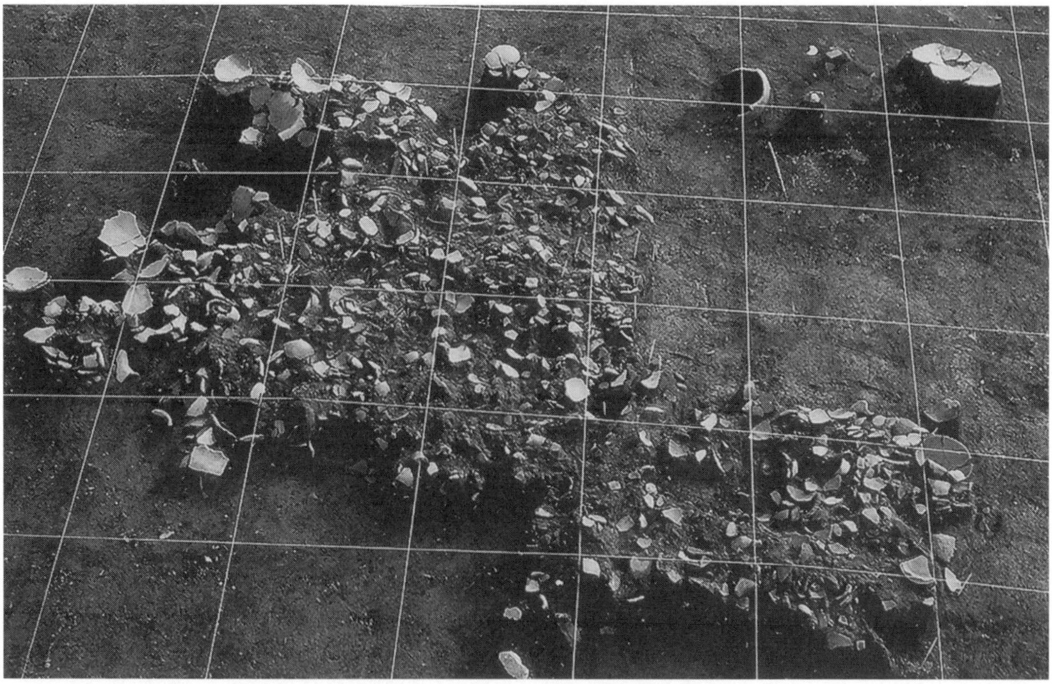

写真１　マミヤク遺跡１号祭祀遺構

写真２　祭祀遺構出土土器群（マミヤク遺跡）

もある．剣形品には大きさの大小があるほか，1孔と2孔があり，同じ2孔でも縦2孔と横2孔のバラエティーがあるが，作りは概して粗略である．

臼玉も，算盤玉状に丁寧に面取り整形されたものはごく稀にしかなく，大部分が両端部もあまり整形していないような粗雑な作りとなっている．ただし長さが大きめのものの中には，中央が膨らんだ樽形の形状を示すものが比較的多くみられ，これが整形上の一つの特徴ともなっている．また臼玉の未成品はいずれも穿孔されており，穿孔後に側面が磨かれたという製作工程を示している．これらの未成品や剥片・原石が出土したことにより，この遺物集積のある場所で臼玉や模造品が作られていたことは明らかである．当遺構の40ｍほど南には臼玉製作工房の竪穴（マミヤク66号）があり，同じく祭祀に関わる模造品を生産していたとみられるが，製作が間に合わないため祭祀の場においてもそれを作ることとなったのだろうか．なお臼玉は土器群の中に振り撒かれたような状況で検出されているが,壺や坏などの完形土器の中に入っていたものもかなりあった．

以上の石製模造品のほか，極細の碧玉製管玉1点が検出されており，石製品としては他に軽石がある．

e　鉄製品　　鉄製品は，実用的製品としての鉄鏃約10点・曲刃鎌1点・鋤先1点と，祭具的なミニチュア製品（鉄製模造品）17点が出土している．鉄鏃は長頸鏃が主体であるが，特殊な短頸鏃と無頸鏃が各1点含まれている．長頸鏃には腸抉三角式・腸抉片刃箭式・重腸抉式が認められるが，これらは市原市稲荷台1号墳・君津市八重原1号墳などの短甲副葬古墳に多くみられる型式である．また短頸鏃は鏃身が腸抉三角式で頸部がスカート状に広がった特殊形態，無頸鏃は片丸造りの広根腸抉三角式で，とくに前者は儀仗的性格の強いものとみられる．

鉄製模造品としては，刀子形・穂摘み具形・鋤先形・鎌形・斧頭形・大刀形（?）などがそれぞれ認められるほか，原品が特定できないものもある．

f　土製品　　このほか土製品としては土玉と土錘が，ほかに軽石が出土している．

⑵　2号祭祀遺構

2号祭祀遺構は，丘陵斜面西縁に位置した径3ｍほどの遺物集中で，1号祭祀よりも遺物量は少なく散在的ながら，土師器・須恵器・石製模造品・鉄鏃等がまとまって検出されている．これらの遺物群は貝層と焼土層の上に載っており，その範囲内からいくつかのピット群も検出されている（第2図）．

土師器は坏17点・甕6点・壺類2点，須恵器は坏蓋2点・高坏蓋2点・高坏脚1点を数え，器種組成は1号祭祀遺構と近似している．土師器坏は1号祭祀と同様，丸底の椀形坏が主体を占める．また土師器高坏はなく，高坏の用途はすべて須恵器が果たしていたとも考えられる．なお土師器高坏が少ないという現象は同時期の住居群にも共通してみられるものであり，それに代わるように須恵器高坏が比較的多く出土している．須恵器は1号祭祀のものよりもやや新相で，TK208～23型式の特徴を示す．

石製模造品には有孔円板2点・扁平勾玉1点・臼玉13点があり，石製模造品はどちらかとい

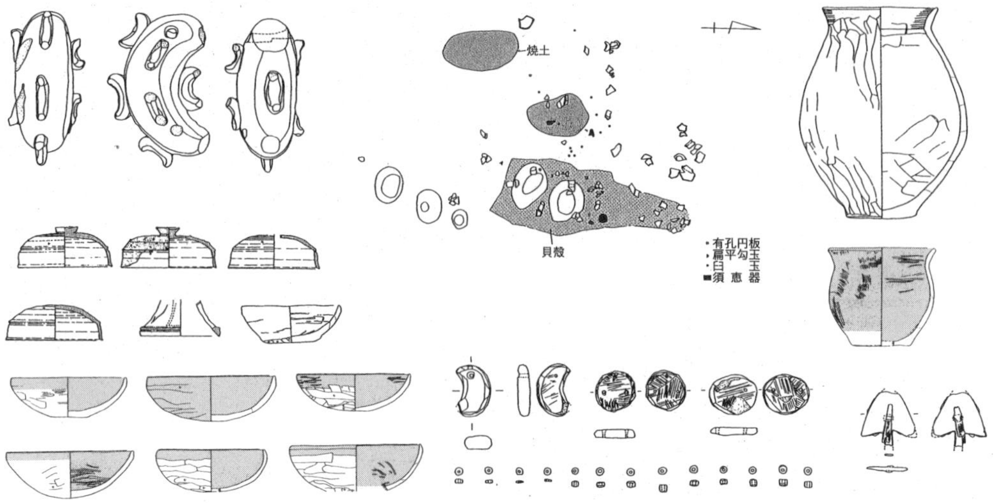

第２図　マミヤク遺跡出土子持勾玉・同２号祭祀遺構の遺物出土状況と出土遺物
出土状況図（S=1/100）　土器（S=1/10）　石製品・鉄製品（S=1/5）

えば１号祭祀のものよりも丁寧な作りとなっている．鉄製品としては鉄鏃１点（短頸・腸抉三角式）があるだけで，鉄製模造品は認められていない．それ以外の遺物として土錘と軽石が出土している．

２号祭祀遺構は貝殻と火の使われた形跡を伴っていることが特徴であり，１号祭祀とはやや性格の違った祭祀が行なわれた可能性もある．貝殻はハマグリ・アサリ・シオフキ・マガキ・ツメタガイなど，いずれも当地方の海岸でよく採れる貝類となっている．

(3) 子持勾玉

さらに当遺跡の祭祀関係遺物として，包含層中から単独で出土した子持勾玉がある．出土場所は１号祭祀遺構の北側 25 m の地点であり，住居の確認面よりもやや上層から検出されている．１号祭祀の場所から移動した可能性も考えられるが，周囲の土層に近年の撹乱を受けた形跡もみられなかったため，もともと単独で埋められていた可能性が強いとみている．

子持勾玉は長さ 9.3 cm・最大幅 3.8 cm を測り，背部に３個，腹部に１個，側面に各２個の計８個の子勾玉が陽刻されている．石材は表面が黒色の滑石で，非常に丁寧な作りのものである（第２図）．

2　木更津市千束台遺跡

千束台遺跡は木更津市請西の丘陵上（標高 45～48 m）に展開する弥生中期～古墳後期の集落遺跡で，同一丘陵上には出現期の前方後方墳２基・方墳２基を含む高部古墳群が造営されている．主体となる住居群は弥生後期から古墳中期のもので，中期中頃以降の継続的な古墳の造営に伴って，次第に集落が縮小，居住者が他所へ移転した状況がとらえられる．

a　祭祀遺構概要　祭祀遺構は丘陵南端部に位置し，高部47号墳という6世紀後半の円墳の墳丘下にパックされた状態で検出されている．直径5mほどの円形状の範囲に広がる遺物集積で，中央部に須恵器大甕が据え置かれ，そのまわりを囲むよう大量の土器群が隙間なく幾重にも積み重なった状態で出土している（第3図・写真3）．土師器群の配置は坏・高坏・甕と，器種によって集中箇所がある程度分けられる状況である．各器種とも完形を保つ個体が多く，坏は多いところで7～8個が重なって置かれていた．このことから，本遺構は祭祀終了後に放置，廃棄された状態というよりも，土器類を一か所に纏めて保管，収納した状態に近いものであった．また完形土器群の下には破砕した土器群が折り重なっている箇所もみられ，長期間に及ぶ継続的・定期的な祭祀が行なわれたことをも窺わせる．土器群のほかには，膨大な量の石製模造品類と，鉄製模造品・土製模造品・玉類などが土器の内部や隙間に挟まって検出されている．

なおこれらの土器群の直下からは，直径50cmほどの柱穴1基が検出されており，祭祀に伴う「大柱」の樹立も想定し得る．さらに下層からは古墳前期の大形住居が検出され，その埋没過程の窪地にこの遺物集積の形成されていることが判明した．本遺構のように使用時の状態を良好にとどめる祭祀遺構の存在は，先に調査されたマミヤク遺跡の事例をはじめ，古墳中期における集落内祭祀の実態復原にも参考となる点が多い．なお当遺跡については諸般の事情によって整理作業が中断したままであり，遺物群の内容については1998年度までの基礎整理所見に基づいて記述する．

b　土器　土器は土師器が大部分を占め，須恵器は中心部の大甕以外には坏・高坏・䠊の破片がそれぞれ数点ずつ検出されているに過ぎない．土師器の総個体数は800点以上に及び，器種別の内訳は，坏500点以上・高坏80点・壺坩類約80点・甕約90点・䠊4点・手捏ね土器87点となっている．坏が圧倒的な多数を占めるが，それ以外の器種もそれぞれ80～90点とかなりの数量で存在する．

坏は遺存度の良い420点分の集計で，平底50.5％・丸底49.5％とほぼ同数の割合を示し，口径が小さくて深い初現的な形態のものから丸底半球形の新しい形態のものまでの各種を含んでいる．また口縁部形態には，直立・内彎・外傾を主として外反・内屈・外屈内斜・直立内斜などのバラエティーが認められる．また高坏には脚部形態が中膨らみ・柱状・外反・裾部有段の各種がみられ，坏部形態は有稜が主体，椀形が客体，有段が少数となっている．高坏・坏の型式内容には中期中葉～後半（筆者編年中3期～中5期）のものが混在しており，土器の質量からみても，当遺物集積が長期にわたる継続的祭祀によって形成された可能性の高いことを示している．

この千束台遺跡の祭祀遺構が，マミヤク遺跡の祭祀遺構と土器組成の上で大きく異なるところは，須恵器の量がきわめて限られていることと，土師器高坏の出土量が多いことであり，マミヤク遺跡の場合とは逆に供献器種としての高坏がすべて土師器になっている点である．少数出土した須恵器はTK208型式の特徴を有するものであり，必ずしも古段階のものではない．このことは，当祭祀遺構の形成時期の中心が，須恵器がまだ大量に入っていない段階（中3～4期）にある

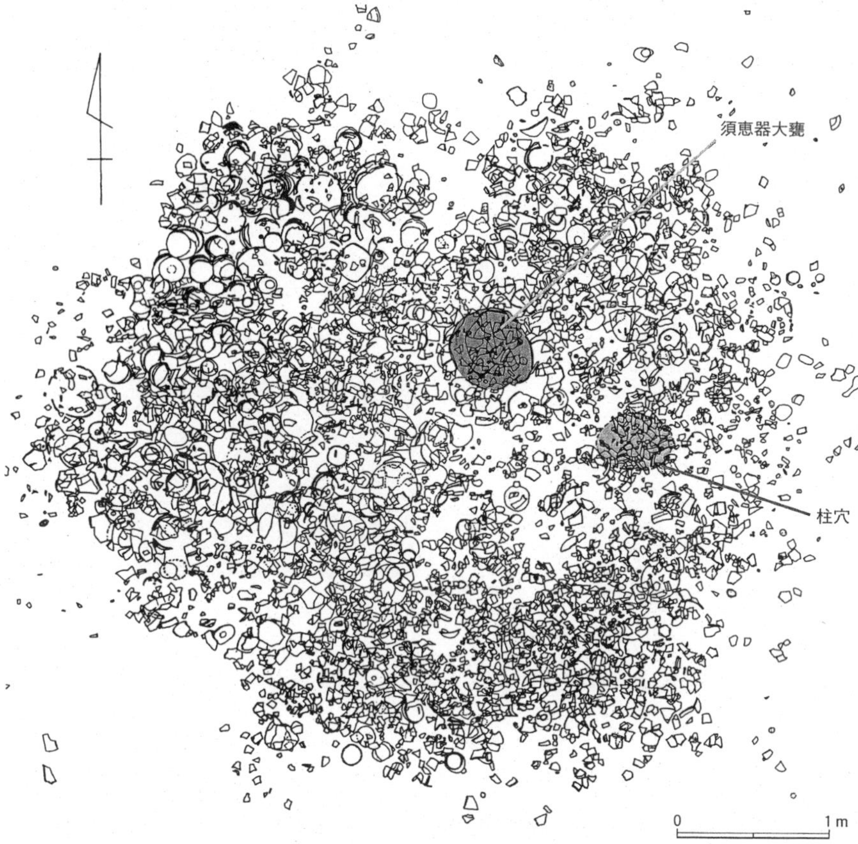

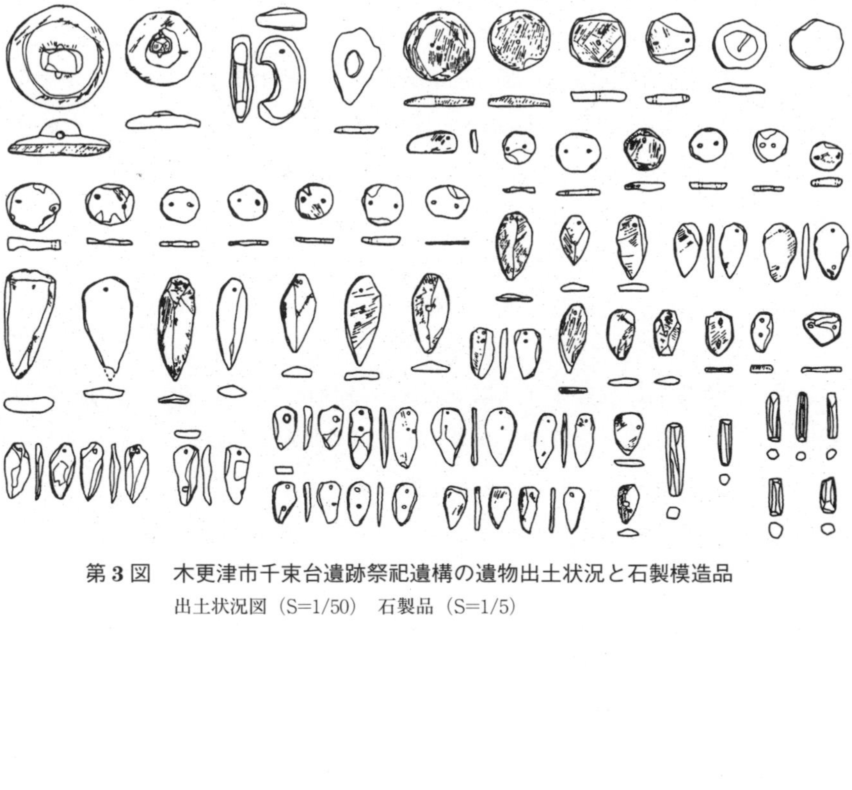

第３図　木更津市千束台遺跡祭祀遺構の遺物出土状況と石製模造品
出土状況図（S=1/50）　石製品（S=1/5）

ことを示している.

c　石製品　石製模造品としては，臼玉約9000点と有孔円板570点・剣形品220点・扁平勾玉45点のほか，刀子形1点・釧形とみられる環状品2点・柱状石製品16点が出土している（第3図）．このうち刀子形は遺物集積よりやや北側に離れた場所から単独で検出された．また遺跡東斜面から鏡形品2点（写真4）と紡織具の榺（ちきり）形品1点が採取されており，当祭祀遺構に関連の深いものとみられる．原品に忠実な精製品としての石製模造品が単独で検出されることの多い点については，子持勾玉の場合と同様に何らかの意味があるのかもしれない．

写真3　千束台遺跡の祭祀遺構

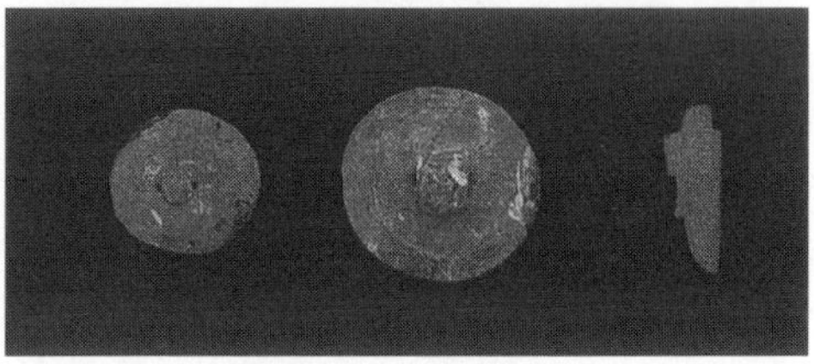

写真4　千束台遺跡の祭祀遺構出土の石製模造品

数量の多い有孔円板や剣形品には精巧な作りのものと粗雑な作りのものとが混在している．有孔円板には双孔・単孔・無孔（未成品の範疇か）の別があるほか，外形には「有孔方板」ともよぶべき四角形のもの，一か所の尖った栗形のもの，おにぎり形のもの，楕円形のものなど，粗雑な作品といえばそれまでだが，あたかも色々な形を楽しんでいたかのように多種多様な大きさと形が認められる．剣形品についても同様で，稜を造り出した精巧なものがある一方で，前記した栗形の有孔円板と区別がつけがたいような粗略なものもある．剣形品にも双孔・単孔があり，同じ双孔にも横2孔と縦2孔の別がある．また各種未成品や滑石剥片も多数検出されており，マミヤク遺跡の場合と同様に，祭祀執行の場で石製模造品が即時生産されていたことを物語っている．

通有の石製模造品以外では，柱状石製品が16点と多く出土している．この石製品は側面に縦の削り痕を残し，端部が切り落とされた形状のもので，管玉未成品の可能性もあるが，このような大きさの滑石製管玉が1点も検出されていないことが疑問である．この石製品には鉢形土器の中に数本が立った状態で検出された例があり，その用途が注目される．

また滑石以外の石製品として，マミヤク遺跡1号祭祀と同様に，細身の碧玉質管玉3点が検出されている．

d　鉄製品　鉄製品は総数120点以上出土しており，実用品としての鉄鏃・鎌・鋤先が，鉄製模造品として刀子形・鎌形・手鎌形・斧形・穂摘み具形のものなどが認められるほか，原品を確定できないものも多い．

e　土製品　土製模造品として，鏡形のもの2点と円板状のもの1点，および土製勾玉1点・丸玉2点が検出されているが，石製模造品・鉄製模造品に比べるとその数は著しく少なくなっている．

f　周辺遺構　この祭祀遺構の10ｍほど南に，鉄滓や鞴の羽口および多数の鍛造剥片が散在した場所があり，竪穴は伴っていないものの，この祭祀遺構に直接関係した鍛冶遺構と考えられる．この地点のすぐ南側は調査以前の工事によって削られていたため，すでに流出してしまった遺物も多いとみられるが，辛うじてその存在が確認できたことは幸いであった．この遺構の確認により，石製模造品と同様に鉄製品についても，祭祀場の至近で製作されていた可能性が強くなった．

g　祭祀景観の復原　以上のように，千東台遺跡の祭祀遺構からはマミヤク遺跡の祭祀遺構の数倍にも上る多量の遺物群が検出され，6世紀の古墳の下に埋もれるといった希有な条件に恵まれて，その原形を大きく損なうことなく，遺物集積としての祭祀遺構の実態が明らかにされた．この千東台における祭祀遺構の状態からマミヤク遺跡の祭祀遺構の本来の在り方を復原することも可能になった．ただし両遺跡の祭祀遺構の形成時期には相違があり，千東台の祭祀が5世紀前葉から後葉（中3~5期）の長期間におよぶとみられるのに対して，マミヤクの祭祀は5世紀後葉（中5期）の短期間内に収束する．

千東台遺跡の祭祀跡における遺構・遺物の検出状況から，想像も交えて祭祀の景観を復元すると，およそ次のような情景が想定されよう．まず祭祀執行の場として，丘陵南端の見晴らしの良い場所が選定される．その場所は丘陵上に展開する集落の入口にもあたる．窪地の東側に大柱を樹立し，そこを神の降臨の場として祭壇を設け，榊に白色の模造品や臼玉などを無数に吊して祭儀が執り行なわれる．

中央に据えられた陶物の大甕の中には神酒が満たされ，多数の甕や壺の中には各戸から持ち寄られた新米の粥や強飯，その他の穀類，山菜や魚介類などが入れられて，それらの食物が高坏や鉢に供えられるほか，祭りの参列者各自の坏にも盛りつけられた後で，収穫祭としての神人共食が行なわれる．酒の分配には陶・土師の𤭯が用いられたと考えられる…．おおよそこのような祭祀景観が彷彿とされる．

3　野田市上灰毛遺跡

上灰毛遺跡は野田市瀬戸上灰毛に所在し，利根川へ注ぐ小河川・白鷺川流域の台地上（標高約15 m）に展開する集落遺跡で，縄文・弥生・古墳の各時代の住居12軒が検出されており，古墳時代では前期に属するとみられる住居が1軒，中期に属する住居は不確実なものを含めて5軒，および祭祀遺構とみられる中期の遺物集積1か所が検出されている．なお当遺跡については報告書が刊行されていないため，飯塚博和氏の論考中に紹介されている概要報告に基づいて記述する．

a　祭祀遺構と出土土器　祭祀遺構と目される遺物集積は台地平坦面上に位置し，約5 m四方の範囲から土器や石製模造品が集中して検出されている．検出された土器は土師器のみで，高坏・坩・壺・甕などがあるが，いずれも破片で全形を窺えるものはほとんど認められていない．図化されている土師器には新旧要素の混在がみられ，時期を特定することが難しいが，短頸壺や高坏脚には中期後半（中5期）の特徴が認められる（第4図）．

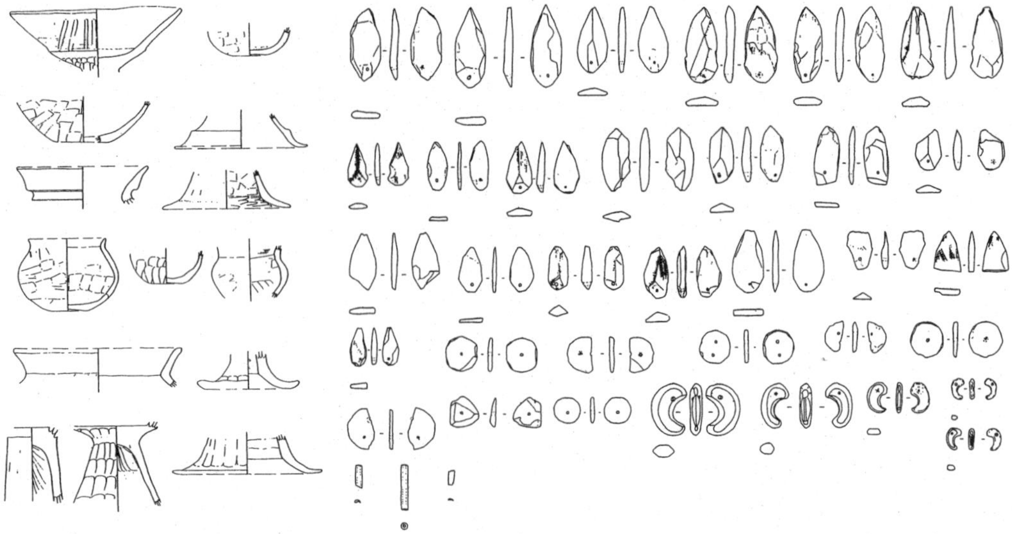

第4図　野田市上灰毛遺跡祭祀遺構の土器と石製模造品
土器（S=2/15）　石製品（S=1/5）

b　石製品　　石製模造品として，有孔円板8点・剣形品23点・勾玉5点・臼玉5741点および細身の滑石製管玉3点が検出されている．このうち剣形品2点と臼玉17点・管玉1点が破損品であったとされるが，未成品と考えられるものは未穿孔の臼玉1点だけにとどまっている．臼玉の数がきわめて多く，また模造品類の中では剣形品が多数を占めている点に，この祭祀遺構の特色があるといえる．

なお，当祭祀遺構からは鉄製品や土製品などは検出されていない．

4　下総町高岡遺跡

高岡遺跡は下総町高岡の利根川に面した沖積地内の微高地（標高5ｍ前後）に位置する．道路造成に伴う調査で，調査区域内からは時期不明の溝1条・小竪穴（土坑）1基と，古墳中期の祭祀遺構とみられる遺物集中1か所が検出されている（第5図）．

a　祭祀遺構と出土土器　　祭祀遺構としてとらえられる遺物集中は東西12ｍ・南北10ｍほどの範囲内で，遺物群は耕作土の下の黒褐色土層中に分布していた．検出された土器は土師器のみで，全形を保つものは少なく，ほとんどが破片での出土である．実測図に示された器種別の個体数は高坏19点・坩6点・鉢1点・壺2点・甕3点・ミニチュア甕1点・手捏ね土器2点（浅鉢形1・深鉢形1）となっており，高坏に次いで坩が多数を占める．これらの土器群は中期前半（中2a～2b期）の様相を示すものである．

b　石製品と土製品　　石製模造品として，有孔円板14点・剣形品13点・臼玉3点が検出されており，臼玉の検出率が低い．有孔円板は双孔11・単孔3で，単孔のうちの1点は方形で

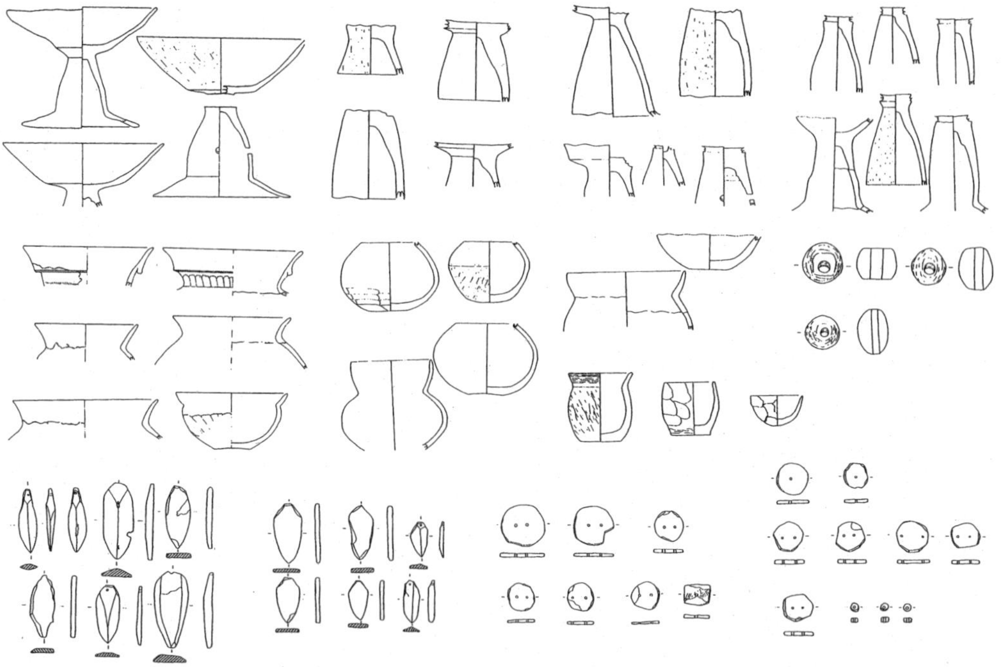

第5図　下総町高岡遺跡祭祀遺構の土器と石製模造品　土器（S=1/10）
ミニチュア・手捏ね土器（S=1/5）　石製模造品・土製品（S=1/5）

ある．また剣形品には両面中央に稜をもつもの1点，片面中央に稜をもつもの4点，片面両側に稜をもつもの1点，両面平らなもの6点，不明1点に分けられる．

このほか滑石の原石・剥片も検出されており，同一の場所で模造品・臼玉の製作が行なわれていた可能性の高いことを示している．また滑石製品の出土状況をみると，ミニチュア甕の中から有孔円板・臼玉・原石が検出されたほか，坩の中から剥片十数点が検出された例もあったとされる．

5　佐原市綱原遺跡

綱原遺跡は佐原市多田に所在し，利根川へ流入する小野川流域の台地上（標高約40m）に展開する遺跡で，古墳時代中期の住居2軒と円墳5基，および古墳の墳丘下に認められた祭祀遺構2か所とさらに別の地点にも祭祀遺構とみられる遺物集積1か所が検出されている．

(1) 2号墳墳丘下祭祀遺構

綱原2号墳（円墳・墳丘径14m）の墳丘下南西側，周溝際の旧表土上面において検出された径2mほどの範囲内の遺物集中で，石製模造品11点（有孔円板2点・剣形品9点）と土師器高坏脚部1点が検出されており，小規模ながら祭祀関連遺構と考えられる．土師器高坏は中期前半（中

2b～3期相当）のものとみられ，他の周溝出土土器の中にも同じ時期相を示すものが認められる．とくに周溝出土土器の中には手捏ね土器が12点と多くみられる．また石製模造品のうち，剣形品には未成品が1点認められている（第6図）．

なお報告者は，これらの遺物を古墳に直接関係するものとして，2号墳の築造年代を中期前半に位置づけているが，墳丘内の埋葬施設から出土している鉄鏃は6世紀中葉～後葉段階のものと認められ，祭祀遺構と古墳の間には100年以上の年代差があるとみられる．

(2) 5号墳墳丘下祭祀遺構

a　祭祀遺構概要　綱原5号墳（円墳・墳丘径17.2m）の墳丘下南側の旧表土上面において検出された径約3mほどの範囲の遺物集中で，多量の土師器と石製模造品類が検出されている．土師器は破砕されて検出されたものが多くを占める．なおこれらの遺物群の下部付近から長方形の土壙（長軸2.0m・短軸1.2m）が検出されているが，遺物の検出された層位はほとんどが土壙の確認面上であり，遺物群の分布が土壙の範囲外にも及んでいることから，両者が直接関連するものかどうかは明らかでない（第7図）．

b　土師器　土師器は実測個体数の集計によれば，高坏16点・坩34点・鉢1点・小形甕3点・手捏ね鉢4点・壺6点・甕4点を数え，坩形土器が大小合わせて最も多く，高坏がこれに次いでいる．土器の形態，とくに坩には画一性の強さが看取され，一時期にまとまって製作されている可能性がある．土器群の示す時期相は中期前半の中2a期相当で，高坏の一部には脚部が柱状で中1期の特徴を示すものが含まれる．なお，2号墳の場合と同様に，報告者はこれら土器群の示す時期に古墳（5号墳）が造営されたと考定しているが，墳丘内の埋葬施設から出土している鉄鏃は6世紀後葉期の特徴を備えるものであり，祭祀遺構は上部の古墳とは直接的関連のない前時代の遺構としてとらえられる．

c　石製模造品　石製模造品としては，刀子形品1点・有孔円板13点・剣形品17点・臼玉318点と未成品・剥片類35点が検出されている．このうち刀子形品は破損品で，製作途中で茎部が折れたものと推定されている．有孔円板は，双孔5点・単孔1点・未通の単孔1点・無孔6点となっており，無孔（未穿孔）のものが多い．剣形品は，有稜のものが12点（うち無孔3点），平らなものが5点（うち無孔2点）あり，報告者は無孔のものについても全体の研磨状況から完成品の可能性が強いことを指摘している．

なお土師器と石製模造品以外の遺物は検出されていない．この祭祀遺構の特色は石製模造品よりも土師器群が主体で，その復元率が高いことにあるといえよう．

(3) D4区祭祀遺構

綱原5号墳の南側12mの場所から検出された遺物群で，径1.5mほどの範囲内にミニチュア土器・手捏ね土器のみから構成される土器群が集中的に検出されており，祭祀遺構と考えられる．土器群の内訳は，精製品のミニチュア土器が9点（壺3・鉢4・高坏1・甕1），粗製品の手捏ね土

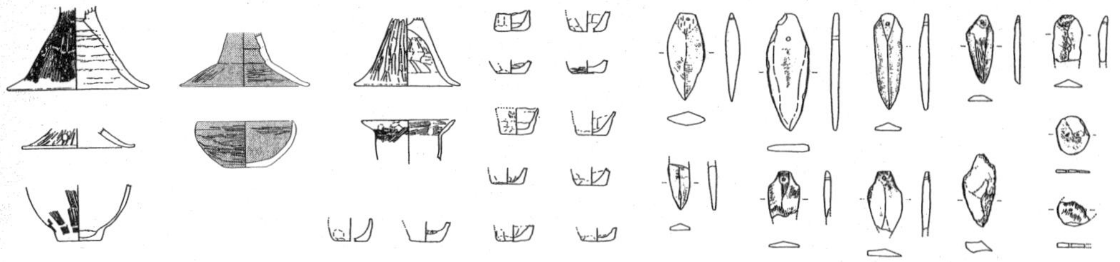

第6図　佐原市綱原遺跡2号墳墳丘下検出の石製模造品と周辺出土土器
土器（S=1/10）　石製模造品（S=1/5）

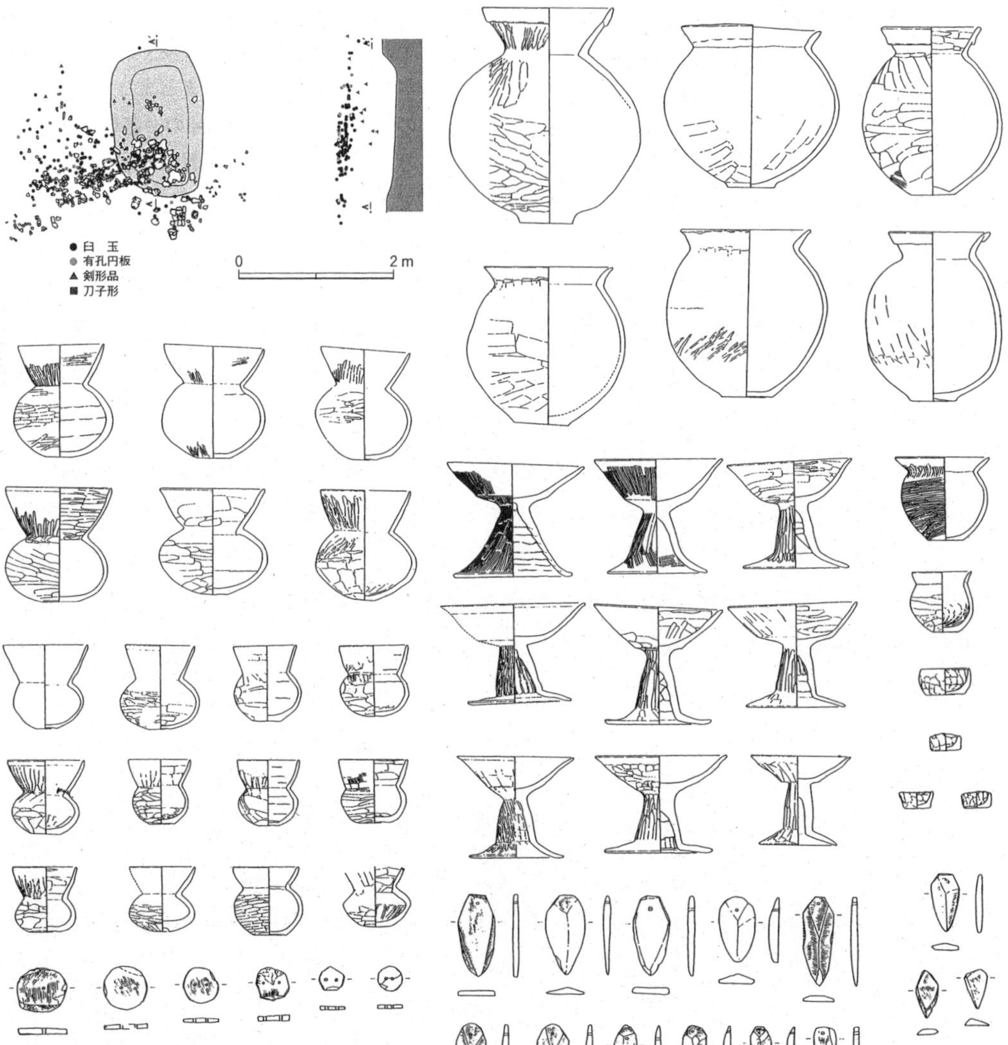

第7図　綱原遺跡5号墳墳丘下祭祀遺構の遺物出土状況と土器・石製模造品
出土状況図（S=1/100）　土器（S=1/10）　石製模造品（S=1/5）

器が10点（鉢9・高坏1）となっている．時期については特定することが難しいが，ほぼ古墳中期の所産とみてよいであろう．土器以外の製品は全く検出されていない．

なお綱原遺跡内から検出されている古墳中期の住居2軒は，出土土器の様相から1軒（007号）が中期後半（中5期），もう1軒（008号）が中期前半（中3期）の所産と位置づけられる．2・5号墳と同じく埋葬施設の遺物から後期古墳とみられる1号墳の周溝内からも中期後半（中5期）の土器群が検出されており，古墳群造営前に中期前半～後半の遺構が広く展開していたとみられる．

6　干潟町清和乙遺跡

清和乙遺跡は干潟町清和乙の旧椿海に面した台地上（標高41～47 m）に展開する古墳中期～平安前期の集落遺跡で，調査範囲内では古墳中期集落と後期後半以降の集落の間に断絶期間が認められる．古墳中期の住居は5軒検出され，前半（中3期）のものと後半（中5期）のものがある．路線上調査のため集落の広がりは明らかでないが，祭祀遺構は周辺に住居のない調査区西側から検出されている．

a　祭祀遺構概要　祭祀遺構が検出されたのは北側へ下る谷の谷頭付近で，東西10 m・南北13 m（路線幅）の範囲に石製模造品や土器が集中的に検出されているが，土器のほとんどは破片化していた．なお土器や石製模造品の分布は20 mほど東に離れた谷頭窪地まで散在的な分布が認められている（第8図）．

b　土器　土器は実測個体数の集計によれば，須恵器𤭯1点（TK216型式相当）と土師器の高坏10点・甕2点・坩3点・小形壺2点・手捏ね土器18点（鉢形17・高坏形1）を数え高坏と手捏ね土器が主体を占める．土師器の様式は中期中葉（中4期）に位置づけられるものである．

c　石製品　石製模造品としては，有孔円板82点・剣形品73点・棒状石製品2点と臼玉139点が出土している．有孔円板を分類すると，双孔56点（68％）・単孔16点（20％）・無孔2点（2％）・不明8点（10％）となっている（なお，当遺跡の報告書では無孔のものを包括して「円盤形石製模造品」という名称が使用されているが，本稿では「有孔円板」いう呼称をあくまで製品の類称として使用しており，穿孔されていないものも含むものとする）．有孔円板の大きさには大小があり，最大のものが径5.2 cm，最小のものが1.6 cmで，単孔円板には小形品が多いという傾向が認められている．

剣形品は，両面に稜をもつもの（9点），片面に稜をもつもの（34点），両面とも平らなもの（26点）と類別でき，精巧な作りのものと粗雑な作りのものがある．棒状石製品2点はいずれも径6 mmほどの太さで，表面が円滑に磨かれたものであり，1点は両端を欠失，もう1点も片側を欠失するが，残存する片方の先端が尖っている．これらの棒状石製品は，表面が円滑に仕上げられている点で千束台遺跡の祭祀遺構から検出されている柱状石製品とは異なるものである．なお，有孔円板と剣形品については未成品様のものが認められるが，臼玉の未成品については確認されていない．

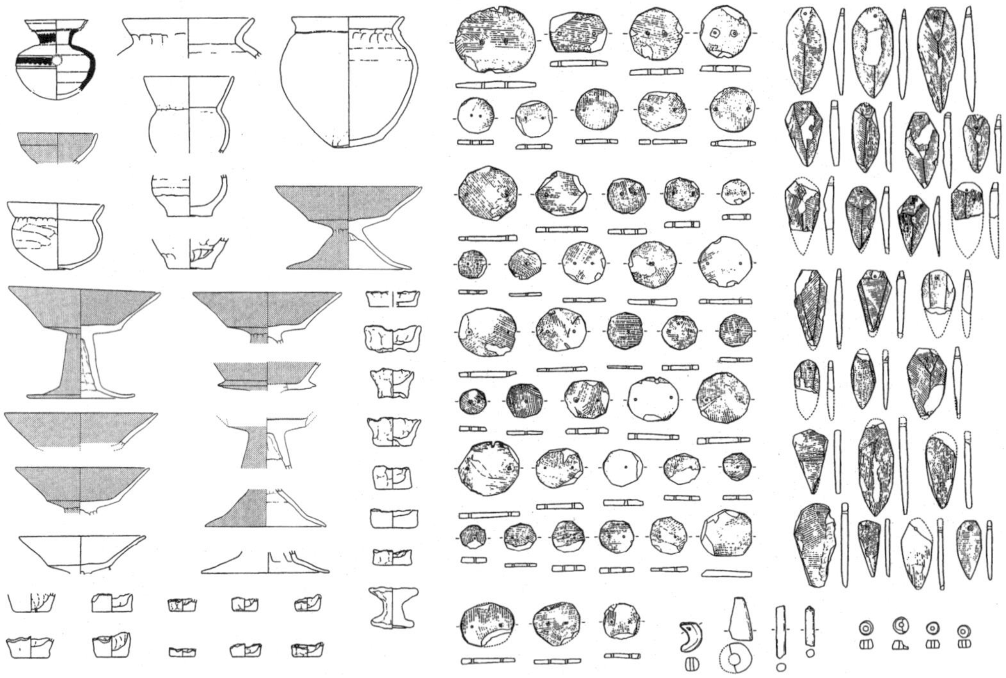

第8図　干潟町清和乙遺跡祭祀遺構の土器と石製品・土製品
土器（S=1/10）　石製品・土製品（S=1/5）

d　土製品　　土製品としては土製勾玉1点と太形の管状土錘1点が検出されている．

7　白浜町小滝涼源寺遺跡

小滝涼源寺遺跡は白浜町白浜の太平洋に面した海岸段丘上（標高16～22 m）に展開する遺跡で，調査区域内には竪穴遺構3基のほか，調査者による判定で合計14のブロックに区分される古墳前期～中期の遺物集中が検出され，祭祀遺構として位置づけられている．

(1) 01号遺構

a　祭祀遺構概要　　調査区域内では最も高い段丘斜面に位置し，13 × 15 mの楕円形状の範囲内に遺物群の集積が認められる．遺物群は泥岩質の大きな岩塊（背後の岩山から崩落したもの）の下から検出され，遺物堆積層の厚さは90～170 cmに及んでいた．遺物群は土師器・石製模造品・鉄製品・土製品その他によって構成されている（第9・10図）．

b　土師器　　土師器の総量は約630点という夥しい量で，報告者の分類に従えば，その内訳概は甕・壺330点（52.4 %），S字口縁甕50点（7.9 %），高坏60点（9.5 %），器台20点（3.2 %），坩90点（14.3 %）坏・椀・鉢10点（1.6 %）・手捏ね土器70点（11.1 %）・ミニチュア土器1点（0.2 %）を数える．土師器の様式には前期後半から中期中葉までのものがみられ，報告書ではそれらが一括して扱われていたが，後年の調査担当者による再検証作業の結果，これらの土器群が層位的にA〜Fの6つのブロックに分別できることが明らかにされている．このうちA・Bブロックの土器群は前期後半（前3期〜4期）に，C・Dブロックの土器群は中期前半（中3期）に，E・Fブロックの土器群は中期中頃（中4期）に位置づけることが可能である．なお調査者は再検証結果に基づいてA→B・C・D→E→Fの4段階の祭祀行為を想定しているが，土器様式からみる限りでは，少なくともB〜Dを同時期の祭祀とみなすことは難しいと思われる．

c　石製品　石製模造品としては，有孔円板5点・剣形品6点・勾玉1点・臼玉223点・未成品1点および滑石製管玉2点が出土しており，その他の石製品として石錘3点・軽石5点などがある．このうち臼玉群と勾玉は1か所から集中して検出されており，先の分類ではCブロックに属するが，有孔円板・剣形品・管玉についてはB・C・D・Fの各ブロックに分散する状況となっている．また石錘はBブロックに属する．いずれにしても臼玉を除く石製模造品類は数も少なく，中期の土器群に伴う可能性が強いとみてよいだろう．

d　鉄製品・土製品・その他　鉄製品としては鉄剣片と鎌形鉄製品が検出されており，いずれもCブロックに伴う．土製品としては土製勾玉2点（ブロック不明）が，その他の遺物として鹿の骨2点が検出されている．

(2) 02号遺構

a　祭祀遺構概要　径14×13 mの楕円形の範囲内に認められた遺物集積で，遺物堆積層の厚さは50〜170 cmを測る．遺物群は01号遺構に近似して土師器・石製模造品・鉄製品その他から構成され，その出土状況にについては01号遺構と同様の再検証がなされた結果，A〜Jの10のブロックに区分されている．なおこの遺物集積においては，その下位に焼けた台座状の泥岩（最大径120 cm・厚さ3 cm）が認められていることから，火を使った祭祀が行なわれたものと推定されている．

b　土師器　土師器の総量は約600点で，報告者の分類による内訳概数は甕・壺340点（56.7％），S字口縁甕40点（6.7％），高坏30点（5.0％），器台35点（5.8％），坩80点（13.3％）坏・椀・鉢10点（1.7％）・手捏ね土器70点（11.3％）・ミニチュア土器1点（0.2％）を数える．調査者の再検討結果に基づくブロック別に土器群の様相をみると，最も遺物量の多いAブロックの土器群は前期後半（前3期〜4期）に，B〜Jブロックはそれぞれの遺物量も少なく，中期前半（中3期）に位置づけられる．なお前記した火台（焼けた泥岩）はAブロックの前期の土器群に伴うものと判定されている．

c　石製品・鉄製品・その他　石製品としては，石製模造品の有孔円板5点・剣形品4点・臼玉1点，碧玉質管玉1点，そのほかに石錘6点・軽石6点などがある．また鉄製品として，完形に近い鉄剣1点と鉄鏃1点，鎌形の鉄製模造品などが出土している．出土状況をみると，鉄剣の周囲から大半の石製模造品・鉄製品・手捏ね土器・ミニチュア土器が検出されているようであり，いずれも中期の祭祀に伴う遺物とみられる．

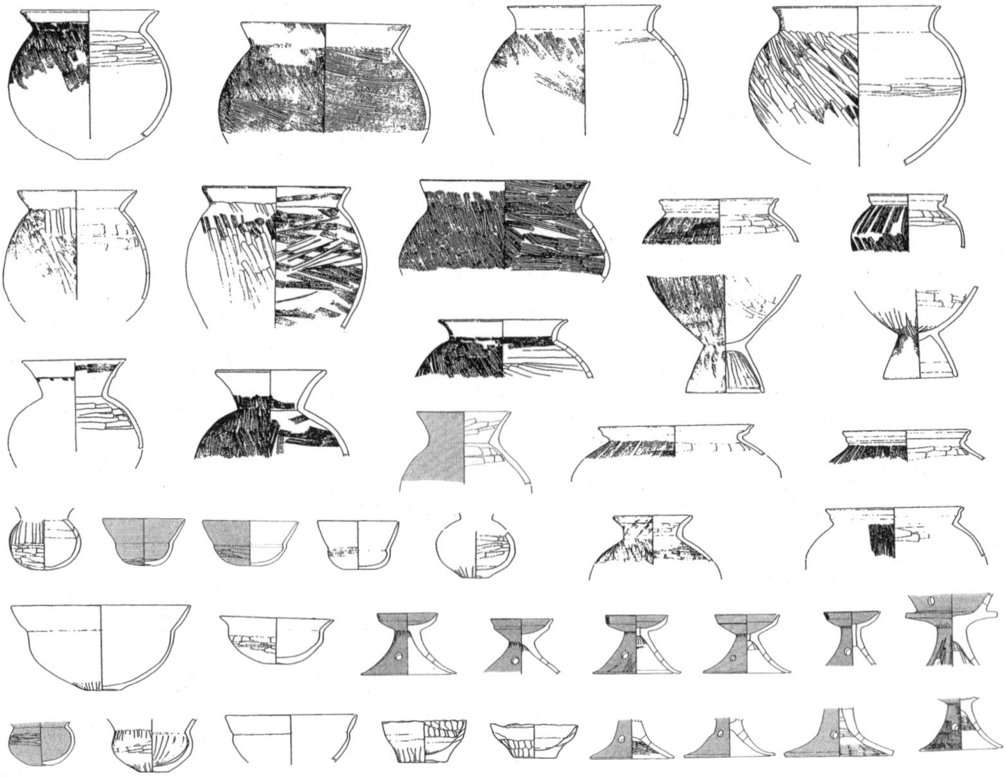

第9図　白浜町小滝涼源寺遺跡01号遺構の古墳時代前期遺物（A・Bブロック）　土器（S=1/10）

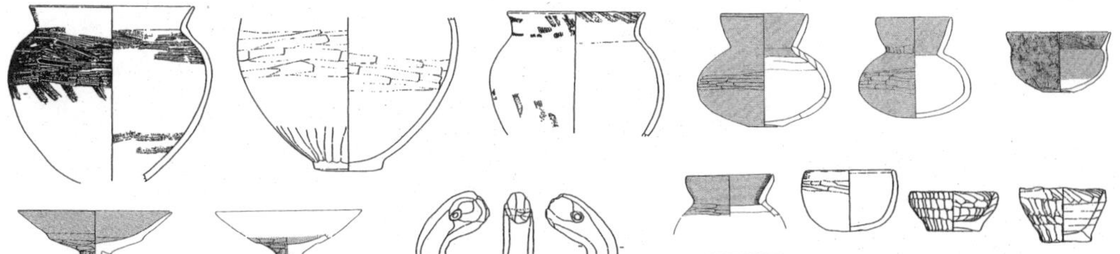

第10図　小滝涼源寺遺跡01号遺構の古墳時代中期遺物（C～Fブロック）
土器（S=1/10）　石製模造品・鉄製品・土製品（S=1/5）　滑石勾玉（S=2/5）

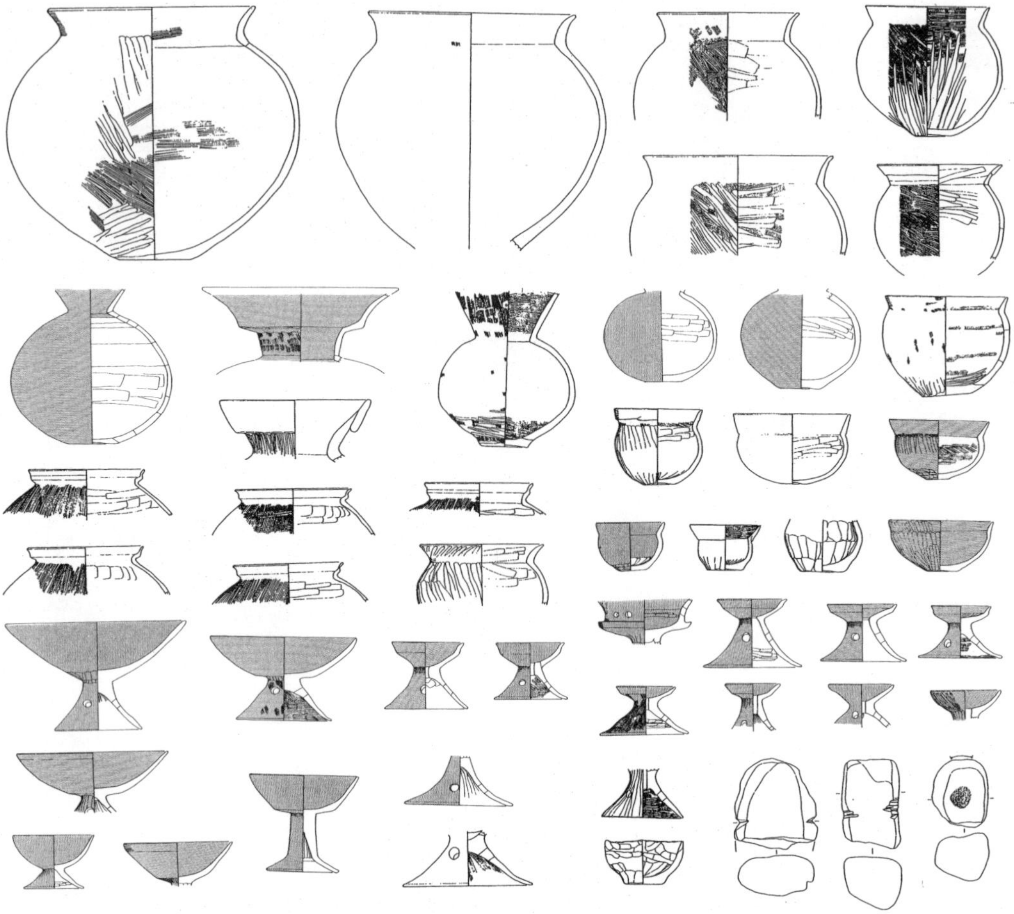

第 11 図　小滝涼源寺遺跡 02 号遺構の古墳時代前期遺物（A ブロック）　土器・石錘（S=1/10）

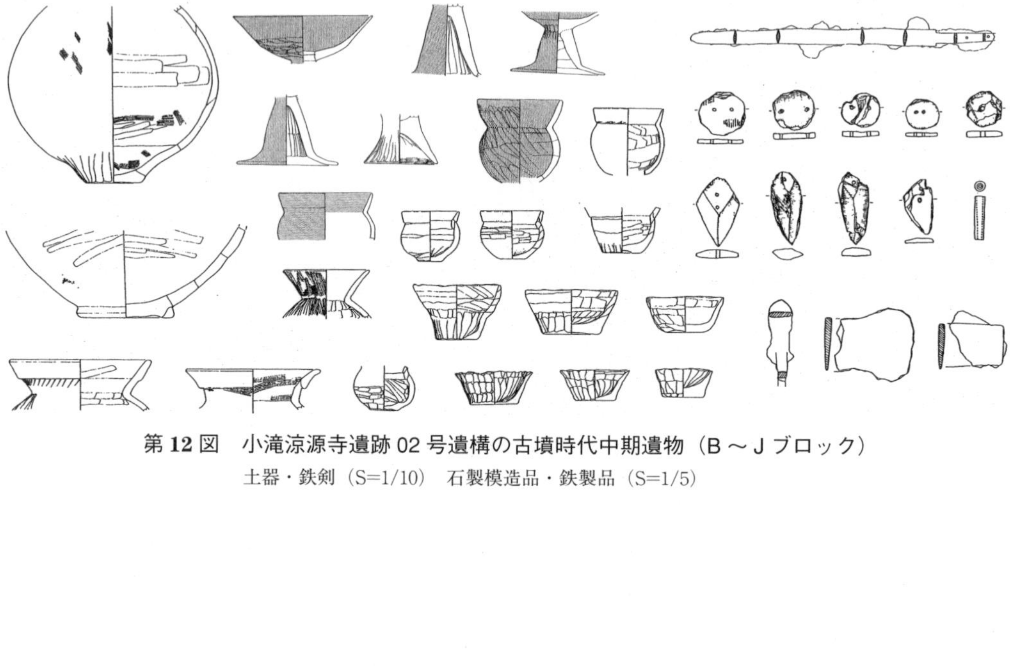

第 12 図　小滝涼源寺遺跡 02 号遺構の古墳時代中期遺物（B ～ J ブロック）
土器・鉄剣（S=1/10）　石製模造品・鉄製品（S=1/5）

以上のようにこの遺物集積は，前期の火を使用した祭祀に伴う遺物群と，中期の鉄剣や石製模造品・鉄製模造品を伴う遺物群に大別することができるようである．

⑶ その他の遺構

03号遺構　径7×14mの範囲に分布する遺物群で，焼けた泥岩（火台）や焼土が検出されていることから，火を使用した祭祀跡と推定されている．土師器約40点と鉄鏃片が検出されているが，遺物分布は散在的であり，土器の遺存度も概して不良である．土師器は前期のものが主体である．

04号遺構　径8×11mの範囲に分布する遺物群で，岩盤上に焼土域が認められたことから，火を伴う祭祀跡と推定されている．土師器約40点が検出されているが，遺物は分散的で遺存度も不良である．土師器は中期（中3期）のものが主体である．

05号遺構　径15×10mの範囲に分布する遺物群で，隣接する2つの岩の南側に遺物集中がみられたことから，「磐座」の可能性が指摘されている．土師器約200点と凹石状石器1点が検出されており，遺存度の良い土器も比較的多く認められることから，少なくとも土器集積遺構としてとらえ得るものである．ただし土師器には前期・中期のものが混在しており，複数次にわたる集積が想定される．

06号遺構　一辺4.9mを測る隅丸方形の竪穴で，北東隅に貯蔵穴様のピットも認められることから，竪穴住居とみるのが妥当と思われる．調査者は遺構内の北辺・西辺が広範に焼けていることから，火の祭祀の可能性を指摘している．遺構内からは遺存度の良い中期（中3期）の土師器11点が出土している．

07号遺構　径12×9mの範囲に分布する遺物群で，3つの岩の南側に遺物集中がみられたことから，磐座祭祀の可能性が想定されている．土師器約150点と凹石・砥石などが検出されており，土器の遺存度はさほど良好ではないが，前期後半（前4期）のものが主体を占める．

08号遺構　径10mの円形状の範囲に分布する遺物群で，01・02号遺構の中間に位置する．多数の焼土域がみられ，炭化材も認められることから，火を用いた祭祀跡と推定されている．この範囲からは土師器34点と石錘12・鹿角製釣針1点・礫石器1点などが出土しているが，長い炭化材の脇から石錘12点がまとまって検出されている以外は遺物分布は分散的である．土師器は前期後半（前4期）のものが主体を占め，遺存度の良いものがいくつか認められる．

09号遺構　径7mの円形状の範囲に分布する遺物群で，複数の小さい焼土域や炭化材が認められたことから，火を使用した祭祀跡と推定されている．土師器約60点と滑石製勾玉1点・石錘2点などが検出されているが，遺物分布は分散的である．ただし土器の遺存状況は比較的良好であり，中期前半（中3期）の様相を示している．

10号遺構　一辺7.5mほどの竪穴遺構で，2軒が重複したような状況となっており，壁溝・柱穴・貯蔵穴および炉に相当するような遺構も認められることから，竪穴住居と考えるのが妥当と思われるが，凹凸の多い床面の状態などから調査者はそれに否定的な見解を示している．

遺物は少数で，土師器 12 点・石錘 1 点が検出されており，報告書に図化されている高坏は中期前半（中 3 期）のものである．

11 号遺構　一辺 6 m の正方形の竪穴遺構で，壁溝・柱穴がみられ，竪穴住居と考え得る．遺物量は少なく，土師器 9 点・砥石 1 点で，土師器は中期前半（中 3 期）に位置づけられるものである．

12 号遺構　径 22 × 19 m の広い範囲内に分布する遺物群で，焼土域が多数認められ，炭化材も分布していたことから，火を伴う祭祀跡と推定されている．土師器総数 427 点と石製模造品（有孔円板 1・勾玉 1）・鉄鏃片 2 点・石錘 3 点などが検出されているが，広範囲にわたるため遺物分布はやや分散的である．また土師器も前期前半～中期後半にわたる広範な土器群を含んでおり，01・02 号遺構と同様に，遺物群を数ブロックに区分する必要がある．

13 号遺構　12 号遺構に隣接する径 13 × 12 m の範囲に分布する遺物群で，土師器約 150 点と石製模造品（有孔円板 1・剣形品 1）・刀子片 1・磨製石斧 1 などが検出されているが，遺物分布は散在的であり，12 号遺構と同様に前期前半～中期後半の広範な土器群を含んでいることから，範囲認定に再考を要する．

14 号遺構　径 3 × 8 m の狭い範囲に分布する遺物群で，比較的遺存度の良い土師器 48 点ほどが検出されており，土器様相は中期前半（中 3 期）のものが主体的である．

15 号遺構　3.5 × 2.7 m 大の大形石を中心に認められた遺物群で，石は磐座と推定されている．土師器約 30 点が検出されており，時期相は中期が主体で，手捏ね土器・ミニチュア土器の出土が目立っている．

16 号遺構　径 10 × 15 m の狭い範囲に分布する遺物群で，岩盤上に焼土域がみられることから火を使った祭祀跡の一つとみられている．土師器約 95 点・剣形品 1 点・鉄製品 3 点・石器 3 点などが検出されているが，遺物は分散的であり，前期後半から中期後半の遺物群の混在がみられる．

17 号遺構　径 11 × 9 m の範囲に分布する遺物群で，小形の岩 2 個が認められる．土師器約 80 点と石錘 3 点・石器 3 点が検出されており，土器様相の主体は中期前半（中 3 期）のものである．

総合所見　以上，小滝涼源寺遺跡内で祭祀遺構として括られている個々のブロックについて検討してみると，個別に取り上げた 01・02 号遺構を含めて，その範囲のとらえ方や集積遺構（祭祀遺構）としての認定基準には再考を要する部分も多いと思われる．

調査者の認定した 17 遺構のうち，竪穴遺構の検出された 06・10・11 号の 3 基については竪穴住居とみてよいものであり，いずれも出土土器の様相から中期前半（中 3 期）の所産と考えられる．

遺物集積の中では，焼土域や「火台」と称される焼けた岩の存在から「火の祭祀」が想定されているものとして，02・03・04・08・09・12・16 号の 7 か所があるが，03・04 号については遺物が分散的で，遺存度も不良であることから，集積遺構としての認定に疑問がある．また12・16号については範囲が広範にわたるとともに，出土土器の時期相も多様であり，後にブロック区分が示された02号遺構と同様に，一つの遺構として括ることには問題がある．

一方，「磐座」に見立てられる大形石の周囲に遺物分布がみられたことから「岩の祭祀」が想定されているものとして05・07・15・17号の4か所がある．このうち07・15号については単独の遺構としてとらえ得るが，05号については前・中期の土器が混在することから再検討の必要があり，17号は遺物分布が分散的なため，集積遺構としての認定に疑問がある．それ以外の遺物集中として，01号・13号があり，01号については前記の通りであるが，13号についても広範な土器を包括しており，範囲認定を含めて再検討の必要がある．なお，当遺跡の報告書は遺物量の膨大さもあってすべての土器の実測図とその出土地点が記載されていないため，報告書からの検証は難しくなっている．

ともあれ当遺跡が古墳前期から中期にかけて人々の主要な活動場所となり，01・02・12号などを中心に，いくつかのブロックで多数の土器群や石製模造品を用いた祭祀が，数次にわたって行なわれたことは確かである．当遺跡の祭祀遺構において注目されることは，岩や火を祭祀の中に取り入れていたとみられること，前期土器の中ではS字状口縁甕の出土率が高いこと，石錘の出土が目立つことなどを挙げることができ，また従来，石製模造品類の出土例が僅少で，土製模造品の出土例の方が際立っていた当地方において，石製模造品を主体的に用いた中期の祭祀遺構が確認されたことは重要であるといわなければならないだろう．

8　安房地方の土製模造品祭祀遺跡

(1) 館山市つとるば遺跡

つとるば遺跡は館山市沼字大戸入に所在し，館山湾南岸の丘陵地帯（貝留川流域）の小支谷中腹に位置する．1968年の千葉大学による発掘調査とそれ以前の採集遺物等により，多数の土製模造品を伴う祭祀遺跡として知られ，椙山林継氏によって出土遺物の全容が紹介されている．当遺跡から出土した土製模造品として鏡形5点（有鈕鏡2・有鈕四鈴鏡1・有鈕七鈴鏡1・単孔五鈴鏡1）・五鈴釧形1点・鐸形3点・単孔円板50点・勾玉3点・管玉1点・平玉1点・丸玉83点・鎌状品1点・棒状品（鐸の舌とみられるもの）1点があり，そのほか手捏ね土器（大小）64点と破片多数，土師器坏7点，やや大形の滑石製臼玉1点が出土している．土師器坏には椀形坏が5点（うち4点赤彩）と口縁部が大きく開く形態の須恵器模倣型の坏が1点あり，7世紀初頭～前葉の所産とみられる．

鈴鏡・鈴釧・鐸（椙山氏は馬鐸の模造品の可能性が強いと推定）など特殊な土製模造品がまとまって出土した遺跡ととして注目される（第13図）．

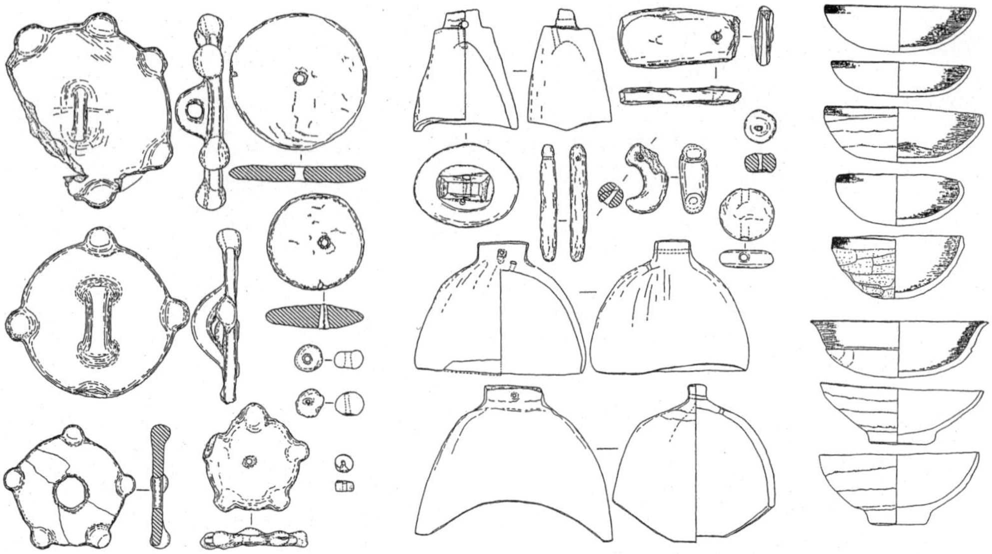

第13図　館山市つとるば遺跡の土器と土製模造品・臼玉
土器（S=1/10）　土製模造品・臼玉（S=1/5）

⑵ 館山市東長田遺跡

東長田遺跡は館山市東長田，汐入川上流域の山麓部（標高約25 m）に位置する遺跡で，多数の土製模造品や土器類が採集されたことにより，祭祀遺跡として知られる．当遺跡から出土した土製模造品として勾玉12点・単孔円板6点・歯車形円板1点・丸玉3点・匙形品1点・人字形品1点があり，他に瑪瑙勾玉1点と手捏ね土器（鉢形・高坏形），土師器坏，須恵器坏・高坏が知られている．このうち歯車形土製品については鈴鏡を簡略化したものともいわれる．須恵器はTK217型式に属するものであり，当遺跡の時期も7世紀初頭～前葉頃と推定されている（第14図）．

⑶ その他の遺跡

このほか安房地方においては，偶然の発見や採集によって土製模造品の存在が確認されている遺跡がいくつかあり，椙山林継氏の論考の中で紹介されている（第15図）．

汐入川上流域の館ノ前遺跡（館山市大戸）は標高10 mほどの低湿地にあり，暗渠排水工事の際に土製模造品（鏡2・勾玉2・丸玉1）と手捏ね土器2点が出土している．またその近くの南台遺跡（館山市大戸）でも土製模造鏡と手捏ね土器4点が発見された．猿田遺跡（館山市出野尾）では水田面よりやや高い微高地から土製模造品（有鈕鏡2・双孔円板1・勾玉1・丸玉5）と須恵器・手捏ね土器の破片が採集されている．

太平洋側の洲宮神社付近（館山市洲宮）では，土製模造品（勾玉・丸玉・有孔円板）と土師器が，布沼字西原付近の低地からは手捏ね土器と土師器が出土している．また野島崎西方の長尾川下流

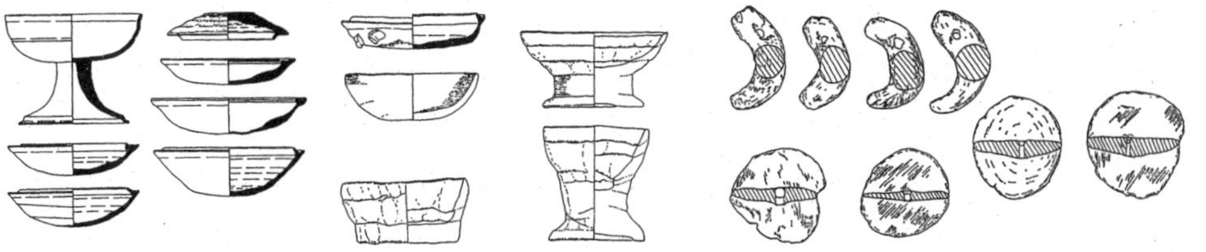

第14図　館山市東長田遺跡の土器と土製模造品　土器（S=1/10）
手捏ね土器（S=2/15）　土製模造品（S=1/5）

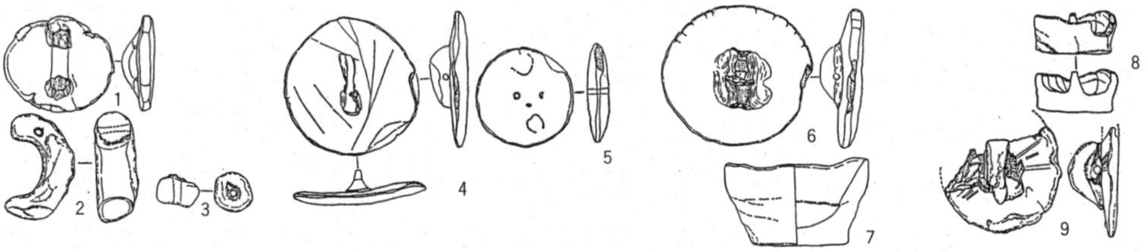

第15図　安房地方各遺跡出土の土製模造品（S=1/5）　1～3館ノ前遺跡
4・5猿田遺跡　6・7南台遺跡　8・9見上遺跡

域に位置する見上遺跡（白浜町滝口）では，土製模造品（有鈕鏡1・丸玉2）と手捏ね土器24点・土師器甕1点が出土しており，手捏ね土器の一つは中央部に突起を有するもので，油皿に使用されたとみられるものである．また土師器甕については和泉期前後の特徴をもつものであるという観察がなされている．一方，安房東部の莫越山神社遺跡（丸山町宮下）では，土製模造品（釧1・勾玉1・丸玉3）と蛇紋岩製棗玉1点，手捏ね土器2点ほか破片多数が採集されている．

以上のように，安房地方においては土製模造品の出土例が数多く知られており，石製模造品祭祀とは異なった祭祀遺物の地域性を示している．ただし発掘調査が行なわれているのはごく一部分であり，未だその祭祀遺構としての実態や年代についてなど不明な点が多い．これまで土師器・須恵器が伴出している例（つとるば遺跡・東長田遺跡）からは7世紀前半の年代が考定されているが，その共伴関係についてはなお不確実な部分もあり，これら土製模造品祭祀の盛行年代が6世紀もしくは5世紀代まで遡る可能性もある．その根拠としては，①有鈕の土製模造鏡は千葉県下では木更津市千束台遺跡例をはじめ，5世紀代まで遡る例が多く知られていること，②白浜町小滝涼源寺遺跡の調査により，安房地方でも土製勾玉を主とする土製模造品や手捏ね土器が5世紀代の祭祀遺物として確認されていることなどがあり，同時にかつては未確認であった安房における石製模造品祭祀の存在も明らかとなっている．その点では下総・上総と安房の間にそれほど顕著な異質性は見出しがたいといえる．

しかしながら土製鈴鏡や鈴釧・鐸などは，上総・下総ではこれまでほとんど出土例のないものであることも事実であり，それらを含めた安房地方の祭祀の地域色と年代については，今後の調査で伴出遺物を含めた検証が必要となろう．

9　房総における祭祀遺跡の実態と性格

以上，千葉県下における遺物集積としての「祭祀遺構」の諸例について概観してきた．このほかにも近年の調査例として，埋没谷から中期前半（和泉期）の坩15点ほどがまとまって検出された市原市南岩崎遺跡の例が，単一器種の土師器のみによる小規模な遺物集積として知られる．

次に，これら遺物集積としての祭祀遺構の各遺跡における在り方を要素別に比較検討することにより，その性格について考えていきたい．

⑴ 各祭祀遺構の時期

最初に各遺跡の祭祀遺構の時期を整理しておくと，マミヤク遺跡1・2号祭祀は中期後半（中5期），千束台遺跡は中期中葉～後半（中3～5期，主体とみられるのは中4期），上灰毛遺跡については良好な資料に乏しいもののほぼ中期後半，高岡遺跡は中期前半（中2a～2b期），綱原遺跡2号墳下は中期前半（中2b～3期），同5号墳下は中期前半（中1～2a期），清和乙遺跡は中期中頃（中4期），小滝涼源寺遺跡の場合は前期から中期にかけての遺物集積の形成がみられるが，石製模造品を伴う土器群の中心的な形成時期は中期前半（中3期）に認められる．以上のように，石製模造品を伴う集積としての祭祀遺構は中期前半から後半にかけて各段階のものが認められ，目下のところ千葉県下では，綱原遺跡5号墳下の例が最も古い土器様相を示すものとなっている．

一方，館山市域を中心にみられる土製模造品を伴う祭祀の時期はこれまでに知られている限りでは，古墳時代終末期（7世紀前半期）の所産とみられる．

⑵ 遺物量と集約性

同じ遺物集積としてとらえられた遺構であっても，その遺物量と集約性にはそれぞれ差異が認められる．集約的かつ多量の遺物群が検出されている例としてマミヤク1号祭祀・千束台および小滝涼源寺01・02号例が，遺物量がやや多く集約的なものとして綱原遺跡5号墳下の例が，また遺物量もそれほど多くなく，拡散的・分散的な出土状況を示すものとしてマミヤク2号祭祀・上灰毛・高岡・清和乙などの例がある．調査時の出土状態は，むろん後世の土地利用状況によっても左右されているものではあるが，その祭祀が大規模なものであったか小規模なものであったか，あるいは継続性のあるものか一過性のものかを判定する上で一つの参考にはなり得ると考える．

このうち最も遺物が多量かつ集約的で，遺存状態も原形に近い姿を保つとみられるのは，いうまでもなく千束台の事例である．そこでみられるのは，土器群の器種ごとの配置，重ね置かれ，並べ置かれた状態であり，その場所が果たして祭祀執行の場であったのか，あるいは祭祀に使用する器物の保管・収納場所であったのかも考えさせられる．しかしながら，重ねられた坏の挟間や壺・坩の中に無数の臼玉や石製模造品が入って検出される状況を目にすると，正にその場所で祭儀が執り行なわれたような臨場感が強く感じられる．千東台の祭祀は，土器の質量の多さやその型式的時間幅からみても，長期継続的，換言すれば定期的・定着的な祭祀の実施を想定することができる．従ってこの遺物集積のあった場所は，集落内の決められた祭りの場（屋外の集会場）であると同時に，その用具を一括保管する場所も兼ねていたのではないかと思われる．

マミヤク遺跡1号祭祀の場合も，遺物量こそ千東台には及ばないが，土器の配列状況等に近似した在り方が認められることから，やはり一定期間継続的に行なわれた祭祀の場である可能性が強い．これに対して，網原5号墳下の例は土器量こそやや多くまとまってはいたものの，多年にわたる祭祀の跡としてとらえるには遺物量が限定的で，配置も整然としていないようにみられる．上灰毛・高岡・清和乙および網原2号墳の諸例は数量的にみても小規模で，短期的ないしは一時的な祭祀の痕跡をとどめた事例のようである．なお祭祀の規模は，その集落の住居数や存続期間とも関係しているとみられる．

(3) 主体となる遺物

中期の祭祀遺構では，土器を主体とするか，石製模造品類を主体とするか，それぞれ微妙な相違が認められている．遺跡ごとに主体となる遺物についてみてゆくと，マミヤク遺跡では土器が主体，千東台遺跡では土器と石製模造品の双方が主体，上灰毛遺跡では石製模造品が主体，高岡遺跡では両者同程度，網原2号墳下では石製模造品主体，網原5号墳下は土器主体，網原D4区も土器主体，清和乙遺跡では石製模造品主体，小滝涼源寺遺跡では各遺構とも土器主体となっている．土器を主体とするか石製模造品類を主体とするかで，祭祀の実施形態が少なからず異なっていたとも考えられる．そして土器の中でも主体となる器種，石製模造品もその組成に違いがみられるため，次にそれらの点を検討しておきたい．

(4) 土師器の器種組成と須恵器

マミヤク遺跡1号祭祀では土師器の中で坏が圧倒的多数を占め，甕がそれに次ぐが，他の器種については僅少となっている．また当遺跡では千葉県下の祭祀遺構の中では唯一多数の須恵器が検出されており，その組成はやはり坏が主体であるが，それに次いで高坏と䟎の割合も高くなっている．

千東台遺跡でもやはり坏が最多数を占め，甕がそれに次ぐが，高坏と壺・坩類，および手捏ね土器も甕に拮抗するような数量で検出されている．須恵器は大甕以外はきわめて僅少な存在であった．

高岡遺跡では復元率が低いながらも高坏が最多，それに次いで坩が多数を占めていた．

網原遺跡5号墳下では坩が最多，高坏がそれに次いでおり，とくに坩には同型品が多く認められる．網原遺跡2号墳下では周溝出土土器も含めると手捏ね土器が多く，またD4区では手捏ね土器・ミニチュア土器が主体をなす．

清和乙遺跡では手捏ね土器が最も多く，高坏・坩の順に多くなっている．

小滝涼源寺遺跡 01 号遺構のうち，中期の土器に関しては手捏ね土器が最多で高坏・坩がそれに次ぎ，02 号遺構の中期土器は同じく手捏ね土器が最多で坩・高坏がそれに次ぐ数となっている．

以上のように，祭祀遺構の土器の器種組成は時期によって変化しており，中期前半（中 2a～3 期）には高坏・坩・手捏ね土器が主体をなし，中期後半（4～5 期）には次第に坏が主体になってゆくことがわかる．そして坏が主体化するにつれて土器量も増加し，より定期的・定着的な祭祀が行なわれるようになったのではないかとも推察される．同時にそれは祭祀への参加者が増加し，集落構成員全体の祭りに発展していったことを意味するのではなかろうか．

(5) 石製模造品の組成と未成品類

マミヤク遺跡 1 号祭祀では，模造品は有孔円板が最も多く，2200 点以上の大量の臼玉を伴っている．

千束台遺跡でも，模造品は有孔円板が最も多く，約 9000 点の大量の臼玉を伴っている．

上灰毛遺跡では，模造品は剣形品が最も多く，5700 点以上の大量の臼玉を伴っている．

高岡遺跡では，模造品は有孔円板・剣形品が拮抗し，臼玉は僅少であった．

綱原遺跡 2 号墳下では，模造品は剣形品が多く，臼玉を伴わない．

綱原遺跡 5 号墳下でも，模造品は剣形品が多く，300 点以上の多数の臼玉を伴う．

清和乙遺跡では，有孔円板の数が僅差で剣形品を上回り，約 140 点の多数の臼玉を伴う．

小滝涼源寺遺跡 01・02 号遺構では，ともに有孔円板・剣形品の数が拮抗しており，01 号では 220 点以上の臼玉を伴うが，02 号では臼玉が僅少であった．

以上のように石製模造品の組成に関しては，綱原・高岡・小滝涼源寺など中期前半段階の祭祀遺構では剣形品が優越ないしは有孔円板・剣形品が同数のものが多いが，中期後半の清和乙・千束台・マミヤクでは明らかに有孔円板の数の方が卓越してくる傾向が認められる．同時に中期後半には勾玉の出土率も高くなってくる．また臼玉の数も中期後半から倍増する傾向を認め得る．ちなみにこれら全祭祀遺構の石製模造品数を集計すると，有孔円板が 61 %・剣形品が 32 %・勾玉 5 %・その他 2 %で，有孔円板と剣形品が 93 %を占め，勾玉はきわめて客体的な存在であることがわかる．

一方，石製模造品または臼玉の未成品はすべての遺跡から検出されているが，マミヤクと千束台を除く各遺跡はいずれも少数であり，高岡遺跡で滑石剥片が検出されている以外は，その場所での石製品の製作を示すほどの材料とはならない．また綱原遺跡の報告書で指摘されているように，未穿孔の模造品の一部は完成品と同様に扱われている可能性が高い．従って石製模造品・臼玉の祭祀の場での即時生産も，主として中期後半以降，祭祀の規模が拡大してから行なわれるようになった現象ではないかと推測される．

⑹ 鉄製品と土製品

鉄製品が検出された祭祀遺構として，マミヤク遺跡 1・2 号，千束台，小滝涼源寺 01・02・03・12・13 号がある．このうちマミヤク・千束台の祭祀遺構では実用的製品として鉄鏃・鎌・鋤先が，雛形の模造品として刀子・鎌・斧・穂摘み具・鋤先などが出土しており，品目としては農工具類が多いが，実用品として鉄鏃が数の上では多く検出されていることが注目される．また小滝涼源寺遺跡では 02 号遺構の鉄剣をはじめ，鉄鏃・刀子・鎌形品（実用の直刃鎌か）がそれぞれ検出されている．

このうち鉄製模造品は，石神 2 号墳など中期前半の古墳の副葬品にもみられるものであり，農工具を主体とすることから，開墾・耕作・収穫の全行程を含んだ農耕の成就豊饒祈願に関わる祭具と考えられる．マミヤク・千束台のような大規模化した祭祀の場において，石製模造品とともに主要な祭具として用いられるようになったものであろう．また鉄鏃については鏑矢として使用されるような儀仗的形態のものがみられることから，祭祀の実施に先立って弓を射る儀式のようなものが行なわれた可能性を示している．このような鉄製祭具はマミヤク遺跡や千束台遺跡で検出されているような鍛冶製作の普及に伴って集落内の祭祀の中に取り入れられるようになったと考えられる．

10　古墳中期祭祀の創成と終焉

以上，古墳時代中期を中心とした祭祀遺構の実態と性格について様々な視点からの検討を試みた．中期の祭祀を，全期間を通じて最も特色づけているのは石製模造品であり，中期を石製模造品祭祀の時代とよぶこともできるだろう．房総における石製模造品製作の起源は，現在のところ下総町大和田稲荷峰遺跡の 1 号工房跡（前 4 期相当）が最古段階のものとして知られ，碧玉質管玉とともに滑石管玉・蛇紋岩質勾玉・臼玉の製作が行なわれている．また八千代市権現後遺跡では，中期前半（2b～3 期）の住居 5 軒中 4 軒が臼玉を主体とする石製模造品の製作工房となっており，すでに専業的な工人集落が形成されている．なお集落規模での石製模造品製作は中期後半にも隣接する北海道遺跡へと引き継がれているが，不思議なことにこれらの集落においては，それらを使用した祭場としての遺物集積は認められていない．なお中期後半になると，佐倉市岩富漆谷津遺跡（中 4 期）のように，集落内の 1 軒の石製模造品製作工房から各戸に製品が供給されて，各住居単位で多数の石製模造品を保有する集落もみられるようになる．

ところで，本稿で取り上げたような遺物集積として残る屋外祭祀と，住居内における石製模造品祭祀とはどのような違いをもつものであろうか．前者が集落規模でのイベント的な祭祀であるとすれば，後者は世帯単位の日常的祭祀であったかもしれない．そして後者の世帯単位の祭祀は，集落規模の祭祀の始まりよりもかなり遅れて普及したとみられる．また住居内から有孔円板・剣形品等が出土する例は後期前半までしばしばみられ，屋外での大規模祭祀が行なわれなくなった後も，石製模造品祭祀は世帯単位の簡略な祭祀形態としてしばらくの間，引き継がれていたと考えられる.

なお，古墳中期における祭祀遺構の占地場所は，丘陵先端部（千束台）・丘陵斜面（マミヤク）・台地中央部（上灰毛）・低地（高岡）・谷頭部（清和乙）・台地縁辺（綱原）・海岸段丘（小滝涼源寺）と様々である．またマミヤク2号や小滝涼源寺02・09号のように火を使った祭祀が想定されるもの，小滝涼源寺05・15号のように岩を中心とした祭祀が想定されるものなどがあって，一見すると多様な在り方を示しており，祭祀の対象物や拠り所も多彩であったかにみえる．しかしながら「石製模造品」という象徴的で汎列島的な分布を示す祭具が古墳中期の祭祀には不可欠な役割を果たしていることからみて，この時代の祭祀は漠然とした多様な自然対象物に対して行なわれたものとは考えがたく，すでに自然信仰・地域的民間信仰の域を脱して，斉一的な方向性・目的性をもった列島的な宗教儀礼として普及・浸透したものと考えられる.

あたかも，そのような石製模造品祭祀の開始時期は，土器様式の列島レベルでの画一化，畿内における前方後円墳の河内平野進出と巨大化，それに連動する地方首長層の巨大前方後円墳造営の時期にあたっており，石製模造品祭祀の普及は畿内政権を中核とする統治秩序の集落レベルへの波及と連動するものであったと考えられる.

その祭りはおそらく収穫祭であると同時に，地方首長や集落統括者の継承・承認儀礼を兼ねるものであったと考えられ，中期前半までは単発的，随時的に行なわれていたものが中期中頃から集落ごとの定期的な祭りとして次第に定着をみせたのではなかろうか．そして巨大古墳造営の時代が終熄し，集落内の秩序も安定的なものとなったとき，祭りも次第に形式化・縮小してやがて終焉を迎えたと考えられる．千束台の祭祀跡が古墳の下に埋もれることになった6世紀後半の頃には，すでにそのような中期の賑やかしい祭りの記憶は人々の間から消え去っていたものと思われる.

参考文献

有沢　要ほか 1983『岩富漆谷津・太田宿』佐倉市教育委員会
飯塚博和 1991「古代の神まつり―古墳時代中期の野田地方―」『野田市史研究』第2号　野田市
飯塚博和・河本ひとみ 2000「野田市上灰毛遺跡の古墳時代集落跡」『野田市史研究』第11号　野田市
太田文雄 1990「清和乙遺跡」『大栄栗源干潟線埋蔵文化財調査報告書』千葉県文化財センター
大渕淳志 1992「祭祀遺跡小滝涼源寺の再考察」『日本考古学研究所集報XⅣ』日本考古学研究所
小川和博・大渕淳志 1989『小滝涼源寺―千葉県安房郡白浜町祭祀遺跡の調査―』朝夷地区教育委員会・白浜町
小沢　洋ほか 1989『小浜遺跡群Ⅱ マミヤク遺跡』（財）君津郡市文化財センター
小沢　洋 1995「千葉県木更津市千束台遺跡の祭祀遺構」『祭祀考古』第3号　祭祀考古学会
小沢　洋 1998「上総における古墳中期土器編年と古墳・集落の諸相」『研究紀要Ⅶ』（財）君津郡市文化財センター（本書第Ⅱ部第1章所収）
小沢　洋 1999「房総の古墳中期土器とその周辺」『東国土器研究』第5号 東国土器研究会（本書第Ⅱ部第2章所収）

小沢　洋 1999「千葉県の祭祀遺跡」『東国土器研究』第5号　東国土器研究会
栗田則久ほか 1991「綱原遺跡」『東関東自動車道埋蔵文化財調査報告書Ⅵ』千葉県文化財センター
阪田正一ほか 1984『八千代市権現後遺跡』千葉県文化財センター
阪田正一ほか 1985『八千代市北海道遺跡』千葉県文化財センター
笹生　衛・小林清隆・神野　信 1993「千葉県内における祭祀遺跡の状況」『古墳時代の祭祀』東日本埋蔵文化財研究会
椙山林継 1985「安房における鐸鈴のまつり」『国立歴史民俗博物館研究報告』第7集　国立歴史民俗博物館
田中大介 2002「南岩崎遺跡」『市原市文化財センター遺跡発表会要旨　平成13年度』市原市文化財センター
寺村光晴 1974『下総国の玉作遺跡』雄山閣出版
沼沢　豊ほか 1977『東寺山石神遺跡』千葉県文化財センター
平岡和夫・松井義郎・湖口淳一 1977『高岡遺跡』高岡遺跡発掘調査団

第4章　房総における古墳時代中期群集墳の展開

はじめに

私は1980年代から90年代にかけて，上総地方の古墳および古墳時代遺跡の発掘調査に多く関わってきた．その結果，この期間の初期の頃と近年とでは「群集墳」という用語に対する認識が大きく変化し，従来一般的に多く使われてきた群集墳の概念について再検討の余地が大きいことを実感する．群集墳といえば，一般的には後期後半（6世紀後半）以降の集合的な小規模古墳造営の在り方を指していたと思われるが，表面的には「群集墳」として認識されていた台地や丘陵上の古墳群の多くが，実際に発掘を行なってみると，出現期から終末期に至る実に多様な時期構成を示しているケースの多い事実に直面した．

以前には現象として表面的に把握されていた群集墳が，実態としては必ずしも短期多造型の古墳群とは限らず，むしろ長期継続ないしは長期断続型の古墳群の方が普遍的存在である事実を認めなければならなくなった．小規模古墳の造営には，多造期と減少期の波があり，そのような幾多の時期を経過した結果，表面的には多数の古墳の群集が同じ区域内に形成された．それが上総地方（ないしは東京湾東岸地域）においてとくに顕著な現象としてとらえ得るのか，列島的普遍性の一環として認識できるのかについては，未だ明瞭ではないが，以下実例のいくつかを示しながら，「群集墳」の実態について所見を述べてみたい．なお一般的に認識される後期後半～終末期の群集墳の事例が数多く存在することも確かであるが，それは小規模古墳造営の盛行期と衰退期の流れの中で，理解される現象であり，必ずしも特定古墳群を名指しで「群集墳」と決め付けられない輻輳した状況にあることが，多くの悉皆的な発掘調査を通じて，次第に明らかとなってきた．

1　群集墳の実態

房総においては台地・丘陵上を中心に多数の「群集した古墳群」が認められており，現存する墳丘を数えただけでも数十基から100基以上に及ぶ古墳群は枚挙にいとまがない．とくに東京湾沿岸地域では1980年代～90年代の面的な調査の結果，周溝の確認等によって，実際の古墳数が当初確認数の2倍から3倍に達した例も稀ではなく，市原市諏訪台古墳群（国分寺台古墳群の一支群）のように残存墳丘33基の古墳群が，悉皆的調査によって約230基（約7倍）に膨れ上がった例もある．西上総では，広域調査が行なわれた古墳群の代表例として，市原市国分寺台古墳群（市原台古墳群）のほかに木更津市請西古墳群や袖ヶ浦市大竹古墳群などがあるが，これらは支谷等の地形的区分によっていくつかの支群に分けることができ，その支群を一単位の古墳群として把握することもできる．

ここではまず，筆者が数年にわたってその調査に関与した木更津市塚原古墳群を「群集古墳群」の一例として取り上げてみたい．この古墳群は同一丘陵上に営まれた地形的にも一まとまりの古墳群であり，その分布範囲の約2/3が面的に調査された．墳丘の確認総数は45基で，周溝を含めた調査基数82基（2000年3月まで），古墳の分布密度は1000 m^2に1基というほぼ隙間なく密集した在り方を示す．墳形別の内訳は前方後円墳2基・方墳7基・円墳73基であり，大半が墳丘径10〜20 m規模の小規模円墳によって構成される．調査済古墳65基のうち，築造時期の判明した45基の時期別の古墳の内訳は前期5基（11％）・中期前半4基（9％）・中期後半7基（16％）・後期前半7基（16％）・後期後半19基（42％）・終末期3基（7％）となっており，後期後半の古墳が最も多くの割合を占めるものの，その造営期間は，前期〜終末期（4世紀〜7世紀）の長期にわたっている．調査着手当初は，後期後半（6世紀後半）以降の古墳が大半を占める「群集墳」として漠然と把握されていた古墳群だけに，その調査結果は少し意外であった．この塚原古墳群をもって，少なくとも西上総地方における広域分布型古墳群の一つの典型例とみることは可能であろう．結果として「群集墳」的な状態を呈するものの，その実態は一区域内における400年余の長期間にわたった古墳造営の累積の結果であるという点においてである．その中にあって後期後半（6世紀後半〜7世紀初頭）における事実上の「群集墳」が埋没している．当古墳群の西側の丘陵上に隣接する高部古墳群も出現期古墳と中期・後期・終末期古墳が混在する状態で営まれており，古墳と古墳の間に割り込むような形で，より新しい時期の古墳が造られている状況は塚原古墳群の場合と同様であった．

ちなみに塚原・高部の古墳群と同一の丘陵上には集落跡も存在するが，それは中期中葉の段階でほぼ途絶し，その後はもっぱら古墳造営地として利用がなされている．塚原・高部に中期後半以降の古墳を造営した集団の居住地は，同じ請西地域内の中台遺跡や大畑台遺跡など，より奥まった丘陵上に移動していることが確認されている．従って古墳時代中期後半から後期・終末期に至る集落と墓域は，より広範囲な生活圏の中に包括されていたことが判明したわけであり，出現期・前期から中期前半にかけての集落と墓域が同一丘陵上に近接して営まれていた状況とは，中期中頃を境に一線を画することができるといえよう．それはある時期を境に，今後その区域を墓域として定めようという，明確な意思の表われであると同時に，集落の一斉立ち退きのような外圧的な側面も一方で看取される．

同じ木更津市域でも，前期前方後円墳として著名な手古塚古墳の背後の丘陵上に位置する小浜・俵ヶ谷古墳群では，確認総数15基のうち，8基までが前期方墳であり，中期後半の古墳1基と後期古墳3基が確認されている．この古墳群では，少なくとも前期段階までは古墳と住居群とが非常に近接した状況にあったが，中期後半の円墳の造営を境に，丘陵斜面の下方へ集落が移動してゆく過程が如実にとらえられている．なおこの丘陵上の集落（マミヤク遺跡）では，弥生中期〜奈良期にわたる長期的な集落を営みながら，前期末〜中期前半における集落の断絶が確認されており，中期後半以降の集落および古墳の造営にあたって，一つの新規再開発が想定される．

2　中期小規模古墳の造営状況

房総における古墳時代中期（ほぼ5世紀代）の古墳については，前方後円墳・円墳・方墳のすべてを包括して，1998年までに実態が明らかにされていた資料を集成し，編年作業を試みると共に小論を述べたことがある（小沢1998）．その後7年を経過して世紀も改まり，追加された事例もいくつかあるが，とくに21世紀以降の資料の蓄積はさほど多いものではなく，前稿と重複する部分も多いが，中期における小規模古墳造営の実態を，いくつかの事例を列挙しながら概観してみたい．

筆者は古墳時代中期を1期・2a期・2b期・3期・4期・5期の計6段階に区分する土師器編年案を提示している（小沢1998・1999）．このうち1期は4世紀末葉，2a期は5世紀初頭，2b期は5世紀前葉前半，3期は5世紀前葉後半（須恵器TK73段階），4期は5世紀中葉（TK216・ON46段階），5期は5世紀後葉～末葉（TK208・TK23段階）に相当するものと位置づけている．このような土師器編年を指標として，中期の円墳および方墳の時期区分を試みたところ，中期前半に相当する1期から3期にかけては該当する古墳数も少数で横這いの状態のまま推移するが，4期に至って古墳数が急増し，5期に入るとさらにその数が倍増するといった現象がとらえられている．このうち，1～2期は方墳が主体であり，多くは小規模かつ低墳丘で，副葬品も貧弱であり，前期の方墳からの延長的様相が強い．しかしこの時期には一方で，印西市鶴塚古墳（44 m）・市原市海保3号墳（29 m）・千葉市七廻塚古墳（54 m）・八日市場市真々塚古墳（45 m）などの比較的豊かな副葬品を保有する大形～中形の円墳も知られており，小規模方墳・円墳との格差が著しい段階であったことを指摘できる．なおこの段階に小規模古墳における方墳から円墳への転化が段階的に行なわれたものと認識できる．

続く3期は，円墳が主体化する時期であると同時に，副葬品の質量が多い中規模円墳と副葬品の僅少な小規模円墳とに二分化される傾向が認められる．千葉市上赤塚1号墳（31 m），石神2号墳（25 m）・佐原市鴇崎天神台1号墳（29 m）などの中形円墳では石枕・石製模造品など祭器的色彩の強い副葬品が認められるのに対し，10～15 m級の小形円墳では，前段階と同様に少数の玉類のみの副葬が目立つ．この段階は木更津市銚子塚古墳・富津市内裏塚古墳など房総最大級の前方後円墳造営期にあたっているが，鉄製武器の供給が小形円墳の被葬者にまではいき渡らない状況にあり，同時に小規模古墳被葬者層の大幅な拡大には至っていない段階としてとらえられる．

4期は小形円墳数が増加する時期であるとともに，全体的に副葬品内容が向上（種類が増加）し，大・中形円墳と小形円墳との歴然とした格差は縮まるが，武器・武具の保有量による階層性が認められるようになる．この時期の小形円墳の被葬者は，広域統合を達成した地方首長によって再編された小地域集落長クラスの者であったのではないかと推測される．またこの段階は，房総地域への須恵器の定量供給期に入っており，各古墳で須恵器の副葬・供献が多く認められるように

第１表　房総中期古墳編年表　1998.3.13

	前方後円・後方墳	円　墳・方　墳　（上総）	（下総・安房）
前Ⅶ期	手古塚(60)		
380			
0期	新皇塚(60) 白山神社(89)	▪宮脇２号　■持塚４号墳(29)	
390			
1期	釈迦山(93)	●宮脇３号？ ▪大廐７号 ▪草刈136号 ⬤海保３号(29)	⬤鶴塚(44)
400			
2期	豊浦大塚(123) 水神山(69)	▪大廐３号　▪北旭台74号 ▪草刈990号 ●草刈331号 ●草刈274号 ●草刈750号	⬤七廻塚(54) ●瓢塚12号 ▪手ひろがり３号 ⬤真々塚(45)
420			
3期 TK73	高柳銚子塚(130) 布施弁天(32) 内裏塚(144)	●塚原62号　▪大廐８号 ●塚原72号 ●四留作Ⅰ-1号 ●高砂１号？ ●西ノ根谷3・6号	⬤上赤塚１号(31) ⬤石神２号(25) ⬤鴇崎天神台１号(29) ⬤広ノ台３号(28)
440			
4期 TK216 ON46	姉崎二子塚(103)	⬤八重原１号(37)　●清見台A4・A8・B2号　●向神納里４号 ●馬門　●祝崎1・2号 ●池端　●四留作Ⅱ-1号　▪安須２号 ●東山６号　●西ノ根谷４号　●草刈191号 ⬤鹿島塚５号(27)　●南谷１号	●広ノ台５号 ⬤小川台１号(29) ●栗山猫作16号 ●多古台 ＊大寺山１号洞穴
460			
5期 TK208 TK23	祇園大塚山(100) 弁天山(88) 布野台３号(28) 上野塚(45)	●富士見台２号　●愛宕1・2・3・5・6号 ●元秋葉台32号　●寒沢１号 ●八重原２号　●向神納里3・5・8号 ●戸崎66・67・83号　●大竹12・13号 ●塚原20・35・36・51号 ●野焼２号　⬤富士見塚(25) ●鹿島塚2・6・7・20・23号　⬤東間部多１号(27) ●俵ケ谷９号　●稲荷台１号 ●熊野台２号　⬤草刈３号(35)　⬤浅間山１号(26) ●鼻欠3・4・5号　●草刈135号　●横山３号 ●境1・2号　●草刈104～111号	●仁戸名３号 ●仁戸名６号 ⬤桑納１号(35) ●花野井大塚 ●金塚 ⬤吉高浅間(25) ●瓢塚29・32号 ●天王船塚５号 ●烏山２号 ●鴇崎天神台2・3号 ●宝珠院１号
490			
後1期 TK47		●大山台29号　●横山１号	●宝珠院２号

=前方後円墳　=前方後方墳　=帆立貝形前方後円墳　⬤■＝25m以上の円・方墳　●▪＝25m未満

なる．

5期は円墳数が前段階にも倍加して増大する時期であり，一古墳群内に連続して円墳が造営されるようになる．古墳造営者層が拡大すると同時に，造営地域も増加し，この時期から造営が開始される古墳群も多い．このような古墳数の増加は集落数の増加とも連動してとらえられる現象である．この段階にはさらに，副葬品の優劣による小規模古墳の中での階層分化も促進されるが，その頂点に位置する短甲を副葬した円墳でも墳丘径は20 m前後で，円墳の規模に著しい格差がなくなってくる．地域統合の達成によって，各小地域単位の集落長クラスの墳墓が安定的，定着的に造営されるようになった段階ととらえてもよいだろう．またこの時期は石製模造品を使用した祭祀が各集落内で盛んに行なわれる時期であり，この祭祀は集落長クラスの円墳造営とも密接に関わっていたと考えられる．

3　小規模古墳群造営の画期

以上概述してきたように，中期後半は小規模円墳の造営が急速な増加をみせた時期として，古墳時代の中でも大きな画期として位置づけられることは確かである．そしてその後の後期群集墳造営の布石となる一つの契機が，中期後半に求められることも事実ではあるが，後期後半の群集墳（短期多造型）と中期後半における小規模古墳の増加現象との間には明らかなヒアタスもあり，中期後半をもって「群集墳の創始」ととらえる見方は必ずしも適切ではないと思われる．

中期末以降，後期前半～中葉にかけて（須恵器編年TK47・MT15・TK10・MT85併行期）は，東京湾沿岸地域においては5世紀中葉～後葉段階よりも円墳数が減少した状態のまま横這いに推移する時期としてとらえられ，下総内陸部や東上総においては，この期間の円墳は今のところ稀少な存在であるといってもよい．この期間は前方後円墳など首長墓の造営が縮小，低迷する時期と重なっており，小規模古墳の造営は，西上総の状況をみる限り，細々と存続していたといった方が適切かもしれない．

そもそも群集的な古墳群の形成は，それを「群集墳」という用語でよぶことが適切であるかどうかは別として，前期の段階まで遡る．4世紀代に入り，定型化した前方後円墳及び前方後方墳が拠点的に築かれる段階になると，小規模方墳の数も飛躍的に増加し，木更津市俵ヶ谷古墳群の例にみられるような，中～後期古墳群と外観的に何ら変わらない集合的な古墳群が形成される．前期における小規模方墳の群集した造営状況は市原市諏訪台古墳群や佐倉市飯合作古墳群などにおいて顕著にみられる通りである．一方，群集した古墳群は終末期（とくに7世紀後半）においても顕著に認められ，同じく市原市諏訪台古墳群や木更津市請西大山台古墳群（西斜面部）などにおける小規模方墳の群在状況がその実例を示している．このような前期や終末期における古墳の群集性に比較すれば，中期後半における古墳数の増加は，程度の異なるものであり，それも同時期多造ではなく，詳細にみると一代毎の段階的築造であるという点で，「群集墳」とよぶことが適切であるかどうか躊躇を感じざるを得ない．たとえば中期の円墳が比較的まとまって存在した請西鹿島塚古墳群においても，個々の古墳は過渡的な内容を示しており，継起的に造営されていったことを示している．

これに対して後期後半（6世紀後半）以降にける古墳群の造営形態は，小規模前方後円墳を核として，それを取り巻くように時期をほぼ同じくする円墳が複数基造営されており，古墳ヒエラルキーの大幅な変革を認めることができる．この段階の到来をもって本格的な群集墳らしい群集墳の形成を認めることができるといってよい．西上総地方には多数の広域古墳群が分布するが，それらはいずれも広範な時期内容を包蔵しており，総合的にみれば，4世紀における方墳の多造期，5世紀後半にける円墳の増加期，6世紀後半における円墳の群集期，7世紀後半における終末期方墳の多造期という波があり，それぞれの高揚期の中間に古墳の減少・低迷期が介在している．十数基程度の小範囲古墳群における調査結果も，概して広域古墳群の縮図といえるものであり，長期継続ないしは長期断続型の古墳群が多い．それは同時に，古墳数の多寡とは無関係に，同一地域内における集落・集団が長期的に存続していたことを物語っているともいえよう．

参考文献

小沢　洋 1998「上総における古墳中期土器編年と古墳・集落の諸相」『研究紀要Ⅷ』君津郡市文化財センター（本書第Ⅱ部第1章所収）

小沢　洋 1999「房総の古墳中期土器とその周辺」『東国土器研究』第5号（本書第Ⅱ部第2章所収）

小沢　洋 2001「房総における古墳中期から後期への移行」『〈シンポジウム〉中期古墳から後期古墳へ』第6回東北・関東前方後円墳研究会大会資料（本書第Ⅲ部第1章所収）

第Ⅲ部

後期・終末期古墳論考

第１章　房総における古墳中期から後期への移行

はじめに

房総における古墳中期後半から後期前半に至る変化は，一言でいうと中期中頃に巨大化した首長級の前方後円墳が次第に縮小に向かい，後期前半には大形古墳造営の低迷期を迎えるという流れである．

千葉県最大かつ南関東４都県下最大の前方後円墳である富津市内裏塚古墳（144 m）が造営されたのは５世紀中葉のことであり，それに前後して木更津市銚子塚古墳（推定 130 m）・市原市姉崎二子塚古墳（116 m）・小見川町三之分目大塚山古墳（123 m）といった大形前方後円墳が競うように造営されたが，その次代，もしくは次々代の首長墓はいずれも墳丘規模を縮小しており，６世紀前半に至ると大形前方後円墳の造営が途絶したとみられる地域が目立つようになる．

しかしながら６世紀中葉以降になると再び房総各地で，ある地域ではかつての首長勢力が復活したように，またある地域では新興勢力が台頭したように大形前方後円墳が連続的に造営されるようになり，古墳時代の中でも最も華々しい古墳造営の時代が到来する．

房総においては，５世紀代と６世紀後半代の大形古墳造営の波の盛り上がりの狭間に６世紀前半代の谷間のような低迷期がある．次に房総各地域おける首長墓の推移を概観してみたい．

1　房総各地における首長墓の変化

(1) 小糸川流域（富津市・君津市西南部域）

小糸川流域では前期（4 世紀）の段階までは，道祖神裏古墳（56 m）・駒久保６号墳（42 m）・駒久保 10 号墳（46 m）といった前方後方墳が中・上流域の丘陵上に拠点的に造営されているが，前方後円墳については確認されておらず，河口部の低地に築かれた内裏塚古墳が，今のところ最初にして最大の前方後円墳となっている．内裏塚の造営時期については円筒埴輪や鉄鏃および胡籙金具の編年観などから５世紀中葉前半（TK216 型式相当期）とみられる．

内裏塚の次代の首長墓と考えられるのは，南に 4 km 離れた大貫地区に単独で存在する弁天山古墳（86 m）で，内裏塚と近似構造の竪穴式石室を有し，横矧板鋲留甲冑の存在や鉄鏃・埴輪から，５世紀中葉後半（TK208 型式相当期）の築造とみられる．弁天山に続く時期の築造と目されるのが，内裏塚の近くに造営された帆立貝形前方後円墳の上野塚古墳（44.5 m）であり，内部施設は不明だが，周溝から出土した須恵器により，５世紀後葉（TK23 型式期）の築造と考えられる．

小糸川流域における５世紀代の首長墓の造営は，一代毎に場所を移して行なわれており，墳丘

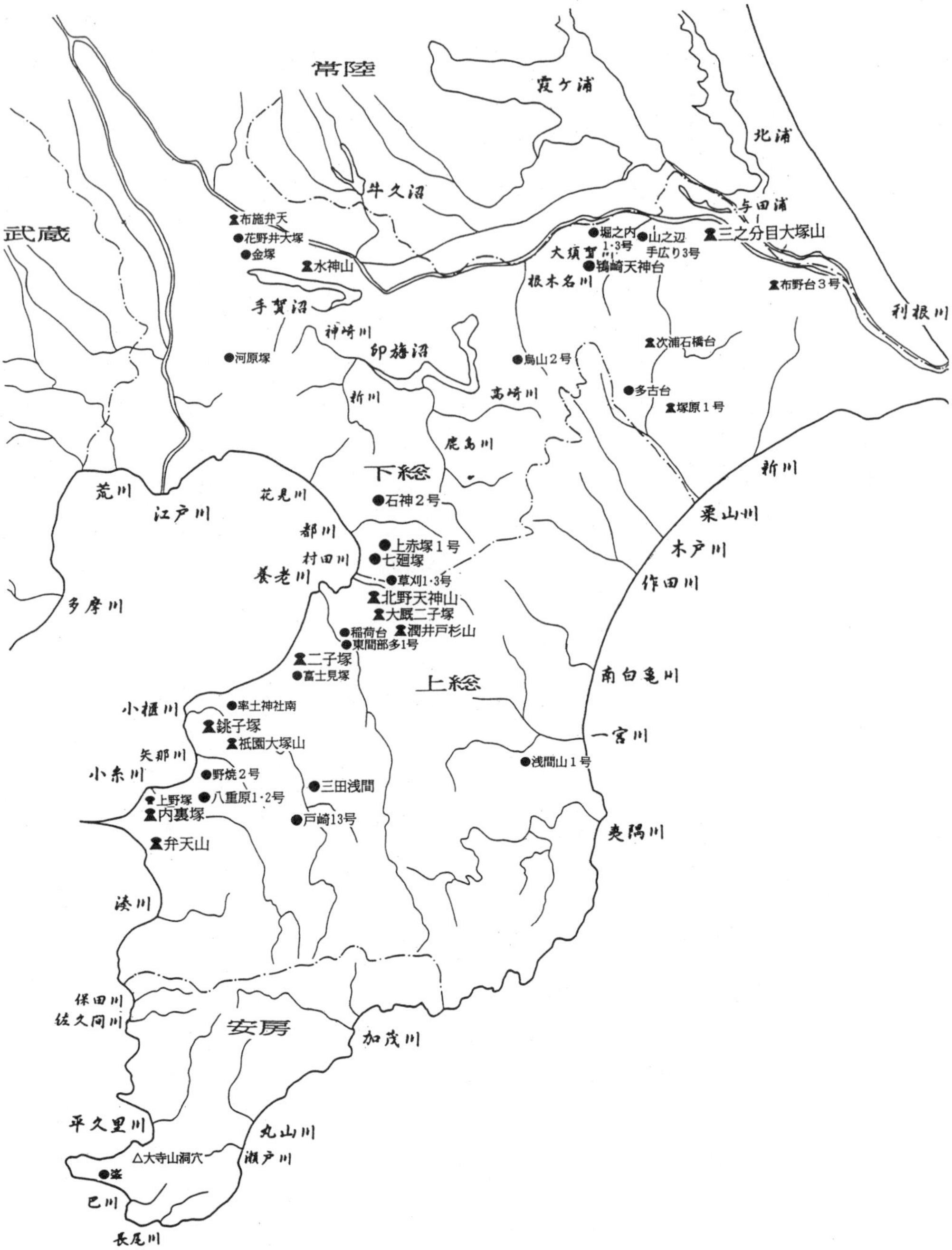

第１図　房総の中期主要古墳分布図

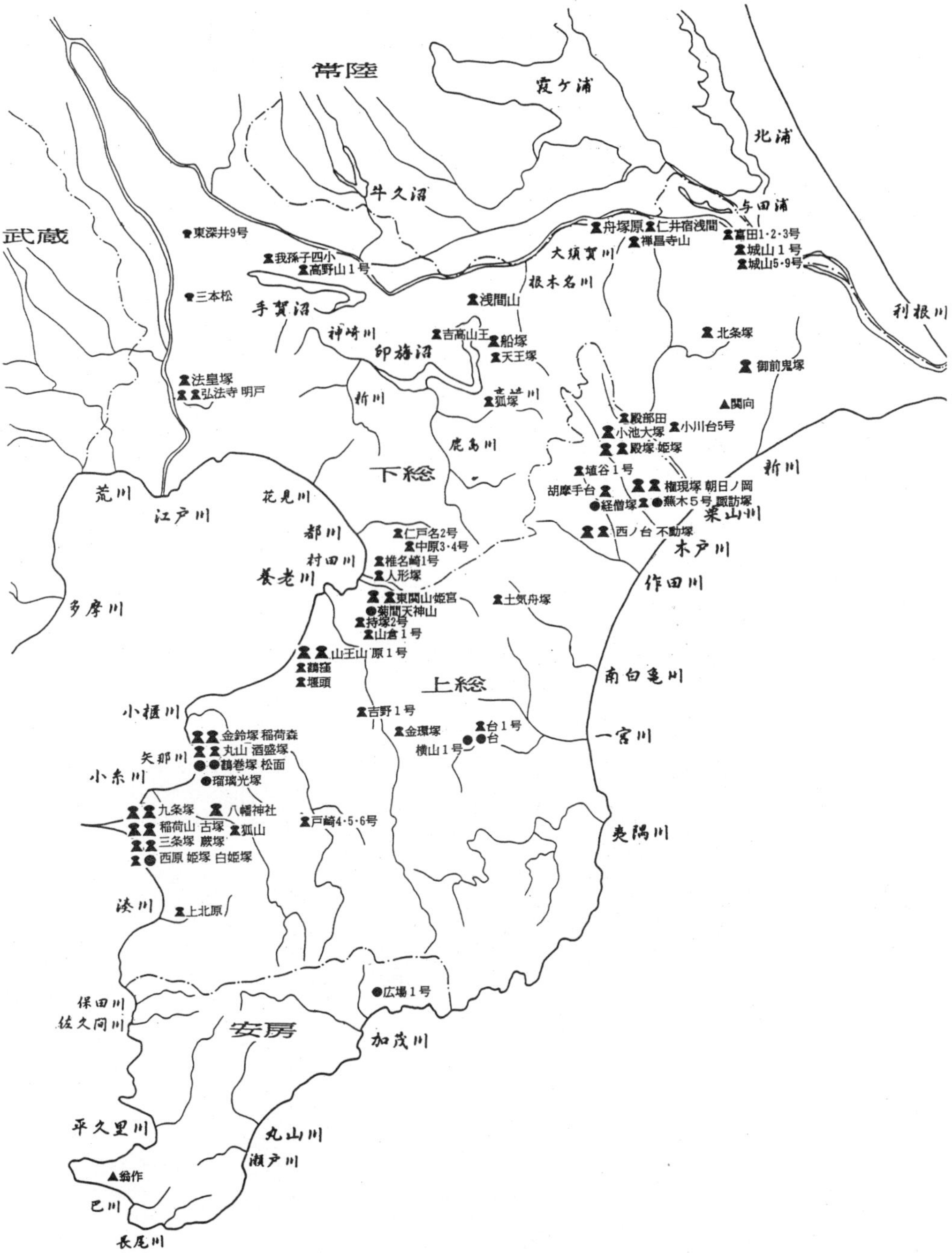

第２図　房総の後期主要古墳分布図

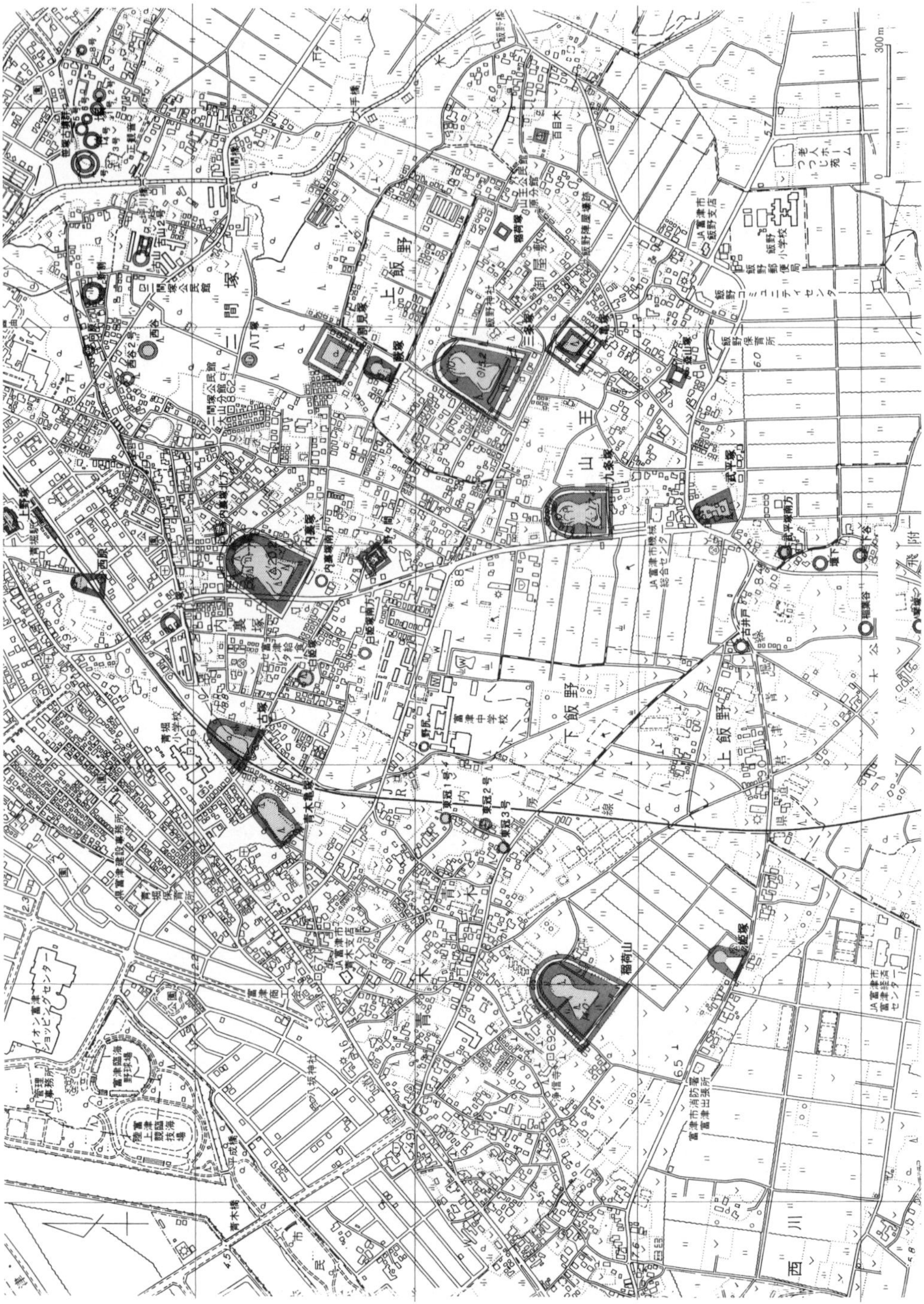

第3図　内裏塚古墳群古墳全体図

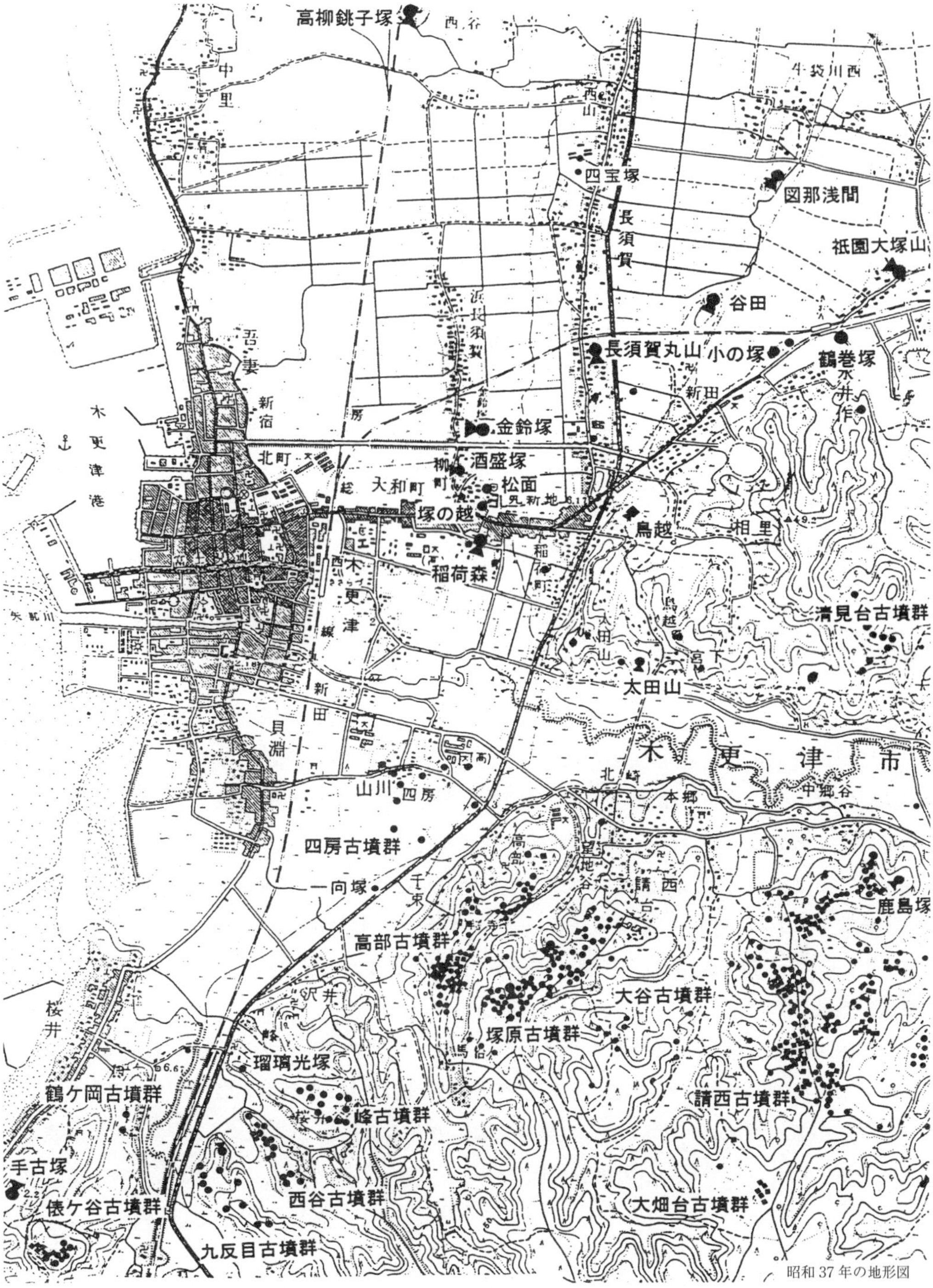

第**4**図　祇園長須賀古墳群と周辺丘陵の古墳群

『千東台遺跡群発掘調査報告書Ⅴ　塚原47号墳』

木更津市教育委員会2000より

規模も 144 m → 86 m → 44.5 m と著しい縮小を示している．その後 5 世紀末葉～6 世紀前葉（TK47～TK10 型式相当期）の前方後円墳は少なくとも下流域低地部には見当たらず，首長墓の空白期間となっている．その空白の後，6 世紀に入って最初に築かれたのが 6 世紀中葉（MT85 型式相当期）の九条塚古墳（105 m）であり，その後 6 世紀後葉～末葉（TK43～TK209 型式期）には稲荷山古墳（106 m）・古塚古墳（89 m）・三条塚古墳（123 m）といった首長級の大形前方後円墳，西原古墳・姫塚古墳・蕨塚古墳などの中小規模の前方後円墳が連続的に造営され，文字通り「内裏塚古墳群」を形成してゆく．

(2) 小櫃川流域（袖ヶ浦市・木更津市・君津市北東部域）

小櫃川流域では前期（4 世紀）段階に，中流域小櫃地区に飯籠塚古墳（105 m）・浅間神社古墳（103 m）・白山神社古墳（89 m）といった大形前方後円墳が造営され，また下流域には手古塚古墳（60 m）・坂戸神社古墳（62 m）という中形前方後円墳が造営されているほか，出現期～前期にかけての前方後方墳も，流域内に拠点的に分布している．5 世紀に入ると，流域内の諸勢力を統合するような形で河口低地部に高柳銚子塚古墳（推定 130 m）が造営される．銚子塚古墳については，長持形石棺の遺材および当古墳からの出土品と伝えられる石製模造品類の存在，円筒埴輪の特徴等から 5 世紀中葉前半ないしは内裏塚古墳よりもやや先行する 5 世紀前葉（TK73 型式相当期）の築造とみられる．

銚子塚の次代の首長墓と位置づけられるのは，南東 2.2 km に位置する祇園大塚山古墳（推定 100 m）で，内部施設は石棺と伝えられ，金銅製眉庇付冑・銀製垂飾付耳飾・挂甲・須恵器等から 5 世紀中葉後半（ON46～TK208 型式相当期）の築造とみられる．祇園大塚山に続く時期の首長墓は今のところ未確認であり，その後 6 世紀後葉の築造とみられる稲荷森古墳（約 80 m）までの首長墓相当古墳は小櫃川河口の低地には見当たらない．稲荷森古墳に続く盟主級前方後円墳として 6 世紀末葉（TK209 型式期）の金鈴塚古墳（95 m）があり，また 6 世紀後半代には丸山古墳・酒盛塚古墳などの中小前方後円墳および鶴巻塚古墳・松面古墳などの首長系円墳の存在もみられる☆1)．

小櫃川流域における首長墓の造営は，5 世紀代には一代毎に場所を隔てて行なわれ，墳丘規模も 130 m → 100 m と縮小をたどる．そして 5 世紀末～6 世紀前半代の首長墓に空白がみられ，6 世紀後半から再び大形古墳の造営が活性化するという流れは，小糸川流域と基本的に近似している．ただし小櫃川流域（木更津低地）の場合には，市街化が早かったために古墳の遺存状況が悪く，現在知られている情報からの推論に限界があることは否めない．

(3) 養老川流域（市原市域）

養老川流域では前期（4 世紀）段階に，下流域の台地上に今富塚山古墳（推定 110 m）・姉崎天神山古墳（130 m）・釈迦山古墳（93 m）という大形前方後円墳が造営され，出現期～前期にかけての前方後方墳も流域内に点在する．5 世紀に入ると，前期以来の首長の本拠地であったとみられる姉崎地区の低地に姉崎二子塚古墳（116 m）が造営される．姉崎二子塚古墳は，後円部と前方部にそれぞれ木棺直葬の埋葬施設をもち，石枕・三角板革綴短甲・銀製垂飾付耳飾の存在等から5世紀中葉（TK216～TK208型式相当期）の築造とみられ，4世紀末葉の築造と目される釈迦山古墳との間には幾分の空白がある．その後，姉崎古墳群内では5世紀後葉に富士見塚古墳というやや大形の円墳が築かれたが，前方後円墳の造営はしばらく途絶え，6世紀前葉（TK10型式相当期）に至って山王山古墳（69 m）が台地上に造営される．山王山に続いては6世紀中葉（MT85型式相当期）に原1号墳（70 m），6世紀後葉～末葉には鶴窪古墳（60 m）・堰頭古墳（45 m）などが相次いで築造されているが，墳丘規模は次第に縮小している．

一方，養老川中流の江子田地区には，二子塚と山王山の間を埋める6世紀初頭（MT15型式相当期）に江子田金環塚古墳（47 m）が築造される．墳丘規模は小さいながら，二重周溝がめぐり，金製耳環やf字形鏡板・鐘形杏葉を含む金銅製馬具の存在など，首長系の古墳として遜色ない内容を示している．この時期，一時的に姉崎地区から首長勢力が移動したのか，あるいは異なる勢力が台頭したのかについては解釈が分かれる．

このように養老川流域では，5世紀後半から6世紀前半にかけて，やや断続的部分もあるが首長墓の造営が続いており，小糸川・小櫃川流域とは異なって6世紀後半に再度前方後円墳が大形化することなく，終末期に至っている．

(4) 村田川流域（市原市北部・千葉市南部域）

村田川流域では前期（4世紀）に，前方後円墳の大覚寺山古墳（62 m），前方後方墳の新皇塚古墳（推定60 m），大形円墳の大厩浅間様古墳（45 m）などが造営され，5世紀前葉には北岸に大形円墳・七廻塚古墳（54 m）が造られる．その後5世紀後葉～末葉にやはり大形円墳の菊間天神山古墳（40 m）が造営されたとみられるがそれ以外の古墳の状況については明確となっていない．南岸の菊間・大厩古墳群内には大厩二子塚古墳（63 m）・北野天神山古墳（90 m）・東関山古墳（80 m）・姫宮古墳（52 m）といった中～大形前方後円墳が存在するが，いずれも未調査で時期が確定していない．墳丘形態等からの判定では大厩二子塚・北野天神山が5世紀代，東関山・姫宮が6世紀代の古墳かとみられるが，詳細な時期についてはわからない．いずれにしても，村田川流域は房総の中でも最も大形前方後円墳の実体解明が進んでいない地域であり，今後の調査に委ねられるところが大きい．

(5) 一宮川・夷隅川流域（長生郡・夷隅郡域）

一宮川流域では前期（4世紀）に，能満寺古墳（74 m）・油殿1号墳（93 m）といった前方後円墳が造営されているが，それ以降大形古墳の造営が途絶え，5世紀代には5世紀中葉後半（TK208型式期）に浅間山1号墳（26 m）という仿製鏡・三輪玉等を副葬する円墳がわずかに知られているに過ぎない．

6世紀初頭～前葉期（MT15～TK10型式相当期）の古墳としては，f字形鏡板・剣菱形杏葉などを副葬する円墳・横山1号墳（約30 m），埼玉稲荷山古墳と同笵の画文帯環状乳神獣鏡が出土した台古墳（約 30 m）の存在が夷隅川流域の大多喜町において認められている．

この地域は高塚古墳の存在も少なく，今後とも新規に大形前方後円墳の発見される可能性は低い．またこの地域は「安閑紀」に屯倉の設置が記された伊甚国造の領域に相当するとみられ，このような屯倉の設置と大形古墳築造の断絶との間には何らかの関わりがあるかもしれない．

(6) 木戸川・作田川流域（山武郡北部域）

木戸川・作田川流域および栗山川流域の一部も含む山武（武射）地域は，古墳の総数が多い地域であるにもかかわらず，これまで前・中期の古墳がほとんど確認されておらず，後期でも 6 世紀中葉以降に至ってにわかに前方後円墳の築造が盛んになる地域としてとらえられる．前期古墳としては，捩文鏡・珠文鏡など 4 面の小形仿製鏡が出土した円墳・島戸境 1 号墳（20 m）の存在がわずかに知られるが，中期（5 世紀代）の古墳は全く知られていない．続く 6 世紀前半も，明確な古墳の事例には乏しいが，殿部田 1 号墳・小川崎 3 号墳など木棺直葬系の埋葬施設をもつ一部の小規模前方後円墳の築造時期が 6 世紀前葉段階まで遡る可能性がある．また 6 世紀中葉には，芝山地区の木戸前 1 号墳・高田 2 号墳など箱形石棺を埋葬施設とする 40～60 m クラスの前方後円墳が造営されたとみられるが，墳丘規模・副葬品内容のうえで地域の中核となるような前方後円墳はまだ認められていない．

山武地域において首長系の大形・中形前方後円墳が盛んに造られるようになるのは 6 世紀後葉～末葉（TK43～209 型式期）のことであり，芝山地区においては殿塚古墳（88 m）・姫塚古墳（59 m）・小池大塚古墳（72 m）が，松尾地区では朝日ノ岡古墳（70 m）・大堤権現塚古墳（115 m）・蕪木 5 号墳（47 m）が，成東地区では西ノ台古墳（90 m）・不動塚古墳（63 m）がそれぞれ造営される．このような 6 世紀後半代における連続的な前方後円墳の造営状況は西上総の小糸川・小櫃川流域に拮抗するものである．

(7) 香取海・椿海周辺地域（香取郡・匝瑳郡・海上郡域）

利根川下流域ともいえる旧香取海沿岸，および新川流域・栗山川上流域を含む旧椿海沿岸地域では，前期（4 世紀）段階に，大日山古墳（54 m）・柏熊杓子塚古墳（72 m）といった前方後円墳の存在が拠点的に認められ，中期には 5 世紀前葉～中葉前半（TK73～216 型式相当期）に三之分目大塚山古墳（123 m）が造営される．しかしこれに後続する時期の大形前方後円墳は付近には認められず，今のところ横矧板鋲留短甲等の出土した帆立貝形前方後円墳・布野台 3 号墳（28 m）が 5 世紀後葉（TK23 型式期）の古墳として挙げられるに過ぎない．この関係は一見すると小糸川流域における内裏塚古墳と上野塚古墳の関係に似ているようにもみえる．なお利根川流域の佐原市・神崎町・下総町域では 5 世紀前葉～中葉期に山之辺手広がり 3 号墳・大戸宮作古墳・堀之内 1 号墳・鴇崎天神山古墳など石枕を副葬品にもつ大形円墳が集中的に造られており，香取海沿岸の地域的特色を示している．

6 世紀前半の前方後円墳としては，石枕・画文帯神獣鏡・挂甲・f 字形鏡板・剣菱形杏葉・馬鐸などの豊富な副葬品をもつ禅昌寺山古墳（60 m）が6世紀初頭（MT15型式期）に，また長方形周溝を備え円筒・形象埴輪を有する舟塚原古墳（54 m）が6世紀前葉（TK10型式期）に位置づけられる．続く6世紀後葉～末葉（TK43～209型式期）には，小見川地区に城山1号墳（68 m）をはじめとする城山古墳群および富田古墳群，佐原地区に仁井宿浅間神社古墳（70 m）が造られるが，利根川流域には際だって大きい規模の古墳はなく，むしろ新川・栗山川上流域（旧椿海沿岸）に下総最大の後期古墳である御前鬼塚古墳（106 m）および北条塚古墳（74 m）が造営される．以上のように，旧香取海・椿海周辺地域（下海上国造圏）では，6世紀前半から後半にかけて継起的に前方後円墳の造営が認められるものの，上総のような大形古墳の密集地域はなく，各時期によって分散的・拠点的な分布状況を示している．

(8) 印旛沼周辺地域（成田市・佐倉市など印旛郡域）

印旛沼周辺地域では出現期～前期初頭段階に，印旛沼南岸に飯合作1号墳（25 m）・2号墳（30 m）のような前方後方墳が造られたが，前期～中期に該当する前方後円墳は確認されておらず，また後期前半に相当する明確な前方後円墳も知られていない．後期後半以降には，印旛沼東岸の公津原・竜角寺古墳群内に天王塚古墳（63 m）・船塚古墳（85 m）・浅間山古墳（70 m）といった60～80 m級の前方後円墳が連続的に造営されて，終末期方墳の岩屋古墳（79 m）などへ継続してゆくとみられる．印旛地域も山武地域と同様に後期中葉以降，新興の首長勢力が台頭した地域としてとらえられる．

(9) 手賀沼周辺地域（我孫子市・柏市・沼南町など東葛飾郡東部・印西市など印旛郡西部域）

手賀沼周辺地域では出現期に戸張一番割古墳（14 m）・北ノ作2号墳（32 m）などの前方後方墳が造られ，前期末～中期初頭には鶴塚古墳（44 m）のような大形円墳の築造が認められるが，目下のところ前方後円墳として最古段階のものは水神山古墳（63 m）である．水神山古墳の時期については見解が分かれるが，墳丘形態から5世紀初頭ないしは前葉の古墳と考えている．また中期後半の前方後円墳としては石枕などが出土した布施弁天古墳（32 m）があり，5世紀中葉後半（TK208型式期）に位置づけられる．その後6世紀中葉までの段階の前方後円墳は今のところ知られておらず，6世紀後葉以降に至って高野山1号墳・我孫子第4小学校古墳などの40 m級小規模前方後円墳の造営が認められる．

(10) 江戸川下流域（市川市・松戸市・流山市など東葛飾郡西部域）

江戸川下流域では，今のところ前期～中期の前方後円墳の存在は全く知られていない．中期古墳として目立ったものでは円墳の松戸河原塚古墳（26 m）が5世紀後葉の古墳として挙げられる程度である．その後6世紀前半（MT15～TK10型式相当期）に該当する前方後円墳も知られておらず，6世紀後半（TK43～209型式期）に入って，市川地域に法皇塚古墳（55 m）・弘法寺古墳（43 m）・明戸古墳（40 m）といった前方後円墳が連続して築かれ，流山地域では三本松古墳（25 m）・

第1表　上総古墳編年表　　2000.11.20

時期		小糸川流域	小櫃川流域	養老川流域	村田川流域	木戸作田川流域	一宮夷隅川流域
出現期	3世紀 後葉末葉		高部32号$_{32}$ 高部30号$_{34}$ 滝ノ口8号$_{48}$	神門5号$_{43}$ 神門4号$_{46}$ 神門3号$_{54}$			
前期	4世紀 初頭前葉	駒久保6号$_{42}$	山王辺田2号$_{34}$ 鳥越$_{25}$ 飯籠塚$_{102}$	諏訪台33号$_{18}$ 東間部多2号$_{36}$ 今富塚山$_{110}$	草刈A99号$_{26}$		
	4世紀 中葉	道祖神裏$_{56}$	浅間神社$_{103}$ 坂戸神社$_{63}$	姉崎東原$_{33}$ 天神山$_{130}$			能満寺$_{74}$ 油殿1号$_{93}$
	4世紀 後葉末葉		白山神社$_{89}$ 手古塚$_{60}$	釈迦山$_{93}$	大覚寺$_{62}$ 新皇塚$_{\triangle 60}$ ●大厩浅間様$_{45}$	●島戸境1号$_{20}$	
中期	5世紀 初頭前葉 ～TK73				●七廻塚$_{54}$ ●上赤塚1号$_{31}$		
	5世紀 中葉前半 TK216	内裏塚$_{144}$	銚子塚$_{\triangle 130}$	二子塚$_{116}$	大厩二子塚$_{63}$		
	5世紀 中葉後半 TK208	●八重原1号$_{37}$ 弁天山$_{86}$	大塚山$_{\triangle 100}$		北野天神山$_{90}$		●浅間山1号$_{26}$
	5世紀 後葉末葉 TK23・47	上野塚$_{45}$		●富士見塚$_{25}$	●菊間天神山$_{40}$		
後期	6世紀 初頭前葉 MT15 TK10	八幡神社$_{86}$	鹿島塚$_{80}$	金環山$_{47}$ 山王山$_{69}$		殿部田1号$_{36}$	●台$_{30}$ ●横山1号$_{30}$
	6世紀 中葉後葉 MT85 TK43	九条塚$_{105}$ 古塚$_{89}$ 稲荷山$_{106}$ 西原$_{63}$	稲荷森$_{\triangle 80}$ ●鶴巻塚	根田1号$_{34}$ 原1号$_{70}$ 吉野1号$_{52}$ 鶴窪$_{60}$	東関山$_{80}$ 姫宮$_{52}$ 人形塚$_{41}$	芝山殿塚$_{88}$ 芝山姫塚$_{59}$ 朝日ノ岡$_{70}$ 西ノ台$_{90}$	台1号$_{34}$
	6世紀 末葉～ 7世紀初頭 TK209	姫塚$_{70}$ 三条塚$_{122}$ 蕨塚$_{48}$ 上北原$_{54}$	●松面 酒盛塚 丸山$_{77}$ 金鈴塚$_{95}$	山倉1号$_{45}$ 堰頭$_{45}$ 持塚2号$_{29}$	椎名崎1号$_{45}$ 小谷1号$_{45}$ ▲帝盤 土気舟塚$_{44}$	小池大塚$_{72}$ 不動塚$_{63}$ 権現塚$_{115}$ 蕪木5号$_{47}$	
終末期	7世紀 前葉中葉 TK217	■割見塚$_{40}$ ■亀塚$_{37}$ ■森山塚$_{27}$	■雷塚2号$_{32}$	六孫王原$_{45}$ 東間部11号$_{25}$ ■牛久3号$_{32}$		■駄ノ塚$_{60}$ ■駄ノ塚西$_{30}$ ○松尾姫塚$_{65}$	

墳形凡例　＝前方後円墳　＝前方後方墳　＝纏向型前方後円墳　＝帆立貝形前方後円墳　●＝円墳　■＝方墳
▲＝不明　（黒ぬり）＝時期確定またはほぼ確定古墳　（白ぬき）＝時期未確定または不確定古墳

第2表　下総・安房古墳編年表　　2000.11.20

時期		香取海椿海周辺	印旛沼周辺	手賀沼周辺	江戸川流域	都川流域	安房地域
出現期	3世紀 後葉末葉	⛊阿玉台7号$_{26}$		⛊戸張一番割$_{15}$			
前期	4世紀 初頭前葉		⛊飯合作1号$_{25}$ ⛊飯合作2号$_{30}$	⛊北ノ作2号$_{32}$			
前期	4世紀 中葉	☗大日山$_{54}$					
前期	4世紀 後葉末葉	☖柏熊杓子塚$_{72}$		●鶴塚$_{44}$			
中期	5世紀 初頭前葉 ～TK73	●真々塚$_{45}$ ☗三之分目$_{123}$		☗水神山$_{63}$			●峯
中期	5世紀 中葉前半 TK216	●鴇崎天神台$_{30}$ ●広ノ台3号$_{29}$				●石神2号$_{30}$	大寺山洞穴 -1期
中期	5世紀 中葉後半 TK208	●多古台$_{20}$	●桑納1号$_{35}$ ●吉高浅間$_{25}$	☗布施弁天$_{32}$		☖鷲塚？	
中期	5世紀 後葉末葉 TK23・47	♠布野台3号$_{28}$ ☗塚原1号$_{35}$ ☗次浦石橋台$_{27}$		●花野井大塚$_{20}$ ●金塚$_{20}$	●河原塚$_{26}$		大寺山洞穴 -2期
後期	6世紀 初頭前葉 MT15 TK10	☗禅昌寺山△$_{60}$ ☗舟塚原$_{54}$					○広場2号$_{42}$
後期	6世紀 中葉後葉 MT85 TK43	☗城山1号$_{68}$ ☗城山5号$_{51}$ ☗仁井宿浅間$_{70}$ ☗小川台5号$_{30}$	☗吉高山王$_{29}$	☗高野山1号$_{36}$	☗法皇塚$_{55}$ ♠三本松$_{25}$ ♠東深井9号$_{21}$ ☖弘法寺$_{43}$	☗中原3号$_{33}$	●広場1号$_{21}$
後期	6世紀 末葉～ 7世紀初頭 TK209	☖北条塚$_{74}$ ☖御前鬼塚$_{106}$ ☗城山6号$_{42}$ ☗城山9号$_{49}$	☗浅間山$_{70}$ ☗天王塚$_{63}$ ☗船塚$_{85}$ ☗孤塚$_{49}$	☗我孫子四小$_{40}$ ☗日立2号$_{30}$	☗明戸$_{40}$	☗中原4号$_{35}$ ☗仁戸名2号$_{32}$	●翁作 ▲東下牧
終末期	7世紀 前葉中葉 TK217		■岩屋$_{79}$ ■みそ岩屋$_{35}$ ■上福田岩屋$_{35}$	⛊日立1号$_{45}$ ■上宿		■荒久$_{16}$	

墳形凡例　☗＝前方後円墳　⛊＝前方後方墳　⛉＝纒向型前方後円墳　♠＝帆立貝形前方後円墳　●＝円墳　■＝方墳
▲＝不明　☗（黒ぬり）＝時期確定またはほぼ確定古墳　☖（白ぬき）＝時期未確定または不確定古墳

東深井9号墳（21 m）といった帆立貝形前方後円墳の築造が認められている．

(11) 都川流域（千葉市域）

都川流域では，前～中期の前方後円墳は認められていないが，5世紀前葉期に石神2号墳（30 m）のような石枕を副葬する大形円墳の築造がみられ，また消滅した鷲塚古墳など比較的大形の前方後円墳が中期の古墳であった可能性もある．後期前半の前方後円墳も知られておらず，後期後半に中原3号墳（33 m）・中原4号墳（35 m）・仁戸名2号墳（32 m）など小規模前方後円墳の造営が認められる．

(12) 安房地域（館山市・鴨川市など安房郡域）

房総半島南端の安房地域ではこれまでに4基の前方後円墳の存在が知られているが，いずれも小規模で時期の明確にわかるものはない．主要な古墳としては古式の蜻蛉玉が出土した峯古墳，舟形石棺をもつ広場1号墳，環頭大刀の出土した翁作古墳，横穴式石室をもつ東下牧古墳などがある．

2　小規模古墳にみられる中期から後期への変化

(1) 木更津市塚原古墳群の事例

小規模古墳における中期から後期への推移過程については，まず一丘陵上の古墳群内でまとまった数の古墳調査がなされている小櫃川水系圏（矢那川下流域）の木更津市塚原古墳群を例としてみてゆくことにしたい．塚原古墳群は木更津低地周縁部の丘陵上に位置する確認総数82基（推定総数150基以上）の古墳群であり，隣接丘陵には高部古墳群・請西古墳群なども所在するが，1980～1990年代の面的な調査で，個々の古墳の時期の判明率も高く，また筆者自身が多くの古墳調査に携わったという経緯もあり，モデルケースとして取り上げることにする．2000年3月現在までに調査された古墳の数は確認総数82基中65基であり，古墳の分布密度はほぼ1000 m^2に1基という高い割合である．また古墳群の存続時期は前期（4世紀）～終末期（7世紀）の長期間にわたっており，各時期別の古墳の総数を比較するのにも適しているとみられる．

この塚原古墳群についての分析を加える前に指摘しておかなければならないことは，筆者が過去20年程の古墳調査に携わってきた所見によれば，少なくとも西上総地域においては，丘陵・台地上に分布する古墳群（群集的な古墳群）の多くが，限られた時期に造られたものではなく，前期～終末期といったような長期継続ないしは長期断続型の古墳群であるという事実である．同一丘陵上に長期にわたって連綿と古墳群を形成していながら，時期によって古墳が多造された時期とそうでない時期がある．それは約450年余にわたって続いた古墳時代の中での古墳築造の波の変化を物語るようでもあり，一律な進化論的解釈だけでは説明し尽くせないような隆盛期と低迷期の繰り返し，ないしは古墳築造に関わる社会背景が刻々と変化していた事実を示唆するもので

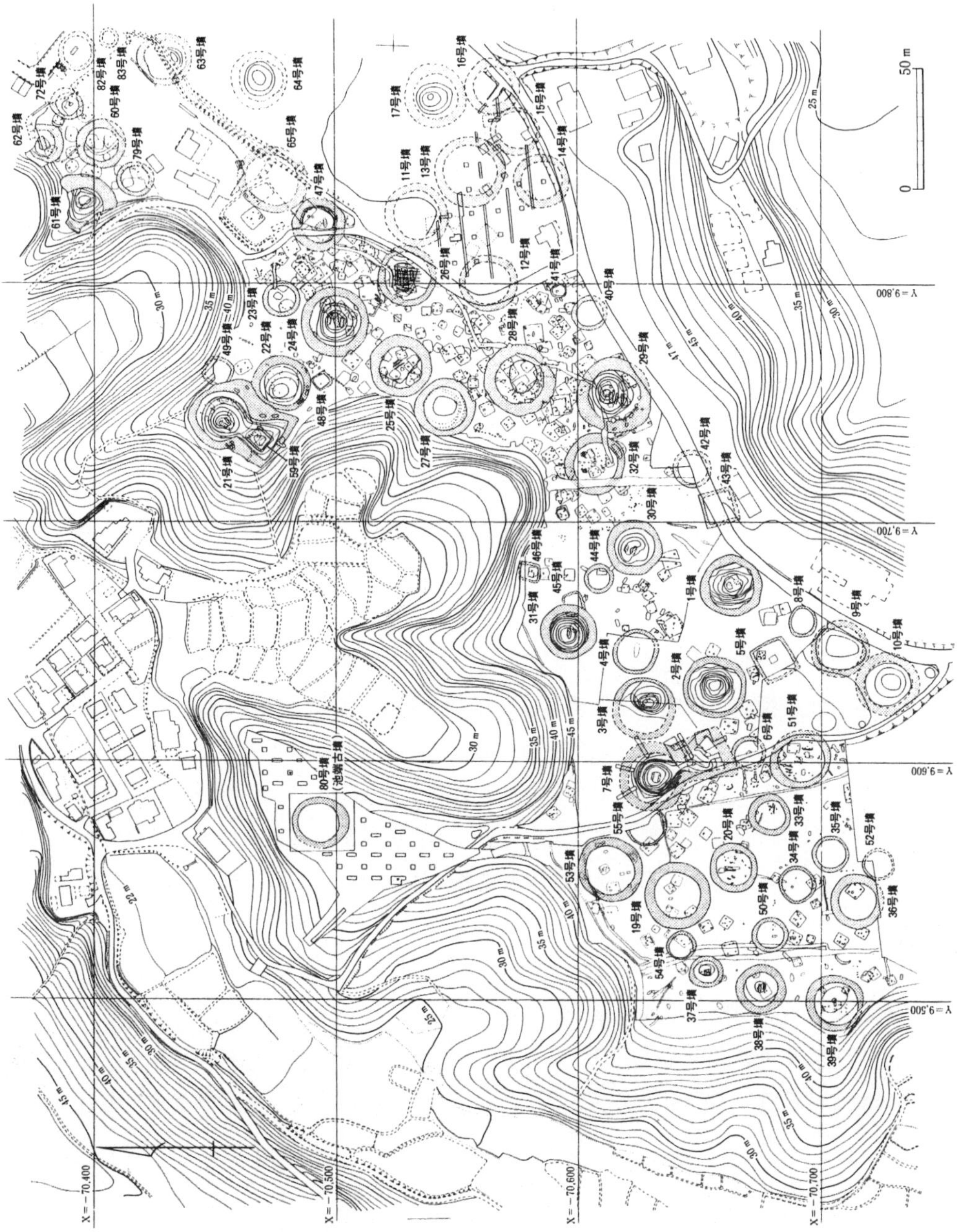

第５図　群集墳の一例（木更津市塚原古墳群） 木更津市塚原古墳群調査区全体図『千束台遺跡群発掘調査報告書Ⅴ　塚原47号墳』
木更津市教育委員会2000より（1999年12月までの発掘調査成果による）

もある．

塚原古墳群における墳形別の内訳は，前方後円墳2基・方墳7基・円墳73基（一部墳形不明古墳を含む）となっており，大半が円墳によって構成されている．なお調査古墳65基のうち，調査時に墳丘が残存していたものは28基，墳丘内の埋葬施設が検出されたものは23基で，それ以外の6割近くの古墳が周溝のみの検出となっているが，周溝内に包蔵されていた土師器・須恵器により時期が判明している古墳も多い．なお埋葬施設は終末期古墳の箱形石棺を除き，すべて木棺直葬である．時期別の古墳の内訳は前期5基・中期11基・後期前半7基・後期後半19基・終末期3基となっており，後期後半の古墳が最も多くの割合を占める．この内訳をさらに詳細にみてゆくと，次の通りとなる．

前期：5基とも10m未満の小方墳で，埋葬施設が検出されたのは1基のみである．

中期：すべて円墳で，前葉から中葉前半（TK216期）のものが4基，中葉後半（TK208期）が3基，後葉（TK23期）が3基，末葉（TK47期）が1基であり，円筒埴輪を有するものが1基（中葉）認められる．

後期：前半7基の円墳のうち初頭（MT15期）が3基，前葉（TK10期）が2基，中葉（MT85期）が2基，後半19基のうち，後葉（TK43期）が前方後円墳1基，円墳3基，末葉（TK209期）が前方後円墳1基，円墳4基，後葉とも末葉とも判定できない後期後半の円墳が10基を数える．

終末期：方墳3基で，箱形石棺をもつものが1基，火葬骨を伴うものが1基ある．

以上のように塚原古墳群においては，前期から終末期までの古墳が同じ区域内に連綿と造営されているが，所々に時期的な不連続，ヒアタスも認めることができる．その第1は前期と中期の境であり，それは小方墳から円墳への転換期にも相当するが，5世紀初頭前後に古墳造営の空白ないし減少期がある．第2は後期と終末期の境であり，7世紀前半に属する古墳の僅少性を認めることができる．それに対し古墳数の増加が認められる画期としては，5世紀中葉と6世紀後葉の2時期があり，とくに6世紀後葉～末葉期には著しく古墳数が増加する．また二つの画期の間に位置する5世紀末葉～6世紀前葉の時期には古墳数が横這いもしくはやや減少的な傾向の中で推移していることが看取される．

(2) 房総における小規模古墳造営形態の推移

上記のような木更津市塚原古墳群における古墳の造営過程をモデルケースとしながら，上総を中心とした房総全域についての小規模古墳の変遷について現時点での筆者の見解をまとめておきたい．

まず群集墳的な古墳群の形成は，それを「群集墳」という用語でよぶことが適切かどうかは別として，前期（4世紀代）段階まで遡る．さらにそれ以前からの経過を辿ると，房総においては弥生中期前半（須和田期）に「方形周溝墓」が出現し，その後中期後半（宮の台期）には君津市常代遺跡などにみられるような集団墓域を形成するようになる．それが弥生後期に至ると個々の周溝墓の独立性が強まり，また20m規模のやや大きな周溝墓が現われると同時に，造営者層が限定されてゆく動きも認められる．古墳出現期（3世紀後半）に入り，神門5・4・3号墳，高部32・30号墳のような初期前方後円墳・前方後方墳が造営される段階になると，それに付随もしくは従属する墳墓としての方墳（一部円墳）が現われるが，その数は弥生後期段階の周溝墓よりも遙かに限定的である．なお方形周溝墓と初期方墳の関係については，それを連続的・漸移的なものとしてとらえる論者も多いが，筆者は規模・墳丘・埋葬施設・副葬品・出土土器の各要素においての革新的相違を認め，時代の画期に相応しい変化と考える．

前期（4世紀代）に至り，定型化した前方後円墳及び前方後方墳が拠点的に築かれる段階になると，小規模古墳（とくに方墳）の数も増加し，木更津市俵ヶ谷古墳群にみられるような，中～後期群集墳と外観的に何ら変わらない前期のまとまった古墳群が形成される．前期の方墳群は市原市国分寺台地区にも大規模なものがみられるほか，基数の多寡はあれ房総各地で広汎かつ普遍的に認められており，近年の調査で鴨川市など安房地域にもその存在が確認されている．

しかしながら前期末～中期前葉（4世紀末～5世紀前葉・和泉式前半段階）になると，小規模古墳の数は著しく減少し，あまり群集的な在り方を示さなくなる．またこの時期は小規模古墳の主流が方墳から円墳へ移行する時期でもある．この時期の小規模古墳を比較的多く含む古墳群として，村田川流域の市原市大厩古墳群・草刈古墳群がある．この時期は小規模古墳の数が減少すると同時に，低地部に100 m以上の巨大前方後円墳が造られようとする時期にもあたっており，さらに30～50 m級の大形円墳の存在が目立つ時期でもある．有力首長による広域な地域統合が進められる中で，古墳造営のエネルギーが大形前方後円墳ないしは大形円墳の造営に集約された期間としてとらえることもできる．

中期中葉（5世紀中葉）は大形前方後円墳が次々に完成された時期であり，それに呼応するように小規模古墳の数も再び増加傾向をみせ始める．この時期の円墳の被葬者は，広域統合を達成した地方首長によって新たに再編された小地域統率者層（集落長クラス）であったと推測される．とくに中葉後半（TK208期）～後葉（TK23期）は円墳数の増加が著しい時期であり，「王賜銘鉄剣」を保有した市原市稲荷台1号墳をはじめ短甲を副葬する20～30 m級の円墳が房総各地に拠点的に造営される．

その後5世紀末葉（TK47期）・6世紀初頭（MT15期）・6世紀前葉（TK10期）・6世紀中葉（MT85期）は，西上総地域においては5世紀中葉～後葉段階よりも円墳数がやや減少した状態のまま横這いに推移する時期としてとらえられるが，下総や東上総においてはこの期間の円墳は今のところ稀少な存在といってもよい．この期間は首長墓の造営が縮小，低迷する時期と重なっているが，小規模円墳の造営は継起的に行なわれており，5世紀中葉以来の流れがむしろ安定的に定着していた期間とも言い得る．

小規模古墳の絶対数が爆発的ともいってよい増加をみせるのは，その後の6世紀後葉～末葉（TK43～TK209期）であり，短期間多造型の文字通りの群集墳の形成期はまさにこの期間にある．房総各地における大形首長墓の復活および新規造営現象とも連動するように，古墳造営者層が最も拡大，分化した時期としてとらえられ，それに伴って20～40 m級小形前方後円墳の数も倍増する．全国最多数を数える千葉県下の前方後円墳のうちの80％近くがこの段階に造られたものである．

3　中期的古墳造営から後期的古墳造営への変化

古墳時代の時期区分に際して，筆者は基本的に現象面の諸画期とは無関係に，3世紀後半を出現期，4世紀を前期，5世紀を中期，6世紀～7世紀初頭を後期，7世紀前葉～末葉を終末期と呼称する区分法を用いている．絶対的な時間枠を区分基準とする方法であり，現段階の研究状況下では，その方が諸種の事象を整理・把握しやすく，また共通認識を得やすいと考えるからである．ただし後期と終末期の境界についてだけは，前方後円墳の終焉という大きな事象的画期に引きずられた形で，世紀の区切りと少しずれた区分を採用している．

ところで「変革」という観点からは，個々の現象によって，またそれぞれの地域によって，画期の存在を認めることが可能であろう．ここでは房総という地域の中での古墳の画期について，主に古墳の造営形態という点に着目しながらみてゆくことにしたい．

第1の画期は神門古墳群・高部古墳群における初期前方後円墳・前方後方墳が築かれた3世紀後葉であり，これは弥生時代と古墳時代を区切る大画期でもある．

第2の画期は今富塚山古墳や飯籠塚古墳のような大形の（定型的な）前方後円墳が造られ始めた時期であり，4世紀前半の内にその画期が求められる．

第3の画期は内裏塚古墳・銚子塚古墳・三之分目大塚山古墳といった低地部の大形前方後円墳が造営された5世紀中葉であり，その直後に小規模円墳の造営も盛んになる．

第4の画期は大形・中形前方後円墳が各地で連続的に造営され始めるようになる6世紀中葉であり，帆立貝形を含む小形前方後円墳や円墳の数も激増して古墳造営者層が最も拡大する．

第5の画期は首長墓が前方後円墳から方墳に変わる7世紀前葉であり，この時期を境に小規模古墳の絶対数も大幅に減少する．

今回のテーマである5世紀後半～6世紀前半は，第3の画期から第4の画期までの間の時期であり，第3の画期から始まった古墳造営の流れが衰微を伴いながらも基本的には継続する時代と言い換えることができる．この期間の中にあえて小さな画期を見出そうとすれば，それは5世紀末～6世紀初頭における，主に首長墓造営という面での零落の画期といってもよいだろう．

それでは中期的な古墳造営形態と後期的な古墳造営形態との間にはどのような違いがあるのか，ここで改めて確認しておくことにしたい．

中期における古墳の造営形態は，先にも述べたように首長級の大形前方後円墳の造営に多大なエネルギーが集約された在り方といえる．この時期の大形前方後円墳は数も限定され，墳丘規模も著しい傑出性を示していると同時に，その分布も拠点的で，地域的な偏在性を示している．前期の段階には分立的に，より多くの地域に前方後円墳・前方後方墳が営まれていたが，中期にはそれらの諸勢力が統合されたような形で巨大古墳が築かれており，その造営者である首長が統轄

第３表　上総における弥生～古墳時代の墳墓構成の変化

①弥生中期　（2C） 	集団墓的方形周溝墓群。一群中の基数が多い。大きな規模の差もなく均質的であり、造営者層は集落内の下部階層にまで及んでいる可能性がある。
②弥生後期（3C前・中） 	族長墓的方形周溝墓群。造営者層がより有力な者に限定されてくる傾向が見られ、墳墓の規模の大小の差も顕著となる。しかしながら、それはまだ優劣差に止まり、明確な形での階層序列は生まれていない。
③古墳前期初頭（3C後） 	初期前方後方墳を頂点として、周囲に数基の方墳が造営される。方墳の造営者は前段階の方形周溝墓群の被葬者よりさらに限定される。
④古墳前期前半（4C前） 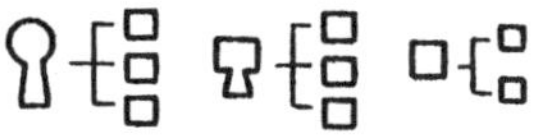	地域連合体の頂点に前方後円墳造営者が、その連合体の中に前方後方墳造営者を頂点とする集団、方墳造営者を頂点とする集団がいて、さらにそれぞれの小集団に帰属する方墳造営者層がある。
⑤古墳前期後半（4C後） 	地域の統合化が進み、次第に前方後円墳造営者の支配体制が強化されるとともに、前期末頃から古墳の造営も大形古墳に限定的な（労働力の集約される）傾向が強まり始める。
⑥古墳中期前半（5C前） 	従来の首長領域がさらに大きく統合される段階であり、大形前方後円墳の造営に労働力が集約されるが、一部に方墳造営の継続が認められる。
⑦古墳中期後半（5C後） 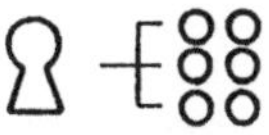	大形前方後円墳造営者層を頂点とする隔絶された階層秩序の下に、各小地域の族長層による円墳の造営が開始され、それは同族墓的に造営者層の拡大を見せる。
⑧古墳後期前半（6C前） 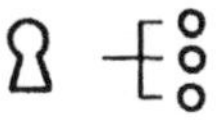	畿内大王墓の規模の縮小、並びに全国的な墳丘規模縮小の趨勢を受けて、前方後円墳の規模が縮小し、それに伴って小地域族長層による円墳の造営数も限定される。
⑨古墳後期後半（6C後） 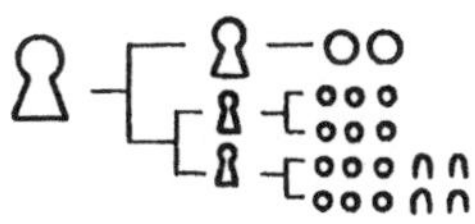	関東地方諸地域の首長勢力の巻き返しとともに、首長級前方後円墳が再び大形化し、中形前方後円墳・円墳を従えた首長系列の古墳群と、首長配下にある小地域集団の小形前方後円墳を中核とする古墳群に分化して、円墳造営者数も過去最大に達する。丘陵地帯で横穴墓の造営も開始される。
⑩古墳終末期前半（7C前） 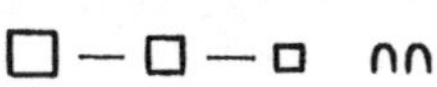	畿内政権からの規制を受けて、首長墓は大形方墳に、その系列下で少数の方墳が造営されるが､小地域集団の墳墓造営は大幅に制限される。
⑪古墳終末期後半（7C後） 	首長墓の造営が停止し、地方豪族層が寺院の造営に向かう中で、造墓規制が緩み、小地域集団の族長クラスを中心に再び小規模な終末期方墳の築造が盛んになる。方形墳墓の造営はその後火葬骨を埋葬する段階まで続く。

第４表　房総中期古墳編年表　　1998.3.13

	前方後円・後方墳	円　墳・方　墳　（上総）	（下総・安房）
前Ⅶ期	手古塚(60)		
380			
0期	新皇塚(60) 白山神社(89)	▪宮脇２号　■持塚４号墳(29)	
390			
1期	釈迦山(93)	•宮脇３号？ ▪大廐７号 ▪草刈136号 ●海保３号(29)	●鶴塚(44)
400			
2期	豊浦大塚(123) 水神山(69)	▪大廐３号　▪北旭台74号 ▪草刈990号 •草刈331号 •草刈274号 •草刈750号	●七廻塚(54) •瓢塚12号 ▪手ひろがり３号 ●真々塚(45)
420			
3期 TK73	高柳銚子塚(130) 布施弁天(32) 内裏塚(144)	•塚原62号　▪大廐８号 •塚原72号 •四留作Ⅰ-1号 •高砂１号？ •西ノ根谷3・6号	●上赤塚１号(31) ●石神２号(25) ●鴇崎天神台１号(29) ●広ノ台３号(28)
440			
4期 TK216 ON46	姉崎二子塚(103)	●八重原１号(37)　•清見台A4・A8・B2号　•向神納里４号 •馬門　•祝崎1・2号 •池端　•四留作Ⅱ-1号　▪安須２号 •東山６号　•西ノ根谷４号　•草刈191号 ●鹿島塚５号(27)　•南谷１号	•広ノ台５号 ●小川台１号(29) •栗山猫作16号 •多古台 ＊大寺山１号洞穴
460			
5期 TK208 TK23	祇園大塚山(100) 弁天山(88) 布野台３号(28) 上野塚(45)	•富士見台２号　•愛宕1・2・3・5・6号 •元秋葉台32号　•寒沢１号 •八重原２号　•向神納里3・5・8号 •戸崎66・67・83号　•大竹12・13号 •塚原20・35・36・51号 •野焼２号　●富士見塚(25) •鹿島塚2・6・7・20・23号　●東間部多１号(27) •俵ケ谷９号　•稲荷台１号 •熊野台２号　●草刈３号(35)　●浅間山１号(26) •鼻欠3・4・5号　•草刈135号　•横山３号 •境1・2号　•草刈104～111号	•仁戸名３号 •仁戸名６号 ●桑納１号(35) •花野井大塚 •金塚 ●吉高浅間(25) •瓢塚29・32号 •天王船塚５号 •烏山２号 •鴇崎天神台2・3号 •宝珠院１号
490			
後1期 TK47		•大山台29号　•横山１号	•宝珠院２号

＝前方後円墳　＝前方後方墳　＝帆立貝形前方後円墳　●■＝25m以上の円・方墳　•▪＝25m未満

下に収めた領域はかなり広範囲に及んでいたとみられる．養老川・小櫃川・小糸川といった西上総の諸地域が，一つの広域連合体として銚子塚→内裏塚→二子塚→大塚山→弁天山といったように輪番制で歴代の最高首長の墓を造営していったという見方もできる．一方，このような大形前方後円墳の下位に位置する墓制は中小規模の円墳であり，中間層が存在していない．40～50 m 級の大形円墳のほとんどは，一連の大形前方後円墳が造営される以前の前期後半～中期前半に造営されたとみられるものである．そのような中にあって中期中葉～後葉期にみられる短甲副葬円墳は，墳丘規模が 20～30 m 台と比較的大きいものであり，この時期の円墳の中では最上位に位置づけられる．その存在はある程度普遍的でありながらも，点在的分布を示すことから，造営者の特定的な階層性を認めることができる．中期（5 世紀後半）の円墳は基本的に武具・武器類の保有量によって，一定の等級制を見出すことができるようである．

これに対して，後期中葉以降に形成される後期的な古墳の造営形態は，より裾が広く，重層的な在り方を示している．まず首長級の古墳である大形・中形前方後円墳が絶対数の増加とともに，より普遍的で均一的な分布を示すようになる．そして首長墳を取り巻くように小形前方後円墳や円墳が造営され，首長の一族ないしは直属集団の墓域が形成される．中期のように飛び火的，断続的に首長墓が造営されるのではなく，墓域が定着して連続的に古墳が造営されてゆく．一方，首長の支配領域内においては，それぞれの小地域単位に群集墳的な古墳群が形成されるが，その小地域集団の領主または統率者の墳墓として 20～40 m 級の小形前方後円墳・帆立貝形前方後円墳が築造される．

このような重層的な古墳造営体制の中にあっては，墳丘規模と副葬品内容が必ずしも比例するとは限らないという現象もみられる．100 m 級の最高首長墓を擁する小糸川流域・小櫃川流域・山武地域などに位置する 50～70 m クラスの中形前方後円墳と，それ自体が最高首長墓となっている地域の中形前方後円墳とでは，墳丘規模は同格であっても，副葬品内容は後者の方が優越しているという現象がみられる．たとえば，小糸川流域の西原古墳や小櫃川流域の丸山古墳に比べ，香取海沿岸の城山 1 号墳や江戸川流域の法皇塚古墳の方が副葬品内容は卓越している．前者は大企業の中の専務・部長クラスの墓であるのに対し，後者は中小企業の社長の墓であり，曲がりなりにも一国一城の主であるというたとえ方をしてもよいであろう．

それと同様の「相対的な関係」は，一地域内の首長系古墳と群集墳の間にも認めることができる．小櫃川流域の塚原古墳群中にある 7 号墳・21 号墳はともに 40 m 級の前方後円墳であるが，副葬品は直刀・刀子・鉄鏃を基本に錫製耳環や弓（金具），ガラス小玉などが加わる程度であり，同時期の円墳に比べて品目自体に目立った変化はなく，同種の副葬品の量が多くなるに過ぎない．これに対して，内裏塚古墳群中の円墳である白姫塚・丸塚・古山古墳や祇園長須賀古墳群中の円墳である松面古墳☆1)・塚の越古墳には飾大刀や金銅製馬具の副葬がみられ，埋葬施設に横穴式石室を採用していることとあわせて，丘陵部の前方後円墳よりも相対的に優れた内容を有している．群集墳中の前方後円墳は，首長系古墳群内の円墳よりも内部施設・副葬品内容が劣っているということであり，この現象は先ほど述べた地域間の首長墓の比較とは逆の意味で，小地域統率者の格の低さ，経済力の低さ，後期的古墳ヒエラルキーの中での地位の限界性を示しているともいえる．西上総地域では，丘陵部の小形前方後円墳の多くが，括れ部に「埋没周溝」を有し，円墳から前方後円墳への改築と考えられる点も，「死後の昇格」の問題を含めて，後期的な古墳の階層構造を考えるうえで参考となるであろう．

それに加えて，6世紀後葉～末葉期の大形前方後円墳はきわめて卓越した内容を備えており，三条塚古墳はその墳丘規模（122 m）が同時期の前方後円墳の中では東日本最大，また金鈴塚古墳は飾大刀の保有量（17本）が国内最多といったように，畿内の大王陵級の古墳とも比肩し得る優越性を示している．このような後期前方後円墳の傑出性は関東地方各地に共通して認められるものであり，群馬県の高崎観音山古墳と観音塚古墳，埼玉県の埼玉将軍山古墳・小見真観寺古墳なども，上総の諸古墳と同列の有力首長墓といえる．このような後期後半（欽明朝前後）における関東地方の首長勢力の強大化は，日本歴史上においてもきわめて重要な意味を有していると考えられる．

ここで問題とされる6世紀前半（継体朝前後）における古墳の造営状況であるが，房総においては大形前方後円墳の造営が低迷する時期であるとはいえ，中規模・小規模の前方後円墳がいくつか造られている．この時期の前方後円墳としては香取海沿岸の禅昌寺山古墳（60 m），舟塚原古墳（54 m），養老川流域の江子田金環塚古墳（47 m）・姉崎山王山古墳（69 m）などがあるが，いずれも墳丘規模に比して副葬品内容が優れている傾向があり，その意味では後期後半における中規模の首長系古墳にも近似している．しかし基本的には中期的造営形態が首長墓の規模を縮小しつつ継続した時期としてとらえられる．

その主たる理由は，まだ古墳の造営形態が後期後半のような重層的な構造を示すに至っていないとみられること，それと同時に古墳造営者数がまだ非常に限定された段階にとどまっていることである．その意味で，後期前半（6世紀前半）という時代は，現在的なたとえでいえば，中期前葉頃から始まった「倭の五王時代」のバブルがはじけた列島的な経済低迷期のような印象を強くする．河内平野における大王陵クラスの古墳も，この時期には急速に規模を縮小しており，大形古墳造営に費やされるエネルギーが一挙に沈静化した時代と言い換えることができるかもしれない．そのような古墳縮小の趨勢が一部地域を除いてほぼ全国的に波及しているのは，この時期の経済圏がすでに汎列島的な規模に及んでいたことを示す証左でもあろう．従来から指摘されている「古墳の規制」というとらえ方にも一定の妥当性はあるが，その実態は必ずしも「規制」という表現で語られるような上意下達的な影響力によるものではなく，むしろ地方首長の側からみれば，付和雷同的で，自主規制，自主抑制的な側面を多分にもった墳丘規模の縮小，古墳造営に伴う労働力の節約であったとも解釈することができる．

とはいえ，この6世紀前半という時代は，その後に訪れる後期的な古墳階層社会への準備期間ともいえる現象を内包，醸成する時期でもあった．首長層が墳丘規模のさほど大きくない前方後円墳を造営し，副葬品の質量や二重周溝によってその権威を示そうとする意識の萌芽もこの時期の中にあった．

房総という地域だけに限定した場合，畿内王権という大きな後ろ盾を背景に首長の座を維持した中期以来の地方豪族層が，その後ろ盾を失い，自立的な地方統治を模索していた期間と言い得るかもしれない．しかしそのような地方首長の権威の回復は，事実上畿内における欽明朝期の大形前方後円墳復活という余勢を受けて実現されることになるのである．

まとめと問題提起

房総においては，まだ幾多の謎と未解明部分に覆われた後期前半（6世紀前半）ではあるが，今後の研究深化のために，この時期に関わるいくつかの問題を提起しておきたい．

その一つは中期においてはほとんど存在しなかった群集墳レベルの小形前方後円墳および帆立貝形前方後円墳が後期前半のいつ頃から現われるのかという問題である．これらの小形前方後円墳の盛期が後期後半にあることはいうまでもないが，その一部は6世紀前半に遡る可能性があり，ただし副葬品や出土土器からその時期が明確にされているものは少ないのが現状である．西上総では小櫃川流域の請西古墳群中に存在する鹿島塚8号墳（33 m）が出土須恵器から6世紀前葉（TK10期）の築造とみられる以外にはこの時期に該当する小形前方後円墳は知られていない．また芝山など山武地域には埴輪の様相等から6世紀前半の築造と想定される前方後円墳がいくつかあるが，副葬品や土器からの時期認定に不明確な部分を残している．北総地域に多くみられる括れ部に埋葬施設をもつ帆立貝形前方後円墳（常総型古墳）の初現時期についてもあまり明確化されていないのが現状である．房総においては，この時期の首長系と認定できる前方後円墳にも，江子田金環塚古墳のような40 m台の規模のものがあり，個々の前方後円墳について，副葬品その他の内容から階層性を認識する必要も生じてこよう．

今一つは，房総において認識される後期前半の首長墓の縮小ないしは古墳の僅少傾向が，他の地域にも共通する現象としてとらえられるかどうかという点である．関東地方においては，群馬県下の大室古墳群のように5世紀末葉～6世紀中葉期にも大形前方後円墳の造営が明らかに継続する地域もある．

房総においては，首長系前方後円墳に限らず，後期前半の古墳が中期後半や後期後半に比べて相対的に少ないという事実は，これまでの幾多の古墳群の調査結果が示すところでもある．首長墓の縮小・空白や古墳減少の意味をどのようにとらえるかが今後のこの時期の研究の主要な課題ともなろう．後期前半（継体朝前後）における古墳造営の衰退現象も，日本歴史上においては重要な意味を有している．

第2章　上総地域の鬼高式土器

はじめに

上総（旧上総国域）は千葉県の中部にあたり，東京湾側の西上総と太平洋側の東上総に分けることができる．近代の郡区分でみると，西上総には市原郡（市原市）と君津郡（袖ケ浦・木更津・君津・富津の4市）が，東上総には山武郡（東金市ほか8町村，千葉市の一部）・長生郡（茂原市ほか6町村）・夷隅郡（勝浦市ほか5町）が含まれる．このうち北東側に突出した山武郡は地理的には下総との関連が強い地域といえる．

律令制施行以前の上総国域には合計6国造の存在が知られている．市原郡域の菊間国造と上海上国造，君津郡域の馬来田国造と須恵国造，山武郡域の武射国造，長生郡・夷隅郡域の伊甚国造であり，これらの各国造の支配領域は，古墳時代後期の小文化圏，土器の地域性とも密接に関わっていると考えられ，将来調査が進捗すれば，各小地域（国造圏）単位での土器様相の地域色を明確に把握することも可能になるものと思われる．

上総地域における鬼高期（主として古墳時代後期）の集落遺跡の発掘調査が増加したのは，ここ10年程のことであり，現段階でもまだ東上総（とくに長生・夷隅地域）におけるまとまった規模の調査例は少ない．従って本稿では，西上総の様相を中心に検討してゆくことになる．一方，当地域では古墳の調査例も多く，古墳出土の土師器についても検討対象としたい．

なお「鬼高式土器」として理解されている型式内容の中には，現段階の年代観で5世紀後半～7世紀後半に至る長期間の土器が包括されており，今日的視点では，時代区分の一指標たる土器型式の区分として必ずしも適当なものとは言い難い．後続する「真間式」・「国分式」の型式名が今日ではほとんど使われなくなったように，筆者はここ数年来，基本的に鬼高式という型式区分は使用しないことにしている．しかしながら，今回与えられた標題のためと，学史上定着している鬼高式土器の初現の画期がなお一定の区分上の有効性をもっているとも考えるので，本稿では一応，古墳時代中期（5世紀代）に含まれる部分から，取り上げることにする．

1　研究略史

上総地域では，明治時代以来，古墳の発掘が盛んに行なわれ，これに伴って出土した土器類も少なくなかったが，古墳時代集落の調査は1970年代まではきわめて少なく，編年的研究を行なえる段階ではなかった．とくに古墳時代後期集落の調査例は，古墳の調査数と反比例して，隣接する下総地域よりもはるかに少なく，土師器の編年的研究も近年途についたばかりであるといえる．

70年代前半の1973年には，幾多の木器類が出土したことで著名な木更津市菅生遺跡の第3次調査が行なわれ，「大溝」及び包含層中から鬼高式土器の良好な資料が多数検出されたが，溝という遺構の性格から積極的編年作業がなされることはなく，報告書では各器種の形態分類が行なわれるにとどまった[1]．そのほか70年代には，西上総の市原市大廐遺跡・南総中遺跡・台遺跡・千草山遺跡・土宇遺跡，木更津市請西遺跡・菅生第2遺跡，東上総の山武郡芝山町宮門遺跡・猪ノ堤遺跡・清水台遺跡，夷隅郡大多喜町横山遺跡などで該期の集落が調査されているが，約40軒の住居址が検出された千草山遺跡を除くと，検出規模はいずれも小さいものであった．

これら1970年代の調査遺跡の報告書がほぼ出揃った1981年，日本考古学研究所により，千葉県内の鬼高式土器の集成作業が行なわれ[2]，翌年，同研究所の村山好文氏により，房総の鬼高式土器を6期に区分する編年案が提示された[3]．この集成と編年作業は，その後の房総各地での鬼高式土器研究の一つの基礎となるものであったが，地域性を捨象して広範囲の資料を扱ったためと，各器種の形態的細分に左右される傾向があったため，各段階での土器相の指標となる要素を必ずしも明確に摘出したものとはいえず，多くの問題を残すものであった．

1980年代に入ると，県内各地に地区文化財センターも次々に設立され，大規模な調査例も多くみられるようになった．西上総では，市原市番後台遺跡[4]・文作遺跡[5]，木更津市花山遺跡[6]・小浜遺跡群（マミヤク[7]・俵ケ谷遺跡[8]），東上総では，東金市久我台遺跡[9]，芝山町三田遺跡[10]・小原子遺跡群[11]などを大規模な調査例として挙げることができ，従来資料の少なかった長生郡域でも，小規模ながら当該期の集落がいくつか調査された．また各地域で古墳や横穴の調査に伴う資料も増加した．

このような調査が進行する中，1986年に杉山晋作氏を中心とする「房総における古墳時代後期土器の年代と地域性」と題するシンポジウムが開始された．同年8月～1987年5月の間に，5回11地域にわたる県内各地域の編年案についての発表と討議が行なわれ，1987年7月の房総全地域を総括するシンポジウムをもって締めくくられた[12]．上総では，養老川流域を木對和紀氏が[13]，小櫃川流域を筆者らが[14]，山武郡北部地域を福間元氏らが[15]，山武郡南部・長生郡地域を津田芳男氏が[16]それぞれ担当して編年案を作成した．いずれの地域でもまだ資料的な制約は否めず，時期区分も比較的大まかであったが，基本的な変遷過程は跡付けられた．またこのシンポジウムを通して，上総と下総，あるいは東京湾側と北総内陸部との土器様相の相違点も認識され，特定地域に偏在する器種・技法等，地域性を明らかにしてゆくうえでの問題の所在を相互に確認することができた意義は大きい．

その後，80年代の調査遺跡の報告書が次々に刊行される中で，各遺跡や特定地域内での土器編年が提示された．小林信一氏は東金市久我台遺跡の後期土器を4期区分し[17]，津田芳男氏は長生地域の土器を4期区分し[18]，大村直氏は市原氏文作遺跡の後期後半土器を2期（4小期）に区分し[19]，筆者は木更津市マミヤク遺跡の後期全期間の土器を8期に区分した[20]．

また最近では，相模・南武蔵を中心に古墳時代後期土器の研究を推進してきた長谷川厚氏によって房総の古墳時代後期土器が論じられ[21]，木更津市花山遺跡を取り上げて6期区分を提示している．長谷川氏によって示された花山遺跡の編年観は，筆者がマミヤク遺跡において示した編年観と大筋において共通するものであるが，時期区分の指標としてとらえた観点がやや異なる所もある．

本稿では，マミヤク遺跡で示した8期区分を基本的に踏襲しながら，古墳時代中期に属する0期を加え，隣接する俵ケ谷遺跡，および同じ木更津市内の花山遺跡の土器様相を合わせ，相互に補完しながら編年図を作成して各段階の概要を述べることとする．なお与えられた紙数の関係から，西上総北部の市原市域・東上総諸地域，ならびに古墳出土土器の様相については，今回は詳細な記述は避け，木更津地域の編年との対応関係を示すにとどめたい．

2　西上総地域における鬼高式土器の編年

0期（5世紀中葉～後葉）

陶邑編年 TK208～TK23 型式に併行する段階であり，西暦 460～480 年代の実年代幅を想定し得る．上総地域において須恵器の出土量が急増する時期であり，古墳や祭祀遺構ををはじめ，住居址からも坏・高坏・𤭯などの須恵器の出土が目立つ．石製模造品の全盛期でもある．マミヤク 53 号住・97 号住，俵ケ谷2号住・3号住，花山 82 号住・136 号住などを標識資料とする．

坏は和泉式以来の埦形坏（5世紀型坏）が主体であり，和泉式の段階に比べ，平底よりも丸底が圧倒的に多くなる．また浅いものから次第に口径が大きく深いものが多くなり，この段階の後半には，口縁部の内彎するものが多くなる傾向が認められる．大半のものが赤彩されており，器面調整はヘラナデを最終調整としたものが主であるが，内面に放射状・螺旋状の暗文を施したもの，外面に刷毛目調整を残すものがしばしばみられる．この段階において，上総の一部地域には初期須恵器を忠実に模倣した土師器坏がすでに出現しているが，稀な存在である．

高坏は埦形の坏部をもつものがほとんどであるが，坏部下端に稜をもつ前段階的な高坏も一部に残存する．ヘラナデまたはヘラミガキ調整で，ほとんどが赤彩されている．

甕は球胴形のものと，球胴形に近いもの（近球胴形），胴部がやや長いもの（中胴形）が併存しており，口縁部が短く最大径が胴部上位にある鉢形のタイプも少数みられる．頸部の形態は，く字形に屈曲するものが多いが，柱状に立ち上がるものもこの段階に多くみられる．

甑には頸部を有する甕形の甑と，口縁部が直線状に開く鉢形の甑がみられる．

そのほか，この時期には坩・短頸壺など，壺類の伴出が普遍的に認められる．

1期（5世紀末葉～6世紀初頭）

陶邑編年 TK47 型式に併行する段階で，490～500 年代の実年代幅が想定される．須恵器の出土量にやや減少傾向がみられる．この段階にはほとんどの住居址にカマドの付設が認められるようになる（小浜地区の遺跡では他地域よりやや遅れてこの段階に出現）．マミヤク 52 号住・167 号住・174 号住，俵ケ谷 36 号住・95 号住，花山 146 号住などを標識資料とする．

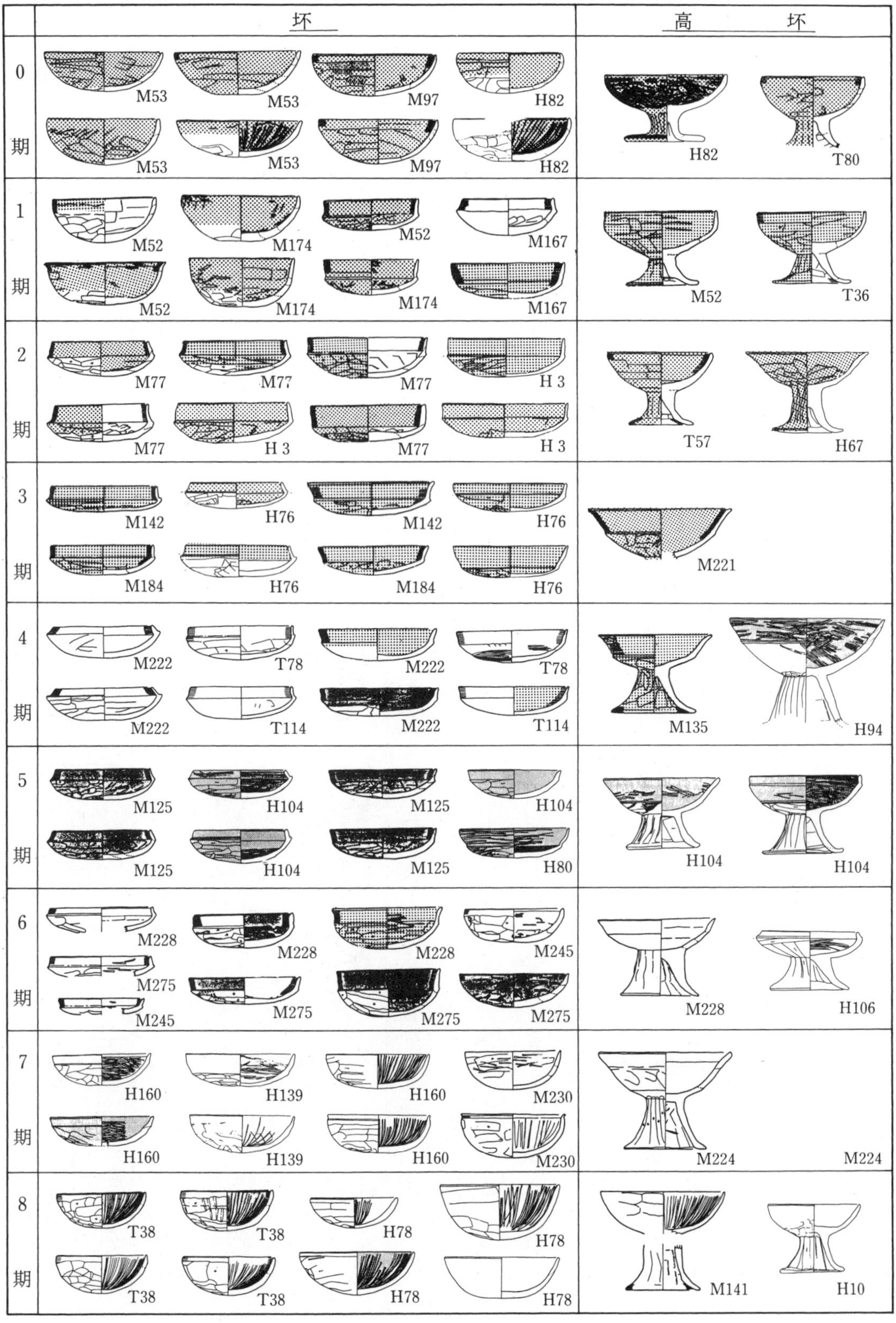

第１図　西上総地域鬼高式土器編年図（1）（S=1/8）　M=マミヤク遺跡　T=俵ケ谷遺跡　H=花山遺跡

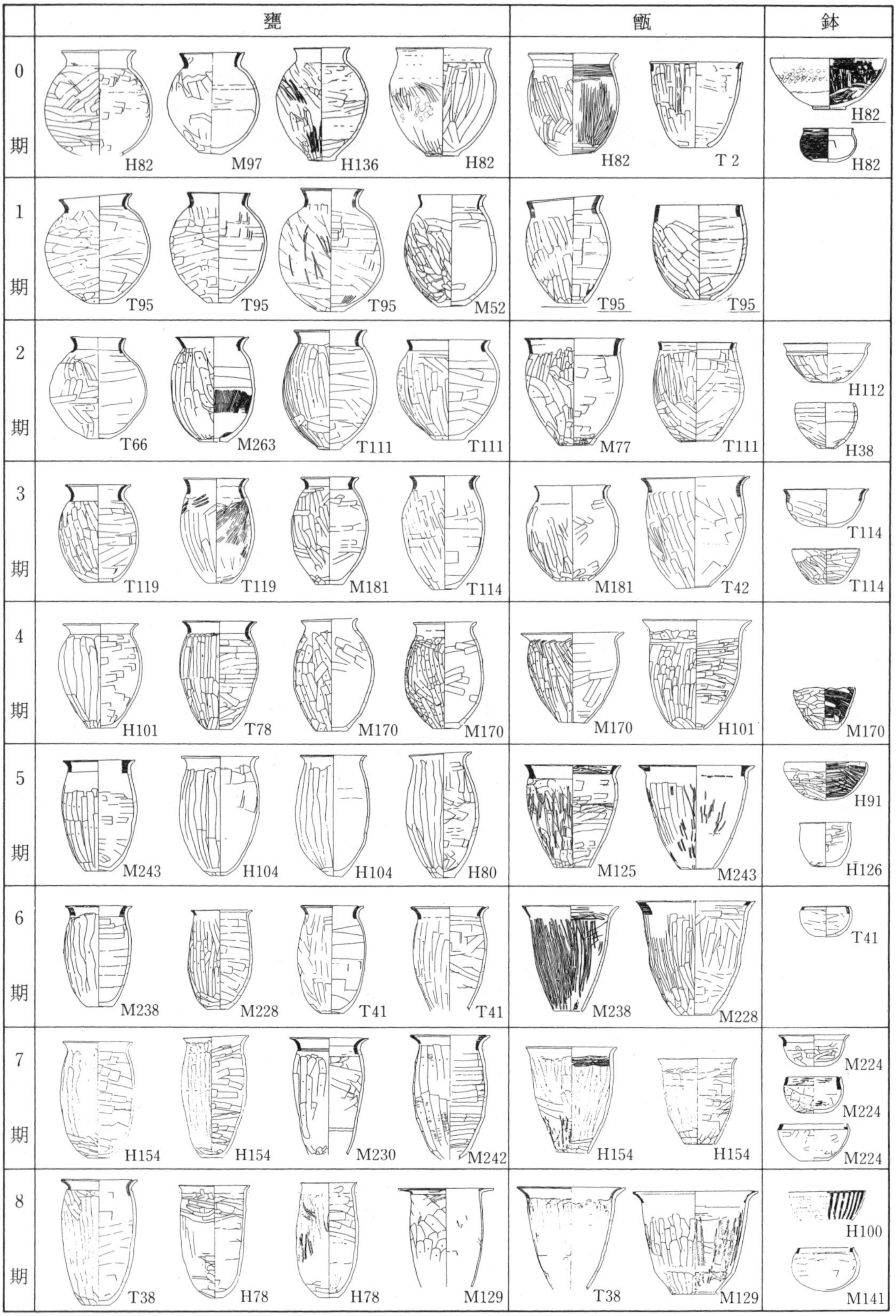

第2図　西上総地域鬼高式土器編年図（2）（S=1/16）　M=マミヤク遺跡　T=俵ケ谷遺跡　H=花山遺跡

坏は須恵器模倣型坏（以下，模倣坏）と在来の埦形坏が混在する段階としてとらえられる．模倣坏は定型化せず，小形で稜の鋭いものが目立つ．埦型坏は器高のより深いものが目立つようになり，口縁端部が外反するタイプも前段階に引き続き多くみられる．大半の個体が赤彩される．

高坏は前段階同様，埦形の坏部を有するものがほとんどで，いずれも赤彩されている．

甕は球胴形・近球胴形・中胴形の各形態が継続してみられるが，球胴形は減り，近球胴形・中胴形が主体となる．頸部の明瞭な屈曲と口縁部の高さを保つが，柱状の頸部は減少する．

甑には前段階と同じく，甕形のものと鉢形のものがあるが，鉢形のものには胴部が張る傾向がみられる．

坩・短頸壺の類はなお認められるものの，その数は減少し，この段階をもって終焉する．

2期（6世紀前葉）

陶邑編年MT15型式に該当する段階で，510～530年代の実年代幅が想定される．須恵器の出土量は，古墳・集落遺跡ともに激減する．石製模造品はほぼこの段階で消滅．マミヤク77号住，俵ケ谷56号住・57号住・111号住，花山3号住・73号住などを標識資料とする．

坏は模倣坏の定着安定期ともいうべき段階を迎え，一住居址から出土する坏の大半が赤彩された模倣坏によって占められる．蓋形・身形の割合はほぼ同数であり，いずれも大形で深く，口縁部高が高いことが特徴で，法量に安定がみられる．このような土師器坏（模倣坏）の定型化は須恵器の減少と表裏一体をなすかのようであり，編年上の指標となる時期といえる．なおこの段階にも5世紀型の埦形坏は残存しているが，もはや客体的存在となっている．

高坏には埦形の坏部をもつものが根強く残存するが，坏部中位に稜を有し口縁部の開く須恵器模倣タイプの高坏も新たに出現するようになる．いずれの形態もほとんど赤彩されている．

甕は球胴に近いものが一部に残るが，中胴形が主流となる．中胴形のものは前段階に比べて口径が大きく，胴部の張りが相対的に弱くなる．口縁部が短く胴上位に最大径をもつ鉢形の甕も少数認められる．

甑は前段階に同じく甕形の系統と鉢形の系統があるが，前者は胴最大部が上位に移行，後者は胴部が張った形態となるため，両者の截然とした区分はなくなる．

3期（6世紀中葉）

陶邑編年TK10・MT85型式に相当する段階であり，540～550年代の実年代幅を想定し得る．須恵器の出土量は前段階に引き続き少ない．マミヤク142号住・181号住，184号住，俵ケ谷114号住・119号住，花山76号住などを標識資料とすることができる．

坏は前段階に定型化した模倣坏が扁平化する段階としてとらえられ，内外面への赤彩は引き続き普遍的に認められる．口径は身形・蓋形とも前段階よりやや拡大する傾向があるが，その一方で扁平で口径の小さいものもみられ，法量にばらつきが現われる．また全体に器高が扁平化する中で，口縁部高の占める割合は引き続き高く，ほとんどが器高の1/2以上を占める．口縁部と体部を画する稜は全般的に鋭さが失われ，屈折する程度のものも多く目につく．なおこの段階にも，5世紀型の埦形坏は少数残存している．

高坏は坏部埦形のものが消滅し，中位に稜をもつタイプが普遍的になったとみられる．

甕は前段階以来の中胴甕に加えて，やや長胴化の進んだ甕が現われ，これが主体的存在となる．器高自体にそれほど変化はないが，器高に対する口径・胴径の割合がともに小さくなる．また前段階に比べて口縁部高が低くなり，頸部の屈曲の鋭さが失われる傾向がある．

甑は胴部中位～上位に最大径をもつ形態が継続して認められ，胴部は膨らみを保っている．

4期（6世紀後葉）

陶邑編年 TK43 型式にほぼ併行する段階であり 560～570 年代の実年代幅が想定される．須恵器の出土量がこの段階から再び多くなり始める．上総地域の各地で後期の大形前方後円墳が連続的に造営され始める時期に相当する．住居址の規模はこの段階まで比較的大きいものが多い．マミヤク 170 号住・222 号住，俵ケ谷 78 号住，花山 101 号住などを標識資料とする．

坏は模倣坏の赤彩が衰退し，代わって漆仕上げ[22]による黒色塗彩（以下，黒彩）が出現し始める．その転換期にあたる本段階においては無塗彩のものも目立つ．器高は前段階に引き続いて扁平で，身形・蓋形ともに口縁部高が低くなる傾向がみられる．口縁部と体部を画する稜は鋭い突出が失われ，屈折程度となるものが多くなる．一方，この段階には従来みられなかった大形の模倣坏も現われる．なお初期の黒彩にはヘラミガキ調整を伴わないものがあり，黒彩の上へ赤彩を重ね塗りしたもの，内面に黒彩，外面に赤彩を施したものもしばしばみられる．

高坏は前段階に引き続き，坏部に明瞭な稜を有するものが普遍的である．ただ脚部上半の柱状の内実部がなくなり，坏部と脚部の連結は X 字状となる．赤彩されているものが多いが，大形高坏を中心に黒彩されたものがみられるようになる．

甕はやや長胴化したものが主体であり，胴部最大径が依然として口径を凌いでいる点で前段階の甕と基本的なプロポーションは変わらない．ただ前段階と比べて，頸部の丸味化，口縁部の短縮化が一段と進行する．

甑は前段階に比較して口縁部の外反度が強くなり，胴部の張りが弱くなる．また胴部最大径は中位から上位へと移行する．

5期（6世紀末葉～7世紀初頭）

陶邑編年 TK43 型式後半の一部から TK209 型式に併行する段階であり，580～600 年代の実年代幅が想定される．須恵器の出土量は前段階に増して多くなる．上総地域では小規模古墳の造営が最も盛んに行なわれる時期であり，横穴墓の造営もこの段階から盛んになる．また集落ではこの段階から 3～4 m 規模の小形住居が多くなり，住居規模の格差が顕在化する傾向がみられる．マミヤク 125 号住・243 号住，俵ケ谷 18 号住，花山 80 号住・104 号住などを標識資料とする．

坏は扁平な黒彩模倣坏が定着・盛行する段階としてとらえられ，器形・法量ともに均一性が強くなる．身形坏は総じて口縁部高が低くなり，器高の 1/3 程度となる．蓋形坏は身形に比べれば口縁部高がやや高い傾向があり，器高の 1/2 前後のものが多くみられる．稜は段状に突出するものから屈折程度のものまであるが，その変化は漸移的といえる．また蓋形には，体部下位に凹線がめぐり，口縁部が内彎するタイプの坏（東北系か）も新たに出現する．該期の坏の大半には黒彩が施されており，塗彩範囲は内外面全体か，内面と口辺部外面を基本的なパターンとする．なお赤彩されたものも少数残存する．またこの段階には器面の色調，調整技法にも変化が現われる．1～3期の坏には赤・橙褐色系の色調を示すものが多かったのに対し，4期から当該期にかけて黄・淡褐色のものが多くなる．また内面調整にヘラミガキが多用されるようになり，口縁部が磨かれたものも多くみられる．このような焼成・調整技法の変化は黒彩の普及に連動するものと考えられる．なおこの段階には坏を深くしたタイプの鉢もみられる．

高坏にはハ字形に開く蓋形の坏部をもつもののほか，身形の坏部をもつものも認められる．器高は前段階よりもやや縮小する傾向にあり，また脚部上端の径が大きくなる．坏の変化に連動して高坏にもヘラミガキ調整・黒彩を施すものが多くなるが，坏に比べれば赤彩品も多い．

甕はさらに長胴化が進行し，この段階には口径と胴径がほぼ拮抗するようになる．口縁部はより短くなり，頸部の明瞭な界線は失われる．

甑は前段階よりも胴部の張りが失われ，下半部が直線的にすぼまる鉢形の形態となる．

6期（7世紀前葉）

陶邑編年TK209型式の終葉から，これより一段階新しい中村編年Ⅱ-6段階に併行する段階であり，610～620年代の実年代幅が想定される．須恵器の出土量は前段階よりはやや減少するものの，この段階以降，一定の量は保つようになる．マミヤク228号住・275号住，俵ケ谷41号住，花山106号住などを標識資料とする．

坏は模倣坏の退化が進み，黒彩の手法も基本的に継続するものの衰退を見せ始める時期である．模倣坏の退化には，扁平矮小化をたどる系統と，大形品で稜が形骸化し埦形に近づいてゆく系統の2者が認められる．後者は主に蓋形にみられる．一方この段階には，器高が低く底部の平たい埦形も比較的多くみられ，模倣坏同様，黒彩の認められるものがある．これらの扁平な埦形坏は，在来の埦形坏とは系統を異にするものと考えられる．坏の黒彩の頻度は，全体の半数程度に減少し，大形品にはむしろ赤彩されたものも目立つ．

高坏は前段階と同じく蓋形（外反型）の坏部をもつものと身形の坏部をもつものがあるが，身形のものは少ない．坏の変化と対応して，蓋形のものは稜の形骸化，無彩化がみられ，身形は坏部が扁平化，口縁部の退化したものとなる．

甕は前段階に同じく長胴化したものが主体で，器高に大きな変化はみられない．口縁部がごく短く退化したものや，全く消失したものもみられるようになる．

甑は胴部中位で彎曲して下半部が直線的にすぼまる形態が多くなり，縦位の密なヘラミガキ調整が施されたものもある．

7期（7世紀中葉）

陶邑編年（中村編年）Ⅲ-1段階にほぼ併行する段階で，630～650年代の実年代幅が想定される．終末期方墳の築造が開始される時期である．マミヤク224号住・230号住，花山139号住・154号住・160号住などを標識資料とする．

坏は模倣坏が衰退し，埦形坏が主流化する．前段階において極限まで扁平化をたどった系統の

第1表　上総地域鬼高式土器編年対応表

	君津地域	市原地域	山武北部地域	山武南部地域	長生・夷隅地域
0期	西ノ窪 020 住 浜清水 1～4 住 山伏作 5 住 鼻欠 4・5 号墳 境 1 号墳 熊野台 2 号墳	原 20・23・27 住 台 1・3・196 住 原 1 号墳墳丘下 稲荷台 1 号墳 東間部多 1 号墳 南向原 4 号墳	三田 26・27・35・41・46・48・51・53・56・61・68・90・105 住 遠野台 40・42・47 住,56・59 土壙 麻生 001・020 住 宮脇 6 住 山田 6・7 号墳		横山 3 号墳
1期	西ノ窪 068・070 住 大山台 256 住 富士見台 2 号墳	大廐 K8・11・12 住 番後台 007・013 住 台 47・194 住	三田 7・11・13・24・28・36・37・44・47・50・57・58・62・69・70・76・85・91・96・97 住 谷窪 174・175 住 麻生 024 住 新林 001・002・004・005・008 住 宮脇 10 住		久保向 2 住 横山 1 号墳
2期	西ノ窪 021 住 大山台 170 住 大山台 29 号墳 野馬木戸 1 号墳	番後台 064B 住	三田 15・42・54 住 遠野台 37 住 新林 010 住 山田 2 号墳		久保向 3 住
3期	西ノ窪 019・077 住 大山台 30 号墳 熊野台 3 号墳		三田 34・45・84・88・102・103・104 住 遠野台 12・16・24 住 谷窪 200 住 地蔵 004・008 住 森台 22 号墳 山田 1 号墳	久我台 157・160 住	
4期	西ノ窪 008・060・079 住 お紬塚古墳 道上谷 2 号墳 俵ケ谷 7 号墳	大廐 K6・14・15 住 番後台 029G・031A・035A・039A・041・056A 住 南向原 1・7 号墳	三田 8・17・40・43・52・55・60・63・67 住 遠野台 1・13・19・21・35・44・45 住 上楽 8・60・95・125 住 谷窪 170・173・180・187 住 地蔵 014 住 猪ノ堤 2・3 住	久我台 63・64・67・81・143・144・147 住	
5期	西ノ窪 055・075 住 金鈴塚古墳 諏訪谷 7 号横穴	大廐 K9 住 土宇 79 住 文作 51・109 住 下ケ谷台 3・6 住 千草山 32・43 住 南向原 3 号墳	三田 4・12・38 住 庄作 70 住 上楽 89・92 住 谷窪 142 住 麻生 015・017 住 地蔵 009・012 住 宮脇 8 住，　森台 18 号墳	久我台 20・77・92・100・108・114・115・116・119・121・127・133・149・215・269 住 南外輪戸 2 住 山田台 054 住	西之前 4 土坑 東谷 1 号横穴
6期	西ノ窪 048・062 住 高千穂 4 号墳 国光 1 号墳 諏訪谷 4・5 号横穴	大廐 K3・10 住 土宇 83・87 住 文作 04・23・36・37・108 住 番後台 030・040A・045 住 下ケ谷台 2・4・5 住 西山 1・13・14 住 千草山 10・18・27・28A・28B・31B・33・35・41・45・61 住	三田 1・3・5・6・16・20・21・25・77・78・81・82 住 遠野台 4・22 住 庄作 6・11・53・62・64・71 住 上楽 14・56・63 住 谷窪 199 住 麻生 006・019・032 住 新林 003・009 住，宮脇 9 号住	久我台 15・17・21・23・32・34・70・76・89・93・112・141・145・168・184・202・221・226・233 住 作畑 2・52・60 住 南外輪戸 1 住 海老ケ谷 036・073・147 住 ヒキケ谷 1・2 住	今泉 003・009・013・017 住 鴇谷老ケ崎 山崎 7 号横穴 東前 1 号横穴
7期	西ノ窪 001・024・025・044・054・061 住 西ノ根谷 6 住 諏訪谷 8 号横穴	文作 29・30・31・52・78・91・151 住 姉崎台 1 住，西山 7・17 住 西国吉 4 号横穴 千草山 1・2・4・5・6A・7・12・13・17A・20・21・25・34・39A・46・47・49A・60 住	三田 14・22・29・33・49・65・73 住 遠野台 28・36 住 庄作 14・15・29・35・65 住，15 土壙 上楽 29・127 住 谷窪 158・162・167・189 住 地蔵 021・022 住 山田 11 号墳	久我台 54・86・104・105・152・166・171・177・179・180・230 住 作畑 22・25・31・48・86・97・131 住 井戸向 001 住，古塚原 2 号住 瑞穂 6・26・35 号横穴	
8期	西ノ窪 051 住 山伏作 5 号墳 石澄 2・4・6 横穴	文作 16・48・74・87 住	三田 23・59・64・71・93・94・95・100 住 庄作 28・31・51・66・72 住 上楽 32・36・126 住 谷窪 138 住	久我台 182・191・197 住 作畑 11 住 瑞穂 29 号横穴	山崎 10 号横穴

模倣坏は姿を消し，器高が高く稜の名残りをとどめる埦形に近い模倣坏が一部に残存する．さらにこの段階には，放射状暗文の存在によって特色づけられる「7世紀型」ともいうべき埦形坏が主流化するようになる．この種の埦形坏は底部の平たいものが先行し，口辺部に沈線を有して口縁部がわずかに外反するものもこの時期に多くみられる．このような7世紀型の埦形坏は畿内方面からのダイレクトな影響下に成立し，在地に定着したものとみられる．

高坏は坏の変化に対応して，稜をもたない埦形の坏部を有するものが主体化する．口縁部がやや外反する前段階の形態を受け継ぐものと，口縁が直線的に開く坏部の浅い形態がみられる．

甕は前段階よりも器高がさらに長大化し，文字通り「長胴甕」と称すべきものが普遍的となる．この段階に至って口径が胴径を凌駕するものが多くなり，口縁部の外反度が強くなる．

甑は前段階と同様，鉢形で下半部が直線的にすぼまる形態のものが継続して多くみられる．

8期（7世紀後葉～末葉）

陶邑編年（中村編年）Ⅲ -2～3段階に対応する段階で，660～690年代の実年代幅が想定される．この段階になると，須恵器には湖西系の製品が目立つようになる．当地域では小規模終末期方墳，横穴が多数造営される時期である．マミヤク129号住・141号住，俵ケ谷38号住，花山78号住などを標識資料とする．

坏は模倣坏的要素が完全に払拭され，7世紀型の埦形坏が定着，主流化する段階としてとらえられる．この段階の埦形坏は，前段階の底部の平たいものから，丸底で口縁部が直立または外傾する半球形のものへと変わり，その終末段階において大形のものを中心に再び平底化へと向かう．終末段階を除き，ほとんどのものに放射状暗文がみられる．またこの段階の坏に特徴的なことは法量に大小のバラエティーが認められることである．身・蓋の組合せを一つのセットとした模倣坏とは異なり，これらの埦形坏が重ね埦的なセットとして用いられたことを示している．なおこの段階の坏は大半が無塗彩であるが，一部に黒彩が残り，古墳・横穴の出土品や盤状坏など特殊な形態のものを中心に赤彩品もみられる．

高坏は埦形の坏部をもつものが主で，坏と同じく放射状暗文の施されたものがある．

甕は長胴甕がほとんどで，前段階以来の口縁部が外反するもののほか，口縁部の短小な砲弾形のもの，口縁部が直角に近く外反するものなどが現われる．

甑は口縁部の外反度が強い鉢形のものが主体を占め，胴部下端が強く屈曲してすぼまるものもみられる．

小結

土器編年を構築するにあたっては，共伴性の明らかな良好な一括土器群に準拠しなければならないことは言うまでもないが，本稿で取り上げた木更津市の3遺跡は，時期の近接した住居址間の重複も著しく，混入品を認定・排除する必要が少なからずあった．また現実には個々の住居の存続期間等の問題もあって，前後の段階の土器群が混在している場合もある．従って各段階での指標とすべき典型的な土器群を意識的に抽出したところもある．

このような編年作業の前提条件を考えるとき，各遺跡内での土器編年は，遺構と遺物の出土状況に熟知した調査担当者の手によってなされることが最も望ましいことを痛感する．

従来の房総地域の編年では，各器種毎に形態分類を行なった後，細分された各形態別に消長を追ったものが多いが，この時期（鬼高期）の土器の場合には，むしろセット関係の推移に重点を置いた「様式的」な変化を把握することの方が有効性が高いと考える．必要以上の形態区分はかえって主要な画期を不明瞭にする嫌いがある．

上記の9段階の区分の中には，それぞれ安定期と過渡期があり，定型・画一化の波がみられる安定期が編年上の鍵となる．坏の変化からみると，0期（赤彩埦形坏）・2期（赤彩模倣坏）・5期（黒彩模倣坏）・8期（暗文埦形坏）を安定期，他を過渡期として把握できる．編年的な大区分としては，0期，1～3期，4～6期，7～8期の4つの大きな段階に区切ることが可能である．

この時代の土師器，とくに坏は，模倣坏出現以降，基本的に須恵器の変化に敏感に即応した形態変化を遂げているとみなすべきであり，それに付随して塗彩・調整技法等の変化が加わる．各段階での微妙な形態偏差はあるものの，総体的にみれば，ほとんどの器形がきわめて強い規格性に則って量産的に製作されたものとみなされ，集落を超えた地域単位での専業的な土器生産体制があったことを推測させる．しかしながら，土師器全体からみると，量産的な器種（坏・甕）と非量産的な器種（高坏・甑・鉢）があり，前者は比較的小刻みに変化を遂げてゆくのに対して，後者の変化は緩慢で，各段階での定型をとらえ難い傾向がある．

上総地域では，これまで弥生後期～古墳前期の集落，あるいは古墳の調査数に比べると，古墳後期集落の調査例は比較的少なかったが，それは丘陵上の調査が多かったことに一因があるものと思われる．当地域では，丘陵上の至るところに所狭しと古墳群が造営されており，とくに6世紀以降には丘陵上のほとんどが墓域として占有される状況にあったものと思われる．従って居住域は次第に沖積地や河岸段丘，あるいは丘陵の中でも低い場所への移動を余儀なくされたと考えられる．この点は平坦な台地地形が大半を占める下総地域とは条件が大きく異なるところである．

今後，低地部の調査が進めば，古墳後期集落の様相はより鮮明になるものと思われ，君津市常代遺跡のような現在調査中の低地集落遺跡もいくつかある．それらの調査成果が積み重ねられることによって，当地域における該期の土器編年が補正・充実されてゆくことを期待したい．

参考文献

1）　乙益重隆・一山　典・木村鉄次郎ほか 1980『上総菅生遺跡』木更津市教育委員会
2）　日本考古学研究所 1981「房総における鬼高期の研究（資料編）」『日本考古学研究所集報Ⅲ』
3）　村山好文 1982「房総における鬼高式土器編年試案」『日本考古学研究所集報Ⅳ』
4）　藤崎芳樹ほか 1982『市原市番後台遺跡・神明台遺跡』千葉県文化財センター
5）　大村　直 1989『市原市文作遺跡』市原市文化財センター
6）　平野雅之ほか 1991『花山遺跡』君津郡市文化財センター

7）小沢　洋ほか 1989『小浜遺跡群Ⅱ・マミヤク遺跡』君津郡市文化財センター
8）小林理恵 1991『小浜遺跡群Ⅳ・俵ケ谷遺跡』君津郡市文化財センター
9）萩原恭一・小林信一ほか 1988『東金市久我台遺跡』千葉県文化財センター
10）福間　元・荒井世志紀 1989『三田遺跡発掘調査報告書』芝山町教育委員会
11）松田政基ほか 1990『小原子遺跡群』芝山町教育委員会
12）杉山晋作ほか 1987『房総における古墳時代後期土師器の年代と地域性』第６回総括シンポジウム資料集
13）木對和紀 1987「養老川流域における古墳時代後期土師器編年試案」第３回シンポジウム資料
14）小沢　洋・諸墨知義 1987「小櫃川流域古墳時代後期土師器編年試案」第３回シンポジウム資料
15）福間　元・荒井世志紀 1987［山武郡北部地域の古墳時代後期土師器編年試案」第５回シンポジウム資料
16）津田芳男 1987「山武郡（南部)・長生郡の土師器」第４回シンポジウム資料
17）9）に同じ
18）津田芳男 1988「長生地方の鬼高期の土器について」『茂原市文化財センター年報』2
19）5）に同じ
20）7）に同じ
21）長谷川厚 1991「古墳時代後期土器の研究（3）－房総地域の諸相について－」『神奈川考古』27号
22）永嶋正春 1988「漆仕上土師器について」『東金市久我台遺跡』

関連文献

井口　崇・蓑島正広 1985『西ノ窪遺跡』袖ケ浦町教育委員会
奥田正彦ほか 1985『主要地方道成田松尾線Ⅱ』千葉県文化財センター
柿沼修平・村山好文ほか 1979『土宇』日本文化財研究所
萬崎博昭・奥田正彦ほか 1983『主要地方道成田松尾線Ⅰ』千葉県文化財センター
三森俊彦・阪田正一ほか 1974『市原市大廐遺跡』千葉県都市公社
谷島一馬・田中清美ほか 1979『千草山遺跡』千草山遺跡発掘調査団

＊第１表中に掲載の遺跡に関する文献については一部省略したものがある.

第 3 章　房総の古墳後期土器

—坏の変遷を中心として—

はじめに

関東地方における古墳時代後期土器の研究は，ここ数年来，長谷川厚氏・田中広明氏を始めとして，数多くの論稿が蓄積され，編年的研究のみならず，その生産体制や社会背景に関する様々な仮説と新たな問題提起が展開されつつある．また発掘調査例の累積によって，中部地方・東北地方を含めた東国各地域での編年作業も進展し，従来に比べれば，より細かい時間枠で土器様相の共通性や地域性を認識することも可能となってきた．

古墳時代の遺物は，縄文・弥生時代に比べその種類も飛躍的に多くなり，編年の基準となる遺物も多岐にわたるが，とくに後期には須恵器・埴輪・馬具・鉄鏃など古墳副葬品・供献品を中心とした編年が進み，須恵器を機軸とする 20～25 年程度の時間幅での様式変遷が研究者共通の物差となりつつある．これらの遺物に比べ，土師器の編年研究は粗さを拭えない状況が続いていたが，1980 年代以降の地域的研究の積み重ねによって，ようやく須恵器などと同等な時間幅での，あるいはそれ以上に細密な編年も可能となってきたという感を強くしている．

土師器は，縄文土器以来の伝統を受け継ぐ最も日常的で生活に密着した基本的遺物であり，あらゆる遺物と比較しても量産的で，古墳・住居を問わず多くの遺構から出土するという普遍性から，古墳時代においても年代推定の中心におかれてよい遺物と思われる．縄文・弥生時代や後続する奈良・平安時代，中世・近世に至るまで，各時代で土器が編年研究の主要な役割を占めている．また古墳時代でも，須恵器出現以前の前期・中期においては，土師器研究の占めるウエイトは大きいといえるが，古墳後期に関しては，これまで須恵器にその編年研究の主座を譲っている観が強かった．しかしながら，東日本の集落遺跡では須恵器の出土量も限られており，しかも生産地が一元的でなく，各地で地方窯の成立する 6・7 世紀以降には独自形態の出現や供給地が錯綜する状況もみられるため，地域的連続性の中で推移する土師器は，各地域ごとに相対年代の基準を明確に把握するうえからも，重要な役割を果たすものと考える．

1994 年 11 月に行なわれた第 4 回研究集会「東国における律令制成立までの土器様相とその歴史的動向」は，東日本各地域における古墳後期土器研究の現状を認識し，共通理解を深めることができたという点に大きな意義があった．本稿では，この研究集会への参加を通じて感じた現状の問題点を含め，千葉県地域の古墳後期土器，とくに坏の変遷について，至って不十分な点も多いながら，筆者の現段階での認識を整理してみたいと考える．

1　土器型式名についての私見

従来，関東地方においては，古墳時代後期の土師器に対して「鬼高式土器」という型式名が一般的に用いられてきた．型式設定当初，鬼高式土器の年代は6～7世紀とされたが，そこに包括された型式内容の一部が，今日の編年研究で5世紀後半にまで及んでいることは，多くの研究者が認めるところであろう．

一方，前段階の「和泉式土器」は，設定当初の型式内容に基づくならば，その終末は5世紀中葉（須恵器編年TK216型式期まで）と考えられ，それ以降，7世紀末までに及ぶきわめて長期間の土器が鬼高式の範疇に属することになる．一部には，須恵器模倣型の坏の出現をもって鬼高式とすべきだという意見もあるが，須恵器模倣型坏の汎東国的な普及は，現段階では5世紀末（TK47型式期）と考えられ，そうした場合，5世紀後半（TK208～TK23型式期）の土器群をどのように呼称するのかという問題が生じてくる．

いずれにしても，「鬼高式」あるいは東北地方で使用されている「住社式」・「栗囲式」等の型式名称は，資料の増加と研究の進展によって，設定当初に把握されていた型式内容が多分に変容し，その区切り方自体の必然性・有効性が失われつつあるのではないかと考えるので，その型式名の枠を取り払っても，今後の研究上に大きな障害や不都合は生じないものと思われる．資料が少ない段階に設定された型式名は，研究の一過程において暫定的・仮称的な役割を果したとしても，その後の研究の進展で，より合理的で簡潔な呼称に置き換えられていくべきではなかろうか．とくに古墳時代は，九州から東北までの地域がほぼ共通の社会的基盤におかれていたと考えても良い時代であり，地域間での互換性がある土器型式の枠組みを設定することが必要であるものと思われる．その点で，「時間軸上の土器の変化と地域色の現われ方についての法則的認識」の必要性を説く利根川章彦氏の指摘[60]は，今後のこの時代の土器研究を進めてゆく方向性として重要な視点であると考える．

筆者は古墳時代を前期・中期・後期・(終末期）に区分する立場をとっており，4世紀までを前期，5世紀を中期，6世紀～7世紀を後期（7世紀前葉～末葉を終末期）にあてている．将来的には古墳時代土師器の型式・様式も，須恵器などと同様に一定の共通理解のうえで，前期1様式・2様式，後期1様式・2様式などとよばれることが望ましいのではないかと考える．前期～中期前半の五領式・和泉式に関しては，まだ現段階の研究の便宜上，その型式名を当面使用せざるを得ないとしても，須恵器と並行するそれ以降の土師器については，より細分化された共通の横枠を設定することも可能となってきたのではなかろうか．

本稿では，房総の古墳時代後期土師器を区分するにあたり，須恵器模倣坏出現以降の5世紀末～7世紀末までの土器を1～8期に区分し，さらに模倣坏出現以前の5世紀中葉～後葉段階の土器を仮に0期とよぶ前稿[1]での時期区分をそのまま踏襲することとした．

2　共通編年の基軸と房総の位置づけ

東国土器研究会第4回研究集会では，関東・東北・中部各地の研究者によって独自の編年表が持ち寄られ，相互の比較・検討が行なわれた．その中で相互の時期区分の対照表の作成という作業が，実年代を縦軸として行なわれたが，そこでは須恵器に対する年代観の研究者間によるズレが少なからず生じていたように思われる．土師器編年に対する実年代観の付与に先行して，まず須恵器（陶邑編年）の年代観に対する共通認識が不可欠であったことが実感された．むろん消費地という関係から，伴出須恵器と土師器編年との間に矛盾が生じる場合もあるだろうが，共伴性が明確な大半の資料は須恵器と土師器との間に大きな時間差はないと考える．

さて，古墳時代後期の土師器を須恵器との並行的関係でとらえるとすれば，関東・東国といった広範な地域を対象とする共通編年の骨格としては，より土師器独自の発展が絡まない地域の土器を示準に据えるべきではないかと考える．その点で，東国の中にあっても最も須恵器に準じた土師器（主に坏）の型式変化を遂げている地域は房総なのではないかという印象を，今回の研究集会を通じて深くした．千葉県は埼玉県とともに発掘調査件数の多さと比例して，古墳後期集落の調査事例も豊富であり，長期間にわたって継続する集落も多い．「鬼高式土器」という型式名が県内の遺跡名から付されているという象徴的意味もあり，房総地域を古墳後期土器の共通編年の基軸とするのも一方法ではないかという気がしている．房総では古墳時代の本格的な須恵器窯が未だ確認されておらず，東京湾沿岸を中心に搬入須恵器の供給量が多かったこととも関連して，須恵器の型式変化を最も鋭敏に反映しながら，須恵器と歩みを共にして，土師器（供膳形態）が変化を遂げてきた地域といっても過言ではないように思える．

また古墳時代後期の房総は，大形前方後円墳の数が著しく多く，地方勢力の拠点としての重要性を物語っている．西方からの物資搬入経路としては東海道ルートと東山道ルートという二大経路が想定されるが，陸路の方は通過地域からの影響が大きく働くのに対し，海上ルートの方はより直接的であると考え得る．従って，房総は古墳時代を通じてよりダイレクトに畿内方面からの物の移入，ひいては文化的影響も受けやすい地域であったといえるかもしれない．

3　房総統一編年の設定

筆者はこれまでに上総西部地域（木更津地域）を中心とする土器編年案を作成しているが，今回はその中でも最も普遍性が強いとみられる坏の基本的推移を千葉県全域に適用して，変遷過程を跡づけてみることとした．木更津地域の遺跡をもとに作成した0～8期の坏の編年基準を，千葉県下全域の様相を通観して再構成した区分概要を以下に記しておく．なお一部の時期の実年代幅・併行する須恵器型式等について，前稿の内容に多少の修正を加えている．

0期（5世紀中葉～後葉）

陶邑編年TK208～TK23型式併行期で，460～480年代の実年代幅が想定される．ON46式と称される段階がいわゆる和泉式との変わり目に相当し，実年代はやや遡る可能性もある．和泉期以来の埦形坏を主体とする段階で，坏という器種の出土量（生産量）が前段階よりも一段と増大したとみられる．平底のものよりも丸底のものが圧倒的に多くなり，前段階の口縁が外傾する鉢形の形態に比べ，口縁の内彎した半球形の深い形態のものが主流となる．大半のものが赤彩され，内面に暗文風の放射状ヘラミガキを有するものが多く認められる．なおこの時期内にも，須恵器を忠実に模倣した坏が一部で出現している可能性があるが，まだ文字通りの模倣段階であり，土師器生産の中に模倣型の形態が取り入れられていない段階と考える．

1期（5世紀末葉～6世紀初頭）

陶邑編年TK47型式併行期で，490～500年代の実年代幅が想定される．在来の埦形坏の中に混在して，須恵器模倣型の坏（以下模倣坏）が出現してくる段階である．出現段階の模倣坏には蓋模倣形態のものが多い傾向があるが，これは身形に比して蓋形が在来の埦形に近く，作りやすかったためとみられる．模倣坏はまだ定形化せず，試作段階的ではあるが，この段階から土師器生産の中に確実に須恵器模倣形態が取り入れられてゆく．とくにこの段階の身形坏には厚ぼったい小形品が多く，稚拙な作りの域を脱していない．またこの段階の坏の大半の個体が赤彩されている．

2期（6世紀前葉）

陶邑編年MT15型式併行期で，510～530年代の実年代幅が想定される．模倣坏の定着期ともいうべき段階であり，法量的に大きく深いものが多い．上総地域では身形・蓋形の占める割合がほぼ同数に近く，形態的にも須恵器との近似性が強いが，下総地域では蓋形の占める割合が優越し，依然として埦形態との近似性を引き摺っている傾向が強い．それに関連して在来の埦形坏の残存量も，下総地域の方が多くなっている．なおこの時期の坏も，前段階に引き続き大部分の個体が赤彩されている．

3期（6世紀中葉）

陶邑編年TK10型式併行期で，540～550年代の実年代幅が想定される．前段階に定着・定形化した模倣坏の器高が全体的に低くなる段階としてとらえられ，これは須恵器の変化に連動するものと考えられる．この段階の器高の縮小は，蓋形・身形とも主に体部高の減少として現われる．また口縁部と体部を画する稜の退化もみられる．赤彩は引き続き多くみられるものの，衰退に向かい始める．下総地域でもこの段階から身形坏が多くみられるようになり，埦形坏は全体に減少して，その形態も模倣坏の変化と連動するように，器高の低いものとなってゆく．なおこの時期に，北総地域では黒色塗彩の坏の出現が一部に認められる．

4期（6世紀後葉）

陶邑編年TK43型式併行期で，560～580年代の実年代幅が想定され，MT85式とよばれる段階もこの時期の中に包括し得るものと考える．前段階までに器高が縮小した模倣坏は，この段階になると口縁部高が相対的に低くなる．この時期の最も大きな特徴は，漆仕上げまたは炭素吸着による黒色塗彩（以下黒彩）の坏が普遍的存在となることであり，その転換期にあたる本段階においては，黒彩・赤彩・無彩の坏が混在している状況が多くみられる．中には黒彩の上に赤彩を重ね塗りしたもの，内面に黒彩，外面に赤彩を施したものもあり，とくにこの段階以降の高坏には内黒外赤のものが目立つようになる．またこの段階には，従来みられなかった大形の模倣坏（鉢）が現われる．本段階は土師器様相が大きな変化を示す転換期といえる．

5期（6世紀末葉〜7世紀初頭）

陶邑編年TK209型式併行期で，590〜610年代の実年代幅が想定される．模倣坏が扁平化し，黒彩が著しい盛行を遂げる段階で，土師器の様相が県下全域で最も画一的となる．身形と蓋形の割合は，個々の遺構においての差はあるとしても，全体的にみるとほぼ同数であり，これに扁平な埦形坏が加わる．この扁平な埦形坏の形態的祖形は，同時期の須恵器坏蓋に求められ，その意味でこの埦形坏もまた模倣坏の一形態にほかならないといえる．また蓋形の一類型として，体部下位に稜を有するタイプの坏が客体的ながらも普遍的に認められる．坏の器面調整にはヘラミガキが多用される．なおこの段階の後半には口径が縮小に向かってゆく．

6期（7世紀前葉）

陶邑編年TK217型式最古相（中村編年Ⅱ-6段階）にほぼ併行する段階で，620〜630年代の実年代幅が想定される．須恵器の変化に連動して従来の蓋形・身形の模倣坏が小形化するとともに埦形の坏の割合が増加する段階で，黒彩主流の傾向が続く．

7期（7世紀中葉）

陶邑編年TK217型式（中村編年Ⅲ-1段階）併行期で，640〜660年代の実年代幅が想定される．蓋形・身形の区分がとらえられる最後の段階で，身形は小形化した埦状となり，口縁部が内屈もしくはかろうじて短い受部を留めた形態となる．蓋形は同じく埦状で口縁部が短く外屈・外反して蓋形態としての名残を留める．これらの形骸化した模倣坏系の坏のほか，畿内系の銅鋺模倣坏に出自をもつとみられる埦形の坏が主要な形態として現われ，上総地域を中心に放射状暗文が盛行する．また黒彩は衰退し，無彩のものが多くを占めるようになる．

8期（7世紀後葉〜末葉）

陶邑編年TK46〜TK48型式（中村編年Ⅲ-2・3段階）併行期で，670〜690年代の実年代幅が想定される．埦形の坏が主流となる段階で，上総地域では前段階までの扁平な埦形から器高が深く口縁部が直立的な半球形の埦形に変化するが，下総地域では扁平な埦形が主体を占めている．上総地域の半球形の埦形坏には放射状暗文が多く認められ，畿内系暗文坏が在地に定着した在り方を示す．また法量的にも通常の大きさのほか，小形品・大形品が存在するなど法量分化の傾向が認められる．全体的に黒彩されたものは少なくなるが，依然として存在し，赤彩品も散見される．この段階の終末には上総でも再び底部の平たい形態へと推移している．

4　房総各地の様相と地域的特徴

以上，千葉県下全域を対象とした坏の基本的変遷過程を示したが，次に県内各地域での微妙な特色と地域性を各遺跡の土器様相の検討の中から抽出してみたい．検討にあたっては，県内を10地域に区分し，それぞれの地域で，より長期継続的な集落様相が判明している代表的な遺跡（遺跡群）を選んで，その遺跡を中心に，不足部分を近隣遺跡の資料で補って検討してゆくこととする．なお各地域間を比較・対照するために，千葉県全域の坏の編年図を作成したが，各地域・各時期の資料的粗密により，すべての枠内が必ずしも代表的資料とはなり得ていない場合もあることを断わっておきたい．この編年表は，より良好な調査資料の蓄積によって，今後順次補足・修正される余地のあるものである．

(1)　君津地域

当地域では木更津市の海岸部の小浜遺跡群（マミヤク遺跡[2)]・俵ケ谷遺跡[3)]）と矢那川中流域の花山遺跡[4)]を中心に検討してゆくこととする．

0期の特色としては，まず須恵器の出土量の多いことが挙げられる．小浜遺跡群では各住居に数個体程度の割合で須恵器（坏・高坏・𤭯）が出土しており，そのほとんどが陶邑系の製品によって占められている．また，祭祀遺構等で坏を中心とした土師器の大量消費がみられ，一住居内から出土する坏の数量も多くなる．坏の特徴としては，底部の丸い半球形のものが多く，口唇部が短く外反する形態も散見される．放射状ヘラミガキを有するものも多くみられる．

1期の出現期模倣坏には，当初から蓋形・身形の両者が認められ，TK47型式の須恵器坏に近似して口径の小さいものが多い．このうち蓋形は稜がシャープで，須恵器の特徴が比較的忠実に模されているのに対し，身形は厚手で重量が重く，いずれも試作段階的な様相を示す．

2期には住居内の坏の大半が模倣坏に入れ替わり，埦形坏は客体的存在となる．模倣坏は身形・蓋形がほぼ同数であり，須恵器の変化に連動して口径が大きくなっている．当地域の模倣坏は全体的に須恵器坏の形態に忠実で，基本形を大きく逸脱するものはみられないが，身形における受部の省略化など，早くも土師器の一形態としての独自の製作手法が確立される．なお当地域では，この段階から次の3期まで須恵器の出土量が目立って少なくなる．

3期は模倣坏の器高が低くなるとともに，形態的均一性にも崩れがみられるが，身形・蓋形はほぼ同数であり，大部分が赤彩される状況が続く．埦形坏は少数ながら残存している．

4期は器高そのものに大きな変化はないが，口縁部高の割合が小さくなる．赤彩が衰退して黒彩が普及する段階であり，内黒外赤の土器がみられる．またこの段階には無彩の坏も多い．埦形坏は小形で無彩のものが少数あり，この段階で和泉式系の埦形坏の系譜は途絶える．

5期は扁平化した黒彩模倣坏により土器様相の画一性がきわめて強くなる．身形・蓋形はほぼ同数であり，蓋形の一類型として扁平な埦形，体部下位に稜をもち口縁部が内彎する形態が現わ

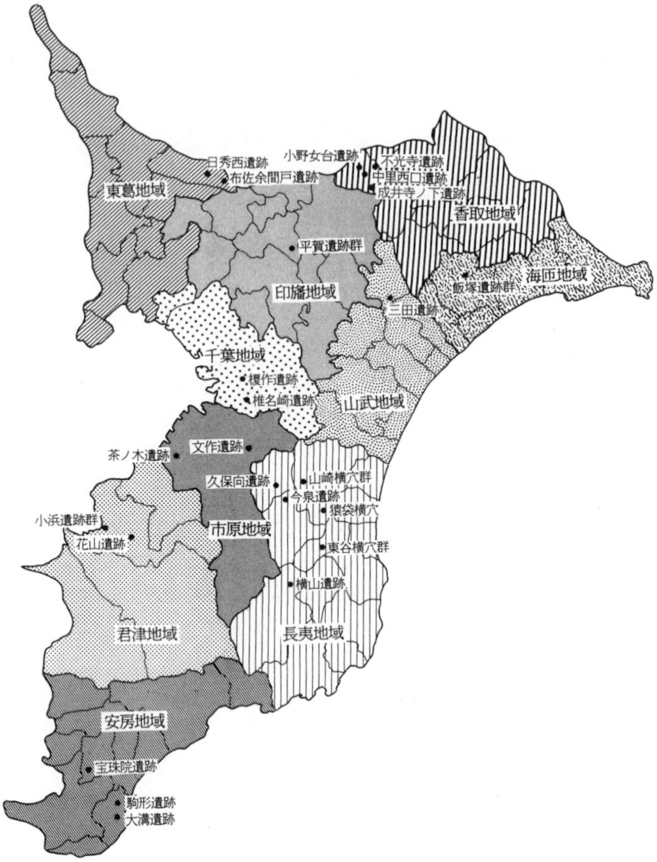

第１図　房総地域区分図・遺跡位置図

れるが，これらはいずれも同時期の須恵器坏蓋の模倣から生れた形態と考えられる．

6期は扁平な模倣坏の口径が縮小し，稜や受部の省略が進むとともに，蓋模倣の扁平な埦形の割合が増加する．その結果，前段階の形態的画一性に崩れがみられる．黒彩も衰退に向う．

7期には当地域では坏の大半が埦形に変わり，器高も従来より高くなる．受部を有する従来の身形はほとんど姿を消して，形骸的な稜を残す埦形の一部に以前の蓋形の名残がみられる．放射状暗文を有する埦形には稜の名残はあまりみられず，口唇部が短く外反するものがある．

8期は埦形坏の半球形化と放射状暗文の盛行によって特色づけられ，再び坏形態が画一化するとともに，大形・中形・小形といった同形態の法量分化がみられるようになる．黒彩は衰退するものの，なお一部の坏において認められている．

以上，君津地域に関しては，古墳後期全体を通じて土師器坏が須恵器坏の形態変化に準じたきわめて進化論的な変化を辿っており，模倣坏出現以来一貫して身形・蓋形が同数を保持し，土師器独自の変異形態は出現していない．また他地域の，地域色の強い土器形態を取り入れた形跡もほとんど認められず，客体的な形態といえども，須恵器にその原形が求められる範囲を逸脱していない．

当地域では後期古墳の調査数に比べ，古墳後期集落の調査例はまだそれほど多くはないが，最近調査された君津市常代遺跡・木更津市請西中台遺跡など良好な資料が増加しつつある．台地地形の少ない当地域では，海岸・河川沿いの丘陵上が次第に古墳群によって占有されてゆくため，低地部や，やや奥まった丘陵上に後期集落の多くが展開されている可能性が高い．古墳群の密集度からみても，潜在的な当該期の集落遺跡数はきわめて多いことが予測される．

なお木更津市菅生遺跡[5]からは「大溝」とよばれる包含層中の資料ではあるが，多数の古墳後期土器が出土しており，その中には口縁部高の高い初期の蓋形坏や，つまみ付きの土師器蓋（高坏蓋）などもみられる．これらもまた須恵器との近似性が強い資料である．

(2) 市原地域

当地域では北西部・姉崎地区の茶ノ木遺跡[7·8]と，終末期については北東部・市津地区の文作遺跡[9]の様相を中心に，市内の他の遺跡の様相も合わせて検討してゆくこととする．

0期は画一性の強い赤彩の埦形坏によって構成され，君津地域とほぼ同様の様相を示す．東間部多1号墳[10]など，短甲出土古墳からこの段階の坏が多く出土している．

1期は埦形坏の中に混在して初期模倣坏が出現しており，茶ノ木遺跡では模倣坏の遺存度が不良であるが，市原北部の大廐遺跡[11]や中永作遺跡[12]などの資料で，須恵器形態に近い身形・蓋形の同時出現，身形が厚手である点など，君津地域と共通の様相が確認される．

2期には模倣坏が主流化して，埦形坏はごく少数となり，模倣坏は口径が大形化して，蓋形・身形とも須恵器の形態を大きく逸脱せず，大部分が赤彩されている．

3期には模倣坏の器高が低くなって，口径にばらつきが出始め，蓋形には口縁の緩く外反するものが何点かみられる．身形・蓋形がほぼ同量で，大半が赤彩される傾向は変わらない．

4期には黒彩・赤彩・無彩が混在し，模倣坏の口縁部高が低くなる．埦形坏は口径が小さく無彩のものが少数認められる．なおこの段階に口縁部の外反度の大きい蓋形坏（茶ノ木146住-5）が1点だけ認められている．

5期は扁平な黒彩の模倣坏によって占められ，身形・蓋形はほぼ同数，口径も均一性が強くなる．身形の大形坏（鉢）がこの段階に多くみられる．また有段口縁の蓋形坏（茶ノ木79住-2）がこの段階に1点だけ認められている．

6期には模倣坏の口径が縮小し，蓋形坏は扁平な埦形坏へと変化してゆく．

7期には坏の大部分が埦形に変わり，放射状暗文が用いられるようになる．一方で短い受部を有し，6期よりもさらに矮小化した身形坏が一部に残存し，埦形にも口縁部の内屈・外反を残すものがある．黒彩は衰退し，一部のものに認められるのみとなる．

8期には埦形坏が半球形化し，放射状暗文が盛行する．この段階に至って身形・蓋形の名残をとどめる坏はほとんど認められなくなる．黒彩はなお一部の個体に残存している．

以上のように市原地域でも，君津地域と同様に，須恵器坏の変化に忠実な土師器坏の変遷を認めることができ，模倣坏出現以来，身形・蓋形が同数を維持する．また有段口縁の蓋形坏，口縁部の外反度が強い蓋形坏など，関東の一部地域で盛行した土器形態も少数認められるが，単発的な存在に終っている．

(3) 千葉地域

当地域では，村田川北岸台地の榎作遺跡[13·14]および，椎名崎遺跡[15]・高沢遺跡[16]など千葉東南部ニュータウン地区の遺跡群の様相を中心に検討していくこととする．

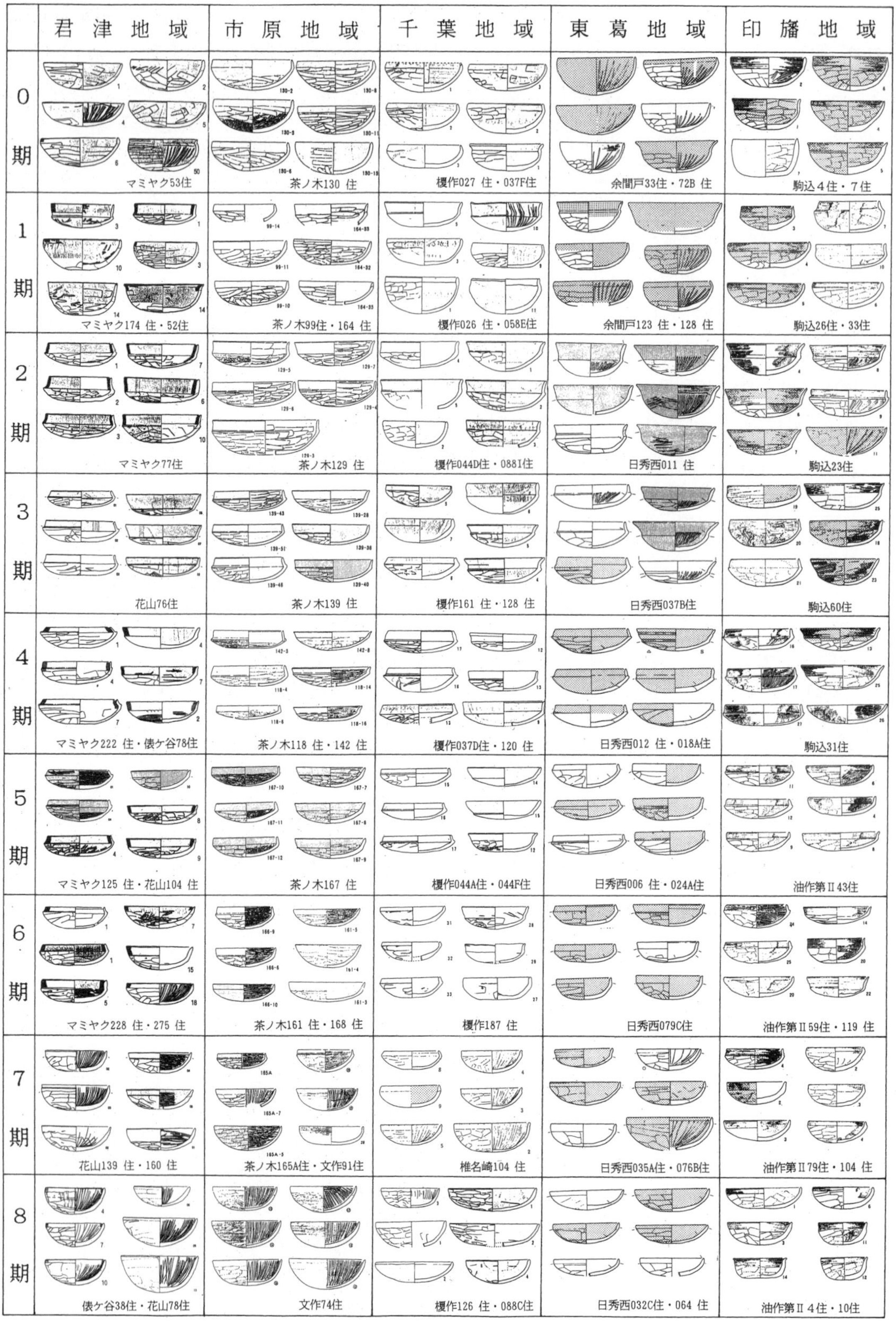
君津地域
市原地域
千葉地域
東葛地域
印旛地域
0期
マミヤク53住
茶ノ木130 住
榎作027 住・037F住
余間戸33住・72B 住
駒込4住・7住
1期
マミヤク174 住・52住
茶ノ木99住・164 住
榎作026 住・058E住
余間戸123 住・128 住
駒込26住・33住
2期
マミヤク77住
茶ノ木129 住
榎作044D住・088I住
日秀西011 住
駒込23住
3期
花山76住
茶ノ木139 住
榎作161 住・128 住
日秀西037B住
駒込60住
4期
マミヤク222 住・俵ケ谷78住
茶ノ木118 住・142 住
榎作037D住・120 住
日秀西012 住・018A住
駒込31住
5期
マミヤク125 住・花山104 住
茶ノ木167 住
榎作044A住・044F住
日秀西006 住・024A住
油作第Ⅱ43住
6期
マミヤク228 住・275 住
茶ノ木161 住・168 住
榎作187 住
日秀西079C住
油作第Ⅱ59住・119 住
7期
花山139 住・160 住
茶ノ木165A住・文作91住
椎名崎104 住
日秀西035A住・076B住
油作第Ⅱ79住・104 住
8期
俵ケ谷38住・花山78住
文作74住
榎作126 住・088C住
日秀西032C住・064 住
油作第Ⅱ4住・10住

第2図　房総古墳時代後期土師器坏編年図（1）（S=1/12）

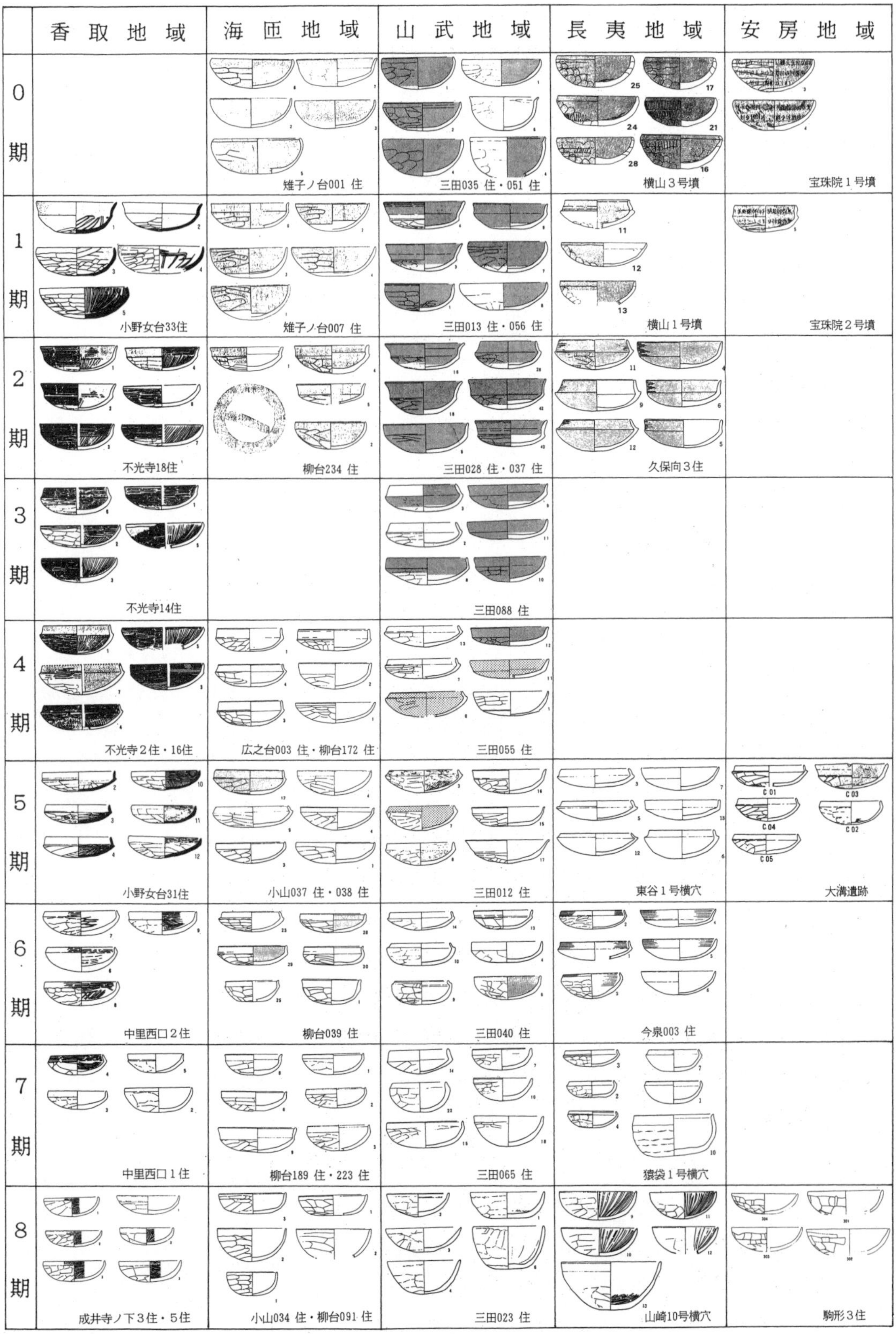

香取地域
海匝地域
山武地域
長夷地域
安房地域
0期
雉子ノ台001住
三田035住・051住
横山3号墳
宝珠院1号墳
1期
小野女台33住
雉子ノ台007住
三田013住・056住
横山1号墳
宝珠院2号墳
2期
不光寺18住
柳台234住
三田028住・037住
久保向3住
3期
不光寺14住
三田088住
4期
不光寺2住・16住
広之台003住・柳台172住
三田055住
5期
小野女台31住
小山037住・038住
三田012住
東谷1号横穴
大溝遺跡
6期
中里西口2住
柳台039住
三田040住
今泉003住
7期
中里西口1住
柳台189住・223住
三田065住
猿袋1号横穴
8期
成井寺ノ下3住・5住
小山034住・柳台091住
三田023住
山崎10号横穴
駒形3住

第3図　房総古墳時代後期土師器坏編年図（2）（S=1/12）

0期は画一性の強い赤彩の埦形坏によって構成され，君津・市原地域と同様の様相を示す．口縁部が短く外反する形態が客体的にみられる．

1期の初期模倣坏はいずれも蓋形であり，身形はほとんどみられない．蓋形は須恵器の形態に忠実なものであり，小形のものが目立つ（高沢遺跡）．初期模倣坏で放射状ヘラミガキを有するもの（榎作058E住-10）ものもみられる．

2期には模倣坏が主流化し，身形坏も認められるようになるものの，蓋形坏の数が明らかに優越している．模倣坏は口径が大きく法量的均一性が強くなり，形態的には須恵器坏の形態を大きく逸脱するものはみられない．埦形坏は小形化して比較的多く残存している．

3期には模倣坏の器高が低くなり，身形には受部が省略されて内屈する形態，蓋形には口縁部の外反度の強い形態が多くなる．前段階に引き続き大半の個体が赤彩されている．

4期には黒彩・赤彩・無彩が混在し，黒彩が赤彩の量を凌ぐ．身形・蓋形の量はほぼ同数となり，前段階からの埦形坏も客体的に残存している．

5期は扁平化した身形・蓋形の模倣坏によって占められ，扁平な埦形も増加する．扁平な埦形（蓋形）の中には口縁部が短く外反する形態（榎作044F住-12・13）も認められる．また蓋形には体部下位に稜を有する形態が比較的多い割合でみられ，この形態の中に有段口縁のもの（榎作044A住-12）が少数含まれている．

6期には模倣坏の口径が縮小するとともに，扁平な埦形坏の割合が増加する．身形坏の受部は退化して内屈状となり，蓋形には器高が深さを保ちながら稜の退化したものがみられる．

7期には坏の大部分が埦形に変わり，形態的には扁平で口縁部の屈折を残すものが多い．放射状暗文は椎名崎遺跡で主体的にみられる遺構（104住）があるが，榎作遺跡・高沢遺跡では客体的存在である．またこの段階に黒彩されたものは少数となる．

8期には口縁部の屈折などの模倣坏的要素が失われた埦形坏が主体となるが，半球形に近い形態と，扁平で口径の大きい形態とがあり，後者がやや多くみられる傾向がある．

上記のように千葉地域（南部）では，基本的には須恵器形態に忠実な変化を辿るが，1～2期の模倣坏には蓋形が優越しており，5期には口縁部下位に稜をもつ形態，あるいは口縁部の短く外反する埦形が比較的多くみられるなどの特色がある．また7～8期の放射状暗文は多用される遺跡とそうでない遺跡があり，終末段階まで扁平な埦形の占める割合が多い．

(4) 東葛地域

当地域では，北東部の手賀沼沿岸に位置する我孫子市日秀西遺跡[18･19]を中心に，前半期を同市内の布佐余間戸遺跡[20]で補って検討していくこととする．

0期は赤彩の埦形坏によって占められるが，口縁部が直立する半球形の埦形と口縁部の外反する埦形とがあり，両者とも放射状ヘラミガキが多く認められる．

1期の初期模倣坏はほぼ蓋形だけに限られ，須恵器形態を忠実に模したものと，口縁部の外反度の強いものがみられる．

２期には模倣坏が増加するが，身形はほとんどみられず，蓋形には稜が明瞭で口縁部高の高いものと，稜が不明瞭で口縁部の外反度が強く埦形との近似性が強いものの２者が存在する．また従前からの埦形坏も多く残存し，放射状ヘラミガキが依然として多く認められる．

３期になると，蓋形坏の器高が低くなるとともに，ようやく身形坏が現われ，両者が拮抗した数量を示すようになる．蓋形坏には，前段階と同様に口縁部が直線的に開くものと強く外反するものがあり，後者の数が優越する．埦形も多く残存し，口縁部が直立するものと外反するものの２者がみられる．赤彩は衰退し，無彩ものが多くなるが，身形の一部に黒彩のものが現われる．赤彩は旧来の形態（埦形坏・外反蓋形坏）に多く残る傾向がある．

４期には黒彩坏が普遍化すると同時に，一転して身形坏の数の方が多くなる．蓋形坏には口縁部の強く外反するものが依然として多く，このタイプの蓋形坏に赤彩が多く残る．埦形坏は前段階までの系統のものが消え，扁平な埦形が現われるが，数的にはまだ少ない．

５期は扁平化した身形・蓋形の模倣坏によって占められ，扁平な埦形が増加する点で，房総他地域と同様な様相を示す．前段階までの外反度の強い蓋形は姿を消し，蓋形も黒彩となる．身形の数がやや多いようであるが，扁平な埦形を蓋形の一部と考えればほとんど同数に近い．蓋形の中には有段口縁のものが客体的に認められる．またこの時期，一部の模倣坏に暗文状ヘラミガキを有するもの（日秀西021・046住例）も認められる．

６期には模倣坏の口径が縮小して稜や受部が退化し，埦形化へ向かう．依然として黒彩が主体であり，房総他地域と基本的に同様の様相を示す．

７期には坏の大部分が埦形になり，口縁部が短く屈曲するものが一部に残る．放射状暗文が認められるものがあるが主体的にはなっていない．黒彩されたものが依然として多い．

８期には口縁部の屈折など模倣坏的要素が失われた埦形坏が主体となるが，半球形で器高の高いものは少なく，扁平な形態のものが主体である．半数近くのものになお黒彩が残る．

以上のように東葛地域では，赤彩を伴う初期の模倣坏はほぼ蓋形に限られ，しかも口縁部の強く外反する形態が多い．身形が現われるのは３期以降で，黒彩が普及する４期には一時的に身形が優越したかにみえるが，５期には両者が拮抗するようになる．また2〜3期における埦形の残存率が高いことも特色である．黒彩盛行期には有段口縁の蓋形坏が客体的にみられる．７期に放射状暗文がみられるが，普遍的な存在とはなり得ていない．

一方，東葛地域でも東京湾沿岸の地域では我孫子市域とはやや異なった様相を認めることができる．船橋市印内台遺跡[21・22]・海神台西遺跡[23]などでは，4〜5期に有段口縁の蓋形坏がかなりの割合で認められ，器高の深いタイプもみられるなど，在地の土器生産の中にこの形態が取り入れられ，定着したかのような在り方を示している．また蓋形を主とする模倣坏の一部に放射状ヘラミガキを有するものがみられる点は我孫子地域と共通する．さらに比企型坏とよばれている口縁がＳ字形に彎曲する赤彩の蓋形坏も，我孫子・沼南（大井東山遺跡[24]）地域と同様，４期を中心に少数認められている（海神台西１次６住など）．このほか江戸川流域の流山市三輪野山八重塚遺跡[25・26]では，赤彩模倣坏の器高が低くなった３期の資料として，口縁部の外反度著しく体部の小さい蓋形坏が圧倒的多数を占め，我孫子地域よりもさらに根強くこの形態の蓋形坏が定着している状況を示している．以上のように東葛地域の中では，東京湾沿岸・江戸川流域・手賀沼周辺といったさらに細かい地域性を見出すことが可能である．

(5) 印旛地域

当地域では，ほぼ中央部に位置する印旛沼沿岸の印旛村平賀遺跡群[27･28･29]（駒込遺跡・油作第1遺跡・油作第2遺跡）の様相を中心に検討していくこととする．

0期は赤彩の埦形坏によって占められ，埦形坏には口縁部が直立する形態のほか，口唇部が短く外傾する形態，口縁部の外反する形態がそれぞれみられる．

1期の初期模倣坏には身形・蓋形の両者が当初から存在する．とくに身形には器高の深いものや厚手のものがみられ，試作段階的な様相を示す．

2期には模倣坏が増加するが，埦形坏の占める比率もなお多く，完全に模倣坏が主流化するまでには至らない（駒込38住）．この模倣坏定着段階には蓋形坏が優越し，しかも外反度の強いものが多く，埦形に近い屈折外反の形態があるという点は東葛地域の様相と共通している．

3期には模倣坏の器高の縮小，省略化とともに，埦形坏も引き続き多く残存している（駒込15住）．この段階から身形坏の数も増加して，蓋形も須恵器形態に近いものが多くなり，外反度の強い坏は口径が縮小して客体的存在となる．赤彩品が多いが衰退の兆しをみせ，無彩のものが多くなるとともに，身形の一部に黒彩が出現したとみられる（駒込32住）．

4期には身形・蓋形がほぼ同数で，黒彩が赤彩を凌駕するが，無彩のものも多い．扁平な埦形坏もこの段階から現われ，大形の模倣坏（鉢）も認められるようになる．

5期は扁平化した黒彩の模倣坏によって占められ，扁平埦形が増加するという房総他地域と共通した様相を示す．有段口縁坏などの特殊形態は見受けられない．

6期には模倣坏が小形化し，稜や受部が退化して埦形化へ向かう．依然として黒彩が多いが赤彩も再びやや多くなる．この段階に小形の有段口縁坏が若干認められる（油作Ⅱ-59住）．

7期には口縁部の屈曲など従来の模倣坏の形骸を留めるものが一部残存しながら，埦形坏が主体となってゆく．また黒彩は客体的な存在となる．

8期には埦形坏が主流化し，相変らず扁平な形態が主であるが，小形平底の坏が多くみられる例（油作Ⅱ-10住）もある．

このように印旛地域においては，模倣坏定着期（2期）の段階で，口縁部の外反する蓋形坏が多く，埦形坏が2～3期に多く残存する点など，東葛地域との共通性が強い部分があるが，大筋においては須恵器坏の変化に準じた変遷を遂げており，黒彩盛行期（4～6期）における特殊形態の存在もあまりみられない．また平賀遺跡群では7～8期に放射状暗文坏の存在は認められず，埦形坏の半球形化もみられない．ただし終末期の放射状暗文に関しては佐倉市江原台遺跡[30]など少数ながら認められる遺跡が印旛地域内にもある．また5期の有段口縁坏は佐倉市古屋敷遺跡[31]などで確認されるが，客体的存在の域を出ない．

(6) 香取地域

当地域では現段階で資料の最も多い北西部・利根川沿岸の下総町の遺跡（小野女台遺跡[32]・不光寺遺跡[33]・中里西口遺跡[34]・成井寺ノ下Ｉ遺跡[35]）の様相を中心に検討していくこととする．

１期の初期模倣坏は，現段階の資料では蓋形のみに限られ，いずれも口縁部の外反度がやや強い形態となっている．この段階の埦形坏には放射状ヘラミガキが認められる．

２期には模倣坏が増加するが，いずれも蓋形坏で身形坏は認められない．蓋形坏には口縁部が直線的なものとやや外反するものがある．なおこの段階には，放射状ヘラミガキを有する扁平な埦形坏も併存する．

３期には模倣坏の器高の縮小するとともに身形坏も現われる．この段階にも放射状ヘラミガキを伴う埦形坏が多く併存している．またこの段階から一部に黒彩品が出現したとみられる．

４期には身形・蓋形とも口縁部高が低くなり，黒彩が主流となる．ただしこの段階まで従来からの赤彩埦形坏が一部に残存するようである．

５期は扁平化した黒彩の模倣坏によって占められ，扁平埦形が増加するという房総他地域と共通した様相が認められる．有段口縁坏の存在は認めることができない．

６期には模倣坏の稜や受部が退化して埦形化へ向かう．黒彩は衰退をみせるようである．

７期には矮小化した模倣坏を一部に残しながら，小形扁平な埦形坏に入れ替わってゆく．

８期はほぼ埦形坏のみによって占められるようになり，扁平で小形のものが多い．

以上のように香取地域では，なお資料的に不十分なところはあるが，初期の模倣坏に蓋形が優越する点，赤彩の埦形坏が長く残存する点など，東葛・印旛地域との共通性が看取される．有段口縁坏などの特殊形態は認めることができず，終末期の放射状暗文もみられない．

(7) 海匝地域

当地域では，現段階で最もまとまった調査例である八日市場市飯塚遺跡群[36]（雉子ノ台・柳台・広之台・小山遺跡）の様相を中心に検討していくこととする．

０期は赤彩の埦形坏によって占められ，器高の深い半球形のものが多い．放射状ヘラミガキを有するものはあまりみられない．

１期・２期の初期模倣坏は，いずれも蓋形に限られる．この段階の模倣坏には底部に一文字状の赤彩を有するものがみられ，山武地域に近似した様相を示している．また２期の段階にも赤彩の埦形坏がなお多く残存している．

４期には身形・蓋形がほぼ同数となり，黒彩品が現われる．

５期は房総の他地域と同様，扁平化した模倣坏によって占められ，扁平な埦形も増加する．また図化されているものは少ないが黒彩品が主流になっているものとみられる．

６期には模倣坏の小形化と埦形化が進む．黒彩はなお多いと考えられる．

７期には模倣坏的造作はより形骸化し，平たい埦形のものが多くなる．黒彩は衰退する．

８期には埦形坏が丸底化して半球形のものが現われるが，なお扁平な形状のものも多い．黒彩はほとんどみられなくなっている．

以上，海匝地域も資料的にまだ十分とはいえないが，初期の模倣坏の蓋形優越，赤彩埦形坏の長期残存といった北総地域的な特色が看取される．ただ蓋形模倣坏の外反傾向はこの地域ではあまり強く現われていないようである．また有段口縁坏は認められず，終末期の放射状暗文もみられない．なお銚子市野尻遺跡[37]（10住）で放射状暗文坏の存在が知られるが，共伴する資料からは終末期（7・8期）に位置づけ得るものかどうか疑問である．

(8) 山武地域

当地域では，北部の芝山町三田遺跡[39]を中心に，芝山町内の他の遺跡[40・41・42・43]の様相も加味して検討してゆくこととする．

0期は赤彩の埦形坏によって占められ，器高の深い半球形のものが多い．口唇部の短く外反するものもある．海匝地域と同様に放射状ヘラミガキを有するものはあまりみられない．

1期の初期模倣坏には身形・蓋形の両者があるが，蓋形が多い傾向にある．蓋形には口縁部が直線的で開きの大きい形態が目立つ．蓋形坏の中には内面に×字形の赤彩を施したもの（三田031住-4）が認められる．

2期には模倣坏が主体的となるが，埦形坏もなお多く残存している．模倣坏には身形・蓋形の両者があるが，蓋形の数が優越しており，身形には小形品が多い．また蓋形には外反度の強いものが多くみられる．大多数のものが赤彩されている．

3期には模倣坏の器高が縮小するとともに，身形と蓋形の数が拮抗してくる．赤彩されるものが依然として多く，この段階まで底部内面の×字形・－字形の赤彩がみられる．

4期には赤彩が衰退して黒彩が出現するが，赤彩の残存量はなお多く，無彩のものも多い．身形・蓋形はほぼ同数で，この段階から扁平な埦形も現われる．

5期は扁平化した模倣坏によって占められ，扁平埦形も増加するという房総他地域と共通の様相を示す．黒彩が多くなるが，当地域では無彩のものの割合も多いようである．

6期には模倣坏が小形化し，扁平埦形の占める割合がさらに多くなる．

7期には口縁部の屈曲など従来の模倣坏の形骸を一部に残しながら，埦形坏が主体となってゆく．この段階の埦形坏には小形のものが多い．また黒彩は客体的な存在となっている．

8期には埦形坏が主流化し，底部の丸い半球形態のものが多くなるが，底部の平たいものも認められる．黒彩はほとんど認められなくなる．

以上，山武地域では初期の段階から身形・蓋形の模倣坏が併存するものの，やはり蓋形坏が優越する傾向にあり，その点で北総地域との共通性が強い．また×字形・－字形の赤彩がみられる点は，海匝地域の一部を含んだこの地域独自の特色といえる．4期以降における変化は，黒彩がやや少ない点を除けば他地域とおおむね規を一にしており，8期に埦形が半球形化する点では上総地域的在り方を示しているともいえる．一方，山武南部地域の東金市久我台遺跡[44]では，3～7期の資料が揃っており，5期には黒彩が多数を占める．またこの地域では5期に体部下位に稜を有し口縁の内彎する形態の蓋形坏がかなり多く認められている．

(9) 長夷地域

上総東部の長生・夷隅郡地域では，まだ古墳後期集落のまとまった調査例に乏しく，地域内の各地から各時期に該当する集落・横穴・古墳出土の土器群を抽出して検討していきたい．

0期の資料としては大多喜町横山3号墳[47]の土器群が挙げられる．赤彩の埦形坏によって占められ，器高の深い半球形のものが多い．口縁部の短く外反する形態も少数みられる．

1期の資料は同じ横山古墳群の1号墳が挙げられ，赤彩の埦形坏と身形模倣坏によって構成される．

2期の資料として長柄町久保向3号住[46]があり，赤彩の身形・蓋形がほぼ同数を占める．口径には大小があり，受部・稜の略化はみられるが，いずれも須恵器に近い形態を示す．

3・4期に該当する良好資料は今のところ見当たらない．

5期の良好資料として睦沢町東谷1号横穴の[48]土器群があり，扁平化した黒彩の身形・蓋形坏によって構成されている．

6期の資料として長南町今泉遺跡[49]003号住があり，やや小形化したと模倣坏と埦形坏が混在した在り方を示す．

7期の資料には茂原市猿袋1号横穴[50]の土器群があり，矮小化して口縁部に短い受部を残す形態を中心とする．なお同横穴墓前部から出土した身形坏は5期に該当するものである．

8期の資料として，茂原市山崎10号横穴[51]の資料がある．丸底・半球形化した埦形坏によって占められ，放射状暗文を有する．また半球形の大形坏（鉢）も存在する．

以上，長生・夷隅地域については，まだ部分的な資料が知られるのみであるが，初期の赤彩模倣坏に身形・蓋形が同数存在する点や8期にける放射状暗文坏の主体化など，西上総地域と共通の様相を看取することができる．

(10) 安房地域

安房地域はさらに調査資料が少なく，きわめて断片的な資料が知られているに過ぎない．

0期と考えられる資料として三芳村宝珠院1号墳[52]の埦形坏があり，隣接する2号墳の身形坏は1期ないしは2期の資料とみられる．

5期の資料として千倉町大溝遺跡[53]のCトレンチ出土土器があるが，黒彩は認められず，蓋形の赤彩品が1点存在する．

8期に該当するとみられる資料として千倉町駒形遺跡[54]3号住の埦形坏があるが，これらはいずれも赤彩されたものである．

このほか祭祀遺跡として知られる館山市つとるば遺跡や東長田遺跡[55]からも扁平・半球形の埦形坏が出土しているが，これらは6～7期の所産とみられる．

以上，長文を費やしたが，房総各地域での土師器坏の変遷過程についてみてきた．まだ資料的に不十分な地域もあるが，各地域間での共通性と地域性はおおよそ把握することができる．

5　房総の中での地域性と共通性

(1)　初期模倣坏の地域性

房総の中でも，地域的相違が明らかなものの一つとして，1～2期の初期模倣坏が挙げられる．君津・市原および長夷地域といった上総の各地域においてはいずれも身形・蓋形が同時に出現し，定着期（2期）に至ってもほぼ同数の割合で認められるのに対し，千葉・東葛・香取・海匝など下総の多くの地域では，初期の身形坏がほとんどみられず，2期になっても蓋形が圧倒的に優越している．印旛地域（平賀遺跡群）では，出現期に試作的な身形坏が認められているものの，定着期にはやはり蓋形が優越し，北総の他の地域と基本的に同様の傾向を示す．一方，上総でも北東に突出している山武地域（芝山町）では，身形・蓋形の両者が初期の段階からあるが，2期まで蓋形の優越が明らかであり，下総との共通性が強い．

さらに蓋形坏の形態をみると，君津・市原・長夷および千葉地域付近までは，同時期の須恵器坏蓋に近い形態が普遍的であるのに対して，東葛・印旛・香取・山武の各地域では，口縁部の強く外反した形態の存在が顕著である．とくに東葛地域（我孫子）では，0期以来存在する口縁部の外反した埦形坏が根強く残存しており，この種の埦形坏と模倣坏形態の相関性が強いと考えられる．また香取・海匝・山武と東方へいくほど，外反の度合いはやや弱くなってゆく傾向があり，山武地域の初期模倣坏には口縁部が直線的に外傾するものがみられる．これらの地域でみられる外反蓋形坏は，上総地域の蓋形坏に比べて底部の丸みが強く器高の高いものが多いことも特徴の一つであり，千葉地域にもその傾向はみられる．

一方，上総と下総地域の一部でみられる初期の身形坏は，小形で厚手のものが多いという特徴が共通してみられるが，その後身形が定着する上総では，2期には蓋形と同様の法量で規格化された形態となる．

以上のような，上総と下総での初期模倣坏の在り方の相違は，主としてこの時期以前までの須恵器の流入量の差にも多少の関係があるのではないかと思われる．君津・市原地域などでは5世紀後半段階（TK208～TK47型式）の須恵器の保有率が高く，以前から須恵器との馴染みが濃い地域といえる．ところが6世紀初頭には須恵器の流入量が急速に少なくなっており，須恵器の代用として，より須恵器に近似した形態が作られたとも考え得る．これに対して北総地域で多出する外反坏は，北関東・東北地方との近似性が強く現れているものといえ，従来の埦形との相違がより大きい身形坏の製作がしばらく定着をみなかったようである．

なお，いずれの地域でも0期から1・2期の段階は赤彩された坏が大部分を占めることに変わりはないが，山武北部～海匝地域の一部では，俗に駐車禁止・駐停車禁止標識ともよばれる一字形・×字形の底部赤彩が多く認められることも地域色の一つである．このような赤彩手法は，赤彩盛行期間の終り頃（3期）まで継続して認められる．当地域は房総の中でもとくに，後期古墳における形象埴輪の盛行が著しい地域であり，やや時間的な差異はあるが，後の埴輪彩色へとつながってゆく土師器工人の独創性も感じられる．

(2) 黒彩の出現時期

黒彩坏の出現時期にも地域によって多少の差が認められるようである．山武を含む上総地域では，模倣坏の器高が低くなる3期段階まで赤彩主流の傾向が続き，4期に至って黒彩の出現が確認されるが，東葛・印旛・香取など主として利根川に面した地域では，3期の段階から客体的ではあるが黒彩坏の存在を認め得る．初期の黒彩坏は，この時期から北総地域でも増加する身形に多く認められており，埦形坏や外反の強い蓋形坏など従来からの形態には赤彩品が多いという傾向がある．このように県北部で黒彩坏の導入がやや早かった背景には，やはり黒彩の出現が先行する北関東・東北地方との利根川を介しての地域的交流を想定することができる．なお漆仕上げと炭素吸着の弁別は，今回の検討ではデータ不足から行なうことができなかった．

(3) 特殊形態坏の分布

次に比企型坏や有段口縁坏といった蓋模倣の発展形態ともいうべき坏の分布状況をみると，まず比企型坏については，上総地域ではほとんどその存在を確認することができないが，下総では千葉地域北部（上ノ台遺跡[17]など幕張付近）から東葛地域西部（船橋・市川・松戸）にその出土例が多く，下総東部でも八日市場市大寺遺跡[38]などでこれに類する形態の坏が散見される．しかしいずれの地域においても主体的存在とはなり得ておらず，武蔵に隣接した東葛西部を中心に，4期頃一時的にこの形態が取り入れられたに過ぎないとみられる．

また有段口縁坏については，比企型坏よりはやや量が多く，その分布も東葛・千葉北部地域を中心に，印旛・千葉南部・市原の各地域でも少数の出土例が認められている．東葛地域の中でも東京湾岸の船橋近辺では一住居内からまとまって出土している例もあり，当地域の4～5期の土師器生産の中に，坏の一形態として一定期間の定着をみているといえる．

以上のように，比企型坏と有段口縁坏はその分布範囲もおおむね近似しており，有段口縁坏に関しては武蔵に隣接した東葛西部で一時的な定着をみたものの，それ自身が長期的な変遷をたどることはなく，また房総全域に浸透することもなく，一過性の形態に終っているといえる．

(4) 放射状暗文坏と終末期埦形坏の形態

終末期の埦形坏にみられる放射状暗文の存在についても，その分布に偏在的傾向が看取される．西上総の君津地域では7期以降，放射状暗文坏の存在が普遍的かつ主体的であるといえ，市原地域でもほぼ主体的といってよい．資料の少ない東上総の長夷地域でも横穴出土土器からこの種の土器の多いことが予想される．一方，下総では千葉南部に放射状暗文坏の主体的に出土する遺跡があるが，千葉北部・東葛西部ではやや多くみられるものの客体的であり，東葛東部・印旛では散見的・単品的存在の域を出ない．香取・海匝・山武北部ではさらに稀な存在となるが，山武南部の東金市付近では作畑遺跡[45]など客体的に認められる遺跡がある．

このように放射状暗文坏に関しては上総に多く，下総に少ない傾向が明らかであるが，同時に終末期の埦形坏の形態も，上総では丸底で深い形態が主体であるのに比べ，下総では扁平な形態が主体を占め，東部の山武・海匝地域で両者の混在する傾向がみられる．

一方，このような終末期の放射状暗文坏とは別に，東葛地域（船橋・我孫子）では，黒彩の盛行する５期の段階において，模倣坏・扁平埦形坏に暗文状ヘラミガキを有するものがしばしば認められ，これらが終末期の放射状暗文坏と系譜的関連をもつのかどうかも注意される．

(5) 房総地域の共通性

以上，房総の中での地域的相違についていくつかの点を取り上げたが，次に房総全体での共通性を認識しておきたい．

先にも述べたように，房総における古墳時代後期の坏の変化は，地域的小異はあろうとも，大局的には須恵器坏に準じた形態変化を遂げている地域圏であるとみなすことができる．とくに４期～６期に至る基本形態の推移は房総全域での共通性が高く，扁平な黒彩模倣坏の盛行する５期は編年上の定点になる時期といってもよい．また房総の土師器坏は，大筋では色で編年できるといえるほど，赤彩（0～3期）→黒彩（4～6期）→暗文・無彩（7・8期）という主体の推移過程が明瞭にとらえられる．

広範囲な地域間の土器を比較するにあたっては，個々の形態の分布よりもむしろ，大枠での共通性・斉一性にこそ注目すべきであり，共通性の認識なくしては地域性を浮き彫りにすることもできないであろう．坏の大局的な推移過程の共通性に比べて，顕著な地域性が現出している器種は甕であり，それは甕が須恵器の変化とは無縁に，それぞれの地域の実態に則した独自の形態変化を遂げていったためとみられる．その意味で，坏・高坏等の供膳形態と甕・甑といった煮沸形態とは，その生産体制にも何らかの相違があったことを想定する必要がある．

なお土師器坏における身形・蓋形の２形態の存続ということについては改めて吟味する必要がある．上総地域では模倣坏の定着する２期の段階から両形態が同量であり，法量も均一的であることから，個人食器として対をなして使用・収納された可能性が高いが，身形が少ない下総地域では，この段階に多い外反蓋形坏が従来の埦形坏と同様の扱いであったと考えられる．3～5期には全域的に身・蓋の数が均等化し，基本的に両者が対をなしていたとみてよいが，法量にばらつきがみられるようになる６期には身・蓋のセット意識は次第に薄れていると考えられる．ただし各期間を通じて，実際に身形・蓋形が合わさって出土した事例が稀であることも事実であり，使用時においてはそれほど厳密な意識がなかったようでもある．

6　土師器坏における精製品・粗製品の問題

最後に，東国土器研究会第4回研究集会において，田中広明氏により提示された斬新な見解である土師器のランク（製作技術の優劣による製作者と流通の違い）の存在の問題[62]に関して，若干の所見を述べておきたい．

結論から先にいえば，房総地域の土師器坏をみる限りにおいては，少なくともそのようなランクが普遍的に識別できるとはいい難いようである．第一に，首長系古墳から出土する坏類にとくに精製品といい得るものが目立つわけではないこと，また一般住居内においても，形態種レベルで，Aランク・Bランクと分離し得るような精製品・粗製品を認定することは難しい．

ただ田中氏の述べたような視点が仮に適用できるとすれば，それは首長系古墳出土の土師器高坏などで，内面黒色・外面赤彩を施し，供献用に通常のものよりも大きく美しく彩色された土器（金鈴塚古墳[6]出土品など）の存在や，台付長頸壺など特定の須恵器形態を忠実に模した特殊土師器の存在が，限られた階層への副葬用の特注品として挙げられるだけであろう．

そもそも土師器生産は，それほど強い地域首長の関与を受け，製品の形態まで規制されていたのだろうか．もちろん土師器の工人集団という職掌・組織があったとすれば，その統括権は地域首長が握っていたと思われるが，それぞれの地域の土器の基本形態の確立や新形態の採用といった次元では，多くの場合，地域工人の意識に基づく工夫や，他地域との交流，あるいは地域を超えた流行等によって主となる形態が形成されていたように感じられてならない．

首長層の影響力が強く働いていたのは，むしろ須恵器の生産地域からの搬入や地方窯の経営であり，土師器に関してはその生産が当時の分業的システムの中で行なわれていたとしても，比較的狭い範囲，数集落に一つくらいの単位で存在し，一つの国造圏の中に多数の土師器製作集団が存在していたのではないかとみられる．その生産の実態については，今のところ土師器の製作遺構が明確にとらえられないことにより，憶測の域を出るものではないが，もし埴輪や須恵器のような集合的な生産施設が存在していたとすれば，それはもっと明瞭な遺構として検出されても不思議ではない．その後律令期に入ると，土器生産はより専業的になっていったと考えられるが，古墳時代後期段階の土器生産は，いまだ個々の集落とはそれほど隔絶しない身近な範囲において自給的に行なわれていた感が強いようにみられる．また実際に土師器の分配に関与したのは集落の長クラスの者で，古墳後期の中での段階的な変化も想定されるが，基本的にはまだ集落間レベルでの交換的分配体制の域を脱していなかったものと推測される．

おわりに

以上，房総における古墳時代後期の土師器坏の変遷を中心に述べてきたが，筆者の認識不足と時間的制約により，他地域の土器との比較や搬入された須恵器の生産地の問題など論じられなかった点も多い．房総各地の土師器についても，まだ実物をつまみ食い的にみている程度という域を出るものではないため，細部の事実認定について誤謬があれば，今後各地域の方々に是正して頂きたいと思う．本稿が房総の古墳時代後期土器編年の叩き台の一つにでもなり得れば幸いである．なお編年図の作成にあたっては，房総各地域での先学の編年案を参考にさせて頂いたが，筆者の編年との相違点についての記述は，長文となるため省かせて頂いた．

地域別参考文献

[君津地域]

1)　小沢　洋 1992「上総地域の鬼高式土器」『考古学ジャーナル』№342 号（本書第Ⅲ部第 2 章所収）
2)　小沢　洋ほか 1989『小浜遺跡群Ⅱ　マミヤク遺跡』君津郡市文化財センター
3)　小林理恵 1991『小浜遺跡群Ⅳ　俵ケ谷遺跡』君津郡市文化財センター
4)　平野雅之ほか 1988『花山遺跡』君津郡市文化財センター
5)　乙益重隆・一山　典ほか 1980『上総菅生遺跡』木更津市教育委員会
6)　滝口　宏ほか 1952『上総金鈴塚古墳』早稲田大学考古学研究室

[市原地域]

7)　木對和紀 1993「竪穴住居の耐久年数からみた房総における古墳時代須恵器の出現と終焉」『市原市文化財センター研究紀要Ⅱ』
8)　木對和紀 1992『市原市椎津茶ノ木遺跡』市原市文化財センター
9)　大村　直 1989『市原市文作遺跡』市原市文化財センター
10)　田中新史・宮本敬一 1974「1 号墳」『東間部多古墳群』上総国分寺台遺跡調査団
11)　三森俊彦・阪田正一ほか 1974『市原市大廐遺跡』千葉県都市公社
12)　白井久美子ほか 1991『千原台ニュータウンⅣ　中永作遺跡』千葉県文化財センター

[千葉地域]

13)　小林清隆 1993「村田川の 6～7 世紀の土師器の再検討」『研究紀要 14』千葉県文化財センター
14)　小林清隆・金丸　誠ほか 1992『千葉市榎作遺跡』千葉県文化財センター
15)　上村淳一ほか 1979『千葉東南部ニュータウン 6　椎名崎遺跡』千葉県文化財センター
16)　佐久間豊・関口達彦ほか 1990『千葉東南部ニュータウン 17 高沢遺跡』千葉県文化財センター
17)　穴沢義功・酒井清治ほか 1982『千葉・上ノ台遺跡』千葉市教育委員会

[東葛地域]

18)　上野純司 1985「鬼高式土器の細分をめぐって」『論集日本原史』吉川弘文館
19)　上野純司ほか 1980『千葉県我孫子市日秀西遺跡発掘調査報告書』千葉県文化財センター
20)　高野博光・長内美知枝ほか 1981『布佐・余間戸遺跡』我孫子市布佐・余間戸遺跡調査会
21)　石坂雅樹ほか 1991『印内台遺跡—第 4 次調査報告書—』船橋市遺跡調査会ほか
22)　道上　文・栗原薫子ほか 1990『印内台遺跡—第 7 次・8 次調査報告書—』船橋市遺跡調査会ほか
23)　鈴木仁子ほか 1990『海神台西遺跡—第 1 次～第 4 次調査報告—』船橋市教育委員会
24)　小林清隆・山口典子ほか 1987『大井東山遺跡・大井大畑遺跡』　千葉県文化財センター
25)　秋元一夫ほか 1982『三輪野山八重塚遺跡』三輪野山八重塚遺跡調査会
26)　増崎勝仁ほか 1985『三輪野山八重塚遺跡 B 地点』流山市遺跡調査会

［印旛地域］
27）村山好文 1983「平賀遺跡群における古墳時代後期土器の再検討」『日本考古学研究所集報Ｘ』
28）村山好文ほか 1986『平賀』平賀遺跡群発掘調査会
29）高橋　誠ほか 1991『油作第１遺跡発掘調査報告書』印旛郡市文化財センター
30）内田儀久・田村言行ほか 1979『江原台』江原台第１遺跡発掘調査団
31）桑原　護・柿沼修平ほか 1977『間野台・古屋敷』間野台・古屋敷遺跡調査団
［香取地域］
32）石井明憲ほか 1990『小野女台遺跡』香取郡市文化財センター
33）萩原恭一ほか 1993『下総町不光寺遺跡』千葉県文化財センター
34）鳴田浩司 1991『中里西口遺跡』香取郡市文化財センター
35）平田貴正 1986『成井寺ノ下Ⅰ遺跡』成井寺ノ下Ⅰ遺跡調査会
［海匝地域］
36）福間　元ほか 1986『飯塚遺跡群発掘調査報告書』八日市場市教育委員会
37）小松　繁・牛房茂行 1978『銚子市野尻遺跡発掘調査報告書』銚子市教育委員会
38）渋谷興平・渋谷　貢 1978『大寺遺跡』北総東部用水事業埋蔵文化財発掘調査団
［山武地域］
39）福間　元・荒井世志紀 1989『三田遺跡発掘調査報告書』芝山町教育委員会
40）萬崎博昭・奥田正彦 1983『主要地方道成田松尾線Ⅰ小池麻生・向台遺跡』千葉県文化財センター
41）奥田正彦・伊藤智樹 1985『主要地方道成田松尾線Ⅱ小池新林・地蔵遺跡』千葉県文化財センター
42）渡辺高弘ほか 1992『主要地方道成田松尾線Ⅶ　御田台・小池新林遺跡』千葉県文化財センター
43）山口直人 1990『小池木戸脇遺跡』山武郡市文化財センター
44）萩原恭一・小林信一ほか 1988『東金市久我台遺跡』千葉県文化財センター
45）桐谷　優・平田貴正ほか 1986『作畑遺跡』作畑遺跡調査会
［長夷地域］
46）津田芳男 1988「長生地方の鬼高期の土器について」『茂原市文化財センター年報№2』
47）矢吹俊男 1978『大多喜町横山遺跡発掘調査報告書』横山遺跡緊急発掘調査会
48）星　龍象ほか 1982『東谷横穴群一号横穴墓発掘調査報告書』睦沢村教育委員会
49）三浦和信ほか 1990『岩川・今泉遺跡』長生郡市文化財センター
50）松本昌久ほか 1993『猿袋横穴墓群』長生郡市文化財センター
51）津田芳男 1988『山崎横穴群』茂原市文化財センターほか
［安房地域］
52）今泉　潔 1988『古代寺院跡（宝珠院）確認調査報告』千葉県教育委員会
53）玉口時雄・小金井靖ほか 1981『千倉町埋蔵文化財調査報告書（第５次）』朝夷地区教育委員会
54）玉口時雄ほか 1982『千倉町埋蔵文化財調査報告書（第６次）』東洋大学未来考古学研究会
55）椙山林継 1985「安房における鐸鈴のまつり」『国立歴史民俗博物館研究報告』第７集
［房総広域・そのほか］
56）村山好文 1982「房総における鬼高式土器編年試案」『日本考古学研究所集報Ⅳ』
57）杉山晋作ほか 1987『房総における古墳時代後期土師器の年代と地域性』シンポジウム資料
58）長谷川厚 1989「神奈川・千葉県地域の赤彩土器・黒色処理土器について」『東国土器研究』２号

59）金丸　誠 1992「下総地域の鬼高式土器」『考古学ジャーナル』No.342号

60）利根川章彦 1991「「鬼高式土器」の外部」『研究紀要』8号　埼玉県埋蔵文化財調査事業団

61）田中広明 1989「上毛野・北武蔵の古墳時代後期の土器生産」『東国土器研究』2号

62）田中広明 1994「関東西部における律令制成立までの土器様相と歴史的動向」『東国における律令性成立までの土器様相とその歴史的動向』東国土器研究会第4回研究集会資料

第4章　九条塚古墳の再検討

—飯野小学校保管遺物を中心に—

はじめに

小糸川下流域に所在する内裏塚古墳群は，大形前方後円墳の規模と基数，およびその群構成において，房総のみならず関東地方の中でも傑出した首長系古墳群として注目される．

当古墳群では，1990年現在までに認知されている古墳総数32基（前方後円墳11・円墳12・方墳5・墳形不明4）を数え，このうち墳丘が現存するのは，確認総数の約2/3に相当する21基（ほぼ完存14・半壊2・一部残存5）となっている☆4)．各地の首長系古墳群（とくに中期～後期）の多くは沖積地に所在するためか，近現代の市街地と重なって破壊の著しい場合が多く，当古墳群も例外ではないが，その遺存率は比較的良好な方といってよいだろう．たとえば，同じ東京湾沿岸の姉崎・木更津の古墳群などと比べれば，はるかにその残存率は良く，全体の様相を窺い知るに足るものである．その意味で，埼玉古墳群などに準じた広域の保存整備が行なわれて然るべき古墳群ではあるが，近年計画中の大規模な土地区画整理事業を控え，小規模古墳まで含めた総体的な保存整備の行方は危ぶまれつつあるのが現状である☆16)．

内裏塚古墳群では，明治時代以来多くの古墳の発掘が行なわれており，現在までに何らかの形で内部施設の発掘がなされた古墳は合計18基（前方後円墳6・円墳8・方墳4）を数える．しかしながら，戦前に発掘された古墳は，報文のないもの，また報文が発表されていても現在的な資料評価に耐えないものがほとんどであり，また戦後発掘された古墳も，出土遺物の詳細を含めた正式報告書の刊行されているものはきわめて少ない．このことは，内裏塚古墳群の編年的研究を深化させる上での障害となっており，未刊報告書の刊行を待ち望むと同時に，調査時期の古い古墳については，今後とも残された記録・出土遺物等からの再検討を進めてゆく必要が大である．

本稿で紹介する九条塚古墳の遺物も，明治時代末期に発掘されたものであり，その後然るべき公表がなされることなく地元の小学校に保管されてきたものである．本稿では，内裏塚古墳群の再検討の一環としてこれらの遺物を紹介し，併せて九条塚古墳の築造年代と群内での編年的位置づけについて若干の検討を試みたい．

1　九条塚古墳の概要

九条塚古墳は，内裏塚古墳群中，盟主の系列に属する大形前方後円墳の一つであり，1983（昭和58）年に実施された千葉県教育委員会による測量調査の結果では，墳丘長105 m・後円部径57 m・前方部幅72 mという計測値が得られている．群中では第4位の規模の前方後円墳であるが，

第１表　内裏塚古墳群発掘調査一覧表

調　査　年(月)	調　査　者	調　査　古　墳(調査箇所)	調　査　動　機　等	報　　告
1892年(明治25)	不　明	内裏塚北方古墳(？)石室・石棺		
〃　6月	不　明	白姫塚古墳(●)石室		
1906年(明治39)10月	柴田常恵・小熊吉蔵	内裏塚古墳(⚲)石室	学術発掘	東京人類学雑誌 22－249
1908年(明治41)２月	柴田常恵	亀塚古墳(■)石室	学術発掘	
1910年(明治43)２月	柴田常恵・小熊吉蔵	九条塚古墳(⚲)石室	抜根による石室露出	
1927年(昭和２)１月	柴田常恵	西原古墳(■)石室	開墾による石室露出	考古学研究 ２－１
1932年(昭和７)11月	帝室博物館 (高橋勇・富田政夫ほか)	向原古墳(●)石室	開墾による発見	「古墳発掘品調査報告」
1938年(昭和13)７月	小熊吉蔵	姫塚古墳(⚲)石室	耕地化に先立つ発掘	
1951年(昭和26)12月	早稲田大学考古学研究室 (玉口時雄)	西谷古墳(●)石室	学術発掘	古代７・８号
1964年(昭和39)３月	早稲田大学考古学研究室 (中村恵次・市毛勲)	八丁塚古墳(●)石室	学術発掘	古代49・50号
〃　〃	〃	割見塚古墳(■)石室	学術発掘	千葉県遺跡調査報告書・昭39
〃	坂井利明(本郷高校)	内裏塚古墳埴輪列確認	学術発掘	
1966年(昭和41)３月	早稲田大学考古学研究室 (中村恵次・市毛勲)	蕨塚古墳(⚲)石室	学術発掘	千葉県遺跡調査報告書・昭41
1968年(昭和43)５～６月	早稲田大学考古学研究室 (中村恵次ほか)	古山古墳(●)石室・周溝一部	社宅造成に先立つ緊急調査	
〃　７・８月	野中徹・鈴木仲秋(天羽高校)	野々間古墳(■)石室	宅地造成に先立つ緊急調査	富津海洋資料館館報２
1974年(昭和49)６～８月	安藤鴻基ほか	丸塚古墳(●)石室・周溝一部	区画整理に先立つ緊急調査	
〃　8月	〃	西原古墳前方部周溝	区画整理に先立つ緊急調査	
1981年(昭和56)７～11月	富津市教育委員会・野中徹ほか	上野塚古墳(⚲)南側周溝	駅前ロータリー整備に先立つ調査	報告書(富津市教委)
〃　８～10月	椙山林継	新割古墳(●)石室・周溝一部	宅地造成に先立つ調査	
1983年(昭和58)７月	国学院大学文学部(椙山林継ほか)	森山塚古墳(■)石室・周溝一部	学術発掘	報告書(国学院実習報告７集)
〃　８～12月	君津郡市文化財センター (小沢洋・笹生衛)	西谷・内裏塚・割見塚・蕨塚古墳周溝確認	区画整理に先立つ範囲確認	報告書(二間塚遺跡群Ⅰ)
1984年(昭和59)７～12月 1985年(昭和60)２月	君津郡市文化財センター (小沢洋)	八丁塚・割見塚・蕨塚・内裏塚・野々間・向原・西谷２号墳等周溝確認／割見塚・蕨塚古墳石室	区画整理に先立つ範囲確認	報告書(二間塚遺跡群Ⅱ)
1987年(昭和62)４・５月	君津郡市文化財センター (小沢洋)	野々間古墳南西側周溝	宅地造成に先立つ調査	報告書(君津郡市第29集)
〃　10月	〃	上野塚古墳後円部北側周溝	駅前ロータリー整備に先立つ調査	報告書(君津郡市第34集)
1989年(平成１)１～３月	君津郡市文化財センター (小高幸男)	九条塚・亀塚(■)・笹塚１・２号墳(●)周溝確認／亀塚石室一部	区画整理に先立つ範囲確認	報告書近刊
〃　５～８月	君津郡市文化財センター (野口行雄)	下谷古墳(●)石室・周溝	宅地造成に先立つ調査	報告書(君津郡市第　集)
〃　10～11月	君津郡市文化財センター (小沢洋)	西原古墳後円部周溝・石室	宅地造成に先立つ調査，区画整理に先立つ範囲確認	報告書近刊
〃　11～12月	〃	三条塚古墳(⚲)周溝確認・石室一部	保存整備に先立つ範囲確認	報告書(君津郡市第51集)
1989年(平成１)12月～ 1990年(平成２)２月	君津郡市文化財センター (小高幸男)	亀塚(⚲)・古塚(⚲)・白姫塚古墳周溝確認	区画整理に先立つ範囲確認	報告書近刊
1990年(平成２)９～11月	〃	稲荷山(⚲)・稲荷塚(■)古墳周溝確認／稲荷山石室一部	区画整理に先立つ範囲確認	〃

第3位の稲荷山古墳（墳丘長106 m）とはほぼ拮抗した規模を示す．

九条塚古墳の内部施設の発掘は，1910（明治43）年2月に柴田常恵・小熊吉蔵の立ち合いのもとに行なわれている[1]．発掘の契機は，古墳の土地所有者・今木覺太郎が墳上の古樹の切株を掘ろうとして，朱の付着した石を発見したことから始まったといわれる．

当古墳の発掘については，同年，『考古学雑誌』第1巻第11号の彙報において「上総国飯野発掘の金銅丸玉」と題して短文で紹介され，出土品中，金銅製中空丸玉が帝室博物館に寄贈されたことが報じられたが[2]，調査者の柴田らによって発掘調査の概要が公にされることはなかった．その後，1927（昭和2）年に刊行された『君津郡郡誌』上巻に当古墳の発掘成果がやや詳しく記載されたが[3]，これは小熊吉蔵の執筆になる『飯野村誌』（未公刊）の記事をもとにしたものといわれる．なお『君津郡郡誌』巻頭には「九条塚古墳埋蔵品」と題する出土遺物の一括撮り写真が掲載されている．九条塚古墳の発掘に関する公刊資料は以上の2編のみであるが，他に國學院大學が所蔵する「柴田常恵野帳」にもその記録をとどめている．

その後，近年に至るまで当古墳については調査の経歴がなかったが，1983年の測量調査に続いて，1989（昭和64）年には周溝確認調査が実施され，二重の盾形周溝を有していることが判明したほか，墳丘裾部から円筒埴輪資料も多く得られている[4]．ただし，内部施設に関する再調査は行なわれておらず，現段階では，明治期の調査の記録に頼る以外にない．

(1) 内部施設に関する記録

当古墳の内部施設に関しては，『君津郡郡誌』に「石槨は長方形に砂岩の天然石を以て造られ，其の底部には小石を敷き，その間隙は粘土にて塗り固められたり．四壁は数多の天然石を以て組み立てられ，其の間隙を粘土を以て充填し，上部は巨大なる天然石を以て蓋となせしが如し．然れども今其の蓋石を見ざるは砂土を以て成りたる塚にて崩壊し易きにより，其の一部の露れたる時取り去られて石橋等に利用せられし為ならんという．石槨は後円部にありて東西に長く南北に短く長方形をなし，全長大約二十三尺，幅は東に於て約四尺なれども西に至るに随い漸く広く最極は五尺許あり．」（句読点一部加筆）と記載されており，墳丘主軸に直交した自然石乱石積の長方形の石室で，敷石を有するが，蓋石は調査時すでになく，石室規模は長さ約7 m・西幅1.5 m・東幅1.2 mであったということである．

上記のような『君津郡郡誌』（『飯野村誌』）の記載に基づき，戦後，内裏塚古墳群について総括した甘粕健・滝口宏らの論文・概説[5]では，いずれも当古墳の内部施設を竪穴式石室として取り扱っているが，1982（昭和57）年に刊行された『富津市史・通史』の中で椙山林継は，「柴田常恵野帳」に記録された全長31尺5寸（9.45 m）・最大幅6尺5寸（1.95 m）・幅6尺～5.7尺（1.7～1.8 m）という計測値をもとに，横穴式石室の可能性を指摘した[6]．計測値の相違は，石積みの内法か外法か，あるいは底面計測か上面計測かといった計測方法の相違によるものとも考えられるが，全長が7 mか9.5 mかといった違いで，竪穴式石室か横穴式石室かの判断は微妙なものとなろう．

ちなみに，1906（明治39）年に発掘された内裏塚古墳では，墳丘主軸に平行する2基の石槨があったとされ，竪穴式石室として理解されているが，甲（東）石室は全長5.75 m・北幅0.75 m・南幅0.87 m，乙（西）石室は全長7.57 m・幅1.0 m（ほぼ一定）という規模となっている．九条塚の石室が全長7 m規模であった場合，内裏塚乙石室に近い長さとなり，竪穴式石室の可能性も考えられることになる．

しかし単に長さだけの問題に留まらず，九条塚の石室が墳丘主軸に直交する点，石室幅の広さと石室両端の幅員差などからみれば，横穴式石室の可能性が高いといえよう．当古墳群内では，玄室・羨道の区分がない無袖式タイプの横穴式石室が多く，新割古墳・西谷古墳など入口から漸次幅を広げて奥壁部に最大幅をもつ石室が幾つか認められるからである．そうした場合に「四壁」と記載されている点が問題となるが，閉塞の石積みを壁と理解したとも考え得る．ただし床面に礫を敷く点など内裏塚の石室との共通点もあり，石室両端の幅員差は内裏塚甲石室においても10 cm余りとはいえ認められている．ただ内裏塚の石室が「割石」によって構築されていると記録されているのに対して，九条塚の石室は「天然石」による構築であり，この点にも微妙な相違点が見出せるかもしれない．

横穴式石室とすれば，仮に全長が9.5 mとしても，内裏塚古墳群の横穴式石室の中ではむしろ短い部類となる．当古墳群では，中小規模の前方後円墳・円墳でも11～12 m台の狭長な石室を有しているものがほとんどであり，大形前方後円墳の石室としては，規模においてやや見劣りがするものとなる．その点が時期差を反映するものかどうかは編年的な検討の余地がある．また積石の隙間を粘土によって充填するという技法も他の古墳の石室では明確にはとらえられていない．なお床面に礫敷きの認められる横穴式石室は，西原古墳・丸塚古墳など6世紀後半代の古墳の中でも遺物相にやや古い傾向をもつ古墳にみられることを付け加えておきたい．

いずれにしても，九条塚古墳の石室は，当古墳群ならびに上総地域全体における横穴式石室の導入時期と関わっているだけに，その形態・構造の示す意味は大きく，今後何らかの機会に再調査を行なってみる必要がある．

(2) 出土遺物に関する記録

『考古学雑誌』彙報では，当古墳の副葬品として，「切子玉17・玻璃（ガラス）小玉85・刀身3・槍身1・金銅製中空丸玉1」を記載しており，一方『君津郡郡誌』には，石室内の遺物として「人骨（頭蓋骨・大腿骨・歯），獣骨，直刀・剣・鎗・鏃（数個），雲珠破片・轡類・種々の金具・革帯等に付着せる金属，用途不明品数点，水晶切子玉・ホウヅキ玉・瑠璃玉・銀玉，鍍銀耳環」，前方部頂およびその周辺の出土品として「（須恵器）高坏・平瓶・䍃」といった品目が記録されている．現在飯野小学校に伝存する遺物は，『君津郡郡誌』記載の品目とおおむねね整合するものであるが，玉類の数量は『考古学雑誌』の記載よりもはるかに少なく，また『考古学雑誌』のみが記載する金銅製丸玉（完形品1・残片5）は東京国立博物館に収蔵されている．

2　飯野小学校保管遺物の概要

現在，飯野小学校に保管される遺物には，九条塚古墳出土品とみられる遺物のほか，内裏塚古墳群内の他の古墳から出土した遺物も若干混ざっているようであり，そのほかに上総湊地区の富士見台貝塚など富津周辺地域の遺跡から採集された遺物，および小熊吉蔵の蒐集品とみられる県内外の遺物が保管されている．石器の中には岐阜県採集と注記されているものもある．しかしすべての遺物に出土地が明記されているわけではなく，出土遺跡を特定できない遺物も多い．このうち主に九条塚出土品とみられる馬具・武器・玉類などの古墳関係遺物は，「古墳□蔵品　君津郡飯野尋常高等小学校　小熊吉蔵」と表書きされた木箱2箱に収められ，須恵器等の土器類は書棚式のケースに保管されていた．1984（昭和59）年，筆者は同小学校内において古墳関係遺物の写真撮影の機会を得たが，1990（平成2）年春に同校保管遺物全部を一括して君津郡市文化財センターで借用し，実測図作成・分類修復作業・写真撮影等を行なった．

飯野小学校保管遺物の品目は下記のとおりである．

- o 縄文土器：後期の浅鉢1点で，近隣の地域の出土品と考えられる．
- o 弥生土器：後期の高坏1点で，口縁部に重三角文をもつ，近隣地域の出土品とみられる．
- o 古墳前期土師器：器台1点で，近隣地域の出土品とみられる．
- o 古墳後期土師器：坏1・鉢1・高坏脚部2で，うち高坏脚部1点に「更和丹後」（上総湊地区の地名）という注記があり，近隣の地域の出土品と考えられる．
- o 須恵器13点～坏身1・坏蓋1・高坏身2・高坏蓋2・𤭯2・脚付壺2・長頸壺2・提瓶1・甕破片で，九条塚古墳出土品のほか，群中の他の古墳の出土品が混在するとみられる．
- o 磁器（?）1点：鉢形の底部で，出土地不明．
- o 円筒埴輪：破片6点で，凸帯・調整の特徴等から内裏塚古墳採集品の可能性が強い．
- o 玉類：碧玉勾玉1・瑪瑙勾玉2・水晶切子玉2・ガラス小玉11・銀製空玉3があり，針金で連条にして保管されていた．九条塚古墳出土品が主で一部は他古墳出土品の可能性あり．
- o 耳環：銀装耳環1点で，九条塚古墳出土品と考えられる．
- o 馬具：鏡板1・轡片・杏葉（?）・金銅製雲珠1・貝製辻金具1があり，大部分は九条塚古墳出土品とみられるが，貝製雲珠のみ群中の他の古墳から出土した可能性もある．
- o 直刀片・鉄鏃片・金銅製胡籙金具片・金銅製薄板片：九条塚古墳の出土品とみられる．
- o 用途不明鉄製品：破片4点あり，九条塚古墳出土品の可能性もあるが不確実．
- o 瓦：鐙瓦3・宇瓦1・女瓦2があり，寺院址または瓦窯址出土品とみられるが，特定不能．
- o 石器～石棒1・石皿1・分銅形石斧1・磨製石斧2・石鏃1・磨石1があり，このうち石棒には「岐阜縣採集」という注記，磨石には「富士見台」という注記がある．

本稿では，上記のうち九条塚古墳出土品とみられるものを中心とする古墳関係遺物について諸記録との照合を交えながら，紹介していきたい．

A　馬具

『考古学雑誌』には馬具についての記載がないが，『君津郡郡誌』は馬具として，「雲珠破片轡類種々の金具革帯等に付着せる金属」と記しており，保管遺物のほとんどは九条塚出土品とみて間違いないが，貝製辻金具（雲珠）については若干の疑問ももたれる．

轡（第1図1～4）　1は楕円形十字文鏡板とみられるもので，遺存状況はきわめて悪いが，一応図のように復原実測した．鉄地金銅張製品である．引手衛先の連結した内周部の破片と細折した外周部の破片および立聞部の破片があり，復原横径は約11 cm，立聞を含めた縦径は10.5 cm前後となる．接合不良であるため，すべての破片が同一個体であるかどうかについては確証がなく，とくに外周部破片の一部には若干幅の異なるもの（図左上）もあって，別個体が混在する疑いもある．引手は鏡板の内側から取り付けられており，鏡板と衛先環は，鏡板に鋲留された短冊形の縦金によって固定され，衛先環には引手基部の環が連結する．衛先環は鏡板の外側へ1 cmほど露出する．内周部には合計18個の鋲（銀被せとみられる）が密に打たれている．図左上方の鋲頭が1個欠失しているが，鋲が地板まで貫通した形跡がなく，地板まで打ち込まれているのは一部の鋲のみと考えられる[7]．金銅板はコ字形に折り込んで地板に被せられていたとみられ，内周部裏面にも一部金銅板が残存する．裏板は裏面金銅板の上部に一部残存するのみである．立聞部は長方形であり，方形孔に鉤金具が取り付けられている．外縁部の破片は鋲頭が残るものが少ないが，痕跡の窪みを観察すると，地板まで貫通する鋲は一部に限られるようである．外縁部の鋲数は50個前後と推定される．鍍金はごく一部に痕跡程度に残るのみである．

2は衛部分とみられ，2環が直交して連結されている．1の鏡板に連続するものかどうかは明らかでないが，断面方形を呈する鉄棒の太さは0.9 cmで，鏡板に連結したものとほぼ同じ太さである．ただ一方の環が太さのほぼ一定した円環状であるのに対し，もう一方の環がやや扁平に押し潰されたような楕円形と観察される点が注意される．

3・4は引手壺で，瓢箪形を呈するものとみられる．3と4では下部の開き具合にやや相違が認められる．

雲珠・辻金具（第1図5～11）　5はイモガイを使用した貝製辻金具（雲珠）で，鉄地金銅張の台部・脚部片と径がほぼ一致するため，復原実測したが，完全に両者が同一個体であったという確証はない．ただ台部の金銅板の上端が裏側へ折り返されて完結しているところからみて，その可能性は高いといえるだろう．貝部の径（最大径）は4.4 cm，台部を含めた径は5.5 cmを測る．貝部の中央に円孔があり，宝珠形の装飾が付されていたとみられる．台部には2条の凹線がめぐる．脚部には中央部に各1孔の鋲留痕が認められる．鍍金は部分的ながら脚・台部に比較的明瞭に残る．本品は九条塚古墳出土品か否か多少の疑問がある．貝製品という稀少で注意を引く遺物であるにも関らず，『君津郡郡誌』にその記載がみられないからである．ちなみに同様の貝製辻金具は，姫塚古墳・蕨塚古墳からも出土しており[8]，内裏塚古墳群内では出土頻度の高い遺物といえる．

6は鉄地金銅張の雲珠で，脚基部の残存状況から，ほぼ等間隔に脚を配していたとすれば10

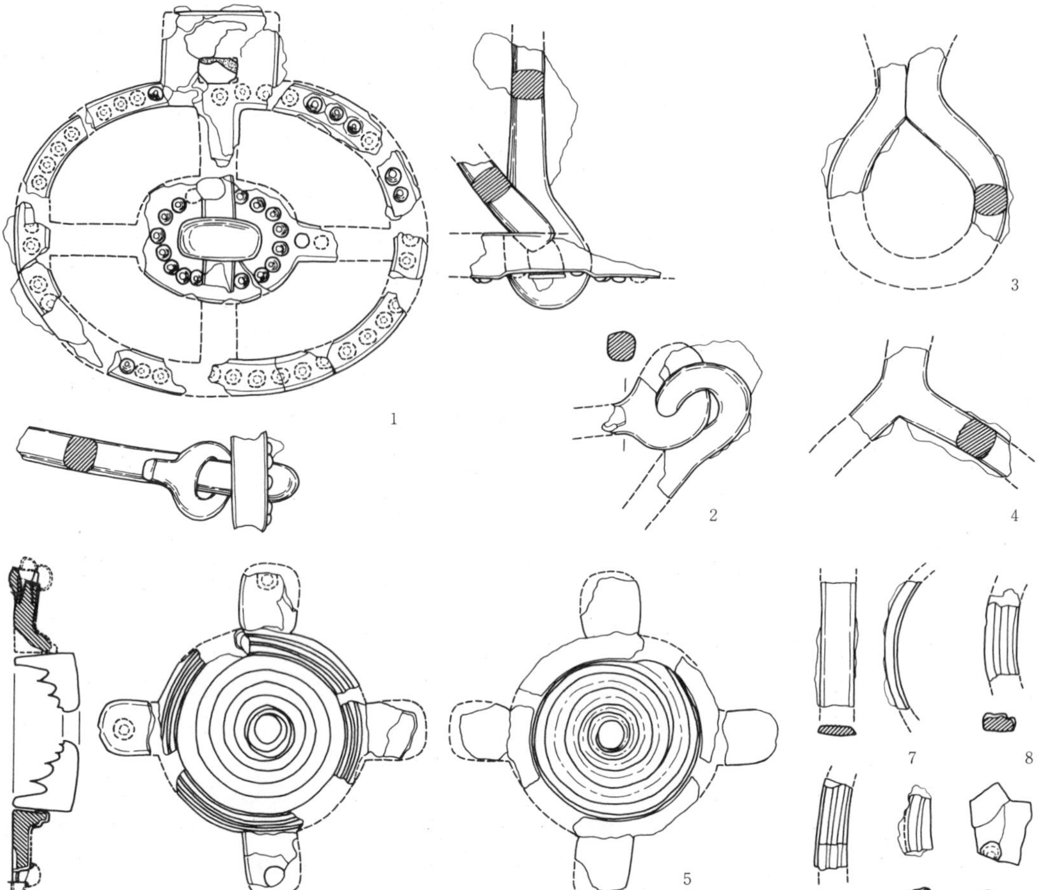

第1図　飯野小学校保管遺物実測図（1）　馬具（S=1/2）

脚，あるいは変則的な配置で８脚であった可能性もある．金銅板は台部内縁において折り返されている．脚部の１か所に，鉄地銀張とみられる責金具１本が残存し，斜行する刻み目が施される．各脚部には中央部に１個の鋲留があったとみられる．鍍金はごく一部分のみ残存する．

7～10はそれぞれ辻金具台部の破片とみられ，7は金銅板を欠失している．11は雲珠または辻金具の脚部片とみられ，鍍金が比較的明瞭に残る．

杏葉（第１図12）　12は一見，鐔のような形状を呈するが，立聞に相当する部分が認められることから杏葉と推定される．鉄製であり，金銅張の形跡は残らない．形状は円形ないしは心葉形とみられ，中央部に円形状の透し，外周部に８個の台形透しを配した形態と復原される．台形透しの大きさは一律でなく，大小がある．立聞とみなされる部分には，左右に鉄鋲の痕跡が認められる．

B　武器・武具

『考古学雑誌』では「刀身３・槍身１」とあり，『君津郡郡誌』は「直刀剣鎗鏃（数個）あり」と記載する．しかし現存する遺物の中に鉄剣・鉄鎗の破片は確認することができない．飯野小学校保管遺物の中には，直刀片・鉄鏃片のほかに，鉄地金銅張胡籙金具が認められるが，『君津郡郡誌』で馬具の項に記された「革帯等に付着せる金属」がこれに該当する可能性がある．

金銅装大刀（第２図１）　１は金銅製の鞘元金具と足金具（一ノ足）を伴う刀身基部の破片で，鞘口の金銅装も一部残存する．鞘元での刀身幅は2.8 cm，棟厚0.7 cmを測る．刀身には鞘の木質が付着する．鋒側は折損剥離後に銹化しており，現状では扁平化している．

直刀片（第２図2～7）　２は茎部の破片で，茎尻は棟側がやや隅丸状になっている．目釘１個が残存している．3～7はいずれも刀身部の破片であるが，遺存度・接合状況は不良であり，図示したもの以外にも細折した破片が幾つか存在する．考古学雑誌に「刀身３」と記載されるように，数個体分の破片が認められるようである．

鉄鏃（第２図8～32）　鉄鏃は概して遺存状態が悪く，完形品は皆無である．８は斧箭式の鉄鏃であるが，頭部の形状は欠損のため不明，茎部に木質と口巻きが残る．他の大部分は長頸鏃片とみられるが，箆被基部の幅が大きい26・27は他と異なる型式の可能性がある．長頸鏃の鏃身部破片のうち，９は片丸の三角形式，10・11は無関平刃の片刃箭式である．箆被部の関形状は，確認されるもののほとんどが棘状であるが，15は裾部の広がる台形関の可能性がある．

胡籙金具（第３図1a～h）　鉄地金銅張製品で，非接合の８つの断片（a～h）が現存するのみであり，全体の形状を復原することは難しい．端部片が２点あり，一方の端部ａは方形で両側に２個の鋲留がみられるのに対して，もう一方の端部ｈは半円状で中央に１個の鋲留がみられる．ａの鉄地部分の端部幅は1.87 cm，端部に接する部分の金銅板を含む幅は2.03 cmを測り，中間部ｃ・ｇの鉄地部分の幅がやはり1.87 cm，半円状端部ｈも片側縁が折損するがほぼ同幅とみられる．地板部分の厚さは1.0 mm，金銅板の厚さは0.8 mmである．金具の構造は，鉄製の地板の上に金銅板が両縁を裏側へ1.5～2.0 mmほど折り込んで被せられ，裏面の地板の上には布が付着，布の上には皮革の付着が認められる．鋲はａの端部に２個，２番目に１個，３番目に２個

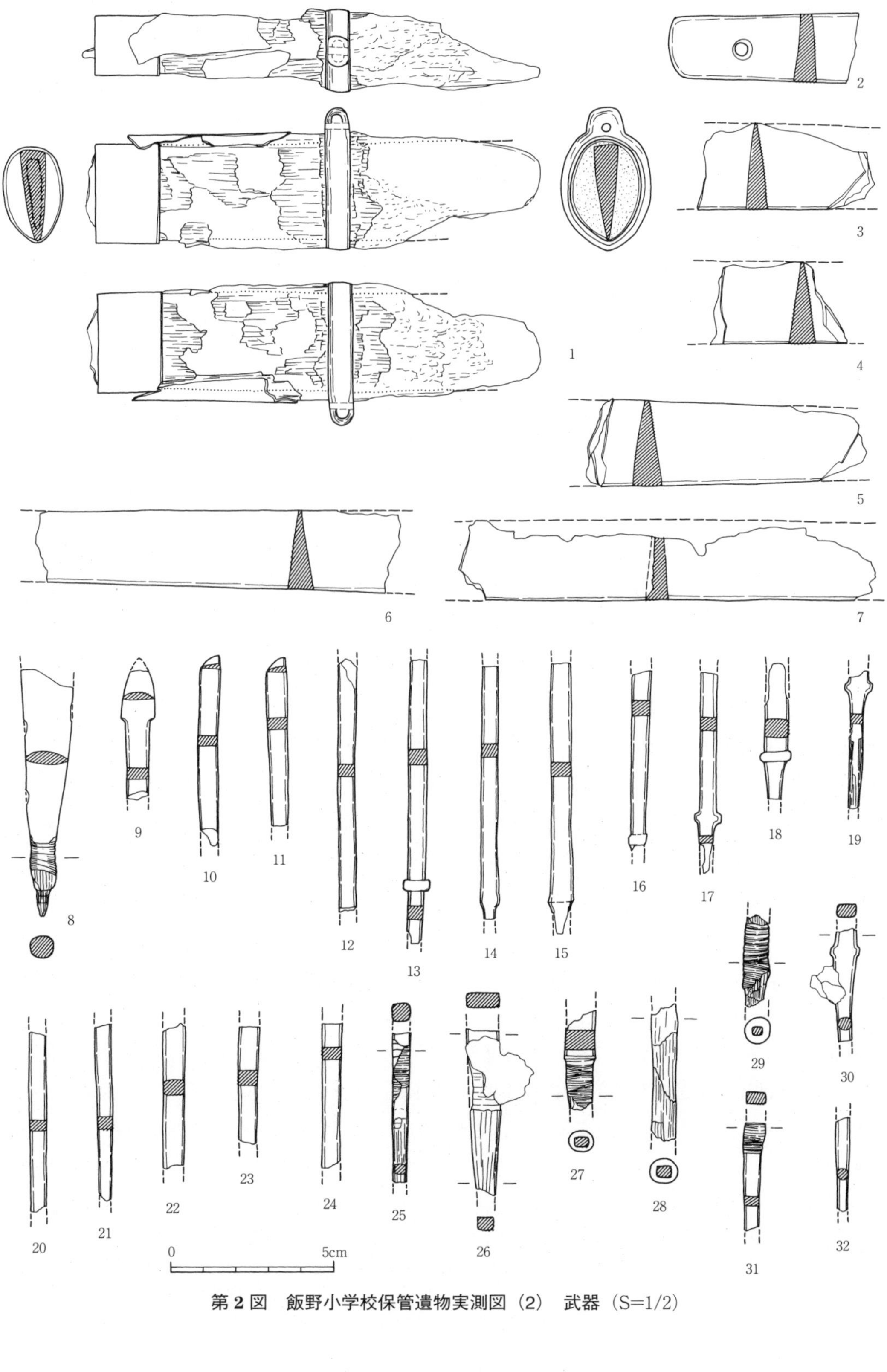

第2図　飯野小学校保管遺物実測図（2）　武器（S=1/2）

となっており，一つおきに1個の鋲を対置する配置が考えられる．鋲の間隔は，最初が1.4 cm，次が1.75 cmと一定でなく，鋲頭の大きさにも大小が認められる．中間部破片のうち，gはやや内彎を示しており，鋲留の痕跡がまったく確認されない．鋲の材質は鋲頭部が黒灰色の光沢をもつことから，鉄地銀被せとみられる．表面の両側縁部には，波状文とその両側の2条の破線からなる線刻（蹴彫り）文様が施され，中央部にも文様があったようであるが，金銅板の残存する部分が限られているために，文様構成は明瞭には把握し得ない．鋲は施文後に打たれたものとみられる．

C　装身具

『考古学雑誌』には「切子玉17・玻璃小玉85・金銅製中空丸玉1」が記載され，『君津郡郡誌』には「水晶切子玉・ホウズキ玉・瑠璃玉・銀玉・鍍銀耳環」が記載されるが，保管される遺物は，碧玉勾玉1・瑪瑙勾玉2・水晶切子玉2・ガラス小玉11（大5・小6）・銀製空玉3・銀製耳環1であり，種類・数量において記録との相違がみられる．ただ『考古学雑誌』の記載は「彙報」という性質において，どこまで正確な記録であるか疑問であり，また玉類のような小遺物には出土後の散逸も考えられよう．さしずめ問題となるのは，両記録にない碧玉・瑪瑙勾玉の帰属であり，あるいは他の古墳からの出土品であった疑いももたれる．また『君津郡郡誌』に記された「ホウズキ玉」は金属製の山梔玉であった可能性があるが，現存していない．なお東京国立博物館に収蔵される金銅製の空玉は，完形品1点のほかに残片5点がある．

勾玉（第3図2〜4）　2は瑪瑙製で半透明の橙褐色を呈し，長さ3.0 cm・頭部幅1.0 cmで，形状はコ字形に近い．3も瑪瑙製で一部白みがかった橙褐色を呈し，長さ3.15 cm・頭部幅1.2 cmを測り，頭部のやや突出したコ字形を呈する．4は碧玉製であり，濃緑色を呈する．尾部を欠失．頭部幅2.0 cmを測る．穿孔は，3点とも背部を左に向けた面からの片側穿孔である．

切子玉（第3図5・6）　2点とも水晶製で，上下を截頭六角錐形に整形した14面体．5は長さ2.8 cm・最大径1.6 cm，6は長さ2.9 cm・最大径1.8 cmを測り，いずれも片側穿孔である．

ガラス小玉（第3図7〜17）　7〜10はガラス丸玉と呼んでも差し支えない最大径6〜7 mmの大形品であり，やや小さい11もこれに準じた大きさである．これらはいずれも紺色系の色調を呈する．12〜17はいわゆる粟玉に近い小型品で，径3 mm前後，厚さ1.5〜2 mm程度である．色調は12のみが空色，他は淡緑色系である．

銀製空玉（第3図18〜20）　18・19は丸玉であり，18は一部に素穴があく以外はほぼ原形を保つが，19は片側半球が欠損して折れ曲がっている．銀板を半球形に整形した一対のものを，中央部で蝋付けして製作されたものと考えられ，折損する19ではその接合痕が明瞭に残る．18は縦径1.4 cm・横径1.3 cm，19は横径1.5 cmを測る．18の上下面には銀板を半球形に整形したとき生じた弛みを削り取ったとみられる放射状の整形痕が認められる．製作時には有機質の芯があった可能性がある．

20は現状では，平玉状に押し潰された状態となっているが，本来は両面が紡錘形に盛り上がった空玉であったと考えられる．紡錘の段数は3段であり，復原横径1.45 cmを測る．類似品が

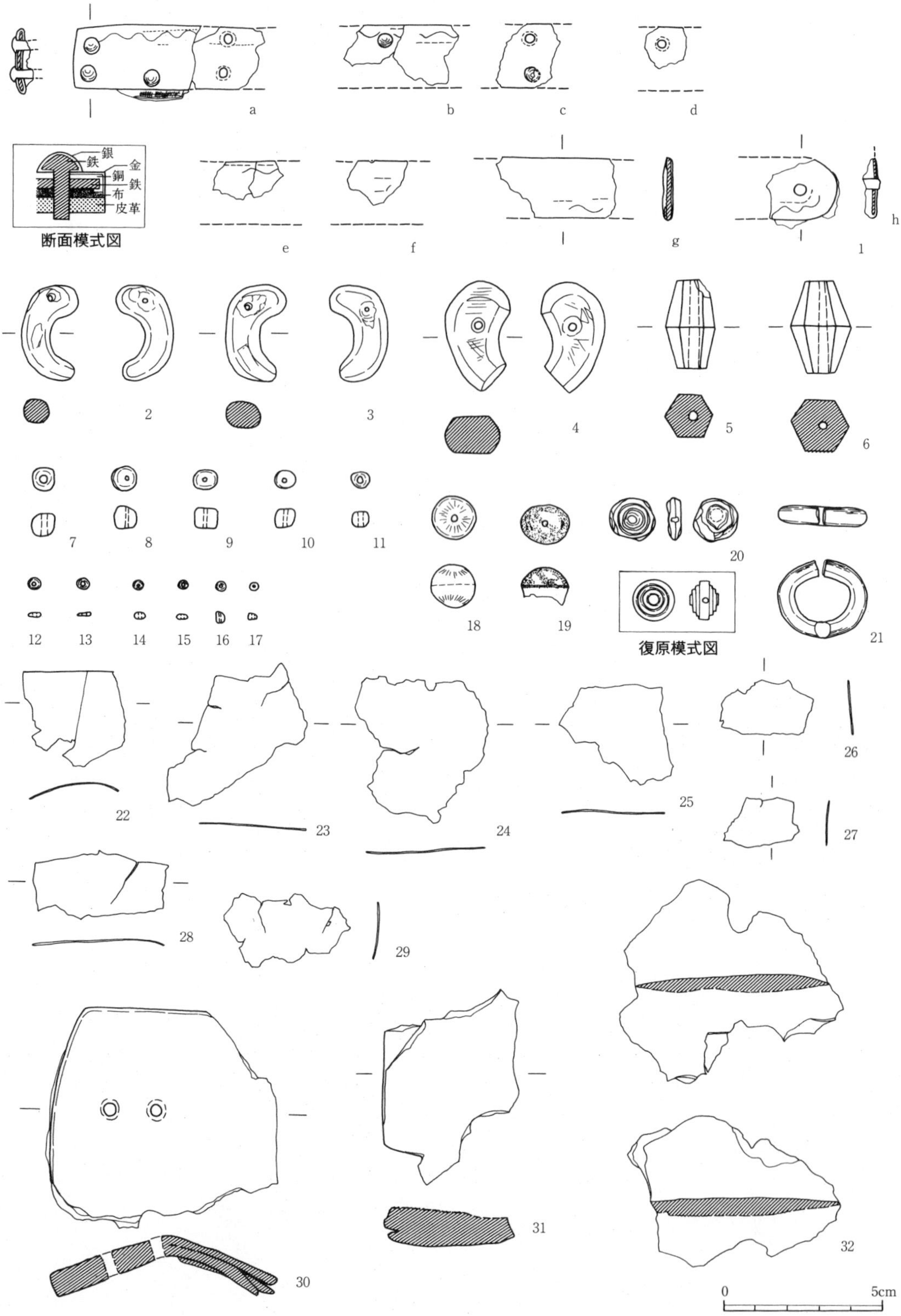

第3図　飯野小学校保管遺物実測図（3）武具・装身具・用途不明品（S=1/2）

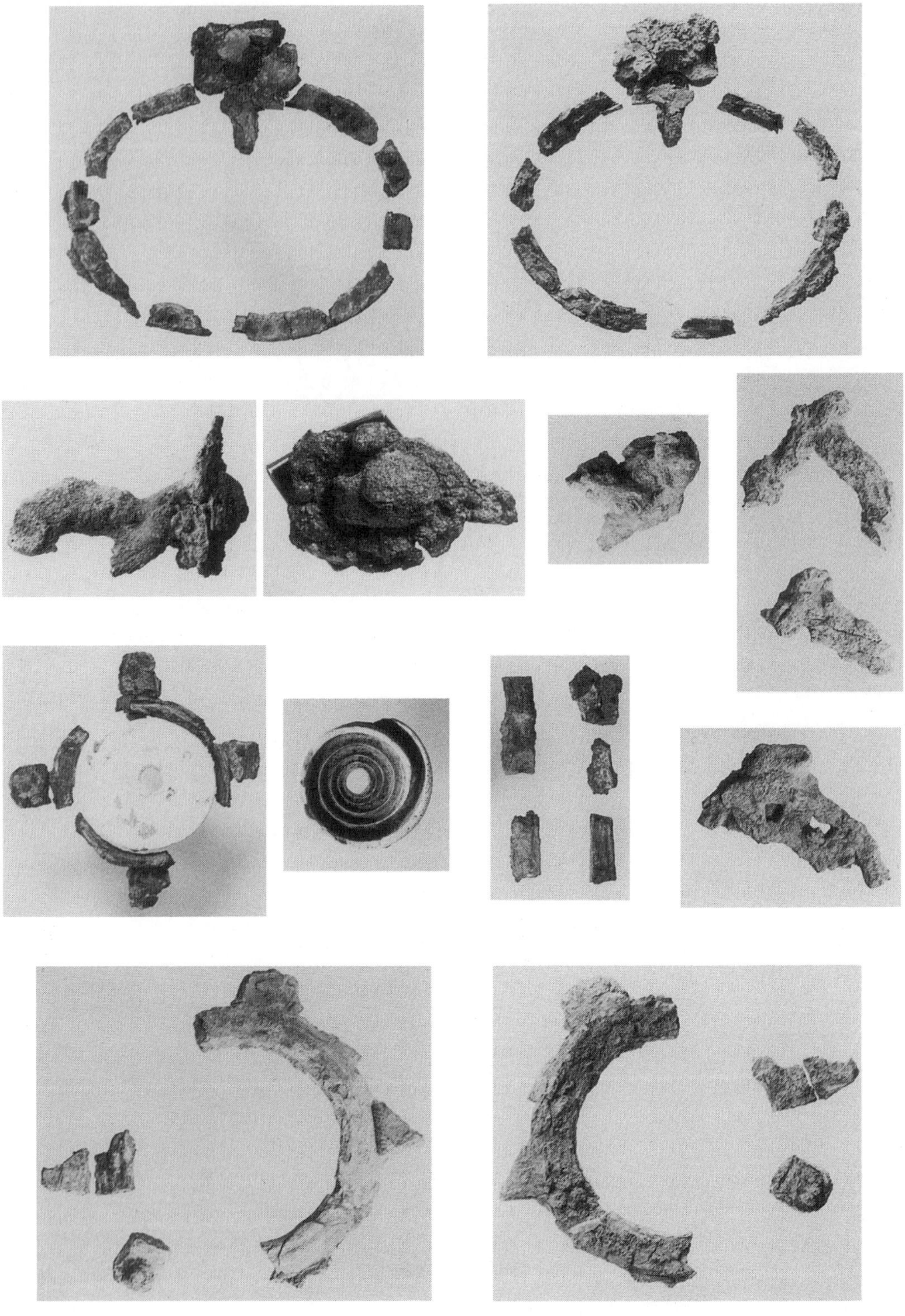

写真1　飯野小学校保管遺物［馬具］

写真 **2**　飯野小学校保管遺物［玉類・金銅装大刀・胡籙金具・金銅板］

先ごろ奈良県・藤ノ木古墳の石棺内から出土しており，「有段紡錘形空玉」という呼称が与えられている[9]．ただ藤ノ木古墳のものが紡錘形の頂点に穿孔されているのに対し，本品の場合は側面に穿孔がみられ，連結方向が異なっていたと考えられる．

以上３点の空玉に，現状では鍍金の痕跡を認めることができない．東京国立博物館に収蔵される空玉が金銅製であるとすれば，２種類の材質の異なる空玉が併用されていたことになる．また，紡錘玉・丸玉・山梔玉という３種の空玉の組み合せは藤ノ木古墳にみられるものであり，「ホウズキ玉」と記載されたものが，山梔玉であった可能性の高さを暗示している．

銀製耳環（第３図21）　１個のみの残存であり，対になるものは見当たらない．縦径2.4 cm・横径2.8 cmを測り，横長の形状を呈する．表面は黒ずんだ銀色を呈するが，環の切れ口を始めとして各所に淡い緑青が浮き出しており，銅心銀張の製品と考えられる．

D　用途不明品

原形を特定できない用途不明品として，金銅板数片と鉄製品数点がある．

金銅板（第３図22〜29）　いずれも薄い金銅板であり，本来，冠や帯金具といった装身具の一部であった可能性があるが，明らかでない．このうち22は端部の破片であり，端線と直交する方向に彎曲が認められることが手掛りとなろう．各破片にも鉄の付着は認められず，現状では文様等も確認し得ない．

鉄製品（第３図30〜33）　30は屈曲した板状の鉄製品で，２側縁が残る．一方の側縁は直線的，他方は彎曲しており，中程に２孔を認める．31〜33も30と同一の製品であった可能性が強いが，原形は不明である．

E　須恵器

『君津郡郡誌』は，「前方部の頂點及び其の附近に浅く埋蔵せられたる土器」として，「高坏・平瓶・𤭯」の３種類を記載しているが，同書の巻頭に掲載された「九條塚埋蔵品」と題する遺物一括写真には，高坏身・蓋各１点と𤭯１点，脚付壺２点が写っており，このうち飯野小学校保管の須恵器と整合するのは，𤭯（7）と脚部を欠失した壺（10）のみである．写真に写っている須恵器のうち，有蓋高坏と大形の脚付壺はおそらく現在個人蔵となっている白姫塚古墳出土品に相当するとみられる．このように『君津郡郡誌』の編集時点でもすでに遺物の扱いに混乱が生じているようであり，本文に記載される「高坏・平瓶・𤭯」の品目だけが九条塚古墳出土須恵器のすべてであったかどうかについても疑問が残る．また飯野小学校保管の高坏・蓋は『君津郡郡誌』掲載写真のものとは明らかに別個体であるが，これが九条塚古墳出土品であるという確証はなく，記載のない他の器種とともに，内裏塚古墳群内のほかの古墳からの出土品である疑いももたれる．戦前に発掘された古墳の中には，たとえば1938（昭和13）年に農地造成に先立って小熊吉蔵を中心に発掘された姫塚古墳など，すべての遺物の所管が判明していないものがあり，また戦前から戦後にかけて，記録を残さぬまま消滅している古墳，あるいは偶然の機会に出土した遺物も数多いとみられる．以下に紹介する須恵器の中には，それらの遺物も含まれているであろうことを付記しておきたい．

第 4 図　飯野小学校保管遺物実測図（4）　須恵器（S=1/4）

坏蓋（第4図1）　　口径14.0 cm・器高4.0 cm．口縁部の一部を欠損するが，ほぼ完存．天井部の平たい器形で，天井部約2/3の範囲に左回りの粗雑な回転ヘラケズリが施される．内面は左方向の回転ナデ調整．口唇部は丸く収まる．色調明灰色で，胎土中には粒の大きい礫・粘土粒を含む．

坏身（第4図2）　　口径12.8 cm・器高4.0 cm．ほぼ完形．底部の平たい器形で，底部約3/4の範囲に左回りの回転ヘラケズリが施され，内面は同じく左回りの回転ナデ調整．口縁部立上り高は0.6 cm，受部幅は0.5 cmを測る．色調・胎土は1に近似し，セット関係にあったと考えられる．

高坏蓋（第4図3・4）　　3は口径14.6 cm・器高5.1 cm．口縁部の一部を欠損．つまみは中央がわずかに突出した扁平な宝珠形を呈し，径2.7 cm・高0.75 cm．天井部と口縁部は稜によって画され，口縁端部は厚く丸みを帯びる．天井部全体にナデに近い左回りの回転ヘラケズリ，内面は回転ナデの後に指ナデ．口縁部内面に太い凹線がめぐる．色調暗灰色で，胎土中に白色礫・砂粒を多く含む．

4は口径17.7 cm・器高5.8 cm．約1/5程度の部分を欠失．つまみは扁平な円板状であり，径2.7 cm・高0.9 cm．天井部と口縁部は稜（沈線）によって明瞭に画される．口縁端部には内傾する凹線がめぐる．天井部全体に左回りの回転ヘラケズリが施され，内面は回転ナデ調整．色調は明灰色で，胎土中には白色礫・砂粒が多く含まれる．

高坏身（第4図5・6）　　5は長脚高坏とみられるが，脚部を欠失する．口径12.3 cm・坏部高3.5 cm・脚部上端径3.4 cmを測る．坏底部約1/2の範囲に左回りの回転ヘラケズリ，内面に左回りの回転ナデが施される．口縁部立上り高0.5 cm・受部幅0.8 cm．色調明灰色で，胎土中に黒色礫粒を多く含む．

6は長脚2段2方透しの高坏で，坏部と脚部が折損しており，セメントにより接合されている．口径12.3 cm・器高17.0 cm・脚部底径12.9 cmを測る．坏底部約1/2の範囲に左回りの回転ヘラケズリ，内面は左方向の回転ナデ．口縁部立上り高0.6 cm・受部幅0.6 cmで，受部端は上向きとなっている．脚部の中程，透孔境目には2本の沈線がめぐる．透孔部には切取り痕の刻みが残る．脚端部は側方に面を有し，下端部がわずかに突出．脚裾部にも一部セメントによる補修が認められる．色調は明灰色（一部青灰色）で，胎土中の砂粒は細かく，炭化物も含む．

𤭯（第4図7・8）　　7は口径14.6 cm・器高17.5 cm・体部最大径9.5 cm．口縁部約1/3強を欠失する．口頸部はラッパ状に大きく開き，段によって頸部・口縁部が区分される．口縁端部は丸く収まる．体部は最大径を上位にもつ偏球形で，最大部よりわずか上位に1条の沈線がめぐる．孔径は1.4 cm．底部は丸底で，左回りの粗い回転ヘラケズリが施された後，刷毛状工具による不定方向のナデが加えられる．色調は暗灰色・灰褐色で，胎土中には白色の礫粒が所々に含まれる．

8は口径11.3 cm・器高15.3 cm・体部最大径8.6 cm．口縁部約1/2程を欠失し，一部にセメント補強がみられる．口頸部は長くラッパ状に開き，口縁部と頸部の区分はない．口唇部は屈曲して外反する．頸部に2条1組の沈線が2か所にめぐり，文様帯を画している．上部の文様帯は縦方向の密な沈線文，中位の文様帯は櫛歯状工具による刺突文である．体部は2か所に稜を有し，上の稜部分に2条，下の稜部分に1条の沈線がめぐる．上下の稜の間は櫛歯状工具による刺突文で埋められ，透孔もこの位置にあって，内側へやや下向きに穿たれている．孔径は1.6 cmを測る．底部は丸底で，器面が平滑にナデられている．色調は明灰色であり，胎土中には白色の礫粒が所々に含まれる．底部の一部にタール状の煤が付着．

脚付壺（第4図9・10）　9は直口縁タイプの脚付壺（台付長頸壺）で，口縁部上半の大部分を欠損しており，セメントによる復原がなされている．器高は現状の復原高で26 cm・体部最大径16.7 cm・脚部径17.0 cmを測る．体部最大部よりやや上に2条の沈線がめぐり，沈線より上の肩部には自然釉が顕著に付着する．体部中位には刷毛状の痕跡をとどめるナデ調整がみられ，体部下半には左回りの回転ヘラケズリが施されている．脚部は2段3方透しで，上下の透孔の境目に2条の沈線がめぐっていたようであるが，この部分もセメントによる補強・上塗りがなされており，沈線や透孔の一部が潰されている．透孔は上下でずれた位置に開けられている．透孔下部にも1条の沈線あり．脚部下端は側面を有する．色調暗灰色・黒灰色で，胎土中には白色礫粒を多く含む．

10も直口縁の脚付壺で，脚部欠失．口径8.2 cm・脚部を除く器高18.1 cm・体部最大径13.3 cmを測る．口辺部はわずかに彎曲して直状に立ち上がり，口唇は丸く収まる．頸部上位に2条の沈線がめぐる．体部最大径はやや上位にあり，幅1.3 cmの文様帯をはさんで，上に2条，下に1条の沈線がめぐる．文様帯は櫛歯状工具による斜方向の刺突文で埋められる．体部下半には左回りの回転ヘラケズリが施されている．脚部には，接合部の痕跡から2方の透孔があったとみられる．色調は暗灰色で，肩部と口頸部内面に自然釉が付着．胎土中の砂粒は細かい．

長頸壺（第4図11・12）　11は低い台の付く長頸壺であり，体部・底部の器面に出土地点等がローマ字で次のように注記されている．「1950 Jan 20th Kuzyozuka tôhoku tatikawatakuura Mumeizuk（a）yori situdo Kisô Otiaisyûhei Kiroku Ôkusa」．これによれば本須恵器は，1950（昭和25）年1月20日に，九条塚東北の立川宅（?）裏にあった無名塚から出土したものであり，落合修平（?）という人が寄贈，大草（?）という人が記録したものである．この注記により，九条塚の北東，三条塚との中間付近に消滅した古墳のあったことが知られる．

この長頸壺は口縁部の縁を欠損するが，ほぼ完形を保ち，復原口径9.8 cm・器高23.7 cm・体部最大径16.0 cm・台部底径7.8 cmを測る．口縁部は上方に面を有し，口頸部内面にはロクロ目が明瞭に残る．頸部・肩部外面と口縁部付近の内面に鶯色のガラス質の自然釉が顕著に付着．体部は最大径が上位にあり，明瞭な稜を有さずに彎曲する．最大部よりやや上位の肩部に沈線の痕跡があるが，釉により埋まっている．体部下半には左回りの回転ヘラケズリが施される．器面各所には焼成時に生じた瘤状の膨らみが認められる．台部は貼付けによったものとみられる．色調は現状で褐色がかった明灰色を呈し，胎土中の砂粒は細かい．

12は長頸壺口頸部の破片であり，口径10.7 cm・口頸部高10.5 cmを測る．口縁部は折返し口

写真 3　飯野小学校保管遺物［須恵器］

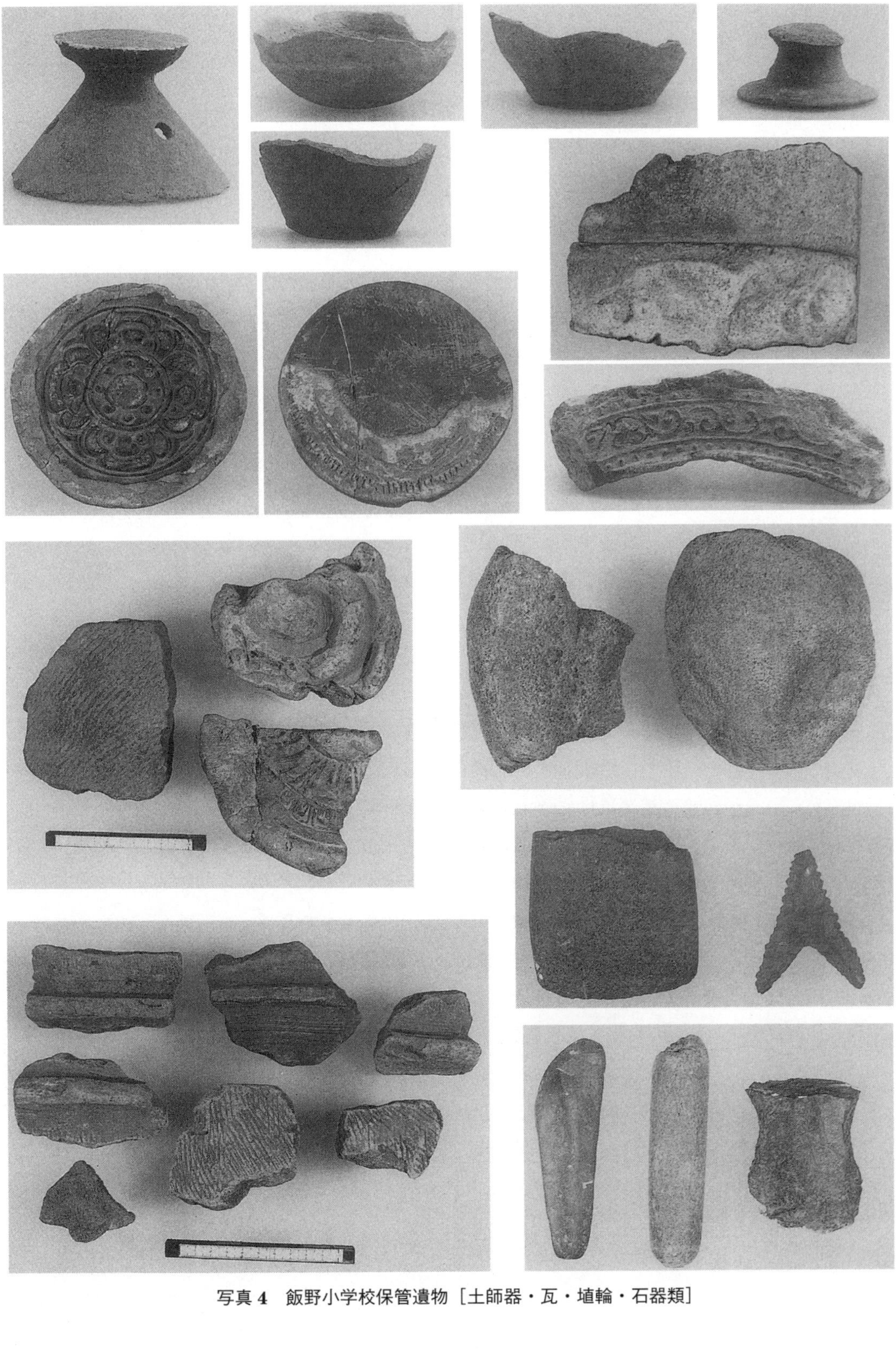

写真 4　飯野小学校保管遺物［土師器・瓦・埴輪・石器類］

縁状であり，中央の窪んだ側面をもつ．また口唇部よりやや下に稜状の突出部がめぐる．口縁部付近内面と頸部片側の外面に淡緑色のガラス質自然釉が付着．器表面の色調はクリーム色に近い淡灰褐色を呈するが，断面は灰白色で，胎土中には黒色・茶色の砂粒が多く含まれる．

提瓶（第4図13）　口頸部を欠損するものであるが，欠損部分に弥生土器（ミニチュア品）を強引にセメントで接着してある．補強には「飯野尋常高等小学校」の反故紙が使われており，昭和十六年などの文字がみえることから，これらの補修は終戦前頃になされたらしいが，少なくとも，小熊吉蔵のような有識者によるものとは思われない．体部高15.3 cm・体部長径15.5 cm・体部短径9.8 cmを測る．体部は側面中程で貼り合わされており，片面は中央が盛り上がるのに対して，反対側の面は平たい．盛り上がる面に自然釉が顕著に付着しており，焼成時の置き方を示す．肩部に円板状の耳2個が貼付く．色調は明灰色（一部暗灰色）で，胎土中に白色礫粒を含む．

3　九条塚古墳の年代に関する予察

(1) 墳丘・埴輪・内部施設の検討

九条塚古墳の墳丘形態は，上田宏範氏による後円部径：前方部前長：前方部後長の計数比分類に当てはめてみると，同氏がD群とした6：2：3に近い値が求められる．上田氏がD群として列挙する畿内地域の古墳には，ニサンザイ古墳・白鳥陵古墳・河内大塚古墳・今城塚古墳などがあり，墳丘全長に占める前方部長の比率は43～47％の範囲内で，いずれも近い値を示している．しかしニサンザイ古墳と白鳥陵古墳は後円部径に対する前方部幅の比が九条塚古墳よりも際立って高く，前方部幅の相対的に狭い河内大塚古墳・今城塚古墳により近似性を認めることができる．ちなみにこれらの古墳の築造年代については，ニサンザイ古墳・白鳥陵古墳がB種ヨコハケ調整の円筒埴輪等から5世紀後葉～末葉，河内大塚古墳は横穴式石室の存在が想定されることなどから6世紀前半，今城塚古墳も円筒・形象埴輪等から6世紀前半と推定されている．なお河内大塚古墳は雄略天皇陵，今城塚古墳は継体天皇陵に比定する説がある．

また墳丘高は，水田面との比高で後円部高が7.0 m，前方部高が7.9 mであり，内裏塚古墳の墳丘高が，後円部高13 m・前方部高11.5 mで2段築成であるのと比べれば，墳丘高が著しく低平化し，墳丘面が緩傾斜となって明瞭な段築も認められないという歴然とした相違を認めることができる．墳丘高の相対的な低平化は上田分類D群の上記の諸古墳においても指摘することができ，とくに平面企画の上で近似性が強い河内大塚古墳・今城塚古墳においてこの傾向が明らかである．また白鳥陵古墳・今城塚古墳で前方部高が後円部高を凌駕しており，前方部が後世の改変を受けて低くなっている河内大塚古墳でも同様であったものと推測される．

なお九条塚古墳は，1989年に実施された確認調査によって，二重周溝であることが判明し，周溝の平面形態も従来の現況地割に基づく想定線よりは，若干前方部側へ向かって開いていることが確認された．しかし全体としてほぼU字形に近い形態であったことには変わりがなく，前記した上田分類D群の諸古墳に比べると，周溝形態のみが古い型式を踏襲しているとみなすことができる．

以上のように，九条塚古墳の墳丘の企画設計は，基本的に畿内の6世紀前半代の大王級首長墓をモデルとして行なわれたとみられる．これは5世紀中葉期の築造と目される内裏塚古墳が履中天皇陵ときわめて近似した築造企画を示すのと同様の現象として理解することができる．しかし畿内の大王墓と相似性の強い墳丘企画をもつ首長系古墳は，当地域では当古墳が最後であり，三条塚古墳・稲荷山古墳・古塚古墳など後続する6世紀後半代の盟主級前方後円墳は，いずれも前方部長が長く，括れ部幅が狭い点などにおいて，畿内の大王級古墳とは異なった独自の形態的変化を遂げてゆくことになる．6世紀後半代に至る大形前方後円墳の同様な形態的推移は，北武蔵の埼玉古墳群においても認めることができるが[10]，群馬・栃木県下などの北関東（東山道）地域においては，逆に前方部の寸胴化という対照的な形態変化をたどる．

埴輪は，内裏塚古墳の円筒埴輪にみられるような突出度の強いコ字形の凸帯から，やや低い台形の凸帯に変化しており，凸帯が低平化した稲荷山古墳の埴輪に比べれば，古い様相をとどめている．また下から第1段目の凸帯が，確認し得る破片で約5cmと低い位置にあることも，当古墳の埴輪の特徴の一つである．第1段凸帯が低位置にある円筒埴輪は，内裏塚古墳群内では古塚古墳にもみられ，また姉崎古墳群中の原1号墳・山王山古墳，小規模古墳では木更津市浜ケ谷古墳・君津市川代4号墳などにそれぞれ認められている．このような低位置凸帯の円筒埴輪は，上記の諸例から，東京湾沿岸地域では6世紀初頭～中葉期に多くみられるようである．なお九条塚古墳における埴輪の樹立状況は，何重にもわたって廻らされている内裏塚古墳に比べれば，囲繞範囲が限定されるようであり，形象埴輪は明確なものが確認されていない．当古墳の埴輪資料については，近時刊行される確認調査報告書に詳細を譲ることとしたい．

内部施設は，先述したように横穴式石室の可能性が強いが，石室全長が後続する群中の諸古墳の石室に比べて短い点，また「四壁」が存在したと記録される点から，所謂「竪穴系横口式石室」に類するものであった可能性も考慮する必要があろう．九州に祖源をもつ竪穴系横口式石室は，東日本では，5世紀中葉（TK208型式期）に愛知県経ケ峰古墳・福井県向山1号墳など，東海・北陸地方の一部の古墳に採用されたのを初現として，6世紀初頭～前葉（MT15・TK10型式期）には東海地方西部を中心に比較的多くの事例がみられるようになる．しかしこれらの多くは小規模古墳の埋葬施設として確認されており，石室規模も全長3～5m程度のものが多い．九条塚古墳の石室は7mもしくは9.5mと記録され，石室主軸が墳丘主軸に直交している点などからみても，やはり通有の無袖式横穴式石室とみなす方が妥当かもしれない．

転じて，東日本各地における横穴式石室の初現を各県別にみると，関東地方では，群馬県の簗瀬二子塚古墳・前二子古墳が6世紀初頭（MT15期），栃木県の権現山古墳・中山古墳などが6世紀初頭，茨城県の丸山4号墳が6世紀前葉（TK10期），埼玉県の北塚原2号墳，7号墳・小前田9号墳などが6世紀初頭（MT15期），東京都・神奈川県は6世紀後半，中部地方では，静岡県の甑塚古墳が6世紀初頭（MT15期），山梨県の万寿森古墳が6世紀中葉，長野県の北本城古墳などが6世紀初頭（MT15期），愛知県の経ケ峰古墳が5世紀中葉（TK208期），岐阜県の二又1号墳・羽崎大洞3号墳が6世紀初頭（MT15期），福井県の向山1号墳が5世紀中葉（TK208期），石川県の滝3号墳・山伏山1号墳が6世紀初頭～前葉，富山県の朝日長山古墳が6世紀初頭（MT15期）などとなっており，南関東を除く中部・関東地方のほとんどの地域で6世紀初頭～前葉までに横穴式石室の採用が確認されている．

千葉県内では，従来までに最も古く位置づけられている横穴式石室は，市川市法皇塚古墳・小見川町城山1号墳であり，その年代は6世紀後葉（TK43型式期）まで下降する．これまでに内容が判明し，6世紀前半に比定し得る房総の首長系古墳（前方後円墳）では，養老川流域の原1号墳が木棺直葬，山王山古墳が粘土槨，利根川下流域の禅昌寺山古墳も木棺直葬と推定されており，少なくとも横穴式石室の導入・普及時期が，東海・北陸・北関東などの諸地域に比べてやや遅れる傾向にあることは確かであろうと思われる．その背景には，至近に良好な石材が得られないという地理的要因も考えることができる．千葉県全域における既調査古墳のうち，横穴式石室墳の占める割合は20％未満であり（群馬県の場合90％以上が横穴式石室墳といわれる），後期においても小規模古墳の埋葬施設は木棺直葬が主体（一部地域では箱形石棺が盛行）であることも，このような事情を反映するものといえよう．

しかしながら西上総地域においては，内裏塚古墳・弁天山古墳が自然石積みの竪穴式石室，銚子塚古墳が長持形石棺，祇園大塚山古墳の内部施設も石棺と記録されるなど，5世紀代以降の首長墓には一貫して石材使用内部施設の採用が認められ，また6世紀後半以降における継続的な横穴式石室の採用を考えると，従来いわれているよりも比較的早い段階において，首長系古墳の埋葬施設に横穴式石室が採用されたとしてもおかしくない．石材の産出地に乏しいことが，横穴式石室採用の遅れに影響したということは，首長系古墳の場合には必ずしも当てはまらないと思われる．小糸川・小櫃川流域では，現在までのところ，確実に6世紀前半（MT15・TK10期）に比定し得る首長墓の存在が不明確であり，むしろその空白が，現段階において房総の初期横穴式石室の様相を不明にしているともいえる．

九条塚古墳の石室は，石室の両端で多少の幅員差がある無袖式プランであったと推定される以外，構造の詳細については明らかでなく，かつて竪穴式石室といわれていたこともあって，これまで受容期の横穴式石室としては注意されることが少なかったが，少なくとも法皇塚古墳・城山1号墳よりは先行する房総最古の横穴式石室となる可能性を有している．なお『君津郡郡誌』によれば，「朱の付着した石」を発見したことが端緒となって当古墳の発掘が行なわれたと記載されており，石室内に赤色塗彩の施されていた可能性がある．石室内の赤色塗彩は，群馬県簗瀬二子塚古墳，前二子古墳，王山古墳・栃木県小野巣根4号墳・岐阜県二又1号墳・富山県朝日長山古墳など，初期横穴式石室に多く認められていることが注意される．

(2) 出土遺物の検討

前節において紹介した飯野小学校保管遺物のうち，須恵器については，九条塚古墳以外の古墳の出土品が混在しており，馬具・玉類の一部についても，その疑いのあるものがある．ここでは九条塚古墳出土品とみてほぼ間違いない遺物を中心に，若干の検討を行ないたい．

馬具のうち，楕円形十字文鏡板付轡については，ある程度盛行時期を限定することが可能と思われる．管見に触れたものでは，栃木県中山古墳，宮下古墳，明神山1号墳・茨城県（伝）舟塚古墳・埼玉県一夜塚古墳・静岡県三方原学園・長野県笹塚古墳・福井県西塚古墳・岐阜県二又1号墳・愛知県豊田大塚古墳・三重県茶臼山古墳，一志町前田・滋賀県鴨稲荷山古墳，山津照神社古墳・奈良県佐味田高塚古墳・福岡県王塚古墳などに出土例があり，このほかにも多くの事例があるものと推測される．

上記の出土例のうち，竪穴式石室を有する西塚古墳例が最古で5世紀末葉に遡り，中山古墳・二又1号墳・豊田大塚古墳・茶臼山古墳が須恵器及び伴出遺物などから6世紀初頭（MT15期），宮下古墳・一夜塚古墳・鴨稲荷古墳・山津照神社古墳が同じく6世紀前葉（TK10期）、明神山1号墳・王塚古墳が6世紀中葉に位置づけられ，6世紀前半代に盛行する型式としてとらえられる．従って東日本においては，前記した初期横穴式石室墳からの出土例が多くなっている．従来，楕円形鏡板を個別的に取り上げた型式分類・編年は行なわれていないが，古墳時代馬具を総論した坂本美夫氏によれば，この型式の推移としては，鋲数の相対的な減少，および銜先環を露出させたものよりも半球形金具を取付けたものが後出形態であるとされる[11)]．銜先環の覆金具が遺存するものとしては，宮下古墳・一志町前田例がある．

また，鋲装飾の施される部位に着目すると，この型式の鏡板はいずれも外円部（縁金）に多数の鋲が打たれる点で共通しているが，①内円部・橋状部（十字部分）にも鋲が認められるもの（笹塚・鴨稲荷山・佐味田高塚例），②橋状部に鋲が認められないもの（二又1号例），③内円部と橋状部の一部に鋲が認められないもの（茶臼山例），④橋状部の一部に鋲が認められないもの（王塚・宮下例）といったバラエティーがそれぞれあり，①が最も多いようである．鋲装飾の部位と鋲数（密度）との関連をみると，①と②③には鋲密度の高いものが多いが，④と①の一部に鋲間隔の粗いものがあり，後者がより後出的といい得るが，覆金具を有する一志町前田例は鋲留が比較的密であり，鋲密度の高いものが必ずしも古い段階に位置づけられるとは限らないようである．九条塚出土品は，外縁・内周部とも鋲留が密であり，鋲留部位は①または④に属するとみられる．

なお，この楕円形十字文鏡板と，中央に三葉文等の装飾文を配する楕円形鏡板は盛行時期がほぼ等しく，初期横穴式石室墳からの出土例が多いことと合わせて，両者が伴出する（鴨稲荷山・茶臼山・王塚など）率の高いことも付記しておきたい．

雲珠は欠損品で，脚数は等間隔の配置であれば10脚，脚部の鋲は1個，責金具は銀被せで刻みを有するものが最低1条と確認される．台部内縁の金銅板が裏側へ折り返されているところから，鉢部は別造りであったとみられ，別記の辻金具と同様，貝を座にしたものであったとも考えられる．雲珠・辻金具についての総括的な分類と編年を示した宮代栄一氏によれば，多脚系（8脚以上）の雲珠は6世紀中葉（MT85期）に舶載品が現われ，6世紀後葉以降（TK43期後半～）盛行するとされるが[12)]，銀被せ刻目入責金具の存在や脚形がすべて同形でない点は，宮代氏が指摘する６世紀後葉期の特徴とは相違して，より古い段階の要素といえるようであり，さらに類例を検討して編年的位置を再確認してゆく必要がある．

貝製辻金具については，同種のものが，同じ内裏塚古墳群内の姫塚古墳・蕨塚古墳から出土しているほか，飯野神社神官・木村保史氏が保管していた内裏塚古墳出土品一括の中にも１点認められている[13]．ただし木村氏保管のものについては内裏塚古墳の出土品かどうか確証はない．貝製辻金具（雲珠）の出土例については，京都府湯舟坂２号墳の報告書の中で花谷浩氏が集成しており[14]，栃木県横塚古墳，瓢箪塚古墳・茨城県笠谷６号墳・京都府湯舟坂２号墳・福岡県瀬高町・大分県天神山古墳，吹上横穴，ダンワラ古墳および韓国天馬塚古墳，金冠塚古墳，慶尚南道丹城邑などの事例がこれまでに知られている．これ以外に管見に触れたものとして，東京国立博物館に所蔵される群馬県大泉町例，新田町小金例がある．花谷氏によれば，国内でのこの種の馬具の副葬時期は，伴出馬具の検討から，６世紀中葉～後葉期と位置づけられている．飯野小学校保管の貝製辻金具は，先述のように九条塚古墳のものかどうか若干の疑いももたれるが，年代的な整合性はあるものと考えられる．

杏葉については，断片のため形態が不明確であるが，車輪文杏葉に類するものかと考えられる．車輪文杏葉は前記の栃木県瓢箪塚古墳・埼玉県若王子古墳・千葉県城山１号墳（6透），また車輪文鏡板として奈良県烏土塚古墳（8透）の例などがあるが，本品はこれらに比べると外周の透孔が小さく，中央の円孔が相対的に大きいようであり，類例の少ない形態となる．

武器・武具のうち鉄鏃は，広根系斧箭式１点と無関片刃箭式・斜角関（長）三角形式が確認され，長頸鏃の箆被部の関は大半が棘状である．現段階までの古墳時代後期鉄鏃の一連の編年研究の成果によれば[15]，無関片刃箭式の出現および棘箆被の出現はいずれも６世紀後半以降（中葉以降）という理解が一般的であり，三角形式のものも関の突出度が弱く鏃身部が小型化している点から，同じく６世紀後半的様相を示す．

胡籙金具については，早乙女雅博氏・田中新史氏による集大成的な研究成果があるが[16]，ここでは田中新史氏による構成部位別に整理した分類・編年案に基づいて検討してみたい．飯野小学校保管品は，欠損資料であるために全体の形状と大きさを窺い難いが，残存部の形状および時期相からは，田中氏の分類による容器本体のＡⅤ（横帯飾金具）ないしはＡⅥ（横長帯飾金具），あるいは吊手飾金具ＢⅠ（1対式中円部造り出し吊手飾金具）・ＢⅡ（1対式短冊形吊手飾金具）・ＢⅢ（中央1条短冊形吊手飾金具）のいずれかに当たるものと考えられる．端部の形状の一方が方形，一方が半円形である点，および中円部に相当する破片が存しないことからみれば，上記のうちのＢⅡに該当する可能性が最も高いといえよう．近似例としては，愛媛県経ケ岡古墳例・大分県飛山23号横穴例が挙げられ，鋲の配置にも共通性がみられる．経ケ岡古墳は６世紀初頭～前葉，飛山23号横穴は６世紀中葉に位置づけられている．

装身具の中では，金属製空玉類の存在が注目される．飯野小学校保管資料には銀製丸玉と銀製紡錘形空玉があり，東京国立博物館所蔵のものとして金銅製丸玉，さらに『君津郡郡誌』に「ホウズキ玉」という記載があることから，山梔玉の含まれていた可能性もある．

第2表　金属製玉類出土古墳一覧表

所在地	古墳名	墳形規模	施設	金属製玉類	時期
群馬	綿貫観音山古墳	⚲ 100 m	Y	銀鍍金丸玉 31（扁円形算盤玉近似）	6C 末葉
〃	古城稲荷山古墳	⚲ 60 m	Y	銀丸玉 35	6C 前半
〃	富岡5号墳	● 30 m	Y	金銅丸玉 2	6C 中葉
〃	簗瀬二子塚古墳	⚲ 77 m	Y	金銅丸玉 2・金銅三輪玉 1	6C 初頭
〃	中ノ峯古墳	● 9 m	Y	銀丸玉 1	6C 前葉
〃	轟山C号墳				
〃	山名古墳	京大蔵		銀丸玉	
〃	高崎市剣崎大塚	東博蔵		銀丸玉 1	
〃	富岡市田篠	東博蔵		銀丸玉 10	
〃	藤岡市神田	東博蔵		金銅丸玉 3	
茨城	玉里舟塚古墳	⚲ 72 m	H	銀鍍金山梔玉 20	6C 前葉
〃	風返稲荷山古墳	⚲ 70 m	YH	金銅蜜柑玉（山梔玉）	6C 後半
〃	兜塚古墳	● 23 m	Y	金銅丸玉 14	6C 後半
埼玉	埼玉将軍山古墳	⚲ 91 m	Y	金勾玉 1・金平玉 35・銀丸玉 2	6C 末葉
千葉	九条塚古墳	⚲ 105 m	Y	銀丸玉・金銅丸玉・銀紡錘玉・山梔玉	6C 中葉
〃	三条塚古墳	⚲ 123 m	Y	銀算盤玉	6C 後葉
〃	西原古墳	⚲ 63 m	Y	金銅丸玉 1	6C 後葉
〃	法皇塚古墳	⚲ 55 m	Y	銀丸玉・金銅丸玉	6C 後葉
〃	城山1号墳	⚲ 68 m	Y	銀丸玉	6C 後葉
神奈川	塚田古墳	墳形不明	Y	銅丸玉	6C 後葉
静岡	賎機山古墳	● 32 m	Y	金銅丸玉・銀山梔玉	6C 末葉
	大門大塚古墳	● 26 m	Y	銀丸玉	6C 前葉
長野	飯沼雲彩寺古墳	⚲ 75 m	Y	金丸玉・銀丸玉・銀棗玉・金銅丸玉・蜜柑玉	6C 前半
〃	正清寺塚古墳	⚲ 47 m	Y	銀丸玉	6C 前半
〃	落洞古墳	詳細不明		「法皇塚古墳」参照	
石川	加賀狐塚古墳	⚲ 56 m	H	金銅丸玉	5C 後半
福井	大谷古墳	● 20 m	Y	金銅丸玉	6C 前半
岐阜	二又1号墳	● 15 m	Y	金銅丸玉 4	6C 前半
三重	天保1号墳	● 16 m	Y	山梔玉	6C 初頭
〃	元山神社	東博蔵		金銅山梔玉 8	
滋賀	鴨稲荷山古墳	⚲ 60 m	YI	品目詳細不明	6C 前半
京都	物集女車塚古墳	⚲ 48 m	YI	銀丸玉 48 片・金銅三輪玉	6C 前半
〃	天塚古墳	⚲ 73 m	Y	金銅丸玉 7	6C 前半
奈良	藤ノ木古墳	⚲ 48 m	YI	銀鍍金丸玉・銀鍍金紡錘玉・銀鍍金山梔玉	6C 前半
〃	牧野古墳	● 60 m	Y	金銅山梔玉 12（1連 28・銀線連結）	6C 末葉
〃	新沢 126 号墳	■ 22 m	J	金丸玉 2・銀丸玉 40・ガラス金箔入丸玉 1	5C 中葉
〃	二塚古墳	⚲ 60 m	Y	銀丸玉・金銅丸玉	6C 中葉
〃	星塚2号墳	⚲ 38 m	YH	ガラス金張丸玉	6C 前半
〃	市尾墓山古墳	⚲ 66 m	Y	銀丸玉	6C 前葉
〃	兜塚古墳	⚲ 45 m	TI	銀丸玉	5C 後半
〃	珠城山1号墳	⚲ 50 m	YH	金銅勾玉 26・銀丸玉 12	6C 前葉
〃	平野塚穴山古墳	■ 18 m	YS	空玉片	7C 後半
〃	額田部狐塚古墳	⚲ 50 m	N	銀丸玉	6C 前半
〃	沼山古墳	● 18 m	Y	銀丸玉	6C 中葉
〃	石のカラト古墳	◘ 14 m	YS	金中実玉・銀中実玉	7C 後半
〃	ホリノヲ 245 号墳			詳細不明	
〃	ホリノヲ 246 号墳			詳細不明	
和歌山	鳴滝1号墳	●	YH	品目不明	6C 中葉
大阪	芝山古墳	⚲ 29 m	Y	銀丸玉・金銅三輪玉	6C 初頭
	富木車塚古墳	⚲ 48 m	YJ	銀丸玉・銀勾玉	6C 前半
〃	海北塚古墳	●	YH	銀鍍金勾玉・銀鍍金山梔玉・金銅三輪玉	6C 後半
〃	青松塚古墳	● 20 m	Y	銀丸玉 2	6C 前半
兵庫	西宮山古墳	⚲ 35 m	Y	銀丸玉 3・銀三輪玉 1	6C 前葉
〃	毘沙門1号墳	● 20 m		銀丸玉	6C 前葉
〃	宮山古墳	● 30 m	T	金丸玉	5C 中葉
岡山	八幡大塚古墳	● 35 m	YI	銀丸玉・金銅丸玉（銀鍍金）	6C 後葉
〃	万燈山古墳	● 24 m	YH	銀丸玉	6C 前半
広島	山の神古墳	⚲ 37 m	Y	金銅丸玉	6C 前葉
島根	岡田山1号墳	⚲ 47 m	YI	金銅丸玉	6C 後半
〃	鷺ノ湯病院横穴		I	金銅丸玉	6C 後半
山口	岩谷古墳	● 14 m	Y	銀丸玉・金銅丸玉	6C 後半
徳島	ひびき岩 16 号墳	● 12 m	Y	丸玉	6C 後半
高知	小蓮古墳	● 28 m	Y	金銅丸玉 2	6C 中葉
愛媛	経ケ岡古墳	⚲ 30 m	Y	銀丸玉	6C 前葉
〃	三島神社古墳	⚲ 45 m	Y	銀丸玉 6・金銅丸玉 3	6C 前半
〃	東宮山古墳	● 14 m	Y	銀平玉・銅平玉	6C 前半
福岡	日拝塚古墳	⚲ 47 m	Y	銀丸玉 26	6C 前半
〃	古賀崎古墳	●		銀丸玉	6C 中葉
長崎	高下古墳	●	Y	金銅丸玉	6C 後半
熊本	国越古墳	⚲ 62 m	YI	銀丸玉	6C 前半
〃	大瀬田横穴			詳細不明	
宮崎	持田 56 号墳	●		銀丸玉	
韓国	皇南大塚北古墳	双 114 m		銀丸玉・金銅丸玉	5C 後葉
〃	天馬塚古墳	● 47 m		金銅勾玉	6C 初頭
〃	梁山夫婦塚古墳	● 55 m		金丸玉	6C 前葉

Y＝横穴式石室　T＝竪穴式石室　YS＝横口式石槨　I＝家形石棺　H＝箱形石棺　N＝粘土槨　J＝直葬

異なった形態の空玉を合わせもつ代表的な例は，奈良県藤ノ木古墳石棺内（北側被葬者）の例であり，銀製鍍金の山梔玉・丸玉・紡錘玉の３種がそれぞれ一連をなして３重の頸飾を構成するものである．また奈良県牧野古墳でも，金銅製の山梔玉が銀線によって連結された状態で出土しており，同一種の空玉を１条に連結するのが基本的な形であったと考えられるが，出土数の少ないものの中には，ガラス丸玉・水晶切子玉などと交互に組み合わせて１条の頸飾を構成した場合もあったようである．九条塚古墳では，発掘以前の盗掘による遺物の散逸が考えられ，本来の実数と使用状況を復原することが困難であるが，異種の空玉を合わせもち，丸玉に銀製と金銅製の両者がみられることが注意されよう．

金属製空玉の出土例は，管見の及ぶ範囲でも，日本国内で70例近くが知られ，なお遺漏も多いことと推察される．空玉の種類としては，丸玉・山梔玉・紡錘玉・平玉・算盤玉ならびに勾玉があり，このうち最も多いのが丸玉で，山梔玉がこれに次ぎ，ほかはいずれも少数例となっている．また材質には，金製，銀製，銀製鍍金，金銅製の各種がみられる．国内における空玉の初現は，奈良県新沢千塚126号墳の金製，銀製丸玉，兵庫県宮山古墳の金製丸玉などで５世紀中葉段階まで遡る．６世紀代には銀製・金銅製が主流となり，初頭から末葉にわたっての出土例がみられるが，その盛期は前半代（初頭～中葉）にあり，先に挙げた初期横穴式石室墳からの出土例が目立つ．出土古墳は前方後円墳または首長系の大形円墳である場合が多い．

内裏塚古墳群内では，西原古墳から金銅製丸玉１点が出土しているほか，三条塚古墳からは銀製の算盤玉状の空玉が出土している．算盤玉状の空玉は類例の少ないものであるが，群馬県綿貫観音山古墳の空玉に近似したものがみられる．千葉県内では，下総の初期横穴式石室墳として先にも取り上げた法皇塚古墳・城山１号墳から銀製・金銅製の丸玉が出土している．これらの古墳はいずれもTK43型式期の範囲に含まれるものであるが，とくに西原・法皇塚・城山１号の３古墳は伴出馬具の様相からもきわめて近い時期相を示しているものといえる．そして三条塚古墳はこれらよりもやや下る段階，九条塚古墳はこれらよりやや先行する段階に位置づけ得るであろうことが予測される．

最後に須恵器については，『君津郡郡誌』記載の品目ならびに写真と一致するものが限られるが，別の古墳からの出土品であることが明らかな長頸壺11・12を除けば，大半がTK43型式（提瓶はTK209型式）に比定し得るものとして良いであろう．須恵器の示す時期相は，西原古墳・三条塚古墳と大きな隔たりを認めることができないが，前方部墳頂出土品であったとされることから，墳丘築成・初葬との間には一定の時間的隔りのある，追善的な古墳祭祀に伴う供献土器の可能性が強いと判断される．

以上，飯野小学校保管遺物（九条塚古墳出土品）について，諸先学の編年研究の成果を参考にしながら若干の検討を行なってきた．これらの遺物の中には，楕円形十字文鏡板や胡籙金具のようにどちらかといえば６世紀前半寄りの要素，鉄鏃のような６世紀後半寄りの要素，また空玉類のように前半～後葉といった幅でとらえられる要素があるが，少なくとも内裏塚古墳群中のTK43型式期の諸古墳よりは古い様相を認め得る．従って現段階の知見では，九条塚古墳の初葬年代を

6世紀中葉でも，第2四半期後半頃に位置づけるのが妥当であると思われる．

(3) 内裏塚古墳群における九条塚古墳の位置づけ

内裏塚古墳群内における盟主級の大形前方後円墳の中で，九条塚古墳は内裏塚古墳に次いで古い段階の築造とみなされる．しかしながら，5世紀中葉に比定される内裏塚古墳との年代的ギャップはなお大きく，この間の小糸川流域の首長層の動向が注視される．この間に，内裏塚古墳群内では帆立貝形前方後円墳の上野塚古墳，また南に4 km隔たった小久保地区に弁天山古墳が築造されており，畿内政権による古墳の規制，あるいは首長墓域・首長権の移動といった事情が考えられるが，上野塚古墳・弁天山古墳はともに内裏塚古墳からさほど下らない5世紀後葉期の築造と目され，5世紀末～6世紀前葉にかかる約半世紀間がなお空白として残されることになる．

九条塚古墳の出現は，断絶期間を経た100 m級大形首長墓の再登場であると同時に，低い墳丘と二重周溝，横穴式石室を有する前方後円墳の嚆矢的存在となっており，古墳群の形成過程において大きな画期を見出すことができるであろう．当古墳以降，小糸川水系の首長層の墓域は飯野地区に定着し，連続的に数十基の古墳群を形成してゆくこととなる．内裏塚古墳と九条塚古墳，また上野塚古墳・弁天山古墳と九条塚古墳の被葬者の系統的なつながりは明らかではないが，少なくとも九条塚古墳とそれ以降の稲荷山古墳・三条塚古墳などの被葬者が系譜的に連続することは確かであろうと思われる．また九条塚古墳の築造後，程なくして西原古墳・白姫塚古墳といった中形前方後円墳・円墳の築造も行なわれているとみられ，5世紀代の単独的首長とは異なった新たな首長系集団による6世紀型の墓制ヒエラルキーの確立が想定される．

以上のように，九条塚古墳は内裏塚古墳群の形成過程において一つの重要な画期に位置づけ得る存在であり，同時に東国全体の首長層の動向の中にあっても，6世紀後半代に向けて拠点的に強大な勢力を形成することになる地域の首長墓として重要な位置を占めるものといえる．本稿では筆者の力量不足により，遺物の編年的考察など，なお十分に論じ尽くせなかった問題も多いが，先学諸賢のご批判を仰ぎ，さらに今後の課題として取り組んでいきたいと考えている．詳細不明により，これまで取り上げられることの比較的少なかった九条塚古墳が，今後東国における古墳時代研究の俎上に載せられることを期待したい．

本稿の作成に先立って，田中新史氏（市原市上総国分寺台整理事務所）より遺物についてのご教示・ご意見を賜っており，遺物のカラー写真撮影にあたっては小石誠氏（木更津市金鈴塚遺物保存館）にご協力頂いた．また遺物整理・挿図作成の過程で，甲斐恵美子・大森節子・大沢潤子・磯部とみ子氏らのご協力を得ている．記して感謝の意を表する次第である．

註・参考文献

1) 九条塚古墳の発掘年については，『君津郡郡誌』には1911（明治44）年2月と記載され，『富津市史通史』もこれに従っているが，『考古学雑誌』および東京国立博物館の記録では明治43年2月となっており，記録時期からみれば一応後者が正しいものと判断される．

2)　筆者不明 1911「上総国飯野発掘の金銅丸玉」『考古学雑誌』第1巻第1号

3)　谷中国樹 1927「原史時代又古墳時代」『千葉縣君津郡々誌・上巻』君津郡教育会
なお本書の題名は，近年刊行された復刻版（臨川書店 1986・千秋社 1990）では，いずれも『千葉県君津郡誌』となっているが，初版では上記のように「郡々誌」となっている．

4)　「内裏塚古墳群」1989『年報№7』君津郡市文化財センター　報告書近刊予定

5)　甘粕　健 1963「内裏塚古墳群の歴史的意義」『考古学研究』通巻39号
滝口　宏 1967「富津古墳群」『千葉県資料原始古代編・上総国』

6)　椙山林継 1982「市域内の主要古墳」『富津市史通史』

7)　地板まで貫通しない装飾鋲の存在については，福島県中田横穴の馬具において注意されている．
渡辺一雄 1971「馬具」『中田装飾横穴』いわき市史編さん委員会

8)　東京国立博物館 1986『東京国立博物館図版目録　古墳遺物編（関東Ⅲ）』（姫塚古墳）
市毛　勲ほか 1966「富津町稲荷塚古墳」『千葉県遺跡調査報告書　昭和39年』（蕨塚古墳）

9)　特別展図録 1990『藤ノ木古墳と東国の古墳文化』群馬県立歴史博物館

10)　若松良一 1982「菖蒲天王山塚古墳の築造時期と被葬者の性格について」『土曜考古』第6号

11)　坂本美夫 1985『馬具』（考古学ライブラリー34）ニューサイエンス社

12)　宮代栄一 1986「古墳時代雲珠・辻金具の分類と編年」『日本古代文化研究』第3号　古墳文化研究会

13)　小沢　洋 1983「君津地方古墳資料集成（1）」『研究紀要Ⅰ』君津郡市文化財センター　に写真掲載

14)　花谷　浩 1983「馬具」『湯舟坂2号墳』久美浜町教育委員会

15)　田中正夫・瀧瀬芳之 1984「埼玉における古墳出土の鉄鏃の基礎的型式分類と年代観」『研究紀要1983』埼玉県埋蔵文化財調査事業団
関　義則 1986「古墳時代後期鉄鏃の分類と編年」『日本古代文化研究』第3号（前掲12）に同じ）
飯塚武司 1987「後期古墳出土の鉄鏃について」『研究論集Ⅴ』東京都埋蔵文化財センター

16)　早乙女雅博 1988「古代東アジアの盛矢具」『東京国立博物館紀要』第23号
田中新史 1988「古墳出土の胡籙・靭金具」『井上コレクション弥生・古墳時代資料図録』

関連主要参考文献

大久保奈奈 1988「馬具」『井上コレクション弥生・古墳時代資料図録』

大谷　猛 1976「馬具」・中村史子「装身具」『法皇塚古墳』市立市川博物館

大橋泰夫ほか 1986『星の宮神社古墳・米山古墳』栃木県教育委員会

岡安光彦 1986「終末期の前方後円墳と馬具」『日本古代文化研究』第3号（前掲12）に同じ）

後藤守一 1941「上古時代の杏葉に就て」『考古学評論』第4輯（『日本古代文化研究』所収）

千賀　久 1983「奈良県出土馬具集成」『平群・三里古墳』橿原考古学研究所

千葉県教育委員会 1986『千葉県富津市内裏塚古墳群測量調査報告書』

第10回三県シンポジウム資料 1989『東日本における横穴式石室の受容』群馬県考古学研究所ほか

東京国立博物館 1980「関東Ⅰ」・1983「関東Ⅱ」・1988「近畿Ⅰ」『東京国立博物館図版目録　古墳遺物編』

永沼律朗ほか 1985『上総江子田金環塚古墳』市原市教育委員会

名古屋市博物館 1985『古墳時代の馬具』特別展図録

第５章　戸崎古墳群研究序説

はじめに

古代「馬来田国」の領域に比定される小櫃川流域には，河口の木更津周辺から，上流に近い久留里周辺まで，連綿として大小の古墳群が連なっている．その中にあって，中流域左岸に位置する戸崎古墳群は，水系の中でも際立って分布密度の高い古墳群の一つである．当古墳群においては，古墳の総数が多いのみでなく，多数の前方後円墳や大形円墳などを含み，小櫃川中・上流域では中核的な古墳群としてとらえることができる．

当古墳群は，村落に接した低位段丘に所在していることもあって，学史上古い段階から考古学者や郷土史家の注目するところとなり，明治末年に坪井正五郎・柴田常恵らの手によって幾つかの古墳が発掘されたのを始め，地元住民による発掘も幾度となく行なわれたらしい．その一方で，開墾や道路・養鶏場等の造成に伴い，削平された古墳の数も相当数に上るようである．最近では，東京湾横断道路などの建設に呼応した木更津海岸部の急激な開発と地価高騰の余波がこの地にも押し寄せ，宅地造成に伴う発掘調査が相次いで行なわれる状況となった．一部には遺跡分布地図に登載されていながら，発掘調査を経ずして削平・損壊を受けた古墳も数か所にのぼり，古墳群の保存に緊急な対応を要する時期に至っている．

君津市教育委員会事業による遺跡分布調査が実施された1985年頃から，筆者も余暇をみては当古墳群の踏査を重ねてきたが，新発見（分布地図未登載）の古墳が次々に追加されてゆく一方で，いつの間にか消え失せてしまった古墳を何基か目の当たりにしている．まだ記憶に新しい1992年５月の連休に，他県の友人を案内して当古墳群を訪れたところ，先年自ら測量した城山地区の前方後円墳の１基が，重機によって無残にも括れ部を抉られている姿を目にした時は唖然として声も出ない有様だった．不幸中の幸いとでもいうべきか，市教育委員会の指導で造成工事はひとまず差し止めになり，抉られた部分の最小限の復旧が行なわれはしたが，周囲の円墳数基にも損壊が及び，そこに包蔵されていた情報をもはや取り戻すことができない．

本稿では，当古墳群のこれまでの調査研究史を回顧するとともに，従来公表されている分布地図を補足・修正して，古墳番号の確定と個々の古墳のカルテを明示し，合わせて1991年の年初に実施した城山地区の３基の前方後円墳の測量調査成果についても報告する．さらに，これらの基礎的なデータを踏まえて，小櫃川水系・古代馬来田国における戸崎古墳群の位置づけについて若干の予察を述べることにより，当古墳群の重要性を訴え，今後の調査研究や保存にあたっての一つの道標とすることができれば幸いである．

1　古墳群の範囲と名称

君津市戸崎は旧小櫃村域に属し，合計 104 の小字を包括する小櫃川中流域左岸のかなり広い範囲にわたっている．戸崎地区における古墳群は大きく三つのまとまりに分けられる．

一つは戸崎北部，木更津市との境界付近の段丘から丘陵裾にかけて東西方向に長く分布する古墳群で，所在地は戸崎字脇原・市場台・塚ノ腰，西原字磯部台・谷頭台にわたり，従来の遺跡地図では「脇原古墳群」と呼称されている．前方後円墳 1 基・円墳 23 基が確認される．

二つ目は戸崎中部，富崎神社裏手の段丘から丘陵傾斜面にかけて分布する古墳群で，所在地は戸崎字追場・峯・谷・中山にわたり，遺跡地図では「峯古墳群」と呼称される．円墳 20 基以上が確認され，東側段丘部の峯古墳群と西側丘陵部の中山古墳群に区分できる可能性がある．

三つ目は戸崎南部の広い河岸段丘上に展開する古墳群で，所在地は戸崎字鶴舞・稲荷塚・原・上原・城山・上城山，岩出字下川などにわたり，分布地図では北側の一部を「鶴舞古墳群」，それ以外の大部分を「戸崎古墳群」と呼称している．鶴舞古墳群では今のところ円墳 4 基が，戸崎古墳群ではこれまでに前方後円墳 6 基と円墳 70 基以上が確認されている．

本稿で取り上げるのはこのうちの三つ目にあたる古墳群であるが，従来までの分布図における鶴舞古墳群と戸崎古墳群の区分，および大字名を冠した「戸崎古墳群」という名称がまず問題とされよう．鶴舞古墳群と戸崎古墳群は万福寺北方の池を境に区分されているが，地形的には一続きの段丘として括ることができ，また古墳群の構成のうえからも，とくに北端部の一群だけを分離すべき根拠は見出せない．従って，これらは本来同一古墳群の中に包括すべきものと考える．鶴舞古墳群がこれまで別個に扱われてきたのは，初期の分布調査で暫定的に付されていた名称がそのまま踏襲されてきた結果にほかならない．

次に「戸崎古墳群」の名称についてであるが，大字戸崎の範囲内にある他の古墳群にはいずれも中心となる小字名が付されているのに対し，当古墳群のみ大字名を冠していることに若干の問題があろう．大字名を冠した古墳群は，小櫃川中流域においてほかにも幾つか（岩出古墳群・寺沢古墳群・上新田古墳群）存在するが，これらはいずれもその大字の範囲内に目立った古墳群が一か所しかなく，同一地域のほかの古墳群と混乱する惧れがないものである．

翻って当古墳群の場合には，基数が多いことと相まってその分布もかなり広い範囲に及んでおり，多数にわたる小字のうちの一つの名称で代表させることは必ずしも適当とは思われない．さらに群全体の構成からみても，複数の前方後円墳や大形円墳を含み，この地域の中では中核的な位置を占める古墳群であることなどを勘案するならば，やはり従来の遺跡地図通り，大字名を冠して「戸崎古墳群」としておくのが妥当と考えられる．

以上に述べたような理由から，本稿においては，従来の遺跡地図における鶴舞古墳群と戸崎古墳群を包括した範囲を「戸崎古墳群」としてとらえ，以下の記述を進めていきたい．

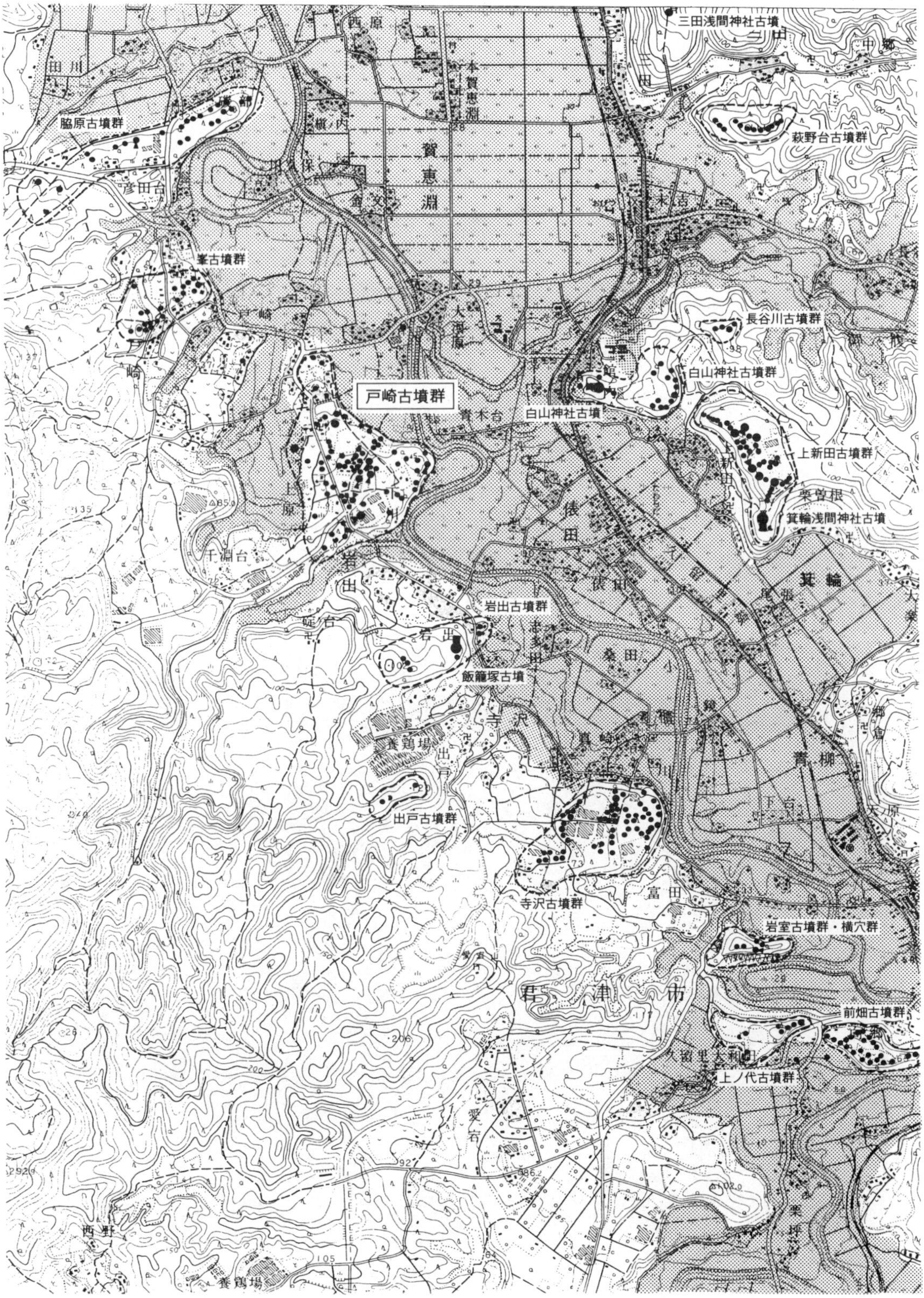

第１図　小櫃川中流域古墳群分布図（S=1/30000）　国土地理院１：25000 地形図「久留里」を改図・使用

写真１　戸崎地区全景（南西↑）　1991.4 撮影

写真２　戸崎古墳群俯瞰（南↑）　1991.4 撮影

2　分布調査の推移

当古墳群においては，分布調査の度に新発見の古墳が追加され，また抹消や位置の修正もあって分布地図が書き換えられてきた．古墳分布の実態をより正確に把握し，分布地図を整備しておくことは，不用意な古墳の破壊を食い止めるためにも必須のことであると考える．以下，ここ20年余りにおける遺跡分布調査成果の推移をたどっておくことにしたい．これまでに当地域が収録された遺跡地図・分布調査報告書として次のようなものがある．

①『千葉県記念物所在地図』1970　千葉県教育委員会

1960年に発行された遺跡地図を基とし，1962年の所在調査の成果を加えて作成されたものであり，戸崎地区全体で合計32基の古墳が登載されている．このうち脇原古墳群に含まれるもの6基，峯古墳群に含まれるもの3基，戸崎・鶴舞古墳群に含まれるもの17基，下台（野持）地区のもの4基，その他2基（森下古墳ほか）であり，前方後円墳は野持の1基と上原の3基が登載される．また戸崎古墳群中に属する円墳の一部には，たたり塚・稲荷塚・飯籠塚・満塚・大塚・大月塚（②では大日塚）といった固有の名称の記載がみられる．ただし地図の縮尺は1/5万であり，古墳の位置関係と字名の対応等に一部誤差がみられるようである．

②『全国遺跡地図　千葉県』1974　文化庁

前記の遺跡地図を基に作成されたものであり，登録番号を振り替えている以外に内容的にはほとんど変動がない．

③『千葉県埋蔵文化財分布地図』1978　千葉県広報協会

千葉県教育委員会の主導のもと，1976年度に各市町村教育委員会職員を動員して実施した全県的な遺跡分布調査を基に作成されたもので，戸崎地区では，戸崎古墳群25基（前方後円墳2基）・鶴舞古墳群2基・脇原古墳群2基・峯古墳群9基・森下古墳が登載されている．

④『君津市埋蔵文化財分布地図』1986　君津市教育委員会

君津市教育委員会（君津郡市文化財センター受託事業）により，1984年度（君津・小糸・清和地区），1985年度（小櫃・上総地区）に実施した君津市全域の遺跡分布調査の成果によるもので，戸崎古墳群50基（前方後円墳4基）・鶴舞古墳群4基・脇原古墳群24基（前方後円墳1基）・峯古墳群20基と森下・下台古墳が登載された．

⑤『千葉県埋蔵文化財分布地図（3）市原市・君津・長生地区』1987　千葉県文化財センター

千葉県教育委員会（調査員委託）により，1986年度に引き続き実施された全県的な遺跡分布調査の成果に基づくもので，戸崎地区に関しては市教委の前調査成果とほとんど変動がない．

⑥『千葉県所在古墳詳細分布調査報告書』1990　千葉県教育委員会

千葉県教育委員会（調査員委託）により，1987～1988年度に実施された古墳を対象とする詳細分布調査の成果で，戸崎古墳群60基（前方後円墳5基）・鶴舞古墳群4基が報告された．

その後，筆者らの行なった踏査により，新しく確認された古墳が幾つかあり，また発掘によって周溝が確認された古墳，聞き取り調査によって存在が確実であったとみられる古墳を合わせ，1992年11月現在における確認古墳の総数は，鶴舞古墳群の4基を含め合計84基（前方後円墳6基）を数えるに至っている．

従来の分布調査報告書（市教委1986，県教委1987）においては，各古墳の規模の一覧表が付載されているものの，図面上で個々の古墳番号を特定しておらず，照合に不便が生じている．分布調査報告書はあくまでも古墳群の概要を把握するためのものであり，古墳番号は発掘調査の行なわれた時点で振り直せば良いという考え方もあろうが，当古墳群の場合，個人住宅建設等の小規模開発に伴う虫食い的な発掘・確認調査が相次いで実施されているのが現状であり，古墳番号を明確にしておかなければ後々の混乱を招くことにもなりかねない．そこで本稿においては，新しい踏査成果を合わせ，従来「鶴舞古墳群」として括られていた4基を含めて今回新たに古墳番号を振り直した．今後この番号に準拠して調査の実施されてゆくことを望みたい．

なお当古墳群においては，1982・1983年の城山地区の発掘調査で，墳丘の削平された前方後円墳1基・円墳1基の周溝跡が検出され，それぞれ1号墳・2号墳として報告されている．その後に刊行された市・県教委の分布調査報告書（1986・1987）では，この2基を戸崎古墳群の一部に加えることなく，墳丘の現存する古墳を対象に北から順に古墳番号を付している．

周溝調査の行なわれた1・2号墳は，古墳分布の詳細が掌握されていない時点で暫定的に付された番号ではあるが，すでに報告書の刊行されている古墳の番号をみだりに変更することは混乱の元になりかねないため，今回の古墳番号の振り替えにあたって，この1・2号墳の番号はそのまま踏襲することとした．

次に城山地区の養鶏場内にあったといわれる前方後円墳（地元住民からの聞き取りと地籍図照合により存在が確実視される）を3号墳，また現存する4基の前方後円墳に4～7号墳の番号を与え，以下円墳（一部方墳）については，北側の鶴舞地区から順に，墳丘の存在が確認されたものを対象として8～75号墳までの番号を付した．さらに最近の確認・発掘調査で周溝が確認された古墳については，それに続く76～84号の番号を付している．このほか地元住民からの聞き取りによって「以前塚があった」とされる場所は数か所に及ぶが，これらについては，今後の調査によって存在が確実になり次第，漸次番号を付していくものとする．また当古墳群の区域内には深い藪となっている場所も多く，今後新たに墳丘が確認される可能性もある．これら新発見の古墳についても新たに番号を追加していくものとする．

なお，墳丘の存在を確認している4～75号墳の中には，新しい時期の塚の可能性があるものや古墳とは異なる高まりの疑いがあるものも若干数含まれており，さらに墳丘が確認されていながら最近の造成工事によって未調査のまま削平されてしまった古墳も含まれている．

各古墳の規模と概要については別表のとおりである．

第2図　戸崎古墳群地籍照合図（S=1/5000）『君津市小櫃土地宝典』帝国地図 1974 より改図転載

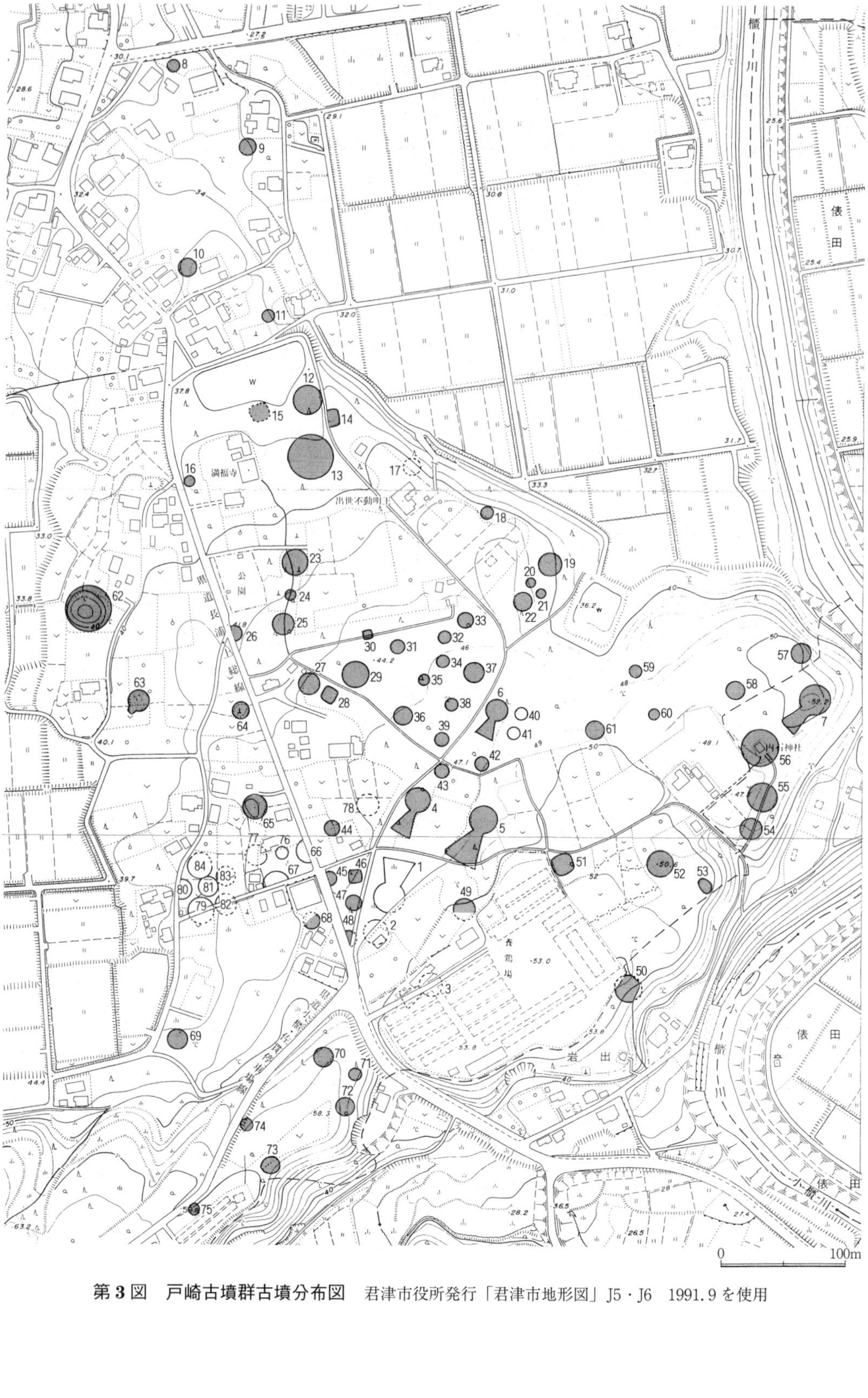

第3図　戸崎古墳群古墳分布図　君津市役所発行「君津市地形図」J5・J6　1991.9を使用

第1表　戸崎古墳群一覧表　　1992.11.15

古墳名	形	規　模	所在地	現　況	踏査の所見
1号墳	（前方後円）	墳丘長 43 m	城山 24	荒地	墳丘消滅。1982・1983 年調査で周溝を検出。本文参照。
2号墳	●	径 20 m	城山 23	荒地	墳丘消滅。1982・1983 年調査で周溝の一部分を検出。
3号墳	（前方後円）	墳丘長 30〜40 m	上城山 2780	養鶏場	墳丘消滅。円墳。地元住民からの聞き取りによる。本文参照。
4号墳	（前方後円）	墳丘長 44 m	城山 28	雑木林	1991 年墳丘測量。本文参照。
5号墳	（前方後円）	墳丘長 54 m	城山 28	荒地	1991 年墳丘測量。本文参照。
6号墳	（前方後円）	墳丘長 30.5 m	上原 2771	荒地	1991 年墳丘測量。本文参照。
7号墳	（前方後円）	墳丘長 45 m	下川 344	竹林	本文参照
8号墳	●	径 11 m・高 2.0 m	鶴舞 856 〃 857	墓地	県道により墳丘北側が削られる。墳頂部が墓地となり覆屋が造られている。現状では墳頂面がやや広く、側面は急傾斜。
9号墳	●	径 13 m・高 1.7 m	鶴舞 849 〃 850	荒地	墳丘北側が住宅の敷地によって切られており、東裾部の基盤面にも段差が認められる。墳頂部に石祠あり。
10号墳	●	径 15 m・高 2.2 m	鶴舞 844	竹林 宅地	宅地に挟まれて存在し、西側裾部がやや削られている。後の改変も考えられるが、側面は急傾斜。墳頂部は平坦でないが広い。
11号墳	●	径 8 m・高 1.0 m	鶴舞 833	雑木林	西側は墓地、北〜東側裾部が削られており、遺存状態悪い。
12号墳	●	径 21 m 高 2.5〜3.0 m	原 1033	杉林 竹林	溜池の南東岸に所在。墳丘裾の地盤は北・東側に比して南・西側が低く、南・西側からの墳丘高が相対的に高い。墳丘が高いためか実際径よりも外観は大きく感じられる。墳頂部から東裾にかけて長い窪みがあり、発掘痕跡と考えられる。この部分をボーリング探査した結果、数か所で石に当たることから、横穴式石室を有する可能性が強いとみられる。
13号墳	●	径 40m 墳頂中央高 5.9 m 墳頂周縁高 7.2 m 墳頂面径 18〜20 m	原 1051	杉林 竹林	万福寺裏手に所在。戸崎古墳群中最大の円墳で、墳頂部には観音像を祀る覆い屋が建つ。また墳頂東側には「上之姫の墓」と陰刻された墓石があり、観音とともに地元民の信仰の対象となっている。墳頂部は後世にかなり掘り窪められているようであり、墳頂中央部に比して周縁部が 1.5m ほど高い。墳丘側面は急勾配であり、墳頂面が広い。墳丘の東側側面がやや崩落している。
14号墳	■ ?	径 15 m・高 2.0 m	原 1038	杉林 竹林	墳丘の西半分が林道によって切断されており、墳丘断面を露呈している。現状では東裾線が直線的であることから方墳の可能性もある。側面は急傾斜で墳頂面は平たく、墳頂面の輪郭も方形に近い。墳端の北東隅から東側へ土塁が延びている。
15号墳	■ ?	径 15 m・高 1.0 m	原 1052	杉林 竹林	溜池の南辺。現状では東側に直線的な段差が見られ、低墳丘状の高まりとして捉えられるが、墳丘範囲はさほど明瞭でない。
16号墳	●	径 6 m・高 1.0 m	原 1053	雑木林	万福寺参道入口、県道沿いに所在。直径の割に高さがあり、新しい時期の塚の可能性もある。
17号墳	●	径 10 m・高 2.0 m	原 1043	宅地	12〜15 号墳の一群から南東へ離れて所在。近年の造成工事により消滅。踏査記録によれば、側面が急勾配で高い墳丘であったが、後世の改変を受けていた可能性が強い。
18号墳	●	径 10 m・高 1.2 m	原 1044	荒地	17 号墳の南東、段丘の北東縁辺部に所在。南西側は耕作により若干削られている。北東側は杉林で、墳丘裾が自然斜面へ連続しており、こちら側からの墳丘高が相対的に高い。墳頂部は平たく、墳丘側面はなだらかである。
19号墳	●	径 21 m・高 2.5 m	城山 61	雑木林	段丘北辺部に所在。墳丘北西裾は自然斜面に連続している。墳頂面は比較的広く平らで、北側に水田が見下ろされる。
20号墳	●	径 5 m・高 0.5 m	城山 61	雑木林	19 号墳南西に隣接。塚状の小丘で側面はなだらか、中央部がもっとも高い。
21号墳	●	径 5 m・高 0.3 m	城山 60	雑木林	19 号墳南西に隣接。なだらかな低墳丘墳。

古墳名	形	規　　模	所 在 地	現　況	踏 査 の 所 見
22 号墳	●	径 17 m 高 1.5〜2.2 m	城山 60	雑木林	20・21 号墳の南側に隣接。墳頂面径 10.5m で、側面はなだらか。低位にある北側からの墳丘高が目だって高い。
23 号墳	●	径 20 m・高 2.5 m	原 1049	墓地 雑木林	公園の東側に所在。墳頂部が墓地となって掘り窪められているほか、墳丘西側面も小道によって窪められている。現状では墳丘の輪郭が隅丸方形に見える。
24 号墳	●	径 6 m・高 1.0 m	原 1049	墓地	23 号墳の南側に隣接。墳丘の東側は畑地、西側は墓地であり、墳頂部には石仏が祀られている。直径の割には高さがある小丘であり、観音を祀るために造られた塚とも考えられる。
25 号墳	●	径 17 m・高 2.0 m	原 1054	雑木林 荒地	墓地の南側に所在。墳丘東側は畑地であり、墳丘裾の一部が耕作によって削られている。墳丘側面はなだらかで、墳丘高は北側からの方がやや大きく見える。
26 号墳	●	径 13 m・高 1.3 m	原 1058	荒地	公園南側に位置。県道により、墳丘の西半分を削られている。南側の墳端はやや不明瞭ながら、低墳丘墳と判定される。
27 号墳	●	径 20 m・高 3.0 m	上原 2758 〃 2759	雑木林	岡本氏宅裏、川島土木進入路の北側に所在。墳丘北西側の一部が削り取られ、この部分に新しい土盛りと見られる高まりが接続する。墳丘側面の勾配は急傾斜で、墳頂面は平らで広い。
28 号墳	■ ?	径 14m 高 2.5〜3.5 m	上原 2759 2760	雑木林	27 号墳の南東側に隣接。北西側墳丘裾に 1 対の石燈籠（文化 17 年・天保 12 年）があり、墳頂部には石造観音像とそれを祀る覆屋がある。墳丘輪郭は現状では隅丸方形を呈し、墳頂面は相対的にやや広くなっている。側面は全体に急傾斜であり、北西側の基盤面がやや低いため、そちら側からの墳丘高は 3.5m ほどに達する。
29 号墳	●	径 25 m 高 4.0〜5.0 m	原 1045	雑木林	字境の小道を挟んで 28 号墳の北東に隣接。側面が急傾斜で墳頂平坦面が広い大形の墳丘である。墳頂面の輪郭線はややぼやけている。墳丘の周囲には周溝痕跡が明瞭に残る。
30 号墳	■	径 6 m・高 1.2 m	原 1046	杉林	25 号墳東方の杉林の南辺に位置。現状は方丘状で、新しい時期の塚の可能性もある。墳頂面は相対的に広い。
31 号墳	●	径 13 m・高 1.2 m	原 1045	篠藪	30 号墳の南東に位置。側面のなだらかな低墳丘墳。
32 号墳	●	径 10 m・高 0.5 m	原 1045	篠藪	31 号墳の東にやや離れて位置。低墳丘墳。
33 号墳	●	径 14 m・高 2.0 m	原 1045	篠藪	32 号墳の東、人家の南側に所在。比較的高い墳丘を備える。
34 号墳	●	径 10 m・高 0.7 m	原 1045	篠藪	33 号墳の南西、32 号墳の南に隣接。低墳丘墳。
35 号墳	●	径 9 m・高 0.5 m	原 1045	篠藪	34 号墳の南西に位置。低墳丘墳。
36 号墳	●	径 15 m・高 1.0 m	原 1045	篠藪	35 号墳の南西に位置。低墳丘墳。南西裾部に小道が走行する。
37 号墳	●	径 17 m・高 2.2 m	原 1045	篠藪	林道を挟んで 6 号前方後円墳の西側に位置。側面は緩傾斜、墳頂は全体に丸いが、中央にやや平坦な面がある。
38 号墳	●	径 10 m・高 0.5 m	原 1045	篠藪	37 号墳の南南西に位置。低墳丘墳。
39 号墳	●	径 13 m・高 1.2 m	原 1045	篠藪	38 号墳の南、林道沿いに位置。低墳丘墳。
40 号墳	●	径 10 m・高 0.5 m	城山 59	道路	最近の造成により墳丘削平。もとは杉林中に存在した低墳丘墳。
41 号墳	●	径 10 m・高 0.5 m	上原 2772	道路	最近の造成により墳丘削平。もとは杉林中に存在した低墳丘墳。
42 号墳	●	径 12 m・高 0.8 m	城山 28	雑木林	5 号・6 号前方後円墳の中間に位置。低墳丘墳。
43 号墳	●	径 13 m・高 1.5 m	城山 28	雑木林	4 号・6 号前方後円墳の間、林道沿いに位置。側面の勾配が緩やかで低平な墳丘。最近の造成により、東側の一部が削られた。
44 号墳	●	径 15 m・高 2.0 m	上原 2763	宅地	人家（伊藤氏宅）の北側に所在。墳丘上に祠があり、西側に石段が付設されている。墳頂面が広く、側面は急傾斜である。
45 号墳	●	径 11 m・高 1.5 m	上原 2751	荒地	県道に墳丘の西側を切断されており、残存部分は東側 1／3 程度とみられる。墳丘際はゴミ置き場となっている。

古墳名	形	規　　模	所在地	現　況	踏　査　の　所　見
46号墳	■	径10 m・高2.0 m	上原2751 〃 2770	杉林	45号墳の東側に位置。墳丘径の割には高い墳丘で、現状では方形に近い輪郭を示す。
47号墳	●	径13 m・高2.5 m	上原2751 〃 2770	杉林	46号墳の南側に位置。かつて存在した農道によって墳丘の東裾部を削られている。
48号墳	●	径10 m・高1.0 m	上原2751	荒地	県道と小道により墳丘の東西両側を削られ、残骸を残すのみ。
49号墳	●	径20 m・高2.0 m	城山17 〃 19	篠藪	5号前方後円墳南方、養鶏場脇に所在。南側は畑で遺存度不良。かつて墳丘が削られた際に刀が出たという伝えがある。
50号墳	●	径20 m・高2.5 m	上城山2784 苗代台350	竹林 雑木林	養鶏場の東角、河岸段丘東縁辺部に所在。養鶏場のフェンスと小道の切通しに挟まれ東西両裾が削られている。
51号墳	■ ?	径21 m・高2.5 m	城山39	雑木林	5号前方後円墳の東方、小道の十字路に所在。現状では側面が急傾斜で方丘状を呈するが、後世の変形を受けているようにも見える。墳頂部は半球状を呈し、東裾部の傾斜は比較的緩やか。
52号墳	●	径19 m・高3.0 m	城山50	雑木林	墳丘西側は畑地。現状では方形に近い形状を示す。墳頂の輪郭は明瞭であるが、平坦でなく中央部が高い。側面は急傾斜であり、東側の裾部が一部崩落している。
53号墳	●	径10～13.5 m 高0.8 m	城山45	雑木林 荒地	52号墳の東側に所在。現状で楕円形を呈し、側面勾配の緩やかな低墳丘墳である。
54号墳	●	径16 m・高2.5 m	下川346 〃 347	雑木林 参道	小支谷を隔てて53号墳の北東、段丘東縁辺に所在。内石神社参道により墳丘が分断されている。墳丘径の割に高い墳丘を備える。
55号墳	●	径25 m・高2.0 m	下川346 〃 347	雑木林 参道	54号墳の北東に隣接。参道により墳丘東側が分断される。現状では墳丘が南北方向にやや間延びしたように見える。
56号墳	●	径30～33 m 高5.5 m 墳頂面径21～25 m	下川345	神社 雑木林	墳頂に内石神社の社殿が建ち、墳丘の南東側に石段・鳥居が付設される。墳頂部は社殿建設によって窪められているようであり、周縁部に高まりが残る。墳丘側面は急傾斜であり、南西側の墳端部に周溝痕跡を留める。墳丘北西側に戸崎城主郭の土塁が連結。
57号墳	●	径17 m・高2.0 m	下川344	雑木林	7号前方後円墳の北側、小櫃川に接した段丘北東縁辺に所在。側面はなだらかで墳頂の中央が最も高い墳形であり、墳頂部に半月形の攪乱が認められる。北西側に戸崎城の土塁が連結。
58号墳	●	径15 m・高1.5 m 墳頂面径6.0 m	下川344	竹藪	7号前方後円墳の西側に位置。東側の57号墳、南側の56号墳から延びる土塁の屈曲点に存在。土塁と墳丘は連結せず、周溝状の窪地を挟む。墳丘側面はやや急傾斜で、墳頂面が平らである。
59号墳	●	径10 m・高1.0 m	城山58	竹林	池に面した丘陵縁辺から、やや南東へ奥まった場所に位置。低墳丘で南側に土塁状の高まりが連結する。
60号墳	●	径8 m・高0.5 m	城山58	雑木林	59号墳の南東にやや離れて位置。側面のなだらかな低墳丘墳。
61号墳	●	径16 m・高2.2 m	城山59	雑木林	6号前方後円墳の東方に離れて所在。古墳の南側は畑・植木畑。側面が急傾斜で、墳頂面はやや広く平坦である。
62号墳	●	径38 m・高6.0 m 墳頂面径13 m	稲荷塚994	篠藪	県道の西側、万福寺向い側から分岐する小道を南西に120 m下った場所に位置。万福寺裏の13号墳に次ぐ規模の大形円墳である。墳丘の周囲は北・西側が畑地、南側が水田、東側が荒地であり、段丘西端の低位面に立地する。墳丘側面は比較的緩傾斜で、墳頂面は平坦である。
63号墳	● ?	径19 m・高3.5 m	原1073 〃 1074	栗畑 荒地	57号墳南南東の畑地に位置。南西側に造出し状の低い突出が見られることから、帆立貝式古墳（造出し付円墳）の可能性もある。墳丘は高く側面は急な傾斜であり、北半分が栗畑となっている。

古墳名	形	規　模	所在地	現　況	踏査の所見
64号墳	●	径12m・高1.5m	上原2756 2757	畑地 墓地	県道西側に沿った畑地中に所在。墳丘の周囲は旧状より幾分削られているものと思われる。墳頂部は墓地として利用されている。
65号墳	●	径21m・高2.2m 墳頂面径14.5m	上原2752	宅地	59号墳の南方、民家（林氏宅）の敷地内にあり、庭の築山のようになっている。人為的な改変を受けている可能性もあるが、現状では墳頂面が平らで輪郭線も明瞭であり、側面は急傾斜である。
66号墳	●	径26m・高2.0m 外径34m	上原2751	荒地	県道沿いに墳丘の一部が残存していたが、最近の造成工事によりさらに大部分が削平。1992年6月の確認調査で周溝を検出。1987年頃の踏査時に残丘周辺より鉄鏃片を採集している。
67号墳	●	径22m・高1.5m 外径32m	上原2751	荒地	61号墳の南西側に隣接。変形の著しい墳丘が残存していたが、最近の造成工事によって墳丘は削平され、確認調査で周溝を検出。
68号墳	●	径15m・高2.0m	上原2773	宅地 荒地	62号墳の南方、宮崎建設進入路の南側に所在。進入路造成により墳丘北半分が削られている。
69号墳	●	径15m・高1.5m	上原2746	荒地	県道小櫃・佐貫線の西方、段丘の西裾にあたる農道沿いに所在。北西側の一角が耕作によって削られている。古墳の西側は道を隔ててすぐ水田であり、古墳築造面との比高差は小さい。
70号墳	●	径13m 高1.2～1.7m	上城山2777	雑木林	県道分岐点南側の一段高い丘陵上に所在。斜面に立地するため、北からの墳丘高が高く見える。側面はなだらかで低平な外観。
71号墳	●	径8m・高1.0m	上城山2779	雑木林	70号墳の東側に位置。低墳丘墳。
72号墳	●	径15m・高0.5m	上城山2777 苗代台355	雑木林	71号墳の南側に位置。低墳丘墳であり、地境の溝によって墳丘の中央部が分断されている。
73号墳	●	径16m・高1.5m	上城山2778	雑木林	70～72号墳南西方の畑地に接して所在。畑と山道によって墳丘の両側を削り取られており、半壊の状態。
74号墳	●	径10m・高0.5m	上城山2776	杉林	畑地を挟んで73号墳の北西側の丘陵縁辺部に所在。県道により墳丘の西側を切られている。低墳丘墳。
75号墳	●	径10m・高1.0m	上城山2735	雑木林	県道と養鶏場に挟まれて位置。低墳丘墳。現在確認されている限りでは古墳群の最南端に位置。
76号墳	●	径8m・外径10m	上原2751	荒地	1992年6月の確認調査で周溝を検出。
77号墳	●	径22m・外径29m	上原2751	荒地	1992年6月の確認調査で周溝の一部を検出（規模は推定値）。
78号墳	●	径22m・外径25m	上原2763	荒地	1992年10月の確認調査で周溝を検出。
79号墳	●	径14m・外径21m	上原2750	宅地	1992年10～11月の発掘調査で周溝を検出。須恵器直口壺出土。
80号墳	●	径11m・外径18m	上原2750	宅地	1992年10～11月の発掘調査で周溝を検出。
81号墳	●	径12m・外径16m	上原2750	宅地	1992年10～11月の発掘調査で周溝を検出。土師器甕出土。
82号墳	●	径16m・外径22m	上原2750	宅地	1992年10～11月の発掘調査で周溝を検出。須恵器壺出土。
83号墳	●	径9m・外径13m	上原2750	宅地	1992年10～11月の発掘調査で周溝を検出。
84号墳	●	径16m・外径24m	上原2750	宅地	1992年10～11月の発掘調査で周溝を検出。須恵器壺出土。

古墳分布図・一覧表凡例

1　古墳分布図は1986年～1992年の10数回にわたる踏査記録をもとに作成した。とくに1992年夏～秋の踏査ではここに掲載したすべての古墳を網羅的に再確認したが、最近になって消滅した古墳もいくつかあり、これらについても収録している。

2　分布図の古墳の位置は、正確な測量によるものでなく、踏査時に現地で図面に書き込んでいったものをもとにしている。従って近くに目標物のない古墳の位置には多少の誤差が生じている可能性がある。

3　表に示した各古墳の規模は、原則として墳丘径は巻尺による計測、高さは身長を基準とした目測であり、誤差を含んでいる。ただし大形円墳など一部の古墳についてはレベル等によって高さを計測したものがある。

4　地番については原則として代表地番を記し、分筆された枝番は省略した。古墳の位置に誤差が生じているものについては実際の地番と異なるものがあるかもしれない。

5　地形図と地籍図には原図上のズレがあるため、適宜修正して古墳の位置を落しており、両図は正確に重なるものでない。

6　所在地の小字のうち、下川・苗代台は大字戸崎でなく大字岩出に属する。

7　古墳の現況（地目）については1992年現在の状況である。

3　調査研究略史

1909（明治42）年12月，東京帝国大学人類学教室の坪井正五郎・柴田常恵により，戸崎地区の幾つかの古墳の発掘が行なわれている[1]．この古墳発掘の成果については，結局報文として発表されることなく，『君津郡郡誌上巻』（1927）に数行の記録をとどめるのみである．『君津郡郡誌』の記事を要約すると，発掘された古墳は下記の通りである．

1　野持古墳～高さ9尺（2.7 m）・面積70坪の瓢形墳．直刀2・馬骨2片出土．

2　塚の腰古墳～砂岩によって構成されて石槨あり．祝部土器1・鉄鏃5・鹿歯若干出土．

3　脇原古墳～円墳2基発掘．1基から鐔付の直刀，1基は墳上から朝鮮土器破片出土．

4　城山古墳～瓢形墳1基・円墳2基発掘．瓢形墳より柄頭1，円墳より直刀2出土．

5　中山古墳～円墳3基発掘．剣1・鉄鏃60個出土．

このうち野持の前方後円墳は，初期の遺跡地図（県教委1970，文化庁1974）に「野持塚」として掲載される前方後円墳に該当する可能性があり，地図上の点は，下台古墳（円墳）の東側に落とされているが，現在その位置に墳丘は残存していない．面積70坪という記載によれば，墳丘長30 mクラスの小規模前方後円墳であったと推定される．

中山の古墳については，峯古墳群中，西側丘陵部に位置する古墳とみられる．なお遺跡分布地図（1970，1974）で字中山とされている2基の古墳は字中台の誤りではないかとみられる．

石室を有していたとされる塚の腰の古墳については脇原古墳群西部の字塚ノ腰に所在するやや大形の円墳（県道木更津・末吉線沿い）がこれに該当する可能性がある．

脇原の古墳については，脇原古墳群中，東側の尾根上に存在する1群の中に，墳頂部に窪みのあるやや大形の円墳（仮11号墳）が確認され，明治期の発掘古墳に該当する可能性が強い．

城山の古墳では，今回測量図を作成した6号前方後円墳の後円部にT字形の窪みがみられることから，明治期に発掘された前方後円墳にあたる蓋然性が高い．また7号前方後円墳にも発掘痕跡と覚しきT字形の窪みが認められる（後述）．

以上の柴田常恵らによる発掘のほか，公の記録には残っていないが，地元住民による古墳の発掘や開墾等に伴う偶発的な遺物の出土が度々あったようであり，現在，君津市立久留里城址資料館と県立上総博物館に戸崎出土と伝えられる遺物が幾つか収蔵・展示されている．その品目としては，各種石製模造品，玉類，直刀・刀装具，亀甲繋文を打ち出した板状の金銅製品[2]などがあり，一部の遺物の写真が『小櫃村誌』（1978）に掲載される．久留里城址資料館収蔵資料については後章で紹介するこことしたい．このほかに地元の酒造家・宮崎氏宅にも遺物が所蔵されているということであり，資料館保管の遺物も元は同氏宅の所蔵になるものである．

このように豊富な内容を有し，古くから人口に膾炙する機会も多かった戸崎古墳群も，明治期の発掘以来，学術的な調査という形で古墳が発掘されることは久しくなかった．

1982年8月，字城山23番地にホテル建設事業が計画され，それに先立つ2300m^{2}の区域の発

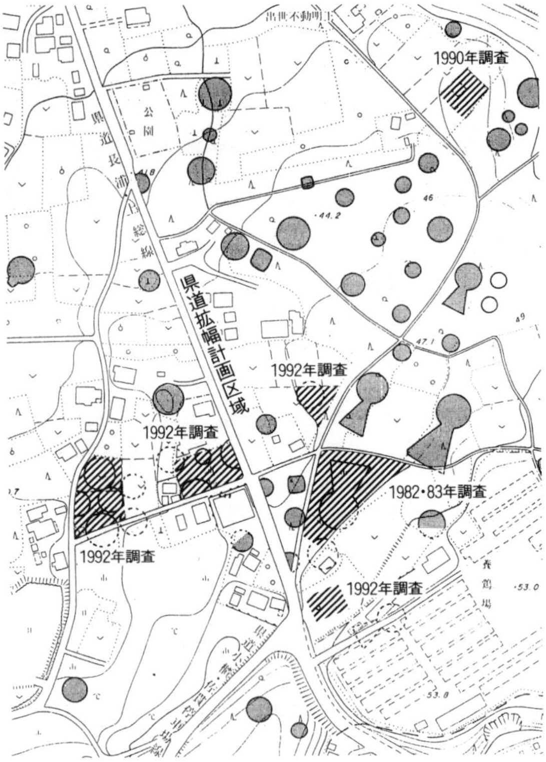

第４図　戸崎古墳群内発掘調査地点図（S=1/5000）

掘調査が実施されることとなった．君津郡市文化財センターが設立された初年度のことである．調査は約２か月間継続され，古墳時代中期の住居址ならびに縄文時代後期の遺物群が検出されたが，事業者側の調査費用負担が難しくなったという事情から，調査半ばにして中断されるという異例の事態となった．古墳中期の住居址から出土した古式須恵器（TK216～208型式）は，当時としては君津郡地域のみならず，千葉県下でもまだ報告例が限られており，月に１回行なっていたセンター内の勉強会でも取り上げられて，県内の古式須恵器の集成と検討（光江章氏の発表に基づく）が行なわれたことも思い出される．

翌1983年８月，調査費用の目処が立ったことによって，ようやく調査が再開され，11月まで継続された．排土場所が付近に確保できないため，いわゆるテイクバック方式といわれる調査地内排土処理によって調査を進めた結果，前年度の調査時には予測されていなかった前方後円墳の周溝と円墳周溝の一部，ならびに古墳前期・中期の住居址５軒の存在が明らかにされた．古墳に明確に伴う遺物は検出されなかったが，墳丘下に古墳時代中期の住居址が存在することにより，古墳は少なくともそれ以降の所産と判定された．とくに前方後円墳については後円部側の周溝が全周する（埋没周溝をもつ）こと，隣接する前方後円墳（4号墳）と主軸の向きを反対にしていることが注目された（後述）．以上，この調査により，当地区における遺跡の包蔵内容の一端が発掘調査によってはじめて明らかにされた．ちなみに調査の発端となったホテル建設事業はその後ついに実現されることなく，調査地は今日まで荒地のまま放置されている．

その後1989年まで戸崎地区で発掘調査が実施されることはなかったが，この間に遺跡分布調査が数次にわたって行なわれ，古墳群の全体像が次第に明らかとなってきたことは前記のとおりである．

1990年７月には，建売住宅建設に先立ち，字原1044番地における発掘調査が行なわれた．調査面積は約1400m^{2}であり，造成時の掘削部分のみに限ったトレンチ方式の調査であったが，溝数条（一部は方形周溝墓の可能性をもつ）と土壙および縄文早期～後期・弥生後期・古墳後期の遺物群が検出された．

1992年6月，今度は県道沿いの字上原2751番地において宅地造成が計画され，確認調査が実施された．この区域には分布調査で遺存状態の悪い2基の墳丘（66・67号墳）が確認されており，66号墳付近からかつて鉄鏃片を採集したこともあったが，その後に行なわれた整地作業によって墳丘はさらに削られ，調査開始時点では66号墳残骸がかろうじて残るのみであった．調査の結果，この区域からは66・67号墳を含め合計4基の円墳周溝と住居址数軒が確認された．

さらに1992年10～11月には，字上原2763番地・字上原2750番地・字城山22番地の3か所において宅地造成等に先立つ確認・発掘調査が相次いで実施されている．このうち，4号前方後円墳に隣接する2763番地では円墳周溝1基と古墳中期の住居址が，2750番地では円墳周溝6基が密接して検出され，22番地では縄文後期の土壙と濃密な遺物包含層が確認されている．

以上のように，これまでの局所的な発掘調査によって判明している遺跡内容を総合すると，城山周辺地区には，縄文時代後期を主体とする遺物包含層と古墳時代前・中期の集落が比較的広範囲に展開しており，そのうえに古墳群が造営されている．古墳は本来かなり高い密度で群在していたようであり，その実数は今日墳丘が確認される基数を大幅に上回るものであったと推定される．おそらく現在畑地や養鶏場の敷地となって古墳が確認できない場所にも稠密に古墳が分布していた可能性が高い．これらの古墳の多くは後期のものであろうと判断されるが，具体的にどのような時期的偏在傾向を示すのか，築造に計画性がみられるか，墓域の分割（支群形成）が認められるかなど，古墳群の実態解明に関してはすべて今後の調査に委ねられている．

4　城山地区の前方後円墳

戸崎古墳群内には合計6基の前方後円墳の存在が知られるが，そのうちの5基までが城山地区の比較的狭いエリアの中にまとまっている．墳丘が現存する4・5・6号墳の3基は墳丘主軸がほぼ等しく，とくに4・5号墳の2基は墳丘形態にもきわめて共通した特徴が窺える．一方，墳丘の消滅した1・3号墳はそれぞれ北側の3基とは主軸の向きを異にし，1号墳に至っては隣接していながら4号墳などとは正反対に近い向きを示している．いずれにしても城山地区の5基の前方後円墳はその墳丘形態や下層遺構の内容から判断する限り，いずれも後期古墳である可能性が強いとみられる．これに対して，段丘の東縁辺部に単独で立地する7号墳は，前方部が低く狭い形態であり，立地的にみてもより古い段階の築造であることを窺わせる．

1991年2月，地権者の了解を得て城山地区の3基の前方後円墳の墳丘測量を行なった．次にその成果について報告しておきたい．測量図は原図縮尺1/100，等高線間隔25 cmで作成し，付近に良好な水準点がなかったため，標高値には多少の変動がある．なお，測量図の作成に当たっては，朝倉秋子・有山光子・今岡民恵・岡崎日芙美・藤本松男氏らの協力を得ている．

4号前方後円墳

規模と全形　墳丘測量の結果，墳丘長44 m・後円部径19 m・前方部幅19 m・括れ部幅5

m・後円部高3〜3.5 m・前方部高2 mと計測される．括れ部が細く，前方部が三角形に開く特徴的な墳形であり，墳丘高は後円部の方が1 m高い．

後円部　後円部の墳丘は下半部の等高線が密で，上部へいくほど等高線間隔が広く緩傾斜になっている．墳頂面の輪郭線はあまり明瞭ではなく，墳頂中央部付近が小高くなっており，全体として半球形に近い断面形を呈する．後円部最高点の標高は50.164 mと算出されている．また後円部は現状では横軸径よりも縦軸径の方がやや長い楕円形を呈しており，縦軸で22 mを測る．墳丘の東側は畑地となっており，墳頂部中心点と東西両側の墳丘裾との距離からみて，東側の墳丘裾は耕作によって幾分削られているものと判断される．

前方部　前方部も墳丘下半部が急勾配で上半部は次第に緩やかな傾斜となっており，前方部頂はなだらかな三角形の山をなして，前寄りが最も高くなっている．最高点の標高は49.206 mと算出される．なお前方部前面では，急勾配の下部墳丘と緩傾斜の上部墳丘との間に段築状の平坦部の存在が認められる．また前方部隅は現状では東西両側で形状が異なっており，西側が隅切り状に幅を狭めているのに対し，東側は三角形に鋭く張り出した形となっている．このような隅角の形状の相違は後世の変形によって生じた可能性もあるが，4号・6号の両前方後円墳においても同様の特徴が認められていることが注意されよう．

括れ部　括れ部は細く，後円部側墳丘の立ち上がりと前方部側墳丘の立ち上がりの合間が低く，馬背状に7 mほど延びている．括れ部中央の標高は48.068 mと計測され，後円部頂との比高2.1 m，前方部頂との比高1.1 mを測る．括れ部の墳丘側面は東側に比べ，西側がやや急傾斜となっている．括れ部墳丘裾線の輪郭は，後円部の円周と前方部の側縁が交わって屈曲するような線ではなく，緩やかなカーブを描きつつ，後円部から前方部へと移行している状況で，平面形態のうえからは柱状の括れ部とでも表現すべき形状を呈している．

周辺　墳丘の東側は畑地であるため，周溝の窪みはほとんど消失している．前方部東裾を走行する47.00 m（−4.00 m）の等高線が括れ部付近でUターンし，墳端線から5 m前後の間隔をおいてめぐっているのがわずかな周溝痕跡といえようか．一方，墳丘西側の道路との間には最も低い46.00 m（−5.00 m）の等高線が括れ部側方で溝状にめぐり，周溝痕跡をとどめている．1号墳の調査結果から類推するならば，周溝は墳丘と相似形にめぐっているものと推測される．1号墳の場合，少なくとも周溝上での括れ部幅は広く，しかも埋没周溝を有している．当古墳との墳丘形態の相違と合わせ，埋没周溝の存否が注目される．

なお，当古墳においては，後円部・前方部ともに過去に発掘されたような形跡は表面上からは認めがたく，明治年間の柴田常恵らによる発掘の対象にもならなかったようである．ただ道路沿いにあって一際目立つ古墳であるため，盗掘に遭っていないとは断言できない．

5号前方後円墳

規模と全形　畑地を隔てて4号墳の東側に位置し，墳丘主軸は4号墳とほぼ等しい．前方部前面に農道が走行しており，墳丘裾の一部がこれによって削られている．墳丘測量の結果，現

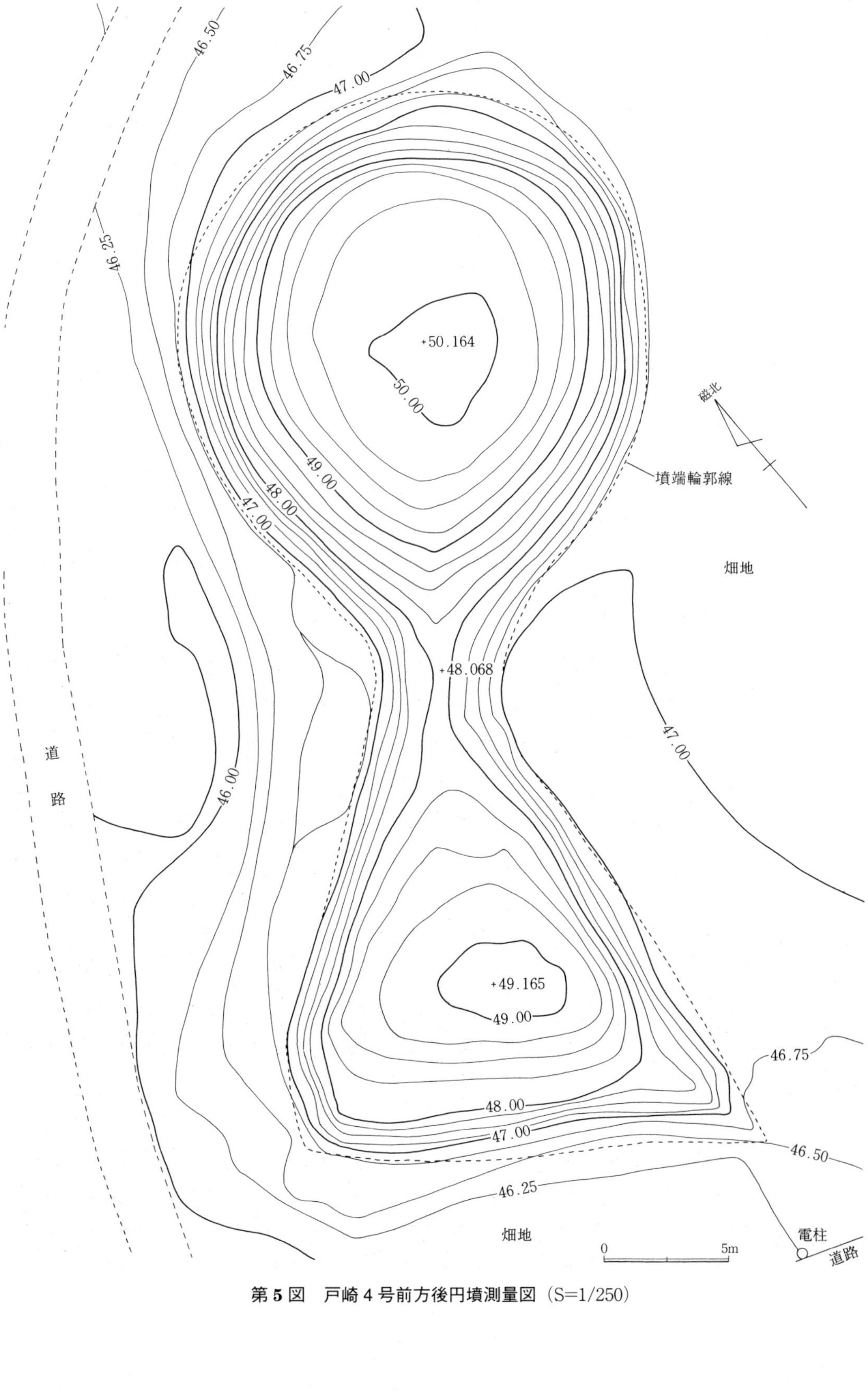

第５図　戸崎４号前方後円墳測量図（S=1/250）

状での墳丘規模は，墳丘長 52 m・後円部径 21 m・前方部幅 28 m・括れ部幅 7.5 m と計測されるが，前方部前面の削平を考慮に入れて復原計測した場合，墳丘長は 54 m，前方部幅は最大 30 m 程度となる．墳丘規模では戸崎地区最大の前方後円墳であり，小櫃川中流域の後期前方後円墳の中でも目下のところ最大規模とみられる．括れ部が細く，前方部が三角形に開く墳形は 4 号墳に近似しており，当古墳の場合には前方部幅が後円部径を凌駕して大きく開く．

なお，当古墳が占地する築造基盤面は，東から西へ向かって緩やかに下る傾斜面となっており，後円部・前方部とも東側に比して西側からみた墳丘高が高くなっている．後円部高は西側 4.2 m・東側 2.4 m，前方部高は西側 4.5 m・東側 2.5 m である．後円部と前方部の比高は最高点間の比較でわずか 10 cm 程前方部が高く，墳頂部全体では 20 cm 前後の差異がある．

後円部　後円部は，4 号墳と同じく墳丘下半部が急傾斜，上半部が緩やかな傾斜となっており，中腹の傾斜変換線は比較的明瞭にとらえられる．そしてこの傾斜変換線のレベルは，墳丘括れ部の高さにほぼ一致している．また 4 号墳に比べれば墳頂面の輪郭線も明瞭で，直径ほぼ 10 m の正円形を描き，墳頂部は中央部が若干高まっているものの平坦面に近い．墳頂部中央の標高は 51.7 m を測る．一方，後円部裾線の輪郭は前記した地形の制約によるためか，横軸よりも縦軸方向に長い楕円形を呈し，縦軸で 24 m を測る．

前方部　前方部も，括れ部と同程度のレベルを境に下半部の墳丘側面が急勾配，上半部がなだらかな傾斜であり，前方部の最高所はそのほぼ中心付近にあって墳丘全体がピラミッド形の立面形を呈する．前方部頂の標高は 51.8 m である．ただ墳丘側面 3 辺や東西の両隅角に比べ，括れ部へ通じる墳丘中軸線上では，各等高線が彎曲して外方へ張り出し，緩やかなスロープをなして下降している．また前方部前面の墳丘中腹には 4 号墳で看取されたのと同様のテラス状段部の存在を認めることができる．前縁部の墳裾は道路造成による損壊を受けているためもあって，西側の隅角が鋭角な突出を残すのに対し，東側では隅の突出が失われている．ただし東側では現状の裾よりもやや上位から側面をめぐる等高線がやや内側へ彎曲するカーブを描いていることが注意され，東側の隅角が本来西側と同程度に張り出していたとは断言しかねる．

括れ部　括れ部は 4 号墳と同様に，馬背状に細く柱状に延びており，西裾からの高さ 2.5 m に対して東裾からの高さは 0.5 m で，基盤面との比高差がきわめて小さくなっている．

周辺　墳丘の遺存状況は，前方部前面を除けばきわめて良く，後円部西面に樹木の抜き取り穴が認められる以外には，大幅な改変や盗掘の形跡も見当たらない．また墳丘の西側は畑地，東側は雑木林であるが，現況ではいずれの側も周溝痕跡をほとんど地表にとどめておらず，外周部は平坦な地形となっている．これは後世の地均しに起因するものとも思われる．

6 号前方後円墳

規模と全形　4・5 号墳の北側に位置し，3 基を結んだ線はほぼ二等辺三角形を描く．測量の結果，墳丘長 30.5 m・後円部径 14 m・前方部幅 12 m・括れ部幅 6 m・後円部高 2.5～3 m・前方部高 2 m と計測され，墳丘規模は現存する 4 基の前方後円墳の中では最も小さい．当古墳は測

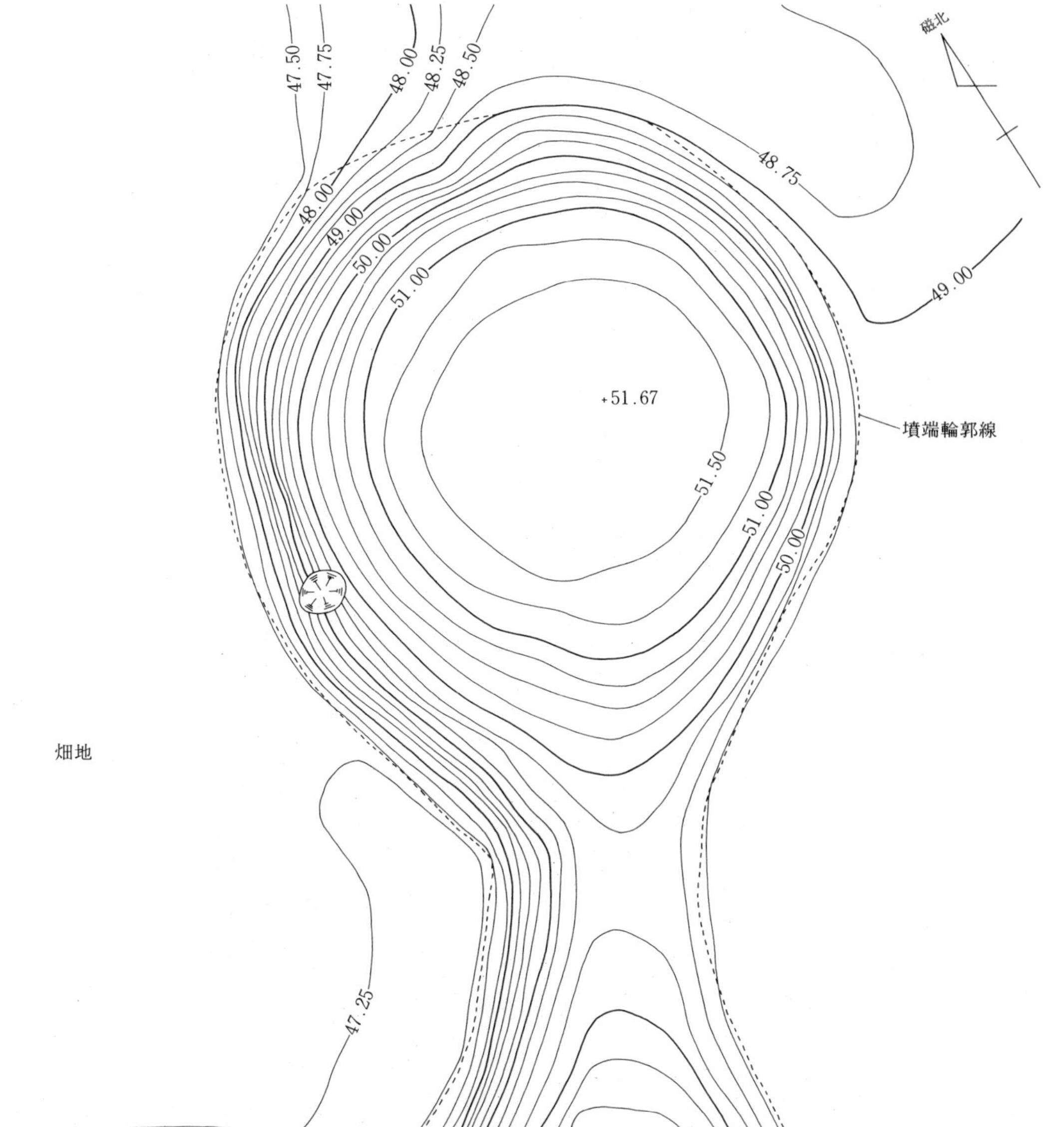

第6図　戸崎5号前方後円墳測量図（S=1/250）

量図作成後の 1992 年 5 月，不測の造成工事のため重機によって括れ部が大きく抉られ，市民から市役所への通報によって，急遽工事が差し止められ，括れ部の掘削部分が応急的に復旧されるという事態に遭っている．従って現在の墳丘は，測量時とは大幅に変形しているが，以下測量時の状況に基づいて記述する．

後円部　後円部は 4・5 号墳の場合と同じく，横軸よりも縦軸方向に長い楕円形を呈し，縦軸径 18 m を測る．墳丘上は著しい攪乱を受けており，墳頂中央部が大きく窪んで，さらに西・北・東の各方向に溝状の窪みが延びていることから，明治末年の柴田常恵らによる発掘の痕跡ではないかと考えられる．後円部西側裾に盛土の張り出した部分が認められるが，これは墳頂部を発掘した際の残土とも考えられる．現存する墳頂部の最高点は中心よりやや西側にあって 50.30 m と計測され，本来の墳頂部高はこれを若干上回っていたものとみられる．墳丘側面は 4・5 号墳でみられたような下半部が急傾斜，上半部が緩傾斜といった状況はとくに認めることができず，墳丘規模が小さいためか，下半部においても傾斜は比較的緩やかである．また現状から推定する限り，墳頂は明瞭な輪郭をもたない半球形であったとみられる．

前方部　前方部は二等辺三角形に開く形態であるが，その最大幅が後円部径を凌駕することなく途絶えており，全長に占める後円部と前方部の長さの割合はほぼ 6：4 である．前方部の最高点は三角形のほぼ中程にあり，49.86 m を測る．前方部前端の見かけの墳端線は，墳丘主軸に直交せずにやや傾いており，東側の隅角が鋭角的に突出するのに対して，西側では側面の等高線がコーナー近くで内向きの屈折を示している．これは 4 号墳・5 号墳にも共通する特徴であり，一概に後世の変形によるものとは断じがたい．このような左右不対称の前方部隅角および片側の隅切状屈曲の意味については，今後さらに類例を探索し検討する余地があろう．

括れ部　括れ部は 4・5 号の両古墳に比べれば，相対的にやや太く，柱状に著しく間延びしたような外形でもない．これは墳丘規模に相応したものともいえるようである．

周辺　墳丘およびその周囲は雑木林であり，現状では括れ部西側・後円部北側に窪みとなっている箇所があって周溝痕跡をとどめている．後円部西側には発掘時の残土とみられる土が積載されて現状では高くなっているが，本来は周溝痕跡の窪みが連続していたものと思われる．

なお前方部の東側には，当古墳に寄生するかのように直径 5.5 m の小さい円丘が造られている．この塚はいわゆる陪塚のような墳丘ではなく，新しい時代に何らかの信仰に伴って構築されたものと考えられる．塚の東裾には享保年間の石碑が建てられ，また塚の頂部にも台石様の方形の石材の設置が認められる．

1 号前方後円墳

規模と全形　1982・1983 年の調査で周溝が検出された前方後円墳で，調査区域外の後円部南西半部を復元推定して計測すると，墳丘長 43 m・後円部径 25 m・前方部幅 25 m・括れ部幅 12 m・周溝を含めた全長 53 m を測る．平面図上では後円部と前方部が拮抗する形態を示している．

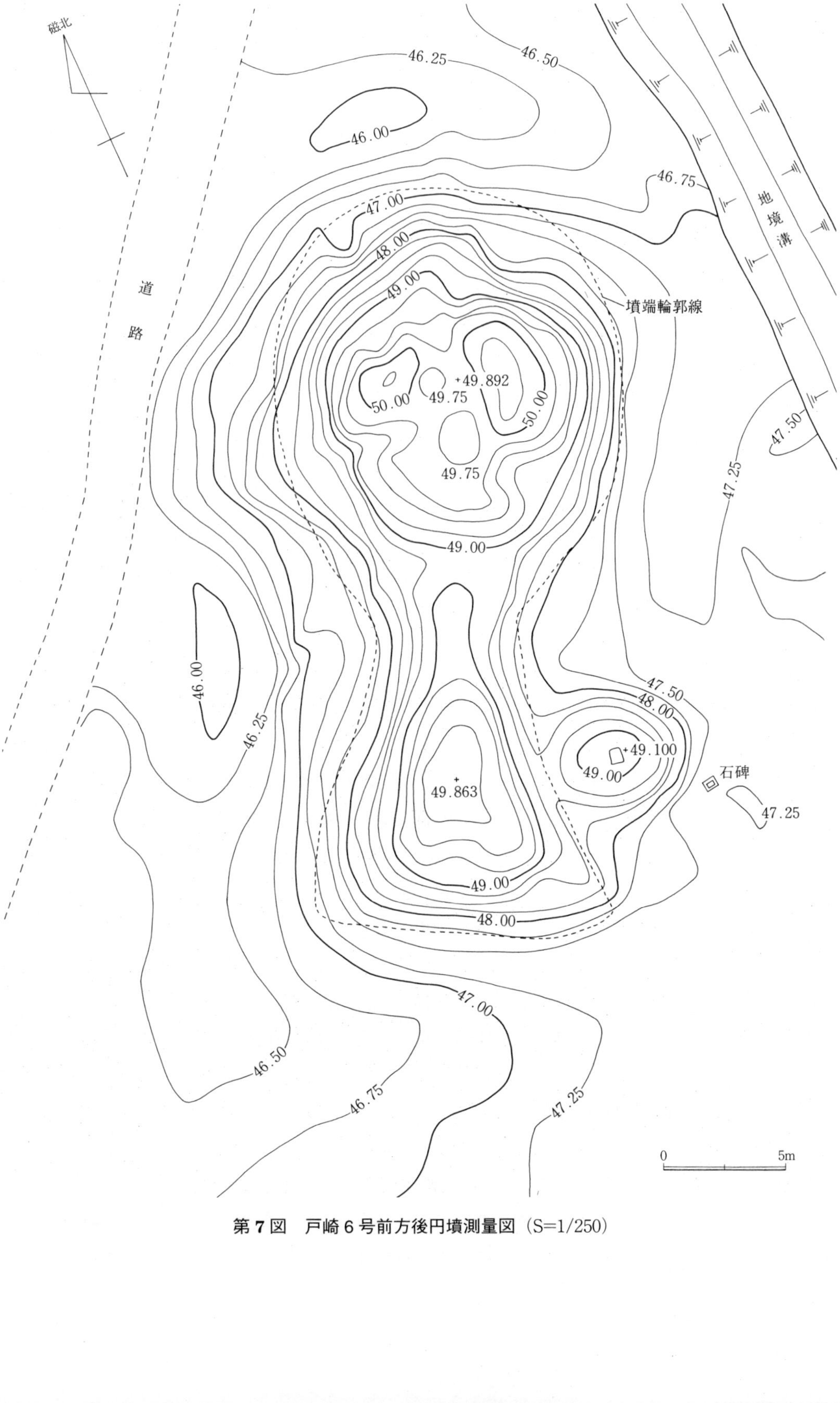

第７図　戸崎６号前方後円墳測量図（S=1/250）

周溝　後円部の周溝が括れ部の下まで連続してめぐる「埋没周溝」を有し，遺構確認時にこの埋没周溝部分は，他の周溝部分とは堆積土が全く異なった色調を示していたといわれる[3]．報告書ではこの点について明言することを控えているが，少なくともこの部分の周溝覆土の上部は人為的に埋め戻されている可能性が強いものと推定される．周溝幅は後円部・埋没部で4〜5 m とほぼ均一であり，前方部前面で5〜6 m，前方部側面の周溝は隅角から括れ部へ向かって漸次幅を広げ，最大部で7 m を測る．このような埋没周溝をもつ前方後円墳は，その後，木更津市塚原7号墳・君津市星谷上古墳・木更津市請西山伏作古墳群などで類例を加え，括れ部側面で周溝幅が広がる形態などにも共通した企画性が窺える．周溝覆土内から検出されている土器はいずれも墳丘下の住居址からの混入品とみられる5世紀代のものばかりであり，6世紀以降の時期相を示す土器は，須恵器・土師器とも全く出土していない．

3号前方後円墳

古墳群南側の養鶏場内に以前存在していた前方後円墳で，城山地区に古くから在住する重城正雄氏らからの聞き取りによって，その所在を知ることができた．古墳は終戦後間もなく削平されたといわれる．地籍図を照合した結果，該当地に前方後円形の名残りを示す地割が認められ，その存在が裏づけられた．地割から推定される規模は30〜35 m 程度で，重城氏も述べていたように小規模な前方後円墳であったと考えられる．遺物については何ら伝わっていない．

7号前方後円墳

立地　小櫃川に最も接した河岸段丘の東側突端部に所在する前方後円墳で，他の前方後円墳群からは掛け離れた孤立的な存在となっている．当古墳が占地する場所は段丘が周囲より一段高く，標高50 m 前後で台状をなしており，中世城郭である戸崎城の中心部に相当する．

規模と形態　略測では，墳丘長45 m・後円部径21 m・前方部幅11 m・括れ部幅9 m・後円部高約2.5 m・前方部高約1.5 m という数値を得ている．前方部前端への開きが小さく，後円部と前方部の比高差が比較的大きい墳形であり，4・5・6号の前方後円墳とは明らかに墳丘の外観が異なっている．前方部の墳頂面は比較的平坦であり，前端部が若干高まる．墳丘側面は全体にややなだらかであり，前方部前面はとくに傾斜が緩い．後円部頂には左右と後方に溝状の窪みが認められ，発掘の痕跡とも考えられる．小規模前方後円墳であるため確定的なことはいえないが，古式の前方後円墳となる可能性を有する．ただし埋葬施設の遺存は危ぶまれる．

5　伝戸崎古墳群出土遺物

君津市立久留里城址資料館には，「戸崎周辺出土」あるいは「小櫃古墳群出土」とされる遺物群が何点か収蔵されている．今回，同資料館の許可を得てこれらの遺物の写真撮影・計測を行なったので，次にその概略を紹介したい．これらの遺物は今のところ，いずれも出土地の詳細が明

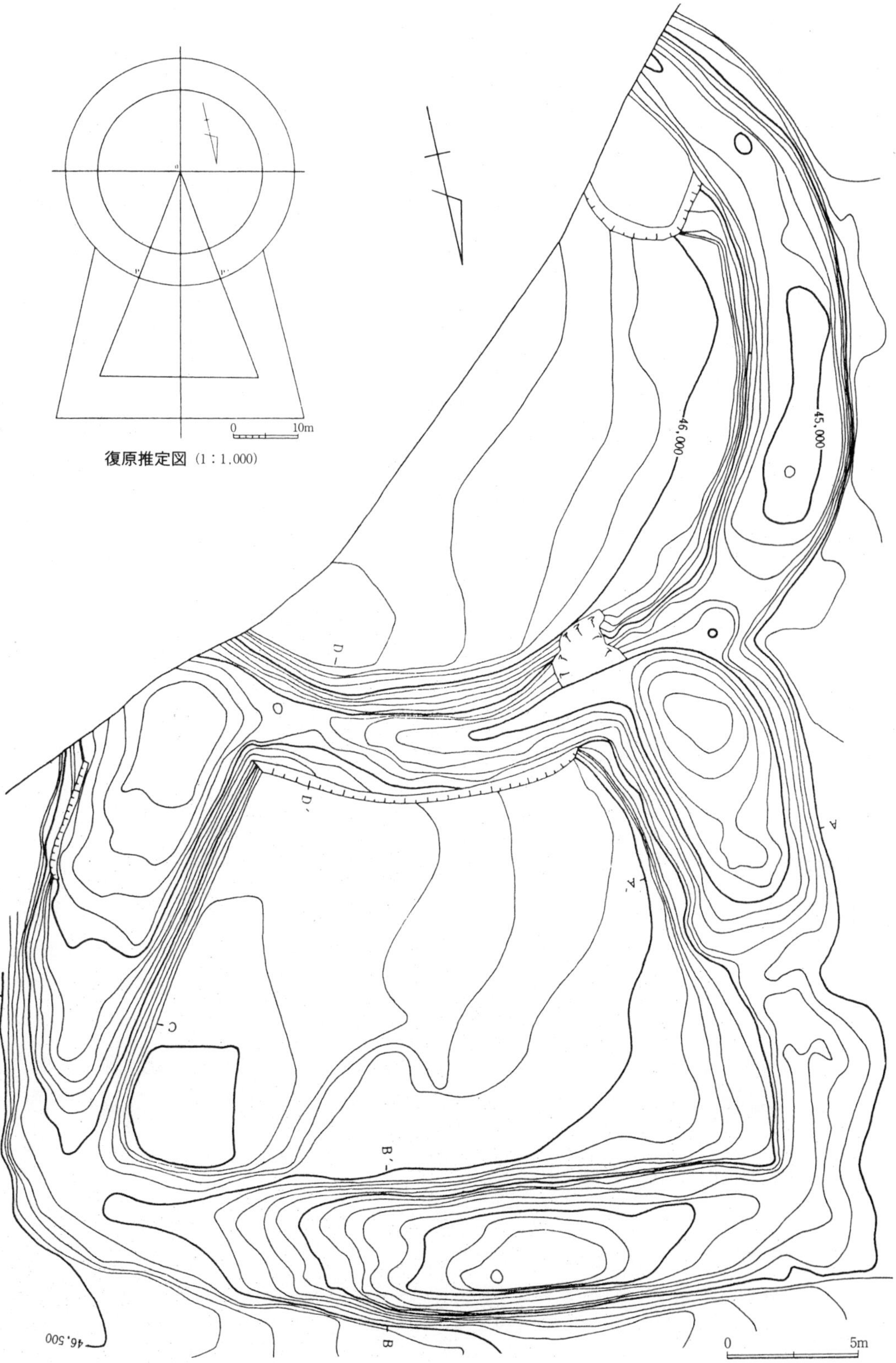

第８図　戸崎１号前方後円墳測量図（S=1/250）

らかにされておらず，戸崎であったとしても，脇原・峯古墳群など，今回取り上げた「戸崎古墳群」の範囲外の出土品を含んでいるとみられ，また石製模造品等の中には集落関係の遺物も混在している可能性がある．あくまでも参考資料として紹介する次第である☆6)．

五鈴鏡（写真①）　面径 5.6 cm・紐径 0.9 cm・縁厚 0.4 cm・各鈴径 1.2～1.3 cm を測る小形の鈴鏡である．文様のある背面は錆化と摩滅によって細部の文様構成のかなり判別しづらくなっているが，紐を囲む内区の文様は獣形の退化したものとみられ，獣毛表現も認められる．獣体は対置する四つの単位からなり，各獣体の中に乳状の突起を取り入れて四乳式の構成をなす．この乳状突起は正円でなくてやや不整な形状を呈しており，内区の外縁部に位置している．外区の文様帯は二重にめぐり，内側の文様は判読できないが，外側には鋸歯文帯がめぐる．鏡縁部はやや斜縁をなしている．樋口隆康分類の獣形鏡系（四乳）五鈴式に該当する鈴鏡である．

大形勾玉（写真②③）　②は長さ 7.8 cm・頭部幅 3.5 cm・尾部幅 2.6 cm・厚さ 1.7 cm・孔径 0.6 cm，③は長さ 8.1 cm・頭部幅 3.2 cm・尾部幅 2.7 cm・厚さ 1.8 cm・孔径 0.5 cm を測る．両者とも色調は黒灰色で，斑点状の黒色部分があり，表面に凹凸がある．ともに明瞭な切削痕・研磨痕は認め難く，剥離面から観察される材質は灰色でセメント状ないし須恵質にみえる．大きさの割に重量が軽い点も石製であることを疑わせ，後世の贋作品の疑いもある．

石製模造品（写真④～⑮）　石製刀子 4・扁平勾玉 2・有孔円板 2・剣形品 5 がある．④の勾玉は長さ 4.54 cm・中央幅 1.81 cm・厚さ 1.0 cm で均整のとれたＣ字形を呈し，細かい整形痕がみられる．刀子は各長さ⑤ 8.6 cm，⑥ 7.1 cm，⑦ 6.8 cm，⑧ 4.8 cm を測る．⑤⑥が切先にふくらみをもつのに対して，⑦は直に切れ，⑧は刃部に抉りを有する．また⑥は刃側に比べ棟側が目立って厚い．色調は⑤緑灰色，⑥暗灰色，⑦黒灰色，⑧明灰色で石質が異なる．有孔円板は⑩径 3.8 cm，⑪は単孔で径 2.0 cm．剣形品は最大の⑪が長さ 5.2 cm，⑭は長さ 1.9 cm の小形品である．

玉類（写真⑯⑰）　⑯には滑石製勾玉 5・碧玉管玉 4・水晶切子玉 6・ガラス丸玉（藍色）2・ガラス小玉（コバルトブルー）4・滑石大形丸玉 1・滑石臼玉 63 があり，滑石勾玉は最大品が長さ 4.2 cm，最小品が長さ 2.8 cm．滑石丸玉は高 1.4 cm・径 1.8 cm，滑石臼玉の最大品は高 1.5 cm・径 1.4 cm，次が高 1.1 cm・径 1.5 cm でほかにも大形の臼玉が目立つ．⑰は小形翡翠勾玉 5 と多数の臼玉である．勾玉は長さ 0.8～1.2 cm で，いずれも両端部が平らな古式の形態である．

金銅製耳環（写真⑱⑲）　⑱は横径 2.8 cm・縦径 2.5 cm で，鍍金の遺存度が良い．⑲は横径 2.8 cm・縦径 2.5 cm で，内側にのみ鍍金が残るが⑱に比べて鈍く銀色に近い色調を示す．

6　馬来田国と戸崎古墳群

戸崎古墳群の元来の古墳総数は優に 100 基を越えていたものとみて間違いないであろう．複数の前方後円墳と大形円墳，さらにそれらを取り巻いて夥しい数の中小の円墳が群集しているところに当古墳群の特徴がある．

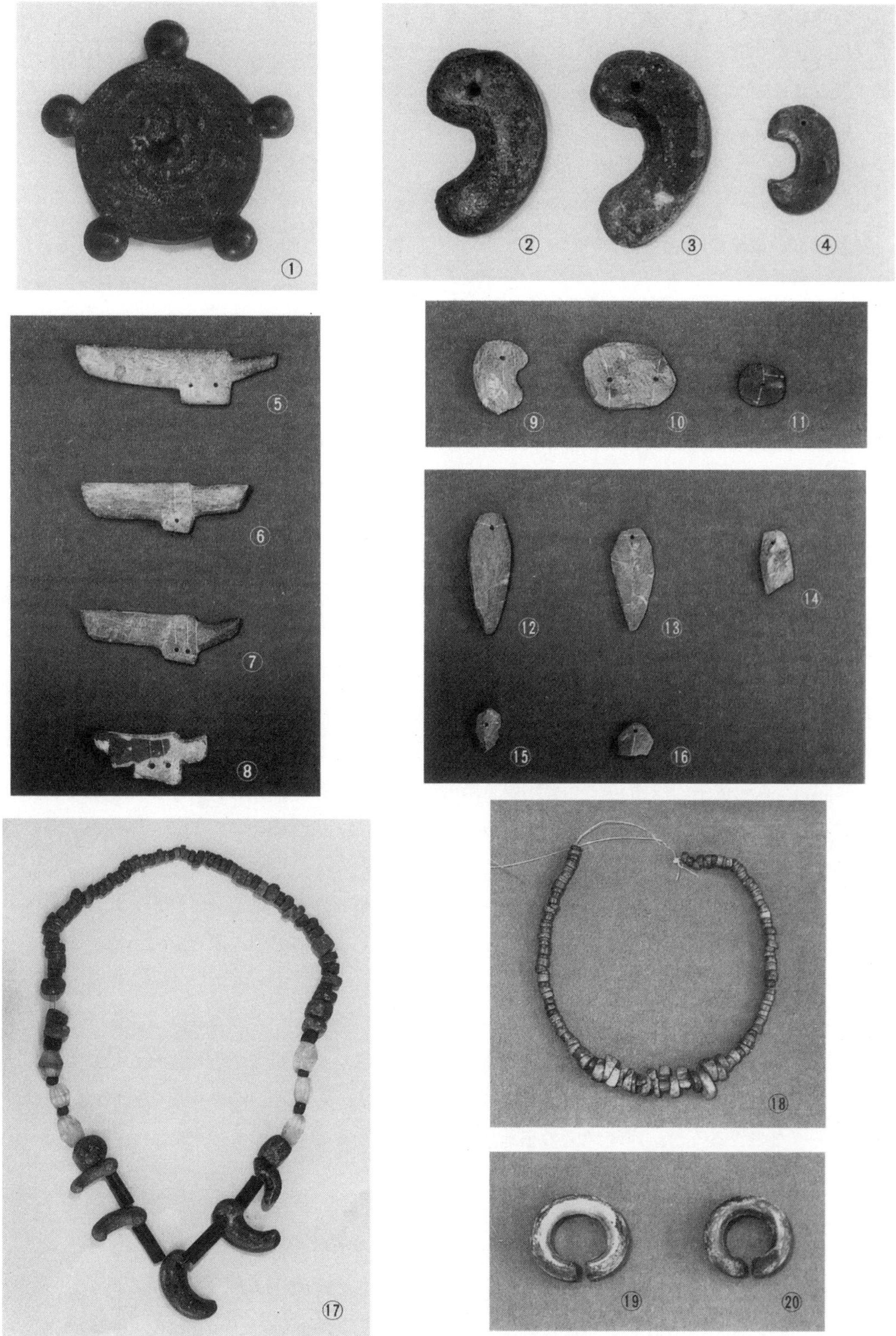

写真3　伝戸崎古墳群出土遺物

前方後円墳の内訳をみると，5号墳（54 m）を最大として7号墳（45 m）・4号墳（44 m）・1号墳（43 m）・6号墳（30 m）・3号墳（約30 m）となっており，規模によって区分するとすれば50 m級1基，40 m級3基，30 m級2基ということになる．これ以外にも消滅した前方後円墳があった可能性は多分にある．

大形の円墳としては，13号墳（40 m）・62号墳（38 m）・56号墳（33 m）が際立った存在となっている．これらの大形円墳は前方後円墳のように近接せず，一定の間隔を保っている．

それ以下の規模の円墳（一部方墳む）は，20～25 m級15基，15 m級25基，10 m級22基，5 m級5基を数え，10 m・15 m級が全体の半数以上，圧倒的多数を占めていることになる．

以上のような群構成から理解される当古墳群の特質について若干の考察を述べていくことにするが，現段階では内容の明らかな古墳がほとんどなく，未知数な部分が多いため，憶測を交えた問題提起に始終するかもしれない．

まず，当古墳群に営まれた複数の前方後円墳の被葬者の性格について考えをめぐらせたい．これらの前方後円墳は，同一系譜の被葬者層によって一代毎に築かれたものであるのか，あるいは並立する複数の系統によって造営されたのかといった問題が挙げられる．仮に後者であった場合，同等の階層の並立と階層差のある並立とが考えられる．先にも述べているように，当古墳群内の前方後円墳の中で，孤立的な立地を示す7号墳に関しては，その墳形から前期ないしは中期に遡り得る可能性を有しているが，ほかの6基については少なくとも後期段階の古墳である公算が強い．そうした場合，墳丘形態などにみられる近似性から推しても，これらの古墳の築造時期は比較的短い期間の中に集約されてくるのではなかろうか．

小櫃川流域を統帥した「馬来田国造」の墓域に比定される下流域河口部の祇園長須賀古墳群においては，6世紀後半の段階に至って，盟主系列の100 m級前方後円墳と中小規模の前方後円墳，さらに横穴式石室を有する円墳群の築造がみられるようになり，これは首長層一族内部におけるピラミッド的な階層構造を反映したものとして理解される[4)]．

戸崎古墳群内の前方後円墳にみられる規模の差を，被葬者の階層差として理解した場合，当古墳群の構成は基本的に下流域の首長系古墳群にみられる階層構造の縮小版としてとらえることができないであろうか．ただし異なる点は，戸崎古墳群の場合，特定の有力豪族のみが占有した墓域とは考えられず，より下部の階層の墳墓も同一墓域内に混在したような在り方を示すことである．それも中流域の一有力豪族としての権限の限界性を反映する要素なのだろうか．

それでは戸崎古墳群の前方後円墳に葬られた被葬者層は，いったいどの程度の領域のうえに立つ長であったのだろうか．戸崎地区の小地域集団内にとどまるものであったのか，あるいは，旧小櫃村と久留里町を包括した程度の，中・上流域の広い範囲を配下においていたのか．

ただ，40 m級の小規模前方後円墳は，戸崎古墳群のみならず中・上流域のほかの古墳群においても拠点的に認められており，その多くが墳形から後期古墳と考えられるものである．このような後期前方後円墳の分立的な在り方をみると，戸崎の前方後円墳の被葬者が仮に他の地区に比べて一定の優位性と影響力をもつ存在であったとしても，その直接の支配領域とした範囲はあくまでも戸崎地区の小集団内にとどまっていた可能性が強い．ただし他の地区の前方後円墳が，多くの場合群中で１基のみの存在であるのに対し，戸崎古墳群では複数の前方後円墳が，ある程度継続的に造営されているという点で，その傑出性を示しているといえよう．

古墳時代後期段階において，小櫃川流域全体に及ぶ統帥権は，基本的に河口沖積地を本拠とする祇園長須賀古墳群の首長層が握っていたはずであり，戸崎地区の族長の優越性は，首長を頂点とする流域内の封建的体制の中で容認された優位性，換言すれば，首長の配下にあって並列的かつ対等な関係にある各地区の小地域集団の長の間での相対的優位性を示すにほかならないと考えるのが妥当であろう．すなわち，大和政権と各地方の首長（国造）間に結ばれた封建的関係が縮小された形で，小櫃川流域内（馬来田国内）の統治機構にも反映されていたとみてよいものと思われる．

では戸崎地区の族長の優位性は，そもそも何に起因するものであったのだろうか．ここで，小櫃川中流域の歴史を古墳時代前期の段階まで戻してみたい．

すでに周知されているように，小櫃川中流域には，前期の築造と目される３基の 100 m 級前方後円墳（箕輪浅間神社古墳・飯籠塚古墳・白山神社古墳）が存在しており，前期段階には，確実に下流域の勢力を凌ぐ首長勢力が存在していたとみられる．これら３基の大形前方後円墳は，それぞれ別々の丘陵に対峙するように占地していることから，出自の違う集団から交代で首長が選ばれたとする見方もできよう．しかしながら，いずれの首長墓からも眼下にし得る区域は同じ小櫃の河岸低地であり，同一系譜上に連なる首長が，各世代ごとに見晴らしの良い丘陵端部を選定して古墳を築造したとみなす方が妥当性が高いように思われる．この前期首長層の支配領域は，その墳丘築造に関わる労力の大きさから判断して，かなり広範囲に及んでいたと考えて良く，少なくとも小櫃川中・上流域全体は包括していたであろうと思われる．

しかし５世紀代に入って，下流の河口沖積地に高柳銚子塚古墳が造営され，「馬来田国」の原形というべき流域全体の統一体が形成されて以降には，この地に 100 m 級の大形古墳が築かれることは絶えてなく，原則的に各丘陵（あるいは河岸段丘）単位で小地域集団を基盤とした古墳群が形成されてゆくにとどまる．

この流域最大古墳の中流域から下流域への移動が，首長権そのものの移行を意味するのか，中流域勢力の海岸部への進出を意味するのかについては議論が分かれるが，中流・下流いずれの勢力が併合を遂げたとしても，それまで流域の中枢的位置を占めていた小櫃地区に，その残影的勢力が残りはしないだろうか．率直にいえば，前期に小櫃の３大首長墓を造営した一族と戸崎古墳群を形成していった一族の間には何らかの系譜的脈絡があったのではないかと想像される．戸崎地区は中流域では最も広い段丘平坦面が形成され，ちょうどこの付近から下流へ向かって沖積地幅が大きく広がっている．前期の段階にも既にこの付近は集落として開けていたようであり，また古墳群中に低墳丘古墳が数多く存在していることも，前期の小規模古墳群が営まれていた可能性を示唆する．その後，この地に形成されてゆく古墳群は，常に生活・生産の場と比較的近しい関係にあったのではないかと推定される．

だとすると，首長の本拠地が下流域へ移動した直後の5世紀段階には，前方後円墳ではないにしても，一定の格付けをもった円墳がこの地に築かれていたとして不自然ではない．戸崎古墳群中にはその候補となるような大形円墳が幾つか存在しており，中期の各段階における中流域最大の古墳がこの地を中心に造営されていった可能性は高い．事実，発掘調査の結果からも中期の住居址が稠密に分布し，畿内産の初期須恵器が多く出土していることも，そのことを暗示してはいないだろうか．

首長墓の規模が最も巨大化した5世紀中葉以降，流域内の各小地域集団の墓制は従来の方墳から円墳へと転換し，首長（前方後円墳）→小地域集団の長（円墳）という図式がしばらく続いたとみられる．5世紀代に小規模な前方後円墳がほとんど確認されないのは，強大化した首長の専制的体制に伴う造墓規制が働いていたためではないかと推測される．このような体制の下にあって，各小地域間の優劣の格差は，円墳の規模という形で示されたと考え得る．

後期に入ると，中期段階の首長専制体制も弱まり，小地域への分権化，それに伴う造墓規制の緩和が図られたと考えられる．そのような情勢の中で，流域の各小地域にそれぞれ小規模前方後円墳の造営が認められるようになる．

ちなみに後期前半の6世紀前半代には，下流域沖積地において，この時期に該当する明確な首長墓（大形前方後円墳）の存在が確認されておらず，畿内政権内部における継体朝の政変とも関連して「馬来田国」の首長もその権威の安定がやや揺らいでいた時期と把握される．この時期の首長墓が何らかの形で継続していたことは否定できないが，少なくともそれは5世紀代以来の政治機構を継承し，それがやや弱体化したスケールのものではなかったかと推測される．しかしながら，6世紀中葉前後を境として，首長集団の構造が新たに組織化され，より強固な統治機構が形成されたものと考えられ，それが大形前方後円墳－中小前方後円墳－円墳という墓制上の階層構造となって現われる．小地域集団における小規模前方後円墳の出現も，このような階層構造の再編に連動して，多くの場合，6世紀後半代にその出現をみたのではないかと考えている．

ただ戸崎古墳群の場合には，前期・中期以来，中・上流域の政治的拠点を担ってきたという伝統的・血統的な優位性があり，他の小地域に先んじて，ある程度継続的な前方後円墳の築造を認められていたとしてもおかしくはない．戸崎古墳群中には墳形の近似した4・5号墳のほかに，主軸を異にする1号墳など，仮に階層的な複数系列を想定するにしても，なお世代が異なるとみられる前方後円墳の存在を想定することができ，単発的にしか前方後円墳が認められない地域との格差をしめしている．ただし，戸崎における前方後円墳の初現が6世紀の前半にまで遡るのか，6世紀後半代の中に収まる継続性であるのかについては，まだ保留事項とせざるを得ない．

一方，単発的な出現とみなし得る前方後円墳としては，小櫃川中・上流域では，久留里に近い岩室古墳群中の前方後円墳，右岸上新田古墳群中の前方後円墳，戸崎脇原古墳群中の前方後円墳，下郡地区の前方後円墳，および先に触れた戸崎野持の前方後円墳などがあり，各小地域（一古墳群）の中での盟主的な位置づけがなされる[5)]．これらは下流域の首長権がきわめて安定した勢力基盤を固め，金鈴塚古墳などを出現させた6世紀後葉～末葉の馬来田国繁栄の最盛期の情勢が小地域勢力にまで波及した証しとしてとらえられなくもない．それに付随して，円墳を前方後円墳に改築する（埋没周溝をもつ前方後円墳の理解）といった現象も一定の意味をもってくるものと思われるが，この点については今の段階ではまだ多くを語らないことにする[6]．

首長層内部における階層構造と統治機構の変化は，小地域集団による古墳造営階層の急増，すなわち群集的古墳群の形成にも連動する[7]．小規模古墳（円墳）の継起的造営という現象そのものはすでに5世紀後半の段階から始まっていたとみられるが，その数量の拡大においては，6世紀中葉前後に再び大きな画期があるものと考えられる．

流域に拠点的に存在する総数50基以上の大規模古墳群を下流からみてゆくと，請西古墳群・椿古墳群・大竹古墳群・真里谷古墳群・戸崎古墳群・寺沢古墳群などが挙げられ，これらの古墳群はいずれも小櫃川の本流沿いの広い平坦面がある丘陵や河岸段丘，ないしは長大な丘陵尾根上に展開している．しかしながら，各古墳群の構成内容をみると，前方後円墳の有無や基数においてそれぞれ差異が認められる[8]．このことは古墳群の数的規模が大きいからといって必ずしもその集団の長が優位な立場にあったとは限らないことを示している．

同時に，大規模古墳群の形成過程を考えた場合，単に面積の広さに応じて古墳の数が多いだけなのか，古墳の基数がその集団の擁する人員的な規模をそのまま示すのか，といった問題もある．この点については，墓域と至近距離にある沖積地（生産基盤である可耕地）の領域が，各小地域集団間にどのように分割されていたかという難しい問題にも関わってくる．そしてこれは丘陵単位にみられる古墳群と地域集団の対応関係という根本的な課題でもある．この点を解明するうえで検討すべき古墳時代後期の居住域の実態は，とくに小櫃川中・上流域の様相については，今なお多くの部分が未解明である．

以上，戸崎古墳群の小櫃川流域（馬来田国）内における位置づけをめぐって，憶測をたくましくしながら，思いつく限りの推論を重ねてきた．

ここで提示した諸々の仮説も，浅い事実認識のもとに創作した一幕の夢物語か砂上の楼閣に過ぎず，いずれの日にか判明するであろう客観的事実の前には，見事に覆され，打ち崩されてしまう事柄が多いかもしれない．また実際の史実は，決して一方向の単純な図式では割り切れない複雑な経過をいろいろと辿ったであろうことが想像される．しかしながら，仮に発掘調査を重ねていったからといって，その歴史的経過を把握するに足る十分な事実が得られるとは限らず，現時点で未知な部分やすでに抹消されている事実を推測によって補いながら，基本的な歴史の流れに対する理解を及ばずながら提示してゆく試みも全く無益なことではあるまい．

7　古墳群保存に向けての提言

最後に戸崎古墳群の今後の成り行きについて若干の提言を残し，本稿の締め括りとしたい．夕暮が迫ると周辺の田畑に霞が立ち，唱歌「おぼろ月夜」の歌詞を彷彿とさせるのどかな田園風景を踏査中よく目にしているが，この地区も農業・林業の後継者減少と宅地開発の進攻により，世代交替に伴って農地や荒地は次第に売却され，住宅等の造成事業がますます活性化してくることが予想される．1992 年度の一連の調査もそのような情勢の中で，諸種の悪条件の下に実施された．財政的・条件的に困難な点は多々あろうが，古墳群の重要性に鑑み，可能な区域から順次，市・県による史跡指定の措置を講じ，保存整備の基盤を固めていく必要がある．

幸いにも，小櫃の 3 大前期古墳は，白山神社・飯籠塚両古墳がすでに県史跡の指定を受け，残る箕輪浅間神社古墳についても県史料財団による墳丘測量が企画されるなど，その重要性が認識されて保存の方向に進みつつある．戸崎古墳群もまたこれらに劣らず馬来田国の歴史を語るうえで見逃すことのできない存在であることはいうまでもなく，前期の 3 古墳と当古墳群を合わせてはじめて，小櫃という一地域に展開した古代史の流れを辿ることができる．今後関係者の努力と地域住民の協力により，出来る限り良好な形で，当古墳群が後世への遺産として残し続けられてゆくことを望みたい．その実現には，長期的計画と早期の着手が必須である☆7)．

『研究紀要Ⅴ』に掲載した「小櫃の一首長墓をめぐる考察」では，「かつて小櫃の 3 大古墳を築いた首長層の末裔が独自の小地域圏を形成していたことも想像される．」として稿を結んだ．本稿はその結文を受けて，小櫃地域の後期古墳の様相に焦点を当て，取り組んだものである．戸崎古墳群の踏査はすでに十数度にも及んでいる．雨の中や夕闇の中の踏査もあった．一地域の分布調査を完成させてゆくことが決して安易にできる作業でないことを今さらながらに痛感する．この間，私と共に薮の中のオリエンテーリングに何回となく付き合って頂いた矢野淳一・松本勝の両氏に感謝の意を表したい．

註・参考文献

1)　雑報 1910「上総君津郡に於ける古墳調査」『東京人類学会雑誌』第 287 号

「昨年 12 月坪井教授には，柴田君と共に，古墳調査の為め，上総君津郡地方に出張せられ，同郡小櫃村に於て十個の古墳を調査せられたるが，近頃亦同郡飯野村に於て開墾中石槨らしきものに掘り当りたりとの報に接せしかば，柴田君には直ちに同地に赴き，之を取調べられたる所，正しく古墳なりし由にて，同君には尚近郷大堀村の弥生式土器を出す遺跡をも調査の上帰京せられたりと云う．」

＊続いて行なわれた飯野村の石槨調査とは九条塚古墳を指す．

2)　現在上総博物館の所収となっており，最近 1992 年 4 月の特別展「古墳時代の造形」にも出展された．椙山林継氏らによれば鞍金具の可能性が高いとされる．出土場所については，戸崎地区の古墳からではなく，木更津の松面古墳（元新地古墳）であるという説もある．

3)　調査担当者・平野雅之氏のご教示による．

4)　現在木更津市街地と重なる祇園長須賀古墳群においては，墳丘が原形をとどめる古墳がほとんどなく，周溝確認等の追跡調査が実施された例も皆無であるため，その詳細な実態究明は難しい状況である．しかしながら地籍図等によって復元し得る各古墳の墳丘形態やこれまでに知られている副葬品内容，および隣接圏である小糸川流域の内裏塚古墳群との比較により，後期におけるこのような首長墓域内部の階層構造が看取される．

具体的には，近100m規模の盟主級前方後円墳として稲荷森古墳，金鈴塚古墳，中小規模の前方後円墳（ないしは帆立貝式古墳）として鶴巻塚古墳・酒盛塚古墳・丸山古墳，円墳として松面古墳☆1)・塚の越古墳・小の塚古墳・山川古墳などを挙げることができる．現在知られている限りにおいては前方後円墳の基数・規模とも内裏塚古墳群のそれに及ばないが，木更津地域の開発が近世から進んでいたことを考えると，盟主級大型古墳といえども古く削平されたものがあった可能性は大きい．ちなみに稲荷森古墳については，航空写真より復元される墳丘・周溝の平面形態（前方部が開かない）から6世紀中葉ないし前葉まで遡る可能性を有している．

5)　岩室古墳群中の5号墳などは，戸崎4・5号墳に近似した括れ部の細い形態を示し，築造時期の近接性が窺われる（小沢洋 1991「小櫃川中流域の古墳を歩く（1）久留里地区の古墳」『宇麻具多』第4号）．同様の形態的特徴を示す前方後円墳はほかにもある．このような後期小規模前方後円墳にみられる地域的な築造企画の近似性についても，今後十分な比較検討を行なってゆく必要がある．

6)　埋没周溝と墳形変更の意義については，至って不十分ながら，論及したことがある．
　小沢洋 1992「埋没周溝の存在意義について」『木更津市文化財調査集報Ⅰ—塚原7号墳・太田山古墳の調査—』木更津市教育委員会

7)　ここではあえて群集墳とはよばない．群集墳という用語には学史的経緯上，斉一的かつ短期間多造的意味合いが強く感じられるからである．実際に大規模古墳群の内容をみると，後期の一定期間に造られた古墳の割合が多いことは確かであるが，前期の小規模古墳もかなりの割合で含まれ，また中期・終末期など各時期の古墳が認められる．一つの古墳群の中にはそれらすべての要素が包含されており，基数が多いことをもって即，短期間多造と直結することはできないからである．また基数の少ない古墳群においても，前期～後期の各時期にわたる古墳を含んでいる場合が多い．

8)　首長墓域の祇園長須賀古墳群に最も近い下流域の請西古墳群では，従来前方後円墳はごく少数が知られているのみであったが，近年の調査で複数の前方後円墳を隣接して営んでいた状況が明らかになっており，かつての認識が一新された．当古墳群もまた，小規模前方後円墳を一定期間継続的に造営した族長層を戴く地域集団の墓域としてとらえられよう．
　その他の地区では未だ前方後円墳の実態が判明していない古墳群が多く，とくにやや卓越した70m級前方後円墳がみられる真里谷地区の小地域勢力の動向が主要な未確認事項として残されている☆8)．

関連参考文献

能城秀喜 1991「戸崎城山遺跡」『君津市内遺跡発掘調査報告書』君津市教育委員会
平野雅之 1984『戸崎城山遺跡発掘調査報告書』君津郡市文化財センター
平野雅之・小石　誠 1984「君津市戸崎城山遺跡出土の遺物について」『研究紀要Ⅱ』君津郡市文化財センター

第６章　小櫃・小糸・湊川水系圏の横穴式石室

はじめに

東京湾東岸，上総の南西部に位置する旧君津郡地域（袖ケ浦・木更津・君津・富津の４市域）は房総の中でも横穴式石室が独自の展開を示した地域として特筆される．

内房沿線の中でも，長浦から浜金谷に至る海岸線は変化に富み，長浦から木更津を経て富津岬までの遠浅な砂浜の海岸，富津岬から上総湊までの砂浜と岩礁の交互する海岸，上総湊から浜金谷までの岩礁を主とする海岸に大別される．この間に小櫃川・小糸川・湊川の三つの主河川が流出しており，さらにこれらの主河川に挟まれて，久保田川・蔵波川・矢那川・烏田川・畑沢川・岩瀬川・小久保川・八染川・白狐川・金谷川などの中小河川が存在している．

このうち小櫃川・小糸川の河口付近の低地には，それぞれ中期・後期の大形古墳の群在が認められ，当地域の中核をなす二つの大きな政治勢力が形成されていたとみられる．一方，流域面積がこれに次ぐ湊川流域の低地でも近年の調査で後期前方後円墳や終末期方墳の存在が明らかとなり，少なくとも後期～終末期段階には一定の独立性を保つ政治圏が形成されていたと考えられる[1)]．

当地域の横穴式石室については，房総の横穴式石室研究の先駆者ともいえる中村恵次氏をはじめ，各氏の論考（中村 1974a・1974b，原田 1974，杉山 1986，椙山 1986・1991・1993，小高 1991・1993）で取り上げられており，筆者も雑駁ながらその様相についてまとめたことがある（小沢 1989・1992b）．また，当地域では近年いくつかの横穴式石室墳の調査例が追加され，かつての理解を見直すべき点もある．

本稿では，現在知られる当地域の横穴式石室墳を集成するとともに，石室形態と構造の問題，使用石材の問題，石棺や横穴墓との関連の問題などを取り上げながら，当地域における横穴式石室墳造営者層の特質について考えてみたいと思う．

なお本稿の中では小櫃川本流を中心に久保田川・蔵波川・矢那川・烏田川の諸流域を包括して「小櫃川水系圏」，小糸川本流を中心に畑沢川・岩瀬川・小久保川・八染川の諸流域を合わせて「小糸川水系圏」，湊川および白狐川・金谷川の流域を合わせて「湊川水系圏」と仮称する．

1　横穴式石室墳の分布とその特質

現在，当地域全体で横穴式石室の存在が確認される古墳は総数 47 例を数え，現市域別の内訳は袖ケ浦市３例・木更津市 11 例・君津市２例・富津市 31 例となっている（石室一覧表参照）．

水系圏別にみた分布数と，さらに細かな水系・立地ごとの分布は下記の通りである．

小櫃川水系圏　14例　（小櫃川北岸台地3・小櫃川河口低地6・矢那川南岸丘陵5）

小糸川水系圏　30例　（小糸川北岸丘陵5・小糸川河口低地26・岩瀬川流域低地1・小久保川流域低地1）

湊川水系圏　3例　（湊川流域低地2・白狐川流域低地1）

以上のように，現状の分布は小糸川河口低地の内裏塚古墳群[2)]に半数以上の事例が集中しており，これに次いで多いのが小櫃川河口低地の祇園長須賀古墳群の範囲で，確認事例は6基にとどまるが，市街化に伴って古く消滅した古墳の中にも相当数の横穴式石室墳が含まれていたと推測される．このような分布から読み取れる傾向は，横穴式石室墳が内裏塚古墳群・祇園長須賀古墳群といった首長系の古墳群に集中する点であり，湊川水系圏を含めてその分布が低地に偏っている．ちなみに低地に存在する古墳と台地・丘陵上に存在する横穴式石室墳の数を比較すると，前者が37基，後者が10基となる．

一方，墳形別にみた内訳は，前方後円墳11基，円墳24基，方墳12基（それぞれ不確実なものを含む）であり，方墳のほとんどは終末期段階（7世紀前葉以降）の切石積横穴式石室となっている．

次に使用石材からみた場合には，下記のように分類することができる（以下，本文中では古墳名は原則として名称のみを記載し，○○古墳といった表記は省略する）．

①自然石積石室（a発掘調査によって明らかなもの　b未発掘ないしは古い時期の調査，部分調査のみで詳細不明だが，露出石材や発掘記録から自然石積石室と判定し得るもの）

a　10例（妃塚[3)]・三条塚・西原・蕨塚・丸塚・新割・古山・西谷・下谷・上北原）

b　15例（瑠璃光塚・権現塚・九条塚・稲荷山・姫塚・白姫塚・白姫塚南方・内裏塚南方・笹塚1号・西谷2号・琴塚・打越・絹稲荷塚・若宮八幡・松原）

②自然石・切石併用石室（自然石を主体としながら一部に切石の使用が認められるもの）

3例（俵ケ谷6号・向原[4)]・八丁塚）

③加工自然石使用石室（自然石を整形して壁面の構築材としているもの，天井石には自然石併用）

2例（金鈴塚・丸山）

④切石積石室（凝灰質砂岩切石使用石室．aは確実なもの　bは露出・残存石材等からの判定による）

a　8例（雷塚2号・山伏作5号・大山台36号・関田塚2号・割見塚・野々間・亀塚・森山塚）

b　4例（鼻欠1号・墓山1号・稲荷口・内裏塚北方）

上記分類のように①の自然石積石室が合計25例を数え，当地域の横穴式石室墳の半数以上を占める．その分布は現状では矢那川以南に偏り，確認調査で方墳との見方が示されている打越を除けば，いずれも前方後円墳か円墳の内部施設として検出されている．また切石積石室の中でも前庭部の石積みにのみ自然石の使用が認められる古墳として割見塚と亀塚がある．上記の①～④を，主体となる石材によって分ければ，①～③を自然石積系，④を切石積系とすることができ，前者が30例，後者が12例となる．

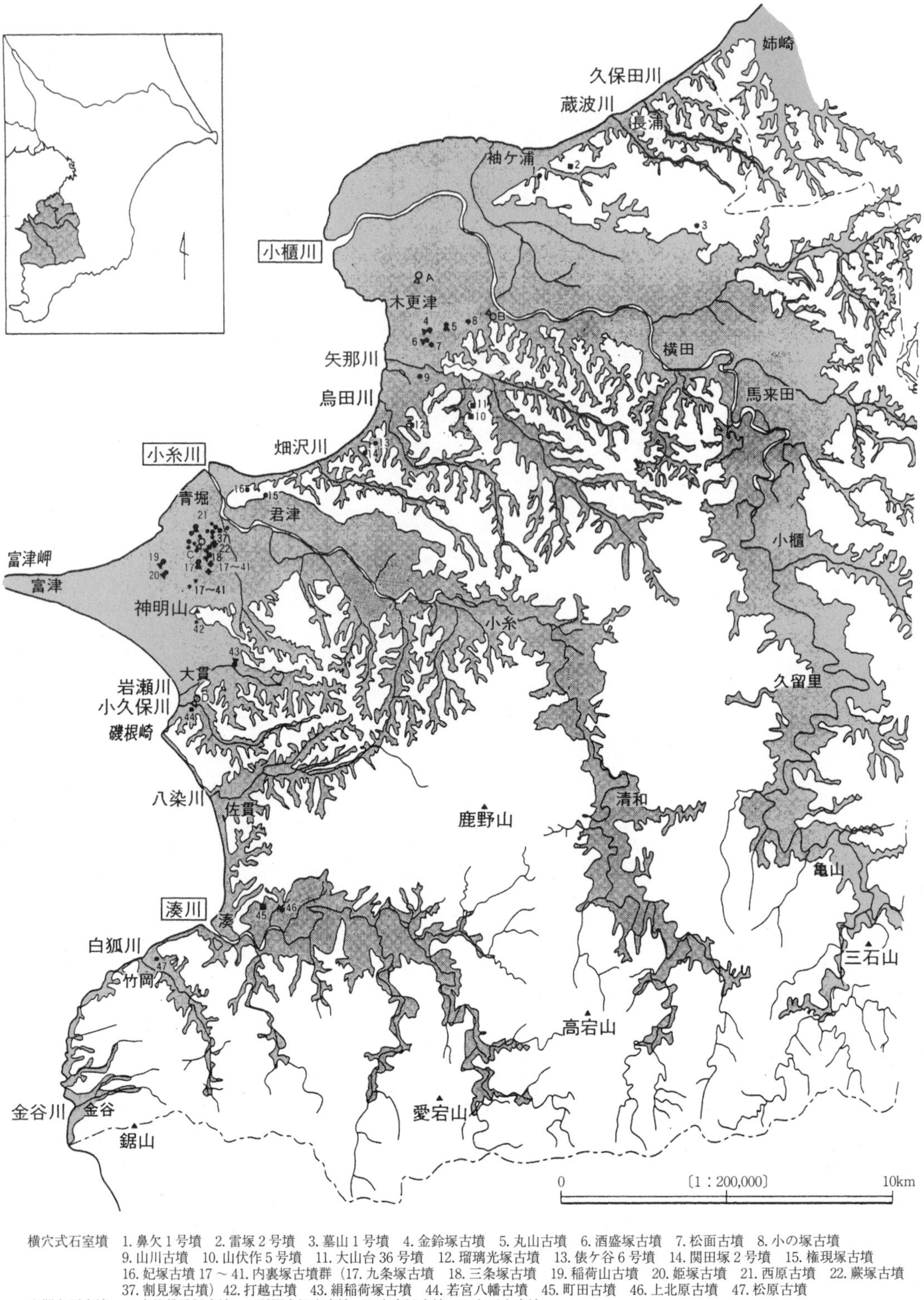

横穴式石室墳　1. 鼻欠1号墳　2. 雷塚2号墳　3. 墓山1号墳　4. 金鈴塚古墳　5. 丸山古墳　6. 酒盛塚古墳　7. 松面古墳　8. 小の塚古墳
9. 山川古墳　10. 山伏作5号墳　11. 大山台36号墳　12. 瑠璃光塚古墳　13. 俵ケ谷6号墳　14. 関田塚2号墳　15. 権現塚古墳
16. 妃塚古墳 17～41. 内裏塚古墳群（17. 九条塚古墳　18. 三条塚古墳　19. 稲荷山古墳　20. 姫塚古墳　21. 西原古墳　22. 蕨塚古墳
37. 割見塚古墳）42. 打越古墳　43. 絹稲荷塚古墳　44. 若宮八幡古墳　45. 町田古墳　46. 上北原古墳　47. 松原古墳
中期主要古墳　A. 高柳銚子塚古墳　B 祇園大塚山古墳　C 内裏塚古墳　D 弁天山古墳

第1図　小櫃・小糸・湊川水系圏の横穴式石室墳分布図

第1表　小櫃・小糸・湊川水系圏横穴式石室墳一覧表

1996.2.15

古墳名	所在地	墳形規模	平面形	側壁石積み	天井石	床面	開口側	全長	玄室長×幅	羨道長×幅	石室高	文献
鼻欠1号	袖ケ浦市神納	●？ 10	不明	切石積？	不明	不明	東	不明	不明	不明	不明	48
雷塚2号	袖ケ浦市神納	■ 12	無袖？	切組積	切石	地床	南南西	6.7	5.8×1.1	0.9×0.9	1.3＜	46
墓山1号	袖ケ浦市大曽根	●？ 20	不明	切石積	切石	不明	東？	不明	不明	不明	不明	2
金鈴塚	木更津市長須賀	☗ 95	無袖	加工自然石	自然石	粘土板敷	南	10.3	9.8＜×2.2	—	2	33
丸山	木更津市長須賀	☗ 65	無袖？	加工自然石	自然石	小石敷？	南東	約11	11×2.7	—	不明	37・40
酒盛塚	木更津市朝日	☗？ ？	不明	不明	不明	不明	不明	不明	不明	不明	不明	50
松面	木更津市朝日	●？ 約10	不明	切石積？	自然石	切石敷？	南東	不明	不明	不明	不明	4・17・31
小の塚	木更津市永井作	●？ ？	不明	自然石積？	自然石？	不明	不明	不明	不明	不明	不明	31
山川	木更津市文京	●？ ？	不明	自然石積？	自然石？	不明	不明	不明	不明	不明	不明	30・31
山伏作5号	木更津市請西	■ 14	無袖	切石積	切石	地床	南	6.7	5.45×1.15	—	1.3	26
大山台36号	木更津市請西	■ 10	無袖	切石積	切石	地床	南	5.6	5.6×1.72	—		42
瑠璃光塚	木更津市桜井	● ？	無袖	自然石積	自然石	小石敷	不明	5.5	5.5×1.5	—	不明	6
俵ケ谷6号	木更津市大久保	● 10	両袖	自然石積 羨道切石積	自然石	切石＋礫敷 前室地床	南東	3.52	1.98×1.23 1.00×1.11	0.46×0.88	後0.95 前1.1	15
関田塚2号	木更津市小浜	■ 12	無袖	切石積	切石	切石切組	南	5	4.1×1.0	—	1.17	11
権現塚	君津市坂田	● ？	T字	自然石積	自然石	小石敷	南	約9	約3×約1	約8×約1	1.5	5
妃塚	君津市大和田	● 15	左L字	自然石積	自然石	小石＋貝殻	東	9.6	2.5×1.0	8.6×1.2	1.3	18・36・49
九条塚	富津市下飯野	☗ 103	無袖？	自然石積	自然石	小石敷	東	9.45	9.45×1.95	—	不明	13・28・50
三条塚	富津市下飯野	☗ 122	無袖？	自然石積	自然石	小石敷？	南東	8.5＜	8.5＜×1.5＜	—	1.9＜	12
稲荷山	富津市青木	☗ 105	不明	自然石積	自然石	小石敷？	南東	推13	不明	—	約2	16
姫塚	富津市青木	☗ 約70	片袖	自然石積	自然石	小石敷？	東南東	4.5	×幅2	不明	1m弱	28・36
西原	富津市大堀	☗ 63	無袖	自然石積	自然石	小石敷	東南東	12.5	10.5×1.8	—	約1.5	14・25・39
蕨塚	富津市二間塚	☗ 48	右片袖	自然石積	自然石	貝殻敷	南東	11.5	7.5×1.7	4.0×1.2	1.1＜	8・35
白姫塚	富津市下飯野	● 26	不明	自然石積	自然石	不明	南東？	不明	不明	不明	不明	24・28・36
白姫塚南方	富津市下飯野	● 22	不明	自然石積	自然石	不明	東南東	不明	不明	不明	不明	20
丸塚	富津市大堀	● 30	無袖	自然石積	自然石	小石敷	南	11	11.0×1.6	—	1.8	1・44
内裏塚北方	富津市二間塚	？ ？	不明	切石積	不明	不明	不明	不明	不明	不明	不明	7・24
内裏塚南方	富津市二間塚	●？ ？	不明	自然石積？	不明	不明	不明	不明	不明	不明	不明	8
向原	富津市二間塚	● 24	右L字	自然石積	自然石	切石・貝殻	南東	7.1＜	約2×0.7	7.1＜×		22・32
新割	富津市二間塚	☗ 39	無袖	自然石積	自然石	小石敷	南東	12.5	12.5×1.8	—	1.6	28
古山	富津市二間塚	● 29	無袖	自然石積	自然石	小石敷	南南東	12.7	12.0×1.5	—	不明	28・44
笹塚1号	富津市二間塚	● 21	不明	自然石積	自然石	不明	不明	不明	不明	不明	不明	16
西谷	富津市二間塚	● 29	無袖	自然石積	自然石	後室平石敷	南東	7.3	2.0×1.38	5.3×1.1	1.34	38
西谷2号	富津市二間塚	● 22	不明	自然石積	自然石	不明	不明	不明	不明	不明	不明	8
八丁塚	富津市二間塚	● 24	両袖	自然石積	自然石？	切石・円礫	南東	10.2	8.4×1.7	1.6×1.4	1.5＜	43
下谷	富津市下飯野	● 20	左L字	自然石積	自然石	小石敷	南東	不明	2.8×1.0	3.8＜×0.8	0.7＜	45
琴塚	富津市下飯野	●？ ？	不明	自然石積	自然石	不明	不明	不明	不明	不明	不明	44
打越	富津市下飯野	■？ 17	不明	自然石積	自然石？	地床？	不明	不明	不明	不明	不明	23
割見塚	富津市二間塚	■ 40	複室	切石立石	切石？	切石切組	南東	11.7	1.60×0.94 2.39×2.13 2.23×2.15	3.02×1.35	奥約1 後1.1＜ 前1.1＜	8・34・36
野々間	富津市上飯野	■ 20	片袖	切石立石？	切石？	切石切組	南東	約8	約5×1.3	約3×？	1.1	3・21
亀塚	富津市上飯野	■ 37	両袖？	切石立石	切石？	切石切組	南東	8.1	2.4×1.94	5.7×？	不明	16
森山塚	富津市下飯野	■ 27	両袖	切石立石	切石？	切石切組	南東	6.9＜	2.4×1.75	4.3＜×1.1	1.8	29
稲荷口	富津市下飯野	■ 21	不明	切石立石？	不明	不明	南東	不明	不明	不明	不明	16
絹稲荷塚	富津市絹	☗？ 推40	不明	自然石積	自然石	不明	不明	不明	不明	不明	不明	10・47
若宮八幡	富津市小久保	●？ 20	不明	自然石積	自然石	不明	不明	不明	不明	不明	不明	10・47
町田	富津市岩坂	■ 29	不明	自然石積？	自然石	不明	不明	不明	不明	不明	不明	19
上北原	富津市更和	☗ 46	右L字	自然石積	自然石	小石敷	南東	7.7＜	2.4×1.1	6.6＜×1.1	0.8＜	47
松原	富津市竹岡	●？ 15	不明	自然石積	自然石	不明	不明	不明	不明	不明	不明	10・47

＊無袖式石室で石室内が区分されているものについては、便宜的に後側の空間を玄室、前側の空間を羨道として計測値を表示しているものがある。

なお上記の分類から漏れている小の塚・酒盛塚・松面・町田の各古墳は現状では判断材料が乏しく，①～④のいずれに該当するか決め難いものである．このうち小の塚については自然石主体の可能性が強いが①・③の別が不明確，松面は天井に自然石，側壁には大形の石が使われていたといわれ，町田は終末期方墳でありながら表面観察で自然石の存在が認められている．酒盛塚については一切不明である．

ちなみに現状における横穴式石室墳の分布はいずれも海岸側の地域においてのみ確認されている状況であるが，内陸部においても横穴式石室を内蔵する可能性の高い古墳がいくつか知見にのぼる．それは小櫃川中流域で「石槨」の存在が記録される下郡石神古墳（石神山陵古墳）や戸崎塚の腰古墳（谷中 1927）であり，また戸崎 12 号墳のようにボーリング探査によって石室を有する可能性の高いと判定されるものがある（小沢 1993a）．従って今後の発掘調査により内陸部の地域（とくに小櫃川中流域の河岸段丘）においても横穴式石室墳の存在が確認される可能性は濃厚であるといえる．

2　横穴式石室の初現

房総は東国の中でも横穴式石室の採用が遅れた地域として理解され，明確に 6 世紀前半まで遡る事例はこれまでのところ知られていない．下総では市川市法皇塚・小見川町城山 1 号が石室構造から初期の段階に位置づけられるが，副葬品から推定される築造年代は 6 世紀第Ⅲ四半期の範囲とみられる[5]．上総では九条塚が，墳丘形態や副葬品内容から盟主級前方後円墳としては最古段階（6 世紀中葉・第Ⅲ四半期前半）の横穴式石室墳と目される（小沢 1991）が，その石室構造については不明な点が多い．

九条塚の石室は，『君津郡郡誌』の記載（谷中 1927）によれば全長約 23 尺（約 7 m）とされ，竪穴系の石室と理解されたこともあるが（甘粕 1963，滝口ほか 1967），柴田常恵野帳によれば 31 尺 5 寸（9.45 m）とされ（相山 1982），主軸が墳丘に直交すると記録される点からも横穴式石室であったと判定される．現在墳丘の表面で確認できる石材の形状（写真④）や配置状況からも後円部東側に開口する石室の存在が想定される．では九条塚が自然石積石室の初現かといえば，その石積み技法の原形は，すでに 5 世紀代の前方後円墳である内裏塚・弁天山の竪穴系の石室にも認めることができる．

このうち後円部上に露出している弁天山の石室構造をみると，全長 4.9 m・幅 0.96 m・高さ 0.75 m の規模で，壁面は自然石小口積手法で上部に持ち送りながら積み上げ，壁の背後を小形の自然石によって断面台形状に控え積みしている（写真②）．床面には円礫が敷かれる．天井石は 3 石存在し，中央と南の 2 石は整美に加工された石材[6]（中央の石材は縄掛突起付き），北の 1 石は海岸採取の自然石が使用されている（写真①）．石室構造の中で，壁面の構築手法や床面の円礫敷き，北側天井石の形状等は，九条塚以降の内裏塚古墳群内の横穴式石室にも普遍的にみられる要素となっている．

一方，内裏塚の石室については，報文（柴田1906）及び『君津郡町村誌　飯野村下巻』の記載（杉山1975参照）によれば，墳丘主軸と同じ向きの石室2基が3m間隔で並び，東の甲石室は全長5.75m・北幅0.76m・南幅0.88m・高さ0.76m，西側の乙石室は全長7.58m・中央幅1.0m・高さ1.18mを測る．両石室の底面はほぼ同一平面上にあり，石室構造は「二者共に一様にして，羨道の設けなく，砂岩質の割石を以て組立て，蓋には同質の大なるものを横に渡し，底部には数寸の砂ありて，拳大の円石を二重または三重に敷けるを見る」（柴田報文）と記されることから，乙石室がやや長い点を別にすれば，石室幅や高さ，壁面の石積み手法，床面の円礫敷きなど弁天山の石室と基本的に近似した構造と思われ，墳丘上に散在する石材，大正4年建立の石碑の台座に使用されている石材（写真③）からも，杉山晋作氏の指摘（杉山1975）のように後の横穴式石室の構築技法に通じる構造であったことが理解される．

このように，九条塚を始めとする自然石積横穴式石室の構築手法は内裏塚・弁天山の石室に強い脈略を求めることができ，竪穴系の石室から横穴式石室への飛躍は，墳丘主軸平行から直交へ，長さや高さの拡大といった，基本構造の変化においてのみとらえることができる．しかしながら内裏塚・弁天山の両古墳と九条塚との年代的隔りは大きく，6世紀前半には大形古墳そのものの存在が確認できないため，当地域では6世紀中葉から横穴式石室が採用されるという位置づけ方は必ずしも適正ではなく，6世紀中葉に横穴式石室を伴う新たな首長墓の造営が開始されるというとらえ方が妥当かと思われる．

一方，木更津地域（小櫃川水系圏）における横穴式石室出現の経過は，6世紀前半～中葉の首長墓が未確認なことにより判然としない．5世紀代の首長墓の埋葬施設をみると，高柳銚子塚が凝灰質砂岩を加工した組合式石棺底石の存在から長持形石棺と推定され（椙山1979），祇園大塚山も詳細不明ながら「石棺」と記録されているほか，6世紀後半の鶴巻塚も「石造六尺角」（約1.8m）の石棺であったとみられることから，この地域の首長墓は富津地域とは違って石棺を埋葬施設とする伝統も看取される．墳丘形態などから，金鈴塚に先行する盟主墳と考えられる稲荷森（墳丘長約80m）は金銅製刀装具類・甲冑・銀環・金銅環・蜻蛉玉等の出土記録があるが（小沢1993a），埋葬施設に関しては不明であり，現段階では金鈴塚以前に遡る首長級古墳の横穴式石室の実態を知ることはできない．

3　小糸川・湊川水系圏の自然石積系石室

小糸川・湊川水系圏では6世紀後半～7世紀初頭の時期に，海岸で採取される凝灰質砂岩の自然石を主材とした横穴式石室が数多く造営されている．この地域の自然石積系石室は資料数も多いため，平面形態・高さ・構築位置・空間区分・埋葬人骨・使用石材など各要素別に検討してみたい．

(1) 平面形態

平面形態のうえでは，無袖形・片袖形・両袖形・L字形・T字形の各形態のものがみられる．

無袖形として確実なものには西原・新割・古山・丸塚・西谷の各古墳があり，先述した九条塚も記録から無袖形とみられる．また三条塚の石室も部分調査の結果から無袖形の可能性が強く，無袖形が自然石積系石室の基本形態であったといってもよい．この形態には石室長の長いものが多く，古山12.7m・西原12.5m・新割12.5m・丸塚11.0mとなっている．以上の4基は石室構造の共通性が強く，奥壁側が若干幅広くなる以外は石室幅にあまり変化がないこと，床面全体に小石を敷き詰める点も同様である．また九条塚は柴田常恵野帳によれば全長9.45mで上記の長大な一群に近い規模となるが，『君津郡郡誌』の記載通り約7mであったとすれば，むしろ内裏塚の竪穴系石室に近い規模となる．一方無袖形の中でも西谷の石室は全長が比較的短くて前後の幅員差が大きく，仕切石による空間区分がみられるなど他とは異なった形状を示している．無袖形石室をもつ古墳のうち，九条塚・三条塚・西原は前方後円墳，新割・古山・丸塚は30～35m規模の大形円墳であり，石室規模からみても上位クラスの古墳に多く採用されている形態といってよいだろう．

片袖形としては蕨塚と姫塚の石室が知られ，ともに前方後円墳に採用された石室形態となっている．蕨塚の石室長は11.5mで上記の無袖形4基の規模に匹敵する．姫塚の石室長は4.5mと記録されるが，墳丘推定範囲との位置関係などからみて，おそらくこの数値は発掘時点での残存長と思われ，石室幅が約2mであったとされる点からみても，本来は10m以上の狭長な石室であった可能性が高い．

両袖形としては八丁塚の石室が知られる．その石室形態は入口寄りの両側に側壁材の突出・仕切石があって短い羨道部と区分できるため両袖形に含められるが，玄室部が圧倒的に長い点は無袖形に近い．石室長は10.2mで長大な部類に入るが，墳丘規模は径24mで，内裏塚古墳群中では比較的小形の円墳である．奥壁寄りの床面に切石が敷設される点などに後出的な要素が看取される．

L字形は近年の調査によって類例が増加し，妃塚・向原・下谷・上北原の4例が知られる．このうち向原・上北原が正L字形，妃塚・下谷が逆L字形である．下谷と上北原は石室全体が残存していなかったが，妃塚は長辺長9.6m，向原は長辺残存長7.1mと記録され，短辺を含めた壁面の総延長は無袖形石室に匹敵するような長さであったことになる．ただし石室幅はいずれも1m前後で，無袖形のものより概して狭くなっているという特徴を指摘することができる．L字形石室をもつ諸古墳のうち，上北原は湊川流域の前方後円墳，他は15～24mの円墳であり，上北原も後円部径は24mである．この形態の石室も向原の石室奥部に切石の敷設がみられるなど，後出的様相が窺われる．

T字形として権現塚があるが，古い時期の調査であるため実測図が残されていない．縦軸長約9m・横軸長約3m・幅約1mと記録され，やはり壁面総延長では無袖形に匹敵する規模といえる．権現塚は妃塚と同じく小糸川北岸丘陵上に所在した円墳であるが，墳丘規模は明らかでない．

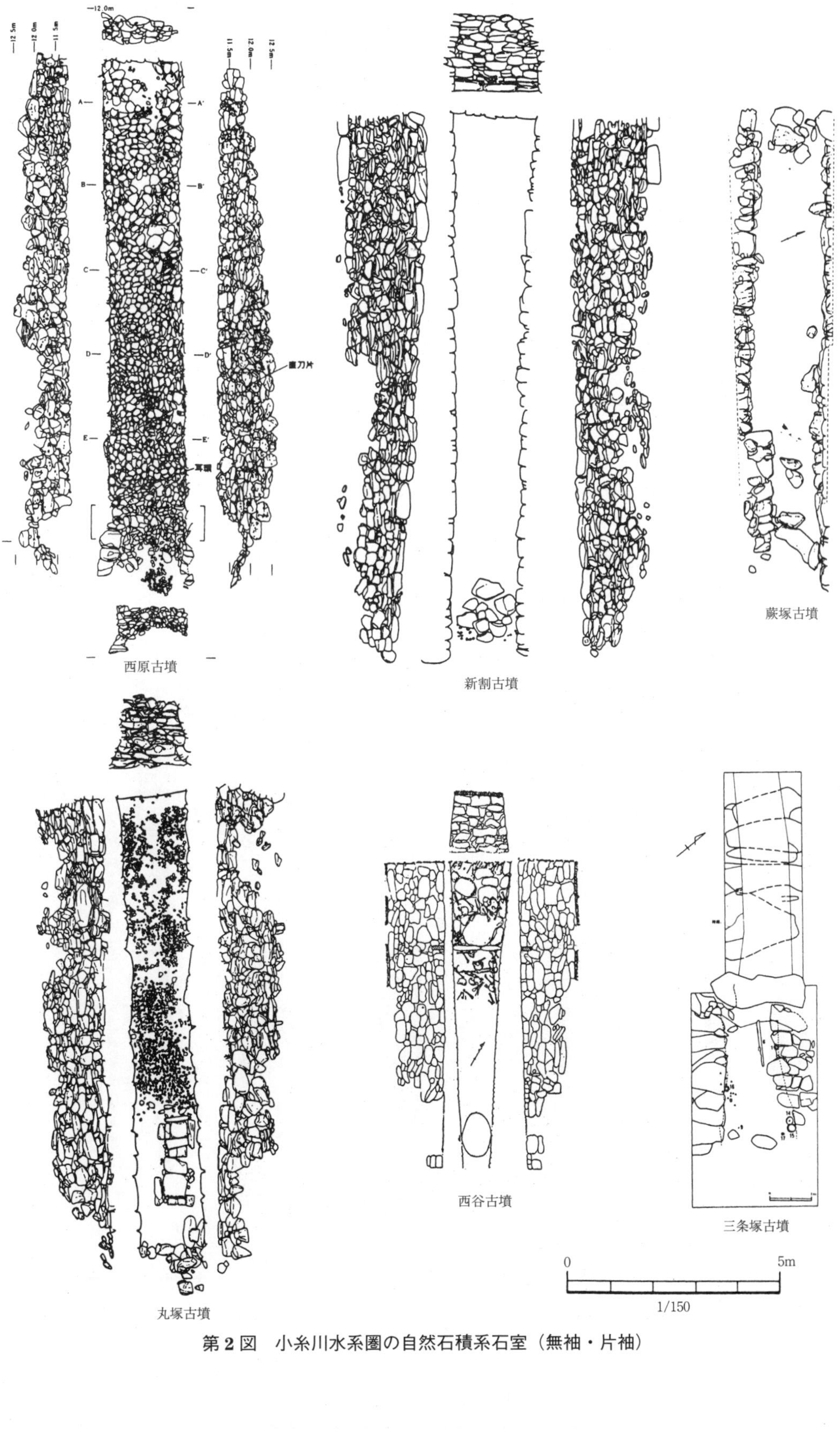

第２図　小糸川水系圏の自然石積系石室（無袖・片袖）

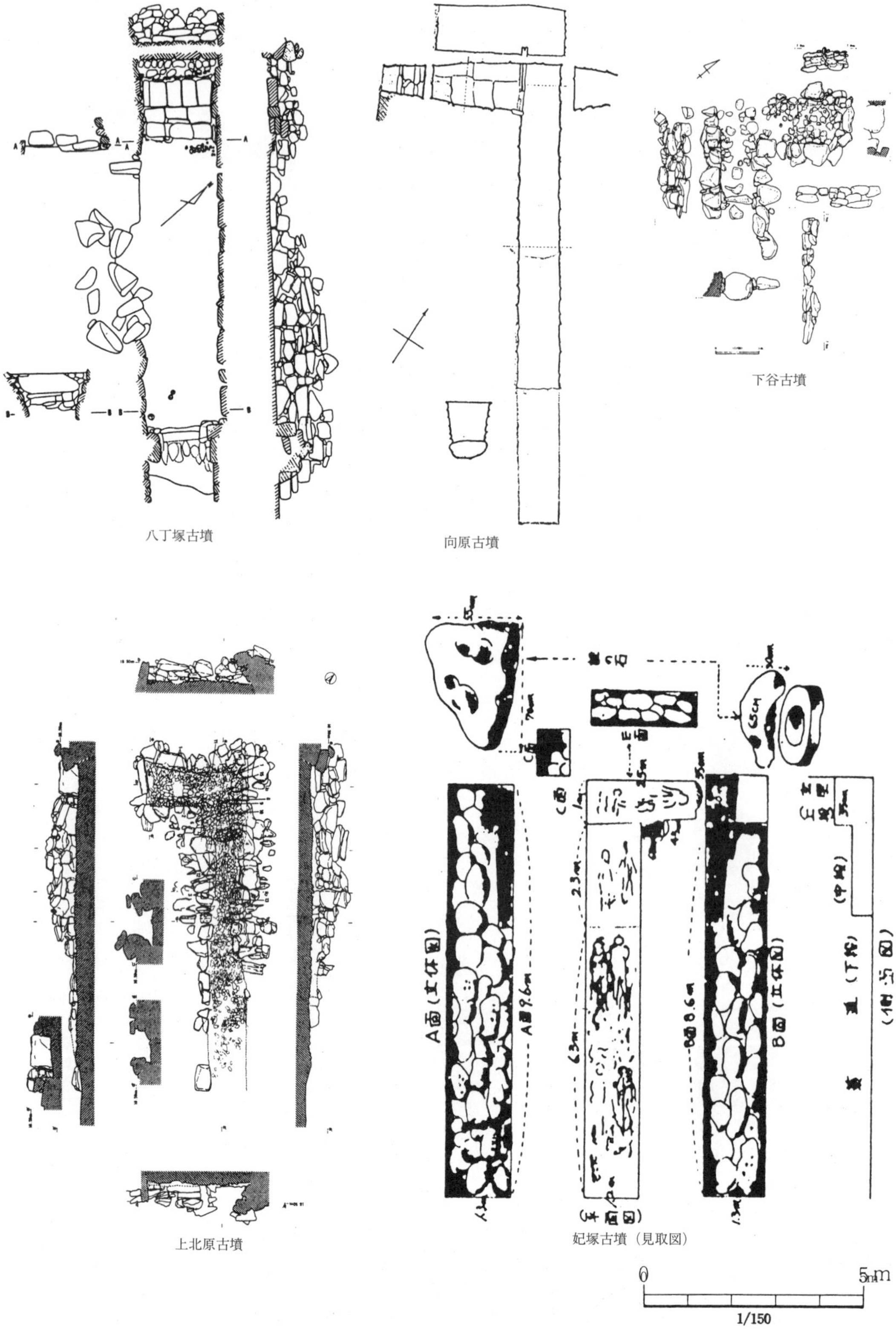

第３図　小糸川・湊川水系圏の自然石積系石室（両袖・Ｌ字）

以上のような各種の石室形態と，墳丘形態・造営時期の関係について簡単にまとめておくと，無袖形の長大な石室は大形・中形の前方後円墳ないしは直径30m以上の大形の円墳に多くみられ，九条塚を筆頭として西原・新割など遺物相からも群中では比較的古い段階に位置づけ得る古墳を含んでいる．このことは無袖形が盟主クラスを含む上位階層に採用された石室形態であるとともに，当地域の横穴式石室の初現的形態でもあったことを示しているといえる．

片袖形は現状では中・小形の前方後円墳に限ってみられ，比較的上位の古墳に採用された石室形態とみられる．また両袖形は現状では円墳1例のみで内裏塚古墳群中においては後出的形態と考えられる．L字形・T字形の石室は，内裏塚古墳群中でもその外縁部に位置する円墳，あるいは同古墳群外の小糸川北岸丘陵の円墳や湊川流域の前方後円墳に採用されており，墳丘規模や遺物相のうえからも，当地域の横穴式石室墳の中ではやや下位のクラスの古墳に採用される傾向を窺えるようである．

上述のように，古墳の墳形・規模（＝被葬者の階層）と石室平面形態にはある程度の対応関係が認められるようではあるが，時期的な推移の問題も含めて，現状ではまだ明確な法則性を見出すまでには至っていない．また各平面形態はそれぞれに異なった出自や系譜をもつと思われるが，同一地域内に各種の形態が併存して現われていることにその集約的な受容の実態をみることもできる．仮に墳丘形態や規模による石室形態の選別が認められるとすれば，それは各々の形態の系譜に関わらず，当地域独自の階層性の表示としての意味を有していた可能性がある．

そして形態の違いを越えて共通しているのは，当地域の石室がいずれも狭長であるという点であり，むしろこの点に明瞭な地域色を認めることができる．その点に関して中村恵次氏は，脆弱な石材しか確保できない地理的条件と多人数追葬の必然性が，石室の玄室化・長大化を促進し，狭長な石室形態（氏の分類によるⅢ形態）の定着化をもたらしたものと理解し，またそれ故に石室空間の狭隘性に本質的な改良を加えぬままこの形態の石室が長期間使用されたと説明している（中村1974b）[7)]．

しかしながら，その出現や系譜を考えるうえでは，東国各地に拠点的に分布する狭長な石室群との関連にも目を向けておく必要があろう．狭長な横穴式石室群として，その筆頭に挙げられるのは群馬県における簗瀬二子塚・王山・正円寺・前二子といった一連の初期横穴式石室であり，これらと当地域の石室の関連については椙山林継氏もすでに言及しているところである（椙山1991）．石室長は王山の16.4mを最長に，他も10～13mの狭長な石室であり，平面形はいずれも羨道に比して玄室の短い両袖形態を採るが，天井部に段差がなく側壁上部でも両袖の屈曲が消失する点など無袖形に近似した特徴も示す．右島和夫氏はこれらの石室について，旧来の竪穴系の埋葬施設と同じ墳丘構造の中に横穴式石室を組み込んだ結果，墳丘と石室の位置関係が合理的に処理できず，それが長大な羨道の構築に結び付いたとする見方を示している（右島1983・1989）．上記の諸古墳はいずれも70～90m級の前方後円墳で，造営時期は簗瀬二子塚の5世紀末葉（TK47期）を上限に6世紀前葉（MT15期）に及ぶ．

このほか栃木県では権現山・星の宮神社といった6世紀後半（TK43期）の前方後円墳・大形円

墳に長さ8m前後の無袖形の石室が採用されており，長野県では6世紀前半の飯沼雲彩寺（前方後円墳）に全長13mの狭長な両袖石室があり，山梨県では6世紀中葉～後葉とみられる時期に姥塚・加牟那塚・万寿森などの大形円墳に全長14～17mの両袖・片袖形の大形石室があり，静岡県では蛭子森・実円寺西・船津寺ノ上1号といった6世紀末葉の20m級円墳に全長11～12m台の片袖・無袖形石室がみられ，埼玉県では6世紀後葉頃の円墳・大御堂稲荷塚に全長8m台の無袖形石室が確認される．

以上，東国では主に横穴式石室導入の初期の段階において，大形の古墳を中心に狭長な石室が出現している．当地域の横穴式石室導入にあたって，時期的に先行する群馬地域などの石室構築技術の影響があったことは十分に考えられるが，右島氏が指摘するのと同じ理由により，各地で地元の石材に適合した独自の形態が生み出されていった経過もあるだろう．そして狭長な石室が一地域内で長期的定着をみたのはむしろ当地域独自の現象でもあり，その背景に中村氏が指摘したような地域的要因があったことは確かだと思われる．なお上記した東国の狭長な石室例の中で，静岡県の諸例が当地域の石室と最も近似した形態を示していることは，6世紀末葉における須恵器の搬入ルートとも関連して注目される．

またT字形石室についても群馬県に東国での初現例（上陽村24号）があり，全長9.5mで狭長な羨道を伴う．同古墳は径25mの円墳で6世紀前葉（MT15期）に位置づけられる．T字形石室および関連するL字形石室もあわせて検討した池上悟氏は，それらの時期的・地域的な多様性を認識し，東国においては定着した様相をみせないとしている（池上1988）．これらの変形石室は小規模古墳に多く採用されている傾向がみられ，前記のように石室形態が古墳の墳形・規模に規制されていたと考えれば，限られた墳丘空間を最大限に利用しようとした結果，選択された石室形態であったともいい得るだろう．

(2) 石室高と構築位置

石室高については，天井まで残存しなかったものも多いため，本来の高さがわかるものは限られているが，三条塚1.9m以上・稲荷山約2m・丸塚1.8m・新割1.6m・八丁塚1.5m・西原1.45m・西谷1.34m・権現塚1.5m・妃塚1.3m・蕨塚1.1m以上・姫塚1m弱・向原1m前後・下谷0.7m以上・上北原0.8m以上となっており，大形前方後円墳と大形の円墳に高い石室が目立つ．

石室の高さは墳丘高と比例する関係にあり，大形前方後円墳の後円部高が6～7mであるのに対して円墳と中小規模の前方後円墳の後円部高は2～3m台が通常となっている．円墳の中でも4mと高い墳丘をもつ丸塚の石室高が同様に高くなっている点も，その相関性の強さを示しており，高い石室が構築された古墳には，必然的に高い墳丘が構築されていることにもなる．

また石室の高さとともに，石室の立面的な構築位置も墳丘の高さと関係がある．三条塚の調査では，石室の構築位置が墳丘基底面から約1m上位にあり，天井石から上の盛土高は1m程であることが確認されている．同様に九条塚や稲荷山も基底面より上位に石室床が設置されているようである．これに対して，西原・蕨塚などの中小規模の前方後円墳や円墳の多くはほぼ墳丘の基底面上に石室が構築されている．なお内裏塚古墳群中の前方後円墳は規模の割に概して墳丘高が低いが，それは脆弱な石材を使用した石室への加重を軽減する必要から，石室上への盛土を少なくしたためであるとも考えられる．

(3) 石室内の空間区分

次に石室内の空間区分についてみておきたい．片袖・T字・L字形石室では，平面形態上からすでに石室内区分（玄室・羨道）が存在しているといえるが，無袖形・両袖形にも仕切石や敷石による石室内の区分がみられ，L字形の石室にもすべて同様の区画が認められている．

西谷（無袖形）では奥壁から2mの所に高さ30cmの板状の仕切石があり，玄室・羨道に区分される．玄室の床面にのみ上面の平らな大小の自然石が敷かれ，さらにその上に貝殻が敷かれる（玉口1952）．

向原（L字形）では屈曲部の空間（長さ約2m）を縦に区切るように板状仕切石が設置され，玄室に厚さ15cm内外の泥板岩（砂岩切石か）を敷き詰める．また羨道北端から1m程離れた東側の壁に接して約40cm四方・厚さ32cmの貝殻敷きが認められている（高橋1937）．

妃塚（L字形）では「緑泥片岩と思われる割石」を使って石室内が玄室・副室・羨道に3区分されており，玄室に川原石，副室には貝殻が一面に敷かれていた（滝口ほか1967）．また『君津町誌』掲載の見取図によれば玄室の仕切石は屈曲部を横に区切るように設置され，仕切石を境に床面には段差が設けられていたようである（君津町誌編纂委員会1973）．

下谷（L字形）では屈曲部には仕切石がみられなかったが，奥壁から2.3mの所に扁平な自然石を使用した仕切石が置かれ，仕切石から奥の床面に小形の自然石が敷かれる（野口1990）．

上北原（L字形）では石室構築当初からの仕切石は確認できなかったが，追葬に伴う仕切り施設の可能性がある石列が羨道奥部の前後で検出されている（松本1994）．

八丁塚（両袖形）では切石を3段に積み上げて前室と後室に区切っており，後室は切石敷き，さらに最奥部50cmには自然石を敷きつめた空間が存在する．また前室の奥側約半分の範囲には「小砂利」が敷かれていた形跡があり，前半部と区分されていた可能性がある（中村・市毛1967）．

以上のような仕切石・敷石による空間区分は，石室内の被葬者を区別するものであったと考えられ，とくに板状仕切石や切石敷は当地域の自然石積石室の中では新しい要素とみられる．一方，長大な無袖形石室はいずれも床面全体に小石が敷かれ，石室内に箱形石棺が設置されるものがある．

古山では奥壁際と中央部付近の2か所に切石組合せ式の箱形石棺が設置されており，奥の石棺（長さ2.4m・幅0.6m）には蓋石があったが，中央部の石棺（長さ1.9m・幅0.4m）には蓋石がなく側石上半が削り取られていた．追葬の際に埋没した床面から突出した部分を削り取ったものではないかという見方が示されている（沼沢1986）．

丸塚では石室内が礫石によって前・中・後の3空間に区分されており，入口近くには切石組合せ式箱形石棺があって，やはり追葬の際に上部が削り取られていたとされる（中村 1974b・杉山 1986）.

西原では石室内の床面が奥壁から 3.6 m 程の所で 15 cm 程高くなり，さらに奥壁から 8.3 m の所で 3 cm 程高くなっていたとされ，また最奥部の人骨があった場所は長さ 1.5 m・幅 90 cm の長方形状に床が周囲より 15 cm 程高く造られていたとされる（柴田 1928）．しかしながら，1989 年の再調査の際にはそのような床面の段差（の残存）は確認できず，ほぼ同一レベルの敷石面が検出されている（小沢 1992）.

なお九条塚の石室床面には「玉砂利」が敷かれていたとされ，姫塚の石室にも砂岩が敷かれていたとされる（滝口ほか 1967）が，蕨塚の石室床面には敷石がなく貝殻が全面に敷かれていた（滝口ほか 1966）.

(4) 埋葬人骨と副葬品の配置

前節の問題とも絡んで人骨や副葬品の出土状況についても瞥見しておくこととする．人骨の個体数については詳細な鑑定を経なければ確定が難しく，古い時期の発掘や未報告古墳が大半であるため，現段階では正確なデータに基づく検討はできない．しかしながら，比較的遺存度が良かったためか，多くの調査で人骨の概数や出土状態は記録されており，ここではそれらの記録に依って検討していきたい.

人骨の数は，内裏塚古墳群内では新割で 20 体以上と判定されているのを最大として，蕨塚 14 体以上，向原 14 体前後，西谷 13 体以上，妃塚 11 体，権現塚約 10 体，丸塚約 10 体，西原 8 体以上，古山 8 体以上，姫塚 5 体などとなっており，手前側部分のみを調査した三条塚でも 3 体以上が確認されている.

報文の記述からこれらの人骨と副葬品の出土状況をまとめてみると下記の通りとなる.

九条塚では人骨は中央部に一塊まり発見され，副葬品はかなり散乱して出土している（椙山 1982）.

三条塚では残存部前端から 3 体分（成人男子 1・小児 1・幼児 1）の人骨が検出され，その付近から乳文鏡・銀製算盤形空玉・金銅中空耳環・直刀・金銅鞍金具・鞍・素環雲珠・壺鐙金具・鉄鏃・ガラス小玉・土製漆塗小玉・須恵器が出土している（小沢 1990，梶ケ山・馬場 1991）.

西原（無袖）では奥壁から入口にかけて 8 体分の人骨が頭蓋を入口側へ向けて縦一列に長く並び，人骨はいずれも石室の東側（北側）に寄っていた．副葬品の多くは人骨の反対側に偏って出土しており，最奥部の人骨の付近には直刀と鉄鏃があった（以上は発掘者からの聴取による）．また柴田氏立合いの下で，石室南東部（入口側）から鏡板や雲珠などの馬具が出土したとされる（柴田 1928）.

古山（無袖）では奥壁側の石棺内に朱を塗った人骨 2 体（銅釧・瑪瑙勾玉・ガラス小玉を伴う），石棺西側によけられた 1 体，中央部の円頭大刀・鉄鏃群を伴う 1 体，中央部石棺内の 1 体，石棺東側の 1 体，石棺南側によけられた 1 体，入口寄りの耳環を伴う 1 体の合計 8 体以上の人骨が認められ，人骨の頭位はいずれも入口側に向いていた（以上は田中新史氏より提供頂いた調査当時のメモによる）．

西谷（無袖）では奥室内に4個の頭蓋骨とその周縁に幾重にも重なって四肢骨が存在し，前室には頭蓋骨9個があって，仕切石から約1mの範囲に人骨が集中していた．副葬品は玄室内から須恵器坏・鹿角装刀子・鉄鏃・ガラス小玉が，羨道からは鉄鏃片のみが検出されている（玉口1952）．

蕨塚（片袖）では玄室に8体以上，羨道部から4体分の人骨が検出されており，詳細にみると玄室奥部では金銅耳環・銀張耳環の配置から2体の埋葬が想定され，玄室中央部には玉類を伴う3体以上の埋葬が考えられ，玄室前部では保存の良い5体の人骨が頭を入口側へ向けて出土し，羨道部では4体の人骨がやはり頭を東側へ向けて一列に並べられていた．副葬品は玄室奥部から銅釧・耳環・貝製雲珠・須恵器・土師器・釘が，玄室中央部から琥珀棗玉・丸玉・小玉・須恵器・釘が，玄室前部から銀製剣形飾具・尾錠・須恵器・釘が，羨道部から金銅鞍金具・鉄鏃・須恵器が，閉塞石付近から鞍金具・尾錠・須恵器が出土しているが，石室は盗掘を受けているものと判定されている（中村・市毛1967）．

姫塚（片袖）では石室の奥に2体，手前に3体の人骨が頭部を北にして置かれ，副葬品は奥に直刀5・鉄鏃数十本・金銅耳環1対が，石室中央部に須恵器11個（横瓶・高坏など）と馬具類，手前側の3体の頭部に各々直刀1があったとされる（滝口ほか1967）．

八丁塚（両袖）では後室の切石敷面に屈葬された状態の人骨1体分があり，前室では北壁沿い2か所にわたって人骨が検出された．副葬品は後室から馬具（鐙金具・鞍）と鉄鏃・須恵器提瓶・直口壺が，前室から耳環・玉類・刀・刀子・鉄鏃・釘・須恵器坏・土師器坏などが出土した（中村・市毛1967）．

向原（L字）では玄室（屈曲部）に3体分の人骨が頭を入口側に向け並列して置かれ，羨道には11体分の人骨が折り重なるように葬られていた．玄室には副葬品がなく，羨道から直刀・刀子・鉄鏃・臼玉・須恵器が出土している（高橋1937）．

下谷（L字）では玄室から3体以上の人骨片と刀子・鉄鏃・須恵器が出土している（野口1990）．

上北原（L字）では玄室から2体以上，羨道奥部から2体以上，羨道前部から1体以上の人骨が検出され，玄室から直刀1・刀子1・鉄鏃5・須恵器3，羨道奥部から直刀1・鹿角装刀子1が出土した．遺存度の良い人骨はいずれも頭位を入口側に向けて検出されている（松本1994）．

妃塚（L字）では玄室から5体（男1・女3・子供1），副室から2体（男2），羨道から2体（男2）の人骨が出土し，副葬品は玄室から銀装大刀1と耳環3対・土師器坏1が，副室から刀2が，羨道から刀4・須恵器（長頸壺1・平瓶1）が出土している（滝口ほか1967，君津町誌編纂委員会1973）．

権現塚（T字）では玄室から2体分（頭骨），羨道から7〜8体分の人骨が出土した．玄室東側の人骨には長さ30cm・幅15cm・高さ10cm程の「枕」と刀3本が伴い，玄室西側の人骨の近くからは耳環1対と切子玉・管玉・勾玉などが出土した（小熊1939）．

以上のような人骨の出土状況からみると，まず向きのわかる人骨はほとんどが頭を入口側に向けており（記録に不明点の多い姫塚は北向きとされるが），これは石室の開口方向が東～南東側にあることと関係して，同時期の木棺直葬墳にみられる東枕の通例に則した在り方とも理解される．

また副葬品との関連で，石室の最奥部に埋葬されている者が主たる被葬者といえるかどうかについては，西谷・八丁塚・上北原・妃塚・権現塚などの古墳ではおおむねその事実を承認することができるものと思われる．これらの諸古墳はいずれもＬ字・Ｔ字形や仕切石・敷石によって最奥部が明瞭に区切られた石室となっていることが注意される．

一方，長大な無袖形・片袖形石室の諸古墳では，必ずしも最奥部の被葬者の副葬品が傑出しているとはいえないようである．古山では奥壁側石棺内の被葬者（2体）が主たる被葬者とみられるものの，円頭大刀や鉄鏃群を伴う中央部石棺外の被葬者に副葬品のうえでは優位性が認められる．西原でも最奥部の被葬者が一段高い礫床の上に載せられていたが，金銅製馬具は入口側から出土している．盟主級古墳の三条塚では入口寄りの被葬者に鏡や銀製空玉・金銅製馬具のような傑出した副葬品が伴う事実が注目され，蕨塚や姫塚においても金銅製馬具が石室中央部や入口付近から出土している．また遺物出土状況の詳細はわからないが，丸塚のように入口近くに石棺を設置するものがあることは，有力な被葬者が後から埋葬される場合もあったことを示唆している．

上記の事実から，無袖・片袖の大形石室よりも，Ｌ字・Ｔ字形や仕切石・敷石の区画をもつ石室の方が主たる被葬者を最奥部に埋葬する傾向が副葬品のうえから明瞭であるということはできるだろう．ただ主たる人物が奥に埋葬されていたとしても，埋葬時期が他の被葬者に必ずしも先行するとは限らない．古山の奥壁側石棺の横に片寄せられた人骨が存在していたことなども，その判定の微妙さを示しているといえる．埋葬が基本的に奥から先に行なわれていったのかどうかという点については，副葬品の型式差の認定も含めてさらに詳細な検討を要することになろう．そしてこの点は横穴式石室墳の造営が，主たる人物の死とその埋葬を契機として行なわれたのか，生前に行なわれたのかといった基本的な問題とも関わってくることになる．

ここでもう一つ注意される点は，古山の石棺内2体埋葬が示すように，中心的被葬者といえども単独とは限らないことである．Ｌ字・Ｔ字形や仕切石等によって奥部が区切られた石室の多くはその区画内から2～3体以上の人骨が検出されており，前室や羨道からはさらに多くの人骨群が検出されている．最奥部の被葬者群については，主とその配偶者および夭折した子供といった組み合わせが想定される．田中良之氏は岐阜県花岡山古墳群の横穴式石室の人骨分析などを通じて，6世紀前半～中葉に家長夫妻と家長を継承しなかった子供たち（基本モデルⅢ）という古墳被葬者の親族構成が出現するとしている（田中 1992・1995）が，当地域の横穴式石室の被葬者構成もそれに近いものであった可能性がある．

なお上記した人骨の出土状況をみると，狭い空間の中に複数の遺体が重複した状態で検出されているものも多く，すべての遺体が個々に木棺に納められていたかどうかは疑問である．最近行なわれた君津市市宿横穴墓群（小糸川中流域）の調査では，明らかに1棺内多数埋葬の状態を示す良好な事例が多く検出されており，石室内の多数埋葬の実態を考えるうえでも参考となる．同横穴墓群では大型の横穴墓に限って木棺内埋葬がみられ，1棺から5～10個体以上の人骨が重なって出土している．このうち棺内下層の人骨は仰臥伸展葬の状態をとどめるが，上部の人骨は人為的移動を受けており，ほかの場所から木棺内に改葬されたものと判定されている（小高 1996）．横穴式石室においても同様な「改葬」が行なわれていたかどうかは定かではないが，少なくとも成人の棺内に小児の遺体を合葬したり，あるいは先葬者の遺骨を片付けて同一棺内に新たな遺体を納めるといったことは行なわれていたものと考え得る．

(5) 使用石材

当地域の自然石積石室にはいずれも，付近の海岸から採取されたとみられる硬質砂岩（凝灰質砂岩）が使用されている．この種の石材は「海蝕痕のある石」，あるいは「磯石」などともよばれているが，表面にニオガイ科の二枚貝によって穿孔された多数の小孔が認められることが特徴である（写真⑫）．同種の石は，大貫の磯根崎から南の海岸線において普遍的にみられるものであり，岩礁として存在するほか，崖面下の砂浜にも大小の石が転石として多く散在しており，石室材の大部分はこのような転石をそのまま利用しているものと考えられる．

内裏塚古墳群では，内裏塚の竪穴系石室の構築を始めとして，横穴式石室にも一貫して同じ石材が使用され，石室の主材が砂岩質の切石に転換した終末期の段階においても，前庭部の石積みなどには従来と同じ海岸の自然石を使用している．以下，内裏塚古墳群内で比較的詳細に石材を観察できた石室例といくつかの墳丘上露出石材の観察所見を記しておくこととしたい．

西原古墳（1989年石室再調査）では，壁の構築材として長さ 50～60 cm・幅 30 cm 前後の石が使われており，その中には厚さ 10 cm 前後の板状の石と厚さ 20 cm 前後の柱状の石がみられたが，板状の石を主体として小口積みに積まれていた．石材は灰色系の硬質砂岩がほとんどであるが，礫粒を多く含むセメント状の石材も一部含まれていた．石の表面には貝穿孔の小孔が多く認められたほか，カキ・ミミズガイなどの貝殻が付着したものもみられた．石材の大半は未加工の自然石とみられ，適当な大きさの石を選別して持ち運んできたものと考えられるが，一部に割れた面をもつ石もみられ，石の採集時や石室構築過程で分割された石もあったようである．天井石は長さ 160～200 cm・幅 60～80 cm 前後の扁平な石材で，再調査時には墳丘上に 11 石の存在が確認されたが，最初の発掘時には 20 石ほどが並べてあったとされる．また石室床面に敷き詰められた石は径 20～30 cm・厚さ 3～4 cm 大の平たい石で，壁材・天井石と同様の貝穿孔を有するものがみられることから，同じ海岸から採取されたものと考えられる．一方閉塞部には径 10～20 cm 大の小形の石が床面上 60 cm の高さまで積み上げられており，さらに閉塞部の外側には，入口の化粧石とみられる小礫敷の面が認められている（小沢 1992a）．

三条塚古墳の石室（1989年前端部調査）では，側壁材として長さ 80～100 cm・幅 30～70 cm のやや大形の石が使われ，西原古墳と同様に小口積みの手法で積まれていた．天井石は上部トレンチでの確認によれば，長さ 2 m 以上で西原古墳より一回り大きい石が使われているようであり，残存部の最も手前にあった石は厚さ約 60 cm の大形石であった．石の材質や特徴は西原古墳と全く同じである（小沢 1990）．

このほか過去10年余の間に石室が調査（または再調査）された西谷・蕨塚・下谷・上北原などの諸古墳の石室材もほぼ同様の材質的特徴を示すものであった．次に墳丘上に石材が露出する古墳についてもいくつかみておきたい．

内裏塚の後円部頂に建つ石碑（大正4年建立）の台座には，数枚の大形の板状石が使われているが，これらは内裏塚の石室の天井石に使われていた可能性が強いものである（写真③）．中でも最上段にある石は長さ242 cm・幅133 cm・厚さ25 cm程で，下段の石と比較しても一際大きい．その石質も粒状の礫を多数含む「花崗岩風」の石で，弁天山の縄掛突起をもつ天井石材に近似していることが注目される．なお同様の石は台座の裏側下段にもあり，側面の小形の石の集積の中にも散見される．

九条塚の石碑台座にも天井石であったとみられる石が使用されている．上段の石は長さ170 cm・幅90 cm・厚さ26 cm，下段の石は長さ195 cm・幅52 cm・厚さ17 cmを測り，いずれも貝穿孔の穴が顕著に認められる．このほか墳丘上には側壁材程度の大きさの石も多くみられる（写真④）．

白姫塚の石碑台座石は1石で，長さ175 cm・幅75 cm・厚さ32 cmを測り，やはり天井石材として適当なものである．貝穿孔が多くみられる（写真⑤）．

白姫塚南方は低い墳丘が残存する古墳であり，側壁材程度の石が多く露出することから，石室下半部が残存している可能性がある（黒澤1993）．また向原の古墳跡地付近には壁材に使用されたとみられる石材の集積が認められている（写真⑧）．

森山塚は終末期方墳であるが，石碑の台座に貝穿孔のある長方形の石が使われており，これは自然石に整形を施したものとみられる．この石も石室構築材の一部であった可能性がある（写真⑥）．

次に大貫地区（岩瀬・小久保川流域）以南に存在する横穴式石室墳の石材についてみておきたい．

絹稲荷塚は前方後円墳であったともいわれる古墳で[8]，墳丘上には神社が建ち，古墳の北側は県道によって切断されている．社殿の北側に天井石であったとみられる大形石a・bが2石あり，aは長さ197 cm・幅104 cm・厚さ36 cmの直方形（写真⑦），bは菱形で長さ163 cm・幅53 cm・厚さ42 cmを測る．社殿の南側にも大形石が一つあり，正面石段の脇には壁材サイズの石が多く散乱している．

若宮八幡は小久保川下流，川を挟んで弁天山のすぐ南側に位置する古墳であり，近年松本勝氏によって新たに確認された（松本1994）．墳丘上には神社の社殿が建ち，石室も大部分は破壊されているとみられる．天井石に使われていたと思われる大形の石は5石ほど確認され，これらは長さ110〜155 cm・幅40〜80 cm・厚さ20〜55 cm内外の大きさで，一部は台座などに利用されている（写真⑮・⑯）．

佐貫地区（八染川流域）では，亀田の御陵塚に石の存在がみられるが，この古墳では墳丘内の祠へ通じる参道沿いに15〜20 cm大の小石が積まれているのをみるのみで，これより大形の石材は見当たらないため横穴式石室墳であった確証に欠ける．ただ小石の中には貝穿孔を有するもの

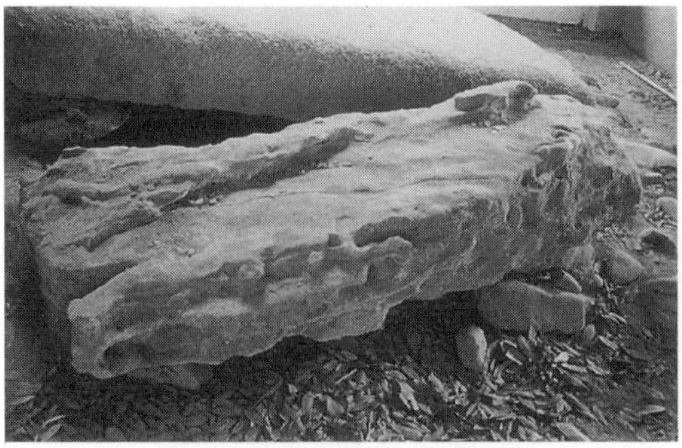

①弁天山古墳の石室北側天井石

②弁天山古墳の石室西側面

③内裏塚古墳の石碑台座石

④九条塚古墳の石碑台座石

⑤白姫塚古墳の石碑台座石

⑥森山塚古墳の石碑台座石

⑦絹稲荷塚古墳の露出石材

⑧向原古墳の石室遺材集積

写真1　使用石材（1）　　撮影 1995 年 11 月

⑨磯根崎全景（南側から）

⑩磯根崎海岸の転石散乱状況

⑪天井石サイズの転石（磯根崎海岸）

⑫ニオガイ穿孔の見られる転石（竹岡・津浜海岸）

⑬金谷・島戸倉付近の岩礁

⑭松原古墳の露出石材

⑮若宮八幡古墳の墳丘近景

⑯若宮八幡古墳の露出石材

写真2　使用石材（2）

も含まれており，大形の石材は持ち去られている可能性もあるので，一応横穴式石室墳の候補とみておきたい.

上総湊地区（湊川流域）では発掘調査された上北原（前方後円墳）のほかに，確認調査で二重周溝の存在が判明した町田（方墳）が横穴式石室墳とみられる．墳丘は一部しか残存していないが，その裾部に自然石が一部露出しており，終末期方墳でありながら石室は自然石積であった可能性が高い.

竹岡地区（白狐川流域）の松原（円墳？）は今のところ東京湾東岸で最も南に確認される横穴式石室墳であるが，墳丘上にはやはり社殿があって，低い高まりを残すのみである．社殿の前面（北側）に石材の集積が認められ，天井石大の石は4～5石あって，その大きさは長さ130～200 cm・幅50～100 cm・厚さ35～65 cm内外である．各石とも貝穿孔がみられ，壁材サイズの石も多く存在する（写真⑭）.

一方，小糸川北岸の丘陵上に位置する権現塚・妃塚の石室石材についてはどうだろうか．これらの古墳は小糸川の現流路を隔てて内裏塚古墳群の対岸にあるという位置関係からみても，その被葬者が内裏塚古墳群を造営した集団と緊密な関係にあった可能性が高い.

妃塚については，石材が君津製鐵所大和田社宅の敷地内に集積され，記念碑として保存されている．その中には貝穿孔のある石や西原の石室にみられた礫粒を含むセメント状の石材が含まれており，内裏塚古墳群中の石室材と同種のものであることが確認できる．ただ当古墳の場合には，仕切石に「緑泥片岩と思われる割石」が使われていた（滝口ほか1967）とされる点がやや注意される.

権現塚については石材が残存していないが，報文の記述によれば「砂岩質の自然石」で壁を，天井には「数個の大石」を，床面には「全部拳大の砂利」を敷き詰めてあったとされる（小熊1939a）ことから，やはり同種の海岸産の石材が使用されていたとみてよいだろう.

以上，小糸川・湊川水系圏に所在する横穴式石室墳の石材について，発掘時の所見や露出石材の表面観察を中心にみてきたが，最後にその採取地について簡単に触れておきたい.

内裏塚古墳群内の石室材はおそらく同じ海岸から持ち運ばれたものと考えられ，その有力な候補地は古墳群から最も近距離にある磯根崎付近とみられる．大貫地区に所在する若宮八幡・絹稲荷塚の石材や弁天山の石室構築材の多くも，距離的な近さから同じくこの海岸から採取されたものとみて間違いないだろう．磯根崎の海岸を歩くと，現在でも石室材と同形・同大の石が転石として多く分布しているのを認めることができる（写真①～③）．また小櫃川水系圏をはじめ，他の地域への石材の供給，海上輸送に際しても好適地であり，この付近が小糸川首長管理下の主要な採石場となっていた可能性が強い.

一方，湊川水系圏（上総湊・竹岡地区）に所在する上北原・町田・松原の諸古墳でもほとんど同質の石材が使用されているが，石の採取地は磯根崎ではなく，至近の海岸であったと思われる．場所の特定は難しいが，竹岡の津浜海岸などに転石の散在を認めることができる（写真⑫）.

このように小糸川水系圏・湊川水系圏は，海岸の自然石を使用して横穴式石室を造営した文化圏として包括することができ，それを内裏塚古墳群の首長層の影響力が及んだ範囲とほぼ重ね合わせてとらえることもできるのではないかと思われる．

4　小櫃川水系圏の自然石積系石室

次に小櫃川水系圏の自然石積系石室の様相について概観する．小櫃川の河口沖積地に形成された祇園長須賀古墳群のうち，横穴式石室の存在が知られているものとして金鈴塚・丸山・松面・酒盛塚・小の塚・山川などの諸古墳があるが，詳細が明らかなのは金鈴塚のみであり，ほかは記録によってその形態や構造の一部を窺い知ることができるのみである．このうち金鈴塚・丸山の石室は整形された自然石を主な構築材としているが，その用材の共通性から自然石積系の範疇に含めることにした．このほか丘陵上の自然石積石室墳としては南部の烏田川流域において瑠璃光塚・俵ケ谷6号の2古墳の存在が知られているが，今のところ北部の袖ケ浦地域においては明確な事例が確認されていない．

当地域の自然石積系石室については，内容の明らかなものが限られているため，個々の古墳ごとに，小糸川・湊川水系圏の石室との比較を交えながら検討してゆくこととしたい．

(1)　低地部の古墳

金鈴塚古墳　　推定墳丘長95 m とされている前方後円墳で，昭和25（1950）に石室が発掘調査された．

石室形態は無袖形で，全長は調査時に10.3 m と復原計測され，奥壁幅が2.2 m で石室中程から入口部へ向かって漸次幅を減じている．内裏塚古墳群の諸古墳と同様に狭長な形態であるが，石室幅は広く，石室高も2.0 m で，内裏塚古墳群中でも最も高い三条塚・稲荷山の石室と同程度の高さとなっている．前後の幅員差が大きい無袖形は西谷にみられたが，これは奥壁側から一方的に幅を狭めるものであり，当古墳のように中央部で彎曲して幅を狭めてゆくような形態は内裏塚古墳群中には見当たらない．

壁面の構築材には凝灰質砂岩自然石を直方形状に面取り整形したものが使われている．しかし個々の石材はそれほど整美に加工されているわけではなく，随所に自然面や不整な部分を残すもので，いわゆる切石とは異なる．その点で報告書の実測図から受ける印象と実際の壁面の外観はかなり違っている．ただ石材小口面が壁の持ち送りに合わせて斜めに整形され，ほぼ隙間なく石材が積み上げられている点は，切石積に近い技法であるといってもよい．壁材の大きさについては，長さ50～100 cm・幅50～70 cm・厚さ20～30 cm と調査中に記録されている．なお奥壁の下部2段にはほかの部分と異なる大形石材が使用されており，奥壁と側壁の接合部にはL字形に加工された石が認められる点も注目される．

壁材の表面には貝穿孔の穴が所々に認められ，小糸川流域の石室と同様の海岸採集の石を使用しているとみられるが，それがいずれも直方体に近く整形されているという点で，ほとんど未加工のまま使用している小糸川流域の横穴式石室とは技法上の大きな違いをみせている.

石室床面については，入口（調査時の残存前端部）から1.8 m奥までは何らの施設がなく，これより奥には厚さ約10 cmの「細粒質赤褐色を呈した粘土床」が敷かれていたとされ，実測図ではその粘土床が50～60 cmほどの間隔で板状に分かれていたように描かれているが，現状ではその状態を明瞭に観察することはできない．ただ，粘土床とされるものはおそらく板状の軟質砂岩切石であったとみられる☆3).

一方，天井石には小糸川流域の諸古墳と同様の大形の自然石がほとんど未加工のまま使用されており，石材の表面には貝殻の付着や貝穿孔が多く認められる．天井石は長さ2 m以上・幅50 cm前後のものが主体を占めており，これも三条塚など内裏塚古墳群中の盟主級古墳の天井石に比肩し得るものである.

石室構築レベルは，墳丘基底面から羨道末端で1.2 m，奥壁部で1.6 mで，羨道から玄室に向かって緩やかに上昇するとされ，石室構築位置が墳丘基底面より高い点は内裏塚古墳群中の大形前方後円墳と共通する．ちなみに金鈴塚の残存墳丘高は3.5 m程であるが，石室内流入土の容積などを考慮して本来の墳丘高は6 m前後であったという試算が報告者の武田宗久氏によってなされており（武田 1951），九条塚・稲荷山・三条塚と同様に面積の割には高さの低い墳丘であったと考えられる.

石室中央部には緑泥片岩板石を用いた組合せ式石棺が，入口付近には砂岩質の板石が棺床として設置されており，残存人骨や副葬品の配置から報告書では石室奥部・石棺内・入口側棺床上の3体の埋葬を推定している．副葬品は質量共に膨大であり，報告書では出土場所をA区（石棺内）・B区（石棺前方部）・C区（石棺横部）・D区（石室奥部）・E区（羨道部）の5か所に区分している．これを上記の被葬者ごとに分けると，次のように大別することができる.

①石室奥部の被葬者に伴う副葬品　　飾大刀7・金銅馬具1式・腰佩・金鈴・金モール・鉾・弓弭・鉄鏃・玉類・銅鋺・多数の土器など（石室D区の遺物）

②石棺内の被葬者に伴う副葬品　　飾大刀8・鏡1・甲冑1式・耳環1対・金モール・鉄鏃・刀子・玉類・銅鋺・馬具一部（馬鐸など装飾品）（石室A区の遺物）馬具類・土器（石室C区の遺物）

③羨道部の被葬者に伴う副葬品　　飾大刀2・耳環2対・馬具・飾履？・玉類・銅鋺（石室B・E区の遺物）

報告書では，当古墳の主たる被葬者を石棺内の人物とし，埋葬の前後関係の認定については留保している（滝口ほか 1951）が，その後の飾大刀の編年研究に際して石室奥→石棺内→羨道部の埋葬順序が考定されている（新納 1984・1987)．なお石棺横部（C区）の遺物については石棺内の被葬者に伴うものと判定され，石棺内の被葬者については，歯牙の鑑定（高橋 1951）から「20歳前後の青年」と推定されている．上記の見解のうち，後からの追葬と思われる羨道部の被葬者については，耳環2対が出土していることから，最低2人であった可能性が強く，被葬者は少なくとも4体であったといえそうであるが，石棺内や石室奥部に関しては複数の人骨の存在が確認されていないことや耳環の数からみても，積極的にこれ以上の被葬者数を想定する根拠はない．また当古墳の場合には遺物の出土地点がおおむね原位置をとどめているとみられる点からも，度重なる追葬が行なわれたとは考え難いようである．

当古墳の被葬者が多くて5人程度であったとした場合，少なくとも内裏塚古墳群中の中小前方後円墳や円墳の被葬者数に比べてはるかに少ない人数であったことになる．この点については盟主級の前方後円墳であるが故に被葬者数が限定されていたという見方もできるが，小糸川流域のほぼ同時期の首長墓と目される三条塚の場合には石室入口付近を調査しただけでも，幼児を含む3体以上の人骨が検出されており，その違いが問題となるのではなかろうか．そこであえて憶説を述べるとすれば，当古墳の場合には石室内への被葬者が限定されており，首長のみを埋葬しているとも考え得る．そして副葬品の質量からみるならば，石室奥部の被葬者と石棺内の被葬者はそれぞれ世代を異にする首長であり，もしかしたら石棺内に葬られた首長の継子が先に死去して，石室奥部の被葬者が長期間にわたる政権を維持した結果，期間的には2世代にわたる首長墓となった可能性もあり得る．小櫃川流域の盟主級前方後円墳が小糸川流域に比べて僅少であるのもその結果とはいえないだろうか．小糸川流域の首長が兄弟相続のような形で短期的に政権を交代したのに対し，小櫃川流域では長期政権が継続したという推測である．

なお石室石材の採取地について報告者の武田氏は，岩礁地帯の北限に位置する大貫の磯根崎付近と推定し，「多分筏の上に乗せて木更津湾に曳航し，其処から陸路転子を敷いた修羅の上に載せ，数百人の人力を以て運搬して来たことであろう」と述べている（武田 1951）．このことは石材の表面観察のうえからも首肯され，石材調達にあたっては当然のことながら小糸川流域の首長との連携・交流が背景にあったとみるべきだろう．一方，石室中央に設置された組合せ式箱形石棺の石材については，荒川上流域の秩父長瀞付近に露頭がみられるものであるという鑑定がなされている（神尾 1952）．

なお，江戸川流域の市川市法皇塚古墳や東京都柴又八幡神社古墳，埼玉県将軍塚古墳などにおいて，内房や三浦半島を含む東京湾岸産の凝灰質砂岩（磯石）の使用が確認され，水上輸送による石材の広域移動，首長間の交流の問題が論じられているが（谷口ほか 1992，若松 1994），石室用材の他地域への供給に関しては，先に指摘したように，岩礁地帯の海岸を領有する小糸川流域（内裏塚古墳群）の首長が採石と搬送に関わる権限を掌握していたとみられる．土器の製作技術や埴輪工人の移動の問題などともあわせて，資材・物品の東国首長間における相互調達，流通の実態解明には今後とも関心がもたれる．

丸山古墳　墳丘長70 m級の前方後円墳で，内裏塚古墳群における西原・姫塚などの古墳と同格の位置づけが可能である．当古墳の発掘は昭和3（1928）年に行なわれているが，調査は実地検分の域を出ない程度のもので記録に詳細を欠く．なお後円部墳丘は発掘後に削平されている（谷木 1930，小沢 1983）．

石室の実測図は残されていないが，『史蹟名勝天然紀念物調査』第6輯に石室切断面の見取図

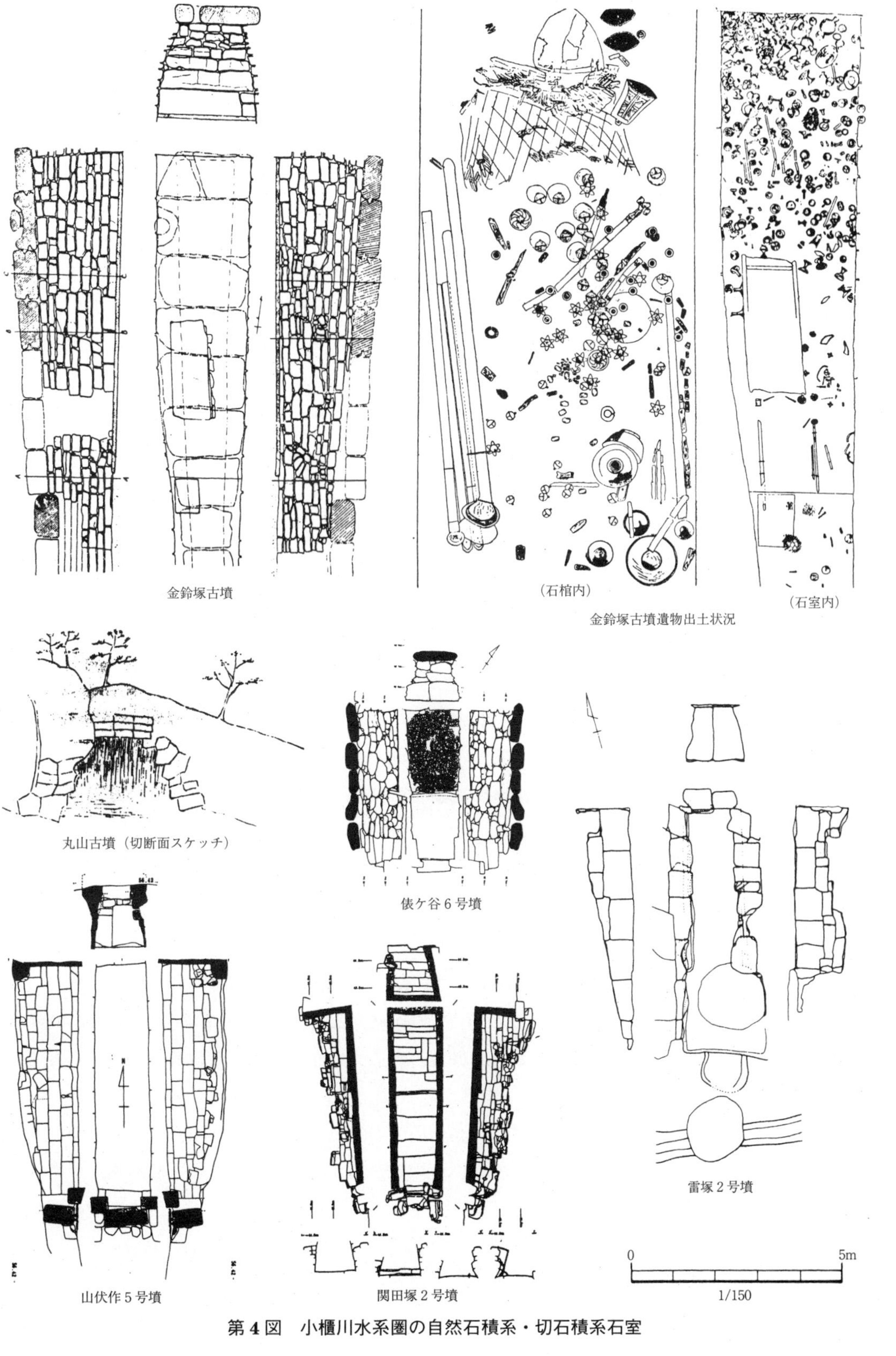

第４図　小櫃川水系圏の自然石積系・切石積系石室

が掲載されている．同書によれば石室構造は，「角張りたる不整形の凝灰質砂岩を積み重ねてこれを作り，上は丸みを帯びたる大石にて覆いたり」とあり，天井石の一つは長さ7尺3寸（221 cm）・幅4尺（121 cm）・厚さ1尺5寸（45 cm）と記録される．また「玄室の底は一面石を敷き詰め，その厚さ2寸（6 cm）に及ぶ」とあり，「埋蔵物の出土地盤は宅地面より3尺8寸（115 cm）の高さ」にあったとされる．なお「石槨は玄室と羨道の二部よりなり」と記載されるものの，調査時に羨道の全部はすでに破壊されていたとされ，「副葬品はその数多きも人骨を見ず」とも記されている．

一方，上記の千葉県史蹟調査委員の報告後に，当初の発掘者である土地所有者の証言等を検証したうえで発表された谷木光之助氏による報文によれば，石室規模は全長36尺（10.9 m）・幅9尺（2.7 m）で「側壁は長さ2尺（60 cm）・幅1尺（30 cm）前後の方形石材を持送り式に構架し，その間粘土を以て填材とし，石室の外側また粘土を用いて囲繞」していたとされる．そして「青堀在平塚（西原）石室の如く羨道・玄室の区別なき狭長のプランを有するものであったかもしれない」と推定し，奥壁と側壁との接合部にL字形の石が挿入されていることを確認し，「封土の基底より約3尺（90 cm）の上に石室の敷を置き，約5寸ないし7寸（15～20 cm）の厚さに粘土及び小砂利を混入した土砂をきわめて堅固に突き固め，上に割石の小片を布置した」ものであったと記載されている（谷木 1930）．

以上の記録からみて当古墳の石室は，平面形態と規模・整形された壁材・屈曲部石材のL字形加工・床面の石敷きなど，金鈴塚の石室と構築技法上の共通性が強いものであったとみられる．人骨は遺存していなかったといわれるが，耳環が8個以上出土していることからみると，最低4体の埋葬が考えられる．なお天井石の一部は証誠寺・狸塚の台石として保存されており，海岸採取の自然石と確認される．

松面古墳　昭和13（1938）年，君津病院拡張工事に伴って菅生遺跡調査団により緊急調査された古墳で，直径約10 m・高さ約3 mの円墳であったとされる．当古墳に関する報文はない．

乙益重隆氏の追記によれば，石室は「巨石を立てめぐらせ，床には面の平な大石が敷き詰められていた」とされ（乙益 1982），遺物出土状況に関しては大場磐雄氏が，奥壁に接して金銅装鞍残片・馬具・方形四葉文金具・小玉等，玄室中央部から銀製弭，西側壁隅に沿って鉄鉾，西側奥壁近くから須恵器坏が出土したと記録する（大場 1938）．また武田宗久氏によれば石室内には秩父地方の雲母片岩を使用した箱形石棺が設置されていたとされる（武田 1926）．なお昭和40年代に病院移転後の跡地には「蓋石に使われた海蝕痕のある大きな凝灰岩」が放置されていたともいわれる（高崎 1972）．

以上のような各氏の断片的記録によれば，当古墳の石室は壁面に大形切石を使用した石室とも考えられるが，天井石には金鈴塚と同様の海岸産の自然石が使われていたようである．また片岩系の石材を使用した箱形石棺が設置されていたとされる点も金鈴塚と共通する．当古墳の遺物は東京国立博物館に収蔵されており，須恵器はTK209型式主体，新納編年（新納 1984）第9段階の双竜環頭大刀，金銅製双魚佩・鉸具付心葉形杏葉などを含む点が注目される．

沼沢豊氏は副葬品の豊富さなどから，金鈴塚に先行する前方後円墳の可能性を指摘しているが（沼沢 1990），副葬品様相は金鈴塚の遺物相の中でもその新相に対応するものとみられ，壁面に大形切石を使用した石室であったとすれば，墳形が方墳であった可能性も否定できないものと思われる☆1)．

その他の古墳　小の塚は祇園鶴巻塚の西方 200 m に位置する古墳で，墳丘から石材が露出し，それらはいずれも海岸産出の凝灰質砂岩と確認されている（高崎 1972）．

山川は矢那川南岸の低地に所在した古墳で，昭和 31（1956）年頃に横穴式石室から頭椎大刀が出土したといわれるが（椙山 1991），石室構造の詳細は明らかでない☆14)．またこの付近では明治 33（1900）年の木更津中学校（現木更津高校）建設の際にも，人骨を蔵した石槨が発掘されたという（高崎 1972）．

酒盛塚は金鈴塚の南に位置した古墳で，『君津郡郡誌』によれば，明治 45（1912）年頃の土砂採取の際に石槨が発見されたというが詳細は明らかでない☆13)．

塚の越は松面の南側に位置し，明治 42（1909）年に変形四獣鏡・鞍金具・琥珀玉・丸玉・須恵器提瓶が出土している古墳で，『君津郡郡誌』の古墳表に「石塊の大なるもの露出せり」と記される．

このほか『君津郡郡誌』には，袖ケ浦市域にも 2 か所「石槨」を有する古墳の存在が記録されている．福王丸塚（奈良輪字上奈良輪）とかんかん塚（神納字山王下）であり，前者は周囲およそ 40 間（72 m）・高さ 7 尺（2.1 m），後者は方 5 間（9 m）・高さ 7 尺（2.1 m）の古墳であったとされるが，いずれも現存せず，石室の石材や構造等についても知る術がない．

(2) 丘陵部の古墳

瑠璃光塚古墳　烏田川右岸の丘陵突端部に所在した古墳で，昭和 14（1939）年に発掘されている．

報文によれば「全部自然石の海岸地方にありたる砂岩質の扁平なる岩石」で壁面を構築し，天井石は「比較的幅広きものを数個並べ」，床面には「拳大の小石を並べ」てあったとされ，平面形態は玄室・羨道の区別がない無袖形で，長さ 3 間（5.4 m）・幅 5 尺（1.5 m）と記録される．また人骨については頭蓋骨の数によって推定すれば「概算八人を屈葬せるものの如し」としている（小熊 1939b）．

以上の記録から，当古墳の石室は海岸の自然石のみによって構成された無袖形石室で，基本的に小糸川流域の自然石積石室との近似性が強いものであったと考え得る．ただし当古墳の所在した峯の薬師の境内には角の取れた円石状の砂岩材が庭石として散見され，これが石室材の一部であったとすれば，「内壁は比較的小なる岩石を積み重ね」といった報文の記述とも整合する．石室長が比較的短い点や側壁構築材の形状など，後述する俵ケ谷 6 号の石室とも共通する部分があったとみられる．

俵ケ谷 6 号墳　烏田川左岸の丘陵上に所在した直径 10 m の円墳で，当地域の横穴式石室墳としては最小規模の古墳である．石室は全長3.5 mと小規模ながら当地域では例のない特徴的形態・構造を示す．

石室形態は短い羨道部を有する両袖形で，玄室部は自然石積，羨道部は切石積という異例の構成を示す．玄室は軟砂岩の板状仕切石によって前・後室に区分され，後室側は床が一段高く切石が敷かれ，さらにその上に円礫が敷き詰められるのに対し，前室と短い羨道部は地床となっている．7体分の人骨はすべて後室内から検出され，副葬品の鉄鏃・須恵器はいずれも前室から出土している．天井には軟質砂岩の自然石5個が横架される．

玄室側壁・天井の石材は砂岩自然石ではあるが，貝穿孔の穴や貝殻の付着はほとんどみられず，角の取れた円石状のものが主体であった．このことから，海岸採集の転石であっても摩耗の進んだものが選ばれており，採取地も小糸川流域の石室材とは異なる場所であった可能性がある．壁材は大きいもので長さ60～70 cm，小さいもので30～40 cm程度であり，石室主軸に石の長軸を合わせて持送り式に積み上げられ，控え積みは一切みられない．石積みの不安定さを補うために，側面は版築状の粘土で裏込めされていた．また後室に敷かれた円礫は赤褐色・黄褐色・青灰色・緑灰色・暗灰色と多彩な色調を示し，多種の石質が混在しているようで，河原や礫層からの採集品とも考えられる（小沢 1993a）．

なお当古墳では，1.98 × 1.23 mの狭い後室内から幼児骨3体を含む7体分の人骨が折り重なるような状態で検出されている（梶ケ山・馬場 1993）．高さ90 cmという空間の狭さから考えると，入口から人が入って遺体を移動させるのは至難に近いように思われるが，天井石が粘土で堅固に被覆されていたことからみれば，天井石を取り外しての追葬は考え難く，やはり狭い石室の中を屈みながら後室まで遺体が持ち運ばれたと考えざるを得ない．いずれにしても人数分の木棺を収納するのは無理であり，同一棺内への追葬か，骨化した後の改葬が行なわれているとみた方がいいようである．

以上のように小櫃川流域圏では，金鈴塚・丸山など6世紀末葉期の首長系古墳の石室において，海岸採取の自然石を整形して壁面の構築材としており，また天井石には板状の自然石をそのまま使用しているものが多い．そしてその構築技法にはL字形に加工された石材が認められるなど，切石積に近い技法もみられ，用材自体は小糸川・湊川水系圏の石室と同様の礎石が使用されているとはいえ，石積技法においては明らかに異なった在り方を示している．また金鈴塚の石室平面形態が狭長な無袖形を示す点は小糸川流域と近似する．そして秩父方面から入手した片岩系石材使用の箱形石棺を内蔵する点は当地域の特色ともいえ，5世紀以来首長系古墳の埋葬施設に石棺を多く採用してきた伝統を反映しているとみることもできるだろう．なお松面の石室が切石積石室の範疇に入るものであったとすれば，小糸川流域よりも早い段階に切石積石室を採用していることになる．

なお房総の6世紀末葉前後の前方後円墳で切石積の横穴式石室を採用している例としては，小見川町城山6号，芝山町小池大塚，横芝町殿塚・姫塚，松尾町権現塚・蕪木5号，成東町不動塚，山武町埴谷1号，千葉市土気舟塚・人形塚・椎名崎1号，市原市山倉1号・持塚2号などの例があり，山武郡地域を中心として，首長系古墳の多くに砂岩切石積石室が採用されている．小櫃川流域における加工自然石積石室もこのような地域との関連の中で出現したと考えられ，狭長な自然石積石室を前方後円墳の終焉段階まで造り続けた小糸川流域との中間的な地域相を認めることができよう．

5　小糸川水系圏の切石積系石室

小糸川流域の切石積石室は今のところ内裏塚古墳群内においてのみ確認されており，丘陵部における切石積石室の存在は未確認である．また湊川流域では町田のような二重周溝の方墳が存在するものの，表面で確認される石材は自然石であり，切石積石室の存在を認めることができない．

内裏塚古墳群内では，これまでに割見塚・亀塚・森山塚・野々間・稲荷口・内裏塚北方の諸古墳で切石積石室の存在が判明しているが，現在その全容がわかるのは割見塚・森山塚の石室に限られる．

割見塚の石室は羨道・前室・後室とその奥に棺室が付加された3室構造の長大な石室で全長11.7mを測り，石室前に八字形に構築された前庭部を含めた総全長は18.75mに及ぶ．発掘時には天井石をすでに失い，左側壁はほとんど倒壊しており，右側壁も下段の石のみを残す状態であった．側壁（片側）は後室に2枚，前室に2枚，羨道に4枚の大形切石を立てて壁面としており，羨門と各室の玄門部にはそれぞれ石室主軸に直交する板状切石を立てた門柱石が設置されている．側壁材は床からの垂直面に対して5度内傾するように整形されていた．床面にはすべて切石が敷設され，L字形の切組みが所々に認められる．このような切組みは大きさの異なる石を嵌め込んでゆく過程で，それを整合させるためにその都度整形が加えられた結果生じたものなのか，設計当初から装飾的効果を意識して切組むように石材が加工されていたのか判断は微妙であり，その中間的解釈として，当初から石の大きさに変化をもたせる意図があり，片側から石を置きながら，後から埋め込む石の重複部分を逐次切り落としていったとみておくのが妥当かもしれない．当石室のように奥に横口式の棺室を備えた石室構造は河内飛鳥地域（大阪府羽曳野市域）に近似形態を見出すことができ，同地域にその技術的な系譜を求めることができる．ただ石室の長大さにかけては，切石積石室として全国でも屈指の規模であり，房総の終末期方墳で墳丘規模が当古墳を上回る岩屋古墳・駄ノ塚古墳よりも石室規模では卓越している．なお当古墳の場合，前庭部の石積みに従来の自然石積石室と同様の磯石が使用されている点が注目される．ただし石の積み方は自然石積石室の壁面とは異なり，下部に大形の石，上部に小形の石が順次積み上げられており，最下部には2〜3石間隔で立位の大形石が配置されている．また壁面は垂直面より20〜30度の傾斜角で外傾しており，壁の高さは前方へ向かって次第に低くなっている．

森山塚の石室は両袖形で全長6.9m以上，羨道と玄室との境が1.2mの段差をなしている．羨道側壁下段には大形切石を垂直に立て，羨道側壁上段と玄室側壁には下段切石の約1/2の高さの切石を垂直に載せて壁面を構成している．床面全体には切石が敷設され，部分的にＬ字形切組みがみられる．また残存した天井石は壁材と同様の砂岩切石で，屋根形に整形されたものであった．このように森山塚の石室は割見塚と形態的には異なるが，石材の基本構成は共通する．ただ壁面が内傾せず，垂直に立つ点は相違している．また平面的には両袖形・単室の形態をとるが，玄室部の天井高が低いとみられる点は割見塚の棺室と同様に横口式石槨の構造を取り入れたものとみられる．近年調査された鋸伏山西峰古墳なども石槨部が比較的広く床面が高く造られている点などに当古墳との類似点が窺える（伊藤 1994）．

亀塚の石室は確認調査により，石室長 8.1 m（玄室長 2.4 m・羨道長 5.7 m），奥壁幅 1.94 m という計測値が提示されており，平面形態は両袖形で，床面には切組みを有する切石が敷かれ，羨道と玄室の境には 10 cm 程の段差のあることが判明している．側壁材は 5 度以上内傾する．また前庭部には割見塚と同様の自然石による石積みがなされている．石室規模は割見塚と森山塚の中間に位置づけられ，墳丘規模に相応したものといえる．

野々間の石室は実測図が残されていないが，報文の記述によれば，推定全長 7.5～8 m・玄室長 5 m 前後・幅 1.3 m・天井高約 1.1 m で，平面形は片袖形であったとされる[9]．また側壁材の大きさは最大のもので長さ 202 cm・高さ 107 cm・厚さ 43 cm と記録され，床面には「全て大小の切石で見事な組合せ石敷を作っていた」とされる状況は，割見塚・森山塚の床面に近似したものであったと思われる．

稲荷口と内裏塚北方の 2 古墳の石室については，伝聞や残存石材から切石積石室であったことがわかる程度で，形態や構造の詳細については明らかでない．

以上のように内裏塚古墳群中の方墳の石室は，構築技法のうえで従来の自然石積石室とは革新的な違いをもって造営されており，その構築技術および様式は，墳形の変化やその背景になった階層機構の変革とともに，畿内から直接的にもたらされた（あるいは採り入れた）ものと考えられる．ただ各古墳の石室は技法上での共通性は強いものの平面形態には変化があり，墳丘規模に連動してそれぞれ異なる様式が選択・採用されているとみることも出来るだろう．いずれにしても内裏塚古墳群における終末期の切石積石室が，総体的により畿内色の強い様式を保って造営されている点は注目してよい点であろう．

なお，人骨については各古墳とも未検出であり，被葬者に関わる検討はできない．また石室構築材として使用された砂岩切石の採掘地については，従来の自然石採取地に近い海岸の崖面であったとも考えられるが，同時期に横穴墓が盛んに穿鑿されていた近隣地域の丘陵斜面もその候補として挙げられる．新しい石室構築技術の導入に連動して，採石・加工技術に関する変化もあったことが推測される．

6　小櫃川水系圏の切石積系石室

小櫃川流域では今のところ大形前方後円墳の系譜を引き継ぐような首長系の終末期方墳の存在

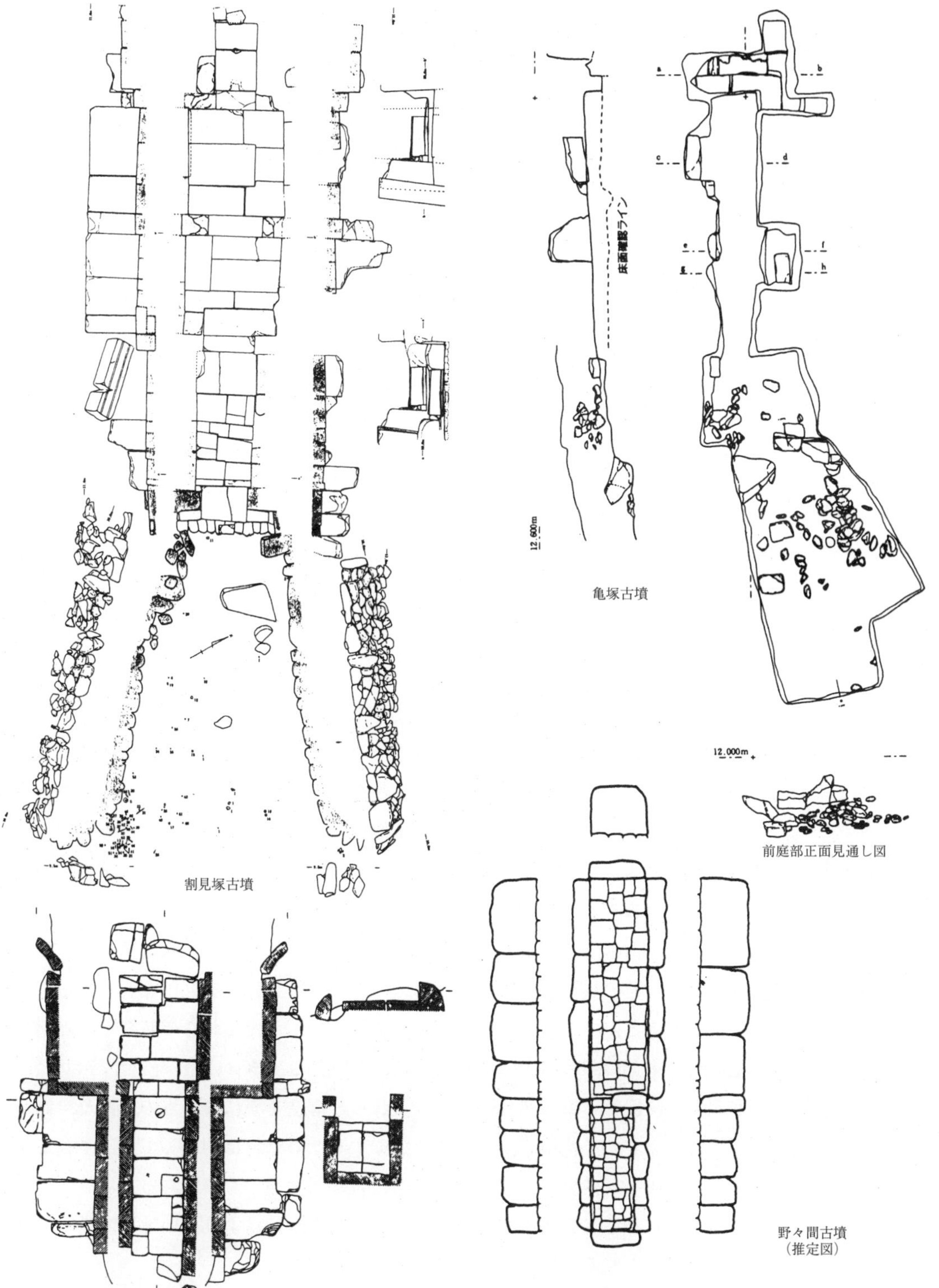

第5図　小糸川水系圏の切石積系石室

が明確にされていない．ただ前記した松面古墳が初期の段階の方墳であった可能性を有するほか☆1)，松面と同じく菅生遺跡の調査中（昭和 13 年）に酒詰仲男によって清掃調査が行なわれたといわれる相里古墳が切石積石室であったとされ（乙益ほか 1980）☆14)，詳細は不明ながら小櫃川下流域にも首長系の終末期古墳が存在していた可能性がある．ここでは現時点で明らかにされている木更津・袖ケ浦の台地・丘陵上に存在する小規模な終末期古墳の切石積石室について検討しておきたい．

木更津の山伏作 5 号・大山台 36 号・関田塚 2 号の 3 基は石室の基本構造において近似性の強いものである．石室形態はいずれも入口部に玄門構造を備えた無袖形（もしくは羨道部のごく短い両袖形）で，石室全長は山伏作 5 号が 6.7 m，大山台 36 号が 5.3 m，関田塚 2 号が 5.0 m を測る．石室幅は各古墳とも 1 m 前後であり，山伏作 5 号・大山台 36 号では奥壁部が若干狭く，関田塚 2 号では逆に奥壁側が少し広いが，その差は僅かで最前部から奥壁まで一定に近い幅を保つ．側壁の構築は 3 基とも直方形に加工した軟質砂岩切石を互目積にしたものであり，基本的に石材長軸を石室主軸に平行させて積み上げられているが，大山台 36 号・関田塚 2 号では直交する置き方の併用されていることが確認される．なお個々の石材の大きさは山伏作 5 号では長さ 70～75 cm・幅 35～39 cm・厚さ 28 cm 前後と計測され，比較的揃っていたようであるが，大山台 36 号・関田塚 2 号は石の大きさに不揃いな部分が目立つ．

一方，奥壁・閉塞石と床面の構造には 3 古墳の石室に相違が認められる．山伏作 5 号では奥壁に大形の板状切石 2 石を立てて上部の天井石との空間を小形切石によって埋めており，入口部にもやはり大形で厚い切石を立てて閉塞石としていた．これに対して大山台 36 号・関田塚 2 号では奥壁も側壁と同様の小形切石によって構築されており，閉塞部にも小形の石材が積み上げられていたようである．また山伏作 5 号では床面に石が敷かれないが，関田塚 2 号の床面には全面に切石が敷かれ，一部に切組み技法が用いられている．また石室中央部の床面には板状の仕切石が埋設されて前・後室に区分され，後室の床面が前室より一段高くなっている．また大山台 36 号の場合は床面に粘土が敷き詰められていた．

上記のように木更津地域の台地上の終末期方墳の石室では，小形切石を煉瓦状に積み上げてゆく構築技法が採られており，その技法や狭長な平面形態の基本形は金鈴塚や丸山など 6 世紀末の首長系古墳の石室に求めることができるのではないかと思われる．ただこれらの石室から出土している土器は 7 世紀後葉～末葉段階のものであり，時期的な隔りは大きい．

小櫃川流域圏でも北方に位置する雷塚 2 号の石室はこれらと構造を異にするものである．側壁下段と奥壁には大形の切石を立てて使用し，天井幅を狭くするため壁材は内傾して加工されている．その技法はむしろ割見塚など内裏塚古墳群中の方墳の石室と共通のものである．

付近に位置する鼻欠 1 号の石室形態は不明であるが，終末期段階にはより狭い地域圏単位で石室構築技法の地域性がとらえられる可能性がある．

7　箱形石棺との関連

次に横穴式石室と同じ石材使用の埋葬施設として，石棺を埋葬施設とする古墳についてもその分布概要を述べておきたい．まず5世紀代の石棺墳として，小櫃川流域の首長墓である高柳銚子塚と祇園大塚山があり，前者は砂岩製底石の存在から長持形石棺と推定されているが，後者の形態は明らかでない．

次にこれまでに確認されている6～7世紀代の当地域（小櫃・小糸川流域圏）における箱形石棺墳を列挙すると，袖ケ浦市域の西ノ谷下，木更津市域の鶴巻塚・高部42号・塚原5号・庚申塚17号・マミヤク遺跡石棺・手古塚丘陵東斜面石棺・関田塚1号，君津市域の東仲田・星谷上などの例が挙げられる．また石室内に石棺が内蔵されたものとして，金鈴塚・松面・丸塚・古山(2基）の5例がある．

以上のうち，片岩系板石を使用した組合せ式箱形石棺として金鈴塚・松面の石室内石棺があり，ほかはいずれも砂岩切石材を使用した石棺である．そのうち塚原5号・庚申塚17号の石棺は身・蓋ともに砂岩材を方形に刳り抜いた刳抜き組合せ式ともいうべき形式であり，高部42号・マミヤク・関田塚2号・東仲田・丸塚・古山中央部の石棺は側石・底石・蓋石が数枚の切石から組み合わされる形式，古山奥部の石棺は板状の1枚石が組み合わされ石棺である．ここではこれらの石棺の形態と構造の詳細については省略し，石室と石棺との関係をめぐるいくつかの点を指摘しておきたい．

まず首長系古墳における両者の採用の経過をみると，小櫃川流域では5世紀代の盟主墳に石棺が採用され，6世紀後半にも鶴巻塚のような大形の古墳で石棺を主たる埋葬施設としているものがある．また金鈴塚・松面のような横穴式石室墳においても，主たる被葬者を箱形石棺内に葬り，その石材に在地産のものでない特別の石材が使用されている．これに対して小糸川流域では5世紀代の盟主墳に，海岸の自然石を使用した竪穴系石室が導入され，6世紀代の古墳にはことごとく同様の自然石を使用した横穴式石室が採用されて，一部の円墳の石室内に砂岩製の箱形石棺が取り入れられているに過ぎない．このように小櫃川流域では石棺を中心的埋葬施設する伝統が長く続いたのに対し，小糸川流域では石室を構築する伝統が早くから定着し，維持されたとみることができる．

一方，北接する養老川流域（姉崎）の首長系古墳では，少なくとも6世紀前半まで粘土槨など石材を使用しない埋葬施設が存続しており，小櫃川・小糸川の両地域とも異なった在り方を示している．同じ東京湾沿岸の3大河川である養老・小櫃・小糸川流域で首長系古墳の埋葬施設に粘土槨・石棺・石室といった主体の相違が現われているのは，石材採取地との距離にも関係があるのではないかとみられる．換言すれば，石材を恒常的に採取し得る岩礁地帯の海岸を領域内に含めていた小糸川流域の首長層は早い段階から石室を導入し，その構築技術を独自に発展させることもできたのではなかろうか．

次に丘陵部の石棺墳についてみると，現状ではやはり小櫃川流域圏の方に圧倒的に多くの事例が存在している．この中には高部 42 号（円墳）例など時期的にやや遡る可能性のあるものもあるが，大部分は 7 世紀代の所産と考えられる．とくに関田塚では丘陵斜面に並んで造営された 2 基の方墳のうちの 1 基が横穴式石室で 1 基が箱形石棺であった．

また小糸川北岸台地に所在する 2 基の古墳のうち，前方後円墳の星谷上は 6 世紀末の築造とみられるが，石棺については破壊等によってその構造が明瞭でなく，副葬品が土面上から出土していることなどからみると石材を補助的に使用した直葬系の埋葬施設であった疑いもある．なお同古墳の前方部からは木棺直葬の埋葬施設が別に検出されている．東仲田（墳形不明）の石棺は蓋石を山形に加工した形態であり，箱形石棺の中でもやや古い形式かとみられるが，遺物僅少のため時期を特定できない．

以上のように台地・丘陵部の小規模古墳においては，小櫃川・小糸川両流域とも 6 世紀末頃の段階に一部で石棺が採用されていた可能性はあるものの，まだその実態は不明確で，多くの事例は切石積石室と併行する 7 世紀代の所産と考えられる．砂岩切石を使用した石棺の構築技術は切石積石室の構築技術と関連の強いものであろう．中でも特殊な存在にみえる塚原 5 号・庚申塚 17 号の刳抜き式石棺も，石材が軟質であることからみれば，簡略化された石棺形式の一種として生み出されたものかもしれない．

なお 7 世紀代には木棺直葬の方墳も引き続き多くみられ，石棺をもつ古墳がこれらに対して優越的な存在であったかどうかについても検討を要する．現在知られる石棺墳には明確な遺物を伴うものが少ないが，庚申塚 17 号では方頭大刀が出土しており，請西地域の 7 世紀代の古墳の中での傑出性を示す．ただこの古墳を含めて，石棺墳の墳丘規模は概して小さいものが多く，中には周溝を伴わない単独のものもみられることから，石棺が一般的に木棺直葬に対して上位であったかの判定には微妙な部分がある．

8　横穴式石室墳の階層性

次に当地域の横穴式石室墳を通して看取することができる古墳の階層性の問題について考えつくところを述べ，本稿のまとめとしたい．

まず 6～7 世紀における当地域の古墳総体の中で横穴式石室墳の特殊性を位置づける必要がある．先にも述べたように，横穴式石室墳の分布は低地部に圧倒的に多く，大形前方後円墳を中心とする首長墓域に集中的に認められるといってよい．それでは 6～7 世紀の丘陵地帯の古墳の大多数の埋葬施設は何かといえば木棺直葬であり，また小糸川南岸より南の地域では横穴墓が群在する状況となっている．

このような点からみれば，当地域においては横穴式石室を埋葬施設とすること自体が，墳形や規模とは別に，その被葬者の階層的優位性を示していると考えることができる．事実，内裏塚古墳群中の円墳には飾大刀などを副葬するものがあり，木更津地域でも山川古墳などこれらと同様の古墳がある．

逆の見方をすれば，小櫃川・小糸川両地域の下流低地部に所在する後期～終末期古墳には，木棺直葬の古墳がほとんど確認されておらず，低地であるゆえに石材が搬入しやすかったのではないかという側面も一考の余地がある．しかしながら先に述べた副葬品の卓越性や首長墓級の大形前方後円墳と墓域を同じくするという点からみても，丘陵地の古墳とは性格を異にする首長の直系集団の墳墓であったとみなす方が妥当であると思われる．換言すれば，当地域においては低地古墳＝横穴式石室＝首長系という基本的図式がおおむね当て嵌まるのではないかと考えられる．

6世紀後半代の状況をみると，内裏塚古墳群内では九条塚・稲荷山・三条塚という盟主級前方後円墳の下に，西原・姫塚・蕨塚などの中・小規模の前方後円墳，その下に白姫塚・丸塚・古山などの円墳群といった形で首長集団内部での墳墓の階層構造を認めることができ，さらに円墳の中にも大形・小形の序列があった可能性がある．一方，木更津地域（祇園長須賀古墳群）でも稲荷森・金鈴塚の盟主級前方後円墳，丸山・酒盛塚など中小前方後円墳，鶴巻塚・松面・塚の越・小の塚・山川などの円墳があることから同様の構図が想定し得る．ただし木更津地域の諸古墳は古い時期に発掘されているのみで墳形の確定していないものが多くを占めるため，個々の位置づけが変動する余地は多分にある．

それでは6世紀後半代の丘陵上の横穴式石室墳の位置づけはどうだろうか．小糸川北岸丘陵に位置する妃塚・権現塚の場合，先述したように石室構造では内裏塚古墳群内の古墳との共通性が高く，副葬品内容もその質量において一般の群集墳より優越性がみられる．従ってこれらは基本的に低地部の首長系円墳と同列に位置づけることが可能と思われる．あるいは首長系集団の墓域が，6世紀末頃の段階から一部下流域の丘陵上まで拡散したととらえることも可能ではなかろうか．

一方，俵ケ谷6号の場合はこれらとは少し位置づけが異なる．同古墳は墳丘・石室ともに小規模でありながら，石室は複室構成や自然石積・切石積の併用など比較的手の込んだ造りとなっていた．しかしながら検出された副葬品はきわめて貧弱であり，隣接する俵ケ谷7号（円墳・木棺直葬）と比較しても墳丘規模・副葬品共に劣っていた．副葬品については盗掘によって失われている可能性も否定できないが，少なくとも当古墳のような10ｍ級小円墳にまで横穴式石室が採用されている事実は，当地域においては一つの意外性を示す存在でもある．ちなみに7号墳には5基の木棺が存在し，追葬に際して墳丘の拡張も行なわれており，鉄鏃の比較からは7号墳に後続して6号墳が造営されたと考えられる．もし追葬の便宜を図るためだけに横穴式石室が採用されているとすれば，埋葬施設に関しては個々の古墳造営者に選択の余地があったことにもなり，先に示した横穴式石室の階層制についての認識を見直すべき事例ともなり得る．しかし，俵ケ谷6号のような事例はまだ限られており，現段階では6世紀末～7世紀初頭の一時期において，一部丘陵上の小古墳にまで横穴式石室が取り入れられている事実を，例外的存在として認識しておくにとどめたい．なお同じ小櫃川流域圏に属する瑠璃光塚は石室長がやや大きく，副葬品内容からみれば，むしろ妃塚・権現塚と同様の位置づけでとらえる方が妥当かもしれない．

いずれにしても矢那川と小糸川の中間地帯に丘陵上の横穴式石室墳がいくつか認められている事実は，石材採取地の海岸が比較的近い距離にあったこととも無関係ではないものと推測される.

次に石室被葬者の数とその範囲の問題についても若干触れておきたい．古墳の造営数が最も多くなる6世紀後半～7世紀初頭の期間には，木棺直葬墳の多くも複数の埋葬施設を有しており，1基の古墳に複数の遺体を葬るという点では横穴式石室墳と共通した在り方を示しているといえる．ただ木棺直葬の場合にはその埋葬人数にも限度があるため，結果的に古墳そのものの数が増やされていったと解釈することもできる．またこの時期から造営が盛んになる横穴墓も多数埋葬を基本とすることは横穴式石室と同様である.

それでは1古墳（あるいは1石室・1横穴）に埋葬される被葬者群とは，どのような関係で結ばれた者たちであったのだろうか．これは古墳をめぐる根本的で未解決な命題の一つであるが，近年では石室や横穴内から良好な形で出土した人骨群の分析等によって，次第に仮説から実証の域へと近づきつつあることも事実である（田中 1995)．当地域ではまだ人骨の分析例も少なく，それらの研究成果に照らし合わせるべき資料を欠いている状況なので，ここでは出土人骨の数などから推察できる石室内被葬者群の構成について，実証以前の予測として示しておくことにする.

先にも触れたように6世紀後半期の石室内からは平均して10体前後の埋葬人骨が検出されており，石室内の空間をすべて埋め尽くすかのような状況を示している．これは石室（古墳）が特定の個人を葬るためだけでなく，一定の関係で結ばれた「人々」を埋葬するために造られていたことを示している．その「人々」とはおそらく1人の「主人」を中心とした「家族」であったと思われるが，その「家族」の範囲が問題となる．ここで被葬者群の成員を思いつくままに列挙してみると，およそ次の通りとなる.

A主人，B妻，C妾，D若年で死去した子供，E主人の未婚の兄弟，F主人の諸子，G主人の兄弟，H主人の継嗣，I主人の身近な従者，J主人と近い時期に死去した近親者

上記のうち，A＋Bが複数埋葬の基本的単位ではないかと推測され，さらにCやDを含めた2～5人程度がこの時期の木棺直葬墳の一般的な被葬者群構成と目される．横穴式石室ではさらに被葬者数も多く，A～Dに加えてEやFも同一墓埋葬の対象となった可能性がある．この時期においては原則として主の代替わり毎に新たな墳墓を造るという前提に基づくならば，Hは一応除外され，分家の成立という観点からはGや，Fの一部も除外されて然るべきかもしれない．基本的に一古墳に埋葬される被葬者は主と同世代の者と考えられるが，現実には死亡の前後が入れ替わることもあるので，DやFを含め，主と前後する時期に死去したJを想定する必要もあろうと思われる．また血縁ではないIも，仮に墳丘内（石室内）ではないにしろ，周溝内埋葬といった形で同一古墳に葬られた可能性がある.

以上のような想定はあくまでも憶測の域を出ないものであるが，少なくともこの時期の古墳には埋葬期間にそれぞれ長短の違う幅があり，古墳間の前後関係の認定も「幅の重複」という観点で判定していくことが必要となる．主体部ごとに副葬品の比較ができる木棺直葬墳に比べ，横穴式石室墳の場合には埋葬人数が多く，副葬品セットの認定など編年的作業がより複雑になること

を余儀なくされる．

6世紀後半は当地域において古墳被葬者の絶対数が著しく増加した時期としてとらえられる．その要素の一つは台地・丘陵部における木棺直葬墳の群集墳的倍増，二つめの要素は低地部の横穴式石室墳出現に伴う被葬者数拡大，さらに三つめの要素は狭隘な丘陵地帯における横穴墓群の造営開始である．このような古墳被葬者数増加の社会的背景としては，階層的な裾広がりと地域的人口増の両面から検討する必要があると思われる．このうち後者の問題については，現在までのところこの時期の集落遺跡が古墳被葬者数の増加に見合うほど多数確認されているわけでなく，古墳前・中期集落に比べての増加も確認できない．しかしながら木更津の俵ケ谷・マミヤク・花山遺跡などでは丘陵低位面に古墳後期の住居群がかなりの密度で分布することが知られており，この時期の居住域が次第に低地へと移行していることを考えると，まだ大半が未調査である低地部にこの時期の集落の多くが存在した可能性は高い．

また古墳造営階層の裾広がりという観点からみると，この段階には100m級大形前方後円墳の被葬者を頂点とする階層機構が出来上がっていたとみられ，先に述べたように首長系集団においては大形前方後円墳—中小前方後円墳—円墳という内部序列が，また首長層に従属する流域内の小地域単位集団においては中小前方後円墳—円墳という序列が想定され，小地域の序列は首長系集団の序列の縮小版のような形制をなしていたと考えられる．そして小地域の長の墳墓は墳形や規模（外部形式）のうえで，首長系集団内の円墳に勝ってはいるが，内部施設や副葬品内容においては首長系の円墳の方が卓越している状況をみることができる．一例を示すと，内裏塚古墳群中の円墳・古山古墳には円頭大刀・馬具・銅釧・耳環・各種玉類等が副葬されていたのに対し，小糸川下流台地の前方後円墳・星谷上古墳は直刀・刀子・鉄鏃といった副葬品をもつのみであった．これは墳形があくまで地域集団内での序列を示すものであって，所属する一族の格や経済的優位性とは別であったことを示している．そして当地域にあっては，横穴式石室を採用することが首長系集団に属することの一つの証にもなっていたものと思われる．

このように6世紀後半代は，小櫃川・小糸川の首長勢力の安定に伴って古墳が最も序列化し，同時に被葬者層が拡大した時代であった．古墳造営数のピークはおそらく6世紀末葉～7世紀初頭期であったとみられるが，7世紀前葉～中葉期に入ると一転して古墳の絶対数が激減する．首長の墳墓形態が前方後円墳から方墳に変化する時期であり，内裏塚古墳群では割見塚古墳を最大として，中・小規模の方墳が連続して造営される．これらの方墳群は個々に世代を異にする首長の墳墓ではなく，大形前方後円墳—中小前方後円墳—円墳といった従来の首長集団内部の序列が再編された形で墳丘規模の差に表わされたものと考えられ，築造時期は7世紀前葉～中葉の比較的短い期間内に集約されるのではないかと推定している（小沢1992）．しかしながら墳丘長122mの三条塚に比して辺長40mの割見塚は首長の墳墓としては著しく規模を縮小しており，それは当地域の首長層の対外的地位が降格され，墳丘規模が規制を受けたことを示している．ただそれは第一義的に墳丘規模という外部形式の規制であって，壮大な二重周溝や整美な切石積石室の存在には，引き続き当地域の首長の内部的権力の維持，ならびに経済的優位性が保持されていたことを物語っているのではなかろうか．この時期に木更津地域で首長墓に匹敵する大形方墳が確認されないのは，やはりこの地域の首長の外的降格・規制と関係しているかもしれない．またこの時期には小櫃川・小糸川両地域とも丘陵・台地部における古墳の存在がきわめて少なくなっているようであり，造墓規制が末端までに及んで，群集墳的な古墳造営が終息したことを示している．

7世紀後葉～末葉期に入ると，再び状況に変化が現われる．この時期，有力首長層はすでに寺院の造営を開始しており，それまで古墳造営に注ぎ込んだ経済力を寺院という新しい時代のモニュメント建設に傾けるようになる．この時期，墳墓造営の規制緩和ともいうべき現象として，小規模古墳（方墳）の造営が再び盛んになってくる．それらの墳墓の中で際立った存在となっているのが切石積石室をもつ方墳であり，あたかもかつての墳墓の序列を再現するように木棺直葬の方墳が石室墳に従属して集合的に造営される．台地・丘陵部におけるこれらの石室墳の被葬者はどのような系譜の持ち主だったのだろうか．それはかつての首長クラスの末裔による隠れ墳墓であったのか，あるいは一定期間古墳の造営を規制されていた小地域の長クラスの者なのか，あるいはこの時期に新たに抬頭した階層なのか．

だがいずれにしても，このような石室墳の造営が永続することはなかった．奈良時代の到来とほぼ時を同じくして，石室・墳丘のような顕著な構造物は墳墓から姿を消し，簡略な火葬骨収容施設へと変化を遂げてゆく．ただ墳墓の方形区画，二重周溝による家格的な優位性の表示などが古墳時代からの名残としてその後しばらくの間，墳墓形式に残存することとなった．

おわりに

以上，上総南西部の小櫃・小糸・湊川水系圏の横穴式石室の様相について長々と述べてきたが，多岐にわたる問題をまとめて取り扱う形となったため，個々の問題について十分に論を深化させることができなかった．他地域の石室との系譜的な関連や石材の広域移動の問題など，浅学のために追及できなかったことも多い．これらの点については再考のうえ，別の機会に取り上げてみたいと考えている．

最後に本稿作成の機会を与えて頂き，執筆過程で幾多の貴重なご指摘を賜わった田中新史氏に心から感謝の意を表したい．また君津郡市文化財センターの豊巻幸正・島立桂・松本勝・稲葉昭智・藤平裕子氏から調査古墳に対する所見を伺い，あるいは未公表の原図検討にあたっての便宜をはかって頂いた．

註

1）中期には下流域低地に高柳銚子塚・内裏塚といった隔絶した規模の盟主級前方後円墳が造営され，各流域内に中小規模の前方後円墳の存在をみないが，後期には下流域低地の盟主級前方後円墳が卓越的規模をもつとはいえ，同じ古墳群内に中小規模の前方後円墳が併存し，さらに流域内にも多くの中小規模前方後円墳の造営が認められる．このうち小櫃川中流の戸崎古墳群など50～60ｍ級の中規模前方後円墳を造営した核地域があり，湊川下流域もこれらと同格の小糸川流域の首長の傘下にあった核地域ととらえることも出来る．中期と後期では古墳の階層構造に明らかな相違があり，小櫃・小糸両地域で6世紀前半には共に首長墓の断絶が認められる．

2)　当古墳群の名称については，かつて「飯野古墳群」あるいは「富津古墳群」とよばれていたことがあるが，1986年の『千葉県富津市内裏塚古墳群測量調査報告書』（千葉県教育委員会）刊行時に，古墳の分布範囲や研究史を踏まえたうえで「内裏塚古墳群」の呼称が最も適当であろうという判断が示された（同書Ⅰ-2「古墳群の名称と研究略史」沼沢豊氏執筆）．しかし古墳群の名称は原則として地名（字・古地名・広域名）を冠することが望ましく，特定の古墳名をもって代表させることの変則性も拭い切れない．筆者自身は「富津」の地名を青堀・飯野周辺までを含む広域地名ととらえる観点から1986年まで「富津古墳群」の名称を使用していたが，広大な現富津市域の中での特定化や調査報告などの業務上で不必要な混乱を避ける意味もあり，上記の測量調査報告書に倣う形で，1987年以降の報告・論文はすべて「内裏塚古墳群」の名称を使用している．本文の執筆にあたっても，改めて多少の迷いがあったが，従来通り「内裏塚古墳群」とよんでおくことにする．

3)　当古墳については従来から，虫神古墳・妃塚（きさき塚）の名称が併用されてきたが，現在君津製鉄所・大和田社宅敷地内に石室石材を保存した記念碑と説明板があり，「妃塚古墳」と記されている．今後は現地での表示に合わせて妃塚古墳を正式名称とすることが望ましいと考える．

4)　当古墳については宮原古墳の名称も使用されているが（椙山 1982），報文（高橋 1937）に従って向原古墳とした．なお報文には「周囲は砂岩の切石を以て築き」という記述があるが，後藤守一氏の紹介文（後藤 1934）に掲載された写真から見る限り，側壁はすべて自然石で構築されていることが明らかである．ただ玄室床面には切石が使用されていたとみられることから②に含めた．なお当古墳の側壁構築材と考えられる石材が跡地付近に集積されて残っている（写真⑧）．

5)　城山1号墳の年代については，大塚初重・岡安光彦氏らによる副葬品の再整理作業により，MT85型式併行期の遺物相が中心をなすのではないかという指摘（大塚・岡安 1992）がなされている．

6)　この天井石材について，椙山林継氏は「花崗岩の粗悪な石ではないかと思われるが，房総半島の石材であるかどうか明らかでない」と報告しているが（椙山ほか 1979）が，田中新史氏のご教示によれば，礫の目立つ第3紀凝灰岩で，大貫—竹岡間の海岸にもう少し脆い同質の石材の露頭を確認しているとされる．

7)　中村恵次氏は複室構造石室採用の要因についても同様の見解を述べているが（中村 1974a），その点については，複室石室の認定基準の問題も含めて原田道雄氏による批判（原田 1974）が呈示されている．

8)　1975年刊行『富津市遺跡等分布図』（富津市教育委員会）において前方後円墳・前方部消滅と記載される．現在南側には墳丘の痕跡がなく，県道に切断されている北側に前方部があったとも考えられるが，前方後円墳と認定された根拠については未確認である．

9)　野々間の石室について小高幸男氏は，玄室がやや狭長な点や，玄室と羨道の割合が蕨塚（片袖形）の石室に近いことから，自然石積石室の形態を踏襲したものと考え，切石積石室の中では最も古い段階に位置づけ得るという見解を示している．また同氏は森山塚の石室については，棺室を玄室に発展させたものととらえて，最も新しい段階に位置づけている（小高 1993）．このうち前者の解釈については一定の妥当性もあるかと思うが，後者については，当地域内での自律的発展ととらえてよいかどうか疑問も感じられる．

横穴式石室墳報告・記録関係文献

1　安藤鴻基 1976「丸塚古墳」『日本考古学年報』27
2　井口　崇ほか 1977「墓山古墳群測量調査」『東洋大学考古学研究会会報』№8
3　石井則孝 1978「富津市上飯野「野々間古墳」の出土遺物について」『史館』第10号
4　大場磐雄 1938「菅生第三期調査」『楽石雑筆』巻16（大場磐雄著作集第7巻『楽石雑筆（中)』1976所収）
5　小熊吉蔵 1939a「周西村の権現塚古墳」『房総郷土研究』第6巻第4号
6　小熊吉蔵 1939b「君津郡木更津桜井瑠璃光塚古墳の調査」『房総郷土研究』第6巻第7号
7　小沢　洋ほか 1984『二間塚遺跡群確認調査報告書』富津市教育委員会
8　小沢　洋 1985『二間塚遺跡群確認調査報告書Ⅱ』富津市教育委員会
9　小沢　洋 1987『野々間古墳』君津郡市文化財センター（第29集）
10　小沢　洋 1990a「君津地区」『千葉県所在古墳詳細分布調査報告書』千葉県教育委員会
11　小沢　洋 1990b「関田塚古墳群」『小浜遺跡群Ⅲ』君津郡市文化財センター（第47集）
12　小沢　洋 1990c『三条塚古墳』君津郡市文化財センター（第51集）
13　小沢　洋 1991「九条塚古墳の再検討」『研究紀要Ⅳ』君津郡市文化財センター（本書第Ⅲ部第4章所収）
14　小沢　洋 1992a『西原古墳』富津市教育委員会
15　小沢　洋 1993a『小浜遺跡群Ⅴ俵ケ谷古墳群・マミヤク遺跡』君津郡市文化財センター（第80集）
16　小高幸男 1991『内裏塚古墳群発掘調査報告書』富津市教育委員会
17　乙益重隆 1982「双魚袋考」『森貞次郎博士古稀記念古文化論集』
18　君津町誌編纂委員会 1973『君津町誌 後編』君津市
19　桐村修司 1991『町田遺跡群』君津郡市文化財センター（第56集）
20　黒澤　聡 1993「白姫塚南方古墳」『平成4年度 富津市内遺跡群発掘調査報告書』富津市教育委員会
21　県立天羽高等学校社会科クラブ 1969「飯野古墳群の一古墳の緊急発掘について」『千葉県立富津海洋資料館館報』第2集
22　後藤守一 1934「上総国君津郡飯野村の鍵形石室」（昭和八年の回顧）『ドルメン』第3巻第1号
23　酒巻忠史 1993「打越古墳の調査」『神明山遺跡発掘調査報告書』富津市教育委員会
24　柴田常恵 1906「上総国君津郡飯野村内裏塚」『東京人類学会雑誌』第249号
25　柴田常恵 1928「上総君津郡青堀町の平塚」『考古学研究』第2巻第1号
26　椙山林継 1977「山伏作5号墳」『請西』木更津市請西遺跡調査会
27　椙山林継ほか 1979『史跡弁天山古墳』富津市教育委員会
28　椙山林継 1982「市域内の主要古墳」『富津市史 通史』富津市史編さん委員会
29　椙山林継編 1984『森山塚』國學院大学考古学研究室
30　椙山林継 1991a「金鈴塚古墳から請西遺跡群まで」（講演会記録）『研究紀要Ⅳ』君津郡市文化財センター
31　高崎繁雄 1972「原始・古代」『木更津市史』木更津市史編集委員会
32　高橋　勇 1937「上総国君津郡飯野村大字二間塚字向原古墳」『古墳発掘品調査報告』帝室博物館
33　滝口　宏ほか 1951『上総金鈴塚古墳』千葉県教育委員会

34　滝口　宏 1964「富津町飯野古墳群」『『千葉県遺跡調査報告書 昭和39年』千葉県教育委員会
35　滝口　宏ほか 1966「富津町稲荷塚古墳」『千葉県遺跡調査報告書 昭和41年』千葉県教育委員会
36　滝口　宏ほか 1967『千葉縣史料 原始古代編・上総国』千葉県
37　谷木光之助 1930「上総国君津郡清川村長須賀圓山古墳」『考古学』第1巻第2号
38　玉口時雄 1952「上総飯野村西谷古墳調査報告」『古代』第7・8合併号
39　千葉県史蹟調査委員 1927「青堀町西原古墳」『史蹟名勝天然紀念物調査』第4輯　千葉県
40　千葉県史蹟調査委員 1929「清川村古墳」『史蹟名勝天然紀念物調査』第6輯　千葉県
41　東京国立博物館学芸部考古課 1986『東京国立博物館図版目録 古墳遺物編（関東Ⅲ）』東京国立博物館
42　豊巻幸正ほか 1991「大山台古墳群・大山台遺跡」『君津郡市文化財センター年報9—平成2年度—』
43　中村恵次・市毛　勲 1967「富津古墳群八丁塚古墳調査報告」『古代』第49・50合併号
44　沼沢　豊 1986「消滅した古墳その他」『千葉県富津市内裏塚古墳群測量調査報告書』千葉県教育委員会
45　野口行雄 1990『下谷古墳・下谷遺跡』君津郡市文化財センター（第49集）
46　藤平裕子 1994「雷塚遺跡」『年報№11—平成4年度—』君津郡市文化財センター
47　松本　勝 1994『上北原古墳』君津郡市文化財センター（第96集）
48　光江　章 1994「鼻欠古墳群について」『鼻欠遺跡』袖ケ浦町教育委員会
49　光江　章 1984「君津市大和田の虫神古墳について」『研究紀要Ⅱ』君津郡市文化財センター
50　谷中国樹 1927「原史時代又古墳時代」『千葉県君津郡郡誌 上巻』君津郡教育会

上記以外の引用・参考文献

甘粕　健 1963「内裏塚古墳群の歴史的意義」『考古学研究』通巻第39号
池上　悟 1988「東国T字形石室寸攷」『立正史学』第63号
伊藤聖浩 1994「鉢伏山西峰古墳」『羽曳野市史』第3巻　羽曳野市史編纂委員会
大塚初重・岡安光彦 1992「千葉県城山1号墳出土の金銅冠・その他について」『日本考古学協会第58回総会研究発表要旨』
小沢　洋 1983「君津地方古墳資料集成（1）」『研究紀要Ⅰ』君津郡市文化財センター
小沢　洋 1989「千葉県における横穴式石室の受容」『東日本における横穴式石室の受容』群馬県考古学研究所ほか
小沢　洋 1992b「上総南西部における古墳終末期の様相」『国立歴史民俗博物館研究報告』第44集（本書第Ⅲ部第8章所収）
小沢　洋 1993b「戸崎古墳群研究序説」『研究紀要Ⅵ』君津郡市文化財センター（本書第Ⅲ章第5章所収）
小沢　洋 1993c「君津地方古墳調査研究史」『野中徹先生還暦記念論文集』（本書第Ⅳ部所収）
小高幸男 1991「内裏塚古墳群研究再論」『研究紀要Ⅴ』君津郡市文化財センター
小高幸男 1993「内裏塚古墳群の切石石室」『多知波奈考古』創刊号
小高幸男 1996「君津市市宿横穴墓群」『平成7年度千葉県遺跡調査研究発表会発表要旨』
乙益重隆ほか 1980『上総菅生遺跡』千葉県木更津市教育委員会・木更津市菅生遺跡調査団
梶ケ山真里・馬場悠男 1991「三条塚古墳出土人骨」『君津郡市文化財センター年報9—平成2年度—』
梶ケ山真里・馬場悠男 1993「俵ケ谷6号墳出土人骨について」『小浜遺跡群Ⅴ 俵ケ谷古墳群・マミヤク遺跡』

神尾正明 1952「金鈴塚の砂と石について」『古代』第6号
椙山林継 1986「内裏塚古墳群の年代」『千葉県富津市内裏塚古墳群測量調査報告書』千葉県教育委員会
椙山林継 1991b「横穴式石室の受容と変革―内裏塚古墳群の場合―」『研究紀要Ⅴ』君津郡市文化財センター
杉山晋作 1975「内裏塚古墳群の再検討―内裏塚古墳の遺物（前）―」『史館』第5号
杉山晋作 1986「内裏塚古墳群の構成」『千葉県富津市内裏塚古墳群測量調査報告書』千葉県教育委員会
高橋省己 1951「金鈴塚出土の歯牙について」『上総金鈴塚古墳』千葉県教育委員会
武田宗久 1951「遺跡の外観」『上総金鈴塚古墳』千葉県教育委員会
田中良之 1992「花岡山古墳群被葬者の親族関係について」『花岡山古墳群』岐阜県大垣市教育委員会
田中良之 1995『古墳時代親族構造の研究―人骨が語る古代社会―』柏書房
谷口　榮ほか 1992『柴又八幡神社古墳』葛飾区郷土と天文の博物館
中村恵次 1974a「房総半島における横穴式石室―とくに複室構造の石室について―」『史館』第2号
中村恵次 1974b「房総半島における変形石室―L字形・T字形石室とその周辺―」『史館』第4号
新納　泉 1984「関東地方における前方後円墳の終末問題」『古代文化研究』創刊号　PHALANX古墳文化研究会
新納　泉 1987「戊辰年銘太刀と装飾付太刀の編年」『考古学研究』135号
沼沢　豊 1990「千葉」『古墳時代の研究11　地域の古墳Ⅱ　東日本』雄山閣出版
原田道雄 1974「横穴式複室石室に関する覚え書き」『史館』第3号
右島和夫 1983「群馬県における初期横穴式石室」『古文化探叢』第12集
右島和夫 1989「東山道における横穴式石室の受容」『東日本における横穴式石室の受容』群馬県考古学研究所ほか
若松良一 1993「からくにへ渡った東国の武人たち」『法政考古学』第20集記念論文集

第7章　上総の横穴式石室と前方後円墳

1　横穴式石室の基数と分布

上総の横穴式石室墳は，1996年11月現在の私の集計によれば合計103基を数える（表参照）．墳形別にみた内訳は前方後円墳27基・前方後方墳1基・方墳20基・円墳34基・墳形未確定21基で，前方後円墳が全体の約1/4，方墳が約1/5，円墳が約1/3の割合を占めることになる．なお未確定古墳を振り分けると，実態としては方墳が1/4，円墳が1/2に近い数値になるのではないかと予想している．

また旧郡域別にその内訳をみると，北東部の山武郡域に30基，北西部の市原郡域に24基，南

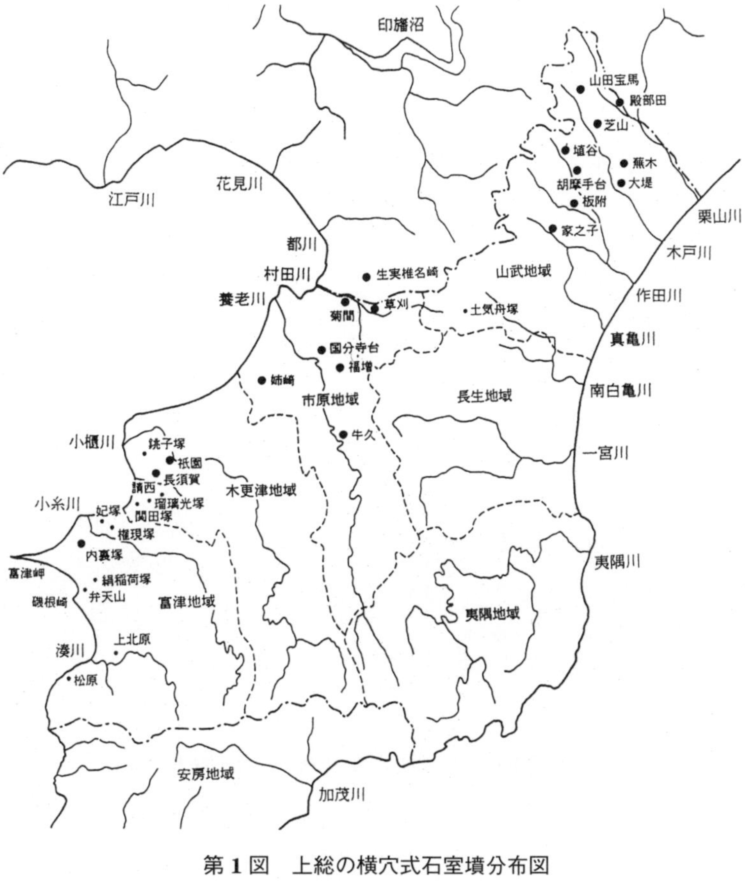

第1図　上総の横穴式石室墳分布図

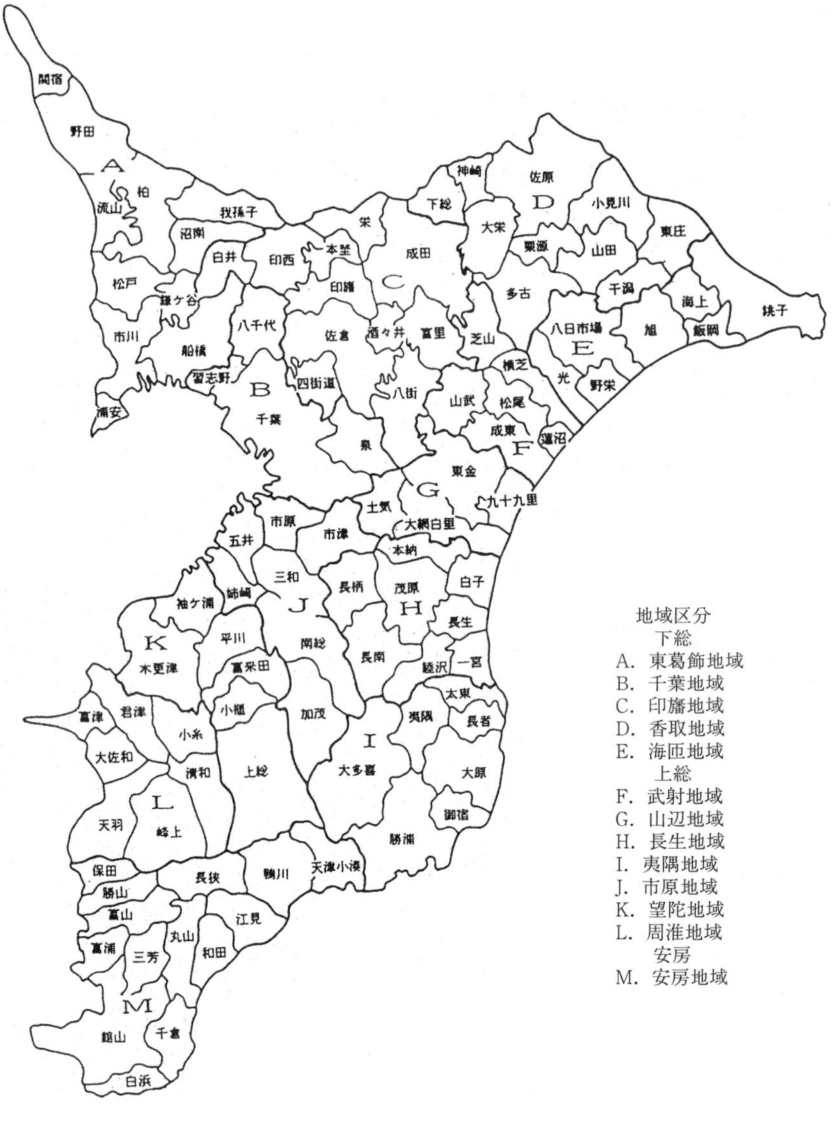

地域区分
下総
A. 東葛飾地域
B. 千葉地域
C. 印旛地域
D. 香取地域
E. 海匝地域
上総
F. 武射地域
G. 山辺地域
H. 長生地域
I. 夷隅地域
J. 市原地域
K. 望陀地域
L. 周淮地域
安房
M. 安房地域

市町村区分が変更している地域
現千葉市（千葉市・泉町・土気町）
現市原市（市原町・五井町・姉崎町・市津町・三和町・南総町・加茂村）
現袖ヶ浦市（袖ヶ浦町・平川町）
現木更津市（木更津市・富来田町）
現君津市（君津町・小糸町・清和村・小櫃村・上総町）
現富津市（富津町・大佐和町・天羽町・峰上村）
現鋸南町（保田町・勝山町）
現鴨川市（鴨川町・江見町・長狭町）
現岬町（太東町・長者町）
現茂原市（茂原市・本納町）
＊上記の地域区分には旧郡区分と一致しない部分がある

第2図　千葉県市町村域区分図（昭和34年～昭和36年）

西部の君津郡域に49基が存在し，中東・南東部の長生郡域，夷隅郡域には横穴式石室墳の存在が知られていない．ちなみに安房では，これまでのところ鴨川市東下牧古墳の1例がわずかに知られているだけである

一方，下総（千葉県域）では合計154基の横穴式石室墳が知見にのぼっており，合計258基の房総の横穴式石室墳の中で，下総と上総の割合は3対2となっている．第1図は千葉県内の横穴式石室の分布密度を示したものであるが，現在の市町村域では面積の格差が大きく分布密度を的確に把握しがたいので，昭和34年〜36年の時点での市町村区分図によって表示した．この図の区分では，現在の千葉市・市原市・袖ケ浦市・木更津市・君津市・富津市・鴨川市など広域を占める市がかなり均等に分割されることになる．さらにこの図では，古墳時代の首長領域をある程度考慮しながら近代郡域の一部を細分し，千葉県内を東葛飾・千葉・印旛・香取・海匝・武射・山辺・長生・夷隅・市原・望陀・周淮・安房の13地域に分けて太線で区切った．

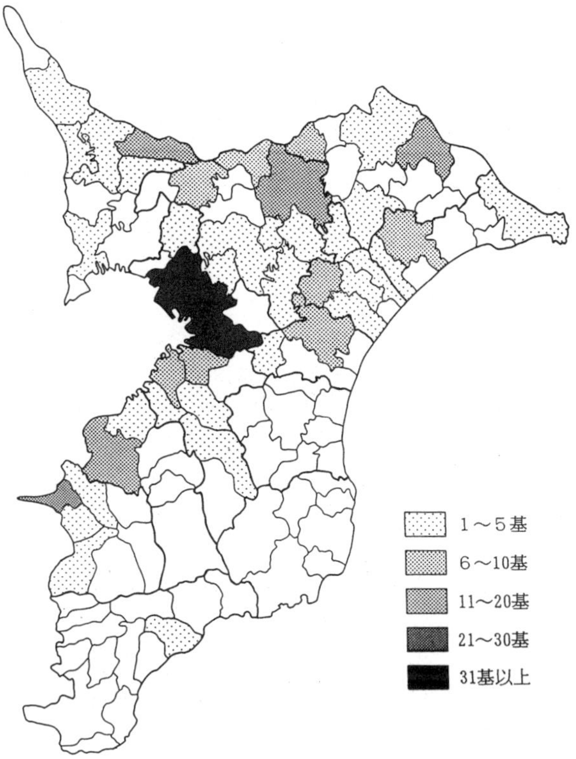

第3図　千葉県における横穴式石室墳の分布密度

第1図によって千葉県内の横穴式石室の分布を概観しておくと，最も密度が高いのは旧千葉市域であり，下総の横穴式石室墳の1/3近くが集中している．そのうちの大部分が東南部ニュータウン地域（村田川流域）の古墳である．次に多いのが上総の旧富津町域，さらに下総の成田市・我孫子市・小見川町，上総の旧木更津市域がそれに続いている．また下総と，上総の山武地域では内陸部にも比較的隈なく分布がみられるのに対し，上総南部では海岸部に分布が偏在している．これは下総および山武地域が平坦な台地地形であるのに比べ，上総南部の内陸が狭隘な丘陵地帯となっていることに主な要因があるものと思われる．

第1図のような分布状況は，現段階までの調査件数の多寡をも当然反映しているものではあるが，現状での粗密からおおよその分布傾向を読み取ることはできるものと思われる．ただ1980年代末期以降に古墳群の調査数が増加した香取郡・山武郡地域に関しては，潜在的にはまだ相当数の横穴式石室墳があるものとみられ，今後の調査で次第に空白が埋まり，全体的に密度が高くなってゆくことが予測できる．

上記はあくまで横穴式石室墳全般を包括しての分布傾向であるが，同じ密集地域でも横穴式石室墳の性格や時期相，受容・普及過程，および構造や使用石材等においても顕著な地域差が認められる．たとえば千葉市や成田市域の横穴式石室墳の大半は小規模な円墳・方墳等の群集墳的な古墳に伴うもので，7世紀代の古墳が主体を占めるのに対し，旧富津町域や木更津市域の横穴式石室墳の多くは内裏塚古墳群・祇園長須賀古墳群といった首長系の古墳群に属し，円墳といえども副葬品の豊かなものが多くて，6世紀後半代に時期的な中心がある．また山武郡域や小見川町域のように両者の性格を合わせもった地域もある．

以下，本稿の課題である上総の横穴式石室墳について，首長系古墳（前方後円墳）を中心に，その変遷を辿ってゆくことにするが，横穴式石室については上総の中でも地域性がきわめて顕著であるため，ここでは富津・木更津・市原・山武の4地域に分けて述べてゆくことにする．富津は前記の周淮地域，木更津は望陀地域に含まれ，山武については武射・山辺両地域を包括して記述する．

2　富津地域の横穴式石室墳

富津地域では6世紀後半代に磯石乱石積の狭長な石室が内裏塚古墳群を中心に多数造営される．「磯石」とは内房の海岸に産出する凝灰質砂岩系の石で，扁平に剥離しやすく，貝類による穿孔がみられることを特色とする．未加工（または若干の整形程度）の自然石を使用した石室を継続的に造営した地域として，房総の中にあっては特殊な地域ともいえる．現在までの知見では横穴式石室の初現は，盟主級前方後円墳である九条塚古墳と考えられ，報文の記述から磯石乱石積無袖形の石室とみられる．前方部出土須恵器には新しい様相がみられるものの，石室出土の副葬品（楕円形十字文鏡板・胡籙金具・空玉など），埴輪や墳丘形態の比較等から，造営時期が6世紀中葉（TK10～MT85型式期）まで遡るのではないかと私考している．

なお磯石乱石積の手法は，5世紀代の首長墓である内裏塚古墳・弁天山古墳の竪穴系石室にも採用されており，年代的にはこれらとの間に半世紀以上の空白が介在するものの，石材も同一であることから，基本的にその構築技法を受け継いで，横穴式石室が採用されたと考えられる．

円墳の中では副葬品内容の豊富な白姫塚古墳が最も先行するとみられ，TK43型式古相の須恵器群が出土している．ただ白姫塚についても発掘時期が古いため，石室構造の詳細が明らかでない．

内裏塚古墳群内の磯石乱石積石室には，無袖形・片袖形・両袖形・L字形の各種形態がみられ，いずれも全長10ｍを越すような長大な石室となっていることが特色である．このうち無袖形は大形・中形の前方後円墳ないしは直径30ｍ以上の大形の円墳に多く，九条塚を始めとして西原・丸塚・新割古墳など遺物相から群中でも古い段階に位置づけ得る古墳を含んでいる．このことは無袖形が盟主クラスを含む上位階層に採用された石室形態であるとともに，当地域の横穴式石室の初現的形態であったことを示している．石室の全体像がわかる古墳の中では西原古墳が最も先行するとみられ，6世紀後葉（TK43段階）に位置づけられる．

片袖形は現状では50～70mの前方後円墳（姫塚・蕨塚古墳）に限ってみられ，無袖形に次いで比較的上位の古墳に採用された石室形態と言い得る．両古墳は西原古墳よりは後続する6世紀末葉の築造とみられる．なお下総の初期横穴式石室墳である法皇塚古墳・城山1号墳がともに片袖形を採用し，墳丘規模も同級のランクである点が注目される．しかも法皇塚の石室には内房産の磯石が使われている可能性が強い．

両袖形は円墳の八丁塚古墳1例のみで，磯石積み石室の中では後出形態とみられる．L字形・T字形石室は下谷・向原古墳のような内裏塚古墳群の外縁部に位置する円墳，あるいは権現塚・妃塚古墳のような小糸川北岸丘陵の円墳，湊川流域の前方後円墳（上北原古墳）に採用されており，首長系古墳の中でもやや下位のクラスの古墳に採用されている傾向が窺える．これらの古墳は6世紀末～7世紀初頭の造営とみられる．

上記のように石室の形態は，墳丘形態や規模とも連動して，被葬者の格によってある程度決められていたのではないかと思われる．後期古墳群の形成当初である6世紀後葉段階には前方後円墳も円墳も共に無袖式を採用していたが，古墳数が最も増加する6世紀末には無袖形―片袖形―L・T字形という石室形態の階層差ができていた可能性がある．また石室形態の違いは同一墳丘形態の中での差異をも示していると考えられる．蕨塚古墳と上北原古墳は共に6世紀末葉の50m級前方後円墳であるが，内裏塚古墳群の中心部に位置する蕨塚の石室が片袖形であるのに対して，南方の湊川流域に位置する上北原の石室はL字形であり，副葬品内容にも格差がみられる．これは湊川流域の首長の相対的な格の低さ，従属性を示すものと理解される．

一方で下総の法皇塚・城山1号墳と，同級規模の西原・姫塚古墳を比較すると，墳丘や石室形態は同格であっても，地域内での相対的地位が異なるため，前者の方が副葬品等に卓越性をもつという見方もできる．いずれにしても九条塚が6世紀前半まで食い込む房総最初の横穴式石室墳となる可能性が高いこと，法皇塚など下総の初期の横穴式石室に内房産の磯石が使われていることなどを考え合わせると，横穴式石室の導入にあたって当地域の首長が主導的役割を担ったであろうことが推測される．

ただし盟主級前方後円墳である九条塚・稲荷山・古塚・三条塚の各古墳の石室の全形が未だ明らかにされていないため，上述のような石室形態の階層制についてはなお不明確な部分を残している．

なお，近似した形態や構造をもつ磯石乱石積石室の分布圏は北は旧君津町域から南は旧天羽町域に及び，これをほぼ内裏塚古墳群の首長の影響力が及んだ範囲とみることができる．湊川流域の古墳群を核とする南部の天羽地域は後期～終末期にかけて一定の独自性を保つ地域圏を形成していたようではあるが，小糸川流域（内裏塚古墳群）の首長の勢力下におかれ，従属的な位置にあったものとみられる．

内裏塚古墳群では，方墳の採用と共に石室形態は一変し，砂岩切石積の石室が採用される．当古墳群内の終末期方墳の切石積石室は，いずれも壁面に大形の石材を立てて使用することを特色

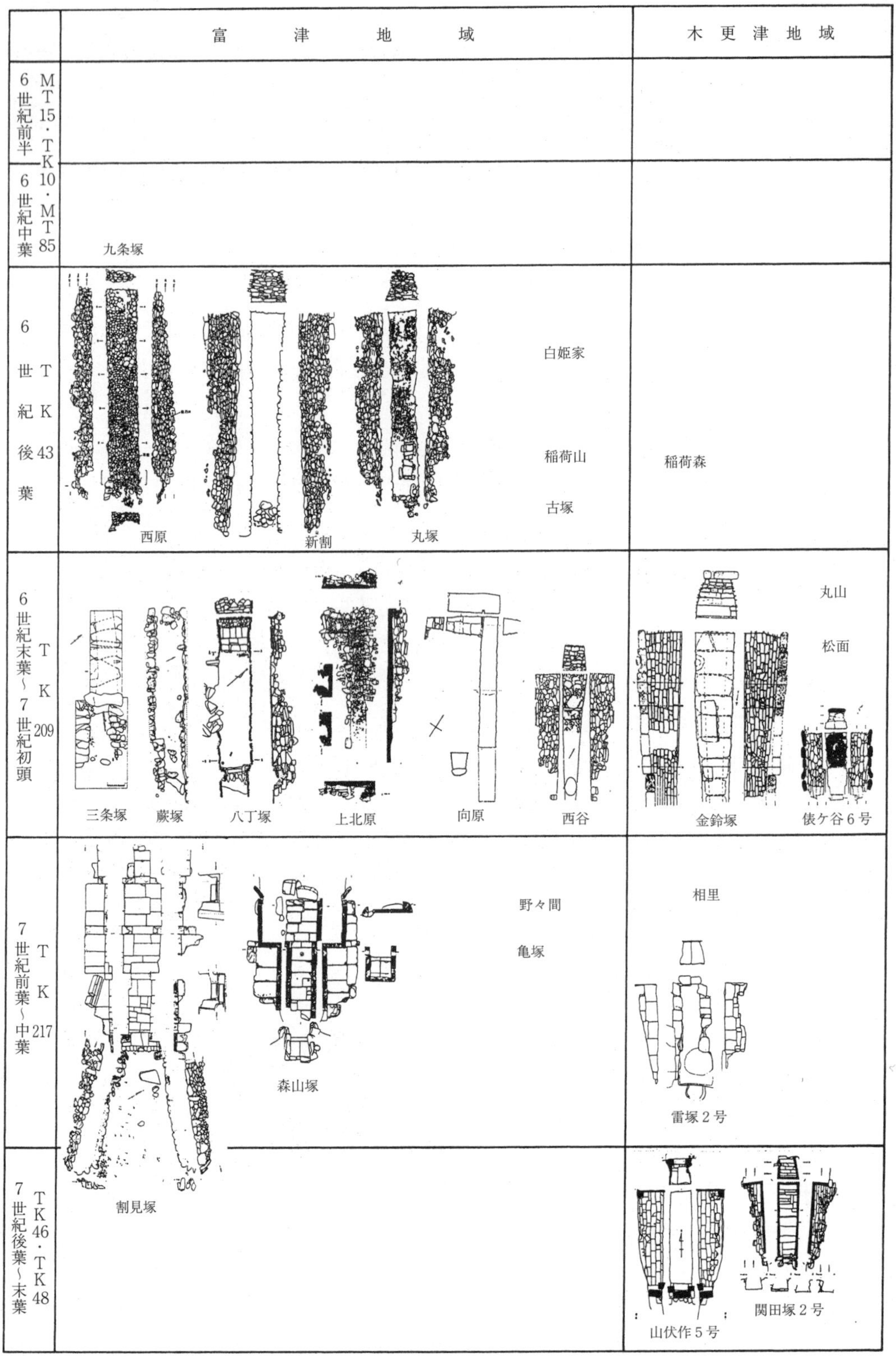
富津地域
木更津地域
6世紀前半
MT15・TK10・MT85
6世紀中葉
九条塚
6世紀後葉
TK43
白姫家
稲荷山
古塚
稲荷森
西原
新割
丸塚
6世紀末葉～7世紀初頭
TK209
丸山
松面
三条塚
蕨塚
八丁塚
上北原
向原
西谷
金鈴塚
俵ケ谷6号
7世紀前葉～中葉
TK217
野々間
亀塚
相里
森山塚
雷塚2号
割見塚
7世紀後葉～末葉
TK46・TK48
山伏作5号
関田塚2号

第4図　上総横穴式石室編年表（1）

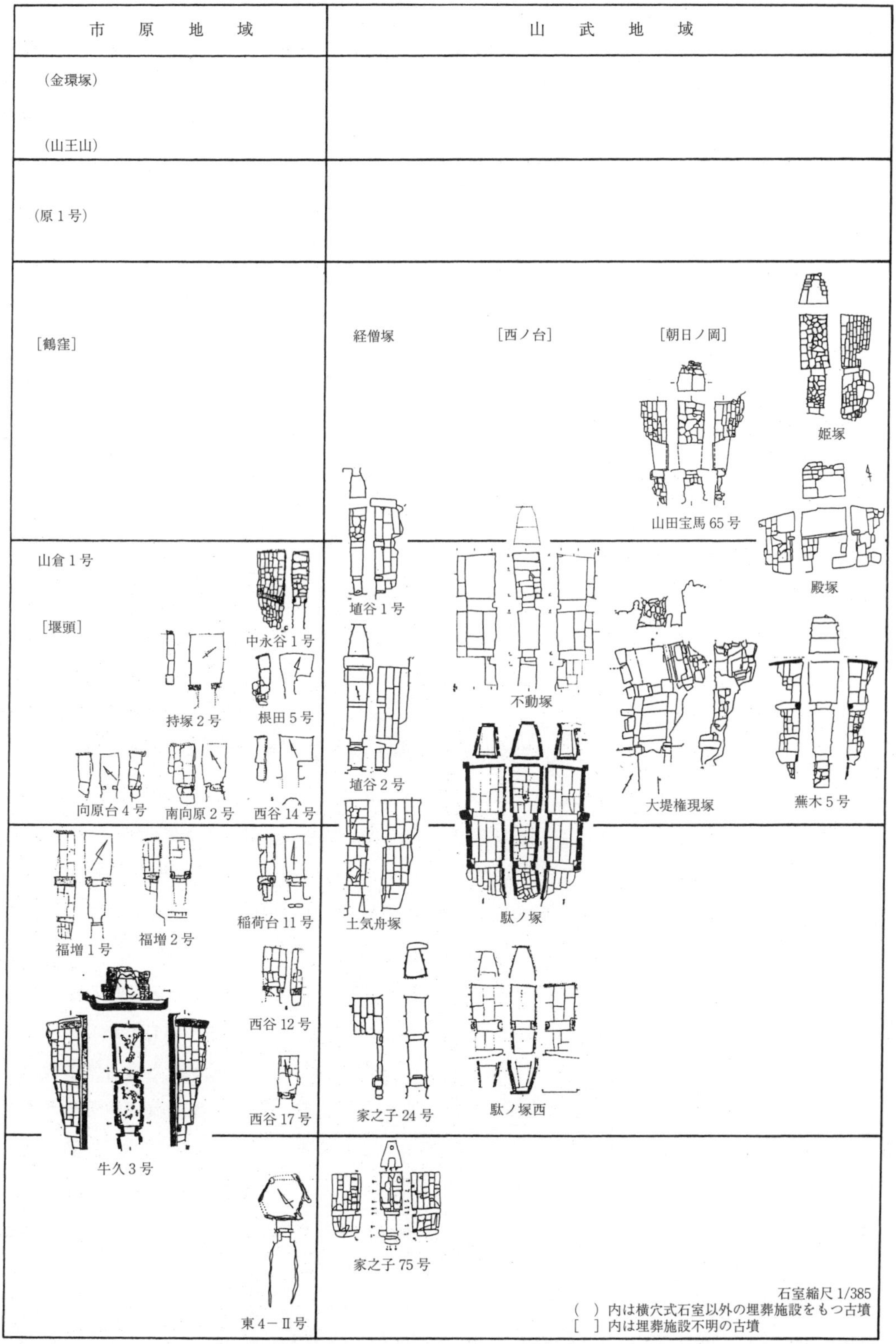

第５図　上総横穴式石室編年表（2）　1996.11.30

とする．とくに方墳中最大規模の割見塚古墳では横口式の棺室と門柱石で区切られた後室・前室・羨道，およびハ字形に大きく開く前庭部から構成される複室構造の長大な石室を採用しており，その総長が18.75 mにも及ぶ千葉県下では最長の横穴式石室となっている．石室奥部に横口式棺室を設ける石室形態は，畿内・河内飛鳥地域の石室様式・構築技法との強い系譜的関連を窺うことができる．内裏塚古墳の造営以来，墳丘形態や群構成などにおいてつねに河内（百舌鳥古墳群）をモデルとして意識し，その縮小版的な古墳群を形成してきたかにみえる当古墳群の首長の出自（畿内の特定勢力との関係）の一端が終末期の石室様式にも具現されているとみることができよう．同じ切石積複室構造の石室でも，山武地域を中心とする房総の他の複室石室とは一線を画する畿内色の強い石室様式としてとらえられる．一方，玄室と羨道との高低差が大きく，玄室高が低い森山塚古墳の石室も，割見塚古墳と形態は異なるが，同じく横口式石槨の影響下に出現した石室とみられる．このほか亀塚古墳の石室が両袖形，野々間古墳の石室が片袖形と記録されるが，詳細な図を欠いている．

内裏塚古墳群中の方墳の切石積石室は，その平面形態を問わずいずれも従来の磯石乱石積と同じく狭長な石室となっている点が注目される．また割見塚・亀塚古墳の石室には磯石乱石積による前庭部の長い石積が付設されている点にも従来の様式の継承が認められる．終末期における切石積石室採用の契機には，山武地域を中心とする房総の首長系古墳への切石積複室石室多用の趨勢が背景にあったと思われるが，その設計に河内地域の横口式棺室の様式を導入している点，また従来の磯石乱石積石室に通じる狭長な石室形態を引き継いでいる点に，当古墳群の終末期方墳の石室の大きな特色があるといえよう．

なお，房総の3大終末期方墳である竜角寺岩屋古墳・駄ノ塚古墳・割見塚古墳を比較すると，墳丘辺長がそれぞれ80 m・61 m・40 mであるのに対し，石室全長は岩屋古墳東石室（単室）が6.45 m，西石室（単室）が4.8 m，駄ノ塚の石室（複室）が7.76 m，割見塚の石室が11.7 mを測り，墳丘規模と反比例して割見塚の石室規模が大きい．さらに周溝外郭線の規模も岩屋（一重）が推定で100 m前後，駄ノ塚（二重）が82～86 m，割見塚（二重）が106～107.5 mであり，兆域面積では割見塚が駄ノ塚を凌駕して，岩屋に拮抗ないしは上回る規模となっている．

ちなみに3古墳の存在する地域の最大規模の前方後円墳を比較すると，印波の浅間山古墳が76 m，船塚古墳が85 m，武射の大堤権現塚古墳が115 m，周淮の三条塚古墳が122 mであり，前方後円墳の造営段階には，周淮―武射―印波の順であった墳丘規模の序列が，方墳造営の段階に至って逆転している．このような墳丘規模の逆転現象の背景には，当時の畿内政権中枢部からの外圧的な規制ないしは地方首長の格付けの変化があったことを推測させる．それでもなお地域的な勢力基盤と経済力を維持していた周淮地域の首長は，墳丘という外部形式上の規制は受け入れても，内部施設である石室を従来以上に荘厳化し，あるいは二重周溝を面的に拡大することによって，前方後円墳時代の優位性を墳墓に遺したのではなかろうか．

なお，駄ノ塚の築造年代が須恵器や副葬品から7世紀初頭まで遡ることが明らかとなった今，割見塚古墳や岩屋古墳の年代についても，これに近い年代幅の中で理解する必要が生じてきたといえる．

3　木更津地域の横穴式石室墳

木更津地域では小櫃川下流低地の祇園長須賀古墳群を中心に，多くの横穴式石室墳が造営されているが，古い時期に発掘されて湮滅した古墳も多く，群全体の石室様相の詳細を知ることは難しい．

5世紀代の盟主墳の内部施設は，高柳銚子塚古墳が凝灰質砂岩製の長持形石棺，祇園大塚山古墳が組合式箱形石棺であり，中期以来石材を使用した内部施設が採用されている．このうち銚子塚古墳の石棺材については内房産磯石を全面加工したものとする見解[1]があり，大塚山古墳の石棺材に関しては1891（明治24）年に宮内省諸陵寮が作成した文書[2]によって，金鈴塚古墳の石棺材と同様の秩父産の緑泥片岩ないしは筑波石を使用したものではないかと推測される．同文書中のスケッチによれば，石棺は小口板が側板の内側におかれる構造で，内面全体に朱が塗られていたとされる．棺内朱塗りで同様の構造をもつ箱形石棺は茨城県三昧塚古墳にみることができ，墳丘規模や副葬品の時期相などにおいても両古墳には共通性が認められる．また三昧塚古墳が舟塚山古墳（長持形石棺）の次代の首長墓である点も共通する．

祇園大塚山古墳に後続する木更津地域の首長墓は不明であり，6世紀中葉までに該当する大形前方後円墳は知られていない．後期前方後円墳の中で，金鈴塚古墳に先行する盟主墳と考えられるのは稲荷森古墳で，墳丘の一部が現存するに過ぎないが，地籍図や航空写真から墳丘長約80mの前方後円墳と確認される．発掘時の内部施設に関する記録はなく，詳細不明ながら，横穴式石室が存在していたとみられる[3]．

木更津地域の首長系古墳で唯一その全容を知り得るのは金鈴塚古墳の石室である．全長10.3mの無袖形石室で，石室幅は内裏塚古墳群中の諸古墳の石室よりもやや広く，内房産磯石を粗く面取り整形した石材で壁面を構築している．また天井石には未加工の大形自然石が使用されており，自然石積と切石積との中間的な石室として位置づけられる．石室内には秩父産と推定される緑泥片岩を使用した箱形石棺が設置されており，石室奥部・石棺内・羨道部に3〜4体の被葬者が埋葬されていたとみられる．出土須恵器・土師器はTK209段階古相のものが主体を占め，初葬年代を6世紀末葉頃に求められる．

このほか丸山古墳（前方後円墳）が報文の記述から金鈴塚と近似した石室構造であったことが知られる．墳形未確定の松面古墳は「巨石を立てめぐらせ」という記録からやや新しい様式が窺われるが，天井石には磯石の自然石が使用されていたようであり，片岩系石材による石棺の設置も記録される[☆1]．他に酒盛塚古墳・塚の越古墳・小の塚古墳・山川古墳等の低地の古墳で石室の存在が記録されるが，いずれもその詳細は明らかでなく，小の塚・山川古墳で磯石自然石の使用が確認される程度である．さらに木更津南部の丘陵上でも瑠璃光塚古墳・俵ケ谷6号墳といった磯石使用の横穴式石室墳が確認されている．なお木更津地域の石室に使用された磯石は富津地域の海岸から採取・搬入されたものであり，両地域の関係の強さが窺われるが，礫石を整形して使用したこと，他地域の石材による石棺を併用している点に当地域の独自性が認められる．

木更津地域では大形前方後円墳の系譜を引く終末期方墳の存在が明らかでないが，1938（昭和13）年に清掃調査が行なわれた相里古墳は切石積石室であったといわれ，その候補と目される☆14)．一方，終末期の横穴式石室は丘陵上の小規模方墳にいくつか認めることができる．山伏作5号墳・大山台36号墳・関田塚2号墳はいずれも入口部に玄門構造を備えた無袖形の石室で，小形の砂岩切石を小口積みにして壁面を構築している．切石を煉瓦状に積み上げてゆく構築技法や小形ながら狭長な平面形態は，金鈴塚・丸山古墳など6世紀末葉の前方後円墳の石室の系譜を受け継いでいるものと理解されるが，これらの石室から出土している土器は7世紀後葉～末葉段階のものであり，現段階では両者の間に時期的な隔たりを認めておかざるを得ない．

一方，小櫃川北岸の袖ケ浦台地に所在する雷塚2号墳（方墳）の石室は奥壁と側壁下段に大形切石を立てて使用したものであり，その技法はむしろ内裏塚古墳群や市原・山武地域の一部の石室と共通する．なお木更津地域の首長系古墳の中にも，松面古墳などで切石を立てる構造の石室が採用されていた可能性がある．

4　市原地域の横穴式石室墳

養老川流域では，前・中期以来の盟主墳の系統が姉崎地区にあるが，6世紀前葉～中葉の山王山古墳・原1号墳を最後に前方後円墳の規模が縮小し，中流域の牛久地域などと同格，「小地域」レベルまで首長の勢力が後退したかにみえる．姉崎古墳群内では原1号墳まで直葬系の内部施設が採用されており，それに後続するとみられる鶴窪古墳・堰頭古墳などの実態は不明である．そして7世紀代の六孫王原古墳・徳部台古墳といった終末期の前方後方墳・方墳に切石積横穴式石室が採用されている．

一方，村田川下流域の首長系古墳群である菊間古墳群については，未だほとんど内部施設の実態が知られていないのが現状であり，6世紀代にどの古墳が該当するのかも不確定である．従って当地域においては，現段階では主として小規模古墳からしか横穴式石室の展開を跡付けることができない．

村田川流域の横穴式石室墳の中でも古い段階に位置づけられるのは，下総に近接した草刈地区の中永谷1号墳（円墳）で，木棺直葬と横穴式石室が併設され，先行する木棺直葬の内部施設にはTK43型式の須恵器が，石室にはTK209型式の須恵器が伴う．石室は両袖形で，玄室はやや長い胴張り形態であり，羨道幅と玄室幅の差が少ないという点で無袖形にも近い形態を示す．壁面は大きさの不揃いな砂岩切石によって構築され，床面には板石が敷かれる．なお中永谷1号墳の石室の発展形態ともいえる玄室・羨道区画が明瞭化した両袖形石室が村田川対岸の椎名崎1・2号墳や人形塚古墳に採用されており，これらが千葉市東南部地域の横穴式石室の初期の一群となっている4)．

一方，養老川流域では人形塚古墳と同じく埴輪を有する前方後円墳の山倉 1 号墳において切石積石室が採用されており，上記の村田川流域の諸古墳に近い時期の築造とみられるが，石室構造の詳細が不明である．国分寺台地域では 6 世紀末葉以降，小規模前方後円墳・円墳・方墳に横穴式石室の存在が認められており，田中新史氏によってその変遷が示されている[5)]．以下，同氏の論文を参考に変遷の概略を述べる．

6 世紀末葉～7 世紀初頭期には，持塚 2 号墳など埴輪をもたない前方後円墳において単室両袖形の切石積石室が採用される一方，根田 5 号墳・西谷 14 号墳といった円墳では磯石を切石状に加工した石材を使用した小規模な L 字形石室が構築される．磯石は内房（富津地域）産のものとみられるが，加工の度合いは木更津地域の石室材よりもさらに進み，ほとんど切石に近い状態まで整形されている．また同様の加工磯石の使用は南向原 2 号墳・向原台 4 号墳など弱い胴張をもつ単室両袖形の石室にもみられるが，これらは前記の L 字形石室よりも後出するものと位置づけられる．

続く 7 世紀前葉～中葉期には西谷 12 号墳・稲荷台 11 号墳・西谷 17 号墳などの円墳・方墳で引き続き軟砂岩切石積の単室両袖形石室が採用されている．また国分寺台地域最後の石材使用古墳として六角形木室に切石積の玄門を付した特殊な構造の内部施設をもつ東 4 号墳が知られ，7 世紀末葉に位置づけられている．

以上のように，国分寺台地域では 6 世紀末から 7 世紀中葉頃にかけて 1 世代に数基程度の割合で横穴式石室墳が認められる．初期の段階には一部に L 字形石室が採用され，また内房産磯石の使用もみられるが，磯石使用のものも含めてすべて切石積石室の範疇であり，また単室両袖形の石室を基本形としている．横穴式石室が首長系以外の小規模古墳にも多く採用されている点は富津・木更津地域と異なり，村田川北岸の千葉地域に近い状況であるが，木棺直葬墳がなお一定の割合を占めている点で両者の中間的様相を示すといえる．

一方，国分寺台地区以外では福増 1 号墳・牛久 3 号墳という切石積複室構造石室の存在が知られている．福増 1 号墳の石室は後室より前室が狭い形態，牛久 3 号墳の石室は前室が後室に拮抗する形態であり，前者は山武地域の蕪木 5 号墳，後者は同じく駄ノ塚古墳の石室との近似性が強い．福増 1 号墳は墳形不明であるが，牛久 3 号墳は一辺 32 m の大形の方墳で，石室規模からも階層的優位性が窺われる．これらの古墳の被葬者は石室構造の近似性から，山武地域の首長層の影響を強く受けていた者であることが推測される．

5　山武地域の横穴式石室墳

山武地域では 6 世紀後半から横穴式石室が導入され，やがて多くの首長系古墳に切石積複室構造の石室形態が普遍的に採用されるようになる．この地域では芝山・松尾・成東など複数の地区ごとに大形前方後円墳の造営が認められ，連合政権的な首長体制が存在していたとみられる．ただ後期首長連合の形成にも関連する横穴式石室導入期の様相はいまひとつ鮮明ではない．

当地域では横穴式石室に先行して箱形石棺が，芝山地区の木戸前1号墳・高田2号墳など6世紀中葉頃の40～60 m 級前方後円墳の内部施設として取り入れられており，これに先行する6世紀前半代の前方後円墳は木棺直葬が主体であったとみられる（殿部田1号墳？・小川崎3号墳）．ただし6世紀中葉までの段階には地域の中核となるような大形前方後円墳の存在は確認されていない．

現段階で最も古相を示す横穴式石室は横芝姫塚古墳の石室であり，6世紀後葉（TK43段階）に位置づけられる．砂岩切石切組み小口積みで，奥壁以外は比較的小形の切石によって積み上げられ，床面には板状石が敷かれる．また当初からすでに玄門立柱石を備え，玄室・羨道がそれぞれ独立した矩形の空間となって，後の複室石室の原形的な形態を示す．これに近似した構造のものとして，同じ芝山地区の小形前方後円墳・山田宝馬65号墳の石室があり，築造時期も近いと考えられる．一方姫塚古墳に後続する首長系前方後円墳の殿塚古墳では，姫塚と同一構築手法・異形態の石室が構築される．幅の広い矩形石室で仕切石によって玄室内を前後に区分した形態であり，このタイプの石室は後の山武地域の首長系古墳には継承されていない．

松尾・成東地区では，最初の盟主級と目される朝日ノ岡古墳・西ノ台古墳の内部施設構造の実態が詳らかでないが，現段階では一応横穴式石室の存在を想定しておくのが妥当であろう．

6世紀末葉段階になると，山武地域内の前方後円墳及び大形円墳には悉く横穴式石室が採用されるようになるとともに，中小規模の前方後円墳の造営地域が周辺部へも拡散してゆく．大堤権現塚古墳・蕪木5号墳・不動塚古墳・胡摩手台16号墳といった埴輪消滅後の各地区の首長系前方後円墳にはいずれも近似した形態の切石積複室構造の横穴式石室が造営されている．これらの古墳の複室石室は後室幅に比して前室幅が漸次狭くなる形態で，前記した姫塚古墳の石室の発展形態とみられるものである．ただし側壁の下段には大形切石を立てて使用しており，従来の不揃いな大きさの小形切石を小口積みにする構築手法とは異なっている．

なお芝山地区では小池大塚古墳がこの時期の盟主墳に相当するが，石室の実態が明らかでない．また小形前方後円墳の埴谷1号墳などでは，上記の首長系古墳の複室石室を簡略化した形態ともいえるような，長い玄室の中程を仕切石によって区画した形態が採り入れられている．

6世紀末葉の前方後円墳造営段階には，墳丘規模の傑出する大堤権現塚古墳を造営した松尾地区の勢力が山武地域の中核をなしていたと考えられるが，権現塚古墳の築造から程なくして成東地区の勢力が，房総の首長層の中でもいち早く方墳を採用し，駄ノ塚古墳に大形前方後円墳と同規模の複室石室を構築する．従来の複室石室との相違点は前室幅が後室幅に近い大きさとなっていること，大形石材を立てて使用するのではなく段積みしていること，床面全体に整美に切石を敷きつめていることなどである．また駄ノ塚古墳に隣接する駄ノ塚西古墳でもやや小規模な複室石室が構築されており，やや下る時期の築造かとみられるが，駄ノ塚古墳と階層差のある古墳と考えれば，出土土器からも大きな時間差は認められないようである．

なお駄ノ塚古墳と近似性の高い石室が，山武地域の中でも辺境に位置する前方後円墳・土気舟塚古墳において認められる．築造時期も駄ノ塚古墳に近接していると考えられ，むしろ土気舟塚の方がやや後出の可能性が強い．また同系統の複室石室は東金の家之子24号墳や市原地域の牛久3号墳にも採用されている．

以上のように6世紀末葉に形成された切石積複室石室は，山武地域内の首長層の紐帯の強さを示すものであり，その影響は千葉東南部から市原地域まで及んで，やや遅れた時期に同系統の石室を出現させている．

6　上総における横穴式石室墳の特質と地域性

以上述べてきたように，上総の横穴式石室には使用石材・平面形態・構築技法，及び石室採用古墳の階層などの点においてかなり顕著な地域差が認められ，大きくは上記の4地域に区分してとらえることができる．さらに上総の中には横穴式石室をほとんど採用せず，それに代わるものとして横穴墓の著しい隆盛をみた第5の地域として長生・夷隅地域があり，房総南端部の安房地域もこれと同様の地域としてとらえられる．

ここで上記4地域の横穴式石室墳の特色について再度簡潔にまとめてみると，およそ次のような点を抽出することができるものと思われる．

①富津地域　6世紀中葉頃から磯石自然石積の狭長な各種形態の石室が首長系古墳群を中心に造営され，終末期には畿内の横口式棺室の様式を取り入れた切石積石室（複室石室ほか各種形態）が首長系方墳に採用される．なお磯石自然石積の石室構築技法は5世紀代の竪穴系石室に原形が求められる．

②木更津地域　6世紀後半に整形した磯石を使用する狭長な石室が首長系古墳と一部の小規模古墳に採用され，終末期には砂岩切石積の狭長な石室が一部の小規模方墳に採用されている．なお首長系古墳の石室内には，5世紀代からの伝統を引き継いだともみられる板石系石材による箱形石棺が併設されている．

③市原地域　6世紀中葉頃までの首長系古墳には直葬系の内部施設が採用されており，その後は規模の縮小とも相まって不明点が多いが，6世紀末葉以降には小規模古墳にも単室両袖形を主とする切石積石室が比較的多く採用され，終末期には一部の有力古墳に切石積複室石室が採用されている．なお当地域では軟砂

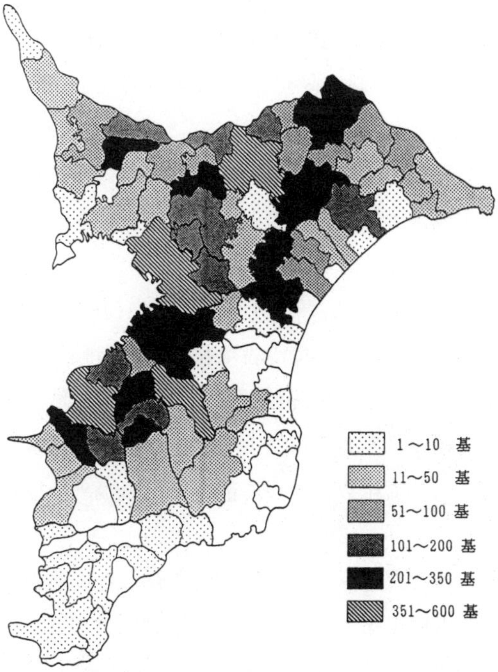

第6図　千葉県における高塚古墳の分布密度

岩切石のほかに磯石を切石状に加工した石材も初期の段階に一部使用されている．

④山武地域　6世紀後葉頃に羨道を伴う切石積両袖形の石室が首長系前方後円墳に採用され，その後6世紀末葉期には切石積複室構造の石室が分立する首長系古墳，小規模前方後円墳を中心に広範に造営される．また終末期にも同様な形態の切石積複室石室が首長系方墳と一部の小規模方墳等に採用される．なお当地域では小規模前方後円墳や円墳・方墳に箱形石棺も比較的多く採用されている．

以上の地域的様相から窺える傾向として，先ず石材は岩礁地帯を有する富津地域から遠ざかるほど磯石の使用率が減り軟質砂岩使用率が高くなる．石室形態は使用石材とも関連して南部が狭長な無袖形主体，北部では両袖・複室化が早くみられる．石室採用古墳の階層は南部では首長系の古墳に限定的な傾向があるのに対し，北上するほど小規模古墳への採用率が高く，下総の千葉地域付近に最も濃密な分布を形成する．ただし山武地域では再び首長系を含む有力古墳への限定性が高くなる傾向にある．このような横穴式石室の採用率には使用石材や石室規模，また地域の首長勢力の強弱などが相互に関係し合っているものと考えられる．

7　房総の後期前方後円墳に関する統計的予察

房総（千葉県域）における高塚古墳の総数は1990年の集計（『千葉県所在古墳詳細分布調査報告書』）で8625基を数え，下総3920基・上総4704基・安房41基で，下総対上総の比は45％対55％となっている．古墳の分布は，下総にはほぼ全域的に分布するが，上総では山武地域と西上総に集中しており，長生・夷隅・安房に少ない．一方，横穴墓の総数は古墳の約半数の4129基で，下総7％・上総69％・安房24％となっており，古墳の少ない長生・夷隅・安房及び周淮南部・山辺地域などに集中する．このことはある意味で横穴墓が古墳（後期古墳）の代用，同格の構造物であったことを物語っている．東上総における一部の横穴墓の技巧の優秀性，横穴式石室との形態的類似性，処女横穴の副葬品の豊富さも，横穴墓が古墳より必ずしも階層的に劣る墓制ではないことを示しており，両者を包括した総合的な視点からの研究が今後とも望まれる．

前方後円墳の総数は1994年の集計（『前方後円墳集成』に一部追加）で673基を数え，下総・上総の比は55％対45％で，古墳総数とは逆転した比率となっている．下総では古墳総数にも比例して印旛・香取地域に基数が多いが，この地域では帆立貝形墳が多くの割合を占めているとみられる．上総では武射・市原・望陀・周淮地域に基数が多いが，その数は下総の印旛・香取地域には及ばず，古墳総数に占める前方後円墳の割合は上総諸地域に比べて下総の方が高い傾向がみられる．

時期別の内訳をみると，下総・上総とも後期古墳の割合が認知し得る限りでも3割以上を占める．不明古墳を除いた割合は，下総が後期87％・中期6％・前期7％，上総が後期73％・中期6％・前期21％となり，房総全体で80％が後期，中期は下総・上総共に少ないが，上総に前期が多いという傾向が明らかである．

また前方後円墳の平均規模は下総より上総の方が概して高く，望陀・周淮両地域でとくに高い．これは首長系大形古墳が多く含まれているためもあるが，それだけではなく小形前方後円墳の規模の差をも反映している．東葛飾・印旛・香取・海匝・市原では墳丘長 20 m 台の前方後円墳が最も多いのに対して，千葉・武射・山辺では 30 m 台，望陀・武射では 40 m 台の前方後円墳が最も多くなっている．なお墳丘長 40 m 以上の前方後円墳は下総 59 基・上総 98 基で 38 %対 62 %，40 m 未満の前方後円墳は下総 223 基・上総 133 基で 63 %対 37 %と全く逆の数値を示している．これは前記のように下総に後期帆立貝形墳が多いことと密接に関連していると思われ，それらを除外した前方後円墳の数は上総の方がはるかに多いと考えられる．

次に内部施設の内訳は，不明を除いた数でみた場合，房総全体では横穴式石室が 45 基（36 %），箱形石棺が 46 基（37 %），木棺直葬が 34 基（27 %）であり，横穴式石室と箱形石棺がほぼ拮抗した値となっている．これを下総・上総でみた場合には，横穴式石室は下総で 25 %・上総で 49 %，箱形石棺は下総で 57 %・上総で 14 %，木棺直葬は下総で 18 %・上総で 37 %を占め，横穴式石室と木棺直葬は上総に多く，箱形石棺は下総に多い傾向が明らかである．

さらに下総・上総の中にも地域的な偏在性がみられ，下総の中では東葛飾で横穴式石室が多く，千葉では今のところ 3 者に大きな差がみられないのに対し，印

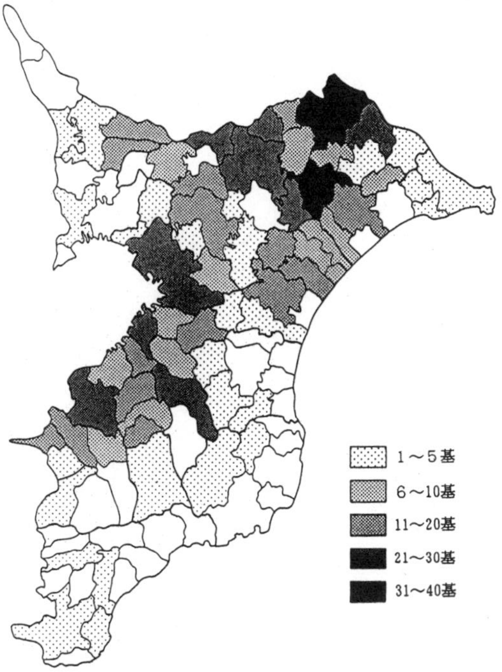

第 7 図　千葉県における前方後円墳の分布密度

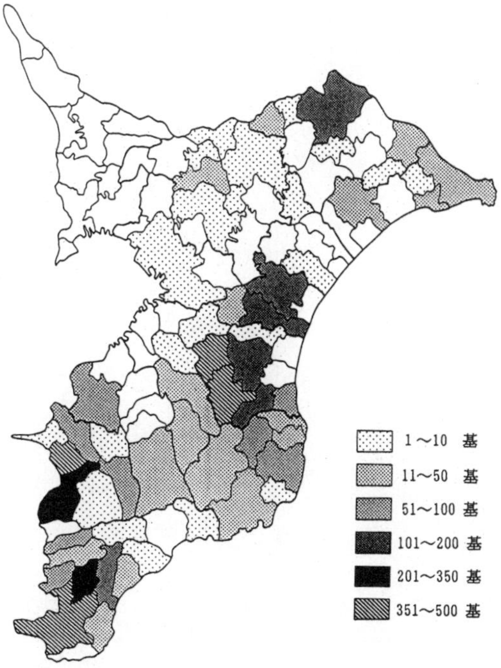

第 8 図　千葉県における横穴墓の分布密度

第1表 房総の前方後円墳集計表（前方後円墳の数の中には前方後方墳も含まれる。下総は千葉県域のみに限る）

1996.12.11

旧国名	地域名	高塚古墳総数	横穴墓		前方後円墳の総数（割合）と時期別の内訳						後期前方後円墳の平均・最大規模と内部施設の内訳					
			総数	(%)	総数	(%)	前　期(%)	中　期(%)	後　期(%)	不　明(%)	平均規模	地域最大規模の前方後円墳	横穴式石室(%)	箱形石棺(%)	木棺直葬(%)	不　明(%)
下総	東葛飾	602	0	0%	36	6%	2 (6%)	2 (6%)	13 (36%)	19 (52%)	28.8 m	55m・法皇塚	7 (54%)	3 (23%)	1 (8%)	2 (15%)
	千　葉	629	1	0.2%	33	5%	1 (3%)	0 (0%)	12 (36%)	20 (61%)	31.4 m	50m・根上神社	3 (25%)	3 (25%)	4 (33%)	2 (17%)
	印　旛	1184	33	3%	107	9%	3 (3%)	1 (1%)	50 (47%)	53 (49%)	31.2 m	85m・船塚	2 (4%)	16 (32%)	1 (2%)	31 (62%)
	香　取	1190	179	13%	167	14%	3 (2%)	4 (3%)	35 (21%)	125 (74%)	34.5 m	105m・御前鬼塚	5 (14%)	16 (46%)	5 (14%)	9 (26%)
	海　匝	315	91	22%	26	8%	0 (0%)	1 (4%)	1 (4%)	24 (92%)	28.3 m	41m・小川台6号	0 (0%)	0 (0%)	1(100%)	0 (0%)
下総合計		3920	304	7%	369	9%	9 (2%)	8 (2%)	111 (30%)	241 (65%)	30.8 m		17 (15%)	38 (34%)	12 (11%)	44 (40%)
上総	武　射	806	5	0.6%	73	9%	0 (0%)	1 (1%)	34 (47%)	38 (52%)	38.1 m	115m・大堤権現塚	11 (32%)	6 (18%)	0 (0%)	17 (50%)
	山　辺	274	247	47%	18	7%	0 (0%)	0 (0%)	1 (6%)	17 (94%)	33.5 m	45m・古塚原19号	1(100%)	0 (0%)	0 (0%)	0 (0%)
	長　生	61	1245	95%	10	16%	2 (20%)	0 (0%)	0 (0%)	8 (80%)	32.8 m	45m・ひな塚	0 (0%)	0 (0%)	0 (0%)	0 (0%)
	夷　隅	43	298	87%	3	7%	0 (0%)	0 (0%)	1 (33%)	2 (67%)	33.8 m	34m・台1号	0 (0%)	0 (0%)	1(100%)	0 (0%)
	市　原	1566	100	6%	93	6%	14 (15%)	2 (2%)	27 (29%)	50 (54%)	37.4 m	72m・報恩寺3号	4 (15%)	2 (7%)	11 (41%)	10 (37%)
	望　陀	1412	126	8%	67	5%	11 (16%)	3 (5%)	22 (33%)	31 (46%)	42.9 m	95m・金鈴塚	4 (18%)	0 (0%)	7 (32%)	11 (50%)
	周　淮	542	815	60%	35	7%	3 (9%)	3 (9%)	22 (62%)	7 (20%)	58.7 m	122m・三条塚	8 (36%)	0 (0%)	2 (9%)	12 (55%)
上総合計		4704	2836	38%	299	6%	30 (10%)	9 (3%)	107 (36%)	153 (51%)	39.6 m		28 (26%)	8 (7%)	21 (20%)	50 (47%)
安　房		41	989	96%	5	12%	0 (0%)	0 (0%)	2 (40%)	3 (60%)	27.0 m	36m・上ノ岱	0 (0%)	0 (0%)	1 (50%)	1 (50%)
房総合計		8665	4129	32%	673	8%	39 (6%)	17 (3%)	220 (33%)	397 (59%)	35.2 m		45 (20%)	46 (21%)	34 (16%)	95 (43%)

第 2 表　上総の横穴式石室墳一覧表

1　山武地域［芝山町・横芝町・松尾町・蓮沼村・成東町・山武町・東金市・九十九里町・大網白里町・千葉市（旧土気町）］

No.	所在市町村	大　字	古　墳　名	墳形規模	使用石材	平面形態	石室長	調査年	時期	報　告　文　献
山 1	芝山町	山田	山田宝馬 65 号墳	☗ 35 m	砂岩切石	両袖形	4.7 m	1957 年	6 後	坂井利明他 1963
山 2	芝山町	小池	小池大塚古墳	☗ 72 m	砂岩切石	両袖形	5.25 m	1966 年	6 末	市毛勲 1971a
山 3	芝山町	小池	小池 1 号墳	● 30 m＜	貝化切石	不明	不明	1956 年	6 末	小杉・佐藤 1956
山 4	横芝町	中台	姫塚古墳	☗ 58.5 m	砂岩切石	両袖形	5.72 m	1956 年	6 後	滝口宏 1956
山 5	横芝町	中台	殿塚古墳	☗ 88 m	砂岩切石	両袖形	2.6 m	1956 年	6 末	滝口宏 1956
山 6	横芝町	中台	殿塚 7 号墳	● 10.5 m	砂岩切石	不明	2.3 m	1956 年	6 末	鈴木・中村 1956
山 7	横芝町	中台	鯉ヶ窪 3 号墳	● 35.5 m	砂岩切石	両袖形	3.4 m	1979 年	6 末	奥田正彦 1986
山 8	松尾町	蕪木	朝日ノ岡古墳	☗ 70 m	焼粘土？	不明	4.1 m ＜	1952 年	6 後	軽部慈恩 1957a
山 9	松尾町	蕪木	蕪木 5 号墳	☗ 47 m	砂岩切石	両袖複室	6.73 m	1953 年 1989 年	6 末	軽部慈恩 1963 平岡和夫他 1995
山 10	松尾町	大堤	大堤権現塚古墳	☗ 115 m	砂岩切石	両袖複室	7.2 m ＜	1956 年	6 末	軽部慈恩 1957b
山 11	松尾町	大堤	諏訪塚古墳	○	不明	不明	不明	1956 年		軽部慈恩 1957b
山 12	成東町	野堀	経僧塚古墳	● 45 m	切石片岩	両袖形	6.3 m	1968 年	6 後	市毛勲 1971b
山 13	成東町	板附	西ノ台古墳	☗ 90 m	磚状土塊	両袖形？	4.3 m ＜	1954 年 1990 年	6 後	軽部慈恩 1958 杉山晋作他 1991
山 14	成東町	板附	不動塚古墳	☗ 63 m	砂岩切石	両袖複室	7.76 m	1951 年 1994 年	6 末	村越潔他 1951 平岡和夫他 1996
山 15	成東町	板附	駄ノ塚古墳	■ 62 m	砂岩切石	両袖複室	7.76 m	1986 年	7 初	白石・杉山編 1996
山 16	成東町	板附	駄ノ塚西古墳	■ 30 m	砂岩切石	両袖複室	5.0 m ＞	1986 年	7 前	白石・杉山編 1996
山 17	山武町	埴谷	埴谷 1 号墳	☗ 36 m	砂岩切石	両袖複室	約 5 m	1956 年	6 末	川戸 1957 原田 1974
山 18	山武町	埴谷	埴谷 2 号墳	● 24 m	砂岩切石	両袖複室	約 6 m	1956 年	7 初	川戸 1966 原田 1974
山 19	山武町	麻生新田	カブト塚古墳	● 43 m	砂岩切石	両袖形	約 7 m	1966 年	6 末	川戸彰 1971
山 20	山武町	戸田	胡摩手台 16 号墳	☗ 86 m	砂岩切石	両袖複室	7.35 m	1994 年	6 末	萩原恭一 1995
山 21	山武町	椎崎	新坂 1 号墳	●約 30 m	砂岩切石	両袖複室		1991 年	6 末	吉田直哉 1993
山 22	山武町	矢部	新坂 2 号墳	■	砂岩切石	両袖複室		1990 年	7 前	平山誠一 1992
山 23	東金市	家之子	家之子 24 号墳	● 23 m	砂岩切石	両袖複室	約 4.1 m	1967 年	7 前	丸子亘 1967
山 24	東金市	家之子	家之子 51 号墳	○ 16 m	砂岩切石	両袖形	約 5.5 m	1961 年	7 前	川戸彰 1966
山 25	東金市	家之子	家之子 66 号墳	● 26 m	砂岩切石	両袖形	約 3.4 m	1967 年	7 前	丸子亘 1967
山 26	東金市	家之子	家之子 75 号墳	■ 20 m	砂岩切石	両袖形	約 3.2 m	1967 年	7 後	丸子亘 1967
山 27	東金市	油井	油井古塚原 11 号墳	● 42 m	砂岩切石	片袖形	約 6 m	1966 年	6 末	川戸彰 1967
山 28	東金市	油井	油井古塚原 14 号墳	● 20 m	砂岩切石	片袖形	約 3.5 m	1966 年	6 末	川戸彰 1967
山 29	東金市	油井	油井古塚原 17 号墳	● 12 m	砂岩切石	両袖形	約 3.7 m	1966 年	6 末	川戸彰 1967
山 30	旧土気町	土気	土気舟塚古墳	☗ 44 m	砂岩切石	両袖複室	6.0 m	1964 年	7 初	中村恵次 1967

2　市原地域［市原市（旧市原町・市津町・五井町・三和町・姉崎町・南総町・加茂村）］

No.	所在市町村	大　字	古　墳　名	墳形規模	使用石材	平面形態	石室長	調査年	時期	報　告　文　献
市 1	旧市原町	草刈	中永作 1 号墳	● 29.5 m	砂岩切石	両袖複室	4.4 m	1981 年	6 後	白井久美子 1993
市 2	旧市原町	草刈	草刈 B482-A 号墳	● 23.8 m	砂岩切石	両袖形	4.9 m	1980 年	7 前	高田博他 1986
市 3	旧市原町	郡本	向原台 1 号墳	○ 33 m	磯石？	不明	不明	1961 年	6 末	大場・寺村 1961
市 4	旧市原町	郡本	向原台 4 号墳	○ 18 m	磯石？	両袖形	2.68 m	1961 年	7 初	大場・寺村 1961
市 5	旧市原町	郡本	向原台 5 号墳	○ 21 m	砂岩切石	両袖形？	3.23 m	1974 年	7 初	田中新史 1996
市 6	旧市原町	門前	南向原 2 号墳	● 24.2 m	加工磯石	両袖形	3.38 m	1973 年	7 初	田中新史編 1976
市 7	旧市原町	山田橋	稲荷台 11 号墳	● 24.9 m	砂岩切石	両袖形	3.66 m	1976 年	7 前	田中新史 1996
市 8	旧五井町	加茂	西谷 12 号墳	● 14.4 m	砂岩切石	両袖形	3.33 m	1977 年	7 前	田中新史 1996
市 9	旧五井町	加茂	西谷 14 号墳	● 23.6 m	加工磯石	左 L 字形	3.6 ＜ m	1980 年	6 末	田中新史 1996
市 10	旧五井町	加茂	西谷 15 号墳	● 24.0 m	砂岩切石	不明	不明	1980 年	7 前	田中新史 1996
市 11	旧五井町	加茂	西谷 17 号墳	■ 15.8 m	砂岩切石	両袖形	2.97 m	1980 年	7 前	田中新史 1996
市 12	旧五井町	根田	根田 5 号墳	● 17 m	加工磯石	左 L 字形	2.36 m	1980 年	6 末	田中新史 1996
市 13	旧五井町	西広	持塚 2 号墳	☗ 30.6 m	砂岩切石	両袖形	4.35 m	1972 年	6 末	新田栄治 1974
市 14	旧五井町	西広	東 4 号墳	■ 18.2 m	一部切石	木室両袖	3.79 m	1976 年	7 末	田中新史 1996
市 15	旧五井町	惣社	諏訪台 B3 号墳	☗ 27.9 m	砂岩切石	両袖形	不明	1983 年	6 末	田中新史 1996
市 16	旧五井町	君塚	クワノ木古墳	○ 25 m	砂岩切石	不明	不明	1979 年	7？	田中清美 1980
市 17	旧三和町	大坪	山倉 1 号墳	☗ 48 m	砂岩切石	両袖形？	4.6 m	1975 年	6 末	田中新史 1996
市 18	旧三和町	福増	福増 1 号墳	？ 15 m	砂岩切石	両袖複室	5.96 m	1966 年	7 前	中村恵次他 1967
市 19	旧三和町	福増	福増 2 号墳	？ 20 m	砂岩切石	両袖形	3.7 m	1966 年	7 前	中村恵次他 1967
市 20	旧姉崎町	姉崎	六孫王原古墳	⧗ 46.5 m	砂岩切石	不明	5.2 m	1970 年	7 中	中村恵次他 1975
市 21	旧姉崎町	姉崎	徳部台古墳	■	砂岩切石	両袖形	不明	1969 年	7 前	丸子亘 1970
市 22	旧姉崎町	海保	公家台古墳	○	磯石？	不明	不明		？	田中新史 1996
市 23	旧南総町	牛久	牛久 3 号墳	■ 31.6 m	砂岩切石	両袖複室	6.96 m	1973 年	7 中	増田・岩崎他 1972
市 24	旧南総町	南岩崎	報恩寺古墳	○	切石？	両袖形	不明		？	田中新史 1996

3　木更津地域［袖ケ浦市（旧袖ケ浦町・平川町）・木更津市（旧木更津市・富来田町）・君津市（旧小櫃村・上総町）］

No.	所在市町村	大字	古墳名	墳形規模	使用石材	平面形態	石室長	調査年	時期	報告文献
木1	旧袖ケ浦町	神納	鼻欠1号墳	○ 10 m	切石？	不明	不明		7？	光江章 1984
木2	旧袖ケ浦町	神納	雷塚2号墳	■ 12 m	砂岩切石	無袖玄門	6.7 m	1992年	7中	藤平裕子 1994
木3	旧袖ケ浦町	大曽根	墓山1号墳	○ 20 m	砂岩切石	不明	不明		7？	井口崇他 1977
木4	旧木更津市	長須賀	金鈴塚古墳	☗ 95 m	加工磯石	無袖形	10.3 m	1950年	6末	滝口宏他 1951
木5	旧木更津市	長須賀	丸山古墳	☗ 65 m	加工磯石	無袖形？	約11 m	1928年	6末	谷木光之助 1930
木6	旧木更津市	木更津	稲荷森古墳	☗約80 m	不明	不明	不明		6後	小沢洋 1993a
木7	旧木更津市	朝日	酒盛塚古墳	☗	不明	不明	不明		6？	谷中国樹 1927
木8	旧木更津市	朝日	松面古墳	○	切石？	不明	不明	1938年	7初	大場磐雄 1938
木9	旧木更津市	永井作	小の塚古墳	○	磯石？	不明	不明		6？	高崎繁雄 1972
木10	旧木更津市	太田	相里古墳	不明	砂岩切石	不明	不明	1938年	7？	乙益重隆他 1980
木11	旧木更津市	文京	山川古墳	不明	磯石？	不明	不明		6？	椙山林継 1991
木12	旧木更津市	請西	山伏作5号墳	■ 14 m	砂岩切石	無袖玄門	6.7 m	1976年	7後	椙山林継 1977
木13	旧木更津市	請西	大山台36号墳	■ 10 m	砂岩切石	無袖玄門	5.6 m	1990年	7後	豊巻幸正他 1991
木14	旧木更津市	桜井	瑠璃光塚古墳	○	磯石	無袖形	5.5 m	1939年	6末	小熊吉蔵 1939b
木15	旧木更津市	大久保	俵ケ谷6号墳	● 10 m	磯石切石	両袖形	3.52 m	1991年	7初	小沢洋 1993b
木16	旧木更津市	小浜	関田塚2号墳	■ 12 m	砂岩切石	無袖玄門	5.0 m	1988年	7後	小沢洋 1990a

4　富津地域［君津市（旧君津町・小糸町・清和村）・富津市（旧富津町・大佐和町・天羽町・峰上村）］

No.	所在市町村	大字	古墳名	墳形規模	使用石材	平面形態	石室長	調査年	時期	報告文献
富1	旧君津町	坂田	権現塚古墳	○	磯石	T字形	約9 m	1939年	6末	小熊吉蔵 1939a
富2	旧君津町	大和田	妃塚古墳	○ 15 m	磯石	左L字形	9.6 m	1962年	6末	滝口宏他 1967
富3	旧富津町	下飯野	九条塚古墳	☗ 103 m	磯石	無袖形	9.45 m	1910年	6中	小沢洋 1991
富4	旧富津町	下飯野	三条塚古墳	☗ 122 m	磯石	無袖形？	8.5 m＜	1989年	6末	小沢洋 1990b
富5	旧富津町	青木	稲荷山古墳	☗ 105 m	磯石	不明	推13 m	1990年	6後	小高幸男 1991
富6	旧富津町	青木	姫塚古墳	☗約70 m	磯石	片袖形	4.5 m	1938年	6後	椙山林継 1982
富7	旧富津町	大堀	西原古墳	☗ 63 m	磯石	無袖形	12.5 m	1927年 1989年	6後	柴田常恵 1928 小沢洋 1992
富8	旧富津町	二間塚	蕨塚古墳	☗ 48 m	磯石	右片袖形	11.5 m	1966年 1984年	6末	滝口宏他 1966 小沢洋 1985
富9	旧富津町	下飯野	白姫塚古墳	● 26 m	磯石	不明	不明	1892年	6後	椙山林継 1982
富10	旧富津町	下飯野	白姫塚南方古墳	● 22 m	磯石	不明			6？	黒澤聡 1993
富11	旧富津町	大堀	丸塚古墳	● 30 m	磯石	無袖形	11.0 m	1974年	6後	安藤鴻基 1976
富12	旧富津町	二間塚	内裏塚北方古墳	□	砂岩切石	不明			7？	小沢洋 1984
富13	旧富津町	二間塚	内裏塚南方古墳	○	磯石？	不明			6？	小沢洋 1985
富14	旧富津町	二間塚	向原古墳	● 24 m	磯石	右L字形	7.1 m＜	1932年	7初	後藤 1934 高橋 1937
富15	旧富津町	二間塚	新割古墳	● 39 m	磯石	無袖形	12.5 m	1981年	6後	椙山林継 1982
富16	旧富津町	二間塚	古山古墳	● 29 m	磯石	無袖形	12.7 m	1968年	6後	沼沢豊 1986
富17	旧富津町	二間塚	笹塚1号墳	● 21 m	磯石	不明			6？	小高幸男 1991
富18	旧富津町	二間塚	西谷古墳	● 29 m	磯石	無袖形	7.3 m	1951年	6末	玉口時雄 1952
富19	旧富津町	二間塚	西谷2号墳	● 22 m	磯石	不明		1984年	6末	小沢洋 1985
富20	旧富津町	二間塚	八丁塚古墳	● 24 m	磯石	両袖形	10.2 m	1964年	7初	中村・市毛 1967
富21	旧富津町	下飯野	下谷古墳	● 20 m	磯石	左L字形		1989年	6末	野口行雄 1990
富22	旧富津町	下飯野	琴塚古墳	○	磯石？	不明			6？	沼沢豊 1986
富23	旧富津町	下飯野	打越古墳	□ 17 m	磯石	不明		1992年	6末	酒巻忠史 1993
富24	旧富津町	二間塚	割見塚古墳	■ 40 m	砂岩切石	両袖複室	11.7 m	1964年 1984年	7前	滝口宏他 1967 小沢洋 1985
富25	旧富津町	上飯野	野々間古墳	■ 20 m	砂岩切石	片袖形	約8 m	1968年	7初	天羽高校 1969
富26	旧富津町	上飯野	亀塚古墳	■ 37 m	砂岩切石	両袖形？	8.1 m	1911年	7前	小高幸男 1991
富27	旧富津町	下飯野	森山塚古墳	■ 27 m	砂岩切石	両袖形	6.9 m＜	1983年	7前	椙山林継編 1984
富28	旧富津町	下飯野	稲荷口古墳	■ 21 m	砂岩切石	不明			7？	小高幸男 1991
富29	旧大佐和町	絹	絹稲荷塚古墳	☗？40 m	磯石	不明			6？	小沢洋 1996
富30	旧大佐和町	小久保	若宮八幡古墳	○ 20 m	磯石	不明			6？	小沢洋 1996
富31	旧天羽町	岩坂	町田古墳	■ 29 m	磯石	不明			7？	桐村修司 1991
富32	旧天羽町	更和	上北原古墳	☗ 46 m	磯石	右L字形	7.7 m＜	1993年	6末	松本勝 1994
富33	旧天羽町	竹岡	松原古墳	○ 15 m	磯石	不明			6？	小沢洋 1996

5　安房地域［鋸南町（旧保田町・勝山町）・富山町・富浦町・三芳村・館山市・白浜町・千倉町・丸山町・和田町・鴨川市（旧江見町・長狭町・鴨川町）・天津小湊町］

No.	所在市町村	大字	古墳名	墳形規模	使用石材	平面形態	石室長	調査年	時期	報告文献
安1	旧江見町	東下牧	東下牧古墳	不明	磯石？	両袖形	4.87 m	1969年	6末	対馬郁夫 1970

旛・香取両地域では箱形石棺が圧倒的多数を占める．この傾向は前方後円墳以外の墳形を含めても近似しているのではないかと思われる．一方，上総の中では，武射で横穴式石室の割合が高いものの，箱形石棺もかなり存在しており，市原では木棺直葬が多く，望陀では木棺直葬が横穴式石室よりやや多く，周淮では横穴式石室が多いという傾向が出ている．

内部施設と墳丘規模と相関性についてみておくと，横穴式石室の前方後円墳のうち墳丘長 40 m 以上が 34 基（76 %）・40 m 未満が 11 基（24 %），箱形石棺は 40 m 以上が 10 基（22 %）・40 m 未満が 36 基（78 %），木棺直葬は 40 m 以上が 10 基（29 %）・40 m 未満が 24 基（71 %）となり，横穴式石室には墳丘規模の大きいものが多く，箱形石棺・木棺直葬には墳丘規模の小さいものが多いという全般的傾向は明らかである．ただし木棺直葬でも山王山・原 1 号・金環塚・禅昌寺山など 6 世紀前半代の古墳には規模の大きいものが含まれている．

上記の数値の背景をさらに追求してゆくと，前節においても触れたように，周淮では横穴式石室が首長系の古墳に限定的に採用される傾向があって，非首長系には木棺直葬や横穴墓が採用されており，以下これと同じように，望陀でも石室→直葬の階層関係が，市原では槨・大形石室→直葬・小形石室の階層関係，武射では石室→石棺の階層関係，香取・印旛・東葛飾の諸地域では石室→石棺→直葬の階層関係，千葉では大形石室→小形石室・石棺→直葬の階層関係の存在を想定することができる．

横穴式石室墳の特質を述べるにあたっては，当然のことながら，このような横穴墓密集地域との関連や，高塚古墳全体の分布密度，前方後円墳の分布密度とも照合して考えなければ片手落ちとなる部分もあるが，ここでは紙数の都合等から，横穴式石室墳に限った地域的特性についてまとめておくにとどめたい．

註・参考文献

1）田中新史 1996「養老川流域の石棺・石室―総の石材利用古墳のなかで―」『土筆』第 4 号　土筆舎
　同文献の中で田中氏は富津市磯根崎に同質石材の露頭が確認されるとし，また弁天山古墳の縄掛突起付天井石の石材は富津市竹岡港西側に類似した露頭がみられるとして，磯石全面加工材を利用した内部施設の房総での初現例ととらえている．

2）高崎繁雄氏所蔵の文書（写）による．同文書は宮内省諸陵寮が千葉県知事を通じて発掘者堀切角蔵に宛て通知した　筆書き文書であり，「日本考古図譜解説・抜粋」とする出土品の解説も添えられている．石棺については，上蓋の幅 3 尺（91 cm）・長さ 6 尺 5 寸（197 cm）・厚さ 3 寸 5（10.7 cm）・目方 90 貫（338 kg），小口板は幅 2 尺 8 寸（85 cm）・縦 3 尺（91 cm），底石の厚さ 8 分（2.4 cm）で，石材は「青色石ニシテ木目アリ」と付記される．
　なお同文書の閲覧・引用にあたっては高崎繁雄氏よりご高配を頂いた．

3）萱野章宏氏（木更津市教育委員会）のご教示によれば，戦前頃，石室らしい石積みの存在をみたという住民の証言を得ているという．なお当古墳は明治 40（1907）年頃に発掘され，西川勝三郎氏による帝室博物館への出品目録（下記）から，金銅装大刀・甲冑・金銅製馬具・銅鈴・銀製耳環・金銅製耳環・鉄鏃・蜻蛉玉などの出土が知られる．

（『考古界』6 篇 9 号 1907・『考古界』7 篇 4 号 1908）
4）白井久美子 1992「上総北西部における古墳終末期の様相」『国立歴史民俗博物館研究報告』第 44 集
5）田中新史 1996「養老川流域の石棺・石室―総の石材利用古墳のなかで―」『土筆』第 4 号　土筆舎

上総の横穴式石室報告文献

安藤鴻基 1976「丸塚古墳」『日本考古学年報』27　日本考古学協会
市毛　勲 1971a「千葉県山武郡芝山町小池大塚古墳」『日本考古学年報』19　日本考古学協会
市毛　勲 1971b「千葉県山武郡成東町経僧塚古墳の調査」『史観』第 83 輯
大場磐雄・寺村光晴 1961「上総市原古墳群の調査」『國學院雑誌』第 62 巻第 9 号
奥田正彦 1986「鯉ヶ窪遺跡」『主要地方道成田松尾線Ⅲ』千葉県文化財センター
小熊吉蔵 1939a「周西村の権現塚古墳」『房総郷土研究』第 6 巻第 4 号
小熊吉蔵 1939b「君津郡木更津桜井瑠璃光塚古墳の調査」『房総郷土研究』第 6 巻第 7 号
小沢　洋・笹生　衛ほか 1984『二間塚遺跡群確認調査報告書』富津市教育委員会
小沢　洋 1985『二間塚遺跡群確認調査報告書Ⅱ』富津市教育委員会
小沢　洋 1990a「関田塚古墳群」『小浜遺跡群Ⅲ』君津郡市文化財センター
小沢　洋 1990b『三条塚古墳―周溝・石室確認調査報告書―』君津郡市文化財センター
小沢　洋 1991「九条塚古墳の再検討―飯野小学校保管遺物を中心として―」『研究紀要Ⅳ』君津郡市文化財センター（本書第Ⅲ部第 4 章所収）
小沢　洋 1992『西原古墳』富津市教育委員会
小沢　洋 1993『小浜遺跡群Ⅴ　俵ケ谷古墳群・マミヤク遺跡』君津郡市文化財センター
小沢　洋 1996「小櫃・小糸・湊川水系圏の横穴式石室」『土筆』第 4 号　土筆舎（本書第Ⅲ部第 6 章所収）
小高幸男 1991『内裏塚古墳群発掘調査報告書』富津市教育委員会
乙益重隆ほか 1980『上総菅生遺跡』木更津市菅生遺跡調査団
軽部慈恩 1957a「千葉県山武郡朝日ノ岡古墳」『日本考古学年報』5　日本考古学協会
軽部慈恩 1957b「千葉県山武郡大堤権現塚前方後円墳の発掘調査」『古代』第 25・26 号
軽部慈恩 1958「千葉県山武郡西ノ台古墳」『日本考古学年報』7　日本考古学協会
軽部慈恩 1963「千葉県山武郡蕪木 5 号墳」『日本考古学年報』6　日本考古学協会
川戸　彰 1957「千葉県山武町埴谷古墳群調査（概報）」『上代文化』第 27 輯
川戸　彰 1966「千葉県東金市家之子 51 号墳」『日本考古学年報』14　日本考古学協会
川戸　彰 1967「東金市油井古塚原古墳群調査の意義」『東金文化協会会報』6・7・9・10 号　東金文化協会
川戸　彰 1971「千葉県山武郡麻生新田カブト塚古墳」『日本考古学年報』19　日本考古学協会
桐村修司 1991『町田遺跡群』君津郡市文化財センター
黒澤　聡 1993「白姫塚南方古墳」『平成 4 年度富津市内遺跡群発掘調査報告書』富津市教育委員会
県立天羽高等学校社会科クラブ 1969「飯野古墳群の一古墳の緊急発掘について」『千葉県立富津海洋資料館館報』2 集
小杉秀雄・佐藤俊雄 1956「芝山古墳群小池 1 号墳」『古代』第 21・22 号
坂井利明ほか 1963「千葉県芝山町山田古墳群調査報告」『金鈴』第 17 号

酒巻忠史 1993「打越古墳の調査」『神明山遺跡発掘調査報告書』富津市教育委員会
柴田常恵 1928「上総君津郡青堀町の平塚」『考古学研究』第2巻第1号
白井久美子ほか 1991『千原台ニュータウンⅤ　中永谷遺跡』千葉県文化財センター
白石太一郎・杉山晋作編 1996「千葉県成東町駄ノ塚古墳発掘調査報告」『国立歴史民俗博物館研究報告』第65集
椙山林継 1977「山伏作古墳群」『請西』木更津市請西遺跡調査会
椙山林継 1982「市域内の主要古墳」『富津市史　通史』富津市史編さん委員会
椙山林継編 1984『森山塚』國學院大学考古学研究室
杉山晋作ほか 1991『成東町西ノ台古墳確認調査報告書』千葉県教育委員会
鈴木喜久二・中村繁治 1956「千葉県芝山古墳群殿塚第7号墳発掘略報」『古代』第19・20号
高田　博ほか 1986『千原台ニュータウンⅢ　草刈遺跡（Ｂ区）』千葉県文化財センター
高橋　勇 1937「上総国君津郡飯野村大字二間塚字向原古墳」『古墳発掘品調査報告』帝室博物館
滝口　宏ほか 1951『上総金鈴塚古墳』千葉県教育委員会
滝口　宏 1956「千葉県山武郡芝山古墳群調査速報」『古代』第19・20号
滝口　宏ほか 1966「富津町稲荷塚古墳」『千葉県遺跡調査報告書　昭和41年』千葉県教育委員会
滝口　宏ほか 1967『千葉県史料　原始古代編・上総国』千葉県
田中清美ほか 1980『君塚クワノ木古墳』市原市君塚クワノ木古墳発掘調査団
田中新史ほか 1976『南向原』上総国分寺台遺跡調査団
田中新史 1996「養老川流域の石棺・石室―総の石材利用古墳のなかで―」『土筆』第4号　土筆舎
谷木光之助 1930「上総国君津郡清川村長須賀圓山古墳」『考古学』第1巻第2号
玉口時雄 1952「上総飯野村西谷古墳調査報告」『古代』第7・8号
豊巻幸正ほか 1991「大山台古墳群・大山台遺跡」『君津郡市文化財センター年報9―平成2年度―』君津郡市文化財センター
中村恵次 1967「千葉県山武郡土気町舟塚古墳の調査」『古代』第48号
中村恵次ほか 1967「福増古墳群」『市原市周辺地域の調査』市原市教育委員会
中村恵次・市毛　勲 1967「富津古墳群八丁塚古墳調査報告」『古代』第49・50号
中村恵次・沼沢　豊・田中新史 1975『古墳時代研究Ⅱ―千葉県市原市六孫王原古墳の調査―』古墳時代研究会
新田栄治 1974「持塚2号墳」『東間部多古墳群』上総国分寺台遺跡調査団
野口行雄 1990『下谷古墳・下谷遺跡』君津郡市文化財センター
萩原恭一 1995『山武町胡摩手台16号墳発掘調査報告書』千葉県教育委員会
原田道雄 1974「横穴式複室石室に関する覚え書き」『史館』第3号
平岡和夫ほか 1995『千葉県松尾町蕪木5号古墳―横穴式石室再確認調査報告書―』山武考古学研究所
平岡和夫ほか 1996『千葉県成東町不動塚古墳―横穴式石室再確認調査報告書―』山武考古学研究所
平山誠一 1992「新坂遺跡」『財団法人山武郡市文化財センター年報№7―平成2年度―』山武郡市文化財センター
藤平裕子 1994「雷塚遺跡」『年報№11―平成4年度―』君津郡市文化財センター
増田精一・岩崎卓也ほか 1972『牛久第Ⅲ号墳調査抄報』千葉県教育委員会
松本　勝 1994『上北原古墳』君津郡市文化財センター

丸子　亘 1967『千葉県東金市家之子古墳群緊急発掘調査概報』　立正大学博物館学講座
丸子　亘 1970『姉ヶ崎台遺跡』立正大学博物館学講座
村越　潔ほか 1951「千葉県成東不動塚古墳発掘調査概報」『日本大学文学部研究年報』第2輯
吉田直哉 1993「新坂遺跡」『財団法人山武郡市文化財センター年報№8―平成3年度―』山武郡市文化財センター

第８章　上総南西部における古墳終末期の様相

はじめに

本稿で述べる上総南西部は，旧君津郡域（現在の袖ケ浦町・木更津市・君津市・富津市の４市町）に相当する．房総半島のうち，東京湾沿岸の南半部から，三浦半島に最も接近する富津岬を経て，浦賀水道に面した地域であり，その南縁は鋸山と清澄山を東西に結ぶ房総丘陵によって，半島南端部の「安房国」との境界が画される．

古墳文化様相よりみた上総南西部は，小櫃川水系，小糸川水系，および湊川など小糸川以南の諸水系という三つの地域圏に大きく区分することができる．この三つの地域圏は，君津郡成立以前の３郡，望陀郡・周淮郡・天羽郡の領域にほぼ重ねあわせてとらえることができるであろう[1)]．このうち小櫃川・小糸川の両水系には，下流域から中流域に至る顕著な古墳分布が認められ，とくに両河川の河口付近には，それぞれの水系を統括した首長層の墓域とみられる大形古墳の群在が認められる．小糸川下流域の内裏塚古墳群，小櫃川下流域の祇園・長須賀古墳群がそれであり，前者は「国造本紀」にみえる須恵国造，後者は同じく馬来田国造の奥津城に比定されている．両水系では，各々独立した政治領域を形成し，古墳時代のほとんどの期間を通じて，安定した勢力を維持していたことが窺われる．

一方，湊川など小糸川以南の諸水系（天羽地域）では，高塚古墳の分布密度が低く，代わって多数の横穴墓群の分布が認められる点で，上記の２水系とは様相を異にしている．この地域においては，独立的，存続的な首長権の存在は認めることができず，むしろ小糸川水系の首長層の領域圏の中に組み込まれていたか，もしくは従属的存在であった可能性が強い．この地域の横穴墓造営の最盛期は７世紀代にあると認められ，古墳時代終末期の西上総を概観するうえでこれらの様相も看過することはできないであろう．本稿では主として，小糸川・小櫃川両流域における終末期の高塚古墳について述べるが，小糸川以南地域を中心とした横穴墓群の概要についても，可能な範囲で取り上げてみることとしたい．

1　小糸川流域

(1)　小糸川流域における首長系古墳の消長

小糸川流域における首長系古墳，とくに中期以降の首長墓域は，河口部沖積地に位置する内裏塚古墳群を中心に展開している．しかしこの古墳群内および近隣地域に大形前期古墳の存在は確認されておらず，また６世紀前半代にも大形古墳造営の空白期が想定されるなど，各時期の盟主

第 1 図　房総の古墳時代終末期大型古墳と古代寺院（縮尺 40 万分の 1）

墳が必ずしも当古墳群内に集約されていないことは明らかである[2)].

一方，当地域では近年の発掘調査および分布調査の進展により，これまであまり周知されていなかった中流域における古墳様相も徐々に解明されつつあり，それらを踏まえて小糸川流域における首長系古墳の推移をたどってみることにしたい.

a　前期

これまでのところ，小糸川流域においては，前期の前方後円墳は確認されておらず，未調査古墳の中にもそれに該当するような古墳は見当たらない．この点，前期から複数の大形前方後円墳の造営が認められる小櫃川流域とは対照的な在り方を示しているといえる．

ただし，木更津市小浜地区に所在した手古塚古墳（墳丘長60 m）は，従来小櫃川水系の首長墓として論じられることが多かったが，その位置は小櫃川・小糸川両水系の中間というべき地点にあり，小糸川流域の首長墓群との系統的繋がりを想定することもできよう．

これに対して，前期の築造とみられる前方後方墳は2基確認されている．下流域外箕輪地区の台地縁辺部に立地する道祖神裏古墳（墳丘長56 m）は，君津郡域の前方後方墳の中では最も規模が大きく，確認調査で周堀内から五領式土器が検出されている．また最近墳丘測量が行なわれた中流域福岡地区の駒久保6号墳（墳丘長42 m）は，一回り小さい規模であるが，立地・墳丘形態ともに道祖神裏古墳に近似している．これら2基の前方後方墳が今のところ前期段階における最有力の古墳としてとらえられるが，墳丘規模などからみる限り，その被葬者は小糸川流域全域を傘下におくような強大な首長ではなく，より狭い地域を統合する小地域支配者層であったと考えられる．

b　中期

河口低地部の内裏塚古墳群内で，最初に築造されたとみられる古墳は，群中最大規模の内裏塚古墳（墳丘長144 m）である．調査時期が古く，墳丘主軸に平行して存在したといわれる2基の竪穴式石室の構造については不明点が多いが，金銅製胡籙・鳴鏑などを含み武器・武具・農工具類のみから構成される副葬品のセット，B種ヨコハケを伴う円筒埴輪等の年代観から，5世紀中葉頃の築造年代が想定される．現段階の知見では，この内裏塚古墳の出現をもって，小糸川水系全域を席巻するような首長権が成立したと考えられる．

ちなみに内裏塚古墳に先行する可能性のある前方後円墳として，道祖神裏古墳の至近に位置する八幡神社古墳（墳丘長86 m）がある．低地に築造され盾形周堀を備えた前方後円墳で，墳丘の平面形態は，後円部径と前方部幅が拮抗する中期型のプランを示し，周堀形態も前方部側への開きが小さいU字形とみられる．近年後円部側周堀の一部が発掘調査されたが，時期決定の手掛りとなるような遺物は何ら検出されず，埴輪も採集されていない．ただ前方部の相対的な長さが内裏塚古墳を上回っていること，また規模に比して墳丘高が著しく低い点などは，この古墳を古く位置づけることを躊躇させる要素であり，6世紀前半あるいは6世紀後半の築造という見方もあって，当古墳の年代的な位置づけについてはなお流動的である[3)]．

内裏塚古墳に後続する首長墓として，内裏塚の南方4 kmの小久保地区に単独で存在する弁天山古墳（墳丘長86 m）が挙げられる．墳丘規模のうえでは内裏塚よりも劣るが，高い墳丘と盾形周堀を備え，天井石に縄掛突起をもつ特異な竪穴式石室を有する点など，盟主墳として遜色のない内容を備えている．鋲留甲冑片を含む武器・武具・農工具を主体とした副葬品，円筒埴輪の年代観から，5世紀後葉に比定するのが妥当であろう．

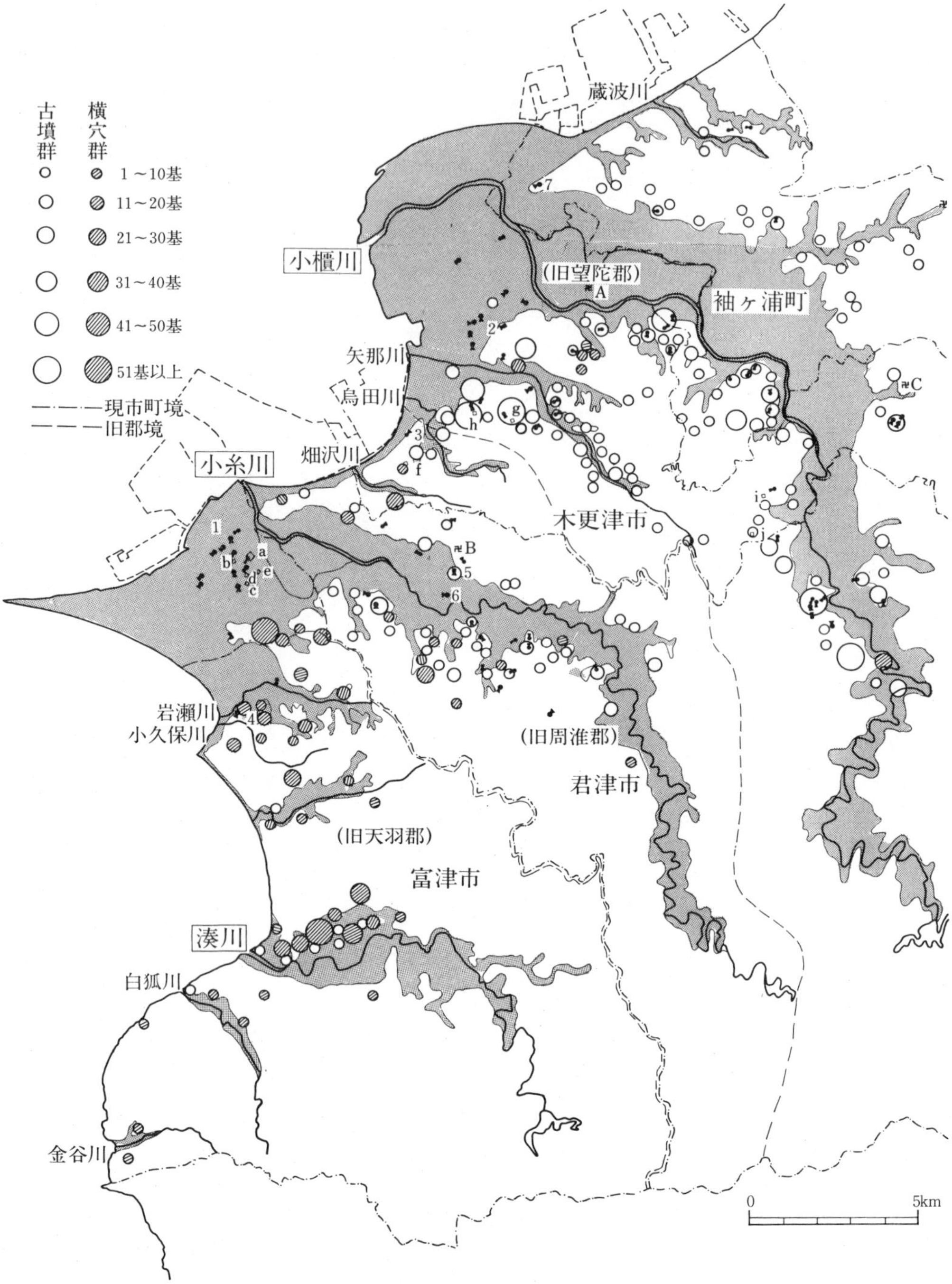

終末期方墳　a 割見塚古墳　b 野々間古墳　c 森山塚古墳　d 亀塚古墳　e 稲荷塚古墳　f 関田古墳群
　g 山伏作古墳群　h 塚原5号墳　i 北谷古墳　j 宮脇古墳群
主要前方後円墳　1 内裏塚古墳群　2 祇園長須賀古墳群　3 手古塚古墳　4 弁天山古墳　5 道祖神裏古墳
　6 八幡神社古墳　7 坂戸神社古墳
初期寺院址　A 大寺廃寺　B 九十九坊廃寺　C 真里谷廃寺

第2図　上総南西部地域古墳・横穴群分布図（1/200,000）

一方，内裏塚古墳群内では，小規模前方後円墳である上野塚古墳（墳丘長45 m）が内裏塚に後続する古墳として位置づけられる．内部施設は不明であるが，周堀底から出土した陶邑 TK23 型式併行の須恵器坏によって，やはり5世紀後葉期の築造と考えられる．弁天山古墳との先後関係については，直接対比する資料に欠けるが，当古墳の方がやや後出とみられる．墳丘形態は帆立貝式の範疇に含み得るものであり，この古墳の時期に「古墳の規制」が行なわれたとする見方もできる．ただ内裏塚古墳との墳丘規模の格差は著しく，この古墳を盟主の系列の中に位置づけ得るかどうかについては，なお議論の余地があろう．

c　後期

6世紀前半代（初頭～前葉）の築造とみられる古墳は，内裏塚古墳群内には見当たらない．墳丘形態の進化論的変化という観点よりみるならば，先に取り上げた外箕輪・八幡神社古墳がこの間の空白を埋める可能性もある．

6世紀中葉～末葉にかけては，九条塚古墳（105 m）・三条塚古墳（123 m）・稲荷山古墳（106 m）・古塚古墳（88 m）・青木亀塚古墳（100 m）の5基の大形前方後円墳が内裏塚古墳群内に相次いで築造されたと考えられる．このうち三条塚・青木亀塚以外の3基はいずれも埴輪の存在が確認されている．

このうち，墳丘平面形態のうえでは九条塚古墳が最も古い特徴をとどめる．明治末年の発掘記録から内部施設は横穴式石室と判断されるが，構造の詳細は明らかでない．石室内出土遺物として，直刀・金銅装馬具（楕円形鏡板付轡・雲珠）・銀製耳環・銀製空玉・碧玉勾玉・瑪瑙勾玉・水晶切子玉・ガラス小玉等が伝わるほか，前方部墳頂出土とされる須恵器群（坏・高坏・𤭯・台付直口壺など）がある[4]．このうち須恵器は陶邑 TK43 型式期に比定し得るものである．また採集された円筒埴輪は，最下段凸帯が低位置にあり，凸帯高も低い台形を呈するもので，川西編年Ⅴ期の古相と判定される．前方部の須恵器群と主埋葬の間に若干の年代的開きを認めるとしても，築造時期の上限は6世紀中葉頃までと考えるのが妥当であろう．

三条塚・稲荷山の両古墳の墳丘形態を比較すると，前方部長・前方部幅とも稲荷山古墳の方が相対的に大きくなっているが，盾形周堀（二重）の前方部側への開きの度合いには大きな差がみられない．墳丘高は両者とも低い．稲荷山古墳に円筒・形象埴輪が確認されているのに対して，三条塚古墳には埴輪の存在が認められず，この点を重視するならば，稲荷山→三条塚の構築順序を想定するのが妥当であろう．なお九条塚と稲荷山の埴輪片を比較すると，稲荷山古墳の埴輪の方に，より凸帯の扁平化が認められる．

三条塚古墳は，最近1989年の暮に内部施設の部分調査を実施した結果，自然石乱石積で石室高の高い横穴式石室を有することが確認され，乳文鏡・直刀・馬具（鞖（しおで）・壺鐙金具・金銅製鞍金具）・金銅製中空耳環・漆塗小玉・須恵器（高坏・壺蓋）などが出土している．須恵器は陶邑 TK43 型式期に比定されるものであり，九条塚古墳前方部出土須恵器との間に大きな時間差を認め得ない．石室が自然石積である点と須恵器の示す年代は，先にみた埴輪の有無から三条塚古墳を最終末段階の大形前方後円墳に位置づける妥当性を必ずしも肯定する要素とはなっておらず，

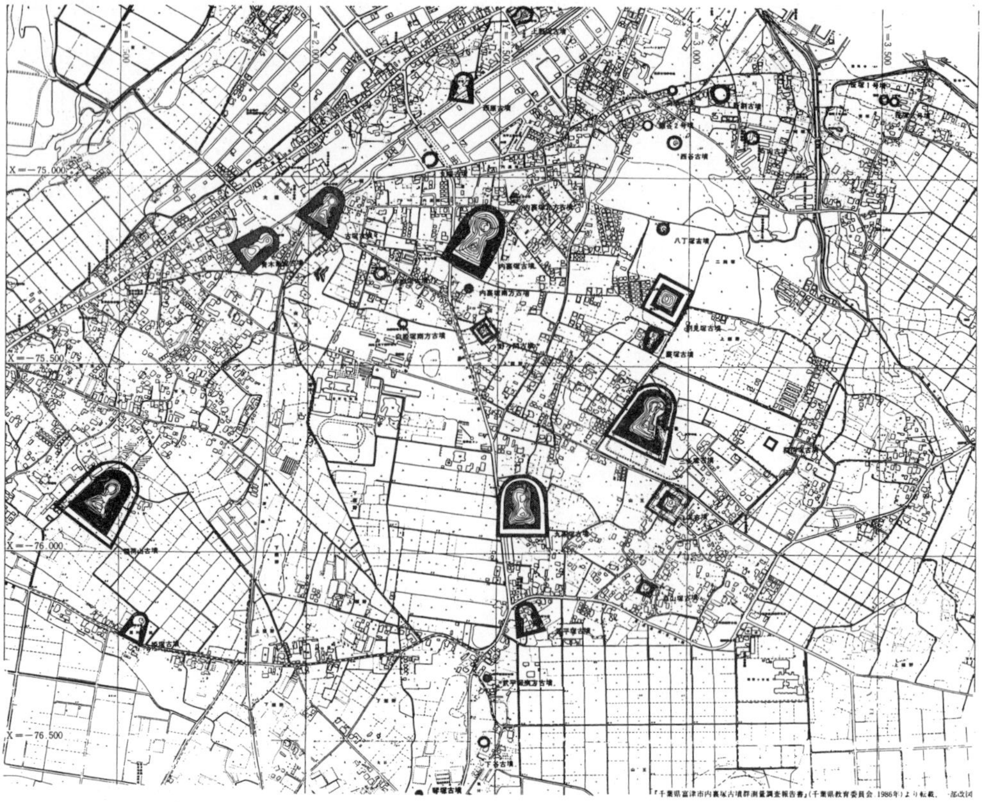

第3図　内裏塚古墳群古墳分布図（1/20,000）

稲荷山古墳との先後関係については今なお明言できる段階でない．

100 m 以上の盟主クラスよりやや規模の劣る古塚古墳は，やはり前方部の発達した平面形態であり，1989 年度の確認調査で盾形周堀の輪郭が明らかとなった．100 m 未満の前方後円墳の中では唯一円筒埴輪を有しており，その時期相は稲荷山古墳と同等かやや先行する段階とみられる．内部施設は，ボーリング探査により，横穴式石室と推測される．

青木亀塚古墳は，墳丘がきわめて低平であり，括れ部付近の等高線の流れも不整であることから，前方後円墳であることに疑問がもたれていたが，1989 年度に確認調査を実施した結果，盾形周堀の存在が確認され，前方後円墳と判定されるに至った．墳丘は少なからず後世の改変を受けているようである．この調査では墳頂部にもトレンチを設定して，内部施設の確認も合わせて行なったが，何らその形跡を認めることができず，また周堀部からは時期的に整合しない 8 世紀代の土器が検出されるなど，この古墳については依然多くの疑問点を残している．

6 世紀後半以降，内裏塚古墳群においては，上記の大形前方後円墳のほかに，墳丘長 50～70 m 級の前方後円墳，および多数の円墳群の築造が認められ，首長層内部での階層的分化，古墳被葬者層の拡大が進行したと考えられる．

西原・武平塚・姫塚・蕨塚の 4 基の前方後円墳のうち，西原を除く 3 基は，それぞれ 6 世紀代の 3 基の大形前方後円墳に近接して造営されていることが注目される．武平塚と九条塚，姫塚と稲荷山，蕨塚と三条塚の組み合わせがそれで，3 組とも大小の古墳の主軸がほぼ等しく，相互の緊密な関係を推測し得る．これらに対して西原古墳はやや孤立的な位置にあるが，主軸方向は九条塚・武平塚と共通する．上記の古墳のうち，武平塚は未調査のまま墳丘の大半が削平されているが，西原・姫塚・蕨塚の 3 基の前方後円墳については，いずれも自然石乱石積の横穴式石室を内部施設としていることが知られている．石室形態は，西原古墳が無袖式，姫塚・蕨塚古墳が片袖式で，西原古墳に 8 体，姫塚古墳に 5 体，蕨塚古墳に 12 体以上の埋葬人骨が確認されており，各古墳とも長期にわたる追葬期間があったと考えられる．1989 年に再調査を実施した西原古墳の石室は，前部・奥部の幅員差がほとんどない狭長なプランで，床面全体に整美な礫敷きが施されたものである[5)]．西原古墳からは陶邑 TK43 型式期の須恵器が出土しており，築造時期は 6 世紀後葉と推定される．調査時期の古い姫塚古墳に関しては，石室実測図等十分な記録がなく，不明な点が多い[☆15)]．蕨塚古墳も出土遺物の詳細が公表されていないが，報文中の写真に見える須恵器長頸壺など新しい遺物相を含んでおり，追葬期間を考慮しても，築造時期は西原古墳より下る 6 世紀末葉前後であろうと推測される．

円墳は，現在知られているものの大半が発掘され，そのほとんどが自然石乱石積の横穴式石室を有している．小糸川流域では，横穴式石室を有する円墳が密集するのは内裏塚古墳群周辺に限られ[6)]，丘陵部の後期古墳の多くは木棺直葬系と考えられる[7)]．そして内裏塚古墳群内の円墳は概して副葬品の質量の豊富なものが多いことから，これらは一般の群集墳とは異なり，首長系集団の構成員を被葬者とする円墳と考えてよいだろう．

中でも白姫塚古墳は，飾大刀 4 本・挂甲など他の円墳に比べてかなり卓越した副葬品を有していたことが知られるが[8)]，発掘時期が古いため石室の形状等が明らかでない．丸塚・古山・新割の 3 古墳の石室は，内部に区画のない狭長な無袖式のプランを呈することで共通している．このうち，丸塚古墳の石室内には 1 基，古山古墳の石室内には 2 基の組合せ式箱形石棺が内蔵されていた．これらの古墳は円墳の中でも規模が大きく，とくに新割古墳においては造出しの存在が確認されている．

西谷古墳の石室は，奥部・前部の幅員差が大きい無袖式で，石室内には板石による玄室の区画がみられ，玄室部の床面にのみ大形自然石の敷設が認められている．これに対して，向原・八丁塚の 2 古墳の石室には床面の一部に切石の使用が認められる．八丁塚古墳の石室は，無袖式でも入口に玄門構造を備えるやや幅の広い石室で，奥壁寄りに仕切り石が設置され，前室・後室に区分される．後室の床面には砂岩切石が敷かれるが，奥壁に接した最奥部のみ自然礫の敷かれる空間があり，棺床のようになっている．向原古墳の石室は，奥部がＬ字形に屈曲する特異なプランで，屈曲部に板石による仕切りがあり，そこから奥壁までの床面に切石が敷かれる．なお 1989 年に新発見・発掘調査された古墳群南端部の下谷古墳においてもＬ字形石室の存在が明らかにされたが，切石の使用は認められなかった．

このほか，墳丘削平後の確認または未発掘古墳である西谷 2 号・白姫塚南方・琴塚・笹塚 1 号などの諸古墳においてもそれぞれ乱石積横穴式石室の存在が想定され，円墳の実数は，現在認知されている総数（12～14基）をかなり上回るものであったと考えられる.

以上の円墳は出土遺物の詳細が公表されていないものも多く[9]，十分な編年的検討を行なえる段階ではないが，石室の構造からは，丸塚・古山・新割の3古墳に古い様相がみられ，西谷・下谷古墳がこれに次ぎ，向原・八丁塚の両古墳に新しい様相を認めることができよう.

各古墳の出土須恵器をみると，白姫塚古墳から陶邑編年TK43型式古相（中村編年Ⅱ-3段階），新割古墳・丸塚古墳・下谷古墳からTK43～TK209型式（Ⅱ-4～5段階），古山古墳・西谷古墳・八丁塚古墳からTK209～TK217型式前半（Ⅱ-5・6～Ⅲ-1段階），向原古墳からTK217型式後半（Ⅲ-2段階）のものがそれぞれ出土している．上記の円墳の石室内からは，丸塚古墳で約10体，新割古墳で20体以上，西谷古墳で13体以上，向原古墳で14体の埋葬人骨が検出されたといわれ，出土遺物にも当然追葬の時間幅を考慮する必要があろう．石室の構造および追葬期間を勘案して暫定的に各古墳の築造年代を推定すると，白姫塚古墳・新割古墳・丸塚古墳を6世紀後葉，古山古墳・下谷古墳を6世紀末葉，西谷古墳・八丁塚古墳を7世紀初頭，向原古墳を7世紀前葉に位置づけるのが妥当ではないかと考えられる.

(2) 小糸川流域における終末期古墳の様相

内裏塚古墳群では7世紀前半のある段階から，盟主の墓制に方墳が採用され，古墳群形成の最終的な段階として，方墳のみが造営される時期が到来したとみられる．これらの方墳と前代の前方後円墳・円墳の系譜的・年代的関連については，なお多くの検討の余地を残すが，方墳の造営開始に当たって古墳造営者層の大幅な再編があったことは確かであろう．現段階の知見では，内部施設への全面的な切石の使用が認められるのは，方墳採用以降の段階と認識され，少なくとも当古墳群内では墳丘・内部施設の両様式において，方墳出現後とそれ以前の段階とを明確に区分することが可能と思われる.

内裏塚古墳群内においては，終末期方墳もしくはその可能性が高い古墳として，割見塚古墳・亀塚古墳・森山塚古墳・野々間古墳・稲荷塚古墳・内裏塚北方古墳（推定）の6基を列挙することができる．首長系古墳群の中に占める終末期古墳の数としては，他の諸地域と比較して大きい割合とみなすことができよう．房総では，千葉市東南部地域・成田市公津原地域など，小規模群集傾向の強い終末期古墳の密集地域を別とすれば，大形前方後円墳群と同一墓域内に多数の方墳が造営されている例は少なく，近似した首長墓域の形成を示す小櫃川・養老川下流域の古墳群と比較した場合，その差異は顕著である．以下，個々の古墳の内容について，墳丘・内部施設・出土遺物の各要素別に検討してゆきたい.

a　墳丘・周堀規模と企画性[10]

一辺40mで，群中の方墳では最大の割見塚古墳は，墳丘規模のうえでは房総の終末期古墳の中で目下第3位であり，第1位の岩屋古墳の約1/2，第2位の駄ノ塚古墳の約2/3の大きさに相当する．しかし，1983・1984年の確認調査で明らかとなった二重周堀全域を含めた兆域規模は，

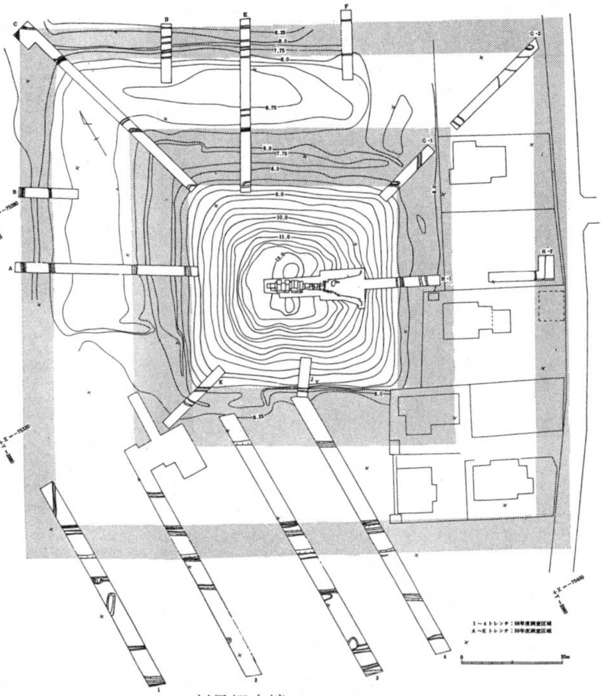

割見塚古墳（1/1500）

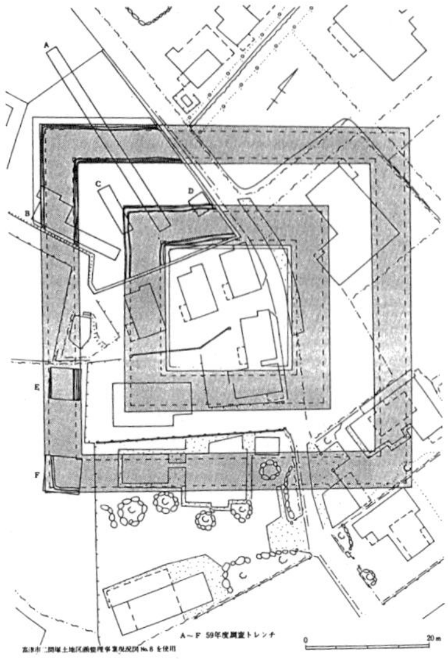

野々間古墳（1/1500）

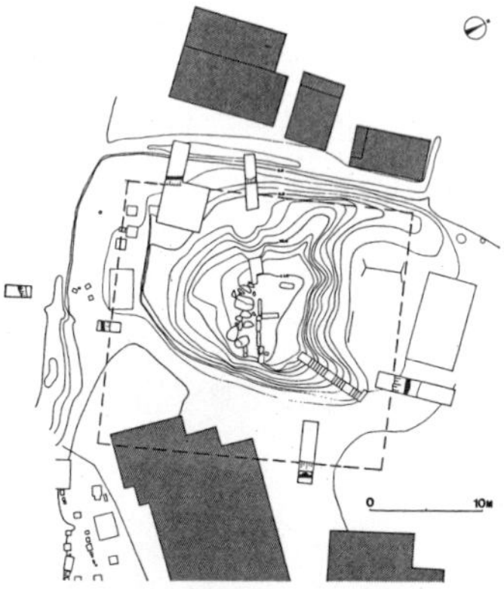

森山塚古墳（1/1000）

亀塚古墳（1/1000）

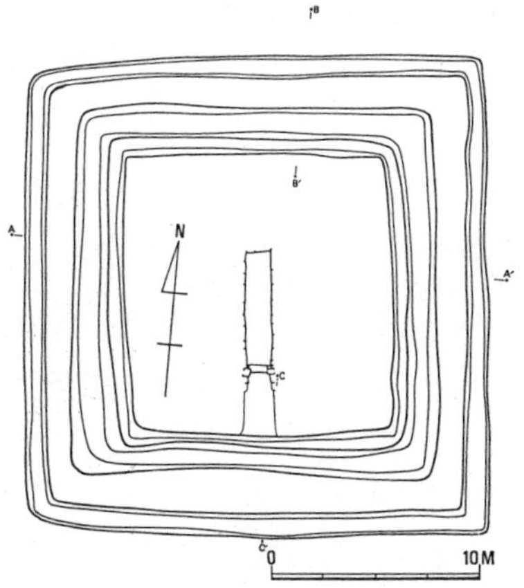

山伏作５号墳（1/500）

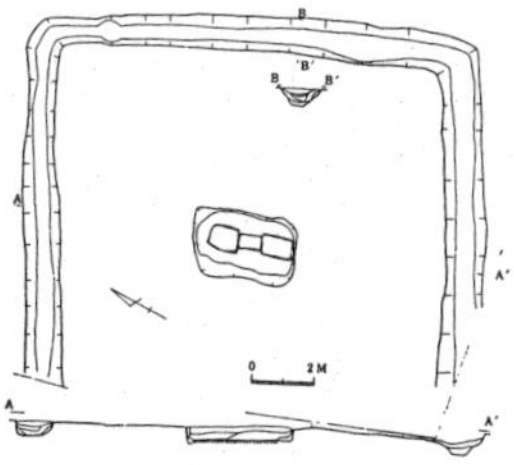

塚原５号墳（1/1500）

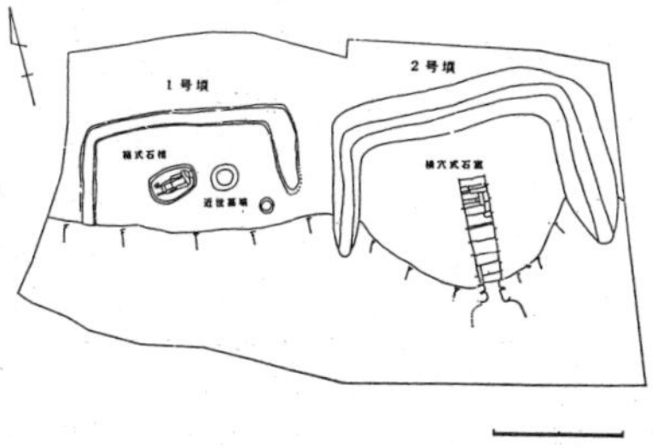

関田塚１・２号墳（1/500）

第４図　上総西南部地域の終末期方墳

同じく二重周堀を有する駄ノ塚古墳のそれを凌駕し，単一の周堀しか有さないとみられる岩屋古墳の兆域に拮抗する規模となっている．ちなみに岩屋古墳の墳丘は明瞭な3段築成であるが，最上段の墳丘が割見塚古墳とほぼ同規模，中段部までの墳丘が駄ノ塚古墳とほぼ同規模であることも注目されよう．岩屋古墳・駄ノ塚古墳がともに台地上に立地しているのに対し，割見塚古墳は標高8m前後の低地に築かれており，墳丘規模に比して周堀規模を相対的に著しく拡大している点は，このような立地条件とも多少の関連があるものと思われる．

割見塚古墳の築造企画について検討すると，墳丘辺長40m・内周堀外辺長63m・外周堀外辺長107mという計測値は，それぞれ高麗尺（1尺約35cm）の120尺・180尺・300尺に近い数値とみなすことができ，墳丘・内周堀・外周堀の外郭規模が，2対3対5の整数比で企画設計された可能性を示している．またこれらの外郭規模を規制する内周堀幅・周堤幅・外周堀幅の各値についても，それぞれ高麗尺の30尺・40尺・20尺に近い値となっている．

亀塚古墳は群中第2位の規模をもつ方墳で，1989年の確認調査により二重周堀の存在が判明した．トレンチの設定箇所の制約により多少の数値の変動も見込まれるが，墳丘辺長が33m，内周堀幅は北東辺と南東辺で相違があり，北東辺で12.5m，南東辺で9m，周堤幅・外周堀幅は南東辺側での確認でそれぞれ12m，7.5mを測る．これらの数値に基づいて周堀外郭規模を復原すると，内周溝外辺長は北西－南東間で53m，北東—南西間で58m，外周溝外辺長は同じく91mと98mとなり，高麗尺換算で墳丘辺長100尺・内周溝外辺長150尺（170尺）・外周溝260尺（280尺）の企画が想定される．内周溝幅は25尺と35尺，周堤幅は35尺，外周溝幅は20尺の配分となる．

森山塚古墳は群中第3位の規模の方墳で，1983年の調査により周堀の一部分が発掘された結果，墳丘辺長26.4～27.0m・周堀幅7.8m・周堀外辺長42.0～42.6mという計測値が得られ，現存する墳丘範囲をかなり上回る墳丘規模を有していたことが判明した．ただし周堀外壁を確認しているトレンチは1箇所のみであり，周堀幅・外辺長については若干変動する可能性もある．また二重周堀の確認は行なわれていないが，割見塚・亀塚・野々間3古墳の例から考えれば，二重周溝であることはほぼ確実とみられる．報告書では，唐尺による墳丘辺長90尺の企画が想定されたが，高麗尺換算で墳丘辺長80尺・周堀幅20尺・周堀外辺長120尺という企画尺が他の方墳との比較上，妥当性の高い数値とみなされる．

野々間古墳は第4位の規模の方墳で，墳丘は削平されているが，1984年の確認調査で二重周溝の存在が判明し，その後1987年にも周溝の一部分を面的に調査している．その結果，内周溝幅7.0m・周堤幅7.0m・外周溝幅5.8mという計測値が得られ，外郭規模は墳丘辺長19.0～19.5m・内周堀外辺長33.0～33.5m・外周堀外辺長59.0～59.5mと復原される．高麗尺に換算すると，墳丘辺長60尺・内周溝外辺長100尺・外周溝外辺長170尺の企画尺と考えることができ，内周溝幅と周堤幅が20尺，外周溝幅が15尺の配分となる．

稲荷塚古墳については，墳丘・内部施設が未調査のまま削平されているが，大正末年の報文に「一辺ノ長サ約十間」（約18m）と記載されていることから，野々間古墳と同程度の規模の方墳であったと推測され，残存する周堀の確認調査が待たれる．

以上述べたように，内裏塚古墳群内における終末期古墳の築造企画には，一定の規則性を看取することができるようである．その規則性とは，各古墳の墳丘規模が，最大規模の割見塚古墳に対して6対5（亀塚），3対2（森山塚），2対1（野々間）といったような比分関係にあること．各古墳とも二重周堀を有するとみられること，設計尺として高麗尺を使用していた蓋然性が高いことなどである．ちなみに高麗尺の使用に関しては，終末期以前の段階まで遡る可能性がある．というのは，当古墳群内の6世紀代の大形前方後円墳の墳丘長を高麗尺に換算すると，いずれも完数尺にほぼ整合する値が得られるからである．すなわち，九条塚古墳・稲荷山古墳は300尺（105 m），三条塚古墳は350尺（122.5 m），古塚古墳は250尺（87.5 m）にそれぞれ一致し，確認調査で二重周堀の全形が判明した三条塚古墳では，内周溝全長159 mが450尺に，外周溝全長193 mが550尺に対応することも注目される．

高麗尺の日本への伝来は6世紀中葉頃とされ，畿内では6世紀後半の大王陵に相当する見瀬丸山古墳・欽明陵古墳の計測値が高麗尺の完数に整合的値を示すことはすでに知られている[11)]．このような点からみれば，内裏塚古墳群における上記のような数値の整合性は，あながち偶然の一致によるものとは言いきれないだろう．しかし後期前方後円墳の設計尺については，なお他地域の古墳を含めて十分な比較検討を重ねる必要があり，今後の課題としておきたい．

それはさておき，終末期古墳の墳丘規模には，一般的に強い規格性を見出すことが可能と思われる．たとえば房総においては，岩屋古墳・駄ノ塚古墳・割見塚古墳の墳丘規模が，4対3対2という数比でとらえられることもその現われであり，数のうえでは多い40 m未満の終末期古墳についても一定の数値への墳丘規模の偏在性をある程度認めることができるようである．ただし周堀調査が実施されている古墳はまだ少なく，使用尺度の問題も含めて，今なお熟慮すべき点は多い．また二重周堀の規格については，内裏塚古墳群内独自の法則性を認める必要もあるようであり，それは方墳数の多いこと，沖積地という立地条件とも関連するものと思われる．

b　内部施設の構造

割見塚古墳の内部施設は，棺室・後室・前室・羨道の各部から構成される複室構造をなし，全長11.7 mを測る．羨道部の前面には八字形に開く自然石乱石積の前庭部が付設され，これを含めた内部施設の総全長は18.75 mに達する．石室床面は，奥の室へ向うに従って段階的に高く構築されており，棺室部と羨道部の床面比高差は66 cmを測る．石材取得を目的とした盗掘によって，天井石・奥壁と右側壁の大部分を欠失する状態であるが，左側壁第1段には高さ1 m以上の大形切石が使用されており，各石材が垂直面より5度内傾するように，縦断面平行四辺形に加工されている．側壁上半部は，おそらく比較的小形の切石が持ち送り状に積まれていたものと推定される．

森山塚古墳の内部施設は，玄室・羨道から構成される両袖式の単室石室であるが，羨道と玄室の間に1.2 mの段差をもつ特殊な構造となっている．羨道部両側壁の第1段に大形切石を使用し，玄室床面の各所にL字形切り組みが認められる点など，構築技術面においては割見塚古墳との共通性が高いが，側壁を垂直に立てている点は割見塚古墳と異なり，これは玄室・羨道幅が狭いことに由来するものであろう．石室現存長は7mであるが，羨道部はさらに前面へ延びていたとみられ，周堀との間隔から考えて，前庭部を伴っていた可能性も強い．

野々間古墳の内部施設は，実測図等の詳細な記録を欠いているが，平面形態は片袖式であったといわれ，推定全長7.5～8m・玄室長5m前後と記録されている．割見塚古墳・森山塚古墳と同様に，側壁には大形切石を使用し，床面は大小の切石を組み合わせて構築されており，玄室壁の一部には朱の塗布が認められたとされる．前庭部は確認されていない．

亀塚古墳の内部施設は，明治末期に発掘され，「柴田常恵野帳」からおおよその概要が知られていたが，1989年の確認調査でその一部を再発掘し，前庭部を備えた切石積石室であることが確認されている．側壁に大形切石を使用し，床面が切石切組手法によっている点は上記の諸古墳と同様である．前庭部の自然石積の状況も割見塚古墳と近似したものである．

稲荷塚古墳の内部施設は，全く記録が残されぬままに破壊されてしまったため，関係者からの伝聞によって切石積石室であったらしいことを知り得るに過ぎない．

内裏塚北方古墳の内部施設については，内裏塚古墳の報文中に「東北約二十間に在る円塚は先年発掘せられしが，二個の石槨を有し，一は中央に於て南を正面とし，大石を刻みて組成せられ，一はその西方数尺を隔ちて並行の位置を為し，規模前者に比して小さく，箱形のものにて，羨道を有せざるもの丶如く，発見の遺物に至りては毫も知るに由なし．」と記され，切石積横穴式石室と箱形石棺の2基の施設を別々に蔵していたと推定される．1983年の確認調査で跡地周辺より切石が出土していることから，その記録の一端が裏付けられている．

以上，当古墳群内の終末期方墳（内裏塚北方古墳については墳形が確定していないが）の内部施設には，いずれも砂岩切石積の横穴式石室で，側壁に大形の石材を使用し，切組みの床石を有するという共通した要素を認めることができる．これらの石室構築技法は，当古墳群内において方墳出現以前まで伝統的に採用されていた石室構築技法とは断絶的ともいえる違いを示しており，その出現の背景には，近隣または遠隔地からの多面的な影響と技術の導入が考えられよう．

最も長大な割見塚古墳の横穴式石室において，最奥部に「棺室」を付設する構造は，房総では他に例を見ないものであり，以前から指摘されているように，畿内を中心とする「横口式石槨」との近似性を認め得る．中でも河内飛鳥とよばれる大阪府羽曳野市東部の丘陵地帯に所在する一連の終末期古墳（観音塚古墳・オーコー8号墳・鉢伏山西峰古墳など）の内部施設構造に，当古墳石室の直接的な技術系譜を求める説が有力視されており，同地方の工人の関与を想定する向きもある[12]．しかし河内飛鳥地域の諸古墳は，いずれも墳丘規模が10～15m程度の小古墳であり，一部に複室的構造を備えるもの（観音塚古墳）があるとはいえ，石室の規模も総体的に小さい．当古墳の石室が，棺室部の付設という構造等において，仮にこの地域からの技術的影響を受けているとしても，石室全体の長大さ，複室構造という基本的側面においては，関東地方における切石積横穴式石室の独自な展開の中に位置づけて考えてみる必要があろう．

関東における複室横穴式石室の分布には，二つの主要な集中圏を認めることができる．一つは比企地方を中心とした北武蔵地域，もう一つは上総を中心とした房総地域であり，前者は胴張り形態の玄室プランをもつことで特色づけられる．このほか上野・常陸・南武蔵にも複室横穴式石室が散見されるが，数のうえでは少ない．ただし南武蔵の場合は，横穴式石室墳の絶対数からみて，複室横穴式石室の出現頻度は高いものといえよう．

房総の複室横穴式石室は，すべてが砂岩切石積であり，前方後円墳・方墳と一部の円墳に伴う内部施設として確認されている．前方後円墳としては千葉市土気舟塚古墳・松尾町権現塚古墳・同町蕪木5号墳・成東町不動塚古墳・我孫子市第4小学校古墳の各例．方墳では成東町駄ノ塚古墳・市原市牛久Ⅲ号墳・成田市瓢塚27号墳例，円墳とされる東金市家之子24号墳例などがあり，千葉市土気地区を含めた山武郡地域にやや偏在する傾向がみられる．

山武地域では，前・中期段階の有力古墳の存在がほとんど明らかにされていないが，6世紀後半代には大形・中形前方後円墳の拠点的，連続的な造営が認められ，東京湾沿岸の小櫃川・小糸川流域に拮抗する強大な首長権を確立したとみられる地域である．この地域では埴輪，とくに形象埴輪の著しい盛行が知られるが，複室横穴式石室を採用している前方後円墳は，いずれも埴輪消滅後の新しい段階に位置づけられる古墳となっている．換言すれば，山武地域では最末期段階の首長系前方後円墳の多くが複室横穴式石室を内部施設としているといえる．

前段階の埴輪を有する前方後円墳の石室については，松尾町朝日ノ岡古墳・成東町西ノ台古墳など調査時期の古い盟主墳の石室構造が詳らかでないが，横芝町殿塚古墳，姫塚古墳・山武町埴谷1号墳などの石室構造が明らかにされている．これらはいずれも，切石積石室を採用している点で，内裏塚古墳群内の前方後円墳とは相違するが，とくに姫塚古墳の石室は，矩形の玄室に幅の狭い矩形の羨道部が接続するもので，両者が門柱石によって区切られている点は，複室化へ向かう前段階的形態としてとらえられる．一方，殿塚古墳・埴谷1号墳の石室は，仕切石によって玄室内を区分したものであり，様式は異なるが，やはり複室的要素を備えた石室としてとらえ得る．他地域に先んじて切石積石室を採用した山武地域では，このようにある程度段階的に複室横穴式石室への発展を辿ったとみることができ，東京湾沿岸地域における切石積石室・複室石室の出現の背景には，この地域からの直接・間接的影響を想定してよいであろう．

ただ割見塚古墳の石室の場合は，長い羨道部が独立して付加されている点，側壁に大形切石を使用している点など，山武地域の複室横穴式石室とは別系統の技術的影響も多分に看取される．また石室が長大な点も終末期古墳の中では群を抜いており，この点はむしろ内裏塚古墳群内における自然石乱石積段階からの長大な石室構築の伝統と無関係ではないと思われる．内裏塚古墳群内の前方後円墳・円墳の石室全長を列挙すると，西原古墳12.5 m，蕨塚古墳11.5 m，新割古墳12.5 m，丸塚古墳11 m，古山古墳12.7 m，西谷古墳7.3 m，向原古墳約10 m，八丁塚古墳11.2 mで，ほとんどが割見塚古墳の石室長に前後する規模であるとともに，房総の他地域では見られない長大な石室群としてとらえられる．

以上述べたように，割見塚古墳の複室横穴式石室の成立の背景には，①山武地域を中心とする切石積石室複室化の趨勢，②西上総地域における長大な石室構築の伝統，③畿内からの新しい石室様式の導入，といった複合的条件があったとみなすべきであろう．なお複室化の意義そのものについては，同墓埋葬者と埋葬空間区分の問題からさらに考究を深める必要がある．

一方，森山塚古墳の石室に関しては，隔壁によって羨道・玄室を区画する構造をもった横穴墓との関連が指摘されている[13]．この形式の横穴墓は，西上総地域においても多くみられるものであるが，後述のとおり，当地域における横穴墓の形態変遷のうえでは後出的形式として把握され，当古墳の石室の方がむしろ時期的に先行する可能性が強い．隔壁型（高壇式）横穴墓が盛行したのは長生郡などの東上総地域であり，この地域の隔壁型横穴墓は，隔壁高がより高く，技巧的に横穴式石室を凌ぐような荘厳なものも多々認められる．隔壁型横穴墓の上限は今なお不明確であるが，その遡源形態は東上総に求められる可能性が高く，森山塚古墳の石室構造にこの種の横穴墓との関連を求めるとすれば，東上総地域からの影響を考える必要もあろう．

c　出土遺物と年代観

割見塚古墳はすでに盗掘を受けていたが，1964 年の調査では直刀・鉄鏃・金銅製弓弭・帯金具が出土し，1984 年の再調査では前庭部前端を中心に，鉄製杏葉・鉄製鏡板・銅製帯金具類（爪形帯先金具・方形有窓飾金具・円形辻金具・亀甲形金具）・刀子装具（銀製鞘尻金具・金銅製柄頭金具）・弓飾鋲・鎹・鉄鏃・須恵器台付長頸壺・土師器坏などが検出されている．

土師器坏 3 点は，いずれも暗文を有するものであるが，うち 1 点は畿内からの搬入品とみられ，飛鳥藤原編年Ⅲ～Ⅳ期（坏 C 類）に比定し得る．また在地系の放射状暗文を有する埦形坏は，当地域の集落で 7 世紀前葉から後葉にかけて普遍的にみられるものであるが，口縁部が直立的である点などから比較的古相に位置づけてよいであろう．須恵器長頸壺は，口縁部・頸部・体部・台部の非接合破片であり，口縁部については別個体のフラスコ型瓶である可能性がある．生産地については，いずれの破片についても湖西産の特徴を示すという教示を得ており，口縁部の形態は 7 世紀前半まで遡る可能性が強いとされる[14]．

馬具類のうち鉸具付心葉形透杏葉は，奈良県二塚古墳・静岡県中石田古墳・群馬県乗附・正倉院御物および近隣では木更津市松面古墳に類例があり，6 世紀第 4 四半期を初現例として 7 世紀前半代に中心をもつ型式と把握されている[15]．この型式の杏葉の多くが金銅製であるのに対して，当古墳のものは鉄地である．同じく鉄地の長方形透鏡板も，7 世紀前半代に盛行する型式ととらえられ，一連の銅製帯金具類もこれらと同一のセットとして把握されよう．

鉄鏃は鑿箭式を主体として一部無関片刃箭式を含み，7 世紀前葉から後葉期に盛行する組成としてとらえられる．以上の出土遺物は，いずれも原位置を保つものでなく，追葬による年代幅も想定する必要があるが，少なくとも 6 世紀代まで遡る要素は乏しく，遺物相の中心的な年代は，7 世紀前葉～中葉期に求めるのが妥当ではないかと思われる．

野々間古墳からは，1968 年の緊急発掘時に，銀象嵌方頭大刀・刀子・鉄鏃・金銅製弓弭・金銅製耳環・鉄釘・銅製飾鋲・緑釉新羅焼有蓋台付壺など比較的多数の遺物が回収されている．このうち新羅焼有蓋台付壺は，国内では福岡県王城山 C11 号墳・京都府大覚寺 3 号墳・奈良県石神遺跡など北九州・畿内を中心としたいくつかの出土例が知られている[16]．王城山 C11 号墳の伴出須恵器は陶邑編年（中村編年）Ⅱ-6～Ⅲ-1段階，大覚寺3号墳の伴出須恵器はⅡ-5段階に比定されるものであり，6世紀末葉～7世紀前葉の年代幅が想定されよう．出土例が少なく，いまだ編年的位置を明確にできる段階ではないが，当古墳の新羅焼台付壺も7世紀前半の枠内に収まる可能性が強いことを示唆している．このほか，金銅製弓弭の出土は割見塚古墳と共通し，鉄鏃には無関片刃箭式が認められる．

森山塚古墳では，石室内からの出土品は把手状鉄製品と多数の鉄釘（棺釘）に限られ，他に墳丘盛土中・周堀から須恵器（坏・𤭯）・土師器（坏・高坏・甕・手捏ね）が出土している．土器群の大半は小片であり，下層に存在した遺構の土器群が混入している疑いもあるので，古墳築造年代との間には一定の時間差を想定する必要もあろう．土師器坏は，須恵器模倣タイプの中でも扁平化の進んだものが目立つが，一部に埦タイプの坏もみられ，総体として6世紀末葉～7世紀初頭の様相を示している．須恵器坏は陶邑編年（中村編年）Ⅱ-5～6段階併行のものとみなされる．これらの土器群はあくまでも当古墳築造の上限を示す資料ではあるが，今のところその下降性を示す積極的な資料も見当たらず，上記の土器群が示す年代に比較的近い時期の築造と考えておくのが妥当ではないかと思われる．

亀塚古墳からは，明治期の調査で須恵器（フラスコ型瓶・平瓶・短頸壺・台付長頸壺），再調査で銅鋺・蜻蛉玉・ガラス小玉などの出土が知られている．当古墳の須恵器については未公表であり，検討する機会を得ていない☆9)．

以上，内裏塚古墳群内における終末期方墳の出土遺物については，相互に比較検討し得る遺物の不足により，現段階では遺物編年のうえから各古墳の前後関係を明確にすることは難しい．大局的には各古墳とも遺物相の上限が7世紀前半の様相を示すものが多く，築造年代もその範囲内にあると認めてよいだろう．これら一連の終末期方墳は，墳丘・周堀設計にみられる企画性，石室構築技術にみられる共通性においても，比較的短期間の内に相次いで造営された可能性の強いことを物語っている．すなわち各古墳の被葬者は，それぞれが世代を異にする系譜的関係ではなく，墳丘規模の段階性が示すように，むしろ階層的な関係にあり，その造営期間も数10年程度の時間幅の中に収束されるとみてよいだろう．そして現段階の資料からは，その造営期間を7世紀前葉～中葉期に比定するのが妥当ではないかと考えている．

なお小糸川流域では，現在までのところ内裏塚古墳群以外の地域には，確実な終末期古墳の調査例は見当たらない．下流域北岸の丘陵に所在した北子安堀込古墳は一辺11mの方墳として調査されたが，内部施設が検出されず，近世供養塚の可能性が強いと判断されている．同じく北岸丘陵の東仲田古墳は，組合せ式箱形石棺を内部施設とし，後期後半以降の所産とみられるが墳形不明で出土遺物もなく，時期を明確にし得ない．従って，小糸川流域の丘陵部における終末期古墳の様相は，横穴墓との関連を含め今後の調査に待つところが大きいといえよう．

(3) 小糸川流域以南における横穴墓の様相

小糸川以南地域には総数約130か所に及ぶ横穴墓群の存在が確認されている．このうち，これまでに発掘調査が実施されている例を中心として，南から順にその様相を概観してみたい．

湊川流域の西山横穴群では総数30基の横穴墓が調査され，ほぼ群全体の様相が判明した事例として注目される．当横穴群の横穴墓は，構造的に次の3類型に大別される[17]．

A類　羨道・玄室からなる両袖型の平面プランで，棺床等の施設を伴わず，羨道・玄室の床面が同一レベルのもの（羨道が短く，玄室の比較的大きいものが多い）．

B類　玄室の左右側壁もしくは奥壁に接して1～3基の棺床が造り出されているもの（羨道は狭長．棺床の数と構築位置によって細分が可能である）．本横穴群では最も数が多い．

C類　棺床を伴わないが，玄室全体が羨道より歴然と高く構築されているもの（隔壁型とよばれる．羨道は狭長で玄室の小さいものが多い）．

以上の3類型の前後関係は，基本的にA→B→Cの推移をたどるものと推測される．ここで各類型の構築下限年代推定の目安となる出土須恵器について検討すると，A類型の横穴墓から陶邑（中村編年）Ⅱ-4～5段階に比定される坏が出土しており，B類型の中でも古い段階に位置づけられる奥壁側に棺床を有するタイプからもⅡ-5段階比定の坏が出土している．B類型の横穴墓には主としてⅡ-6～Ⅲ-2段階の須恵器が伴い，C類型の横穴墓およびB類型側壁棺床型の一部にⅢ-3段階の坏が伴出している．このことから，資料的にはなお不十分な点もあるが，A類型の構築年代を6世紀末葉～7世紀初頭，B類型の構築年代を7世紀前葉～後葉，C類型の構築年代を7世紀後葉～末葉に求めるのが妥当ではないかと考えられる．

同じ湊川流域の大満横穴群においても，西山横穴群と同様A・B・Cの各類型が存在しているが，ここではB類型の片側壁棺床型とC類型が多数を占めている．古くから開口しているものが多いため，出土遺物には乏しいが，C類型のうちの1基から陶邑Ⅲ-3段階以降に比定される須恵器長頸壺，B類型の1基からⅢ-2段階併行とみられる須恵器埦が出土している．なおB類型・C類型の横穴墓で船の線刻壁画が認められている．

染川流域の神宿横穴群は，調査横穴8基がすべてB類型で，中でも片側壁に棺床をもつものが8基中6基を占める．出土須恵器はⅡ-6～Ⅲ-1段階併行のものが主体であり，短期間内に相次いで造営された横穴群とみられる．

小久保川流域の山岸横穴群では4基の横穴墓が調査され，うち1基がC類型，他はA類型であった．しかしA類型の3基も玄室部が狭く，構造の簡略化されたものであり，必ずしも先行形態とは考えられない．ここでは遺物は検出されていない．向原横穴群では，遺存状態の悪いものが多かったが，A～Cの各類型が認められ，玄室の大きいA類型の横穴墓からは6世紀末葉前後に比定される土師器坏群および陶邑Ⅱ-6段階併行の須恵器坏が出土している．

岩瀬川流域の絹根方横穴群では，11基の横穴墓が確認されているが，そのほとんどがC類型であり，羨道・玄室の比高差は1.3～1.4m前後と，湊川流域のC類型に比べれば目立って高くなっている．このうち1号横穴において「大同元年」・「許世」，10号横穴において「木」の線刻文字が確認され，房総に関係の深い豪族巨勢氏・紀氏との関係が論じられている．また大同元年は西暦806年に相当し，造営年代との開きを考慮する必要があるとしても，祭祀継続年代を推測するうえでは有効な資料になり得るものと考えられる．ちなみに線刻文字については，小久保川流域の岩井作横穴群においても「倭文」の文字が確認されているほか，大貫・佐貫地区を中心に幾つかの事例が確認されており，金石文研究上貴重な資料を提供している．

小糸川下流域北岸の花里山横穴群は，総数４基が調査されている．うち１基（3号横穴）はC類型であり，２号・４号は長方形玄室の中央を溝で区画する特殊な構造のものである．後者は小糸川以南地域で例をみないものであるが，B類型とした棺床型に類するものとも考えられる．３号横穴の出土須恵器が７世紀後葉～末葉の様相を示すのに対し，４号横穴の須恵器には陶邑Ⅱ-5～6段階のものが含まれており，玄室区分型の横穴墓がC類型の先行形態であることを示している．

以上のように，小糸川以南地域における横穴墓は，目下のところ６世紀末頃を初現として，７世紀末あるいは一部８世紀まで造営されたと考えられ，形態のうえでは，南部の湊川流域に棺床を有するタイプの横穴が多く，北部の岩瀬・小久保川流域などでは隔壁型で無棺床の横穴が目立つという傾向を認めることができる．

それでは，湊川など小糸川以南の諸水系において，高塚古墳が少なく，横穴墓が隆盛した要因は何か．一つには自然地理的要因が考えられよう．この地域は沖積地面積が狭いうえに，平坦面をもつ台地や丘陵にも乏しく，高塚古墳の造営に適していない反面，丘陵の斜面には加工の容易な砂岩・泥岩層が多く露頭し，横穴墓構築の条件としては恵まれている．また沖積地面積が少ないということは，水田耕作に適した可耕地が少ないということであり，人口の絶対数も少なく，もともと大きな政治勢力が発生し難い地理的基盤にあったとみなすべきである．ただし湊川流域では５世紀代の古墳も知られており，また近年の分布調査によれば，各河川の下流低地部には少数ながら横穴式石室をもつ高塚古墳の存在も確認される18)．従って後期段階には，一般の横穴群造営者層より卓越した有力豪族が拠点的に存在する状況であったとみられる．

ところで後期後半から終末期にかけて，爆発的勢いで横穴群が造営された背景には，６世紀以降の鉄器の普及と灌漑技術の進歩に伴う谷水田の大規模な開発が考えられよう．この谷水田開発が，小糸川流域の首長によって組織的に推し進められたものか，または各流域毎にある程度個別的に進められたものかは定かでないが，少なくともこの時期以降，小糸川以南の諸水系が前代に比して大幅な人口増，地域的発展を示したことは確かであろう．ただ当該地域における横穴群造営集団の集落遺跡はこれまでほとんど明らかにされておらず，その実態の究明は，今後各河川の河岸段丘・谷間部を中心とした調査の進捗に委ねられる部分が多い．

(4) 小糸川流域の初期寺院

小糸川中流域右岸の君津市内蓑輪に所在する九十九坊廃寺は，小糸川流域では最古の寺院址と考えられる．小糸川を南方に望む丘陵裾の平坦面に立地する寺院址で，道祖神裏古墳・八重原１，２号墳・星谷上古墳などを含む八重原古墳群の隣接地に存在している．

本寺院址は，「九十九坊」という字名や古瓦の散布によって古くから注目されており，1933年に大場磐雄らにより塔址を中心とした発掘調査が実施された．その結果，方形基壇上に載る心礎と側柱礎の存在が明らかにされ，あわせて行なわれた周辺部の踏査，古瓦の散布状況等から，北に講堂，南東に金堂，南西に塔を配置する「法隆寺式」の伽藍配置が推定された[19]．その後，塔址周辺は県指定史跡として保存されてきたが，1984・1985年の2カ年度にわたり，千葉県教育委員会による寺域・伽藍配置の把握を目的とした確認調査が実施されている．この結果，金堂の位置等になお不明確な点を残すものの，法隆寺式の伽藍配置がほぼ裏付けられ，出土瓦の様式（三重圏文縁四葉単弁蓮華文鐙瓦など）とあわせて，その創建年代は7世紀末葉（白鳳期）に比定されている[20]．ただし発掘調査では，良好な土器の出土が認められず，年代的な傍証資料にはやや欠ける．なお関東地方で，法隆寺式伽藍配置を採用した古代寺院址としては，本寺のほかに下総国分僧寺と相模国分僧寺が知られている．

本寺の創建にあたって，内裏塚古墳群を造営した当水系の盟主的豪族層が大きく関与していたであろうことは推測に難くない．割見塚古墳をはじめとする方墳群造営の終焉と本寺の創建には時間的な連続性も認めることができる．しかし本寺の位置は，内裏塚古墳群の東端から約6 km も東に離れており，他地域において見られる終末期古墳と初期寺院の位置関係に比べれば，やや距離的な隔たりの大きい観がある．本寺の造営場所が，内裏塚古墳群に近い下流域の沖積地を避け，あえて中流域の丘陵部に求められたことには何らかの理由があるものと思われる．内裏塚古墳群の所在する飯野地区が，西方に突出した地理的な袋小路となっているのに比べ，八重原地区は南北を最短距離で結ぶ陸上交通路の要衝にあたっていることも，その理由の一つと考えてよいのではなかろうか．本寺院址の対岸にあたる君津市・郡周辺は周淮郡衙の推定地とされており，律令期に入って，小糸川水系の中心地がこの地区に固定したことは確かであろう．ただし内裏塚古墳群周辺には古墳時代中・後期の集落遺跡がほとんど確認されておらず，首長豪族の居住地が当初から小糸川をやや遡った場所にあった可能性も高い[21]．

なお，本寺に瓦を供給した瓦窯址として，木更津市大久保の牛ケ作瓦窯址と君津市中村の大鷲瓦窯址が知られている．牛ケ作瓦窯址は小櫃川水系との境界にあたる畑沢川流域に位置し，大鷲瓦窯址は小糸川をやや遡った北岸の丘陵地帯で，いずれも本寺からは比較的近い距離にある．このうち，大鷲瓦窯で焼かれた瓦は，小櫃川流域の初期寺院である大寺廃寺にも多く供給されていたことが明らかにされており，周淮郡・望陀郡両地域の経済的な交流関係を窺うことができる．

2　小櫃川流域

(1)　小櫃川流域における首長系古墳の消長

小櫃川下流域における首長墓群は，小糸川下流域の内裏塚古墳群，養老川下流域の姉崎古墳群に比べれば，やや散在的な在り方を示しているといえる．強いて首長級古墳の分布の中心を求めるとすれば，金鈴塚古墳を中心とした長須賀地区と祇園大塚山古墳を中心とした祇園地区を結ぶ地域，すなわち太田・清見台丘陵北麓の沖積地一帯を中期以降の主要墓域として囲むことができる．従来「木更津古墳群」という呼称も一部使用されているが，群集墳も散在する当地域ではその範囲が不明確であり，ここでは小櫃川下流域の首長墓群に限定して，内裏塚古墳群・姉崎古墳群と対比する意味で，「祇園・長須賀古墳群」という呼称を使用したい．

なお小櫃川流域では，中流域においても首長級の大形前方後円墳の存在が幾つか知られており，これらを含めて小櫃川流域における首長墓の推移を語ることにしたい．

a　前期

小櫃川下流域の前期前方後円墳として，前章で問題とした，小糸川水系との中間地点（烏田川流域）に位置する手古塚古墳（墳丘長 60 m）と，小櫃川河口部北岸の丘陵上に存在する坂戸神社古墳（墳丘長 63 m）の2基が知られている．

手古塚古墳は墳丘の大半を地山整形によって築成した柄鏡型の前方後円墳で，粘土槨から仿製三角縁神獣鏡・車輪石・石釧・鉄製籠手など畿内色の強い副葬品および布留式中段階比定の土師器甕などが出土しており，その被葬者の性格は外来系の首長であるとの見方が強い．築造時期は4世紀後半と考えられている．なお1985年に隣接した丘陵において，手古塚の年代に近い時期の築造とみられる低墳丘方墳数基が調査されており，捩文鏡・水晶勾玉等，該種の方墳としては傑出した遺物相をもつものがみられることから，手古塚古墳被葬者の背後集団の存在が看取される．

坂戸神社古墳も地山整形とみられる柄鏡型前方後円墳であり，規模・立地形態とも手古塚古墳に近似するが，前方部幅がやや狭く，前方部の向きは手古塚と反対方向を示す．かつて付近から勾玉が出土したという記録があるが，全く調査は行なわれていない☆11)．

これらの2古墳が，時期を異にする同一系譜上の首長墓であるのか，あるいは領域を異にする分立した首長墓であるのかは，坂戸神社古墳の内容が不明であるため，判然としない．仮に分立的な首長墓であったとした場合，中期では最も古い首長墓と目される銚子塚古墳が小櫃川により近い高柳地区に築造されていることを考慮すれば，位置的な関係から坂戸神社古墳を小櫃川系の首長墓，手古塚古墳を小糸川系の首長墓と想定することもできる．ただ手古塚—内裏塚の直線距離が6 km，手古塚—銚子塚の距離が5.5 km と大きな差はなく，手古塚古墳の保有する副葬品の卓越性から考えても，手古塚古墳がむしろ，小櫃川・小糸川両水系にわたる下流域海岸部を統帥する首長墓としての性格を有している可能性も強い．いずれにしても未調査の坂戸神社古墳が，内部施設・副葬品等においてどのような内容を有しているかによって，手古塚古墳の位置づけ，前期首長墓の領域の問題も微妙に変わってこよう．

一方，中流域の小櫃地区には，前期古墳とみられる3基の 100 m 級大形前方後円墳の存在が認められている．左岸の君津市岩出に所在する飯籠塚古墳（岩出4号墳），右岸の君津市俵田に所在する白山神社古墳（館之内1号墳），同じく右岸の箕輪に所在する浅間神社古墳（上新田1号墳）である．これらの3基は川の両岸に分かれるものの，その間隔は 1〜1.5 km と比較的狭いエリア内に寄っており，同一系譜上の首長墓であることを推測させる．

このうち飯籠塚古墳は，1986年に測量調査を実施しており，墳丘長 100〜105 m・後円部径 50

m・前方部幅 35 m・後円部高 7 m・前方部比高差 7 m という計測値が得られている．丘陵端の舌状に張り出す緩傾斜面に築造されており，後円部は急勾配で高く，大部分を盛土によって築成しているとみられる．前方部が狭長で側面の開きがほとんどない柄鏡型の墳形を呈し，前方へ向かってのせり上がりもみられない．谷に面した墳丘の片側側面の裾部が一回り増幅されたようになっており，谷側から見た後円部の高さは，10 m 以上の外観をもつ．

白山神社古墳は，従前の遺跡分布図等に墳丘長 76 m と記載されていたが，最近の略測で，墳丘長 88 m・後円部径 48 m・前方部幅 37 m・後円部高 11 m・前方部比高差 5.2 m という計測値を得ている．立地は飯籠塚古墳に近似するがやや低位にあり，後円部が急勾配で盛土を主体とした築成，後円部側に周堀の区画を備える点も飯籠塚古墳と共通する．ただ前方部は狭長ながら開きを見せ，前方部が前端へ向かってせり上がっている点から，飯籠塚古墳に比して後出的形態とみなすことができる．後円部頂に盗掘孔があり，内部施設の残存は危ぶまれる．

浅間神社古墳は，上記の 2 古墳とは異なって丘陵頂の高所に占地しており，地山整形を主体とした築成と判断される．略測では墳丘長 100～110 m・後円部径 55 m・後円部高 7.2 m と計測され，飯籠塚古墳を若干上回る規模となる可能性がある．現状では，後円部を 2 m 以上掘り窪めて神社社殿が建ち，前方部側へ参道が続いているため，後円部と前方部がスロープ状に連なっているが，これは社殿建設時の改変によるものと考えられ，本来は後円部と前方部の比高差が大きい（6 m 以上）墳形であったとみられる．ただ前方部側面の整形が明確さを欠くことから，前方後円墳と断定するには一抹の疑問もある．内部施設は破壊されている疑いが強い☆[10]．

以上 3 基の古墳は，墳丘規模のうえで下流域の前期前方後円墳（手古塚古墳・坂戸神社古墳）を凌駕しており，少なくとも前期の段階には，下流域の勢力を上回る程の強大な勢力が中流域・小櫃地区に存在していたとみられる．3 古墳の内部施設等の実態が全く明らかでないため，築造時期の詳細についてはなお明確さを欠くが，100 m 級前期古墳の存在が確認されるのは，今のところ小櫃川・小糸川両水系を含む君津郡域全体の中でもこの地区が唯一であり，今富塚山古墳・姉崎天神山古墳などを造営した養老川下流域の勢力と並ぶ南房総の中核的な首長が当地区を本拠地として存在していたことは間違いないであろう．

b　中期

小櫃川河口部南岸の沖積地に位置する高柳銚子塚古墳は，現在後円部の墳丘残骸を残すのみであるが，地積図等の検討から墳丘長 110～130 m の前方後円墳であったとされ，残丘上から長持形石棺の底石とみられる石材が確認されている．木更津「長州塚」出土と伝えられる石製模造品一括は，この古墳からの出土品の可能性が強いものであり，鋸歯文を陰刻した鏡・直弧文をもつ刀子などの精巧品を含む[22]．鎌は曲刃鎌を模したものである．また当古墳の円筒埴輪は B 種ヨコハケを伴うものであり，内裏塚古墳と同様，畑沢埴輪窯の製品である可能性が強いという胎土分析の結果が得られている[23]．これらの点から，銚子塚古墳の築造時期は 5 世紀中葉でもその前半に入る段階と推定される．しかしながら，手古塚古墳と当古墳との間には，なお半世紀近い時期的な飛躍を認めざるを得ず，小糸川流域の場合と同様に，中期前半に遡ることが確実な首長墓

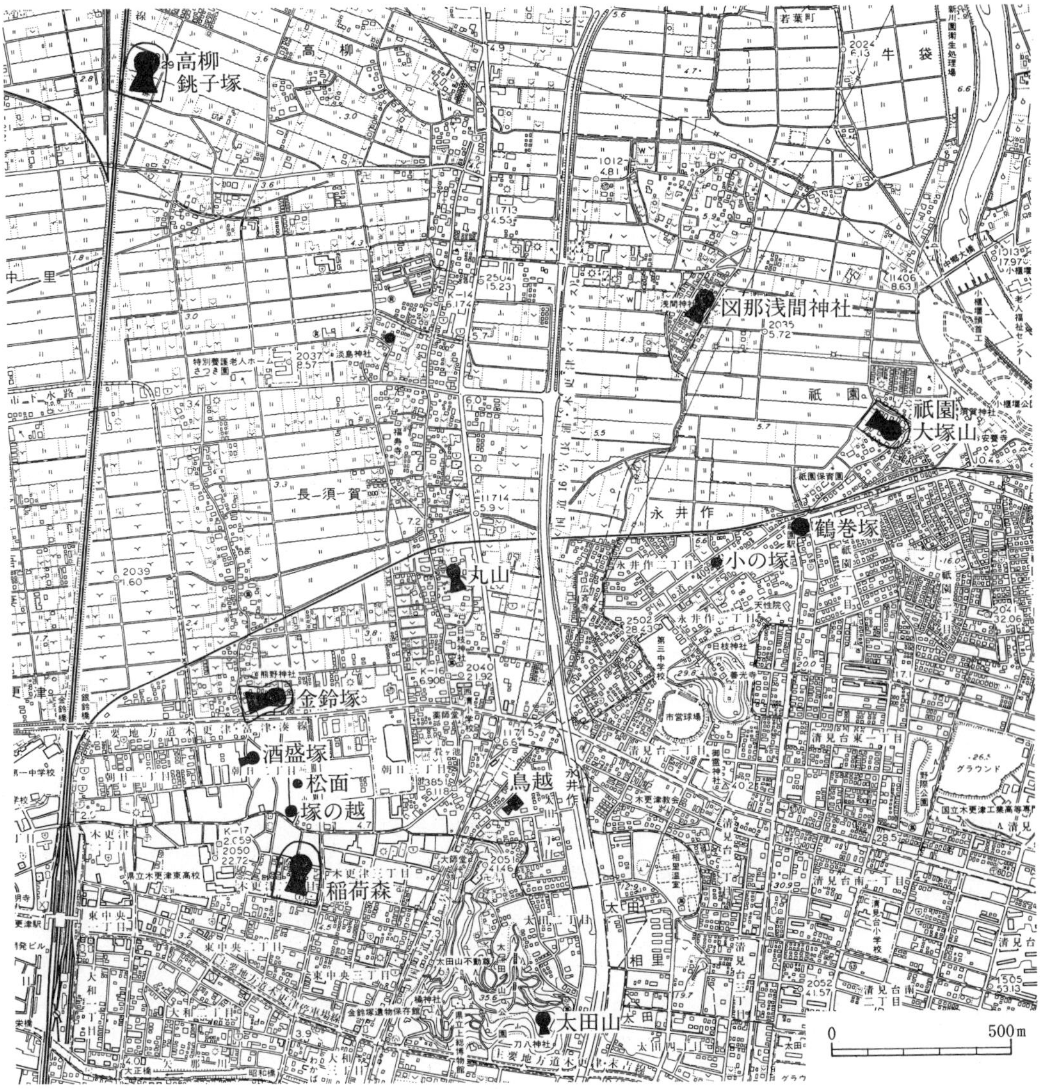

第５図　祇園・長須賀古墳群主要古墳分布図（1/20,000）

の存否は明確でない．

ただ太田山丘陵北麓に占地した前方後方墳・鳥越古墳（墳丘長 25 m）は，小規模ながら銚子塚古墳に先行する可能性の強い古墳として注意される．２基の埋葬施設内から，方格規矩鏡・石臼・石杵・玉類などが出土しており，前期以来低墳丘の方形墓群を営んできた在地族長クラスの中でも卓越的位置にあった者の墳墓として位置づけることができよう．

銚子塚古墳に後続する首長墓として，銚子塚からおよそ 2.5 km 南東に離れた祇園大塚山古墳を位置づけ得る．墳丘はすでに現存しないが，地積図等から墳丘長 100 m 前後の前方後円墳であった可能性が指摘されている．内部施設は石棺と記録され，副葬品には画文帯四仏四獣鏡・金銅製眉庇付冑・銀製垂耳飾など特筆すべきものが多い．近年，当古墳の円筒埴輪と陶邑編年 ON46 型式併行とされる須恵器䫫が紹介されており[24]，その築造時期は5世紀中葉の後半頃に位置づけるのが妥当と考えられる．

5世紀後葉～末葉期の首長墓は今のところ判然としていない．祇園大塚山古墳の西北西700 m に位置する図那浅間古墳，あるいは請西丘陵の北端に位置する鹿島塚古墳などが，この時期の首長墓の有力候補と考えられるが，図那浅間神社古墳は墳形に問題があり，鹿島塚古墳は自然丘陵利用型の前方後円墳であるため，未調査の現時点では時期を推定することが難しい．

なお，前期に大形前方後円墳の築造が認められた中流域の小櫃周辺地区には，少なくとも銚子塚古墳や大塚山古墳，あるいは金鈴塚古墳に匹敵するような中期～後期の大形古墳の存在は確認することができず，おそらく銚子塚古墳の築造前後を境に，下流域を本拠とする首長の勢力圏下に組み込まれたものと考えられる．ただ小櫃地区の戸崎古墳群などにおいて，30～50 m クラスの前方後円墳や大形円墳が群在的に認められる点は，小櫃川水系におけるこの地域の相対的な優位性を示すものであり，中流域の核となるような有力豪族が小櫃周辺に存在していたことを物語っている．小櫃川中流域は律令期に入ってから「畔蒜郡」に属し，下流域の「望陀郡」と分離されたことも，古墳時代における独自の地域圏の形成を反映するものであろう．

c　後期

6世紀代における小櫃川流域の盟主的首長墓は，一貫して下流域の低地部に造営されたと考えられる．しかしながら現在内容が知られているものは，いずれも6世紀後半の築造とみなされるものであり，明らかに6世紀前半の時期相を示す大形古墳は見出すことができない．この点は小糸川流域における首長墓の空白と全く同様の事象といい得るだろう．

6世紀後半代の首長墓群は，祇園鶴巻塚古墳を除いて，長須賀南部地区（通称元新地付近）に集約されてくる傾向が認められる．これらの古墳はいずれも発掘時期が古く，現存するものも限られることから，最末期に位置づけ得る金鈴塚古墳以外には，内部施設等の詳細が不明となっているものが多い．このうち，墳丘長100 m 級の大形前方後円墳であったことが明らかなのは稲荷森古墳と金鈴塚古墳の2基のみである．

祇園地区に位置する鶴巻塚古墳は，大形の円墳であったといわれるが，帆立貝形古墳ないしは前方後円墳であった可能性も高いと推測される．内部施設は明治時代に地元住民によって発掘され，「石造六尺角，長持形ノモノ」であったと記録されることから，箱形石棺と解されるが，遺物が2次にわたって出土していることから，石室に内蔵された石棺であったという見方もできる．副葬品には四仏四獣鏡・六神鏡・環頭，圭頭，円頭大刀，金銅製馬具類など優れたものが多くみられ，盟主墳の系列に位置づけても遜色ない内容を示している．須恵器は陶邑 TK43 型式が主体であることから，築造年代は6世紀後葉とみられる．内部施設に石棺を使用することや四仏四獣鏡の存在等から，時期的な隔たりは大きいものの，至近距離にある祇園大塚山古墳との系譜関係の強さを窺うこともできる．

木更津駅東側の市街地内の公園に墳丘の一部が残る稲荷森古墳は，明治末年頃に削平されたといわれ，銅鈴・鏡等の遺物の出土が伝わるが，内部施設についての記録は残されていない．戦後早くに撮影された航空写真の検討によれば，盾形周溝の痕跡が明らかであり，地図との比較から周溝を含めた全長は100～120 m 程に達していたとみられる．この古墳が金鈴塚古墳の一段階前の盟主墳であった可能性が強いが，埴輪の有無を含め，その検証は今後の課題といえる☆2)．

稲荷森古墳の北側には消滅した松面古墳・塚の越古墳の存在が知られている．1938年に緊急調査された松面古墳は，金銅製双魚佩・双龍環頭大刀・金銅製馬具類など出土遺物に優れたものがみられ，切石を使用した横穴式石室の存在が記録される．塚の越古墳は，明治末期の発掘で，変形四獣鏡・鞍金具・琥珀玉などの遺物が伝わる．これらの古墳は，出土遺物の卓越性からみて，前方後円墳であった可能性も否定できないが，昭和初期の地積図にはその形跡を認めることができず，また内裏塚古墳群内の大形円墳に優れた副葬品を有するものがみられることなどから考えれば，首長系集団の一員を被葬者とする円墳であったとしてもおかしくはないであろう．松面古墳の須恵器はTK209型式のものが主体を占めるようであり，至近に位置する金鈴塚古墳との時間的な近接性が考えられる☆1)．

その北側，金鈴塚古墳との間に位置する酒盛塚古墳は「地積一段歩余」の前方後円墳であったといわれ，「石槨」の存在と鏡・刀剣・甲冑類の出土が記録されるが，遺物は伝存せず，不明な点が多い．航空写真の検討からは，小形の前方後円墳とみられる．盟主墳に列するものではないとしても，内裏塚古墳群における中小規模の前方後円墳（西原古墳・蕨塚古墳など）と同格の位置づけができるものであろう☆13)．

金鈴塚古墳は，報告書で墳丘長95 m・後円部径55 m・前方部幅72 mという復原案が示されており，この数値によれば後円部径・前方部幅は，内裏塚古墳群中の三条塚古墳にほぼ等しい値を示している．しかし墳丘長は三条塚古墳より短く，また地籍図の検討から墳丘相似形の周堀がめぐるとされている点も同古墳とは異なる．ただし，墳丘・周堀については発掘調査を経ていないため，再検討の余地があることはいうまでもない☆3)．

当古墳においては，長期間にわたる追葬が考えられ，出土須恵器にも型式的な幅があるが，主体となる最古の一群は陶邑TK209型式のものであり，その築造年代を6世紀末葉期に求めるのが妥当と考えられる．内部施設は小形の切石を使用した横穴式石室が採用されているが，その平面形態が無袖式の狭長なプランを呈することは，内裏塚古墳群中に多くみられる無袖式乱石積石室と通じるものであり，基本的に上総南西部の地域色を帯びた石室としてとらえることができるであろう．また当古墳の石室構築技法が，後に出現した山伏作5号墳・関田塚2号墳の石室にも基本的に受け継がれていることは注目される．

一方，金鈴塚古墳の北東700 mに位置する丸山古墳も，金鈴塚古墳に近い時期の築造と推定される．墳丘長65～75 mと記録される前方後円墳であり，現在前方部のみが残存している．後円部径に比して前方部幅の小さい形態であったようであり，これは内裏塚古墳群中の諸例にもみられるように，70 m級以下の前方後円墳の一般的な形態的特徴として理解される．横穴式石室は全長11 mを測る無袖式の狭長なもので，小形の砂岩切石を持ち送り式に積んで構築されていたといわれ，金鈴塚古墳との共通性が窺える．出土須恵器は陶邑編年 TK209 型式併行のものが主体であり，時期的にも金鈴塚古墳と近接して従属的関係にある古墳とみられる．

以上みてきたように，祇園・長須賀古墳群における6世紀後半代の首長墓の構成は，100 m 級大形前方後円墳を中心として，中小規模の前方後円墳，および墳丘規模・副葬品等において傑出した内容をもつ円墳が一定のエリア内に併存する状況であり，小糸川下流域の内裏塚古墳群における該期の様相ときわめて近似した在り方を示していることが注目される．ただこの古墳群では，木更津の市街化が早く進んだためもあって，内裏塚古墳群よりも破壊の度合いが著しく，100 m 級古墳といえどもかろうじて墳丘の残骸が残るのみといった惨状を呈している有様で，全く記録が残されないままに消滅した古墳の数も多いと考えられる[25]．

これらの首長系古墳は，内裏塚古墳群の場合と同様に，大形前方後円墳から円墳に至るまでほとんど例外なく横穴式石室を内部施設としていたとみられ，一般の群集墳の墓制にまで横穴式石室が浸透しなかった当地域にあっては，横穴式石室を備えていることそれ自体が古墳被葬者の階層を明示していると判断してもよいと思われる．また木更津地域においても，小糸川流域と同様に無袖式で狭長なプランの石室が主体的であったとみられるが，内容の知られる金鈴塚古墳や丸山古墳の石室では，いずれも構築材として小形の切石を使用しており，この点が自然石積石室を連綿と踏襲した内裏塚古墳群とは異なる点といえるだろう．

(2) 小櫃川流域における終末期古墳

a　首長系終末期古墳の不在

現在知り得るかぎりにおいては，沖積地の祇園・長須賀古墳群内には，少なくとも内裏塚古墳群内におけるような首長系終末期古墳の存在は確認することができない．これは，単に方墳の存在が確認されないというだけでなく，内部施設・出土遺物等において明確に7世紀代に下る様相を示す古墳が見当たらないのである．

その理由として次の三つの仮説が想定されよう．一つは本来沖積地に存在していた首長系終末期古墳が記録を残さずに消滅していること，一つは首長層の墓域が丘陵部へと移動し，古墳規模も著しく縮小したこと，さらに一つは首長系古墳の造営が最後の前方後円墳をもって終焉したことである．これらの三つの仮定には，それぞれ消極的な根拠を見出すことができるものの，現段階ではいずれの妥当性が最も高いものか判断を下しかねる．

ただ最末期の大形前方後円墳と考えられる金鈴塚古墳の追葬期間が7世紀前半代まで及んでいることは，その遺物相から明らかであり，その最終被葬者が古墳時代最後の首長であったと考えた場合，上記のうちの第3の仮説が妥当性の高いものとなろう．

b　下流域における小規模終末期古墳

小櫃川下流域では，台地・丘陵部の群集墳的古墳群の中において，いくつかの小規模な終末期古墳の存在を認めることができる．このうち横穴式石室を有する古墳は，今のところ山伏作5号墳・関田塚2号墳の2基のみであり，他は箱形石棺・木棺直葬の内部施設を有するものである．

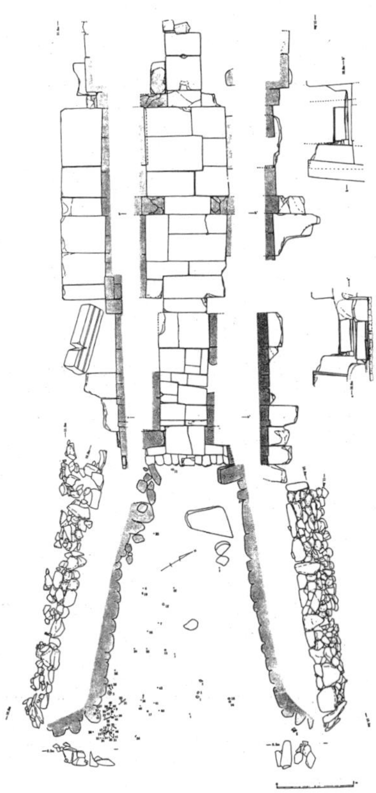

割見塚古墳（1/200）

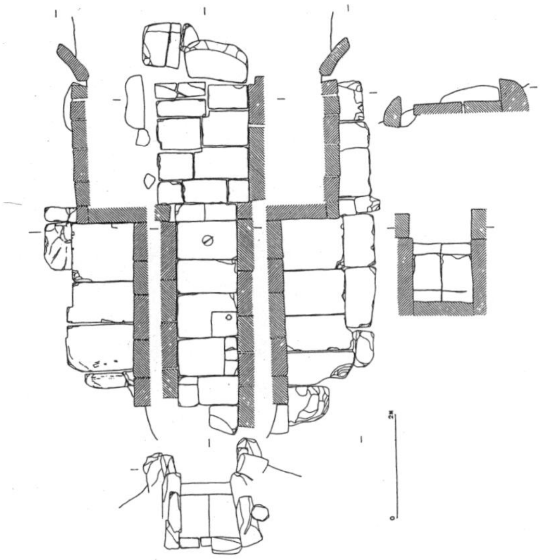

森山塚古墳（1/150）

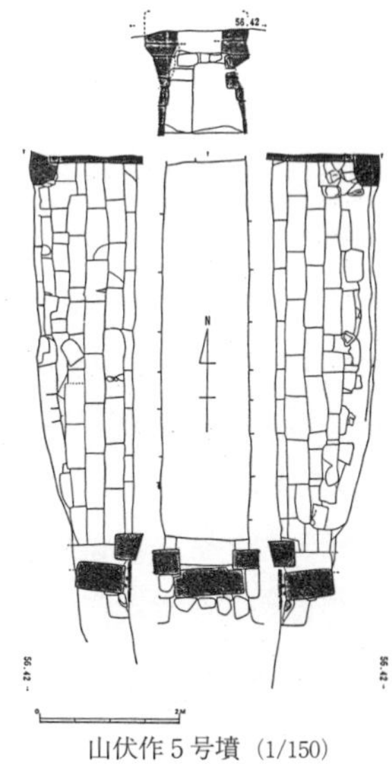

山伏作５号墳（1/150）

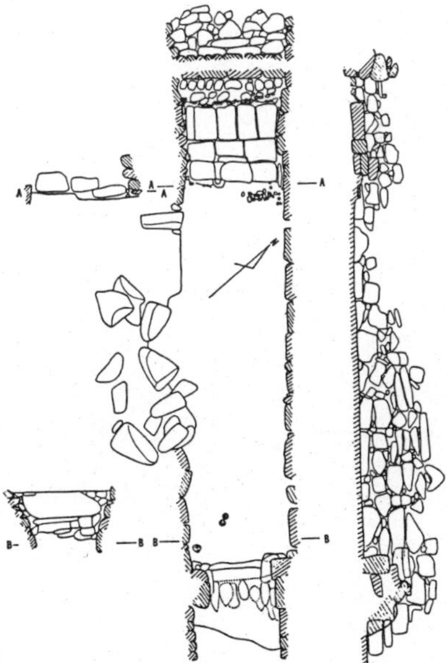

八丁塚古墳（1/150）

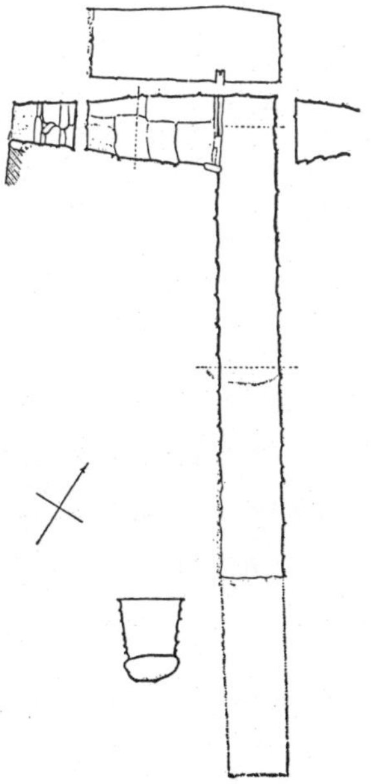

向原古墳（1/150）

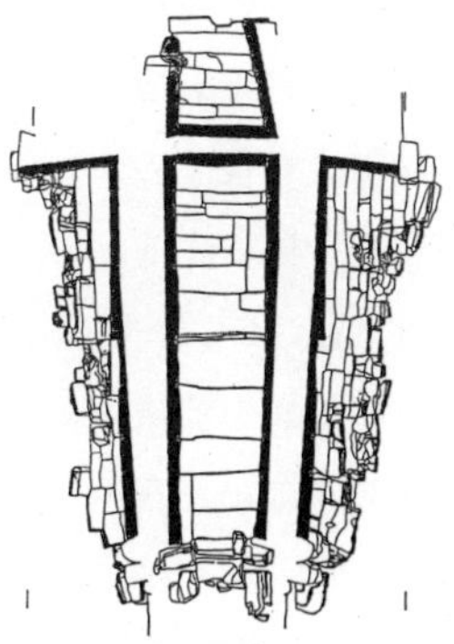

関田塚２号墳（1/150）

第６図　上総南西部地域の切石使用横穴式石室

山伏作古墳群は，前期以来多数の小規模古墳が連綿と造営され続けてきた請西古墳群[26)]のうち南西側の丘陵に位置する支群で，切石積横穴式石室を有する5号墳と木棺直葬の方墳4基が調査されており，終末期の墓域を形成している．

山伏作5号墳は，一辺13.1～13.7mの方墳で，二重周堀を有し，内周堀外辺長17.2～17.9m・外周堀外辺長21.9～22.8mを測る．墳丘・内周堀・外周堀の外郭規模を高麗尺に換算するとそれぞれ40尺・50尺・60尺にほぼ整合する値を示し，小規模ながら整った企画性をもつ方墳としてとらえられる．内部施設は，砂岩切石積・無袖式横穴式石室で，玄室長5.45m・全長6.7mを測る．側壁は直方体の小形切石を内彎状に持ち送っており，単室・無袖式の平面形態とともに，金鈴塚古墳の石室と基本的に共通した構築手法が取られている．ただし個々の石材の形状が整っていること，前方に門柱石を有し，奥壁に大形石材の使用が認められること，床石が存在しないことなどの点が金鈴塚古墳石室と異なり，より簡略的かつ終末期的様相を示す．石室内には多数の土器群のみが副葬されており，須恵器蓋坏・長頸壺・俵形瓶・甕・土師器坏の各器種が認められる．須恵器群は陶邑編年のⅢ型式3段階（中村編年）に比定し得るもので，7世紀後葉～末葉の築造年代が想定される．

他の4基はいずれも5号墳より墳丘規模が小さく，確認された墳丘高も概して低平で，内部施設は木棺直葬とみられるものである．「A-1号周溝」として報告された方墳は，小規模ながら二重周堀を有し，墳丘辺長6.5～6.9m・内周堀外辺長8.4～9.0m・外周堀外辺長12.1～12.8mの規模で，高麗尺換算による20尺・25尺・35尺の企画が想定される．このA-1号および4号墳（墳丘辺長10.6～10.8m）・6号墳（墳丘最大辺長11m）の周堀内からは，それぞれ5号墳とほぼ同じ時期に比定される須恵器蓋坏が出土しており，これらの方墳は，短期間内に相次いで造営されたと考えられる．従って，唯一石室をもつ5号墳と他の方墳との間には，年代差よりもむしろ被葬者の階層的差異を見出すことができよう．

このほか請西古墳群内では，大山台支群・東山支群などにおいて，墳丘を確認し得ない所謂「方形周溝遺構」が何基か検出されている．これらはいずれも時期決定の手掛かりとなる遺物を欠いているが，山伏作の方墳群よりもやや下降する時期の所産と考えられ，請西丘陵群の中で7世紀後半以降の連続的な墓制を追うことができるようである．ただ山伏作支群形成以前の7世紀前半代まで遡る方墳は，今のところ明らかにされておらず，先行する円墳群の造営が7世紀代のどの段階まで続くのかについても今後明確にする必要があろう．

塚原5号墳は，前記の「請西古墳群」とは谷2つ隔てた西側の丘陵上に所在し，一辺12.2m・周堀外辺長14.5mを測る方墳で，中央部の墓壙に箱形石棺を埋置する．石棺は棺身・棺蓋とも各3個の内側を刳抜いた石材を組み合わせた「刳抜き組合せ式」ともいうべきものであり，このような造りの箱形石棺は，房総ではほとんど類例を見ないものである．石棺内からは，遺存状態の良い人骨一体が検出されたが，副葬品は皆無であり，周堀内からも時期決定に足る遺物は得られていない．しかし，墳形や溝幅の一定した周堀からみて，7世紀代に位置づけ得る古墳と考えてよいだろう．同古墳の周囲では，40m級前方後円墳1基と円墳数基が調査されているが，方墳は他に確認されていない．

関田塚古墳群は，前期に手古塚古墳が造営された小浜地区のやや奥まった丘陵に位置し，孤立的に存在する２基の終末期方墳のみから構成される．２基の方墳は，丘陵中腹部の尾根の高まりを利用して築造された山寄せ式の方墳であり，いずれも周堀は谷側には存在せず，山側の約半分にのみめぐっている．

関田塚２号墳は墳丘辺長7.7ｍで，切石積横穴式石室を内部施設とする．石室は全長5.0ｍで，平面形態は無袖式であるが，玄室中程に板状の仕切り石を設置して床面に段差を設け，前後２室に区分している．側壁の構築は直方体の石材を互目積にして内側へ持ち送っており，金鈴塚古墳・山伏作５号墳に共通した手法が取られている．床面には切石が敷かれ，その一部に切組みの技法が用いられている．石室は天井石の崩壊が著しかったとはいえ，盗掘を受けたような形跡を認め難かったが，石室内から副葬品等は全く検出されず，石室外前面の前庭部に相当する位置から出土した須恵器短頸壺，および周堀内出土の須恵器坏により，山伏作５号墳にほぼ近い７世紀末葉の築造年代が考えられる．

なお，間仕切状に玄室内を区画する石室は，千葉県内では，我孫子市白山１号墳・栄町みそ岩屋古墳・山武町埴谷１，２号墳など切石積石室の諸例があるほか，内裏塚古墳群内の西谷古墳のように，乱石積の石室で同様の仕切石を有するものある．このうち切石積石室の諸例はいずれも短い羨道部が別に付設されていることから，この仕切石は埋葬空間と通路の境界ではなく，埋葬空間内の区分であることが明らかである．その意味で，この種の石室は複室石室の簡略なものという見方もできるが，むしろその初現はいわゆる複室石室よりも以前からあり，独自に継承されたタイプといえるようである．

関田塚１号墳は，２号墳の西側に隣接する方墳で，墳丘辺長7.0ｍを測り，墳丘規模に大差はないが周堀幅が狭いため，全体規模は２号墳よりも小さい．内部施設は砂岩板石組合せ式の箱形石棺で，内法長1.3ｍ・幅0.3ｍを測る小形のものであり，成人を埋葬した石棺とは考え難い．遺物は検出されていないが，１号墳に近い時期の築造と推定され，被葬者は１号墳の被葬者と近親関係にあった者であろうと思われる．なお組合せ式箱形石棺は，手古塚古墳背後の丘陵斜面に展開するマミヤク遺跡においても単独で１基検出されている．

以上，小櫃川下流域の丘陵部（請西・小浜地区）において判明している終末期古墳の様相を概観してきた．この地域においては，切石積横穴式石室・箱形石棺・木棺直葬の内部施設をもつ小規模方墳（一部に周堀を伴わない箱形石棺）の築造がそれぞれ認められ，今後とも当該期の古墳の事例は追加されるものと思われる．これまでの調査例からみると，横穴式石室をもつ終末期古墳は相対的に少なく，箱形石棺がこれに次ぎ，木棺直葬が最も多いと考えられる．横穴式石室をもつ古墳は，所属する終末期古墳の群中では，規模の点において主墳的な位置を占めており，石室の造りも比較的大形で精巧なものとなっている．この点は，簡略な切石積横穴式石室が群在的な在り方を示す千葉市東南部地区などとは様相が異なり，当地域においては，横穴式石室の存在そのものに一定の階層的優位性を認める必要があるかもしれない．

ただ横穴式石室を有するものであっても，これらの方墳は，その規模や群構成から，首長墓系統の古墳とするにはあまりにもその格差が大きく，6世紀後半代に当地区で営まれた小規模前方後円墳および円墳群と基本的に被葬者の階層を同じくする墓制としてとらえるのが自然であろう．しかし今のところ，これらの方墳には7世紀末葉の遺物相を示すものが多く，小規模前方後円墳・円墳群の造営時期との間には一定の時間的隔たりを認めざるを得ないようである．

一方，これらの終末期方墳群の隣接地には，小浜地区の二十歩横穴群，請西地区の諏訪谷横穴群，太田山丘陵の西谷横穴群などといった横穴墓の存在も確認されており，終末期における墓制の多様な展開をみることができる．このうち近年発掘調査の実施された諏訪谷横穴群は，横穴墓としては多量の副葬品が出土したことで注目され，伴出した須恵器・土師器は，6世紀末葉～7世紀前葉に比定し得るものであった．編年的な観点からみる限り，請西丘陵という小地域の中では，円墳群→横穴群→方墳群という墓制の推移も想定されることになる．

いずれにしても，6世紀後半代に盛行した群集墳的円墳群と横穴群・終末期方墳群との間に絶対数の変化（古墳造営者層の数的変化）がみられるのか，造墓域に偏在的・集約的傾向が認められるかどうかなど，小規模古墳における墓制の変革にかかわる事象を明らかにするためには，なお今後の調査に待つところが大きい．

c　中流域における小規模終末期古墳

中流域では，小櫃川の屈曲点付近にあたる木更津市田川地区の丘陵において，いくつかの小規模終末期方墳の存在が判明している．1987年以降，継続的に発掘調査を実施している宮脇古墳群では，5基以上の終末期方墳が確認され，このうち最大規模のものは，一辺18～19m・高さ1.5mの墳丘を有する．この古墳からは複数の木棺直葬施設が検出され，副葬品として直刀・刀子が認められたほか，墳頂部から須恵器フラスコ型瓶が出土している．またこれに近い規模とみられる別の方墳は，部分的に調査された周堀内から須恵器長頸壺が出土した．このほか一辺10m未満の方墳数基が調査されているが，いずれも内部施設は単基の土壙で，副葬品等の遺物は検出されていない．宮脇古墳群ではこれらの終末期古墳のほかに，石櫃等の火葬蔵骨施設を伴う8世紀代の低墳丘方形墓数基が検出されており，その中には二重周堀をもつ比較的規模の大きいものも認められている．これらはかつて「方形周溝状遺構」等の暫定的な名称で報告されてきたものであるが，7世紀代の終末期方墳の延長線上にある墓制であることは明らかであり，火葬採用以降の段階にも方形の周堀を巡らせ，一定の面積を占有する墓制の伝統が根強く残存したことが知られる．これらの方形墓の名称については，埋葬施設に地域的な差異が認められることもあって，いまだ適切な呼称が付されてはいないが，墓としての性格が明白となった現在，当地域では「火葬方墳」ないしは「火葬方形区画墓」などと呼称して，直葬段階の終末期方墳と区別する必要があろう．

なお，石櫃を伴う火葬段階の方形墓は，1986～1990年に大規模調査が実施された袖ケ浦町大竹遺跡群，あるいは北岸の支流松川流域の打越岱遺跡などにおいても検出されており，いずれもその造営時期は8世紀に属するものと考えられる．

一方，宮脇古墳群よりもやや北方の丘陵上において調査された北谷古墳も，終末期方墳の一つと目される．一辺約8mの小規模方墳で，底面に木炭を敷いた特殊な土壙を内部施設としており，周堀内から古墳時代後期の土器片が多量に出土したとされる．

以上のように，小櫃川中流域の丘陵部でも，7世紀後半代における終末期方墳およびこれに連続する火葬段階の方形墓の造営を認めることができる．7世紀段階では，比較的規模の大きい方墳についても木棺直葬の内部施設が採用されており，切石積石室・箱形石棺といった内部施設を採用し得た下流域の方墳造営者層との間に，一定の格差を見出すことも可能であろう．

(3) 小櫃川流域の初期寺院

小櫃川下流域右岸沖積地の木更津市大寺に所在する大寺廃寺址は，大伽藍の存在が想定される初期寺院として古くから注目されている．明治時代初期の記録とされる『上総国望陀郡大寺村沿革』には，「往古，九十九ノ大堂アリシガ，天正十七年大島某ト云フ暴賊，該寺院へ放火シ，尽ク灰燼ニ帰スト，諸記ニ見ユ，大寺ノ名，其大伽藍ノアリタル據ナルヘシ」と大寺の由来が記され，その後室町末期には寺が再興されたが，明治初年の神仏分離令によって仏寺は全く廃絶し，その地に併立していた熊野神社のみが村社として残されたといわれる．また寺院想定地周辺には「堂ノ後」・「内西ノ門」・「外西ノ門」など伽藍の存在を示す小字名がいくつか残っており，熊野神社境内には，塔の存在を裏付ける凝灰質砂岩製の露盤が残存する．

当廃寺は1934年の村道工事の際に，畑地中から古瓦が出土したのを契機として小熊吉蔵らによる実地調査が行なわれ，瓦当文様（鋸歯文縁八葉複弁蓮華文鐙瓦）から大和川原寺との関連が指摘された[27)]．その後，須田勉らによって資料の追加・検討が重ねられており，その創建年代は上総国の寺院址の中では最も古い天智朝（662〜672年）まで遡るもので，本寺成立の背景には中央政府の直接的関与があったとする見方が示されている[28)]．

大寺廃寺の位置は，祇園・長須賀古墳群の東方にあたり，大形古墳の中で最も東に位置する祇園大塚山古墳との直線距離は1.5kmを測る．大寺造営の経済的基盤が，この地に歴代の大形古墳を造営した小櫃川水系の盟主的豪族層に求められることは推測に難くない．しかし大寺造営以降の段階と考えられる7世紀末葉に至っても，丘陵部においては先に述べたような小規模終末期古墳が造営されており，各小地域の有力者層の墓制にまで仏教の影響が浸透するのは，8世紀以降の段階と考えられる．ちなみに，祇園・長須賀古墳群内において，これまでに7世紀代の大形方墳の存在が確認されていないのは，寺院の造営が他地域に先んじて行なわれていることと関連するかもしれない．またその点で，金鈴塚古墳への追葬が比較的長い期間にわたって行なわれていることにも注意を向ける必要があろう．

このほか小櫃川流域では，畔蒜郡域に属する中流域の馬来田地区において，真里谷廃寺の存在が知られる．1934年に篠崎四郎らが付近を発掘して，有心二重圏文鐙瓦・唐草文宇瓦等の資料を得ているが，瓦の様式はいずれも9世紀以降に比定されるものである[29)]．真里谷地区には3基の前方後円墳（60〜70mクラス2基を含む）の存在が確認されており，古墳時代の一時期において中流域の拠点的位置を占めた地域であったとみられるが，真里谷廃寺との時期的隔りは大きく，両者の内容に不明点の多い現在，これらを積極的に結びつける根拠は乏しい．

小結

以上，上総南西部地域にあたる小糸川・小櫃川両水系の首長系古墳の消長，終末期古墳の様相，それに続く初期寺院の概要について，若干の問題点の指摘を交えながら述べてきた．最後に両水系の共通点，ならびにその特質を明らかにして本稿のまとめとしたい．

小糸川下流域の内裏塚古墳群と小櫃川下流域の祇園・長須賀古墳群における中期～後期の首長墓群の展開は，非常に近似した在り方を示しているといえる．5世紀中葉に100 m級大形前方後円墳を築きながら，5世紀末から6世紀前半の時期には，「断絶期」ともよび得るような大形古墳造営の空白がみられ，6世紀後半に至って再び100 m級大形前方後円墳が比較的短い間隔で連続的に築造されている．また6世紀後半には中小規模の前方後円墳および出土遺物等に卓越した内容をもつ円墳が，あたかも盟主墳の周囲を取り囲むように連綿と造営され，首長集団の墓域を形成していったとみられる．

6世紀前半における首長墓の空白については，消滅古墳や未調査古墳の存在，あるいは現段階における遺物編年観の妥当性を考慮する必要もあろうが，それにしても6世紀中葉以降の古墳数の急増と，それに反映される首長層内部の構造的変化は歴然たる画期としてとらえられ，その前段階との隔絶は著しいといえるだろう．5世紀中葉の内裏塚古墳，また高柳銚子塚古墳・祇園大塚山古墳の段階で流域全体を掌握し，強大で揺るぎない首長権を確立したかにみえる両水系の首長も，その後の一時期，やや低迷した期間があったと解釈すべきであろうか．

その点，隣接圏である養老川水系では，下流域の姉崎古墳群内で原1号墳・山王山古墳，中流域の江古田金環塚古墳など，いずれも100 m未満の規模ながら，5世紀末～6世紀前半に該当する盟主墳が継起的に造営されており，小櫃川・小糸川の両流域と対称的であるといえる．養老川流域では，むしろ6世紀後半以降，盟主的存在とよび得るような大形古墳がみられなくなり，流域の核となる勢力が弱体化の一途を辿ったものと推測される．このような盟主墳の盛衰は単に各流域の内的な変化にとどまらず，房総という広域圏の中での勢力関係，さらには畿内政権との各地方首長との関係の変化をも，当然反映しているとみなすべきであろう．

小櫃川・小糸川両地域は，6世紀後半の段階に至って著しく勢力を伸張し，群馬県高崎市域の古墳群，埼玉県埼玉古墳群および千葉県山武郡域の古墳群などと並んで，東国の中でもきわめて傑出した勢力を現出させた地域であることは，首長系古墳の墳丘規模や副葬品の内容からみて明らかである．両流域は隣接していながらも，各々独立性を保って強大な首長権を確立していたとみなされ，多数の国造が並立した房総地域の群雄割拠的特色を示すものといえる．

房総，とくに東京湾岸の諸水系では，各河川が丘陵によって隔てられているために，独立的な地域圏を形成しやすい地理的環境にあり，各流域の首長が海上交通路を媒介として，それぞれ独自に畿内政権との外交関係を展開していったため，毛野や武蔵のように首長権が一極集中することなく，個々の勢力，とくに小櫃・小糸の2大勢力が競合的に強大化したとみられる．

7世紀代に入り，所謂飛鳥時代を迎えると，畿内における政情の変化を反映して，地方首長層の構造も改変を受けることとなる．小糸川流域の内裏塚古墳群では，最大規模の割見塚古墳を中心として，一定の規格性をもつ二重周堀の方墳群の序列的な築造が認められ，前代の大形前方後円墳—中小前方後円墳—円墳というヒエラルキーが再編・圧縮された形となって現われる．しかしながら一方の小櫃川流域では，首長系と目される方墳を今のところ確認することができず，消滅方墳の可能性を含めて，7世紀代の首長の動向が未解決の問題として残される．

古墳時代終末期の房総では，印波国造比定地の岩屋古墳，武射国造比定地の駄ノ塚古墳，そして須恵国造比定地の割見塚古墳がそれぞれ中核的な大形方墳として存在し，墳丘規模のうえでは，印波—武射—須恵の序列を認め得る．この序列は6世紀後半段階における勢力順位と逆転したものとみることができ，7世紀に入った段階で房総の首長層の勢力関係に画期的な変化があったことを認めて良いだろう．

金鈴塚古墳における豪華な副葬品内容からみて，少なくとも6世紀末葉段階には，実質的に小糸川流域の首長を凌いでいたともみられるような，強大な勢力を掌握していた小櫃川流域の首長層が，7世紀代に忽然と姿を消してしまったということがあり得るのであろうか．この問題については，終末期における小糸川首長の相対的な降格，金鈴塚古墳における長期追葬，そして初期寺院・大寺の先駆的な造営などの諸事象との関連とあわせて，今後の調査・研究にその謎の解明が持ち越されることになろう．

当地域では，ここ数年来重要古墳の調査が相次いで行なわれており，調査の度ごとに事実関係が更新されている状況にある．本稿は，第1稿を1988年末までに執筆し提出済であったが，調査の進展によって改めるべき部分が多くなったため，1990年秋までに一部を改稿した．

なお浅学ゆえに立論の焦点が定まらず，必要以上の長文となったことをご容赦頂きたい．

註・参考文献

1）律令期における畔蒜郡域（小櫃川中流域）を含む．同郡は江戸時代に望陀郡に併合された．

2）最新の分布調査成果は下記の報告書に収録されている．
　小沢　洋 1990「君津地区」『千葉県所在古墳詳細分布調査報告書』千葉県教育委員会

3）後円部周堀の調査を担当した笹生衛は，当古墳の企画に内裏塚古墳群中の中小規模の前方後円墳との類似性を認め，6世紀後半説を示唆する見解を提示している．
　笹生　衛 1989『君津市外箕輪遺跡・八幡神社古墳発掘調査報告書』千葉県文化財センター

4）九条塚古墳の1911（明治44）年の発掘記録については正式報文がなく，『考古学雑誌』第1巻第11号（1911）に掲載された彙報「上総国飯野発掘の金銅丸玉」という小文，『君津郡郡誌』（1927）の記事，國學院大學所蔵の『柴田常恵野帳』等によって概略を知り得るのみである．上記の文献の間には，石室規模・出土遺物品目などに若干の相違がみられる．
　出土遺物は，金銅製空玉が東京国立博物館，他の大部分が飯野小学校に保管されている．

5）調査の結果，柴田常恵による前調査の報文（1928）の記述と石室の計測値・細部の構造などにおいて相違する点が認められた．とくに入口付近の形状については，前調査時に転石を壁面と誤認していた疑いもある．

柴田常恵 1928「上総君津郡青堀町の平塚」『考古学研究』第 2 年第 1 号

6)　現小糸川河口部の対岸にあたる君津市坂田・大和田地区の低位丘陵に権現塚古墳・虫神古墳といった横穴式石室墳（円墳）の存在したことが知られるが，これらは内裏塚古墳群との距離も近く，石室構造等にも共通点が多いことから，被葬者集団を同じくするものとしてとらえることも可能である．

7)　台地・丘陵部における後期小規模古墳の調査例はさほど多いとはいえないが，現在君津市街となっている台地上に存在した南子安古墳・下迫古墳など，これまでに内容が知られているものはいずれも木棺直葬となっている．

8)　東京国立博物館 1986『東京国立博物館図版目録　古墳遺物編（関東Ⅲ）』に「富津市二間塚　内裏塚出土品」として掲載される遺物が当古墳の出土遺物に相当する．

当古墳の飾大刀については，「飯野村出土品」としてしばしば取り上げられている（神林淳雄 1939「金銅装大刀と金銅製柄頭」『考古学雑誌』第 29 巻第 4 号）など．

なお，千葉県教育委員会 1986『千葉県富津市内裏塚古墳群測量調査報告書』では，内裏塚古墳報文（柴田常恵 1906「上総君津郡飯野村内裏塚」『東京人類学会雑誌』第 22 巻第 249 号）に記された「北方に位置する古塚は...」の記事をもとに，「内裏塚北方前方後円墳」という架空の古墳の存在を想定しているが，この記事は出土遺物品目の一致等から白姫塚古墳を指すものと思われ，柴田が当該発掘古墳を古塚古墳と誤認して記述したものと考えられる．

9)　千葉県教育委員会 1986『千葉県富津市内裏塚古墳群測量調査報告書』（前掲）に須恵器実測図のみ掲載．

10)　内裏塚古墳群内の方墳の築造企画については卑見を述べたこともあるが，その後の調査の進展により修正すべき点がいくつかある．

小沢　洋 1986「富津市割見塚古墳の諸問題」『史館』第 19 号

11)　森　浩一 1965『古墳の発掘』中央公論社

ただし同氏は，仁徳陵など晋尺（1 尺 24 cm）を設計尺とした蓋然性の高い先行形式の古墳との比較から，見瀬丸山・欽明陵の 2 古墳についても晋尺によって設計された可能性が強いものと結論づけている．

12)　原田道雄 1974「横穴式複室石室に関する覚え書き」『史館』第 3 号

田中広明 1986「終末期古墳の地域性―関東地方の加工石材使用石室の系譜―」『土曜考古』第 12 号

13)　椙山林継 1986「内裏塚古墳群の年代」『千葉県富津市内裏塚古墳群測量調査報告書』

14)　後藤建一氏のご教示による．

15)　後藤守一 1942「上古時代の杏葉に就て」『日本古代文化研究』所収

坂本美夫 1985『馬具』ニュー・サイエンス社

16)　江浦　洋 1987「日本出土の統一新羅系土器とその諸問題Ⅰ」『太井遺跡（その 2)』大阪府教育委員会・大阪文化財センター

17)　西山横穴群を中心とした横穴の形態分類と編年については，牛房茂行による分類・編年案が示されているが，形態を細分し過ぎたために，かえって基本的推移をとらえ得ぬものとなっている．

野中　徹・牛房茂行ほか 1979『西山横穴群調査報告書』西山横穴群発掘調査団

18)　岩瀬川流域の絹稲荷塚古墳（伝前方後円墳），染川流域の御陵塚古墳，湊川流域の町田古墳，白狐川

流域の松原古墳などで，いずれも低地に存在している．

19)　篠崎四郎 1934「上総国九十九坊廃寺阯」『房総郷土研究』第1巻第10号

20)　森本和男 1985『君津市九十九坊廃寺阯確認調査報告書』千葉県教育委員会

21)　古墳時代後期集落の存在は，八幡神社古墳近くの沖積地に展開する君津市常代遺跡において確認されているが，今のところ住居址軒数もさほど多くはなく，豪族居館に相当するような遺構も検出されていない．

22)　椙山林継 1980「菅生周辺の遺跡」『上総菅生遺跡』木更津市教育委員会

23)　三辻利一 1983「千葉県内出土須恵器・埴輪・瓦の胎土分析」『千葉県文化財センター研究紀要 8』

24)　白井久美子 1987「祇園大塚山古墳の埴輪と須恵器」『古代』第83号

25)　横穴式石室墳の分布は，矢那川を介して木更津市街地南側にも及んでいたようである．「四房古墳群」（現在の木更津市文京・幸町付近）とよばれるものがそれであり，飾大刀などが出土した古墳もあったと伝えられる．なお，さらに南の烏田川流域の丘陵上にも桜井瑠璃光塚古墳という横穴式石室墳（自然石乱石積）が知られており，該期の首長系集団の墓域が一部丘陵上にも及んでいたことを示唆している．これらを含めて首長系古墳の墓域を括った場合，大形古墳の分布のみに着目した「祇園・長須賀古墳群」の呼称は適切でないかもしれない．

26)　請西古墳群では，各支群によってある程度時期的なまとまりが認められるようであり，調査が進展すれば，墓域の時間的推移を辿ることも可能となろう．ただ現段階の知見では，5世紀前半および7世紀前半に該当する古墳が明確に抽出できないことを始めとして，最も多数を占めると思われる6世紀代の古墳の編年についても明確化されていない状況であり，古墳造営数の変化にどのような波がとらえられるのかについても，編年基準の問題とあわせて，今後の調査に負うところが大きい．

27)　小熊吉蔵 1934「大寺廃寺阯考」『房総郷土研究』第1巻代10号

28)　安藤鴻基・須田　勉 1968「上総国大寺廃寺の古瓦について」『金鈴』第20号
　　須田　勉 1980「古代地方豪族と造寺活動」『古代探叢』早稲田大学出版部

29)　篠崎四郎 1937「上総国真里谷廃寺阯」『考古学雑誌』第27巻第10号

［補遺］

本稿の初稿を作成した1988年末以来，刊行の遅延により丸3年以上が経過している．また一部改稿を行なった1990年秋からも1年半余の時間が経過した．本稿が対象とする君津郡地域は近年の急激な開発ラッシュとも相俟って発掘調査による事実の更新が著しいことは前記の如くであり，1990年・1991年度内においても新事実の判明が相次いだ．またその間に，数氏によって関係論文の発表もなされ，本稿の内容に修正ないしは補筆を余儀なくされる部分も幾つか生じている．初稿作成以来，筆者自身の解釈にも，変化している箇所があり，1990年・1991年の公表にかかわる筆者の他稿と若干の齟齬を来す部分もある．筆者にとって，本稿の存在が一つの懸案として長く尾を引いてしまう結果となっているが，校正にあたり，既述の原稿に手を加える時間的猶予と余力もないので，以下に，主要な新事実の追加と若干のコメントのみを掲げ，補遺とすることとしたい．上記の事情に鑑み，若干の紙数の消費をご容赦願いたい．

①袖ケ浦町は1991年4月に市制施行され，袖ケ浦市となっている．

② 1990年度後半の調査で，湊川流域の富津市岩坂において，二重周溝を有する方墳（町田古墳）・墳丘長62 m の前方後円墳（上北原古墳）・円筒・形象埴輪をもつ直径28 m の円墳（塚田古墳）の存在が圃場整備事業に伴う確認調査によって明らかにされた．これらは，湊川流域の河岸段丘上に形成された同流域

の独自の首長墓群としてとらえることができ，小糸川以南の諸水系の中では最大の河川である湊川流域にも，規模は劣るながら，古墳時代後期～終末期に至る独立した政治的領域を認定し得る可能性がきわめて濃厚になった．塚田古墳については1991年度にも追加調査が行なわれて，造出し（またはブリッジ）が付設されている可能性も生じており，上北原古墳については1992年度に再調査が予定されている．いずれも墳丘は残骸を残すのみであるが，横穴式石室を内蔵しているようである．これらの諸古墳の内容が判明するに従って，小糸川流域に従属的であると仮定した湊川流域の古墳の評価も多少変わってこよう．

③内裏塚古墳群の確認調査は，1990年度後半に稲荷山古墳・稲荷塚古墳・白姫塚古墳の3基について実施されている．

稲荷山古墳については，二重の盾形周堀と墳丘裾をめぐる円筒埴輪列の存在が明らかにされたほか，石室入口付近についての発掘もなされ，閉塞石と考えられる砂岩質の自然礫が無秩序な状況で多数検出されていることから，自然石乱石積の横穴式石室の存在が想定される．入口部の状況からみて，石室は後世の乱掘をかなり受けているように見受けられた．時期決定の有力な手掛かりとなるような土器，および副葬品は検出されていないが，円筒埴輪は九条塚古墳のものよりは新相を示し，古塚古墳との新旧は決し難い．この調査の結果においても九条塚→稲荷山・古塚→三条塚という先後関係はほぼ追認し得るものの，現段階においては，これらの古墳が6世紀中葉～末葉の比較的短い期間内に連続的に造営されたという大局的把握から一歩具体化した証査を得ることは難しく，墳丘規模においてやや劣る古塚を「盟主」の系列から外して稲荷山とほぼ同世代の階層的差異をもつ古墳と位置づけるのが妥当なようである．

稲荷塚古墳については，江戸時代の絵図および墳丘削平時の関係者から，終末期方墳の可能性が高いことを確認済であったが，周堀確認の結果，方墳と確定した．ただし二重周堀の確認はなされていない．規模については，墳丘南北辺長17.6 m・東西辺長21.4 m，周堀外辺長38.8 mと計測されている．

白姫塚古墳については，副葬品内容の傑出性，および柴田報文の記述[8]から，前方後円墳の可能性を考慮する必要があるが，今回の調査ではこの点を明確化するに至っていない．

④小櫃川流域における丘陵上の終末期古墳として，1990年度後半に調査された請西地区の大山台36号墳がある．墳丘辺長10 m・周堀外辺長13 mの方墳で，切石積横穴式石室をもち，須恵器と多数の玉類が出土している．山伏作5号墳に近接した時期の築造とみられ，7世紀末葉段階における方墳築造域に複数のブロックがあることが確認された．また大山台支群の西側斜面においては，1991年度調査で多数の低墳丘小方墳群の存在も明らかにされており，7世紀中頃の須恵器を伴うものも認められている．

⑤ 1991年度実施中の小浜地区・俵ケ谷古墳群2次調査で，乱石積横穴式石室をもつ径10 mの円墳（6号墳）の存在が明らかとなった．築造時期は6世紀後半代とみられる．従来当地域においては，丘陵上の小規模古墳には，終末期古墳を除けば横穴式石室を有するものが希少であり，横穴式石室＝首長系という感覚でとらえていた部分があったが，ごく小規模な古墳にも横穴式石室の採用例があることを確認し得た意味は大きい．君津市虫神古墳・権現塚古墳，木更津市瑠璃光塚古墳など，これまでに確認されている丘陵上の横穴式石室墳は比較的出土遺物が豊富なことから，被葬者が首長系集団に所属する可能性も指摘していたが[6]，これらの古墳の評価についても再考の余地があろう．ただし，俵ケ谷6号墳のような小規模横穴式石室墳は今のところ例外的存在であり，今後丘陵上で同様の横穴式石室墳が検出されたとしても，6世紀後半段階において木棺直葬墳が主体を占めるという傾向に変わりはないものと思われる．

⑥本稿の最終稿を提出後，当地域の研究者により発表された，本稿の内容と関連する論文として次のようなものがある．

a　酒巻忠史1991「駒久保古墳群の調査（1）」『研究紀要Ⅳ』君津郡市文化財センター

第1表　内裏塚古墳群終末期方墳換算表　計測単位＝m

		墳丘辺長	内周堀幅	内周堀辺長	周堤幅	外周堀幅	外周堀辺長
割見塚古墳	計測値	40.0～40.2	11.5～11.8	63.3	14.3～15.0	6.2～7.1	106～107.5
	高麗尺	114～115 (120尺)	33～34 (30尺)	181 (180尺)	41～43 (40尺)	18～20 (20尺)	303～307 (300尺)
	唐尺	133～134 (140尺)	38～39 (35尺)	211 (210尺)	47～50 (50尺)	21～23 (20尺)	353～358 (350尺)
亀塚古墳	計測値	33.2～(37)	9.4～11.8	53.2～58	11.6～13.2	7.6～9.4	94～99
	高麗尺	95～(106) (100尺)	27～34 (25尺)	152～165 (150尺)	33～37 (35尺)	22～27 (25尺)	269～282 (270尺)
	唐尺	111～123 (110尺)	31～39 (35尺)	177～193 (180尺)	38～44 (40尺)	25～31 (30尺)	313～330 (320尺)
森山塚古墳	計測値	26.4～27	7.8	42.0～42.6			
	高麗尺	75～77 (80尺)	22 (20尺)	120～122 (120尺)			
	唐尺	88～90 (90尺)	26 (25尺)	140～142 (140尺)			
野々間古墳	計測値	19.0～19.5	7.0	33.0～33.5	7.0～7.2	5.8	59.5
	高麗尺	54～56 (60尺)	20 (20尺)	94～96 (100尺)	20～21 (20尺)	17 (15尺)	170 (170尺)
	唐尺	63～65 (70尺)	23 (20尺)	110～112 (110尺)	23～24 (20尺)	19 (20尺)	198 (190尺)
稲荷塚古墳	計測値	21.4	8.2～9.4	38.8			
	高麗尺	61 (60尺)	23～26 (25尺)	110 (110尺)			
	唐尺	71 (70尺)	27～31 (30尺)	129 (130尺)			

b　小沢　洋 1991「九条塚古墳の再検討」『研究紀要Ⅳ』君津郡市文化財センター（本書第Ⅲ部第4章所収）

c　西原崇浩 1991「上総地方の横穴墓の様相」『立正考古』第30号

d　小高幸男 1991「終末期古墳の一様相」『立正考古』第30号

e　小高幸男 1991「内裏塚古墳群研究再論」『研究紀要Ｖ』君津郡市文化財センター

f　椙山林継 1991「横穴式石室の需要と変革」『研究紀要Ｖ』君津郡市文化財センター

g　小沢　洋 1991「小櫃の一首長墓をめぐる考察」『研究紀要Ｖ』君津郡市文化財センター（本書第Ⅰ部第2章所収）

このうちｄ・ｅ論文の中で小高氏は，内裏塚古墳群内の終末期方墳について，墳丘・周堀・石室ともに唐尺によって設計されていると判定し，これらの古墳が7世紀初頭から後半までの間に，1基ずつ（世代を異にして）築造されたものと推断している．ただ同氏の論文では，高麗尺・唐尺の双方の換算値を比較検証することなく，結論のみを提示した形となっている．

石室に関しては，ほぼ全容が明らかにされている割見塚古墳・森山塚古墳の石室について，各部のデータを検討する限り，確かに 30 cm を単位とする尺度（唐尺）との整合性がより高いとみなされる．ただし墳丘・周堀の規模に関しては，新しい調査成果をもとに改めて各古墳の計測値を換算してみても，必ずしも高麗尺に比して唐尺の整合性が高いとは認め難い（第 1 表参照）。

そもそも 10 尺程度の区切りで完尺とみなすのであれば，白石太一郎氏が以前に指摘されているように（白石太一郎 1967「岩屋山式の横穴式石室について」『ヒストリア』第 49 号），いずれの尺度を用いても完尺の想定が可能なわけであり，その限りにおいては，使用尺度をにわかに決定することは難しい．しかしながら，筆者は本文中において述べているような各古墳間の規模の比分関係，および築造時期の短期間への収束性等から考えて，高麗尺換算値の方がより設計尺としての妥当性が高いと考えている．なお提示した計測値はいずれも周堀の上端を起点とするものであるが，設計時には周堀の下端を基準線としている可能性も強く，墳丘辺長については計測値よりもやや大きく，逆に周堀幅については計測値よりやや小さい尺値を想定するのが適切ではないかとみている．

小高氏の論文は，亀塚・稲荷塚両古墳の確認調査以前，野々間古墳の 2 次調査以前に執筆した筆者の 1986 年の論文（「富津市割見塚古墳の諸問題Ⅰ」『史館』第 19 号）の検証過程については何ら触れることなく，結論のみを一方的に否定する論調で書かれているが，氏の提示したデータの中には，換尺にあたっての計測値の恣意的な変更（野々間古墳の墳丘辺長）や内周堀外辺長と周堤幅・外周堀幅の総和が外周堀外辺長と一致していない（野々間古墳）など，データの扱い方そのものに問題点があり，結論の導き方が理に適ったものとは言い難い．また氏は 5 基の方墳の中で，野々間古墳を最古の築造と考え，7 世紀初頭に比定しているが，これは唐尺の使用年代と矛盾を来すものではないかと私考する．筆者の前論文は前記のとおり，その後の調査成果によって修正すべき点のあることは自認しているが，今のところ基本的には，墳丘・周堀等の兆域設計に関する高麗尺の使用と各古墳の並列的位置づけを大きく変更すべき根拠を見出すには至っていない．

なお，石室に関する尺度論の適用については，前記した墳丘・周堀における設計尺と相違する可能性があることから，これまで具体的な論述を保留してきたが，兆域の設計と石室の設計の基準尺が必ずしも同一でなくともよいと考えている．石室の設計が石材の加工技術など，より先進的な技術導入，工人の招来を必要としているのに比べ，墳丘・周堀の兆域設計は在来的技術・方式を応用することによって十分可能であったと考えられるからである．前方後円墳以来の二重周堀にみる兆域の面的な拡大指向は終末期における東国特有の権威表示の伝統であったかのようにもみられ，兆域と石室がそれぞれ異なる技術者の設計によって分業的に行なわれていた可能性も一考する必要があるものと思われる．

第Ⅳ部

研　究　史

君津地方古墳調査研究史

はじめに

君津地方とは，千葉県の旧君津郡地域を指す便宜的な名称である．今日，この地域は袖ケ浦市・木更津市・君津市・富津市の4市域となっており，平成3（1991）年4月の袖ケ浦の市制施行によって事実上の君津郡は消滅した．以前から強い紐帯を保ってきたこの地域圏は，近年の各市の独自な発展過程の中で，再編を余儀なくされる時期にさしかかっているものと思われる．だが広域市町村圏と呼ばれる地方行政上の区分けは，これまでの経緯上当分の間は継続されるようであり，従来の「君津郡市」なる地域名に変えて新たな名称を模索中であると聞く．

本来，この地域は2ないし3の地域圏の集合体であり，「君津」という地名も明治30（1897）年の郡制施行時に，日本武尊の「君不去（きみさらづ）」伝説にちなんで創出されたものである．君津郡成立以前の当地域は，小櫃川流域の望陀（もうだ）郡，小糸川流域の周淮（すえ）郡，湊川等南部諸河川流域の天羽（あまは）郡の3郡に分かれており，さらに遡って律令制施行以前には，小櫃川流域を中心とする「馬来田（まくた）国」と小糸川流域を中心とする「須恵国」の二つの国造領域が分立していた．湊川流域もまた，古墳時代後半にはある程度独立した地域圏を形成していた可能性があり，君津郡，あるいは君津地方といった近代の郡区分に基づく包括の仕方は，古墳時代を扱う上では一つの集合体，文化圏として必ずしも適切ではないかもしれない．

しかしながら，考古学研究の発達した近代以降においては，地域史の編纂が君津郡という単位で大成されたのを始めとして，研究者の往来も郡の範囲の中で頻繁に行なわれてきた．そして現在の発掘調査組織の活動もこの旧郡の管轄の中で進められている．すなわち地域的な研究史を語る際に，君津郡という結合体は不可分のものであるといえる．それにも増して古墳時代における小櫃川・小糸川の二大文化圏は，分立的でありながらも，多くの点で相互にきわめて共通した消長を辿っており，北接する養老川流域との比較においても，両者の近似性がより強く感じられる．

筆者が当君津地方の発掘調査に携わってからすでに10年余が経過した．その間，自身でも古墳あるいは古墳時代関係の遺跡を数多く調査する機会を得たが，この10年間における飛躍的な調査資料の蓄積に伴い，従来の事実認識が改められ，新たに派生した問題点も多い．また調査研究は発掘による新事実の発見によっているばかりではなく，過去の調査成果の再評価や出土遺物の再検討，さらには埋もれている資料の探索にも注がれなければならない．

本稿では，比較的長い歴史をもつ君津地方の古墳調査と研究の歩みを振り返りながら，どの段階で何が明らかにされ，それぞれの段階で調査・研究に関わるどのような問題点があったのか整理してゆくことにより，今後の調査研究の方向性を及ばずながら模索していきたいと考える．筆者の浅学により，狭い地域内を中心とした話に始終するが，古墳の豊富な研究資料に恵まれた当地域内の様相を通して，東国の古墳時代をめぐる諸問題の一端に迫ることも可能かと思われる．

1　江戸期の古墳発掘記録

『房総志料』・『上総日記』など江戸時代後期に発刊されたいくつかの文献の中に当地方の古墳についての記述がみられるが，その多くは内裏塚古墳群に関するものである．

宝暦11（1761）年に刊行された中村国香著『房総志料』によれば，「周集(すす)郡大堀村の南隣に二間塚と云う村，三町許りもありぬべし．（中略）古より相伝て大裏屋鋪(だいりやしき)と云う．先年彼土の人語りしは，何れの頃にや，彼土の民山田をうがち，古塚を發て，棺中に衣冠の人坐す．容皃生けるがごとく，冠服新鮮，異気人を襲い，姑くありてじやうのごとく消ゆ．」とあり，内裏塚古墳群内における古墳発掘の有様を物語っている．なお『房総志料』では，この古墳の被葬者を天武天皇の曾孫で，藤原押勝の乱に連座し伊豆へ配流された氷上親王の墓に比定する伝聞を載せている．

また天保3（1832）年に発刊された片山勇八著『上総日記』は図解を交えて考古関係の記事を多く紹介している文献として知られ，近年西野元氏により詳細な校註が加えられている[1)]．同書の中には，青木村の豊八という者が内裏塚周辺の畑を開墾中，兜を被った人の首の焼き物を掘り出したという記事があり，その図も掲載されている．これは後年柴田常恵によって紹介された人物埴輪の頭部に相当する．また同書には大堀の明澄寺に保管される鈴杏葉（富津市神将寺旧蔵）の図が掲載されている．

続いて翌天保4（1833）年に刊行された田丸健良著『房総志料続編』には「内裏塚というは一小山なり．土人曰く此の山瓶を以てつきたてたり．今にも土をのけて鍬などもて窺えば，至りて堅く音するなり．（中略）塚下に小祠有り．祠下に竪八九尺横五六尺の石見ゆ．舟石と云う．船の形せりと．其北に當りて小塚有り．近き頃是を發きみるに，石櫃の中に衣冠正しき人有り．忽ち骸骨と成る．其骨長大也．里人六三と云う木挽，丈高き人なりしが，是と脛骨をくらべたるに，六三が脛より長かりしと．六三は夫より脛に病出来て終に没せりと．石櫃の蓋は同所善立寺へ持ち行き，碑に作り，今に存すと．」とあり，内裏塚の北方に位置した古墳の発掘を記している．これが明治25年に発掘された「内裏塚北方古墳」と同一の古墳を指しているものかどうかについては明らかでない．

写真1　善龍寺境内「萬霊塔」

なお問題の石櫃蓋石は二間塚字家ノ下に所在する

善龍寺の境内に「萬霊塔」となって現存している．長さ160 cm，幅115 cmを測る砂岩板石であり，当地域の石室構築材として普遍的にみられる石材である．文字の刻まれた碑の表面は加工が施されているようであるが，裏側に自然面を残しており，横穴式石室の天井石ではないかと考えられる．一方，内裏塚の塚下の小祠の下にあったとされる舟形の石は竪89尺横56尺とあるので，長さ2.5 m，幅1.5 m前後の大きさで，石棺の可能性があり，少なくとも内裏塚古墳そのものの石室を指したものではないようである．

このほか寛政年間（1789～1800）年に出版された秦憶丸『上総国郡郷沿革考』，弘化4（1847）年の鳥海健左衛門『南総郡郷考』，安政4（1856）年の間宮永好『神野山日記』などに，内裏塚関連の記事がみられるが，万葉集に名をとどめる末珠名と古墳を結びつける里伝を記し，あるいは前著の記述を引用するのみで，とりわけ注目すべき記録は見当たらない．

以上のように，江戸期の文献においては，内裏塚古墳を中心に，その周辺の2，3の古墳発掘についての断片的な記録が残されているのみである．早くから港町として開けていた木更津地区においてもこの時期，何らかの形で発かれた古墳があったものと推定されるが，今のところ明治期より以前に遡る古墳関連の記録を見出すことができない．

2　明治期の古墳発掘と調査

明治時代に入ると，考古学研究の発達にともない，当地方においても学術的な目的をもった古墳の発掘が行なわれるようになった．また学術的発掘でなく，開墾等の偶然的要因によって遺物が出土した古墳についても，一応の記録がとどめられ，公的機関による遺物買い上げの措置が図られたりした．明治期に発行されたいくつかの地方誌のうち，明治22（1889）年刊行の小澤治郎左衛門著『上総国町村誌』は，旧村別にその沿革や史跡・伝承等について述べたものであり，奈良輪村・神納村・飯富村・三黒村・請西村・大久保村・笹子村・下郡村・戸崎村・寺沢村・西原村・俵田村・上新田村・白駒村・二間塚村・竹岡村の各項に古墳関係の記述がみられる．

明治時代前半には，いくつかの重要古墳の発掘が記録される．『君津郡郡誌』によれば[2]，明治14（1881）年に木更津の稲荷森古墳が発掘されたという．発掘の契機は貸座敷の新設のためであったとされ，鈴2個・刀2振・破鏡1面・土器1個・長巻の如きもの1つの出土が記録されるが，内部施設に関する記載は見当たらない．なお『郡誌』には「四周耕地にして今濠渠（ごうきょ）の存在知るべからず．其形状は円形なり．此近傍には到る処所謂丸塚なるもの多く，此処に三個，彼処に二個点々散在せしが，何時となく里人発掘し今一個を存するのみ」とあることから，この時発掘された古墳が，後に地籍図等から明らかにされた前方後円墳[3]と同一であったかどうかについて若干の疑問も残る．また『郡誌』によれば，遺物は木更津警察署と木更津町の鈴木長兵衛・石田一郎の2氏に分蔵され，さらに銅鈴2個が東京の西川勝三郎の手に帰し，帝国博物館に陳列されたことになっている．一方，雑誌『考古界』に掲載された西川勝三郎による出陳目録には，木更津町字稲荷森発掘品として鈴2個のほかに，環頭柄頭1・刀身残欠1・金銅鐔1・金銅足金物1

対・金銅鎺(はばき)1・金銅鐺(こじり)1・鉄製透鐔残片1・甲冑残片5・金銅鉸具(かこ)残片1・銀環3・金銅環及び坪金添1・鉄鏃残片1，さらに「縞琺瑯丸玉」といった品目の記載がみえることから，実際には『郡誌』に記載されている以外にも多くの出土品があったようである[4)]．このほか『集古会誌』という雑誌にも古鈴2個の出品記事がみられる[5)]．ちなみにこれらの雑誌の刊行年は明治40～42（1907～1909）年の間であることから，『郡誌』に記載された「明治十四年」という発掘年が「明治四十年」の誤りである疑いも強く，今後の確認を要する．なお，遺物の所在は現在不明である[☆2)]．

明治22（1889）年には祇園大塚山古墳が発掘されている．地主の堀切角蔵による発掘であり，石棺1個の中から，金銅製の眉庇付冑を始めとする多数の遺物が出土した[6)]．この古墳については，後に村井嵓雄を始め[7)]，数氏によって発掘記録の整理や出土遺物の検討がなされているので，ここでは詳細を省くが，出土品のほとんどが帝国博物館の所蔵に帰したことにより，重要遺物の散逸を免れることとなった．なお明治34（1901）年には八木奘三郎により，当古墳の付近から採集したといわれる人物埴輪の基部が図入りで紹介されている[8)]．

明治25（1892）年には内裏塚古墳群中の内裏塚北方古墳と白姫塚古墳の発掘が行なわれている．内裏塚北方古墳については資料が少なく，鈴木成章の小文[9)]と柴田常恵による内裏塚古墳の報文[10)]の中で簡単に触れられているに過ぎない．それらによると，横穴式石室（切石積か）と石棺を併設した終末期段階の古墳と推定され，石棺から人骨が出土したようである．昭和58（1983）年の確認調査で付近を発掘したところ，切石材が検出されている．

白姫塚古墳については，東京国立博物館（当時帝国博物館）の記録では出土品の受理が明治26（1893）年5月，発見年月日が明治25（1892）年6月となっているが[11)]，後に発表されている喜田貞吉の論文[12)]や『君津郡郡誌』などによれば明治26年4月の発掘とされている．一方，内裏塚古墳の報文には，「北方に位置する古塚は小形の前方後円のものにて骨片，直刀，鉄鏃，銅椀，鉄質小札作りの鎧，金環，及び高坏，壺，俵形等の齋瓶を発見し，之れに伴ふて鳥形の剣頭も出でたりとのことなれど，玉類に至りては聴く所なかりし．」という記述があり，これは出土遺物の品目や発掘時期等から白姫塚古墳のことを指していることが明らかである．同報文では「古塚」を古墳という意味ではなく，あくまでも固有名詞として使用していることから，柴田が発掘された古墳を誤認して記述したと考えられる．なお，現在東京国立博物館に収蔵されている当古墳の遺物（二間塚字内裏塚出土品）は，環頭大刀1・方頭大刀1・円頭大刀2・座金具1のみで，須恵器一括については古墳の至近にある萱野家に保管される．これ以外の銅鋺・挂甲・鉄鏃・金環・鳥形把頭等の遺物の所在は明らかでない．明治44（1911）年の『考古学雑誌』の彙報に，君津郡飯野村の古墳から出土した銅鋺と君津郡内の古墳（稲荷森古墳か）から出土した蜻蛉玉が西川勝三郎により博物館へ出品されたという記事があり[13)]，この銅鋺が白姫塚古墳からの出土品であった可能性もある．ちなみに当古墳の発掘の動機や発掘者については不明であり，内部施設に関しても，喜田貞吉論文に「長方形の石室」と記されている以外には記録が残っていないが，現状の墳丘上における石材の散在から推して，自然石乱石積の横穴式石室であることはほぼ間違いないものとみられる．

以上，明治時代前半（20年代まで）における古墳の発掘は，まだ調査とよべるような段階のものではなく，後になってから遺物が一部の研究家によってようやく注目され，帝国博物館への出品や買上げ措置が図られたにとどまった．

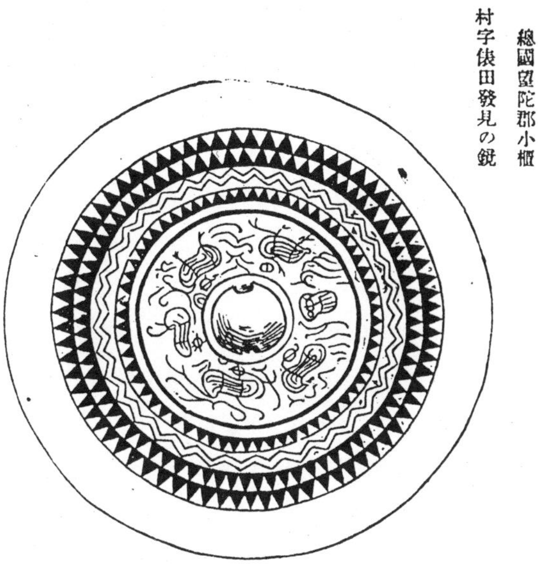

第1図　白山神社古墳群出土鏡（約1/2）
八木「上総紀行」より転載

学者の手による古墳発掘は，明治31（1898）年に行なわれた白山神社古墳群の発掘を端緒とする．発掘は当時東京帝国大学人類学教室に在籍していた八木奘三郎と中沢澄男により，同年8月26日，27日の2日間にわたり，白山神社古墳近くの2基の古墳を対象として行なわれている．その発掘の内容については，翌年八木によって発表された「上総紀行」[14)]によって知ることができる．八木らは地元有志家数人の案内で「小櫃山陵」と称した白山神社古墳を視察した後，同行者の望みにより白山神社古墳背後の「陪塚」を掘り，古鏡1面・大刀1振が出土した．出土した鏡は四寸二分三厘（12.8 cm）の大きさで，「上総紀行」の中に図が掲載されている．それによると，内区が無乳で6個の獣文を配したもののようであり，仿製獣形鏡の一種と考えられる．この発掘古墳は，白山神社古墳の後円部東側に位置する円墳に該当するものとみられる．さらに八木らは翌日「瓢形古墳の傍らなる谷向うの円塚」を発掘して，大刀・短刀・小刀などの出土品を得ており，その古墳は東方の丘陵上にある円墳群の一つかと思われるが，特定することができない．八木は調査の帰途，久留里の向郷・愛宕山の横穴などにも立ち寄っている．

その後，明治時代末期における古墳調査は，地元障子谷村（現富津市）出身の郷土史家・小熊吉蔵と，東京帝国大学人類学教室助手・柴田常恵を中心に展開されてゆくことになる．その先駆けというべき，房総最大の前方後円墳・内裏塚古墳の発掘調査は，明治39（1906）年の10月に行なわれた．発掘の経緯は，同年12月発行の『歴史地理』集古録[15)]によれば，「千葉県君津郡飯野村内裏塚と云うは，貴人の墳墓なりとて古来より世人の尊崇浅からざりしも，果たして何人の墳墓なるかは何等考証の拠るべきものがなく，明治8年土地の山田常蔵なる人，種々調査を重ねたるも遂に不明にて，爾来疑問の間に打ち過ぎしが，今回寺社合併問題起こりたるに就き，此の内裏も無格社なれば，単に一の古墳として世に没せん事を憂い，区長長島如平，山田常蔵，神官木村啓蔵，飯野小学校長小熊吉蔵等の諸氏相謀りて上京し，坪井博士を訪うて具に其の状況を陳じ，臨検を乞いたれば，博士は柴田助手を伴いて12日出張し，14日飯野小学校にて方針の講話あり，柴田助手は人夫を指揮して18日に発掘を了え，帰京せるが其の結果は頗る良好に乙今尚其取調中なるも，今より数千年前に於ける貴人の墳墓たる事疑いなしと云う」（旧仮名・旧漢字・句点一部修正）とある．従来内裏塚古墳に関してほとんど取り上げられたことがない史料であるため，あえて引用した．

帝国大学人類学教室を訪問した小熊吉蔵と木村啓蔵は，かつて前方部南西側の畑地から出土したといわれる人物埴輪の頭部を遠路持参していったといわれ，また小熊は発掘にあたって，富津一帯が東京湾の要塞地帯であることから，軍関係や内務省や県当局の許可を得るためにも奔走したと伝えられており16)，当古墳の発掘に対する小熊らの意気込みが感じられる．この時，満年令に換算して，小熊吉蔵 40 歳，柴田常恵 29 歳，坪井正五郎は 43 歳であった．実際の発掘調査は柴田を中心に進められ，その報告も柴田の手によってまとめられている．その報文には，石室内の遺物の配置を示す図や鳴鏑（なりかぶら）などの一部の遺物の図が示され，当時としてはかなり詳細な内容であったが，石室の構造がわかるような図面がなく，後の研究に疑問点が多く残されることとなった．報文の末尾では，当古墳の年代を「推古朝前後より奈良朝以前」とし，被葬者については「国造の如き大勢力家の威厳の下に営まれしもの」と結論づけている．また坪井正五郎は，柴田の報告に先立って「千葉県君津郡飯野地方の古墳」と題する紀行的な文を雑報として掲載し，内裏塚が「国造の墓所」であることを示唆するとともに，年代については「佩玉（はいぎょく）時代の末期」という推察を述べている17)，☆5)．

内裏塚古墳の発掘から約 1 年半後の明治 41（1908）年 2 月には，内裏塚古墳群中の亀塚古墳が，小熊と柴田により発掘されている．この古墳については，公表されている記録がほとんどなく，わずかに柴田常恵の書き記した野帳によってその概略が知られるのみでるが，前年 10 月に発掘を出願していることからみれば，学問的な意図から当古墳を選定して発掘に至ったものとみられる18)．この調査で切石積横穴式石室が発掘され，須恵器フラスコ形壺 3・平瓶 1・𤭯 1・短頸壺 1・台付長頸壺 1 が出土し，遺物は飯野神社の所蔵に帰している．平成元年に至って当古墳の確認調査が実施された結果，二重周溝を備えた終末期の方墳であることが明確となり，石室の部分的な再発掘で銅鋺や蜻蛉玉などの遺物も追加されている．

また同年には，木更津・鶴巻塚古墳の発掘も行なわれている．この古墳の発掘については，『木更津市史』（昭和 47 年）で詳細に取り上げられているが，同年 2 月に土地所有者の永園もよが開墾中に石造 6 尺角長持形のもの（長さ約 1.8 m）を地下 3 尺（90 cm）のところで掘り当て，銅鏡・馬鐸などの遺物を発見した．さらに同年 6 月には，同じく地元民の木村新太郎が当古墳を発掘し，多数の遺物を発掘している．2 面出土した鏡のうちの六神鏡を始めとする遺物の多くは帝室博物館によって買上げられているが，もう 1 面の画文帯四仏四獣鏡は現在，五島美術館の所蔵となっている．この古墳については昭和 43 年頃まで墳丘が残存し，再調査が可能であったが，清見台地区の区画整理事業に伴って削平されてしまったことが惜しまれる．

翌明治 42（1909）年 3 月には，やはり開墾に伴って木更津の塚の越（塚の腰）古墳が発掘され，仿製四獣鏡・鞍磯金具・フラスコ形提瓶等が出土している．また明治 42 年の暮には，坪井正五郎・柴田常恵による戸崎古墳群の発掘も行なわれている19)．この古墳群についても，『君津郡郡誌』に簡略な記録がとどめられるのみとなっている.

明治43年2月には，柴田・小熊による九条塚古墳の発掘が行なわれた．発掘の端緒は，地主今木覚太郎による抜根作業の際に朱の付着した石材が検出されたことによるとされる．抜根作業にあたっていた土工は内裏塚古墳の発掘に人夫として参加した者であったため，その重要性を認識する所となり，直ちに小熊吉蔵に連絡され，小熊が東京帝国大学人類学教室の坪井に打電して，再び柴田常恵が派遣され，調査の実施となった．柴田は前年，大堀（上野(うわの)遺跡）における土器の調査も行なっており[20]，当地方における調査がすでに定例ともなっていた．九条塚古墳については，後の『君津郡誌』の中でやや詳しい記述がなされてはいるものの，柴田の手によって報文がまとめられることは遂になく，内裏塚古墳以上に今日まで不明点を多く残すこととなってしまった.

明治45年頃には，木更津の酒盛塚古墳が土砂採取のために削られ，石槨が露呈している．土器・鏡・刀剣・甲冑の類が出土したといわれるが，詳細については明らかでない[☆13].

以上のように，明治時代後半になると，当地方においても学術目的による発掘が少しずつ行なわれるようになってきたが，その報告が公にされたのは内裏塚古墳など一部のものに限られ，中には発掘したことによって遺物の散逸を招く結果となってしまったものもある．しかしながら，偶然的な経緯によって発掘された古墳も含め，明治時代におけるいくつかの古墳発掘を通して，当地方に古墳が多く，しかも優れた内容の遺物を有するものがあるということが，次第に学会の中で認識されるようになってきた意義は大きいといえるだろう.

3　大正期の古墳調査

大正時代の期間には，当地方で古墳の発掘された記録がないが，いくつかの関連事項を挙げることができる.

まず大正4（1915）年には，内裏塚古墳群中の内裏塚・九条塚・白姫塚・森山塚の4基の古墳に，県費補助により石碑が建てられた．内裏塚の碑には「旧領主保科正貞十一代之後裔正昭書」と記されており，古墳とともに旧領主・保科氏をも顕彰する内容となっている．建碑に際しては，石室構築材の一部とみられる海蝕砂岩が台石に使用されている.

大正8（1919）年には，史蹟名勝天然紀念物保存法が制定され，明治30（1897）年に制定されていた古社寺保存法に加え，考古学的遺跡に対しても正式に保存措置が図られることとなった.

大正10（1921）年，歴史学者の喜田貞吉によって「上総飯野の内裏塚と須恵国造」[21]と題する記念すべき論文が発表された．喜田は小熊吉蔵の案内によって内裏塚を視察し，その出土品も実見した後，この稿を草している．喜田はまず論文の冒頭において国造の性格を明確に規定している．「国造とはいうまでもなく其の地土着の豪族で，祖孫世襲して其の地方を領し，当初は小独立国王の状を呈し，皇化の布及と共に朝廷に仕えて本領の安堵を得，依然私地私民を領して封建時代の大名の如きものであったのである」．次に喜田は，九条塚・三条塚・古塚・ワラビ塚・割見塚・白姫塚・守山塚など，これまでの資料に現われて来なかった多くの古墳名を挙げて古墳群を説明し，「蓋し古えの須恵国造家関係のものが多いであろう」としている．さらに喜田は柴田が単に「石槨」として報告していた内裏塚古墳の石室を縦穴式壙（竪穴式石室）と認定した上で，2個の石室が墳丘の中央線を避けて左右均等な位置にあることに注目し，本来両石室の中間に主となる別の施設の存在した可能性を指摘した．そして「塚や壙の大きな割合に遺品の甚しく貧弱なのは，其れが主壙でなくして，後の陪葬せられたものであることの傍証ともなる」と考定した．また内裏塚の築造年代については，推古朝以前という柴田の説を否定し，近畿地方において前方後円式の帝王陵が盛んに行なわれたのと同時代のものであろうと述べ，さらに論を進めて，東国に国造が設置された成務朝に，初代の須恵国造である大布日意彌命のために営まれた墳墓であろうと結論づけている．喜田の考察は，一墳合葬の問題や副葬品の問題，さらには国造勢力の衰退の問題など多岐にわたる論証によって導かれており，とくに畿内と東国で古墳の築造年代に必ずしも大きな時間差を認める必要がないことを示唆している点など，今日でも一つの学説として十分に通用する卓見であったということができる．

大正13（1924）年には，内裏塚古墳群中の割見塚・稲荷塚の2古墳が，先に施行された史蹟名勝天然記念物保存法によって史跡仮指定の措置を受けている[22]．内裏塚古墳すら史跡となっていない段階で，何ゆえに上記の2古墳がその適用を受けたかといえば，墳形が当時の認識としては珍しい方墳であったことが主な理由だったようであり，その後の方墳の事例増加に伴って，結局本指定となるまでには至らなかった．終戦後まもなくの稲荷塚古墳の消滅を考えると，君津地方で真っ先に史跡指定の対象となった古墳であるだけに，惜しんでも余りあるものがある．

以上のように，大正期には内裏塚古墳群を中心とするいくつかの出来事があったが，末年の大正15（1926）年に至って木更津の古墳に関する一つの報告が発表された．森本六爾による「直弧文を有する石製刀子」と題する一文である[23]．これは高柳銚子塚古墳から出土したとみられる石製模造品を紹介したものであり，出土地については「長州塚」と伝えられていた．森本の報告は遺物の紹介に始終し，出土古墳についての追求がなされることはなかった．銚子塚古墳はその後程なくして，史蹟名勝天然記念物調査報告に掲載されることになったが，残念なことにその報告の中でも銚子塚古墳と森本の紹介した資料が直接結びつけられることはなかった[24]．もしこの時期に遺物の出土した経緯が探究されていれば，銚子塚古墳について今少しの情報を後に伝えることができていたかもしれない．

4　昭和初年～10年代の古墳調査

大正年間は記録の上で古墳発掘の空白期間であったが，昭和に入ってまもなく，いくつかの重要古墳の発掘が相次いで行なわれることになる．昭和初期～10年代の調査は，明治時代末期に引き続いて，地元郷土史家・小熊吉蔵を中心に実施されていったといっても過言ではない．

昭和の古墳発掘の嚆矢となったのは，内裏塚古墳群中の前方後円墳である西原古墳の調査である．この古墳は大正４（1915）年の鉄道敷設によってすでに前方部墳丘が切断されていたが，山林となっていた墳丘部分が開墾されるに及び，横穴式石室が露出し，急遽実地調査となった．実地調査は昭和２（1927）年１月，小熊吉蔵が東京帝国大学の柴田常恵に連絡し，さらに千葉県史跡調査委員であった富田政夫らも参加して行なわれた．内裏塚古墳発掘以来の小熊・柴田のネットワークがこの時も発揮され，貴重な記録を研究史上にとどめることとなった．なお大正８（1919）年に施行された史蹟名勝天然紀念物保存法に基づき，この時期すでに各都道府県単位に史蹟調査委員がおかれており，年度毎に報告書が刊行される制度が整っていた．当古墳の調査報告も県史蹟調査委員による報告と，柴田による雑誌上への報告の２者があり，前者は西原古墳，後者は平塚古墳という異なる名称を採用しているが，いずれも当地域の古墳としては初めて，図・写真を交えた詳細な報文が作成されたことは意義深いことであったといわねばならない．なお柴田報文の「平塚」という名称は墳丘が低かったことに由来する地元民の呼称であったとされるが，中形前方後円墳の墳丘外観を復原する上で興味深いデータの一つといえる．

昭和２年に行なわれたもう一つの重要調査として弁天山古墳の発掘が挙げられる．当古墳は明治元（1968）年，墳丘西側が小久保藩主田沼家の邸宅となり，藩校・盈進館（後の小久保小学校，大貫小学校）建設に伴って墳丘の一部が削られたほか，大正４年の鉄道敷設に際しても後円部北東側が削られていた．その後小学校の校地を埋立するために後円部頂を一部取り崩した所，竪穴式石室が露出し，これが内務省に報告されて調査の実施となった．調査には内務省の柴田常恵・上田三平，県史蹟調査委員高野松次郎・富田政夫とともに小熊吉蔵も立ち会っている．この調査では石室の作図が行なわれたほか，石室内に残存した刀剣破片・鹿角装刀子・鉄鏃などが回収されている．なお当古墳については昭和４（1929）年に再度文部省の古谷清・上田三平による実地調査が行なわれ，同年，当地域の古墳としては初の国史蹟に指定されている．

なお昭和２年は，明治・大正期までの考古学的研究の集大成ともいえる『千葉県君津郡郡誌』が刊行された年でもある．編纂事業開始以来，委員を勤めていた小熊吉蔵は，刊行を待たずしてその任を辞しており，先史・原史時代の記述は谷中国樹によりそのすべてがなされることとなったが，『郡誌』の記述の基礎資料となった『飯野村誌』の執筆など，『郡誌』の内容の充実に果たした小熊の役割は大きかったと考えられる．

翌昭和３（1928）年には，木更津・長須賀丸山古墳の調査が行なわれている．この調査も宅地拡張の際に横穴式石室が露出したのを契機として実施されたもので，大場磐雄・谷木光之助および千葉県史蹟調査委員らが関与している．この古墳の調査報告についても，西原古墳の場合と同様，県報告と谷木の個人報文の２者があり，両報文で古墳の名称や記述内容に相違が認められる．

また調査時期の詳細は明らかでないが，小熊吉蔵が小山野・大山野地区（現君津市）の横穴群を踏査して合計31基の横穴の詳細な見取り図を残しており，昭和４（1929）年７月に周南（すなみ）小学校において横穴古墳についての講演を行なっている．

昭和７（1932）年には，内裏塚古墳群中の向原古墳がやはり開墾による石室露出に伴って調査され，帝室博物館の高橋勇，県史蹟調査委員・富田政夫らが立ち合っている．その調査報告は，後に帝室博物館の『古墳発掘品調査報告』に掲載されたほか，その石室がＬ字形（鍵形）の形態であることに注目して後藤守一が小文を草している[25)]．

昭和 8（1933）年には，当時「二子塚」の名で呼ばれていた金鈴塚古墳の石室羨道部が里道工事の際に破壊され，金銅製飾履等の遺物が出土した．これについては柴田常恵が自らの野帳の中にその記録をとどめており，後に椙山林継によってその記録が公表されている[26)]．

昭和 13（1938）年 7 月には木更津と青堀の 2 か所で重要古墳が発掘されている．木更津での調査は，産業組合君津病院の拡張工事に伴って石室が露出した松面古墳（元新地古墳）であり，当時折しも低地遺跡として名高い菅生遺跡を調査中であった大場磐雄・乙益重隆らによる緊急調査が行なわれている．金銅製双魚佩が出土したことで著名な古墳であるが，報文という形でその調査成果が公にされることはなかった．ただしその概略は大場磐雄の回顧録である『楽石雑筆』（巻十六）ならびに第二次大戦中に上梓された『日本古文化序説』に記されているほか，後に発表された乙益重隆の論文「双魚袋考」にも記述されている[27)]．遺物品目・数量等には各資料において相違がみられ，現在東京国立博物館に収蔵される以外にも遺物が存在するようである[☆1)]．

同月には内裏塚古墳群中において，姫塚古墳の発掘が行なわれている．調査は農地造成に伴い小熊吉蔵らによって行なわれた．その後の地割からの判定や航空写真の判読により全長 70m 前後の前方後円墳とされているが，調査当初の墳形や石室構造を含め詳細な記録を欠いている．馬具・鹿角製刀装具・金環等の遺物は昭和 17（1942）年 1 月付けで帝室博物館に買い上げられている[☆15)]．

昭和 14（1939）年には，周西（すさい）の権現塚古墳および木更津の桜井瑠璃光塚古墳の調査が，当時県の史蹟調査委員となっていた小熊吉蔵によって行なわれている．いずれも横穴式石室を有する丘陵上の円墳であり，その調査報告はいずれも雑誌『房総郷土研究』に掲載された．これが小熊吉蔵による事実上最後の発掘調査となった．瑠璃光塚古墳の報文の末尾には，小熊が白内障に罹り書見執筆等が不自由になったため，東光院僧正に援助を受けた旨が記されている．

以後，時代は戦時体制下に突入し，戦後に至るまで古墳発掘の記録はない．昭和の初めから 10 年代にわたるこの時期の古墳調査は，そのほとんどが開発・破壊に伴って事後処理的に実施されている事実に注目したい．これは明治期における，少なからず能動的意図に基づく一連の古墳発掘とは著しい違いを示すといえる．戦後多くなる「記録保存」の先駆けは，すでにこの時期から始まっていたといってもいいのである．

折しも君津郡域として初めて木更津市が市制施行された昭和 17（1942）年，当地方の考古学的研究に先鞭をつけた小熊吉蔵が他界した．享年 77 歳であった．明治～戦前の古墳研究は内裏塚古墳の発掘以来，常にこの人物と歩みを共にしてきたといっても過言ではなかった．

5　昭和 20 年代の古墳調査

戦後，皇国史観の抑圧から解放された考古学会では，科学的方法論によって原始・古代の歴史像を打ち立てようとする気運が高まり，登呂遺跡や岩宿遺跡に代表される学術目的に根ざした遺跡発掘がにわかに盛んになった．当地域においても，昭和 23 年に行なわれた菅生遺跡の第 2 次調査など，組織的な発掘が早々に開始された．

戦後最初の古墳調査となったのは，昭和 24（1949）年に行なわれた富岡村・下郡所在の前方後円墳の調査である．調査は菅生遺跡の調査を担当していた大場磐雄ならびに國學院大學助手小出義治・亀井正道らによって行なわれた．調査の動機は明らかではないが，富岡村長からの依頼によって行なったとされる．長軸 60 m の前方後円墳で，後円部から直刀・刀子・鉄鏃・環状鏡板付轡などが出土した．その概要は『日本考古学年報』に数行で報告されたのみであったが，後になって『木更津市史富来田編』（昭和 57 年刊）に墳丘や遺物の原図が公表された．その図と報文の記述の対比を行なう限りでは，長軸 60 m という規模および墳形にはやや問題があるようにみえる．

戦後の古墳調査で，何といっても画期的な成果を挙げたのは，昭和 25（1950）年に行なわれた金鈴塚古墳の調査である．調査の発端は，県史蹟調査委員であった地元在住の宮本寿吉が，当時かなり崩壊が進み石室の一部が露出していた当古墳の現状をみて，県教委に発掘の必要を申し出，これが受け入れられて調査団が結成された．調査は当初 4，5 日の予定で計画されたが，石材が予想以上に巨大で天井部が崩壊しているなどの危険も伴っていたため，4 月中旬の 5 日間で 1 回目の調査を打ち切り，調査団を再編成して 7 月下旬の 7 日間に再度調査を行なった．調査は早稲田大学の滝口宏を調査主任とし，宮本寿吉と県教委の平野元三郎がそれぞれ渉外主任，運営主任となって，武田宗久，玉口時雄以下早稲田大学考古学研究室のメンバー，木更津第一・第二高等学校生徒らの参加により行なわれている．それにしても実働わずか 12 日間であれ程の内容をもつ古墳の調査が行なわれたことは，今日から考えれば驚異にも等しいことである．発掘調査とはその遺跡の保有している内容には関わりなく，その実施の時期は偶然的要因によって決まる場合が多い．この古墳がもし，明治時代頃に発かれていたとすれば，さしたる記録も残されないまま遺物も散逸していたかもしれない．またそれが現在行なわれたとすれば，藤ノ木古墳に匹敵するような大掛かりな調査を要していたことであろう．いずれにしろ，昭和 25 年という時期に当古墳が発掘されたことは学史上に大きな意味をもつものと考える[☆3)]．

昭和 26（1951）年には，内裏塚古墳群中の一円墳・西谷（にしや）古墳の学術調査が，早稲田大学考古学研究室の玉口時雄らを中心に行なわれた．内裏塚古墳群で横穴式石室の展開図が作成されたのは，この調査が初めてである．この調査はその後早稲田大学によって行なわれる一連の内裏塚古墳群の調査の先駆けとなるものであった．

昭和 27・28（1952・1953）年には横穴の調査が相次いで行なわれている．船の線刻壁画が発見されたことで注目された大満横穴群の発掘は東京大学の酒詰仲男を中心に，岡田茂弘ら学習院高等科史学部の生徒によって行なわれている．また大貫地区・高根横穴群の調査は，中嶋清一を中心に地元天羽高等学校の生徒らが参加して行なわれた．木更津では，県道工事に伴う太田・西谷横穴群の調査が木更津第一高校生徒らにより実施された．昭和 28 年の武田宗久らによる大貫・

鎌田横穴群の調査では，横穴ながら金銅製馬具類・金銅製鍔付の大刀・鉾・刀子・鉄鏃等多数の遺物が出土したことが注目されるが，残念ながらその詳細な報告はなされないままとなった．

このように戦後になると，話題を呼んだ登呂遺跡等の発掘の影響も受けて，より組織的な調査が行なわれるようになり，戦前の地元人夫の協力を得て行なわれた発掘に比べれば，格段にその技術は向上し，実測による図面化も定着した．調査の主体者が郷土史家や国・県派遣の調査官から大学主体へと移行し，大学生や高校生といった若い世代が積極的に調査に参加するようになった．しかし古墳調査の主要な目的が内部施設の発掘のみに偏っているという傾向は，戦前の体質と大きく変わるものではなく，また学術調査が盛んになったことと反比例して，詳細な報文の作成が，重要遺跡を除いてはややおざなりにされていた傾向も否めない．個々の遺跡や遺物の評価が全国的にも地域的にもまだ十分に定まっていなかった段階での一つの限界性ともいい得るだろうか．

6　昭和30年代の古墳調査

続いて昭和30年代に入ると，造成事業に先立つ調査が1，2みられるようになるが，その多くがなお学術調査であることに変化はなかった．

昭和31（1956）年には，県道土砂採取工事に伴う矢那・大原古墳の緊急調査が対馬郁夫を中心に木更津高校生徒らの手によってなされた．全国的にも稀有な「二環鈴」の出土した古墳である．

昭和34（1959）年には，富士見台貝塚の調査に関連して富士見台1号墳の発掘が行なわれた．貝塚の高まりを再利用して構築された古墳であったが，埋葬施設等は検出されなかったようである[28]．

昭和37（1962）年には八幡製鉄所の社宅造成に先立って，平野元三郎らにより大和田・虫神古墳が発掘され，T字形横穴式石室が確認された．同年，同じく平野と滝口宏により，線刻文字をもつ絹根方の横穴が調査された．この時期，平野・滝口は千葉県下の古墳・歴史時代関係の遺跡調査の中心的存在となっており，多くの概説書・啓蒙書の執筆も手掛けている[29]．

昭和39（1964）年には，早稲田大学の春季休業中の考古学実習を兼ねて，中村恵次・市毛勲らを中心に内裏塚古墳群中の割見塚古墳・八丁塚古墳の発掘調査が行なわれている．いずれも横穴式石室を中心とした調査であり，その調査成果は，その後の中村恵次による一連の横穴式石室研究に反映されてゆく．なお同年には，坂井利明を代表とする東京都文京区の本郷高校により，内裏塚古墳の埴輪列の調査も行なわれている[30]．

なお，早稲田大学の調査に先立つ昭和38（1963）年に，甘粕健による「内裏塚古墳群の歴史的意義」と題する論文が発表されている[31]．この論文は，群中の各古墳の綿密な踏査と資料調査に基づくデータを基礎として，支群構成，研究史，前方後円墳の編年，国造制との関連，大和政権の東国経営の問題等につき，総合的な評価を与えたものであり，内裏塚古墳群のみならず，その後の関東地方の古墳研究に一つの指標を与える論稿として，今なおその価値は大きい．この論文の成果は，その後刊行された『日本の考古学Ⅳ（古墳時代・上)』(昭和41年）にも発展的に継承され，「ヒエラルキー」や「ヘゲモニー」といった斬新な用語・概念によって関東地方の古墳時代社会を明解に論じせしめている．ちなみに「内裏塚古墳群」という名称も，従来の「飯野古墳群」に代え，甘粕によってはじめて使用されたものである．

7　昭和40年代の古墳調査

昭和41（1966）年には，早稲田大学による一連の内裏塚古墳群調査（調査者は富津古墳群と呼称）の一つとして，小形前方後円墳・蕨塚古墳の発掘調査が行なわれている．当初は稲荷山古墳の調査が計画されていたといい，地権者の許可が得られないために，急遽当古墳の調査に変更されたという．その結果，先に提出した届との整合を期すため，当初の報告では「稲荷塚古墳」という身代わり的名称が付されることとなった．それはともかくとして，40年代初めに調査された当古墳を最後に，学術調査という形で古墳の発掘がなされることは久しくなくなった．その後史跡指定のための確認調査は2，3あったものの，昭和58（1983）年の森山塚古墳の調査まで，調査後の破壊を前提としない内部施設の発掘は行なわれていない．

昭和40年代は，全国的な高度成長の趨勢の中，当地方にとっても，これまでにない急速な開発の波が押し寄せた時期であった．海岸部の埋立て工事と大手企業による社宅造成，房総西線の電化と各幹線道路網の整備，大規模区画整理事業の実施，相次ぐ町村合併と君津市・富津市の市制施行など，現在の当地方の都市計画の基盤はほとんどこの時期に出来上がったといってもいい．そのような情勢の中にあって，分布調査等，遺跡の周知事業そのものが開発の速度に追いつかず，造成開始後に所在が発覚して緊急調査される遺跡，調査が行なえずに消滅してゆく遺跡，あるいは遺跡の有無が全く未確認のままに造成される区域が後を絶たなかった．

宅地造成等による遺跡破壊が最も著しい規模であったと考えられるのは，現在君津市街となっている地域である．古墳の調査は，昭和42年，貯水池造成に伴う水道山古墳の調査（丸子亘ら調査）と工場造成に伴う八重原古墳群の調査（杉山晋作ら調査）を皮切りとして，昭和44年の馬門（まど）古墳，昭和45年の納戸山寺山横穴群・寺山古墳，昭和46年の花里山横穴群，昭和47年の杢師古墳ほか1基，昭和48年の下迫古墳・子安坂古墳・南子安古墳・東仲田古墳・北子安堀込古墳，昭和49年の宇曽貝古墳群，昭和50年の元秋葉台32号墳とほぼ毎年行なわれている．昭和44年以降の調査の大半は天羽高校教諭・野中徹を中心に同校郷土研究部の生徒らによって行なわれたものである．これらの調査の多くは春・夏・冬期休業を利用して平均1週間前後の短期間のうちに行なわれたものであり，現在の水準からみれば内容的に不十分な点もあるが，限られた時間と条件の下で，可能な限りの記録が残され，そして半数以上の報告書が刊行されていることは大きく評価すべきであろう．ただ発掘調査を経ずして消滅してしまった古墳も数多く，大形円墳であったとされる北子安の天神山古墳，八重原の下新田古墳群など枚挙に暇がない．包蔵地・集落遺跡等の消滅件数に至ってはさらに甚大なものであったと推察される．

内裏塚古墳群の調査も，この期間にいくつかの古墳について行なわれている．昭和41年の蕨塚古墳に続いて，昭和43（1968）年には古山古墳の調査が同じく早稲田大学考古学研究室により実施されたが，それまでの調査とは異なって社宅造成に先立つ記録保存の調査であった．また同年には，野中徹らの立会いにより，宅地造成に伴う野々間古墳の緊急調査も行なわれている．緑釉新羅焼壺等の出土した終末期古墳であり，石室実測図を作成する余裕のなかったことが惜しまれる．当古墳の遺物については，後年石井則孝によって注意され，図化・検討が行なわれている．その後昭和49（1974）年には，大堀地区の区画整理に先立って，杉山晋作・安藤鴻基らにより丸塚古墳の発掘ならびに西原古墳の周溝調査が実施されている．

木更津地域では，昭和42（1967）年，清見台地区の造成に先立って清見台古墳群の調査が実施されている．調査時の確認総数22基以上であったが，実際に発掘された古墳は9基にとどまり，分布調査も徹底されぬまま多数の古墳が消滅した．明治期の発掘以来，墳丘が残存していた祇園の鶴巻塚古墳もこの頃に削平されている．昭和48（1973）年には，周囲の土取り工事で土砂崩れの危機に瀕した手古塚古墳が調査され，仿製三角縁神獣鏡の出土など多大な成果を挙げた．同年には，やはり造成工事中に発見された畑沢埴輪窯址の調査も行なわれ，翌昭和49（1974）年には清見台区画整理区域内の清水谷古墳が調査されている．これら木更津市内の古墳調査はいずれも，中村恵次・杉山晋作・安藤鴻基ら早稲田大学の関係者によって行なわれている．

突然のオイルショックによって世間が騒然としていた昭和48年暮，千葉県都市公社により，請西（じょうざい）遺跡群の予備調査が開始された．この調査を皮切りに，いよいよ当地方も昭和50年代の大規模調査の時代へと突入してゆくこととなる．

昭和40年代における当地方の古墳調査は，早稲田大学関係者による調査と，野中徹を中心とする天羽高校による調査という二つの大きな潮流に大別されるといってもよい．いずれの場合もそのほとんどが破壊を前提とする記録保存の調査であり，この時期からこの種の調査が半ば当然の処置として行なわれ，定着するようになった．しかしその調査規模は多くの場合1基ないし数基の古墳を対象とした小規模なものであり，今日からみればきわめて短期間のうちに実施されている．この当時にはまだ，常時調査に専従できるような組織がなかったことから，大規模造成といえども，開発事業地内のすべての遺跡の調査まで手に負える状況ではなかったというのが実情であろう．その影に あって何ら処置の下されないまま煙滅した遺跡・古墳の多数あったことも忘れてはならない．昭和43（1968）年，木更津市桜井における君津中央病院建設工事の際に，前方後円墳を含む十数基の古墳群が未調査のまま削平され，新聞報道されるという一件もあった[32)]．また，この時期にはようやく周溝についてのトレンチ調査も実施されるようになってきたものの，墳丘・周溝を全掘した例は未だ皆無に等しい状態であった．

なお40年代には，『千葉県史料原始古代編・上総国』（昭和42年）が刊行され，千葉県下の遺跡調査の主導的立場にあった滝口宏によって，それまでの古墳の調査成果がまとめられたほか，『木更津市史』（昭和47年）では高崎繁雄により過去の調査資料の詳細な集成がなされ，また『千葉県君津郡君津町誌・後編』（昭和48年）でも古墳分布図や未報告遺跡の概要が収録されるなど，基礎的資料の蓄積がなされた．川戸彰により小熊吉蔵の事跡がまとめられたことも忘れられぬ仕事である[33)]．また，過去に出土した遺物の再検討作業として，村井嵓雄による祇園大塚山古墳出土遺物の研究[34)]，杉山晋作による塚の越古墳の遺物の紹介など[35)]があり，論文では中村恵次が横穴式石室について，当地域の事例を多く取り上げ，平面形・構築位置等に着目した分類，複室構造の問題，房総の横穴式石室の特質について論じている[36)]．

この時期に調査された古墳の報告書は全体的に停滞しており，簡略な報文のみで未だに正式報告がないもの，概要報告すら全くないものが目立つ．調査体制が充分確立していなかった時期のことであり，報告にあたっては予算的な面，成果公表の権限の面，資料散逸の問題等において諸種の事情があることとは思うが，調査からすでに20余年を経過していることでもあり，事実が永遠の迷宮入りとなってしまう前に関係者による善処が図られることを願いたい．

8　昭和50年代前半の古墳調査

昭和50年代は，請西古墳群の調査とともに幕を開けたともいっていい．國學院大學の椙山林継を調査主任とし，荒木誠・鈴木容子・浅野雅則ら木更津市教育委員会の職員を調査員として昭和49年夏から本格的に開始された請西古墳群の調査では，低墳丘をもつ方墳の調査など，早くも新しい問題に直面することとなった．これらの方墳は，庚申塚・山伏作・大山台（おおさんだい）の各支群において検出されたが，とくに庚申塚1号墳に伴う土器は，弥生後期・久ケ原式の範疇でとらえ得るものであり，かつ副葬品として複数種の玉類がみられるという，従来知られていた方形周溝墓の様相とは一線を画すかのような内容であった．調査主任の椙山は，方形周溝墓ならびに通常の古墳と区別するため，これらの墳墓に対して「方形墳」という独自の名称を与え，報告書をまとめる段階でも別章で扱うと同時に，「方形墳」設定の経緯について詳細な考察を述べている[37)]．この低墳丘方形墓は，弥生社会から古墳社会への過渡期の地域集団の墓制として，その後今日に至るまで多くの事例を加え，当地域の主要な研究課題の一つとなってゆく．

請西古墳群（遺跡群）の調査は昭和51年度一杯まで断続的に行なわれ，方形墳のほかにも後期の円墳群や前方後円墳，切石積石室をもつ終末期方墳，横穴群など多様な内容の古墳調査を経て，昭和52年3月付けの厚い報告書にまとめられた．この報告書には，時間的関係で掲載されなかった調査古墳もいくつかあったが，当地方において，同一丘陵上の古墳がこれだけまとまって調査され，一書にまとめられたのは初めてのことであり，細部の問題を捨象してその成果は大きなものであったといわなければならない．請西の調査をめぐる様々な葛藤や苦心は，「あまり手際の良い調査ではなかった．報告書もどうにかやっと完成させた状況である。」という書き出しで始まる椙山の「あとがき」の文章の中に忌憚なく書き記されている．請西の区画整理事業は，オイルショック後の景気低迷によって中断され，約10年後の事業再開まで調査途中の遺跡は再び草藪の中に埋れることとなる．

このほか木更津市域では，昭和50年に請西とは地点が異なる「請西台」古墳群の調査，昭和

50年と53年に中尾横穴の調査，昭和51年に矢畑1号墳，昭和53年に順礼海道古墳，昭和54年に北谷古墳と鳥越古墳，昭和56年に高千穂7号墳といった古墳調査が実施されている．このうち請西台古墳群・中尾横穴（50年）・順礼海道古墳・北谷古墳（田川遺跡群）の調査は，東京文化史学会・日本考古学研究所といった民間の調査団体や地域外の担当者に委託して行なわれたものである．上記の調査のうち，椙山林継が担当した鳥越古墳は，小規模前方後方墳で方格規矩鏡・石臼・石杵などが出土し，当地域の前期古墳に新たな一例を追加する内容であった．

昭和50年代には，それまで古墳の調査事例がほとんどなかった袖ケ浦町域においても，古墳調査が行なわれるようになった．昭和50（1975）年には，旧平川町にあたる町東部の大竹地区においてゴルフ場造成が計画され，対馬郁夫らにより分布・確認調査が実施された．その一環として多数の古墳のうちの1基（12号墳）が調査され，古式須恵器等の出土をみた．しかしこの造成計画もまた中止を余儀なくされ，10余年後に大規模調査が再開されることとなる．

同年には，団地造成に先立ち，岩井地区の山王辺田古墳群が調査されている．調査担当者は常陸考古学研究所の伊東重敏らであり，前期の前方後方墳や方墳などが数か所にまとまって検出されている．調査後，同研究所の雑誌『ひだみち』に集落調査の成果が一部掲載されたが，それを最後に報告は断絶しており，依然として詳細な調査内容は不明のままとなっている☆17)．

袖ケ浦町域では，昭和49年度に実施された遺跡分布調査を皮切りとして，東洋大学考古学研究会のメンバーを中心とした古墳の測量・確認調査の成果が積み重ねられてゆく．昭和51年には墓山古墳群の測量，昭和52年には下根岸古墳群の測量，昭和53年には保存を前提としたお紬塚古墳の周溝・埴輪列確認調査，昭和55年には率土神社南古墳の測量が行なわれ，その一連の成果は同町域における周知事業の徹底と遺跡保存に大きな役割を果たしている．また，鬼塚古墳群（昭和54年），鼻欠古墳群（昭和55年）など開発に先行するいくつかの古墳調査も，同研究会のメンバーを主力として実施されている．とくに鼻欠古墳群の調査においては，当時千葉県内でまだ慣例化していなかった一般市民向けの現地説明会が開かれたことも特記されよう．

君津市域では，昭和50・51年に前方後方墳・道祖神裏古墳の測量・確認調査が明治大学によって行なわれ，小糸川流域では稀少な前期大形古墳としての重要性が認識された．また野中徹ら天羽高校郷土研究部は昭和52年に内蓑輪前方後円墳（星谷上古墳）の墳丘測量を行なっている．君津市域における野中らの調査としては，保存を前提とする稀な例であったが，この古墳は後年皮肉にも記録保存調査の対象となった．このほか君津市内では昭和53年に国道拡幅工事に伴う東山古墳群の調査，昭和56年に土砂採取に伴う白駒古墳群の調査が行なわれている．

富津市域の調査で，まず特記されるのは昭和50年度から4か年計画で実施された弁天山古墳の復元整備事業であり，昭和51年に椙山林継・野中徹らを中心として石室内の清掃調査が行なわれている．この調査により当古墳の実態を知る上で有効な手がかりとなる副葬品残片・埴輪資料が得られ，その成果は既調査報告をも収録した詳細な報告書にまとめられている．

また富津市域ではこの時期に横穴群の調査が目だって多く行なわれている．昭和51年の西山横穴群，昭和52年の神宿横穴群，昭和54年の山岸横穴群・向原横穴群などであり，これらの調査は野中徹を中心として，天羽高校のOBやその友人，現役の高校生を混えて行なわれ，高校生が主体であった40年代に比べてその層は広がっていた．これらの調査はいずれも土砂採取や学校造成等に伴う記録保存調査であったが，発掘調査と並行して周辺の横穴群の分布調査・実測調査も精力的に進められ，西山横穴群の報告書などにその総合的調査の成果が結実されている．後に君津郡市文化財センターで活躍することになる牛房茂行はこれらの横穴の調査成果の集成に努め，横穴の形態分類を試みている．

古墳の調査としては，横穴群の上に載る墳丘群として特殊な性格が注意された向原古墳群の調査が昭和55年に行なわれたが，みるべき遺物がなく，古墳かどうかも判定し得なかった．一方内裏塚古墳群内では，君津郡市文化財センター発足直前の昭和56年に上野塚古墳・新割古墳の2基が椙山林継らを中心に実施された．上野塚古墳はかつて甘粕健が「青堀駅前古墳」として最初に認知した古墳であったが，調査の結果帆立貝形前方後円墳と判明し，S字状口縁甕などの出土から，築造時期も内裏塚古墳より遡るのではないかという見解が提示された．この点については，後の周溝調査で多少の修正が加えられることになる．また新割古墳については造り出しを有する群中では大形の円墳と判明し，横穴式石室墳の詳細な調査例が追加された．

以上，50年代前半（56年まで）の古墳調査は，40年代からの延長的部分を残しながらも，請西古墳群に代表される調査の大規模化，そして調査期間や人員の面における調査内容の充実が次第に図られていった時期といえる．この時期の調査には，野中徹を中心とする天羽高校卒業生と生徒，及び東洋大学考古学研究会のメンバーが主要な役割を果たし，この二つのグループは相互に重複した関係を保って，一連の調査が行なわれている．一方，専門職員のいた木更津市においては，教育委員会を中核とする調査会形式の発掘が軌道に乗り，それで対処し切れない部分を外部の調査団体等に委託するという在り方で，増加する遺跡調査をこなしていった．

研究面では，昭和51（1976）年に杉山晋作による「房総における古墳の変革」と題する論文が発表され，請西古墳群で明らかになりつつあった前期の小規模古墳の問題や，この段階で判明していた県内の古墳の知見を縦横に駆使して，古墳時代各段階を通じての被葬者の性格に関する問題点が的確に整理された[38]．このほか杉山は内裏塚古墳群の再検討にも着手したが，未完に終わっている[39]．また石井則孝は未公表であった野々間古墳の遺物の整理と検討を行なった[40]．田中新史は房総の短甲出土古墳の様相をまとめ，その被葬者の性格を論じるとともに，短甲の構造的な分析も詳細に行ない，当地方の古墳研究にとって指針となる多くの予察を述べた[41]．椙山林継は高柳銚子塚古墳出土と伝えられる石製模造品の再検討を行ない，合わせて同古墳の長持形石棺材についても報告した[42]．また椙山を中心に木更津古代史の会が結成され，会誌『宇麻具多』の中で柴田常恵野帳の紹介などがなされた[43]．昭和57年3月に刊行された『富津市史・通史』においては椙山林継・野中徹により富津市内の古墳・横穴群の調査成果の集成がなされた．

この時期になると，大半の調査古墳の報告書が滞りなく刊行されるようになったことが特筆される．昭和50年には千葉県文化財センターも発足し，県全体の調査概要を収録した『千葉県埋蔵文化財調査抄報』が年度毎に発行されるようになるなど，県文化課を中心に遺跡調査体制が次第に整備されていきつつあった．私見では，千葉県における埋蔵文化財保護行政はある面でこの時期に最も高揚していたのではないかと推察される．そして昭和55・56年頃をピークに「遺跡保存」という一つの理想像に対する絶対的価値観が少しずつ揺らぎ始め，それは開発の激化，調査の合理化とも連動して，保存対象遺跡の選別と限定，現実対応型の文化財行政へと緩やかに形を変えていったのではないかと感じられる．

9　君津郡市文化財センター設立以降の古墳調査

昭和57（1982）年4月，君津地方3市1町の出資により，千葉県初の広域市町村圏による調査組織として，財団法人君津郡市文化財センターが設立された．以後の古墳調査は，一部を除いてそのほとんどが同センターによって行なわれることになる．昭和50年代末から昭和60年代を経て平成に至るまで，古墳の調査例は調査面積の大規模化とあいまって急増の一途をたどる．以下，年度を追ってその主要な流れをたどってみたい．

昭和57年度　センター設立初年度には，木更津市の塚原古墳群・高千穂古墳群，および袖ケ浦町の北上原3号墳の測量調査などが行なわれている．塚原古墳群では8基の調査が行なわれ，6世紀後半期の円墳が主体を占めたが，砂岩刳抜き組合せ式の箱形石棺を有する方墳（5号墳）が1基含まれ，きわめて遺存状態の良い男性人骨が検出されている．高千穂古墳群では円墳2基を調査したが，いずれも埋葬施設・周溝が検出されず，うち1基は自然丘と判断せざるを得なかった．このほか木更津市矢那の花山遺跡では，それまで当地方で調査例が少なかった古墳後期の大規模集落の調査が開始されている．

昭和58年度　当年度には，将来の区画整理計画を前提とした内裏塚古墳群内の確認調査（二間塚遺跡群）が開始されたほか，センターでは木更津市祝崎古墳群・塚原7号墳，君津市戸崎1号墳・星谷上古墳・野馬木戸古墳群，袖ケ浦町境遺跡での円墳周溝の調査などが行なわれた．またセンター以外による調査として，國學院大學による森山塚古墳の調査，木更津市教委による高部古墳群の調査が実施されている．

内裏塚古墳群内の確認調査では，割見塚古墳の大規模な二重周溝の存在が確認されたこと，内裏塚古墳においては逆に二重周溝の存在が否認されたこと，古墳群中央部の低地帯には集落等の生活遺構が見当たらないことなどが主要な成果として挙げられる．また國學院大學による森山塚古墳の学術調査では，羨道と玄室に著しい段差をもつ切石積石室の存在が明らかにされた．

また奇しくも同一年度内に調査された塚原7号墳・戸崎1号墳・星谷上古墳の3基の前方後円墳は，その規模も40m級でほぼ等しく，括れ部下に埋没周溝を有する（星谷上古墳について後日判明）という共通性がみられ，以前に調査されていた請西の山伏作1号墳と合わせて，小規模前方後円墳の築造工程・墳形変更・被葬者の性格などの問題を提起する事例となった[44]．

昭和59年度　当年度には，前年度に引き続き内裏塚古墳群内の確認調査が行なわれたほか，木更津市の高千穂古墳群におけるまとまった数の古墳調査，塚原古墳群の調査，また東京電力の鉄塔建設に伴って熊野台・西ノ根谷古墳群といった小櫃川中流地域の古墳調査が行なわれた．また君津市（君津・小糸・清和地区）の遺跡分布調査もこの年度内に実施されている．

内裏塚古墳群内の調査は，二間塚地区に所在する八丁塚・割見塚・蕨塚・内裏塚・野々間・西谷2号・向原・大山・八丁塚南方の無名墳丘の周溝確認および，割見塚・蕨塚についての石室再調査を行ない，さらにこの調査の過程で白姫塚南方古墳ほか新たに確認された古墳がいくつかあった．一方，上記の58・59年度における確認調査と並行して，57～59年度にわたり千葉県教育委員会事業による個々の古墳の墳丘測量が実施されており，これまで単発的に行なわれてきた内裏塚古墳群の調査は，この時期に至って飛躍的に古墳群全体の情報量が充実した．

高千穂古墳群においては，前年までに行なわれた7・11号墳および至近の祝崎古墳群の調査結果から5世紀代に形成された古墳群であることが予想されていたが，当年度に調査された古墳の多くは6世紀後半～7世紀初頭の築造と判明し，同一丘陵上の古墳群の形成に時間的な幅があること，長期継続的な造営を行なっている状況が明らかにされた．熊野台・西ノ根谷両古墳群では，それぞれ5世紀後半代の古墳が調査されている．

昭和60年度　当年度には木更津市小浜遺跡群内の俵ケ谷古墳群，富津市の岩井作横穴群の調査のほか，年度末に君津市（小櫃・上総地区）の遺跡分布調査が行なわれた．

俵ケ谷古墳群では合計7基が調査されたが，うち6基は前期の方墳である．その中で遺存状態の良い4号墳は，低墳丘といえどもかなり明瞭な墳丘を備え，盛土中に2基の埋葬施設を構築し，捩文鏡や多種類の玉類を有するといった内容を備え，請西古墳群で「方形墳」と呼称された一連の墳墓と同様，方形周溝墓とは一線を画し得る要素が看取された．当古墳群を報告した筆者は，①溝による区画から明瞭な墳丘をもたせることへの造墓意識の変化，②墳丘盛土内への木棺の設お，③周溝の全周，④副葬品内容の向上，⑤庄内並行期以降の土器様相といった諸要素を基準として方形周溝墓から方墳への転換の意義を見出そうとしたが[45]，呼称の適否を含めて，これらの基準の妥当性についてはまだその後の調査例から十分な検証がなされるには至っていない．一方，同一古墳群中の7号墳（後期円墳）では，木棺の増設に伴う周溝・墳丘の拡張例が明らかにされた．

岩井作横穴群の調査では，「倭文」の陰刻文字の発見されたことが特筆される．横穴内における陰刻文字については，絹横穴群の「大同元年」「許世」「木」のほか，踏査によりいくつかの横穴で確認されているが，「倭文」は文字の意味するところが明らかな点で貴重な事例の追加となった．横穴については，調査後やむなく破壊されたが，文字部分は切取り保存された．

昭和61年度　当年度には木更津市請西遺跡群・袖ケ浦町大竹遺跡群の確認調査が開始されたほか，木更津市太田山古墳，君津市国光古墳群，富津市富士見台2号墳などの古墳調査が行なわれ，さらに富津市の遺跡分布調査，センター職員有志による君津市飯籠塚古墳の墳丘測量が実施されている．昭和57年度から当年度までは調査件数にもそれほど著しい増加はなかった．

請西遺跡群の確認調査では，地区（支群）ごとに試掘坑を設け，古墳の密度と規模の把握に重点がおかれたが，時間的制約もあってか，事業予定地内における遺跡や古墳分布の広がりの把握が十分になされなかったことが惜しまれる．試験的な意味で1基全掘された東山6号墳は，5世紀後半の築造と判明した．一方，年度末に開始された大竹遺跡群の確認調査では，墳丘を失った古墳周溝の確認が相次いだが，本格的調査は次年度以降にもち越された．

太田山古墳は木更津市街地に残存する数少ない前方後円墳であり，墳丘範囲の確定を主眼とする調査を実施したが，丘陵地で土層の判別が難しく調査範囲も限られたため，必ずしも墳丘形態を明確にし得たとはいえない[46)]．富士見台2号墳は円筒埴輪をもつ5世紀後半代の円墳と判明し，調査例が少なかった湊川流域の古墳様相の一端が判明した．また小櫃川中流域の大規模古墳群である寺沢古墳群中の一支群としてとらえられる国光古墳群では6世紀後半の円墳2基の様相が明らかとなった．この調査と前後して，大古墳群でありながら従来分布図上に載っていなかった寺沢古墳群の分布調査も進められた．

飯籠塚古墳の測量調査は，新発見の100m級前方後円墳であるという重要性から，君津市の遺跡分布調査を自ら担当した調査課長・大原正義の発案により，保存・史跡指定の基礎資料を作成するという目的で61年夏から開始された．調査は毎週日曜日，筆者や大学生であった桐村修司・滝口義規らが専従して行なっていたが，墳丘規模が大きいことと，竹が密集していることなどから思うようにはかどらず，センター職員・大学生・専門学校生・調査補助員など多くの人達から労働力の提供を受けてようやく完成にこぎ着けた[47)]．

昭和62年度　センター創立以来実質上はじめての調査職員増員が図られた当年度には，調査事業数全体の増加とともに古墳調査数も一段と多くなる．袖ケ浦町では大竹遺跡群の二又堀古墳群の本調査，尾畑台・向神納里・内出原古墳群の確認調査がそれぞれ実施され，木更津市では請西の大山台28号墳，小浜の浜ケ谷古墳，宮脇古墳群，四留作Ⅰ-1号墳の調査が，富津市では内裏塚古墳群中の野々間古墳・上野塚古墳の周溝調査が行なわれた．また千葉県教育委員会により三条塚古墳の外周溝の一部確認と君津市八幡神社古墳の周溝調査が実施されている．

大竹・二又堀古墳群では，請西・小浜などで調査されたのと同様の低墳丘をもつ前期方墳数基が発掘されたが，周溝の一隅に陸橋部を有する点や副葬品が少数のガラス玉に限られる点など前代の方形周溝墓的要素をより多くとどめるものであり，同時期・同一系統の墳墓でありながら小地域間での内容の格差が認められること，そのような地域差を超えてなお，明瞭な墳丘の存在や埋葬施設の構築位置といった要素から方形周溝墓と方墳の質的な境界を見出し得るのかどうかなど，新たな問題が提起されることとなった．そのほかの地区では尾畑台で埴輪を有する古墳が確認されたほか，内出原では大竹古墳群中唯一の前方後円墳が確認され，向神納里でも多くの古墳周溝が確認されている．

木更津市の宮脇古墳群では前期末～中期初頭期の方墳1基・円墳1基が調査され，方形周溝墓・低墳丘方墳と変化してきた小地域単位集団による小規模群集型の墓制が円墳に転化する過渡的状況を示すかのなうな事例として注目された．2基の古墳は隣接して築かれ，両者とも割竹形木棺を埋葬施設とし，副葬品の内容からも近接した時期の築造と判定される．古墳の平面形態は一方が隅の丸い方墳であるのに対し，もう一方は一部に直線的部分をとどめた円墳としてとらえられ，方墳から円墳への転換があたかも視覚的に跡付けられるような状況を示す．従来方形周溝墓の延長線上にある墓制と5世紀後半から形成される群集墳的墓制との間には，時間的断絶とともに被葬者の質的相違があるものとする理解[48]が一般的であり，筆者もまた5世紀後半（中葉）以降の古墳被葬者層の拡大と再編という側面を重視して初期群集墳形成の意義を考えようとしていたが[49]，当古墳群の調査によって，方墳から円墳への小規模墓制の連続性の問題を再認識するに至った．ただし5世紀前半（和泉式併行期）における小規模古墳の実態は，その前後の時期に比べてその後明確な調査事例が追加されたとはいい難く，今のところ少なくとも5世紀前半期における小規模古墳の絶対数の減少傾向だけは追認して良いように思われる．

富津市内裏塚古墳群中の野々間古墳の調査では，59年度に確認された二重周溝の実態がより面的な調査で把握され，上野塚古墳の調査では東海系須恵器の出土により，「古墳の規制」が行なわれたとみられる5世紀後半に築造時期が限定されるなどの成果があった．また県教委による三条塚古墳の調査では，部分的調査ながら，二重周溝の存在が確実となるに至った．

測量図作成以来，中期古墳とも後期古墳ともいわれた君津市八幡神社古墳の調査では，後円部周溝の発掘をかなり面的に行なったにもかかわらず，時期を明確に決定し得るような遺物は出土せず，埴輪も有していないと判断されることから，調査者・笹生衛は内裏塚古墳群中の中小規模前方後円墳との平面形態の類似等を根拠として，6世紀後半説を示唆する見解を提示している[50]．ただし当古墳については，80 m級の規模，単独の立地という点になお問題を残している．

昭和63年度　当年度には，袖ケ浦町では大竹古墳群の継続的な調査が実施されたほか，上之山古墳・真里場古墳群の調査と県センターによる滝ノ口向台古墳群の調査が，木更津市では，請西大山台29・30号墳，諏訪谷横穴群，池端古墳，高部27号墳，関田塚古墳群などの調査が，君津市では星谷上古墳・狐山古墳・大井戸八木古墳群の調査が，富津市では内裏塚古墳群中，58・59年度の二間塚地区の確認調査で対象とされた以外の古墳についての範囲確認調査[51]が開始され，当年度には九条塚古墳・亀塚古墳・笹塚1・2号墳の調査が実施されている．

大竹古墳群では，三ツ田台地区の古墳数基が調査され，このうちの13号墳から珠文鏡・須恵器大形𤭯等の出土をみたが，そのほかの調査古墳は概して遺存度が不良であった．向神納里地区では，円筒埴輪をめぐらせ，周溝内に円筒埴輪棺を埋設した大形の円墳（27号墳）が調査されている．円筒埴輪棺の検出は当地域ではこれが初例である．また支谷を隔てて北側の丘陵に所在する下根岸古墳群の一部も事業地に組み込まれており，その南側急斜面から低墳丘の古墳群が新たに確認された．急な傾斜地にも山寄せ式の低墳丘墳が存在するという事実は，その後請西古墳群の調査などにおいても明らかにされている．

ところで，大竹古墳群では広域に及ぶ確認調査によって低墳丘墳を含めた古墳分布の実態がかなり詳細に把握されたが，実際に全掘された古墳はごく一部に限られ，その大半がゴルフ場造成の過程で盛土区域になるという理由から，「盛土保存」の対象となっている．住居址等地表下の遺構群に対してこの種の保存措置が取られることはやむを得ないとしても，地表上に突出した墳丘にまでそれが適用されたことには問題があるとせざるを得ない．中には，尾畑台地区の30号墳のように，高い墳丘と埴輪を有し，墳頂部の乱掘によって鉄鏃が採集されていたような古墳についてまで，何ら調査の手を加えることなく，埋められてしまった事実は見過ごすことができない．墳丘の存在する古墳については，墳丘部分をビニールシートで覆った後客土がなされるという工法が採られたが，実際にはその工事の過程で重機による損傷を受けた墳丘が多かったとも聞いている．このような処置に至るまでには諸種の経緯があったとは思うが，調査期間の短縮と表向きの「保存」の美名の下に，多数の未調査古墳が事実上の改変を受け，今後長期間にわたって調査が不可能な状態となってしまったことは，当地域有数の大規模古墳群の実態に大きな空白部分を生ずる結果となった．古墳の「盛土保存」という異例の処置の実施には，もう少し慎重な対応，事業者の協力を要請する余地があったといえよう．

袖ケ浦町ではこのほか，基底径46 mの造出し付大形円墳とみられる上之山古墳の確認調査が実施されたが，その形態や時期が明確に把握されるには至らなかった．真里場古墳群（向山野遺跡）では墳丘を失った円墳周溝・塚に再利用された円墳が多く検出され，小櫃川北岸台地上における本来の古墳分布密度の高さを類推させる成果を得た[52)]．また県文化財センターにより調査された滝ノ口向台古墳群では前方後方墳・方墳からなる前期古墳の群構成が判明している．

木更津市の古墳調査のうち，池端古墳からは円筒埴輪のほか断面三角形の柱状で綾杉状の線刻文様をもつ異形の器財埴輪が検出された．この埴輪が何を象ったものであるのかは今だに結論をみない．小浜の関田塚1・2号墳は丘陵斜面に築造された山寄せ式の方墳で，切石積石室・箱形石棺が検出され，請西山伏作古墳群に次いで丘陵部における石材使用の終末期古墳の存在が明らかにされた．一方小櫃川中流域の宮脇古墳群では，木棺直葬の終末期方墳数基が検出され，小規模終末期古墳の地域相の一端が認識されるに至った．また請西の諏訪谷横穴群は，天井が尖頭アーチ形の横穴を含み，6世紀後葉を上限とする土師器・須恵器および副葬品が豊富に検出されるなど，当地域の横穴群造営の初現を考えるうえで良好な資料が提示された．

君津市では，58年度に後円部が調査された星谷上古墳の前方部が調査され，埋没周溝と前方部埋葬施設の存在が判明した．狐山古墳は墳丘長57 mを測る小糸川中流域では大形の前方後円墳で，円筒・形象埴輪の存在が確認された．築造時期は6世紀中葉～後葉と判定される．

富津市の内裏塚古墳群の調査では，九条塚古墳の二重周溝が確認され，従来僅少であった埴輪についての資料も得られた．また方墳・亀塚古墳でも予想されていた二重周溝が検出され，石室の部分的な調査もなされた．笹塚1・2号墳はともに乱石積の横穴式石室を有する円墳と確認された．

このほか62～63年度には古墳詳細分布調査が継続され，分布図の追加・修正が図られた．

平成元年度　当年度には，袖ケ浦町では引き続き大竹古墳群の調査が，木更津市では請西古墳群の本格的調査が開始されたのをはじめ，高部・塚原古墳群（千束台遺跡群）の確認調査，前年までに続く宮脇古墳群・四留作古墳群の調査[53)]，ならびに県文化財センターによる石澄横穴群の調査が，君津市では丹後塚古墳の確認調査と有志による駒久保6号墳の測量調査が，富津市では内裏塚古墳群を中心としたいくつかの古墳調査がそれぞれ行なわれた[54)]．平成時代が幕を開けた当年度は，いわゆるバブル景気が佳境に入ってきた時期でもあり，当地方では東京湾横断道路の着工とも相俟って，区画整理・宅地造成事業に伴う調査件数が急増した．

請西古墳群では鹿島塚支群で前方後円墳1基を含む9基の古墳が調査され，5世紀中葉〜6世紀後葉にわたる継続的な古墳の築造過程が明らかにされた．とくに5〜7号墳など5世紀中葉〜後半の築造とみられる古墳群中央部の一群は出土遺物にも特筆すべきものがみられ，6号墳から鋲留短甲片・木心鉄板張輪鐙片・環状雲珠などが，5号墳から鉄鉾・剣身状柳葉鏃・重腸抉鏃などが出土した55)．また野焼支群中の2号墳においても横矧板鋲留短甲の一括破片が検出され56)，鹿島塚・野焼の両例とも短甲そのものの遺存状態は不良ながら，短甲を保有する古墳が比較的狭い地域内に複数存在することが明らかとなった意味は大きい．奇しくもこの年の5月に，22年前に発掘された八重原古墳群の報告書（『古墳時代研究Ⅲ』）が刊行されている．

県道127号線路線変更区域の工事中に新たに発見され，県センターで調査された石澄横穴群は，砂層中に構築された横穴群であり，7世紀末葉を中心とした土器群が検出されている．

小糸川中流域の前方後方墳・駒久保6号墳は，従来の遺跡分布地図に前方後円墳として登載される古墳であったが，その後古墳詳細分布調査時に前方後方墳と認定され，平成元年初頭から酒巻忠史を中心に休日を利用して測量調査が進められることとなり，センター内外からの多くの協力によって年内に墳丘図が完成された57)．同古墳は遺存状態もきわめて良く，未解明な部分が多い小糸川流域の古墳前期の様相を知る上で重要な鍵を握る古墳であるため，今後早いうちに史跡指定し，恒久的な保存措置の図られることが切望されよう．

内裏塚古墳群では，西原古墳・古塚古墳・青木亀塚古墳・白姫塚古墳についての周溝確認調査が実施されたほか，保存整備事業の一環としての三条塚古墳の周溝・石室確認調査，宅地造成に伴う新発見の下谷古墳の調査が行なわれている．西原古墳については石室の再発掘と実測図作成も合わせて行ない，石室構造等に関して昭和2年の発掘時の所見を訂正すべき箇所がいくつかみつかった58)．青木亀塚古墳に関しては墳形を含めて疑問な点が多かったが，盾形周溝の存在が確認され，100m級前方後円墳であることは裏づけられた．しかし埴輪の有無を含めて時期決定の直接の手掛りとなるような遺物は出土せず，また後円部墳丘を発掘したにもかかわらず，石室の形跡を全く認め得ないなど，なお多くの疑問点が残されることとなった59)．三条塚古墳では石室の遺存状態が思いのほか良好であることが明らかとなり，一部分の発掘区域から乳文鏡・馬具・銀製空玉など多くの遺物が検出された．石室の本格的調査は将来に委ねられることになったが，木更津の金鈴塚古墳にほぼ並行する時期の大形前方後円墳として，埋葬時の状態を保っているとすれば，質量ともに相当の遺物の包蔵が予測される．下谷古墳は調査時すでに半壊状態であったが，向原古墳と同じL字形石室の確認されたことが注目される60)．

平成2年度　当年度には，木更津市で請西庚申塚・大山台・諏訪谷地区の古墳調査と塚原古墳群・中台古墳群の確認調査が，君津市で大井戸八木古墳群の一部調査が，富津市では継続する内裏塚古墳群の確認調査と湊川流域の岩井古墳群・町田古墳群の調査等が行なわれている61)．

請西における一連の調査古墳の中で注目されるのは，鈴釧・複環式鏡板付轡などが出土した大山台33号墳[62]，切石積石室の検出された終末期方墳・大山台36号墳などである．調査の中心は昭和49〜51年度の発掘範囲に重なる区域へと移行し，過去の発掘を部分的に補っていく形での錯綜した調査が進められた．このような下層を含む全面調査の実施に伴い，集落の廃絶と古墳群形成の時間的推移が次第に解明されていきつつあった．

君津市大井戸八木古墳群では，古墳は後期の円墳1基調査されたのみであったが，その墳丘下に位置した弥生末ないし古墳前期初頭の構築とみられる土壙群から，小銅鐸・銅釧・鉄釧・および複数種の玉類など，注目すべき遺物が出土して脚光を浴びた[63]．

内裏塚古墳群では，稲荷山古墳・稲荷塚古墳の確認調査が行なわれ，稲荷山古墳では墳丘裾をめぐる円筒埴輪列の良好な遺存と乱石積横穴式石室の存在が，また稲荷塚古墳は方墳であることが確定した[64]．一方，圃場整備事業に伴う湊川流域の町田遺跡群の調査では，60m級前方後円墳・上北原古墳，辺長88mの二重周溝をもつ方墳・町田古墳，円筒・形象埴輪をもつ大形円墳・塚田古墳など，この地区では従来予想されていなかった準首長クラスともいえる大形の古墳の群在が確認された．これらの古墳の現状はいずれも，石室部分を含むとみられる墳丘の一部を残すのみとなっている[65]．残存する周溝の調査が実施された岩井古墳もまた，時期は不明ながら大形の円墳であることが確認された．以上のような調査から，従来大形古墳がほとんどないとみられていた湊川流域にも，少なくとも古墳後期以降の段階には，上記の諸古墳の被葬者を中心とする独自の地域圏が形成されていた可能性が強まった．

平成3年度　当年度に市制施行された袖ケ浦市では，嘉登古墳群の調査と愛宕古墳群（寒沢遺跡）・清水井古墳群の確認調査が，木更津市では請西古墳群と小浜俵ケ谷古墳群の調査，および塚原古墳群の確認調査が，君津市では万崎古墳群の確認調査，富津市では内裏塚古墳群内のいくつかの地点での調査が行なわれた[66]．当年度はまだ記憶に新しいバブル経済崩壊の年であり，県内各地でも開発事業の中止や凍結が相次いだが，目下の開発重点地区ともいえる当地域の場合には，その影響によってとくに開発が縮小する状況には至らなかった．ただゴルフ場建設に伴う環境規制の強化によって，寒沢遺跡のように調査が保留されている遺跡もある．

請西古墳群のうち大山台支群では，丘陵西突端に離れて位置する31号墳から，小型仿製鏡2面・銅鈴など3基の埋葬施設から豊富な副葬品が出土した．また丘陵の南西急斜面には，山寄せ式の低墳丘方墳群が新たに確認され，調査の結果，その一部から7世紀中葉の須恵器が検出されている．本年度までの大山台地区の古墳の調査成果を総合すると，前期の低墳丘方墳・5世紀後半・6世紀前半・6世紀後半・7世紀中葉〜末葉の各時期の古墳が認められ，比較的狭い区域の中で長期間にわたる古墳の造営が行なわれている状況をみることができる．このような支群単位（尾根単位）における群形成の一定の長期性は鹿島塚支群・野焼支群などにおいても認めることができ，支群ごとに墓域の形成時期が異なる（一つの支群を時間的まとまりとみる）という見方は，基本的には否定される結果に向かいつつある．ただ庚申塚支群においては方形周溝墓・前期低墳丘方墳が群在した状況で検出されており，この段階の墳墓群と5世紀中葉以降の古墳群，また終末期の古墳群との間では，墓域形成の在り方に相違がみられることも考慮しなくてはならないであろう．杉山晋作が，昭和50年の請西古墳群の調査開始当初の段階で，各支群を一つの政治的単位の所産と考えず，隣接した古墳群を総合して政治的集団の最小構成地域を想定することができるという見通しを述べているが[67]，このような「小地域」の理解に対しても一定の見直しを迫られることとなろう．

小浜・俵ケ谷古墳群の調査では，前期の方墳・5世紀中葉の円墳・6世紀末葉の横穴式石室をもつ円墳が各1基ずつ調査された．前2者については造成範囲の関係から部分的調査にとどまった．同古墳群では昭和60年の第1次調査で前期方墳6基・6世紀後半の円墳1基の内容が判明していたが，今回の調査でその中間を埋める時期の古墳が確認されたわけであり，同一丘陵上の集落（マミヤク遺跡）の形成と並行する形で，同一系統の被葬者層により，長期継続的に造営された古墳群である可能性が強まった．唯一全掘した6号墳は，小形円墳でありながら自然石・切石を併用した横穴式石室を有し，首長系集団の古墳に限定的であると把握されていた横穴式石室の採用が，一部丘陵上の小規模古墳にも波及していた事実が明らかとなった．

内裏塚古墳群内では，ガス管埋設工事に伴う県道沿いの線的な調査が行なわれた．内裏塚古墳については西側の周溝外郭線と周堤外側の区画溝を検出することによって従前の調査に基づく推定線が修正され，九条塚古墳についても外周溝の外郭線が若干修正されるなどの成果があった[68]．また宅地造成に伴って内裏塚南方古墳推定地・西谷古墳南方区域の調査が行なわれたが，古墳所在が明らかにされるには至らなかった．

平成4年度　当年度については，調査継続中であるため，主要事項のみについて記したい．

請西古墳群では，造成工事の進行を目前にしながら調査が進められており，すでにかつての丘陵の景観も大きく変わり，日一日と調査も終盤へ近づいてゆく様相を呈してきた．庚申塚支群西側では刳抜き式箱形石棺2基を有する方墳が調査され，うち1基から方頭大刀が出土している．7世紀でも比較的早い段階に位置づけ得るようであり，従来空白となっていた終末期方墳出現段階の様相を把握する上での主要な手掛りが得られた．また大山台東部区域では墳丘の一部または大半を失った前方後円墳3基が新たに認知され，いずれも括れ部下に埋没周溝の存在することが判明している．これによって従来前方後円墳の絶対数が僅少であるとみられた請西古墳群の構成に関する認識が一新されることになり，塚原7号墳・星谷上古墳の調査時からたびたび問題とされてきた墳形変更の実態を検証し直すためにも重要な発見となった．

袖ケ浦市雷塚（らいづか）遺跡では，切石の箱形石棺・横穴式石室を有する二重周溝の方墳が相次いで調査され，これまで不明であった小櫃川北岸台地における古墳終末期の様相の一端が判明した．また市東部の清水井遺跡では，明瞭な墳丘をもつ前期方墳数基が調査され，周溝全周・明瞭な墳丘・盛土内埋葬（推定）など俵ケ谷・二又堀古墳群と共通の様相を示していたが，埋葬施設が削平されていたために，木棺構造や副葬品等に関する情報を得ることはできなかった．

君津市では，小糸地区の万崎古墳群の調査が行なわれ，6世紀後半期の古墳2基が発掘されたほか，群中に円筒埴輪を有する古墳が確認されている[69]．また小櫃地区の戸崎古墳群内では宅地造成に伴って数地点で調査が実施され，墳丘を失った古墳の稠密な分布が明らかにされた．

内裏塚古墳群周辺では，区画整理計画に先立ち，古墳群の西半部に重なる広い区域の確認調査（東冠遺跡）が開始され，消滅古墳の確認，古墳群造営以前の土地利用状況など多くの新知見の追加が予想される．またこれに先立って白姫塚南方古墳の確認調査も行なわれ，古墳群南方の神明山遺跡内では墳丘の大半を失った横穴式石室墳が新発見されている．

以上，君津郡市文化財センター設立以降には，毎年数基～数十基の古墳調査が行なわれている状況であり，近年ではセンター内部に在っても，一個人がすべての古墳調査を逐一見て回り，内容の詳細を把握することは難しくなった．全国的にみても当地域ほど恒常的に古墳の調査を行なっている地域はあまりないことと思う．調査の大規模化が，一面で個々の遺構調査の省略化を生んでいる部分も避けられない．今後当分の間も，多数の古墳が調査されてゆくことになるとみられるが，調査担当者が問題意識を多くもっているほど，記録も充実し，1基の古墳からより多くの情報を引き出すことが可能になるのではないかと思われる．

10　今後の展望と研究課題

最後に，当地方における今後の古墳調査に関するいくつかの課題や留意点，研究方針等について若干の私見を述べ，調査研究史の締めくくりとしたい．

a　重要古墳の確認調査

最初に，主要古墳に対する確認調査の実施が挙げられる．小糸川流域の首長墓群である内裏塚古墳群については，昭和58～59年度，昭和63～平成2年度の確認調査によって大部分の古墳の周溝確認が行なわれ，大形前方後円墳や方墳の二重周溝の存在形態を含め，その情報量は飛躍的に増大したといえる．これに対して，小櫃川流域の首長墓群である祇園長須賀古墳群に関しては，確認調査は全く未着手の状態である．

周知のとおり，祇園長須賀古墳群においては，墳丘が満足な形で残る古墳は皆無に等しく，内裏塚古墳群の場合とは違って，保存に対する文化財行政上の認識もきわめて希薄であったといわねばならない．内裏塚古墳群が，同区域の区画整理事業計画を前提として，全面的確認調査の実施に至っている経緯から考えれば，祇園長須賀古墳群の区域内も折からの再開発事業に関連した小規模造成工事が絶えず行なわれ，古墳群の痕跡が日一日と失われている状況であり，古墳群の全体像を復元するための確認調査の緊急性は基本的に変わらないものと考えられる．

きらびやかな出土品の数々が重要文化財に指定されている金鈴塚古墳は，長須賀の旧市街の狭間に，石室を含めた後円部の残骸をこぢんまりと残しており，その出土品の知名度の高さとは裏腹に訪れる人も多くはない．この古墳については昭和25年の発掘時に，周辺の地割り等に基づく墳形復原図が作られてはいるが，その正確な墳丘・周溝形態や規模については不明のままである．周辺には建物が多いものの，畑地や空地となっている場所も今のところまだ残されており，周溝確認調査の実施とともに，残存墳丘の再測量も望まれる．また石室に関しても，実際に内部に立ち入って観察すると，側壁の積み方など既存の実測図を修正すべき点は多く，祇園長須賀古墳群内で唯一残された貴重な横穴式石室であるだけに，今日的見地からの詳細な再実測図の作成を要する☆3)．

丸山古墳・稲荷森古墳も市街地中にあり，墳丘の一部を残している．これらの古墳も残存墳丘の測量とともに，発掘可能区域を選定しての周溝確認調査の実施が望まれる☆2)．とくに稲荷森古墳の場合には，80～100 m 級の大形前方後円墳で，古い時期の航空写真から盾形周溝のおおよその輪郭がわかっており，数か所のトレンチ設定によって早期に周溝範囲の想定図を作成しておくことにより，以後その区域内における建物の新築等に際して発掘調査を慣例化することも可能になるのではないかと思われる．この点に関しては金鈴塚古墳についても同様であるが，とくに当古墳の場合，木更津駅から至近距離にあって，将来的に高層建築等の新設も予測されるため，なるだけ事前の周知事業を行なっておくことが急務といえる．稲荷森古墳は盟主級の大形前方後円墳であるにもかかわらず，銅鈴など少数の遺物の出土が知られるのみで情報量が至って少なく，埴輪の有無や内部施設・築造時期の推定など，確認すべき事項は多い．

同じく旧元新地地区（現朝日2丁目）の市街地にあって墳丘が完全に削平されてしまった酒盛塚・松面・塚の腰などの古墳についても，事前に確認調査を実施することがもちろん望ましいが，最低でも周辺地区の造成事業に先立つ調査だけは実施すべきである☆1)・☆13)．この周辺は最近，新規の住宅建設も著しく，これらの古墳が歴とした周知遺跡であるということさえ忘れ去られているかのように見受けられる．また当然のことながら，記録が残っている上記の古墳以外にも，多数の古墳がこの地区にあったことを想定すべきであろう．

内房線の線路沿いにある銚子塚古墳に関しては，数年前に古墳の周囲で排水路工事を行なっているのを目撃したが，この工事に伴う調査は行なわれなかった．当古墳に関しては椙山林継による墳丘・周溝の復原プランが提示されている．現状では周囲が水田であることから，周溝の遺存状態も良く，地権者の承諾さえ得られれば，確認調査の実施は比較的容易であると考えられる．墳丘測量とともに，埴輪を含めた墳丘内の発掘も合わせて実施されることが望ましい．

祇園大塚山古墳は墳丘が全く残っていないが，白井久美子による復原案が提示されており[70]，それを検証する形での確認調査の実施が可能である．当古墳についても周囲の多くの部分がまだ畑地として残されており，その実施は比較的容易である．同じく祇園の鶴巻塚古墳は，跡地の中心部がガソリンスタンドとなっているため，遺構の遺存がやや危ぶまれるが，円墳としてもかなり大形であったようであり，消滅古墳として「清算」してしまうのではなく，周囲の建物の改築等にも気を配って，一部といえども確認調査を実現すべきであろう．

また祇園大塚山古墳と銚子塚古墳の間の牛袋の低地に，図那浅間古墳と呼ばれる全長80 m 程の大形の墳丘らしきものがある．周囲が宅地化し改変を受けているが，首長墓の一つである可能性は強く，まず測量調査の実施が望まれる．

このほか国道16号線の旧道に沿った浜長須賀の砂丘列上には，金鈴塚古墳の報告書に掲載された古い時期の分布図上に古墳の所在が多く落とされており，円墳群の主要な分布地帯であったと考えられる．古墳に限らず，この地帯には集落遺跡の包蔵も認められるようであり，小規模造成といえども，試掘・確認調査の実施が徹底されてゆくことが望まれる．従来木更津市域では菅生遺跡を除いて，低地の調査がほとんど行なわれて来なかったが，最近に至って東関東自動車道建設に伴う芝野遺跡の調査などが実施され，ようやく低地の調査が途に就こうとする機運も感じられる．台地や丘陵上の遺跡ばかりを調査して，低地の調査を看過することは，歴史の解明に空白部分を残すとともに，総合的な遺跡の解釈にあたって大きな誤認を招くことにもなりかねない．長須賀周辺の低地は今後とくに住宅建設等の増加が見込まれるので，「永遠の空白部分」を極力生み出さないように注意するべきであろう．

祇園長須賀古墳群の破壊と地上からの消滅は，明治時代以来の長い期間に及ぶ開墾や宅地化によるものであったが，ここ数年来の急激な再開発により，当古墳群は再び地下に残る部分まで含めた完全な抹消の危機に立たされようとしているといってもいい．トレンチによる範囲確認調査は，基本的にさほど大きな労力と費用を費やさずして，多大な成果を上げることができるものである．右に述べてきたような当古墳群の確認調査に対して，県ないしは市の補助金が多少なりとも適用されてゆくことを要望しておきたい．

主要古墳の確認調査としては，一連の前期古墳の調査も課題であるといえる．小櫃川下流域の坂戸神社古墳，小櫃川中流域の白山神社古墳・飯籠塚古墳・浅間神社古墳，小糸川流域の道祖神裏古墳・駒久保6号墳などである．ただしこれらの古墳の多くはすでに測量図も作成されており，また当面開発の及ぶ惧れのない場所にあることから，必ずしも性急に調査を行なう必要はないと思う．優先順位からいえば前記した祇園長須賀古墳群の調査の方が先決であろう．測量図のない2基のうち，浅間神社古墳については近日中に測量が行なわれる見込みであり，残る坂戸神社古墳の測量が早期に実現されることを希望したい[☆10・☆11]．

b　分布調査の徹底

次の課題として，詳細な古墳分布調査の実施とその成果の公表が挙げられる．昭和61～平成元年度に千葉県教育委員会の主導による「古墳詳細分布調査」という名の調査員委託による分布調査が行なわれており，君津地域では昭和62年度に7名の調査員が委託を受けて調査が開始された．調査内容は休日を利用して古墳1基1基についての規模の計測と写真撮影を行ない，逐一所定の調査票に書き込んでいくという途方もない作業であり，約3000基が数えられる当地方の古墳・横穴のすべてについてそれを実施することは到底至難なことであった．筆者もまた，「古墳八百八十か所巡り」などと称して休日の多くを踏査に費やしたが，山林の荒廃などにより，1日の作業で記録し得る古墳の数は限られていた．この調査にあたり，委託された調査員の下請けとして精力的に踏査をこなした松本勝の努力は忘れてはならぬものである．結局最終的に作成された調査票の総数は，古墳実数の半分に満たないものであったのではないかと思われる．報告書も，これらの調査票の内容が直接反映されるような体裁とはなり得ず，結果的には，各地区の古墳の概説を除けば，従来の遺跡分布地図から古墳だけを抽出したような内容となった．この事業を担当された県文化課の方々には失礼かもしれないが，結局は帳尻合わせのやっつけ仕事的な成果報告に終ってしまったような気がしてならない[71)]．

ともあれ，この調査を通じて，古墳の新発見等も相次ぎ，筆者自身として教訓を得たことも少なくない．その一つは古墳のような明瞭な構造物の場合，分布調査は決して片手間にできるような安易な作業ではなく，それなりの時間をかけて精度の高いものを作っておかなければ意味がないということである．従来の遺跡分布地図では古墳の基数や墳形・規模を羅列するのみで，古墳群中の１基１基の番号を図上に特定していないものが多い．どこの丘陵におおよそ何基の古墳があり，墳形・規模の内容はどの程度であるといった概略を把握するだけであるなら，それで事足りるのかもしれないが，図上に落とされた古墳の位置が正確でないことも多々あり，踏査の度ごとに照合作業の不便を繰り返すことにもなりかねない．実際の踏査ではこの点に多くの労力を費やされている．従って分布調査では図面上の古墳番号と規模の対応を明確にし，以後の追加・修正作業が容易にできるような形にしておくべきであろう．

また，とかく忘れられがちな問題であるが，分布調査は基本的に他人の所有地を探索するということであり，踏査を行なう者はその点に神経質にならざるを得ない．踏査中は極力地元住民の協力を口頭で得るようにしているが，不審な目でみられることも度々ある．もし公的な機関によって分布調査を実施するのであれば，その旨を広報等で事前に地域住民に通達するなどの配慮もまた必要と思われる．

分布調査は，遺跡の所在を認知するという点において，発掘調査にも増してその意味は大きく，また労力を必要とするものである．従来まで県や市町村によって実施されて来た分布調査は，予算的にも精度的にも決して十分なものであるとはいい難く，今後もし公的機関によって分布調査を実施するとすれば，それなりの予算と時間を費やして，計画的・網羅的な分布地図を整備しておくことこそ，結果的には最も安く，早く，充実した周知事業を徹底することができるのではないかと考えられる．

古墳の分布調査にあたっては，最低でも５千分の１レベルの地形図を使用し，図上の個々の古墳番号を特定した規模や観察記録の記載がなされることが望ましい．開発事業の進行によってより多くの古墳が失われてゆく前に，群馬県の『上毛古墳綜覧』のような古墳分布の実態を克明に記した冊子が，君津地方の古墳に関してもいずれの日にか作成されることを希求している．このような信頼できる詳細な古墳分布地図の作成は，単に開発に先行して所在を確認しておくという実務的な役割にとどまらず，地域の古墳の全体像を把握する上でも必要不可欠なものであろうと考える．ただし，現時点では公的費用による分布調査にはかなりの限界があることと思われるので，実際にこのような詳細な分布地図を作ろうとすれば，地域の研究者個人の努力に負うところが多くなるかもしれない．なお現地での墳丘規模の計測に際しては，従来巻き尺を引っ張る方法が取られていたが，最近では手軽な距離計測機も開発されており，このような便利な器機も大いに役立てていくべきであろう．

古墳の分布調査にあたって見逃してはならないのは，斜面における古墳の存在であろう．実際，請西大山台古墳群西斜面・関田塚古墳群・下根岸古墳群など，発掘調査にあたって，新たに斜面に古墳が確認される例が増している．これらの斜面の古墳は低墳丘のものが多いので，踏査の際に見逃さないように注意すべきであろう．もし分布調査の段階で見逃されていれば，発掘調査の対象にもならず，永久に認知されないままで終ってしまうこともあるからである．古墳以外にも，丘陵・台地の斜面が各時代において様々な機能を果たしていたことは，近年のいくつかの発掘調査が雄弁に物語っているところである．

丘陵上の分布調査は，山林の荒廃した今日において，ある意味では発掘調査よりもはるかに汚く，きつく，危険な3K的仕事であるといってもいい．これだけ発掘調査資料が氾濫するようになった現今においては，直接実物をみずしての机上の資料操作や研究が目立つようになっているが，草薮に覆われた実際の遺跡を自らの足と目で確かめることによって，広がる認識も大きい．最近，若者が遺跡をあまり歩かなくなっているといわれるが，健康増進のためにも，森林浴を兼ねた遺跡の踏査を余言ながらお勧めしたい．

c　主要古墳の墳丘測量

次の課題としては分布調査とも関連するが，主要古墳の測量図作成を挙げることができる．ここでいう主要古墳とは，主として前方後円墳であり，また前方後方墳や大形円墳・帆立貝形古墳などを対象と考える．現在進められている全国的な「前方後円墳集成」という作業において，各都道府県別に前方後円墳の数が集計された所によると，千葉県内の前方後円墳（前方後方墳・帆立貝形古墳の一部を含む）が全国で最も多いという驚くべき結果が出ている．君津地方は，市原市域や佐原市周辺・芝山町周辺などとともに前方後円墳の密度がとくに高い地域となっている．新確認の事例を加えた集計によって当地域における前方後円墳の実数はさらに増加するであろう．首長系の大形前方後円墳が多いこともさることながら，30～50 m クラスの小規模前方後円墳がその中でもかなりの割合を占めている．

分布調査の過程でも，形態的特徴のよくわかる前方後円墳を多く目にしており，今後の保存や研究の基礎資料としても，これらについての測量図の作成が待望されるところである．できることならば，周知事業・遺跡保護事業の一環として，一定期間に調査員を専従させ，該当する市の予算等によって，測量図作成が順次計画的になされてゆくことが望ましいが，調査員の専従が難しいとすれば，最近とみに精度が高くなってきたといえる事業者委託による測量でもよいと思われる．さらにそれさえも難しければ，休日を利用した自発的な測量ということになる．当地方ではすでに飯籠塚古墳・駒久保6号墳においてそのような自主的測量が行なわれており，担当者自ら苦心を重ねながら図面を完成させてゆくという過程において，人任せの測量では得られないような意義や発見もあったことと認識しているが，日々の継続的な作業として行なうのに比べれば至って効率が悪いことは否めない．もはや現段階にあっては，墳丘測量は研究や周知事業の前提的作業の一つであるとも考えられるので，今後は可能な限り公的事業の一環として取り入れられてゆくことを切望する次第である．

d　過去の発掘資料の再検討

次なる課題として，過去の発掘資料の再検討，および民間所有資料・未報告資料の公表の問題を挙げることができる．

当地方では明治期以来多くの古墳発掘が行なわれており，重要古墳・重要遺物でありながら詳細が明らかでないために，研究の俎上に載せられていない資料も多い．今後，記録類を整理して順次その実態を明らかにし，現在的な研究レベルに還元してゆく作業が必要となって来よう．これまでに行なわれている再検討作業として，村井嵓雄による祇園大塚山古墳の遺物の研究，杉山晋作による内裏塚古墳の発掘記録の整理，石井則孝による野々間古墳の遺物の研究，椙山林継による柴田常恵野帳の公開と分析，西野元による旧神将寺蔵の鈴杏葉の紹介[72)]，松尾正彦による金鈴塚古墳出土の飾履の検討[73)]，『木更津市史』や『富津市史』における資料の集成と解説，筆者による九条塚古墳の遺物の報告[74)]などが挙げられるが，古い時期の発掘資料で埋れているものはまだ多く，今後ともこのような再検討作業は続けられていくべきであろう．

またそのような本格的な再検討とは別に，一つの古墳や遺跡の調査を行なった場合，その周辺における過去の調査歴を絶えず整理することに努め，現時点で何を明らかにしてゆくべきか認識する姿勢も必要不可欠なものであろうと思われる．遺跡調査において，周辺に古くから住む住民に対して積極的な聞き取り調査を心掛けることもまた重要である．このような時，思わぬ民間所有資料に出会うこともしばしばあり，許可が得られればその紹介に努めるとともに，地元住民の証言を記録しておくことも調査に携わる者としての任務であろうと考える．

次に，再検討という作業とはやや趣旨を異にするが，比較的新しい時期（主に戦後昭和20年代～40年代）に発掘され，未だ正式報告が出されていない資料に対し，地域の研究者として述べておきたいことがある．これらの中には，事実上報告書作成の目処が立っていないものも多く，今後調査関係者の高齢化や死去に伴ってますます調査内容の詳細な復原が困難になってゆくものと思われる．報告書は調査担当者の手によってなされることが最も望ましいこととは思うが，現在地域の調査に専従する者がその手助けを多少なりともできるのであれば，迷宮入り化する前に，少しずつそれらの報告書の作成作業を軌道に載せてゆくべきと考えている．また地元自治体は，郷土の歴史復原のために，可能な限りそれを援助する体制をとるべきである．

最後に，金鈴塚古墳は木更津市の「誇り」の一つであるにもかかわらず，未だに一般市民向けの図録一つ作成されていないことが惜しまれる．同古墳については，再報告書の作成という話も各所から度々あがっているが，未だに実質的な作業には着手されていない．前報告書に掲載さていない資料を含めた金鈴塚古墳の本格的再検討は今後の大きな課題の一つといえる[☆3)]．

e　古墳調査方法の模索

これまで述べてきた事柄は，地域の研究者側が積極的に推進していくべき課題であるといえるが，次に述べることは，日常的な業務の中で対処していかなくてはならない課題といえる．

当君津地方ほど，恒常的に古墳の発掘を行なっている地域は，全国的にも少ないであろうと先に述べたが，そのことを裏返せば，古墳調査に不慣れな者も，担当者となれば否応なくそれに直面しなくてはならないという現実をも示している．従来古墳に関しては，竪穴住居址のように定式化した調査方法というものもあまりなく，それぞれの状況によって調査担当者の頭を悩ましていることも多い．その意味で，必要最小限の共通事項に対し，古墳調査マニュアルのようなものがあれば，便利であるとも考える．

当地方においては，一部の首長系古墳・終末期古墳などを除いて，木棺直葬の古墳が圧倒的多数を占め，木棺直葬墳に対する調査方法が最も日常的な問題となる．周知のように木棺直葬の埋葬施設の調査は，調査の数をこなしている者にとっても難しく，思わぬ失敗をすることも多い．よく起こる失敗の一つとして，土層ベルトの架設により，主体部を分断，ないしはベルト中に丸ごと残してしまうといったミスが挙げられる．古墳調査にあたっては，なるだけ墳丘土層断面をみるベルトを細く設定し，断面図を何回かに分割して取るといった方法により，主体部の確認を極力平面的に行なうよう心掛ける必要があるが，最も適切といえる方法は今のところ私自身にもよくわからない．いずれにしても発掘作業そのものをより精細かつ段階的に進めてゆくことにより，失敗の確率を下げ，また失敗を復旧できる確率を高めてゆくような物理的工夫を常に払うべきであろう．

木棺直葬墳において，ほとんどの場合現物の遺存していることが少ない木棺そのものの形態を把握することは，微妙な判定を伴うことながら，きわめて重要なことであるといえる．また当地域では實川理によって提案されているように[75]，脂肪酸分析など科学的な方法を駆使して，遺骨自体の分析を取り入れた調査を行なってゆく視点も欠かせない．古墳を語る上で常に避けて通ることができないのは，その被葬者の問題であり，一つの古墳に複数の埋葬が認められる場合，その被葬者間の関係，同一古墳に埋葬されることの意味を考えてゆく必要がある．その点で，石室や石棺内における遺存度のよい人骨と同様に，木棺直葬墳における遺体の分析にも極力注意を払っていかなくてはならないであろう．

木棺直葬墳の場合に限らず，埋葬施設を設置した立面的な位置の問題もまた重要である．それが墳丘盛土中であるのか，旧表土面より下にあるのか，あるいは墳丘完成後に上部から掘り込んで設置されているのか，棺設置後に盛土がなされているのか，といったような点についてである．これらの点については，調査中に担当者によって仮に把握されていたとしても，報告の段階で十分に客観的な説明がなされていない場合が多い．上記の事柄の認定は，墳丘築成と埋葬の前後関係を明らかにするうえでもきわめて重要な問題を含んでいると考えられる．

また周溝についての等高線記入による測量図の作成も必須であるといえよう．通常の上端・下端計測による周溝平面図は，検出面（確認面）の相違による誤差を多分に含んでおり，等高線の記入はその誤差を補正する上での客観的データともなる．また傾斜面に位置する古墳においては，古墳構築にあって立面的均衡を配慮しているかどうかの工法上の検討を可能にする．さらに古墳の規模に関する報告書への記載にあたっては，墳丘規模と周溝を含めた規模を併記することが最低限望まれ，できるだけ簡潔で要領を得た記載を心掛けるべきである．現状の報告の中では，周溝を含めた外径の記載しかみられないものが意外に多く目に付く．

このほかにも，現状の古墳調査方法に改善を要する点は多々あると思われるが，1回ごとの調査で，疑問点を蓄積し，それを次の調査に反映させていく努力を続けるべきであろう．

f　古墳の保存整備と活用

最後に，古墳の保存問題等について，若干の意見を述べておきたい．

遺跡や古墳に価値の優劣をつけること自体好ましくないという理想主義的意見もあろうが，あえてそれを行なうとして，当地域内には汎東国的視点からみてもきわめて重要であると思われる古墳が少なくない．それらのものについては今後極力保存に努め，合わせて歴史的な実物資料としての活用を図っていかなくてはならないであろう．

数ある古墳群の中でその筆頭に挙げられるのは，内裏塚古墳群である．祇園長須賀古墳群がほとんど壊滅的な状態となっているのに比べ，内裏塚古墳群は今日なお多くの大形古墳が原形を保っており，現在関東地方でみることのできる有数の古墳群の一つとなっている．しかしこの古墳群の保存に関しては，将来的に決して明るい展望があるとはいえない．現在，県指定史跡となっているのは，わずかに内裏塚古墳１基のみであり，それも墳丘と周溝の一部区域のみの指定である☆5)．同古墳群の存在する区域には，その範囲の大部分にわたって土地区画整理事業が計画されており，今のところ諸種の事情があってその具体的な実施が見合わされている状況となっているが，富津市の都市計画の成り行きからも，近い将来においてこの古墳群の区域に何らか大規模な造成の手が加えられることは必至である．

本来ならば，埼玉古墳群などと同様に，景観をも含めた広域の史跡整備が図られて然るべき価値を名実ともに有しているが，古墳群の中がすでに市街地化していること，やがて実質的な首都圏に組み込まれようとしている地域にあって，地価も高騰し，事実上公的な買上げ措置が非常に難しい状況にあることなどから，現在残る小規模な円墳や半壊の古墳なども含めた総合的な保存はきわめて厳しい見通しであるといわねばならない．

しかしながら内裏塚古墳群の特色は，大形古墳の数が多いということ以上に，むしろ100m級前方後円墳を頂点として，中小前方後円墳と多数の円墳および終末期段階の大小の方墳から成り立っているというピラミッド的な首長墓域の構成にあるのであり，文献上の「国造」にあたる古墳時代の地方政権の構造をより具体的な形でみることができる所に最大の意義があるものと思われる．幸いにも内裏塚古墳群においてはその全体的構成を窺うに足るだけの古墳が今なお現存しており，大形古墳のみを保存の対象として重視すればよいという発想は基本的に改められるべきである．そしてそのような観点から，現存するすべての古墳をこれ以上は破壊しない方針で，都市計画との調整を図ってゆく余地は，現時点ではまだ十分残されているものと判断される．景気低迷による開発の足踏み状態は，当古墳群の保存と活用の理想的なプランを模索する上での，限られた猶予期間といえるかもしれない．

ここでその詳細を述べるだけの余地はないが，埼玉古墳群のような広域の史跡公園化が事実上不可能であるとすれば，古墳散策路を設定し，古墳と古墳の間を道で結ぶことによって，古墳群全体の有機的なつながり，史跡としての面的広がりをもたせることも可能であろう．

個々の古墳の現状保存という前提的な措置以外には，最初から古墳群の保存に多大な予算を注ぎ込む必要はなく，まずは「古墳の道」の設定，各古墳への説明板の設置から始め，青堀駅前には古墳群の総合的な案内板を立てて，地域内外のより多くの人々に古墳を歩いてもらい，その歴史的価値を認識してもらうことが，保存整備の現実的第一歩となるのではなかろうか．個々の古墳の整備や買上げ等は，長期間かけて徐々に行なっていってもよいことである．現在青堀駅の陸橋には，誰の発案によるものか「古墳と海の駅」と大きく書かれている．やや誤解を招くいい方になるかもしれないが，今後の活用の仕方次第では，内裏塚古墳群は，管轄の自治体である富津市にとっても貴重な観光資源にもなり得るものと思う．

このほかにも君津地方には，個々に恒久的な保存整備の措置が図られて然るべき古墳は数多くあり，国指定史跡の弁天山古墳，県指定史跡の金鈴塚古墳・八幡神社古墳・道祖神裏古墳・白山神社古墳・飯籠塚古墳などすでに公的な「お墨付き」を得ている古墳もいくつかある．しかしながら，こういった個々の大形古墳や重要古墳を保存・顕彰してゆくだけでなく，首長墓クラス以外の古墳に焦点を当てた古墳群としての広域保存整備も手掛けてゆく必要があろう．本来であれば，木更津の市街地にも近い請西古墳群などはその恰好の対象であったといえるが，現実にはこの古墳群の大部分が地上から消えてゆく運命となっており，次なる候補として，小櫃川中流域の戸崎古墳群などを挙げることができるであろう．

従来，千葉県内の古墳といえば，埴輪で有名な芝山古墳群や房総風土記の丘の龍角寺古墳群の方がとかく一般の目を惹きやすい存在となっているが，当君津地方もまた，金鈴塚古墳や内裏塚古墳群を柱とした古墳の町としての地域色をもっと有効に生かし，首都圏地域を中心とした一般市民の歴史体験，生涯教育の場を提供していってもよいものと思われる．

最後に古墳の保存ということに関して，一言述べておきたいことがある．開発側の人間の一部には，「昔の権力者の墓を保存して何になる．」という向きのことをいう人がいる．だが，古墳は単なる権力の象徴ではなく，それを造ることに関与した様々な人間の汗と知力の結晶でもあり，その時代における最高水準の土木技術を凝縮したものともいえる．古墳が墓であること以上に，政治・文化・社会のあらゆる要素を包括したモニュメントであることを考える時，それを未来への遺産として残してゆく歴史的価値はきわめて大きいものであるといえよう．

以上，当地方の古墳に関する今後の調査・研究課題について，いくつかの点を取り上げてみたが，このほかにも研究面での課題は無数にあるものと思われる．その多くは一地域を越えた普遍的な問題ともなってくるので，これ以上は敢えて取り上げないことにする．いうまでもないことであろうが，今後とも調査者個人個人が常に問題意識をもって調査にあたり，様々な疑問の提示，問題提起を重ねてゆくことが，研究の前進につながるものと思う．専門職として調査に携わっている限り，自らが面倒な作業から逃げていては何も始まらないということを自戒を込めて再認識する次第である．今後の君津地方における古墳研究の躍進に期待して，自らも及ばずながら研鑽を積んでゆきたい．

おわりに

この調査研究史の執筆にあたり，かねてから様々な方々との交流の中での思い出話や雑談を大いに参考にさせて頂いたが，この文章を書くための直接の取材は，時間的制約もあってほとんど行なっていない．それはひとえに私の怠慢によるものであるが，特定の人間への思い入れを生じることなく，記録資料を中心としながら，客観的記述と私独自の判断を盛り込んだつもりである．もし事実関係において相違があればその責はすべて私個人にある．「調査研究史」と題してはいるが，読み返してみて記述の大半が事実関係の羅列に始終しており，とくに近年の研究動向についてはほとんど触れないままとなってしまった．表題の研究の２文字を外すべきかと迷いながらも，おこがましく付けたままで提出させて頂くことの非礼をご寛恕願いたい．

私事になるが，祖父や父が戦災で故郷の地方都市を焼け出されて東京へ移り住み，それゆえに近くに自分の家の墓地もなかった私の家では，子供の頃から墓参りの慣習もなく，墓や先祖という感触からは無縁な環境で育った．十数年前に祖父が死んだ時，住宅の密集した都内の寺の一角に狭い墓地を建てた．財政の逼迫した我が家であるゆえ，建物に囲まれた狭い空間の中に木造の墓標が１本建っているだけである．そんな我が家の奥津城を数年に一度訪れながら，私自身は日頃，荘厳な古代の墓の勉強に携わっている．

先程，古墳が当時の社会のあらゆる要素を凝縮した壮大なモニュメントであると述べたが，墓そのものに夢を託した時代であったといい換えても良いかもしれない．偏見とみられるかもしれないが，貧しい人間ほど，美しさや豊かさ，そしてその背景にある権力をも心のどこかで指向しているものである．たとえ手中にするには程遠い場所にあるものだとしても，また本当に手中にできるのはほんの一握りの人間であるにしても，それをいつの日か手にすることを夢にみて日々の苦難を乗り越えていったりもする．そして，その夢を享受する側でなく，それを主のために作り，演出する側の人々もどこかでその夢と満足感を共有していたはずである．それはより美しく荘厳なものへの感動といい換えても良いであろう．

だが，現代という時代を生きる私自身は，もはや墓など必要でないとも考えている．何年か前に中国の敦煌を訪れ，鳥が遺体を食べる鳥葬（風葬）の小山が累々としているのをみて，あれが望ましい姿だと思った．死に特別な宗教的意味をもたせず，すでに生ゴミと化した遺体を自然に還元するのが本来の道理というものである．死者が単に死者という価値観だけで場所を占有する時代は，次第に終わりを告げていこうとしているのではなかろうか．形骸化した習俗はやがて自然に縮小され，消滅してゆく．もし消滅という言葉に多少の語弊があるとすれば，やがて何らかの新しい，より合理的な方式へと置換されてゆくに違いない．

昭和以降の調査古墳の報告書・報文については膨大な数に上るため，ここでは省略し，論説や考察部分の引用のみに限った．なお，個々の報告書・報文は筆者がかつて作成した「君津地方古墳関係文献目録」(『研究紀要Ⅳ』君津郡市文化財センター　1991年1月所収）との対照番号を，古墳発掘一覧表の中に示した．なおこの文献目録に収録されていない最近の報告書や報文については註に記している．また註で記載した明治時代の文献の中にも，上記の文献目録から漏れているものがいくつかある．明治時代の文献の探索にあたっては，西野元氏の研究成果[76)]を大いに参考にさせて頂いた．

なお，最近の調査成果については，豊巻幸正・田形孝一・蓑島正広・佐伯秀人・稲葉昭智・酒巻忠史・大崎紀子・今坂公一の諸氏よりご教示を頂いている．記して感謝の意を表したい．

註・参考文献

1)　西野　元 1984「校註上総日記」『歴史人類』17号　筑波大学

2)　谷中国樹 1927「原史時代又古墳時代」『千葉県君津郡郡誌・上巻』君津郡教育会
以下，略して『君津郡誌』または『郡誌』とする．

3)　高崎繁雄 1972「原始・古代」『木更津市史』木更津市史編集委員会

4)　1907「本会常集会―五月」・「考古学会総集会」(考古学会記事)『考古界』6篇9号
1908「本会第十三総集会」(考古学会記事)『考古界』7篇4号

5)　1909「第六十八回出品目録」『集古会誌』戊申巻（西野元・註6文献参照)

6)　西野　元 1986「千葉県考古学史資料目録考」『研究紀要10』千葉県文化財センター
祇園大塚山古墳に関する初出文献として従来，小杉榲邨 1899「上古の甲冑」『考古学会雑誌』2巻4号が取り上げられてきたが，西野元氏の文献調査により，その原典となる文献が別に存在していたことが明らかにされている．『如蘭社話』27（1891年）に掲載された同題の文献であり，金銅製眉庇付冑・挂甲の写生図の添えられている点が再録文献とは異なるとされる．

7)　村井嵓雄 1966「千葉県木更津市大塚山古墳出土遺物の研究」『MUSEUM』189号

8)　八木奘三郎 1901「上総発見の埴輪土偶」(雑録)『東京人類学会雑誌』178号

9)　鈴木成章 1901「上総の国周淮郡の古塚」『考古界』1篇2号

10)　柴田常恵 1905「上総国君津郡飯野村内裏塚」『東京人類学会雑誌』249号

11)　1986『東京国立博物館図版目録　古墳遺物編（関東Ⅲ)』

12)　喜田貞吉 1921「上総飯野の内裏塚と須恵国造」『民俗と歴史』6巻5号

13)　1911「古墳発掘の銅鋺と蜻蛉玉」(彙報)『考古学雑誌』2巻3号

14)　八木奘三郎 1899「上総紀行」『東京人類学会雑誌』158号
『君津郡郡誌』に掲載されている八木奘三郎「小櫃荒陵考」は上掲文献と内容が異なるものであり，これを『東京人類学会雑誌』第158号の引用として掲載しているのは『郡誌』の誤りと考えられる．なお白山神社古墳の陪塚から出土したとされる鏡について，筆者はかつて久留里城址資料館に収蔵されている海獣葡萄鏡と誤認していた（小沢洋 1983「君津地方古墳資料集成（1)」『研究紀要Ⅰ』君津郡市文化財センターなど）が，これを訂正しておきたい．海獣葡萄鏡については，従来から白山神社古墳出土ということで展示されているが，遺物を実見した結果，鏡面が不自然な程光沢を残しており，後世の贋作である疑いが強いとみられる．

15)　1906「内裏塚の発掘」(集古録)『歴史地理』8巻12号

16)　川戸　彰 1973「郷土史研究の先覚小熊吉蔵翁の事績について」『千葉文華』7号

17) 坪井正五郎 1906「千葉県君津郡飯野地方の古墳」『東京人類学会雑誌』247号
18) 椙山林継 1982「市域内の主要古墳」『富津市史通史』富津市史編さん委員会
19) 1910「上総君津郡に於ける古墳調査」(雑報)『東京人類学会雑誌』287号
20) 柴田常恵 1909「上総国君津郡青堀村大字大堀発見の弥生式土器」『東京人類学会雑誌』282号
21) 12) に同じ
22) 1927「飯野村方形古墳」『史蹟名勝天然紀念物調査』(千葉県) 4輯
23) 森本六爾 1926「直弧文を有する石製刀子」『古代文化研究』2号
24) 1929「巌根村高柳ノ古墳並至徳堂址」『史蹟名勝天然紀念物調査』(千葉県) 6輯
25) 後藤守一 1934「上総国君津郡飯野村の鍵形石室」(昭和八年の回顧)『ドルメン』3巻1号
26) 椙山林継 1980「房総関係抜粋資料Ⅰ」『宇麻具多』創刊号
椙山林継 1982「房総関係抜粋資料Ⅱ」『宇麻具多』2号
27) 乙益重隆 1982「双魚袋考」『森貞次郎博士古稀記念古文化論集』
28) 金子浩昌ほか 1964『富士見台貝塚』千葉県教育委員会
29) 滝口　宏・平野元三郎 1953『千葉県郷土史読本』
滝口　宏 1958『古代の探究』社会思想研究会出版部
平野元三郎 1965「上総国周淮郡の遺蹟」『古美術』三彩社
30) 坂井利明 1964「内裏塚古墳調査概報」『銀杏』7号　本郷高等学校生徒会
31) 甘粕　健 1963「内裏塚古墳群の歴史的意義」『考古学研究』39号
32) 椙山林継 1991「金鈴塚古墳から請西遺跡群まで」(講演会記録)『研究紀要Ⅳ』君津郡市文化財センター
33) 16) に同じ
34) 7) に同じ
35) 杉山晋作 1974「木更津市「塚の越古墳」出土遺物」『MUSEUM ちば』4号
36) 中村恵次 1974「房総半島における横穴式石室」『史館』2号
中村恵次 1974「房総半島における変形石室」『史館』4号
37) 椙山林継 1977「方形墳という呼称について」『請西』木更津市教育委員会
38) 杉山晋作 1976「房総における古墳の変革」『史館』6号・7号
39) 杉山晋作 1975「内裏塚古墳群の再検討—内裏塚古墳の遺物 (前) —」『史館』5号　昭和50年
40) 石井則孝 1977「千葉県富津市出土の新羅焼土器」『史館』8号
石井則孝 1978「富津市上飯野「野々間古墳」の出土遺物について」『史館』10号
41) 田中新史 1975「五世紀における短甲出土古墳の一様相」『史館』5号
42) 椙山林継 1980「菅生周辺の遺跡」『上総菅生遺跡』木更津市菅生遺跡調査団
43) 26) に同じ
44) 小沢　洋 1992「塚原7号墳の調査」『木更津市文化財調査集報Ⅰ』木更津市教育委員会
45) 小沢　洋 1988「前期型小規模方墳について」『小浜遺跡群Ⅰ　俵ケ谷古墳群』君津郡市文化財センター
46) 小沢　洋 1992「太田山古墳の調査」『木更津市文化財調査集報Ⅰ』木更津市教育委員会
47) 小沢　洋 1991「小櫃の一首長墓をめぐる考察」『研究紀要Ⅴ』君津郡市文化財センター (本書第Ⅰ部第2章所収)

48)　白石太一郎 1981「群集墳の諸問題」『歴史公論』№63
49)　小沢　洋 1984「祝崎古墳群の歴史的性格」『祝崎古墳群発掘調査報告書』君津郡市文化財センター
50)　笹生　衛 1989「まとめ」『君津市外箕輪遺跡・八幡神社古墳発掘調査報告書』千葉県文化財センター
51)　小高幸男ほか 1991『内裏塚古墳群発掘調査報告書』富津市教育委員会
52)　能城秀喜 1991『寒沢遺跡・向萩原遺跡・向山野遺跡』君津郡市文化財センター
53)　當眞嗣史 1992『四留作第2古墳群第1号墳』君津郡市文化財センター
54)　1991『君津郡市文化財センター年報№8―平成元年度―』
55)　佐伯秀人 1991『請西遺跡群Ⅱ 鹿島塚古墳群』君津郡市文化財センター
56)　當眞嗣史・小沢　洋 1991「野焼2号墳」『請西遺跡群発掘調査報告書Ⅲ』木更津市教育委員会
57)　酒巻忠史 1991「駒久保古墳群の調査（1)」『研究紀要Ⅳ』君津郡市文化財センター
58)　小沢　洋 1992『西原古墳』富津市教育委員会
59)　51）に同じ
60)　野口行雄 1990『下谷古墳・下谷遺跡』君津郡市文化財センター
61)　1991『君津郡市文化財センター年報9―平成2年度―』
62)　小林理恵 1991「千葉県木更津市請西遺跡群大山台33号墳出土鈴釧」『立正考古』30号
63)　アサヒグラフ 1991『古代史発掘88～90』朝日新聞社
64)　51）に同じ
65)　桐村修司 1991『町田遺跡群』君津郡市文化財センター
66)　1993『君津郡市文化財センター年報№10―平成3年度―』
67)　38）に同じ
68)　佐伯秀人 1992『内裏塚古墳群』君津郡市文化財センター
69)　矢野淳一 1992『西郷遺跡・万崎古墳群』君津郡市文化財センター
70)　白井久美子 1987「祇園大塚山古墳の埴輪と須恵器」『古代』83号
71)　1990『千葉県所在古墳詳細分布調査報告書』千葉県教育委員会
72)　西野　元 1984「神将寺旧蔵鈴杏葉について―江戸時代の考古図に関する覚書―」『MUSEUM ちば』
73)　松尾昌彦 1988「上総金鈴塚古墳出土飾履の再検討」『MUSEUM』446号
74)　小沢　洋 1991「九条塚古墳の再検討」『研究紀要Ⅳ』君津郡市文化財センター（本書第Ⅲ部第4章所収）
75)　實川　理 1991「大山台29号墳・30号墳調査ノート」『研究紀要Ⅳ』君津郡市文化財センター
76)　6）に同じ

第1表　君津地方古墳発掘・調査一覧表

発掘年		発掘月	古墳名		発掘内容	発掘原因	発掘主体者	発掘担当者	文献
1881	明治14	不詳	木	稲荷森古墳	乱掘・遺物出土	貸座敷新設			9・(4)
1891	明治24	1月	木	祇園大塚山古墳	乱掘・遺物出土	開墾に伴う発掘		堀切角蔵	38・(6)
1892	明治25	6月	富	白姫塚古墳	石室発掘				5・137
〃	〃	不詳	富	内裏塚北方古墳	石室石棺発掘				3・5
1898	明治31	8月	君	白山神社古墳群	円墳2基発掘	学術調査		八木奘三郎・中沢澄男	9・(14)
1906	明治39	10月	富	内裏塚古墳	石室発掘	学術調査		柴田常恵・小熊吉蔵	4・5
1908	明治41	2月	富	亀塚古墳	石室発掘	学術調査		柴田常恵・小熊吉蔵	109
〃	〃	2月・6月	木	鶴巻塚古墳	石棺発掘	開墾に伴う発掘		永園もよ・木村新太郎	9・50
1909	明治42	3月	木	塚の越古墳	乱掘・遺物出土	開墾に伴う発掘			9・61
〃	〃	12月	君	戸崎古墳群	古墳数基発掘	学術調査		坪井正五郎・柴田常恵	9
1910	明治43	2月	富	九条塚古墳	石室発掘	学術調査		柴田常恵・小熊吉蔵	9・(74)
1912	明治45	当年頃	木	酒盛塚古墳	乱掘・遺物出土				9
1927	昭和2	1月	富	西原古墳	石室発掘	開墾に伴う発掘		柴田常恵・小熊吉蔵	10・13
〃	〃	9月	富	弁天山古墳	石室発掘	学校用地埋立て		柴田常恵・上田三平	12・182
1928	昭和3	8月	木	丸山古墳	石室発掘	宅地拡張	千葉県史蹟調査委員他	大場磐雄・谷木光之助	14・15
1929	昭和4	当年頃	君	小山野横穴群	実測調査			小熊吉蔵	42
1932	昭和7	11月	富	向原古墳	石室発掘	開墾に伴う発掘	帝室博物館	高橋勇・富田政男ほか	16・17
1933	昭和8	3月	木	金鈴塚古墳	遺物出土	里道新設		柴田常恵	103
1938	昭和13	7月	富	姫塚古墳	石室発掘	農地造成		小熊吉蔵	109
〃	〃	7月	木	松面古墳	石室発掘	病院拡張工事	菅生遺跡調査団	大場磐雄・乙益重隆ほか	26・114
1939	昭和14	4月	君	権現塚古墳	石室発掘	竹林開墾中発見		小熊吉蔵	18
〃	〃	4月	木	瑠璃光塚古墳	石室発掘	樹木移植中発見		小熊吉蔵	19・117
1949	昭和24	8月	木	下郡古墳	主体部発掘		國學院大學考古学研究室	大場磐雄・小出義治ほか	26・113
1950	昭和25	4月・7月	木	金鈴塚古墳	石室発掘	学術調査	古墳二子塚発掘調査団	隆高鑑・滝口宏ほか	22・36
1951	昭和26	12月	富	西谷古墳	石室発掘	学術調査	早稲田大学考古学研究室	玉口時雄ほか	24
1952	昭和27	8月	富	大満横穴群	横穴2基調査	学術調査	大満横穴群調査団	酒詰仲男・岡田茂弘ほか	53
〃	〃	10月	木	西谷横穴群	横穴5基調査	県道工事	木更津第一高校	御園雅ほか	25
〃	〃	10月	富	高根横穴群	横穴1基調査	学術調査	天羽高校郷土研究部	中嶋清一ほか	109
1953	昭和28	8月	富	鎌田横穴群	横穴3基調査	学術調査		武田宗久・小川政吉ほか	109
1956	昭和31	9月	木	矢那大原古墳	主体部発掘	土砂採取	木更津高校	対馬郁夫ほか	43・125
1959	昭和34	8月	富	富士見台1号墳	墳丘調査	学術調査	千葉県立富津海洋資料館	野中徹・対馬郁夫ほか	(28)
1962	昭和37	5月	君	虫神古墳	石室発掘	社宅造成	千葉県教育委員会	平野元三郎	40・125
〃	〃	11月	富	絹横穴群	横穴2基	学術調査		平野元三郎・滝口宏	39・41
1964	昭和39	3月	富	割見塚古墳	石室発掘	学術調査	早稲田大学考古学研究室	中村恵次・市毛勲ほか	34・40
〃	〃	3～4月	富	八丁塚古墳	石室発掘	学術調査	早稲田大学考古学研究室	中村恵次・市毛勲ほか	34・39
〃	〃	不明	富	内裏塚古墳	埴輪列確認	学術調査	本郷高校郷土研究部	坂井利明	109
1966	昭和41	3月	富	蕨塚古墳	石室発掘	学術調査	早稲田大学考古学研究室	中村恵次・市毛勲ほか	37
1967	昭和42	3月	君	水道山古墳	主体部発掘	貯水池建設	立正大学考古学研究室	丸子亘ほか	55
〃	〃	3～4月	君	八重原古墳群	円墳2基発掘	工場造成	千葉県教育委員会他	杉山晋作・田中新史ほか	48・165
〃	〃	7～8月	木	清見台古墳群	円墳9基発掘	区画整理	清見台古墳群発掘調査団	中村恵次・市毛勲ほか	43
〃	〃		富	岩井古墳	墳丘調査			椙山林継	
1968	昭和43	5～6月	富	古山古墳	石室発掘	社宅造成	早稲田大学考古学研究室	沼沢豊・田中新史ほか	109
〃	〃	7～8月	富	野々間古墳	石室発掘	宅地造成	天羽高校社会科クラブ	野中徹ほか	44
1969	昭和44	7月	君	馬門古墳	主体部発掘	道路造成	馬門古墳発掘調査団	野中徹・鈴木仲秋ほか	57
1970	昭和45	7月	君	納戸山寺山横穴群	16基調査	区画整理	東洋大学考古学研究会	野中徹ほか	55
〃	〃	12月	君	寺山古墳	主体部発掘	区画整理		野中徹ほか	55
1971	昭和46	7～8月	君	花里山横穴群	4基発掘	区画整理	花里山横穴群発掘調査団	野中徹・山田常雄ほか	47
〃	〃	12月	富	加藤横穴群	2基調査	土砂採取		高橋在久・渡辺智信ほか	49
1972	昭和47	8月	富	大満横穴群	4基発掘	保存整備	大満横穴群発掘調査団	椙山林継・野中徹ほか	53
〃	〃	9月	富	一本松古墳	主体部発掘	圃場整備	富津市教育委員会	野中徹ほか	県抄47
〃	〃	12月	君	杢師古墳	主体部発掘	区画整理	君津市教育委員会	野中徹ほか	97
〃	〃		君	南子安所在古墳	主体部発掘	区画整理		野中徹ほか	
1973	昭和48	3～4月	君	下迫古墳	主体部発掘	区画整理	下迫古墳発掘調査団	野中徹ほか	98
〃	〃	4～6月	君	子安坂古墳	主体部発掘	区画整理	君津市教育委員会	野中徹ほか	県抄48
〃	〃	8～9月	君	南子安古墳	主体部発掘	区画整理	君津市教育委員会	野中徹ほか	県抄48
〃	〃	6月	木	手古塚古墳	主体部発掘	崖面崩落	早稲田大学考古学研究室	杉山晋作ほか	51

発掘年		発掘月	古墳名		発掘内容	発掘原因	発掘主体者	発掘担当者	文献
1973	昭和48	7～9月	木	畑沢埴輪窯址	埴輪窯3基調査	宅地造成	畑沢埴輪窯址発掘調査団	高橋在久・安藤鴻基ほか	60
〃	〃	7月	木	下部多山古墳	墳丘周溝発掘	鉄塔建設	千葉県都市公社	天野努・斎木勝	52
〃	〃	8月	君	東仲田古墳	石棺発掘	団地造成	東仲田古墳発掘調査団	野中徹ほか	83
〃	〃	10月	君	北子安堀込古墳	墳頂部周溝発掘	区画整理	北子安堀込古墳調査団	野中徹ほか	58
〃	〃	12～翌1月	木	山伏作古墳群	方墳周溝調査	予備調査	千葉県都市公社	種田斉吾・山田常雄ほか	56
〃	〃	12～翌1月	木	鹿島塚20号墳	主体部周溝調査	予備調査	千葉県都市公社	種田斉吾・山田常雄ほか	56
1974	昭和49	6～8月	富	丸塚古墳	石室周溝調査	区画整理	早稲田大学考古学研究室	安藤鴻基ほか	69・109
〃	〃	〃	富	西原古墳	前方部周溝調査	区画整理	早稲田大学考古学研究室	安藤鴻基ほか	県抄49
〃	〃	7～8月	君	宇曽貝古墳群	3基調査	道路造成	君津市教育委員会	野中徹・大島雄二ほか	県抄49
〃	〃	7～8月	木	道上谷古墳群	円墳3基調査	区画整理予定地	木更津市請西遺跡調査会	椙山林継・荒木誠ほか	62・76
〃	〃	8月～	木	庚申塚古墳群	3基調査	区画整理予定地	木更津市請西遺跡調査会	椙山林継・荒木誠ほか	62・76
〃	〃	9～翌1月	木	大山台古墳群	北東部調査	区画整理予定地	木更津市請西遺跡調査会	椙山林継・荒木誠ほか	62・76
〃	〃	12～翌1月	木	清水谷古墳	墳頂部周溝発掘	区画整理	清水谷古墳発掘調査団	杉山晋作・安藤鴻基ほか	68
1975	昭和50	7～10月	木	請西台古墳群	円墳3基発掘	宅地造成	請西台遺跡発掘調査団	篠丸頼彦・越川敏夫ほか	77
〃	〃	7～12月	木	大山台古墳群		区画整理予定地	木更津市請西遺跡調査会	椙山林継・荒木誠ほか	67・76
〃	〃	〃	木	山伏作古墳群		区画整理予定地	木更津市請西遺跡調査会	椙山林継・荒木誠ほか	67・76
〃	〃	8～9月	袖	大竹12号墳	墳頂部周溝発掘	ゴルフ場造成	大竹遺跡発掘調査団	対馬郁夫ほか	70
〃	〃	10～12月	袖	山王辺田古墳群	15基調査	団地造成	袖ケ浦団地発掘調査団	伊東重敏・佐藤正好	128
〃	〃	12月	君	道祖神裏古墳	測量調査	学術調査	道祖神裏古墳調査団	大塚初重ほか	71
〃	〃	12月	木	中尾西本谷横穴	A－1号調査	土砂崩落開口	千葉県教育委員会	佐藤克己・手島和史ほか	72
〃	〃	12～翌1月	君	元秋葉台32号墳	墳頂部周溝発掘	動物園造成計画	貞元新御堂遺跡調査会	野中徹ほか	79
1976	昭和51	1月	木	矢畑1号墳	墳頂部発掘	畑地造成	木更津市教育委員会	荒木誠	78
〃	〃	1月	富	弁天山古墳	石室清掃調査	保存整備	富津市教育委員会	椙山林継・野中徹	89
〃	〃	2月	君	道祖神裏古墳	確認調査	学術調査	道祖神裏古墳調査団	大塚初重ほか	71
〃	〃	3～7月	富	西山横穴群	30基調査	山砂採取	西山横穴群発掘調査団	野中徹・牛房茂行ほか	88
〃	〃	5月	袖	墓山古墳群	測量調査		東洋大学考古学研究会	柴本一郎ほか	81
〃	〃	7月	君	星谷上古墳	測量調査		君津市教育委員会	野中徹ほか	85
〃	〃	7～翌3月	木	大山台古墳群		区画整理予定地	木更津市請西遺跡調査会	椙山林継・荒木誠ほか	74・76
〃	〃	〃	木	庚申塚古墳群		区画整理予定地	木更津市請西遺跡調査会	椙山林継・荒木誠ほか	74・76
〃	〃	〃	木	諏訪谷横穴群	3基調査	区画整理予定地	木更津市請西遺跡調査会	椙山林継・荒木誠ほか	74・76
1977	昭和52	2～3月	富	神宿横穴群	8基調査	山砂採取	神宿横穴群発掘調査団	野中徹・溝口勝美ほか	84・111
〃	〃	4～5月	袖	下根岸古墳群	測量調査		東洋大学考古学研究会	長島雄一・小柳和宏ほか	93
1978	昭和53	2～3月	木	中尾西本谷横穴	A－5号調査	人骨発見	中尾横穴遺跡発掘調査会	野中徹・佐藤克己ほか	86
〃	〃	3月	木	順礼海道古墳	主体部周溝調査	山砂採取	順礼海道古墳調査団	三浦和信ほか	95
〃	〃	7～8月	袖	お紬塚古墳	周溝埴輪列確認	保存整備	東洋大学考古学研究会	溝口靖ほか	90
〃	〃	8～9月	君	東山古墳群	円墳2基調査	国道拡幅	東山遺跡調査会	柴本一郎ほか	91
1979	昭和54		木	西谷横穴群	12基調査	区画整理	木更津市教育委員会	荒木誠	
〃	〃	3月	富	山岸横穴群	4基調査	山砂採取	山岸横穴群発掘調査団	野中徹ほか	99
〃	〃	3～4月	袖	鬼塚古墳群	円墳3基調査	山砂採取	鬼塚古墳発掘調査会	溝口勝美ほか	101
〃	〃	6月	木	高柳銚子塚古墳	石棺遺材実測			椙山林継・浅野雅則ほか	94
〃	〃	7～8月	富	向原横穴群	6基調査	中学校校庭造成	向原横穴群発掘調査団	野中徹ほか	100
〃	〃	8～9月	木	北谷古墳	主体部周溝発掘	変電所建設	田川遺跡群発掘調査会	千田利明・中西克也	96
〃	〃	8～11月	木	鳥越古墳	主体部周溝発掘	区画整理	鳥越古墳発掘調査会	椙山林継ほか	102
1980	昭和55	6～8月	袖	鼻欠古墳群	円墳址3基調査	中学校建設	鼻欠遺跡調査会	光江章	127
〃	〃	7月	袖	率土神社南古墳	測量調査		東洋大学考古学研究会	高橋佳容子ほか	106
〃	〃	7～8月	富	向原古墳群	3基調査	中学校校庭造成	向原古墳群発掘調査会	椙山林継ほか	105
〃	〃	8～12月	君	白駒古墳群	前方後円墳2基	山砂採取	白駒遺跡発掘調査会	星龍象ほか	104
1981	昭和56	7～11月	富	上野塚古墳	周溝確認	駅前整備	富津市教育委員会	野中徹・平野雅之ほか	108
〃	〃	8～9月	富	新割古墳	石室周溝発掘	宅地造成	向原新割古墳発掘調査団	椙山林継ほか	109
〃	〃	11～翌1月	木	高千穂7号墳	墳丘周溝発掘	市道建設	木更津市教育委員会	牛房茂行	110
1982	昭和57	7～8月	袖	北上原3号墳	測量調査		袖ケ浦町教育委員会	簑島正広ほか	126
〃	〃	8～12月	木	塚原古墳群	8基調査	宅地造成	君津郡市文化財センター	小石誠	115
〃	〃	8月～	袖	金井崎古墳	周溝址調査	区画整理	君津郡市文化財センター	光江章	128
1983	昭和58	2～3月	木	高千穂11・12号墳	円墳2基調査	市道建設	君津郡市文化財センター	小沢洋	124
〃	〃	4～5月	木	祝崎古墳群	円墳2基調査	山砂採取	君津郡市文化財センター	小石誠・小沢洋	122
〃	〃	6～7月	袖	境1・2号墳	円墳址2基調査	公民館建設	君津郡市文化財センター	小石誠・小沢洋	132
〃	〃	7～8月	富	森山塚古墳	石室周溝発掘	学術調査	國學院大學考古学研究室	椙山林継ほか	120

発掘年		発掘月	古墳名		発掘内容	発掘原因	発掘主体者	発掘担当者	文献
1983	昭和58	8～9月	富	西谷古墳	周溝確認	区画整理予定地	君津郡市文化財センター	笹生衛ほか	123
〃	〃	8～11月	君	戸崎城山1号墳	前方後円墳周溝	ホテル建設計画	君津郡市文化財センター	平野雅之ほか	122
〃	〃	8～12月	木	高部35・36号墳	円墳2基調査	公道回復事業	木更津市教育委員会	浅野雅則	119
〃	〃	10～12月	富	内裏塚古墳	周溝確認	区画整理予定地	君津郡市文化財センター	小沢洋	123
〃	〃	11～12月	富	割見塚古墳	周溝確認	区画整理予定地	君津郡市文化財センター	小沢洋	123
〃	〃	〃	富	蕨塚古墳	測量・周溝確認	区画整理予定地	君津郡市文化財センター	小沢洋	123
1984	昭和59	1～2月	木	塚原7号墳	主体部周溝発掘	個人所有地整地	君津郡市文化財センター	小沢洋	(44)
〃	〃	2～3月	君	星谷上古墳	後円部発掘	宅地造成	君津郡市文化財センター	平野雅之	133
〃	〃	3月	君	野馬木戸古墳群	円墳址2基調査	宅地造成	君津郡市文化財センター	小沢洋	133
〃	〃	5～6月	木	西ノ根谷古墳群	円墳2基調査	鉄塔建設	君津郡市文化財センター	光江章	140
〃	〃	5～7月	木	熊野台古墳群	円墳1基調査	鉄塔建設	君津郡市文化財センター	牛房茂行	140
〃	〃	7月	富	八丁塚古墳	周溝確認	区画整理計画	君津郡市文化財センター	小沢洋	131
〃	〃	8～10月	富	割見塚古墳	石室周溝確認	区画整理計画	君津郡市文化財センター	小沢洋	131
〃	〃	9～10月	富	蕨塚古墳	石室周溝確認	区画整理計画	君津郡市文化財センター	小沢洋	131
〃	〃	10～11月	富	内裏塚古墳	周溝確認	区画整理計画	君津郡市文化財センター	小沢洋	131
〃	〃	11～12月	富	野々間古墳	周溝確認	区画整理計画	君津郡市文化財センター	小沢洋	131
〃	〃	11～12月	富	大山古墳	墳丘周溝確認	区画整理計画	君津郡市文化財センター	小沢洋	131
〃	〃	12月	富	西谷2号墳	周溝確認	区画整理計画	君津郡市文化財センター	小沢洋	131
〃	〃	10月	木	南谷1号墳	測量・周辺調査	鉄塔建設	君津郡市文化財センター	光江章	君19集
〃	〃	10～11月	木	塚原古墳群	6基周溝確認	個人住宅建設	君津郡市文化財センター	大原正義	134
〃	〃	11～翌3月	木	高千穂古墳群	6基発掘	山砂採取	君津郡市文化財センター	牛房茂行・平野雅之	139
1985	昭和60	2月	富	向原古墳	周溝確認	区画整理計画	君津郡市文化財センター	小沢洋	131
〃	〃	4～翌3月	木	俵ケ谷古墳群	7基発掘	区画整理	君津郡市文化財センター	小沢洋ほか	159
〃	〃	7～8月	富	岩井作横穴群	4基発掘	宅地造成	君津郡市文化財センター	戸倉茂行	141
〃	〃	9月～	袖	根連岱古墳	測量調査		君津郡市文化財センター	井口崇・光江章	167
1986	昭和61	4月	木	太田山古墳	墳形範囲確認	公園整備計画	君津郡市文化財センター	小沢洋	(46)
〃	〃	4～7月	富	富士見台2号墳	円墳周溝址	医院建設	君津郡市文化財センター	平野雅之・諸墨知義	149
〃	〃	6～10月	君	飯籠塚古墳	測量調査			大原正義・小沢洋ほか	(47)
〃	〃	6～11月	木	請西古墳群	確認調査	区画整理	君津郡市文化財センター	戸倉茂行	148
〃	〃	7～8月	木	東山6号墳	主体部周溝調査	区画整理	君津郡市文化財センター	諸墨知義ほか	148
〃	〃	8～10月	君	国光古墳群	円墳2基調査	農道整備	君津郡市文化財センター	豊巻幸正	150
〃	〃	12～翌3月	袖	三ツ田台古墳群	確認調査	ゴルフ場造成	君津郡市文化財センター	井口崇・光江章ほか	152
1987	昭和62	4月	富	野々間古墳	周溝調査	社宅造成	君津郡市文化財センター	小沢洋・實川理	151
〃	〃	4～6月	木	宮脇古墳群	2基調査	山砂採取	君津郡市文化財センター	戸倉茂行・小高幸男	156
〃	〃	4～翌3月	袖	二又堀古墳群	8基調査	ゴルフ場造成	君津郡市文化財センター	藤岡孝司・甲斐博幸ほか	161
〃	〃	〃	袖	尾畑台古墳群	確認調査	ゴルフ場造成	君津郡市文化財センター	藤岡孝司・甲斐博幸ほか	161
〃	〃	〃	袖	向神納里古墳群	確認調査	ゴルフ場造成	君津郡市文化財センター	藤岡孝司・簑島正広ほか	161
〃	〃	〃	袖	内出原古墳群	確認調査	ゴルフ場造成	君津郡市文化財センター	藤岡孝司・簑島正広ほか	161
〃	〃	6～7月	木	四留作Ⅰ－1号墳	主体部周溝調査	山砂採取	君津郡市文化財センター	豊巻幸正	157
〃	〃	7～8月	木	浜ケ谷古墳	主体部周溝調査	区画整理	君津郡市文化財センター	小沢洋	178
〃	〃	10月	富	上野塚古墳	周溝調査	駅前整備	君津郡市文化財センター	小沢洋	158
〃	〃	10～12月	木	大山台28号墳	主体部周溝調査	区画整理	君津郡市文化財センター	戸倉茂行	154
〃	〃	11月	富	三条塚古墳	周溝確認	学術調査	千葉県文化財センター	鳴田浩司	153
1988	昭和63	2～3月	君	八幡神社古墳	後円部周溝調査	国道拡幅	千葉県文化財センター	笹生衛・高梨俊夫	164
〃	〃	3～7月	君	星谷上古墳	前方部調査	宅地造成	君津郡市文化財センター	諸墨知義・佐伯秀人	168
〃	〃	4～翌3月	袖	三ツ田台古墳群	4基調査	ゴルフ場造成	君津郡市文化財センター	藤岡孝司・稲葉昭智ほか	171
〃	〃	〃	袖	尾畑台古墳群	2基調査	ゴルフ場造成	君津郡市文化財センター	藤岡孝司・稲葉昭智ほか	171
〃	〃	〃	袖	内出原古墳群	1基調査	ゴルフ場造成	君津郡市文化財センター	藤岡孝司・稲葉昭智ほか	171
〃	〃	〃	袖	向神納里古墳群	5基調査	ゴルフ場造成	君津郡市文化財センター	藤岡孝司・稲葉昭智ほか	171
〃	〃	6月	木	二十歩古墳	墳丘発掘	区画整理	君津郡市文化財センター	平野雅之	178
〃	〃	6～9月	木	関田塚古墳群	方墳2基調査	区画整理	君津郡市文化財センター	戸倉茂行・平野雅之ほか	178
〃	〃	7月	君	狐山古墳	範囲確認		君津郡市文化財センター	甲斐博幸	162
〃	〃	7～10月	袖	真里場古墳群	6基調査	町道建設	君津郡市文化財センター	能城秀喜	(52)
〃	〃	8～翌3月	袖	滝ノ口向台古墳群	5基調査	県道改良事業	千葉県文化財センター	小高春雄	172
〃	〃	10月	木	上之山古墳	周溝確認		君津郡市文化財センター	能城秀喜	163
〃	〃	10月	木	高部27号墳	周溝確認	区画整理	君津郡市文化財センター	戸倉茂行	171
〃	〃	12～翌3月	君	大井戸八木古墳群	確認調査	山砂採取計画	君津郡市文化財センター	能城秀喜	171

発掘年		発掘月	古墳名		発掘内容	発掘原因	発掘主体者	発掘担当者	文献
1989	平成元	1月	富	九条塚古墳	周溝確認	保存・区画整理	君津郡市文化財センター	小高幸男	(51)
〃	〃	2月	富	亀塚古墳	周溝石室確認	保存・区画整理	君津郡市文化財センター	小高幸男	(51)
〃	〃	3月	富	笹塚1・2号墳	周溝確認	保存・区画整理	君津郡市文化財センター	小高幸男	(51)
〃	〃	1～3月	木	大山台29・30号墳	主体部周溝調査	区画整理	君津郡市文化財センター	實川理	180
〃	〃	1～12月	君	駒久保6号墳	測量調査			酒巻忠史ほか	(57)
〃	〃	2月	袖	下根岸古墳群	確認調査	ゴルフ場造成	君津郡市文化財センター	光江章	171
〃	〃	2月	木	池端古墳	周溝調査	区画整理	君津郡市文化財センター	戸倉茂行	171
〃	〃	2～3月	木	諏訪谷横穴群	横穴5基	区画整理	君津郡市文化財センター	諸墨知義	180
〃	〃	4～7月	木	宮脇古墳群	方墳1基調査	山砂採取	君津郡市文化財センター	諸墨知義・小高幸男	(54)
〃	〃	4～翌3月	袖	向神納里古墳群	2基調査	ゴルフ場造成	君津郡市文化財センター	藤岡孝司ほか	(54)
〃	〃	4～翌3月	木	鹿島塚古墳群	9基調査	区画整理	君津郡市文化財センター	戸倉茂行・佐伯秀人ほか	(55)
〃	〃	5～8月	富	下谷古墳	石室周溝調査	宅地造成	君津郡市文化財センター	及川淳一・野口行雄	(60)
〃	〃	6～7月	木	石澄横穴群	6基調査	県道拡幅	千葉県文化財センター	関口達彦	177
〃	〃	7～10月	木	野焼古墳群	2基調査	区画整理	君津郡市文化財センター	小沢洋・實川理ほか	(56)
〃	〃	7・12月	袖	真里場古墳群	4基調査	町道建設	君津郡市文化財センター	能城秀喜	(52)
〃	〃	8～9月	袖	愛宕古墳群	確認調査	ゴルフ場計画	君津郡市文化財センター	簑島正広・能城秀喜	(54)
〃	〃	9～翌3月	袖	大作古墳群	4基調査	県道改良工事	千葉県文化財センター	小高春雄	県年報
〃	〃	10～11月	富	西原古墳	石室周溝調査	宅地造成等	君津郡市文化財センター	小沢洋	(58)
〃	〃	11月	君	丹後塚古墳	確認調査		君津郡市文化財センター	實川理	175
〃	〃	11月	君	和田古墳	確認調査		君津郡市文化財センター	實川理	175
〃	〃	11～12月	富	三条塚古墳	石室周溝調査	保存整備	君津郡市文化財センター	小沢洋	179
1990	平成2	1月	富	古塚古墳	周溝確認	保存・区画整理	君津郡市文化財センター	小高幸男	(51)
〃	〃	2月	富	青木亀塚古墳	周溝確認	保存・区画整理	君津郡市文化財センター	小高幸男	(51)
〃	〃	3月	富	白姫塚古墳	周溝確認	保存・区画整理	君津郡市文化財センター	小高幸男	(51)
〃	〃	1～3月	木	高部古墳群	確認調査	区画整理	君津郡市文化財センター	稲葉昭智・浜崎雅仁	173
〃	〃	〃	木	塚原古墳群	確認調査	区画整理	君津郡市文化財センター	稲葉昭智・浜崎雅仁	173
〃	〃	2～3月	木	四留作Ⅱ－1号墳	主体部周溝調査	山砂採取	君津郡市文化財センター	光江章	(53)
〃	〃	5～翌1月	富	川島古墳	周溝調査	高校用地整備	君津郡市文化財センター	戸倉茂行	(61)
〃	〃	7～11月	木	庚申塚古墳群	4基調査	区画整理	君津郡市文化財センター	簑島正広・諸墨知義	(61)
〃	〃	8・翌3月	木	塚原古墳群	確認調査	区画整理	君津郡市文化財センター	光江章	(61)
〃	〃	9月	富	塚田古墳	周溝確認	圃場整備	君津郡市文化財センター	桐村修司	(65)
〃	〃	9～10月	富	上北原古墳	周溝確認	圃場整備	君津郡市文化財センター	桐村修司	(65)
〃	〃	9～10月	富	町田古墳	周溝確認	圃場整備	君津郡市文化財センター	桐村修司	(65)
〃	〃	9～翌3月	木	大山台古墳群	6基調査	区画整理	君津郡市文化財センター	豊巻幸正ほか	(61)
〃	〃	10月	富	稲荷山古墳	周溝石室確認	保存・区画整理	君津郡市文化財センター	小高幸男	(51)
〃	〃	11月	富	稲荷塚古墳	周溝確認	保存・区画整理	君津郡市文化財センター	小高幸男	(51)
〃	〃	11月	木	諏訪谷古墳	墳丘調査	区画整理	君津郡市文化財センター	光江章	(61)
1991	平成3	1～3月	富	岩井古墳群	円墳址2基調査	社宅造成	君津郡市文化財センター	酒巻忠史ほか	(61)
〃	〃	1～翌3月	袖	椿古墳群	9基調査	高速道路建設	千葉県文化財センター	高梨俊夫ほか	県年報
〃	〃	4～5月	袖	愛宕古墳群	確認調査	ゴルフ場造成	君津郡市文化財センター	田形孝一・大崎紀子ほか	(66)
〃	〃	4～7月	木	野焼古墳群	5基調査	区画整理	君津郡市文化財センター	光江章・今坂公一ほか	(66)
〃	〃	4～翌3月	木	庚申塚古墳群	5基調査	区画整理	君津郡市文化財センター	今坂公一・岡野祐二ほか	(66)
〃	〃	〃	木	大山台古墳群	14基調査	区画整理	君津郡市文化財センター	豊巻幸正・小林理恵ほか	(66)
〃	〃	4～翌3月	木	俵ケ谷古墳群	5基調査	区画整理	君津郡市文化財センター	小沢洋	(66)
〃	〃	5～6月	富	内裏塚古墳	周溝一部検出	ガス管埋設	君津郡市文化財センター	佐伯秀人	(68)
〃	〃	〃	富	九条塚古墳	周溝一部検出	ガス管埋設	君津郡市文化財センター	佐伯秀人	(68)
〃	〃	7月	富	内裏塚南方古墳	確認調査		君津郡市文化財センター	桐村修司	(66)
〃	〃	7～8月	君	万崎古墳群	確認調査	宅地造成	君津郡市文化財センター	矢野淳一	(69)
〃	〃	7～8月	袖	清水井古墳群	確認調査		君津郡市文化財センター	西原崇浩	(66)
〃	〃	9月	木	塚原古墳群	確認調査	区画整理	君津郡市文化財センター	桐村修司	(66)
〃	〃	10～翌3月	袖	嘉登古墳群	5基調査	市道建設	君津郡市文化財センター	西原崇浩ほか	(66)

＊集落遺跡内における周溝のみの検出で、未報告・詳細不明のものについては一部割愛したものがある。
＊文献欄の数字は「君津地方古墳関係文献目録」の文献番号、（　）内の数字は本文中の註番号に一致。県抄は『千葉県埋蔵文化財調査抄報』の年度。
＊昭和57～59年度に実施された千葉県教育委員会による内裏塚古墳群内の各古墳の測量調査については省略した。

君津地方古墳関係文献目録(1898～1990年)

1　1898(明治31)年　八木奘三郎「小櫃荒陵考」『東京人類学会雑誌』158号
2　〃　〃　小杉榲邨「上古の甲冑」『考古学会雑誌』2巻4号
3　1901(明治34)年　鈴木成章「上総の国周准郡の古塚」『考古界』1篇1号
4　1906(明治39)年　坪井正五郎「千葉県君津郡飯野地方の古墳」『東京人類学会雑誌』247号
5　〃　〃　柴田常恵「上総国君津郡飯野村内裏塚」『東京人類学会雑誌』249号
6　1911(明治44)年　「上総国飯野発掘の金銅丸玉」(彙報)年『考古学雑誌』1巻1号
7　1921(大正10)年　喜田貞吉「上総飯野の内裏塚と須恵国造」『民族と歴史』6巻5号
8　1926(大正15)年　森本六爾「直弧文を有する石製刀子」『古代文化研究』2号
9　1927(昭和 2)年　谷中国樹「原史時代又古墳時代」『君津郡郡誌・上巻』
10　〃　〃　「青堀町西原古墳」「飯野村方形古墳」『史跡名勝天然紀念物調査』4輯
11　〃　〃　『飯野村誌総説』『飯野村郷土誌各論二』(未公刊)年
12　1928(昭和 3)年　「大貫町小久保弁天山古墳」『史跡名勝天然紀念物調査』5輯
13　〃　〃　柴田常恵「上総君津郡青堀町の平塚」『考古学研究』2巻1号
14　1929(昭和 4)年　「清川村古墳」「巌根村高柳ノ古墳並ニ至徳堂址」『史跡名勝天然紀念物調査』6輯
15　1930(昭和 5)年　谷木光之助「上総国君津郡清川村長須賀圓山古墳」『考古学』1巻2号
16　1934(昭和 9)年　後藤守一「上総国君津郡飯野村の鍵形石室」『ドルメン』3巻1号
17　1936(昭和11)年　高橋　勇「上総国君津郡飯野村大字二間塚字向原古墳」『古墳発掘品調査報告』
18　1939(昭和14)年　小熊吉蔵「周西村の権現塚古墳」『房総郷土研究』6巻4号
19　〃　〃　小熊吉蔵「君津郡木更津桜井瑠璃光塚古墳の調査」『房総郷土研究』6巻7号
20　1943(昭和18)年　大場磐雄『日本古文化序説』明世堂
21　1950(昭和25)年　玉口時雄「西上総金鈴塚古墳発掘予報」『古代』1・2合併号
22　1951(昭和26)年　滝口　宏ほか『上総金鈴塚古墳』千葉県教育委員会
23　1952(昭和27)年　神尾明正「金鈴塚の砂と石について」『古代』6号
24　〃　〃　玉口時雄「上総飯野村西谷古墳調査報告」『古代』7・8合併号
25　〃　〃　御園　雅「太田山横穴古墳の考察」『郷土』4号　木更津第一高等学校
26　1954(昭和29)年　大場磐雄「千葉県君津郡下郡古墳」『日本考古学年報』2
27　1955(昭和30)年　平野元三郎・滝口　宏「千葉県木更津市金鈴塚古墳」『日本考古学年報』3
28　〃　〃　玉口時雄「千葉県君津郡西谷古墳」『日本考古学年報』4
29　1956(昭和31)年　坂詰秀一・青山今朝也「千葉県君津郡大貫に於ける横穴群の調査略報(1)年」『銅鐸』12号
30　〃　〃　坂詰秀一「千葉県君津郡鹿島における陰刻原始壁画を有する横穴」『考古学雑誌』4巻4号
31　1963(昭和38)年　甘粕　健「内裏塚古墳群の歴史的意義」『考古学研究』39号
32　〃　〃　武田宗久「千葉県君津郡岩瀬横穴古墳」『日本考古学年報』6
33　〃　〃　保坂三郎『金鈴塚』中央公論美術出版
34　1964(昭和39)年　滝口　宏「富津町飯野古墳群」『千葉県遺跡調査報告書』
35　〃　〃　桐原　健「上総金鈴塚出土の巴形飾金具―巴形銅器私考―」『古代』42・43合併号
36　1965(昭和40)年　保坂三郎・西村強三ほか『金鈴塚古墳出土品修理報告書』木更津市教育委員会

37　1966(昭和41)年　滝口　宏・市毛　勲・中村恵次「富津町稲荷塚古墳」『千葉県遺跡調査報告書』

38　〃　〃　村井嵓雄「千葉県木更津市大塚山古墳出土遺物の研究」『MUSEUM』189号

39　1967(昭和42)年　中村恵次・市毛　勲「富津古墳群八丁塚古墳調査報告」・平野元三郎・滝口　宏「大同元年在銘横穴」『古代』49・50合併号

40　〃　〃　滝口　宏ほか『千葉県史料原始古代編・上総国』

41　〃　〃　平野元三郎・滝口　宏「千葉県君津郡絹横穴」『日本考古学年報』15

42　〃　〃　『小熊吉蔵先生遺稿・小山野方面横穴調査』(孔版)君津町文化財審議委員会

43　1968(昭和43)年　滝口　宏・中村恵次・市毛　勲『清見台古墳群発掘調査報告』清見台古墳群発掘調査団

44　1969(昭和44)年　県立天羽高等学校社会科クラブ「飯野古墳群の一古墳の緊急発掘について」『千葉県立富津海洋資料館館報』2集

45　1970(昭和45)年　天羽高等学校郷土研究部『湊川流域文化財調査』天羽町教育委員会

46　1971(昭和46)年　小林三郎『弁天山古墳復元整備基礎調査報告書』

47　1972(昭和47)年　野中　徹・山田常雄・亀井秋男『君津市花里山横穴群』君津市教育委員会

48　〃　〃　杉山晋作「八重原古墳群(四ツ塚古墳群)」『日本考古学年報』20

49　〃　〃　高橋在久・渡辺智信「湊川流域の横穴群調査概要」『千葉文華』6号

50　〃　〃　高崎繁雄「原始・古代」『木更津市史』木更津市史編集委員会

51　1973(昭和48)年　杉山晋作「千葉県木更津市手古塚古墳の調査概報」『古代』56号

52　〃　〃　天野　努「木更津市下部多山供養塚」『袖ケ浦町山野貝塚』千葉県都市公社

53　〃　〃　岡田茂弘・内野美三夫・椙山林継ほか『大満横穴群調査報告』岩坂大満横穴群調査団

54　〃　〃　川戸　彰「郷土史研究の先覚小熊吉蔵翁の事績」『千葉文華』7号

55　〃　〃　君津町誌編さん会『千葉県君津郡君津町誌・後編』

56　1974(昭和49)年　種田斉吾・菊地真太郎『木更津市請西遺跡―予備調査概報―』房総考古資料刊行会

57　〃　〃　野中　徹・鈴木仲秋・亀井秋男『馬門古墳発掘調査報告』君津市教育委員会

58　〃　〃　野中　徹ほか『北子安堀込古墳調査概報』君津市教育委員会

59　〃　〃　野中　徹「東京湾東岸における横穴墳について」『史館』2号

60　〃　〃　安藤鴻基「千葉県木更津市畑沢埴輪窯址の調査概報」『古代』57号

61　〃　〃　杉山晋作「木更津市「塚の越古墳」出土遺物」『MUSEUMちば』4号

62　1975(昭和50)年　椙山林継・荒木　誠・福間　元『木更津市請西遺跡―昭和49年度発掘調査概報―』木更津市教育委員会

63　〃　〃　椙山林継「木更津市請西遺跡の調査」『考古学ジャーナル』№105

64　〃　〃　杉山晋作「内裏塚古墳群の再検討―内裏塚古墳の遺物(前)―」『史館』5号

65　〃　〃　『袖ケ浦町文化財分布調査報告書―埋蔵文化財―』袖ケ浦町教育委員会

66　〃　〃　『富津市遺跡等分布図』富津市教育委員会

67　1976(昭和51)年　椙山林継・荒木　誠・鈴木容子ほか『木更津市請西遺跡―昭和50年度発掘調査概報―』木更津市教育委員会

68　〃　〃　杉山晋作・安藤鴻基ほか『清水谷遺跡』清水谷遺跡発掘調査団(1975)

69　〃　〃　安藤鴻基「丸塚古墳」『日本考古学年報』27

70　〃　〃　対馬郁夫・谷島一馬ほか『大竹遺跡』千葉県文化財保護協会

71　〃　〃　大塚初重・上野純司ほか『道祖神裏古墳調査概報』千葉県教育委員会

72　〃　〃　佐藤克己・手島和史『千葉県木更津市中尾横穴発掘調査報告』千葉県教育委員会

73　1977(昭和52)年　石井則孝「千葉県富津市出土の新羅焼土器」『史館』8号

74　〃　〃　荒木　誠ほか『請西遺跡発掘調査概報(昭和51年度)』木更津市教育委員会

75　〃　〃　荒木　誠・鈴木容子「木更津市請西遺跡の調査第2報」『考古学ジャーナル』No.131

76　〃　〃　椙山林継・荒木　誠・鈴木容子・浅野雅則『請西』木更津市請西遺跡調査会

77　〃　〃　渋谷興平・越川敏夫ほか『請西台遺跡調査概報』請西台遺跡埋蔵文化財発掘調査団

78　〃　〃　荒木　誠・伊藤聖一『矢畑1号墳調査報告書』木更津市教育委員会

79　〃　〃　野中　徹ほか『元秋葉台32号墳発掘調査報告書』君津市教育委員会

80　〃　〃　『木更津市埋蔵文化財分布調査報告書—矢那川流域—』木更津市教育委員会

81　〃　〃　柴本一郎ほか「墓山古墳群測量調査」『東洋大学考古学研究会会報』No.8

82　1978(昭和53)年　石井則孝「富津市上飯野「野々間古墳」の出土遺物について」『史館』10号

83　〃　〃　野中　徹ほか『東仲田古墳発掘調査概報』君津市教育委員会

84　〃　〃　野中　徹・柴本一郎ほか『神宿横穴群発掘調査報告書』神宿横穴群発掘調査団

85　〃　〃　野中　徹ほか『内蓑輪前方後円墳実測』君津市教育委員会

86　〃　〃　野中　徹・佐藤克己ほか『千葉県木更津市中尾横穴発掘調査報告』千葉県教育委員会

87　〃　〃　『小櫃村誌』小櫃村誌編纂委員会

88　1979(昭和54)年　野中　徹・牛房茂行ほか『西山横穴群調査報告書』西山横穴群発掘調査団(1977)

89　〃　〃　椙山林継・野中　徹ほか『史跡弁天山古墳』富津市教育委員会

90　〃　〃　東洋大学考古学研究会『お紬塚古墳遺構確認調査報告書』

91　〃　〃　柴本一郎・岸本雅人ほか『東山古墳』東山遺跡調査会

92　〃　〃　『木更津市埋蔵文化財分布調査報告書—小櫃川流域—』木更津市教育委員会

93　〃　〃　長島雄一・小柳和宏ほか「千葉県袖ケ浦町下根岸古墳群測量調査報告」『東洋大学考古学研究会会報』No.9

94　1980(昭和55)年　椙山林継「菅生周辺の遺跡」『上総菅生遺跡』木更津市菅生遺跡調査団(1979)

95　〃　〃　三浦和信ほか『順礼海道古墳』順礼海道古墳調査団

96　〃　〃　千田利明ほか『田川遺跡群』田川遺跡群発掘調査会

97　〃　〃　野中　徹・溝口勝美ほか『杢師古墳調査報告書』君津市教育委員会

98　〃　〃　野中　徹・浅野達也ほか『下迫古墳調査報告書』君津市教育委員会

99　〃　〃　野中　徹・柴本一郎ほか『山岸横穴群発掘調査報告書』山岸横穴群発掘調査団

100　〃　〃　野中　徹・柴本一郎ほか『向原横穴群』向原横穴群発掘調査団

101　〃　〃　溝口勝美・岸本雅人ほか『鬼塚古墳』鬼塚古墳発掘調査会

102　〃　〃　椙山林継「木更津市鳥越古墳の調査」『考古学ジャーナル』171号

103　〃　〃　椙山林継「鳥越古墳の調査(1)」・鈴木容子「金鈴塚古墳出土遺物—装飾品1」・椙山林継「房総関係抜粋資料Ⅰ」・浅野雅則「金鈴塚古墳出土遺物—須恵器1」『宇麻具多』創刊号

104　1981(昭和56)年　星　龍象・葛西　功ほか『白駒古墳』君津市教育委員会

105　〃　〃　椙山林継ほか『向原古墳群』富津市教育委員会

106　〃　〃　高橋佳容子「袖ケ浦町神納卒土神社南古墳測量調査報告」『東洋大学考古学研究会会報』No.12

107 〃 〃 杉山晋作「金鈴塚古墳」・小林三郎「内裏塚古墳群」『探訪日本の古墳 東日本編』有斐閣

108 1982(昭和57)年 野中 徹・椙山林継・笹生 衛『上野塚古墳』富津市教育委員会

109 〃 〃 椙山林継・野中 徹「古墳時代」『富津市史・通史』富津市史編さん委員会

110 〃 〃 牛房茂行『高千穂古墳群第7号墳』木更津市教育委員会

111 〃 〃 椙山林継「鳥越古墳の調査(2)」・鈴木容子「金鈴塚古墳出土遺物―装飾品2」・椙山林継「房総関係抜粋資料Ⅱ」・浅野雅則「金鈴塚古墳出土遺物―須恵器2」『宇麻具多』2号

112 〃 〃 牛房茂行「高千穂古墳群第7号墳の調査」・椙山林継「房総関係抜粋資料Ⅲ」・浅野雅則「金鈴塚古墳出土遺物―須恵器3」・簗比地正治「高柳銚子塚古墳の埴輪」『宇麻具多』3号

113 〃 〃 高崎繁雄「原始・古代」『木更津市史・富来田編』木更津市史編集委員会

114 〃 〃 乙益重隆「双魚袋考」『森貞次郎博士古稀記念古文化論集』

115 1983(昭和58)年 小石 誠『塚原遺跡』君津郡市文化財センター

116 〃 〃 椙山林継「貝殻を敷いた墓室」『袖ケ浦町郷土博物館館報』2号

117 〃 〃 小沢 洋「君津地方古墳資料集成(1)」・光江 章「君津市の古墳」『研究紀要Ⅰ』君津郡市文化財センター

118 〃 〃 『君津郡市文化財センター年報№1』(木更津市塚原遺跡・高千穂第11・12号墳)

119 1984(昭和59)年 浅野雅則『千束台遺跡群』千束台遺跡群調査会

120 〃 〃 國學院大學文学部考古学研究室『森山塚』

121 〃 〃 西野 元「神将寺旧蔵鈴杏葉について―江戸時代の考古図に関する覚え書き―」『MUSEUMちば』15号

122 〃 〃 小沢 洋・平野雅之『祝崎古墳群/戸崎城山遺跡発掘調査報告書』君津郡市文化財センター

123 〃 〃 小沢 洋・笹生 衛『二間塚遺跡群確認調査報告書』富津市教育委員会

124 〃 〃 小沢 洋ほか『高千穂古墳群第11・12号墳発掘調査報告書』君津郡市文化財センター

125 〃 〃 平野雅之・小石 誠「君津市戸崎城山遺跡の出土遺物についての一考察」・光江 章「君津市大和田の虫神古墳について」・小沢 洋「木更津市矢那大原古墳出土の二環鈴」・小石 誠「木更津市請西古墳群について」『研究紀要Ⅱ』君津郡市文化財センター

126 〃 〃 簑島正広『打越北上原古墳群第3号墳』袖ケ浦町教育委員会

127 〃 〃 光江 章・井口 崇『鼻欠遺跡』袖ケ浦町教育委員会

128 〃 〃 光江 章「古墳時代」『袖ケ浦町史・通史編上巻』袖ケ浦町史編さん委員会

129 〃 〃 田中新史「出現期古墳の理解と展望」『古代』77号

130 〃 〃 『君津郡市文化財センター年報№2―昭和58年度―』(木更津市祝崎古墳群・塚原7号墳，君津市戸崎城山遺跡・星谷上古墳・野馬木戸古墳，富津市二間塚遺跡群)

131 1985(昭和60)年 小沢 洋『二間塚遺跡群確認調査報告書Ⅱ』富津市教育委員会

132 〃 〃 小沢 洋『境遺跡』君津郡市文化財センター

133 〃 〃 平野雅之・小沢 洋『星谷上古墳・野馬木戸古墳』君津郡市文化財センター

134 〃 〃 大原正義『塚原遺跡』君津郡市文化財センター

135 〃 〃 「千葉県木更津市塚原7号墳の調査」『全国埋文協会報』№12・13合併号

136　〃　〃　『君津郡市文化財センター年報No.3—昭和59年度—』（木更津市西ノ根谷遺跡・熊野台古墳・塚原遺跡・高千穂古墳群，富津市二間塚遺跡群）
137　1986(昭和61)年　『東京国立博物館図版目録　古墳遺物編(関東Ⅲ)』
138　〃　〃　千葉県教育委員会『内裏塚古墳群測量調査報告書』
139　〃　〃　戸倉茂行・平野雅之『高千穂古墳群』君津郡市文化財センター
140　〃　〃　戸倉茂行・光江　章『富津火力線鉄塔建設用地内埋蔵文化財発掘調査報告書』君津郡市文化財センター
141　〃　〃　戸倉茂行・松本　勝ほか『岩井作横穴墓群』君津郡市文化財センター
142　〃　〃　『君津市埋蔵文化財分布地図』君津市教育委員会
143　〃　〃　『君津市の文化財』君津市教育委員会
144　〃　〃　小沢　洋「富津市割見塚古墳の諸問題Ⅰ」『史館』19号
145　〃　〃　『君津郡市文化財センター年報No.4—昭和60年度—』（木更津市小浜遺跡群，富津市岩井作横穴墓群）
146　1987(昭和62)年　『富津市埋蔵文化財分布地図』富津市教育委員会
147　〃　〃　白井久美子「祇園大塚山古墳の埴輪と須恵器」『古代』83号
148　〃　〃　戸倉茂行・諸墨知義『請西遺跡群確認調査報告書』木更津市教育委員会
149　〃　〃　平野雅之・諸墨知義『富士見台遺跡』君津郡市文化財センター
150　〃　〃　豊巻幸正『富田遺跡群』君津郡市文化財センター
151　〃　〃　小沢　洋『野々間古墳』君津郡市文化財センター
152　〃　〃　『君津郡市文化財センター年報No.5—昭和61年度—』(袖ケ浦町大竹遺跡群,木更津市小浜遺跡群・太田山古墳・請西遺跡群，君津市富田遺跡群，富津市富士見台遺跡)
153　1988(昭和63)年　鳴田浩司『千葉県中近世城跡研究調査報告書第8集－飯野陣屋跡・山崎城発掘調査報告－』千葉県教育委員会
154　〃　〃　戸倉茂行『請西遺跡群発掘調査報告書—大山台古墳群第28号墳』木更津市教育委員会
155　〃　〃　山本哲也『丹過遺跡確認調査報告書』木更津市教育委員会
156　〃　〃　小高幸男『宮脇遺跡』君津郡市文化財センター
157　〃　〃　豊巻幸正『四留作第1古墳群第1号墳』君津郡市文化財センター
158　〃　〃　小沢　洋『上野塚古墳』君津郡市文化財センター
159　〃　〃　小沢　洋『小浜遺跡群Ⅰ・俵ケ谷古墳群』君津郡市文化財センター
160　〃　〃　松尾昌彦「上総金鈴塚古墳出土飾履の再検討」『MUSEUM』446 号
161　〃　〃　『君津郡市文化財センター年報No.6—昭和62年度—』（袖ケ浦町大竹遺跡群，木更津市宮脇遺跡・小浜遺跡群・請西遺跡群・四留作第1古墳群，君津市星谷上古墳，富津市野々間古墳・上野塚古墳）
162　1989(平成 1)年　甲斐博幸『君津市内遺跡群発掘調査報告書』君津市教育委員会
163　〃　〃　能城秀喜『袖ケ浦町内遺跡群発掘調査報告書』袖ケ浦町教育委員会
164　〃　〃　笹生　衛『君津市外箕輪遺跡・八幡神社古墳発掘調査報告書』千葉県文化財センター
165　〃　〃　杉山晋作・田中新史『古墳時代研究Ⅲ—千葉県君津市所在八重原1号墳・2号墳の調査—』古墳時代研究会
166　〃　〃　光江　章『三箇遺跡群Ⅵ』君津郡市文化財センター

167　〃　〃　野口行雄ほか『打越岱遺跡』君津郡市文化財センター

168　〃　〃　佐伯秀人『星谷上古墳・畑沢遺跡(第2次調査)』君津郡市文化財センター

169　〃　〃　小沢　洋ほか『小浜遺跡群Ⅱ・マミヤク遺跡』君津郡市文化財センター

170　〃　〃　光江　章「木更津市塚原5号墳について」『研究紀要Ⅲ』君津郡市文化財センター

171　〃　〃　『君津郡市文化財センター年報№7—昭和63年度—』(袖ケ浦町大竹遺跡群・下根岸古墳群・向山野遺跡・上之山古墳，木更津市請西遺跡群・小浜遺跡群・宮脇遺跡・千束Ⅱ遺跡・池端古墳・三箇遺跡群，君津市狐山古墳・大井戸八木古墳群・星谷上古墳，富津市神明山遺跡・内裏塚古墳群)

172　1990(平成 2)年　小高春雄「君津平川線滝ノ口向台古墳群第9号墳調査概要」『研究連絡誌』27号　千葉県文化財センター

173　〃　〃　浜崎雅仁『千束台遺跡群確認調査報告書』木更津市教育委員会

174　〃　〃　豊巻幸正・實川　理『請西遺跡群発掘調査報告書Ⅱ・大山台遺跡』木更津市教育委員会

175　〃　〃　實川　理『君津市内遺跡群確認調査報告書』君津市教育委員会

176　〃　〃　小沢　洋「君津地区」『千葉県所在古墳詳細分布調査報告書』千葉県教育委員会

177　〃　〃　関口達彦『木更津市大久保石澄横穴墓群』千葉県文化財センター

178　〃　〃　小沢　洋『小浜遺跡群Ⅲ』君津郡市文化財センター

179　〃　〃　小沢　洋『三条塚古墳』君津郡市文化財センター

180　〃　〃　實川　理ほか『請西遺跡群Ⅰ』君津郡市文化財センター

181　〃　〃　野口行雄『下谷古墳』君津郡市文化財センター

凡例

1. 本文献目録は、旧君津郡域(現在の袖ケ浦市・木更津市・君津市・富津市の4市)における、明治期以来の古墳関係の文献を発表年次順に収載したものである(袖ケ浦市は1991年4月より市制施行予定)。
2. 本文献目録には、古墳時代集落関係のものは含まず、古墳(横穴)に関するものに限った。
3. 収録した文献は、報告書・報文・資料紹介、ならびに当地域の古墳やその出土遺物を中心的に扱った論考等であり、遺跡・遺構・遺物論等で当地域の古墳を引用しているだけの文献については原則として省略した。ただし論考や概説書の中でも、特定の古墳の基礎的資料としての性格を有しているものについては、収録したものがある。
4. 発表年次は奥付けに従い、表紙と奥付けの年次が異なるものについては、文献の末尾に括弧付で表紙の年次を示した。ただし奥付けの無いものは表紙の年次に従い、また表題や奥付けの年次よりも実際の刊行が遅れたものも奥付け(または表紙)の記載に従った。
5. 対照表の古墳番号は、千葉県教育委員会編『千葉県古墳詳細分布調査報告書』(1990)に掲載された古墳番号に一致する。
6. 対照表の古墳掲載順序は、袖ケ浦市(浜宿・久保田・蔵波川流域→小櫃川流域西～東南)、木更津市(小櫃川河口沖積地～下流域→西南部海岸側→矢那川下流～上流域→小櫃川中流域)、君津市(小櫃川中流域→小糸川下流～中流域)、富津市(小糸川河口部→岩瀬・小久保川流域→染川流域→湊川流域→白狐・金谷川流域)となっている。

補遺および補註

☆1）木更津市松面古墳は2005年12月の発掘調査で，二重周溝を有する方墳と判明した．復原規模は墳丘辺長44 m・内周溝外辺長64～68 m・外周溝外辺長80～85 mである．墳丘辺長は富津市割見塚古墳を凌駕して，千葉県下第3位の規模であるが，外周溝を含めた規模は割見塚古墳に及ばない．なお松面古墳の副葬品内容は，TK209型式新相相当のものであり，金鈴塚古墳と大きな差は認められない．また房総の方墳の中では駄ノ塚古墳とほぼ同じ時期相を示すものであり，武射地域と同様，方墳の採用が早かったことが裏付けられた．

稲木章宏2006「松面古墳の発掘調査」『木更津市文化財調査集報11』木更津市教育委員会

☆2）木更津市稲荷森古墳は2004年8月に前方部残丘の測量調査が実施され，墳丘長80 m・後円部径40 m・前方部幅49 m・周溝全長120 m・周溝前面幅99 m・前方部高4.5 mの復元案が示されている．なお，古墳の名称については「とうかんもり」であるとされる．また当古墳の発掘年については，諸記録の検討により，1881（明治14）年であることが明らかとなった．

稲葉昭智2006「稲荷森古墳測量調査」『木更津市文化財調査集報11』木更津市教育委員会

☆3）木更津市金鈴塚古墳は，2003年7～8月に横穴式石室の再調査が実施された結果，床面全体が切石切組み敷きであったことが判明した．また従来未公表であった土師器・須恵器の実測図が発表されたほか，飾大刀の再実測も行なわれている．なお，当古墳の規模については数次にわたる周溝部の調査が実施された結果，墳丘長101 m・後円部径54 m・前方部幅67 m・内周溝長122 m・外周溝長141 mの盾形二重周溝を有する前方後円墳としての復原図が提示されている．

酒巻忠史2001「金鈴塚古墳」『木更津市文化財調査集報6』木更津市教育委員会

戸倉茂行2004「金鈴塚古墳の調査」『平成14・15年度木更津市内遺跡発掘調査報告書』木更津市教育委員会

酒巻忠史2006「金鈴塚古墳出土遺物（土器）の再整理」『木更津市文化財調査集報11』木更津市教育委員会

酒巻忠史ほか2007「金鈴塚古墳出土遺物の再整理2—大刀の実測」『木更津市文化財調査集報12』木更津市教育委員会

☆4）富津市内裏塚古墳群の確認総数は2008年3月現在で，47基（前方後円墳11基・方墳7基・円墳および墳形未確定29基）となっており，そのうち墳丘が一部でも現存するものは25基である．

小沢　洋2008『内裏塚古墳群総覧』富津市教育委員会

☆5）富津市内裏塚古墳は，2002年9月，墳丘部と前方部周溝の一部が国指定史跡となった．

また，2007年3月・11〜12月の後円部東側墳丘の発掘調査により，墳丘の約1/2の高さまでが自然砂丘の削り出しにより，また約2/3の高さまでは砂丘斜面の旧表土上に盛土を追加することによって築造されていることが明らかとなった．従って実質の人工的盛土は上部1/3に限られる．

なお，この調査によって後円部頂の周縁をめぐる円筒埴輪列とその内側の葺石が改めて確認され，円筒埴輪の中には，数個体の朝顔形埴輪が含まれていた．内裏塚古墳墳丘部の発掘は，1906（明治39）年以来，約100年ぶりに行なわれたものである．

小沢　洋・伊藤伸久2008『平成19年度富津市内遺跡発掘調査報告書』富津市教育委員会

☆6）君津市戸崎周辺出土とされていた遺物のうち，大形勾玉は近世の贋作（陶製），五鈴鏡も後世の改鋳であることが判明したほか，石製模造品は君津市新御堂荘台遺跡の出土品であることが明らかとなった．

☆7）君津市戸崎古墳群は，その後意に反して宅地造成など開発事業が相次いで実施される状況となり，多くの古墳が記録保存となって消滅しつつある．調査経歴と最新の成果は下記の文献に記載されている．

矢野淳一・矢野當眞紀子2008『平成19年度君津市内遺跡発掘調査報告書』君津市教育委員会

矢野淳一2008『戸崎城山遺跡Y地点』君津市教育委員会

☆8）小櫃川中流域の木更津市真里谷地区では，町原17号墳・真里谷13号墳・真里谷28号墳といった前期古墳とみられる60〜70m級の前方後円墳の測量調査が相次いで実施され，小櫃の3大古墳および海岸部の手古塚古墳・坂戸神社古墳と合わせて複数の前期古墳の系列が存在することが明らかとなっている．

町原17号墳：墳丘長66m・後円部径40m・前方部幅28m・括れ部幅21m・後円部高5m・前方部高2.8m

真里谷13号墳：墳丘長62m・後円部径44m・前方部幅27m・括れ部幅22m

真里谷28号墳：墳丘長75m・後円部径42m・前方部幅30m・括れ部幅20m・後円部高7m・前方部高5m

酒巻忠史2005「真里谷13号墳の発掘調査」『木更津市文化財調査集報』木更津市教育委員会

稲木章宏・斎藤礼司郎2007『町原古墳群第17号墳確認調査報告書』木更津市教育委員会

☆9）富津市亀塚古墳（方墳）の1908（明治41）年出土の須恵器は，内裏塚古墳の出土品とともに飯野神社の所蔵品であり，現在国立歴史民俗博物館に保管されている．

☆10）君津市白山神社古墳については1990年，浅間神社古墳については1998年に墳丘測量が行なわれ，下記のとおり報告されている．墳丘形態の比較による築造の前後関係は，飯籠塚→浅間神社→白山神社と現段階では推定している．

永沼律朗ほか1995『千葉県記念物実態調査報告書Ⅲ』千葉県教育委員会

萩原恭一・白井久美子・亀井宏行　2000「君津市浅間神社古墳測量調査報告」『千葉県史研究』8

☆11）袖ケ浦市坂戸神社古墳の墳丘測量は1996年に袖ケ浦市教育委員会によって行なわれている．墳丘長62 m・後円部径35 m・前方部長27 m・前方部幅16～19 m・括れ部幅10～12 m・後円部高4 m・前方部高2 m

光江　章1999「坂戸神社古墳」『袖ケ浦市史資料編1　原始・古代・中世』袖ケ浦市

☆12）木更津市千束台遺跡の祭祀遺構については，実測図を中心とした報告書が刊行されている．集計された出土遺物の総数は，土師器が実測個体709点のうち，坏417・高坏74・𤭯4・短頸壺16・埦6・鉢2・坩51・甕70・手捏ね土器69，須恵器は大甕1・高坏片・𤭯(俵形𤭯)片，石製模造品は双孔円板467・双孔方板33・単孔円板30・無孔円板31・剣形品214・扁平勾玉42・臼玉18779，その他の石製品として環状石製品(釧形)2・柱状石製品16・細身管玉4，土製品は鏡形2・勾玉1・丸玉1，鉄製品94(実用品：鉄鏃・鋤先・鎌・穂摘み具・刀子・手鎌，模造品：斧形・鋤先形・鎌形・鋒形)となっている．

齋藤礼司郎2008『千束台遺跡群発掘調査報告書Ⅶ　千束台遺跡Ⅰ―祭祀遺構―』

☆13）木更津市酒盛塚古墳については，2007年12月に周溝部の発掘調査が行なわれ，後円部径44 mの規模と判明．前方後円墳としての墳丘長は90～100 mに達する可能性がある．また周溝内から，朝顔形円筒埴輪・普通円筒埴輪・形象埴輪・鳥形土製品が出土し，築造時期は6世紀中葉と推定されている．

酒巻忠史2008『酒盛塚古墳発掘調査報告書』木更津市教育委員会

☆14）木更津市相里古墳については，木更津市教育委員会による1938年の調査資料の検討が行なわれ，切石積み両袖形横穴式石室の実測図と写真が公表された．また山川古墳については金銅装頭椎大刀の実測図・写真が公表された．

酒巻忠史2008「相里古墳関連資料」「山川古墳出土資料」『木更津市文化財調査集報13』木更津市教育委員会

☆15）富津市姫塚古墳については，2006年1月に周溝確認調査が実施され，墳丘長61 m・後円部径29 m・前方部幅34.5 m・周溝全長約82 mの計測値が得られている．

桐村修司・小沢　洋2006「姫塚古墳」『平成17年度富津市内遺跡発掘調査報告書』富津市教育委員会

☆16）富津市内裏塚古墳群の分布範囲にある二間塚地区の土地区画整理事業については事実上凍結されている．

小沢　洋2006「内裏塚古墳群の現状と保護・活用に向けての展望」『土筆』第9号

☆17）袖ケ浦市山王辺田遺跡については，その後袖ケ浦市史編さん事業に伴って整理作業が行なわれ，前方後方墳の山王辺田2号墳をはじめ，下記のとおり報告された．

酒巻忠史・伊藤智樹1999「付編　山王辺田遺跡群」『袖ケ浦市史資料編1　原始・古代・中世』袖ヶ浦市史編纂委員会

あとがき

昭和から平成になって20年，21世紀が始まってからももうじき10年が経過しようとしている．とくにここ数年来，埋蔵文化財を取り巻く環境は大きな転換を迫られつつある．私の勤務地である君津地方においても，かつてのような開発に伴う大規模発掘はすっかりと影をひそめ，細々とした確認調査にのみ始終することが多くなった．

日本経済の長期低迷により，調査費用の原因者負担という原則を維持すること自体が困難になってきたこともさることながら，原始古代の一般庶民の居住空間すべてを網羅するような調査そのものが，文化財行政の側からも必要不可欠ではないという認識が徐々に広がってきたからではないかと私は理解している．主に1980～1990年代の発掘調査によって生じた膨大な量の出土品は，展示活用等の可能な一部のものを除けば，どこの自治体にとっても場所を占有するだけの大きな荷物であり，とくに土器などは，ランク分けによって，破片類は廃棄処分も可となるに至っている．そのような土器片などの有効活用については，別途考える必要があろう．

もちろん，地域の博物館や資料館にとっても，展示・収容可能なものには限界があり，復元された土器などであっても，収蔵庫に眠るだけの資料が必然的に多くなる．その一方で，考古学的なデータの蓄積が，どれだけ一般に活用されているかといえば，日本の歴史教科書で，原始古代に関する記述が省略され，旧石器時代はおろか縄文時代までも割愛する教科書さえ出回っているのが実情である．

今日，地球規模での環境破壊が叫ばれる中で，より完全に近い循環型社会の実現に向けて，個人・企業・行政が一体となって努力すべき時が来ている．そのような中で，無駄の少なかった原始古代の人びとの生き方に学び，回帰すべき点は多い．石油・石炭など限りある化石燃料の消費を可能な限り抑制し，バイオエタノールなど循環的で公害の少ない資源の活用，廃物の再利用に努めることが求められている．生きている個人個人が，自分も，他人も，あらゆる生物も，世界も，無駄なく大事にする考え方が，やがては平和的な秩序の維持につながってゆくのではなかろうか．

企業，経済の論理も，モデルチェンジによってより新しいものを売り捌くという，これまでの法則を改め，器種改良にもつねに互換性を保ちながら，古い器種を即座に廃棄しなければならいような無駄を減らす努力をしていくことに，大きな付加価値が見出されるようなシステムが定着してゆくことを望みたい．

考古学に関していえば，ここまで報告書等のデータが膨大化した昨今の状況を見ると，都道府県や市町村など自治体単位での情報の整理が当面不可欠な作業となろう．IT社会に移行したといわれながら，考古学における全国レベルでの情報の整理は，はなはだしく遅れをとっており，相変わらずアナログ的で，形式的な情報の蓄積に始終しているのが実情ではなかろうか．情報の洪水が，情報の伝達を妨げ，たとえ限定的なテーマであっても，その全体像の把握が次第に困難になりつつある．研究者個人にとっては，記憶力や情報整理能力が試される時代になったと言っても過言ではないが，考古学を次世代に引き継いでいくためにも，是非，情報の本格的整理が必要であろう．

2008 年 9 月
小沢　洋

初出一覧

第Ⅰ部　前期古墳論考

第１章　房総の出現期古墳　『大塚初重先生頌寿記念論文集』　2000年

第２章　小櫃の一首長墓をめぐる考察　『君津郡市文化財センター研究紀要Ⅴ』　1991年

第３章　古墳前期から中期への集落の展開　『千葉県の歴史　資料編考古４　遺跡・遺構・遺物』　2004年

第Ⅱ部　中期古墳論考

第１章　上総における古墳中期土器編年と古墳・集落の諸相　『君津郡市文化財センター研究紀要Ⅷ』　1998年

第２章　房総の古墳中期土器とその周辺　『東国土器研究５』　1999年

第３章　房総の古墳時代祭祀遺跡　『千葉県の歴史　資料編考古４　遺跡・遺構・遺物』　2004年

第４章　房総における古墳時代中期群集墳の展開　『考古学ジャーナル』　2005年

第Ⅲ部　後期・終末期古墳論考

第１章　房総における古墳中期から後期への移行　『第６回東北関東前方後円墳研究会シンポジウム資料』　2001年

第２章　上総地域の鬼高式土器　『考古学ジャーナル』　1992年

第３章　房総の古墳後期土器　『東国土器研究４』　1995年

第４章　九条塚古墳の再検討　『君津郡市文化財センター研究紀要Ⅳ』　1991年

第５章　戸崎古墳群研究序説　『君津郡市文化財センター研究紀要Ⅵ』　1993年

第６章　小櫃・小糸・湊川水系圏の横穴式石室　『土筆４』　1996年

第７章　上総の横穴式石室と前方後円墳　『第２回東北関東前方後円墳研究会シンポジウム資料』　1997年

第８章　上総南西部における古墳終末期の様相　『国立歴史民俗博物館研究報告』第44集　1992年

第Ⅳ部　研究史

君津地方古墳調査研究史　『野中徹先生還暦記念論文集』　1993年

著者略歴
小沢　洋（おざわひろし）

1959 年　東京生まれ
1982 年　明治大学文学部二部史学地理学科卒業
　　　　財団法人君津郡市文化財センター勤務
2000 年　富津市富津公民館
2006 年　富津市教育委員会生涯学習課

房総古墳文化の研究

2008 年 10 月 20 日　初版発行

著　者　小沢　洋

発行者　八木環一

発行所　株式会社　六一書房
〒 101-0051　東京都千代田区神田神保町 2-2-22
TEL　03-5213-6161　　FAX　03-5213-6160
http://www.book61.co.jp　　E-mail info@book61.co.jp
振替　00160-7-35346

印刷　株式会社　三陽社

ISBN978-4-947743-69-5 C3021　